第五届"石壁客家论坛"发起、主办单位

福建宁化县客家研究中心

福建三明学院

台湾联合大学客家研究学院

北京大学历史系客家历史与文化研究所

华南理工大学客家文化研究所

福建客家祖地文化发展有限公司

第五届"石壁客家论坛"组委会

名誉主任　袁德俊　刘振郁　余建地　姚文辉

刘日太　李平生　张恩庭　刘善群

主　　任　林大茂

副 主 任　晁瑞明（台湾）　郭华榕　谭元亨

廖开顺　蔡登秋

秘 书 长　张启城

第五届"石壁客家论坛"学术指导委员会

主　　任　林大茂

委　　员　晁瑞明（台湾）　郭华榕　谭元亨　廖开顺

蔡登秋　刘凤锦（台湾）　刘焕云（台湾）

张恩庭　刘善群　张启城　吴来林

《第五届石壁客家论坛论文集》编委会

主　　编　林大茂

执行主编　廖开顺　张启城　吴来林

宁化县客家研究中心·石壁书系

# 第五届
# 石壁客家论坛论文集

林大茂◎主编

海峡出版发行集团 | 海峡文艺出版社

**图书在版编目(CIP)数据**

第五届石壁客家论坛论文集/林大茂主编. 一福
州:海峡文艺出版社,2017.10
(宁化县客家研究中心·石壁书系)
ISBN 978-7-5550-1289-4

Ⅰ.①第… Ⅱ.①林… Ⅲ.①客家人－民族文
化－宁化县－文集 Ⅳ.①K281.1－53

中国版本图书馆 CIP 数据核字(2017)第 230780 号

宁化县客家研究中心 · 石壁书系

第五届石壁客家论坛论文集

| | |
|---|---|
| 林大茂 | 主编 |
| **责任编辑** | 任心宇 |
| **出版发行** | 海峡出版发行集团 |
| | 海峡文艺出版社 |
| **经　销** | 福建新华发行(集团)有限责任公司 |
| **社　址** | 福州市东水路 76 号 14 层　　邮编　350001 |
| **发 行 部** | 0591－87536797 |
| **印　刷** | 福州报业鸿升印刷有限公司　　邮编　350028 |
| **厂　址** | 福州市仓山区建新镇建新北路 151 号 |
| **开　本** | 787 毫米×1092 毫米　1/16 |
| **字　数** | 830 千字 |
| **印　张** | 39 |
| **版　次** | 2017 年 10 月第 1 版 |
| **印　次** | 2017 年 10 月第 1 次印刷 |
| **书　号** | ISBN 978-7-5550-1289-4 |
| **定　价** | 95.00 元 |

如发现印装质量问题,请寄承印厂调换

# 序

余建地

五洲客家音，四海桑梓情。经筹委会精心筹备，第五届石壁客家论坛将于 2017 年 10 月在客家祖地宁化隆重举行。这是客家世界的喜事、盛事！

客家文化，是客家民系的血脉和灵魂，是中华优秀传统文化的重要组成部分。客家先民历经千年迁徙而终成卓越民系，其重要原因就在于拥有博大精深、灿烂无比的客家文化。千余年来，宁化客家先民，不畏艰难、砥砺前行、奋发有为，创造了独具特色的客家文化，是中华优秀传统文化中底蕴深厚、特色显著、影响广泛的文化软实力代表之一。在国家实施中华优秀传统文化传承发展工程之际，宁化县举办以"传承优秀传统文化，发展客家文化经济"为主题的第五届石壁客家论坛，无疑对于传承中华文脉、增强国家文化软实力等方面具有积极意义。

本届论坛自筹备以来，备受关注，反响热烈。至截稿日，海内外 136 位专家学者赐稿 142 篇，其中 81 篇入选论文集。本论文集涵盖内容丰富，有客家民系传承发展中华优秀传统文化之研究、建设客家文化（闽西）生态保护实验区之研究、宁化石壁与客家历史文化关系之研究、客家杰出人物与优秀传统文化关系之研究、客家地区传统经济与当代经济发展之研究、客家传统文化在当代的发展与传播之研究等诸方面，深层次、多角度、宽领域地研究了客家文化的传承弘扬与保护开发，为进一步发展客家文化，推动客家地区文化经济交流，推进海峡两岸和平统一进程提供了理论向导及宝贵的意义建议。各位专家学者对客家祖地宁化未来发展的拳拳之心和殷殷之情，让我们倍感激励，倍增信心！

客家精神壁立万仞，客家事业前景广阔。习近平总书记曾先后于 1998 年、2002 年两次亲临客家祖地，就宁化客家祖地建设提出要"研究客家文化，树立石壁祖地的权威性"。承载着习近平总书记深情嘱托和殷切期望，在各级领导的带领和海内外客家乡贤的鼎力襄助下，宁化客家祖地建设如火如荼，客家建筑拔地而起，客家机构日臻完善，客家工作人才日益充足，客家文化经济日趋繁荣，宁化客家事业日渐茁壮成长、枝繁叶茂。石壁客家祖地文化园获得"国家4A级旅游景区""海峡两岸交流基地""中国华侨国际文化交流基地"等殊荣，石壁客家祖地品牌已成为宁化走向世界的"金字招牌"。我们相信，石壁客家论坛乃至宁化客家事业在海内外众多专家、学者积极参与与呵护下，一定能繁花似锦，硕果累累。

（本文作者系中共宁化县委书记）

# 目 录

## 宁化石壁与客家历史文化关系之研究

## 客家杰出人物与优秀传统文化关系之研究

## 客家地区传统经济与当代经济发展之研究

## 客家传统文化在当代的发展与传播之研究

# 客家民系传承发展
# 中华优秀传统文化之研究

# 弘扬客家祭祖习俗，传承中华优秀传统文化

## ——以宁化石壁刘氏祭祖为例

刘焕云

### 一、前言

21 世纪在文明古国中华大地，实施中华优秀传统文化传承发展工程，是建设社会主义文化强国的重大战略任务，对于传承中华文脉、全面提升人民群众文化素养、维护国家文化安全、增强国家文化软实力、推进国家治理体系和治理能力现代化，具有重要意义。中国要牢牢把握社会主义先进文化前进方向，坚持创造性转化和创新性发展，促使中华优秀传统文化能够继续传承与发展并取得重要成果。同时，中国应该发展具有中国特色、中国风格、中国气派的文化产品，使文化自觉和文化自信显著增强，让中国文化软实力的根基更为坚实，更让中华文化的国际影响力明显提升。其实，海峡两岸愈追求现代化，就愈会发现中国传统文化蕴藏的无尽宝藏，其价值值得中国人重新挖掘。

所以，海峡两岸的中国人必须重新认识与了解自己的传统文化，对中华优秀传统文化有所传承，汰旧换新，进而以文化主体的身份对传统文化做出创造性的转化，赋予传统文化新的意义与价值。而客家民系是中华民族中具有明显特征与相对独立性的一个民系，千百年来客家文化在继承中原汉文化的基础上，不断地吸收中国南方各民族文化而逐步形成。客家人所缔造的客家文化，早就成为世界及中国文化、历史的聚焦点，成为华夏文明杰出的代表者。①

关于客家族群的来源、迁徙的历程，过去学界众说纷纭。20 世纪 30 年代，客家研究的先驱罗香林依循欧美学者观点，进行实地田野调查，研究客家源流与文化发展，写成《客家研究导论》《客家源流考》，认为客家是汉族里头一个系统分明的支派，因故从中原地区南迁到岭南各地。② 客家的由来，虽然出自晋元帝"给客制度"的诏书，但是经过五代纷争及宋太祖统一中国，客家民系才由其他民系演化而自成一系。③ 在历史的

---

① 谭元亨：《世界民族大迁徙中的客家先民岭南新论》，中国人民政治协商会议广东省梅州市委员会学习和文史资料委员会编《梅州文史》第 8 辑，1995 年 5 月，第 180 页。

② 罗香林：《客家研究导论》，南天书局 1992 年版，第 1 页。

③ 陈运栋：《客家人》，东门出版社 1987 年版，第 12 页。

长流中，客家人为了寻找安身立命的处所而到处迁移，故有"东方犹太人"之称。① 台湾客家学学者陈运栋强调，客家人本来就是中原正统的汉族，因遭受外族的侵略而进行大规模迁移，清代乾嘉以后客家人开始进军全世界。②

2011年，福建客联会会长林开钦所著《论汉族客家民系》一书，成为划时代的巨著。林会长认为客家不是文化概念，而是种族概念，客家先民是原来居住在河洛地区、黄淮流域与长江中下游地区的汉人，大批迁入赣、闽、粤交界区域，聚族而居。汉族客家民系的形成，有其清楚的脉络，有特定的地域条件，有特殊的历史年代，有独特的客家文化，处处都说明客家根在中原。③ 不论客家民系血缘如何混合，客家人在全球迁徙的地理环境之下，淬砺出爱乡爱国、勤劳坚强、开拓进取等特性，也造就了独特文化及民族气质。

现在客家后裔已遍及五大洲的80多个国家和地区。正所谓"凡海水所到之处，就有华侨，有华侨的地方就有客家人"。除海峡两岸之外，客家人散居在海外84个国家和地区，被誉为"日不落民系"。

**二、刘氏传衍与台湾移垦**

中华民族地广人众，姓氏繁多。刘姓是中国第四大姓，刘姓之源流系统有五种说法：一支源自于帝尧之后，称为祈姓刘氏；一支出自周成王最小的儿子，为姬姓刘氏；一支由汉朝赐姓为刘的一支；一支为匈奴等少数民族改姓为刘的一支；一支是由其他姓氏因故改为刘姓的一支。④ 但是一般刘氏族谱认为是帝尧唐氏姓伊，名放勋，妣散宜氏，生九男二女。第九子源明受封于刘（今山西省洪洞县），故刘姓源明公是为刘姓之始祖。传到秦朝时，第七十五世刘邦，灭秦建立汉朝为汉高祖。刘氏家族迅速繁衍播迁于长江南北，成为显赫的名门望族。光是郡望，就有彭城、沛国等13个之多，以彭城为最。⑤

到了三国时代，刘备为九十四世，其次子刘永从成都迁回洛阳。迨至晋朝"永嘉之乱"时，刘永之子孙随晋室渡江向江南一带迁徙。唐朝末年，黄巢起义时，有翰林学士视察使刘天锡，弃官奉父刘祥，因避乱而从洛阳迁居福建汀州宁化县石壁村择地立业，号为东派，其后代在宋朝时代，大都为官，显赫一时。而刘祥之兄刘翱，任建州（今福建省建瓯市）长官，子孙定居于此，遂为入闽始祖之一，族谱中称为西派。东派一般被认为是客家刘氏之源流，刘祥为始迁宁化之祖，后代枝叶繁衍，蔚为汀闽望族。⑥

现今福建长汀之刘氏家庙，被称为"中国客家刘氏第一座家庙"。位于汀州之刘氏家庙，古名"鲁王府"，又称为"王衙"，是长汀县县级文物保护单位。清光绪年间曾任

---

① 高宗熹：《客家人——东方的犹太人》，武陵出版公司1992年版，第9页。
② 陈运栋：《台湾的客家人》，台原出版社1998年版，第16—34页。
③ 林开钦：《论汉族客家民系》，福建人民出版社2011年版。
④ 刘佑平：《刘姓——中华姓氏通史》，东方出版社2000年版，第20—21页。
⑤ 曾海丰、陈志红编：《梅州百家姓》，天马图书有限公司2003年版，第28—29页。
⑥ 陈运栋：《三级古迹新埔刘家祠的历史研究》，刘宁颜主编《庆祝成立四十周年纪念论文专辑》，台湾省文献委员会，1988年6月，第80—81页。

刑部主事的刘光第（戊戌政变六君子之一），亦曾于光绪二十一年（1885）回到汀州刘氏家庙祭祖。现今家庙中有他的拟联"为肖子难为孝子，做良臣不做忠臣"。汀州刘氏家庙的建筑为明代风格，占地 1000 多平方米。

刘氏第 121 世祖刘祥公，因避"黄巢之乱"携子及孙移居福建宁化县石壁洞（今三明市宁化县境内），为客家刘氏中代肇基祖也。刘祥公于 82 岁逝世，夫妻合葬于葛藤坳八仙下棋形。入闽刘祥公繁衍的客家后裔，播居闽、粤、赣、桂、川、滇、黔、苏、浙、湘、港、澳、台以及海外 20 多个国家；特别是传至刘开七公再传刘广传公这一派，谱称东江十四大房，其后代子孙甚为兴盛。

图 1　福建长汀之刘氏入闽后兴建于北宋淳化三年（992）纪念鲁王刘永与入闽刘祥公的刘氏家庙

孙刘龙图，登后周翰林学士；五世孙刘任，北宋开宝年间任河南转运使；七世孙刘参祥，官知河南怀庆府；九世孙刘月清，官授江南判置史；十二世孙刘宗臣，宋高宗间官江西虔州判官，敕赐紫金光禄大夫；十三世孙刘贵盛，官知浙江金华府；十四世孙刘龙，官授湖广承宣使，迁河南宣抚使，任后返籍居宁化石壁。刘龙生子九人，名开一到开九。第七子开七，原居宁化石壁水口葛藤村，后迁入县城，于南宋初渡，宁宗嘉定年间因官职而由闽入粤，担任广东潮州都统，移家潮州。当时率兵往兴宁岗背平乱，卒于营，是为潮梅客家刘氏肇基太始祖。①

刘开七子孙，在各省所建立之刘开七宗祠如下：南京镇江府沛县一座、福建省城南门内一座、江西省城一座、江西吉安府一座、山东青州府诸城县一座、湖广省城一座、广东省城大南门内一座、广东省城外一座、广东兴宁县岗背一座、广东梅县城东门内一

---

① 黄玉钊主编，广东梅州客家联谊会办公室、梅州市地方志编委会办公室编：《客家姓氏渊源》，1989 年 11 月，第 172—179 页。

座、广西省城一座、广东潮州城内府衙前府仓背西片一座。①

刘开七之子刘广传,生十四子,有《内侍诗》一首,以嘱十四子云:

源濠渊海及涟江,
淮汉与浩共马娘。
洲浪波河深同腹,
列数五子是从杨。②

图2  位于广东省兴宁市黄陂镇陶古村的刘广传公祠

图3  由闽入粤兴宁开基始祖开公墓(1983年重修),位于广东省兴宁市岗背镇黄峰嶂下,高车头象形③

---

① 刘瑞图编:《大埔洲田刘氏族谱》,广东大埔刘氏宗亲,1922年,第12页。
② 刘展坤主编:《刘氏族谱》,丰顺县刘氏族谱编委会,1996年8月,第24页。
③ 图2、图3选自《广东兴宁刘氏总谱》,第198页。

就刘姓而言，台湾各地都有刘氏族人移垦，明郑时期（1661—1683），福建平和大坤乡人刘求成随郑成功渡台，入垦今台南柳营。其后，故地区刘姓族人陆续到台湾移垦。根据杨绪贤在《台湾区姓氏堂考考》一书中记载，刘姓到台湾移垦之来源如下[①]：

第一，来自福建省者。

（一）来自漳州府者。

平和县：明郑时期，刘茂燕之子求成，随郑成功入台，初居今台南市，后移垦柳营，为当地望族。乾隆中叶，刘享入垦今台北新庄，分传基隆市。

南靖县：雍正年间，刘贯入垦今新庄。乾隆初期，刘塔入垦今南投。乾隆中叶，刘士江入垦今台北市松山、内湖区，分传基隆市；刘秉高、刘籴兴入垦今台中市，分传苗栗苑里；刘一符入垦今彰化员林；刘仪忠入垦今桃园龟山。嘉庆年间，刘秉嵩入垦今宜兰头城。

（二）来自泉州府者。

南安县：刘传与刘侯成入垦今嘉义六脚。

同安县：明郑时期，刘二正入垦今高雄大湖、湖内、分传梓官。乾隆年间，刘葵入垦今台南学甲彭城里。

安溪县：康熙末叶，刘厚、刘绳突入垦今彰化溪州。乾隆初叶，刘世知入垦今彰化花坛。乾隆五十年（1785），刘秉盛入垦今台北新店。

（三）来自汀州府者。

永定县：乾隆五年（1740），刘文科入垦今嘉义大林，分传嘉义梅山。

第二，来自广东省者。

（一）来自嘉应州者。

五华县：刘巨浪派下：康熙末叶，刘奇生入垦今新竹市，后裔移垦新竹新埔、新丰。嘉庆二十三年（1818），刘鸿闰先入垦今桃园杨梅，后移垦新竹竹东；刘康宁偕弟杨宁入垦今新竹芎林。

梅　县：1. 刘巨浪派下：雍正年间，刘开倬先入垦今台北淡水，后移垦桃园芦竹，分传中坜、杨梅。

　　　　2. 刘巨源派下：乾隆初叶，刘逍遥入垦今苗栗镇。

　　　　3. 刘巨河派下：乾隆中叶，刘云展、刘伟芳先后入垦今屏东万峦。

平远县：刘巨河派下：雍正年间，刘子柱先入垦桃园龟山，后移垦竹东；刘京琏、戊芳父子先入垦今龟山，分传中坜。乾隆初叶，刘怀莞、刘通拔入垦今苗栗公馆；乾隆末叶，刘定安、定常、定宏、定宝、定守五兄弟，先入垦今台中丰原，分传台中东势、苗栗头份。

---

① 杨绪贤：《台湾区姓氏堂号考》，台湾省文献委员会，1979 年 6 月，第 211—214 页。

蕉岭县：巨河派下：乾隆末叶，刘祺补入垦今台中潭子，分传东势；刘楚云入垦今苗栗铜锣，分传南投草屯。嘉庆十二年（1807），刘富龙入垦今杨梅，后移垦头份。道光年间，刘新麟入垦今公馆。

（二）来自潮州府者。

饶平县：1. 刘巨渊派下：康熙末叶，刘名珍初居今台北八里，后移垦中坜，分传竹东。乾隆初叶，刘授臣入垦今丰原、潭子，分传东势。嘉庆年间，刘神堤携侄可亮等，入垦今新竹关西，分传中坜。

2. 刘巨渊分派石井房：康熙末叶，刘中孚入垦今中坜；刘颖德偕三弟大愿、侄可清分别入垦今新竹、中坜、东势，分传云林斗南；刘明心、光直、明义兄弟入垦今苎林。雍正年间，刘可策、刘英雅入垦今竹东；刘可仲、可岁兄弟入垦今新竹竹北；刘光祖入垦今竹北，后移垦新埔；刘可佑入垦今苎林。乾隆初叶，刘万金入垦今大林；刘石进入垦今新埔。乾隆中叶，刘光袍、光柑兄弟入垦今台中乌日，分传丰原；刘汉杰先入垦今八里，后移垦台北士林区，分传新竹湖口、新埔。

3. 刘巨渊分派杨康房：康熙末叶，刘廷魁入垦今彰化员林，后移垦台中石冈；刘廷皎入垦今台中是西屯区，分传丰原。雍正年间刘宁厅入垦今员林；刘宁堂入垦今彰化田中；刘延转、延臼、延楹兄弟入垦今新埔，分传台北地区。

4. 不详派别：雍正年间，刘延皦入垦今丰原。嘉庆中叶，刘阿满、刘奕元入垦今东势，刘奕元后裔移居苗栗大湖。

大埔县：1. 刘巨涨派下：乾隆中叶，刘大郎入垦今台北市松山区，后移垦苎林；刘思敬入垦今苗栗造桥。

2. 刘巨波派下：乾隆初叶，刘儒俊入垦今新竹。

3. 刘学箕派下：康熙五十年（1711），刘元龙入垦今台中神冈，后移垦石冈。

4. 刘巨渊派下：雍正十二年（1734），刘士秀入垦今东势。刘士朝移垦公馆。刘凤孟移垦新社水底寮。刘三运移垦石冈。

丰顺县：刘巨涨派下：雍正年间，刘恭而入垦今苗栗县。

（三）来自惠州府者。

陆丰县：1. 刘巨渊分派杨康房：雍正年间，刘延章初居今台北新庄，后迁新埔。

2. 刘巨汉派下：乾隆中叶，刘恩宽入垦今苗栗西湖。

除了上述知晓来源者外，还有来自广东，不详府别者：乾隆四十年（1775），刘承知兴筑今苎林高枧圳；四十六年（1781），刘中立入垦今石冈；嘉庆十四年（1809），刘振文入垦今东势；二十年（1815），刘半立入垦今台中新社。也有不详省别者：乾隆二十三年（1758），刘宗入垦今南投竹山；四十九年（1784），刘子锡、子顺兄弟入垦今新竹香山；嘉庆三年（1798），刘贻元入垦今宜兰头城、礁溪；十九年（1814），刘得昌入垦今柳营；二十四年（1819），刘秉项入垦今台中东势。

刘姓移垦台湾者，以刘开七派下居多，依其祖籍，有来自福建省者：漳州府之平和县、南靖县，泉州府之南安县、同安县、安溪县，汀州府之永定县。有来自广东省者：如嘉应州之五华县、梅县。[①]

刘氏后裔在台湾繁衍数代后，为台湾地区第八大姓。使用的堂号有：彭城、沛国、弘农、河间、中山、梁郡、顿丘、南阳、东平、高密、竟陵、长沙、河南（以上系郡号），藜照、德馨等，以彭城为最。所建立较大之宗祠有新埔镇、芎林乡、东势镇、万峦乡的刘氏宗祠。

### 三、客家崇祖敬宗的精神与文化特色

"敬天尊祖"本是中华民族的固有信仰。一方面对宇宙及大自然之浩瀚有所感怀，天、地、人配列三才，人应该尊敬天地之所赐，人生天地之间亦应当有所作为；另一方面，祖先、祖宗乃生身之源，"木有本、水有源"，人人一系相承，人人应该崇本报先，任何家庭或任何宗族对祖先均应该有虔诚肃穆的缅怀、感恩之情。因此，中国古代传统文化流传有"敬天尊祖"崇祀仪式。在古代汉人社会中，祭祀活动占据日常生活中相当重要的地位。《礼记·祭统》："凡治人之道，莫急于礼；礼有五经，莫重于祭。"在祭祀对象方面则包含了天神、地祇以及其他万物。可知先民祭祀的对象繁多，不论是天神、地祇、人鬼，连自然山川、万物也都成为祭祀的对象，而祭祀祖先是非常重要的，并且形成一定的祭祀仪式。

祖先崇拜是返本报始与寻根意识的展现。祖先崇拜从夏朝即已存在。祖先崇拜现象，若从甲骨文研究，更可知商、周时代，祭祀制度已经形成。周朝时已经把祖先崇祀落实在建立宗庙制度之上，在宗庙中供奉神主牌。了解古代祖先崇祀的历史，可以说明台湾客家祭祀文化，祭神与祭祖并重，均源自古礼。客家人于岁时节令、婚丧喜庆，都会祭神，也会祭祖；客家人举行祭礼，仍谨守着源自古代之祭祀仪节。

客家人在台湾移垦经年累月、长期定居之后，就需要永久定居之房舍，并供奉祖先牌位，追思与祭祀祖先；同时要编修族谱，甚至要建立家庙，设置祖牌，方便祭祖崇祀。客家族谱记载了祖先传承之系统衍派，也记载了"世辈""字辈"（即所谓昭穆）。换言之，台湾客家人一开始先在家中设置简易的祖炉与祖牌，方便进行崇拜祖先之祭祖仪式。再历经几代繁衍、子孙昌盛之后，更会有营建家庙公厅，集中奉祀来台后的所有支派裔孙之祖先牌位，便于宗族共同崇祀祖先。

客家人注重族谱之编修。族谱是传统的历史文献及珍贵的地方文献，蕴藏着丰富的人物与地方史料，更是中华民族各姓氏之渊源、家族历史的记载体裁。

根据志书、谱牒等文献资料，可知台湾客家各姓氏都从宁化石壁定居后再南迁各

---

① 杨绪贤：《台湾区姓氏堂号考》，台湾省文献委员会，1979 年 6 月，第 211—212 页。

地，所以流传有"北有大槐树，南有石壁洞"之说。① 这也说明了宁化是客家祖地之事实，为后人树立了典范，对于客家学与族谱学的研究与发展，发挥了启迪效用。② 客家人重视谱牒编修之文化，亦随着移垦而传到台湾。客家移民在台湾移垦久了之后，家族或宗族逐渐繁衍与兴旺，其家族史或族谱除了会记载开台祖入垦之事迹外，也会在族谱中记载唐山祖迁徙之经历，这些记载成为客家人寻根问祖的重要文献。客家文化重视谱牒之撰作，编修族谱不仅是尊祖敬宗与敦亲睦族的表现，而且是"慎终追远""谨始怀来"寻根意识的体现。③ 足见宁化石壁在孕育客家人与建构客家文化过程中的重要性。

### 四、刘氏与宁化祭祖

客家刘氏自刘祥入闽肇基以后，世世代代都聚居在福建宁化石壁，其墓地也在宁化。刘氏后裔为纪念客家刘氏始祖祥公诞辰1197周年，已于2017年3月19日，聚集有500多名来自广东、江西和宁化周边地区的刘氏宗亲，相聚宁化县石壁镇南田村沙洲段祥公祖墓，共祭刘氏开基祖刘祥。根据族谱记载，祥公墓地在宁化石壁葛藤凹，属于八仙下棋型的地形。在喧天的锣鼓声和轰鸣的鞭炮声中，各位刘氏裔孙均按照客家传统礼仪，在宁化刘氏开基祖刘祥墓前进行祭祀，焚香、安杯、安筷、献牲、献帛、三跪九拜、行上香礼、行酒礼、恭颂祭文，表达对先祖的敬仰与缅怀之情。

以笔者居台裔孙为例，根据刘氏族谱，121世刘祥到134世刘龙（字景庆号达浩妣陈氏谢氏李氏），共有14代刘氏先祖葬于宁化。兹详述如下。④

121世刘祥、妣张氏，夫妇合葬于宁化县石壁洞葛藤凹，八仙下棋形。

122世刘天锡、妣李氏，夫妇合葬于宁化县黄竹沥，凤形，坐东向西。

123世刘沐、妣陈氏，夫妇合葬于宁化县祖山角弓坑，羊形，坐东向西。

124世刘龙图、妣黄氏，夫妇合葬于宁化县良洞村，莲叶盖龟形。

125世刘任、妣程氏，夫妇合葬于宁化县龙村，犀牛望月形。

126世刘若还、妣罗氏，夫妇合葬于宁化县龙岗山下，坐北向南。

127世刘参常、妣谢氏，夫妇合葬于宁化县七星江下，牛形。

128世刘德洪、妣张氏，夫妇合葬于宁化县丰头，冲天凤形。

129世刘月清，妣吴、华、张氏，夫妇合葬于宁化县祖山贤坑，金星落穴，坐东向西。

130世刘梅，妣王、钟氏，夫妇合葬于宁化县九龙坑，牛眠形，坐南向北。

131世刘富山，妣蒋、余、李氏，夫妇合葬于宁化县湖坑，坐东向西。

132世刘春田、妣李氏，夫妇合葬于宁化县凤坑。

132世刘宗臣，妣吴、郑氏，夫妇合葬于宁化县福村水荻塘。

---

① 罗香林：《客家研究导论》，南天书局1992年版，第61—62页。
② 罗香林：《客家研究导论》，南天书局1992年版，第61—62页。
③ 罗香林：《客家史料汇篇》，南天书局1992年版，第2页。
④ 刘瑞图：《大埔洲田刘氏族谱》，广东大埔刘氏族人印行，1921年，第42—43页。

133 世刘贵盛、姚赵氏，夫妇合葬于宁化县，兔子望月形。

134 世刘龙，姚陈、谢氏，夫妇合葬于宁化县，金钗形，坐西向东。

以上以刘氏先祖为例，说明宁化石壁孕育了刘氏后人无数，可印证南有石壁洞之说。客家人从福建迁居来台湾移垦到定居，先是"任从随地立纲常"，久而久之"年深外境犹吾境"，在台湾落地生根，传承中华文化，让台湾成为中华民族的宝岛。连横指出："台湾之人，中国之人也，而又闽粤之族也。闽居近海，粤宅山陬，所处不同，风俗亦异，故闽人之多进取，而粤人之重保存。"① 台湾文化是既传承又创新的综合体，也是大陆与海洋文明的综合体。特别是客家人与客家文化最重视文化渊源与传统，具有深厚的中原意识与文化意识，重视寻根问祖、伦理道德、忠孝节义精神，重视家庭荣誉，也重视文化教育。

### 五、结论

客家文化既是中华文化的优良成分之一，如何重新诠释客家文化，发挥客家文化的优良成分，并对两岸和平统一做出贡献，这是当前客家人应该共同思考的问题。

21 世纪的海峡两岸，特别是当中国大陆改革开放近 40 年，中国崛起已经成为不可抵挡的世界潮流，中国即将迈入盛世。也有人认为，中国需要发扬自身优良传统，学习西方，继续努力，循序渐进，才能再造高峰，迈向大同盛世。因此，在 21 世纪全球化时代，弘扬客家文化，促进两岸和谐发展，特别有其重要的意义。近百年来，许多客家人在反抗帝国主义、反封建主义的斗争中，在政治、经济、军事、文化教育等方面，表现出具有伟大历史意义的可歌可泣的事迹，为中国历史留下了宝贵的精神财富。② 以孙中山先生为例，他是出生于广东中山翠亨村的客家人，幼年期间即常常听到以客家人居多的太平天国的革命故事，感染了客家人爱国革命的胸怀。20 世纪初期，孙中山目睹清政府之腐败，目睹中国遭受帝国主义的侵略，为了救国救民，乃致力于中国的革命运动，经过多次起义，终于推翻清朝，建立共和。孙中山希望把中国建设成为一个富强的共和国，进而促进世界和平，臻世界大同之郅治。

客家文化是对中国优秀文化精华的继承和发扬，客家人的爱国心极强，是永远不会被征服的。"没有客家，便没有中国的革命"，"客家精神是中国革命的精神"。③ 正如上述，21 世纪，弘扬客家文化，对于促进中华民族伟大复兴，实现中国梦，特别有其深远的文化意义。

客家文化强调崇祖敬宗、耕读传家、节俭勤奋，客家人有坚韧的爱国精神，这些客家文化特质是非常可贵的。历史昭告世人，维系一个国家与一个民族的存在，靠的是光

---

① 连雅堂：《台湾通史》，下册，"台湾文献丛刊"第 2 辑，台湾银行经济研究室编，众文图书公司影印，1979 年，第 597 页。

② 刘南彪：《客家源流及其考释》，中国人民政治协商会议广东省梅州市委员会学习和文史资料委员会编《梅州文史》第 1 辑，1989 年 3 月，第 7 页及前言第 1 页。

③ 陈运栋：《客家人》，《台湾的客家人》，台原出版社 1998 年版，第 20 页。

荣又伟大的传统，特别是爱国精神。今日海峡两岸的客家人必须重新认识与了解自己的客家文化传统，对客家文化有所传承，汰旧换新，进而以文化主体的身份对客家文化做出创造性的转化，赋予客家文化新的意义与价值。今后，客家人在实现中国现代化的历史进程中，绝不会缺席。尤其，在追求中华民族伟大复兴的"中国梦"之际，笔者相信客家爱国精神对建构两岸和平发展，一定能做出恒久的贡献。

**参考文献：**

[1] 谭元亨：《世界民族大迁徙中的客家先民岭南新论》，中国人民政治协商会议广东省梅州市委员会学习和文史资料委员会编《梅州文史》第 8 辑，1995 年 5 月。

[2] 谭元亨：《客商》，人民出版社 2008 年版。

[3] 罗香林：《客家研究导论》，南天书局 1992 年版。

[4] 罗香林，《客家史料汇篇》，南天书局 1992 年版。

[5] 陈运栋：《客家人》，东门出版社 1987 年版。

[6] 陈运栋：《台湾的客家人》，台原出版社 1998 年版。

[7] 谢重光：《海峡两岸的客家人》，幼狮文化事业股份有限公司 1999 年版。

[8] 林开钦：《论汉族客家民系》，福建人民出版社 2011 年版。

[9] 陈支平：《客家源流新论——谁是客家人》，台原出版社 1998 年版。

[10] 孙远谋：《乐安孙氏世系源流考撰》，《台湾源流》1999 年第 9 期。

[11] 高宗熹：《客家人——东方的犹太人》，武陵出版公司 1992 年版。

[12] 连雅堂：《台湾通史》，下册，"台湾文献丛刊"第 2 辑，台湾银行经济研究室编，众文图书公司影印，1979 年。

[13] 刘南彪：《客家源流及其考释》，中国人民政治协商会议广东省梅州市委员会学习和文史资料委员会编《梅州文史》第 1 辑，1989 年 3 月。

[15] 曾海丰、陈志红编：《梅州百家姓》，天马图书有限公司 2003 年版。

[16] 陈运栋：《三级古迹新埔刘家祠的历史研究》，刘宁颜主编《庆祝成立四十周年纪念论文专辑》台湾省文献委员会，1988 年 6 月。

[17] 黄玉钊主编，广东梅州客家联谊会办公室、梅州市地方志编委会办公室编：《客家姓氏渊源》，1989 年 11 月。

刘瑞图编：《大埔洲田刘氏族谱》，广东大埔刘氏宗亲，1922 年。

[18] 刘展坤主编：《刘氏族谱》，丰顺县刘氏族谱编委会，1996 年 8 月。

[19] 杨绪贤：《台湾区姓氏堂号考》，台湾省文献委员会，1979 年 6 月。

[20] 章学程，《文始通义》，盘更出版社，年不详。

[21] 刘佑平：《刘姓——中华姓氏通史》，东方出版社 2000 年版。

（本文作者系台湾省苗栗县联合大学客家研究学院文化观光产业学系副教授，博士）

# 避难与谋生

## ——客家群体柔韧性的形成与发展

### 郭华榕

一年一度的石壁论坛，给了我们探讨客家文明的好机会。近年来，客家学的研究获得显著发展，会议上的发言、发表的论文与出版的专著，广泛介绍客家人的祖训、传统、文化。如果与罗香林先生所处的时代相比较，现今的研究无疑成绩斐然。同时，还有若干问题值得探讨，以求充分了解客家文明的基本内容。笔者学识有限，经常感到存在一个重要问题：客家先民与客家人如何能够避开社会灾难、克服生活贫困，不断地为生存与发展而迁徙和拼搏？这是何种文明特性？它怎样锻造、锤炼而成？

艰难的历程始于离开中原大地，而后在闽、粤、赣山地得到发展，如今延伸至远隔重洋。这就是客家文明难能可贵的品质，它的柔韧性。依笔者之孔见，柔韧，指受外力压迫时，虽然变形而不易折断，受压者坚持着自己的基本信念。通常这种策略不受重视，然而它是持续的灵活方式的反抗、人类群体的"能伸能屈""文武之道一张一弛"，与治国理政不同的张弛。文明，历来不限于文雅，它内含着新与旧、硬与软、强与弱、粗与细、暴力与说服、顺从与反抗、暂时出现与长久延续，以及守旧固化与变革创新……客家文明也不例外。请容许考察与客家文明的柔韧性相关的历史事实。[1]

问题已经提出，说明却相当困难。族谱与家训谆谆教导后代，客家先人如何千辛万苦地从中原走到闽、粤、赣……但是教导仅寥寥数语原则归纳，通常不见可靠文献的详细具体的支持。曾请教于有关专家，仍未获查询文献的明确指导。应该坦然承认，这是客家学研究的重大遗憾。本文尽可能地追寻客家先民与客家人的足迹，认识这类人的群体的特性。客家文明因避开社会灾难而生，又因克服山区困贫而发展，在此漫长历史波折中，柔韧性的践行者是难于数计的无名英雄。我们后人不应以"今人之虑，度前人之心"，先人们当时首要的考虑在于避开危险或饥饿，艰苦奋争是为了生存，而后求得发展。

---

[1] 我们经常见到关于客家人"硬颈精神"的讲述。硬颈，有双重含义：不屈不挠、不认命；固执倔强、不善于反思。笔者请教老友华南理工大学文教授，他的意见："硬颈为典型的广府话"，"历史上老广府人的用语"，老广府人多用"颈"字，"客家人后来学的"。

### 一、柔韧性的形成

众所周知，客家学研究的范围内，存在若干不同的学术见解，甚至难见分晓的争论。焦点在于：谁是客家人、有多少客家人、南迁的始地在何处、中原的含义、南迁的次数、民系形成的时间……我们企盼着学术研究的演进。与此同时，可以尝试另辟蹊径，即不受具体化、分散化探讨的约束，从长时段、大角度、整体观来考察有关人与事：千万人的群体、广义的中原、多次往南的迁徙、千百年的民系形成与发展。无论发生多少争论，这些为时长久与整体巨大的历史现象，显然无人能够否定。如此观察并非将客家随意夸大，而仅是存异求同，为了更好地研究客家文明。

关于柔韧性的形成，可以考察：逃离中原、艰苦南迁、新地垦殖、和睦安居。

（一）逃离中原。史书中常见的中华之乱：西晋的八王之乱与永嘉之乱、唐安史之乱与黄巢起义、北宋末靖康之乱、明代的靖难之变、清代的土客相争与太平天国……社会大动荡迫使官家富人与平头百姓逃离"是非之地"中原，其中许多人陆续到达赣、闽、粤——武夷山东西两侧与向南的余脉。人们必须离开曾经的久住之地，"大槐树"等成了离乡背井者聚会出发、集体南行的标志。

历史上，每当人类群体的生存陷入巨大困难时，通常可见两大类解救办法：一是起来公开斗争，如陈胜吴广的揭竿而起、太平天国的造反、参加红军干革命，或如古代罗马的斯巴达克起义、德国的农民战争、俄国的普加乔夫起义、法国的大革命。另一类办法为永远或暂时离开受困之地，如逃离中原南迁、"过番"下南洋、走西口、闯关东，或者如新教徒离开法兰西（1685 年路易十四仅仅允许信仰天主教，约 40 万人被迫迁居国外，当时法国全国人口近 1900 万人），挪威人移民美洲（1885—1900 年小农和渔民等陷入生活困境，近 70 万人移居美国和加拿大，而那时该国人口仅约 200 万），以及西班牙人扭曲表现的"梅斯塔"（Mesta，从 13 世纪至 1836 年，卡斯蒂利亚的牧羊主获得特权，可以赶着羊群从多山的北部按预定路线往南方与返回北方放牧，沿途可在所经牧场、草地、葡萄园觅食，居民不得设立栅栏阻止。1995 年，又曾发生类似事件）。

在漫长的岁月里，生存受到威胁的中原人，陆续挥泪离开家乡。常见若干浓缩的记载："大寇犯中原"，"中夏多难，衣冠南迁"，"中原失手，族类逃难"，"洛京倾覆，中州士女避难江左者十六七"，"避地衣冠尽向南"。匆匆上路时，应该走向何方？山高水远的、比较安全的赣、闽、粤。根据现有的族谱，石城徐氏家族的迁徙较为完整。710年之际，徐氏的祖先任唐朝的护国军师（在长安）。安史之乱（755—763）时，该家族"避乱迁（江西宁都）石城……宋末，迁福建汀州府上杭县……后代于明清间移居广东惠州、丰顺等地，清末迁台湾"。① 如此长途的迁徙，可惜不见记载或回忆。

---

① 张恩庭、刘善群主编：《石壁与客家》，中国华侨出版社 2000 年版，第 25 页。《赣州与客家世界国际学术讨论会论文集》，人民日报出版社 2004 年版，第 10 页。转引自谢重光：《福建客家》，广西师大出版社 2005 年版，第 11 页。古代以东为左，以西为右。江左即江东。

（二）艰苦南迁。客家先民南迁，从中原至闽、粤、赣，山重水复，路途艰险，他们扶老携幼、肩挑身背披星戴月十分不易，部分人还有经济困难、病痛甚至受到死亡的威胁。江西石城，至今可见一条古老的鹅卵石路，它通向宁化、长汀、梅州。在那些久远的迁徙中，这是"闽粤通衢"，状况良好的南迁大道。①它承受了千千万万客家先民的脚印，见证着他们断断续续南下的途程。

南北朝时，大约 5 世纪后期，程旼从建康（今南京）出发，后来定居于梅州的平远县。他们出发时亲朋好友数百人，沿途一些人留在了所经之地，到达平远县的坝头时仅剩下数十人。西晋时，280 年，赖忠诚辞官率领全家南迁，从洛阳经鄱阳湖、抚河、宜黄水、黄水，到达赣南的梅江上游，在桴源定居。② 这是以水路为主的迁徙。

755—756 年，唐玄宗"天宝末，安禄山反"，"中原失守，族类逃难，不南驰吴越，则北走沙朔或转死沟壑"。南宋末年，元兵南下之际，曾氏的"天秩公与聂氏婆太"携幼子、带小弟，肩挑父母遗骸，逃离宁化石壁，于 1279 年到达赣州。天秩公"步行因病早逝"，埋葬于会昌县筠门岭地区。聂氏率领家人继续南逃，到达梅州程乡县（今蕉岭县新浦镇）。③

关于客家先民从中原至武夷山的旅途记载，笔者难于找到。宁化至今保存着许多客家先民女性曾经脚穿的"三寸金莲"小鞋，它们至少可作两点说明：抵达宁化以前，南来女性多缠足；此后面对山路崎岖，只有放足而行。顺便提及，笔者有一次亲身经历仅供参考。记得那是抗日战争后期，由于担心日本鬼子侵犯至长汀城，大家纷纷逃入山中。那时，笔者刚上小学，一天深更半夜，跟着妈妈高一脚低一脚地走出城，步行经新桥前往馆前。60 里山路复山路，攀登再攀登，天已黑暗时众人才到达馆前。借此，也可设想，千百年前客家先人男女老少南来时漫漫旅途的艰辛。先人们走水路，也非易事。例如，汀江水流急、险滩多，早已四处闻名。

（三）新地垦殖。客家先民来到武夷山地区后，常住在山地，以农业开垦为主，"难也难，麻篮担水上高山。麻篮担得几多水，肚饥抵得几多餐"。④从事耕作之外，也兼做手工业或小商经营。换言之，面对大自然，从事小生产性质的活动，尽力解决一家人的温饱问题。同时，客家子弟的教育得到重视，出现了集体掌管的田地，其收成专供赞助穷困儿童上学。

原属长汀现归连城的培田，吴氏"家训"中规定："民生在勤，勤则不匮。""农工商贾，勉励乃事。""族规"中包括禁令"松杉竹木所以生财源而资利用也。无论何人山

---

① 温涌泉：《客家民系的发祥地——石城》，作家出版社 2006 年版，第 71—72 页。

② 余蔚文：《世界客属名贤程旼》，梅州平远，2000 年。邱常松主编：《客家第一性——宁都赖氏》，中华文化发展基金会出版社 2003 年版，第 31 页。

③ 刘小彦主编：《第四届石壁客家论坛论文集》，福建教育出版社 2016 年版，第 72 页。

④ 世界客属第 25 届恳亲大会组委会编：《世界客属第 25 届恳亲大会国际客家文化学术研讨会论文集》，福建教育出版社 2012 年版，第 357 页。

场坟林古树，遇有盗砍者，通众从重处罚，买者同罚"。上杭李火德"宗谱"中，可见"务农业""力耕种""守耕读""春田秋圃，莫令荒芜，五谷杂粮，仙豆果蔬，毋失其时，仓谷不虚"的记载。定居于宁都县的赖忠诚，"在窝岭山下辟居筑宅……开垦谷地农耕，经18年辛劳。"① 积极思考、辛勤劳作与不屈的精神保证了客家人在新的住地的日常生活。

（四）和睦定居。客家人在所停留与定居的地方，遇到两类人际关系问题：与当地原住民众（包括少数民族）的关系；先后来到的客家人之间的关系。培田吴氏"家训"："惇叙九族，古有明训。一本之亲，不分远近。相侃相赒，释争解忿。""积善余庆，积恶余殃。""忠厚传世，久而弥昌。从事刻薄，力见死亡。""一相之忿，永世祸根。"应该"忠厚宜尚、品行宜端、礼义宜明、争竞宜平"。周氏家训："勿占便宜。"苏氏家规："和善新正，语言必谨，乡里必和。"沈氏家训："非我有，勿垂涎。"江氏祖训："千金一诺，抵死不移。"俞氏家规："亲帮亲，邻帮邻，近邻也当自家人。"江西龙南赖氏族规："守分法，以息争讼。""慎言语，以睦邻里。"② 从总体考察，客家人通常较好地处理了这两种关系。对他人的宽容，得到了他人对自己宽容的回报。

江西石城的历史与现状，提供了令人感动的实例——不同家族共同的祠堂。石城县丰山乡沿沙村，明朝中期（15世纪末—16世纪初），温、黄两姓合作建立了一个祠堂，两姓一直共同使用。2011年，拆去旧建筑，又共同重建一个新祠堂。杨坊村有一座8个家族共用的祠堂，它由温、方、巫、张、宁、王、何、李姓民众共建于清代，共同使用至今日。琴江镇大畲村，清代康熙时也建立了一座8姓共同的祠堂，他们是张、王、刘、谢、罗、温、邓、巫。2013年拆旧建新时，仍由上述8姓合作。这些祠堂的人们常有亲戚关系，一向未曾发生重大争执，真是颇为珍贵。③ 这些共建共用的祠堂是客家人活动的重地，从一个特别的角度，表明了客家文明的柔韧性。按照原来的习俗，祠堂仅限属于一个族姓，具有明显的排他性，现在它们得到扩展、柔和化，变成了多个家族团结的象征，共祭祖先、共办庆祝活动，十分有利于协作谋生与社会发展。正是此种高度和睦温馨的精神，为客家民系、为中华文明增添了光彩。笔者未能核实，不敢妄言这是世界唯一的现象，但可以指出这是罕见的现象。

另一现象令人瞩目：看来由于身体条件的不同，"精壮男子"较多到达闽、粤、赣，随后汉族客家人与畲族通婚。当代学者的考察证实了这一习俗。上杭县中都乡古方村张姓人家从第1至21世共娶妻810个，包括蓝、雷、钟三个畲族姓，其中钟姓女98人。长汀县羊古乡罗坑头村，吴姓第1至20世，共娶83个蓝姓女子，为数最多，而且每一

---

① 刘小彦主编：《第四届石壁客家论坛论文集》，福建教育出版社2016年版，第16、25、27页。
② 刘小彦主编：《第四届石壁客家论坛论文集》，福建教育出版社2016年版，第16—17页。
③ 蔡建境、杨兴忠主编：《第七届海峡两岸客家高峰论坛暨第二届石壁客家论坛论文集》，海风出版社2014年版，第386—387页。

代皆有。①客家人与畲族民众的和睦相处,十分有利于山区日常生活与人际关系的维系。

## 二、柔韧性的发展

关于柔韧性的发展,可以考察如下要素:挥泪过番、西迁东渡、返乡省亲,以及当今向世界的积极发展。

(一)挥泪过番。宋元时,福建分为 8 个行政或军事单位,史称"八闽"。明代邓应奎在《君山歌》中写道:"八闽丘壑称奇绝。"武夷山地区高山峻岭,可耕种之地甚少。随着时间的推移,迁入者和新生者导致人口不断增加,于是产生新的困难:在有限的自然条件下,如何养活众多人口,保证社会的安宁与发展?"过番"下南洋成了全新的出路。这是离别中原大地时,不曾也不敢想象的谋求生存的办法。此种新的离别的实际作用在于缓和闽、粤、赣可能出现的社会内部的矛盾。同时,生离可能是永别,其中包含着客家人的痛苦抉择与韧性心态。有诗为证:"恩爱夫妻共一床,半夜辞别去南洋。五更分手情难别,目汁双双泪两行。"丈夫告别:"回头望妻望码头,几多悲伤几多愁。棒打鸳鸯分两地,不知何日共水游。"妻子夜思:"黄昏想郎到天明,泪水滴落流不停。流到床下鞋冲走,流出门外浸死人。"②从此,各分东西、音信难通的一家亲人,唯有忍受、企盼、漫长的失望。这是一种始终伴随着痛苦的柔韧。思乡念家,魂牵梦萦,人类情感历史中的悲歌。西方所谓世界浪漫文化的制造者、讴歌者,有多少人听闻过、探索过这些东方人的群体的悲欢离合?人们推崇卢梭,然而无视或忘记了他在 1750 年留下的警句:"我们知道得越少,就以为自己知道得越多!"

客家人在国外谋生为时已经久远,他们打工劳动或自家经营,总的人数与所在国家的数目,至今尚无官方的权威统计。估计人数 411. 935 万人或 500 万人,另说至少 1500 万人。所在国家为 80 多个,或 83 个。有关统计涉及"谁是客家人"等问题……

(二)西迁东渡。西迁四川等地,这是客家人迁徙的重要活动。明末清初,四川陷入困境。许多地方"数十里无人烟","城郭为墟",饥饿发生时"人且相食"。某些城镇,竟然老虎成群,"鱼贯而行"。"千里无鸡犬之音"或"赤地千里"。后来,客家人等移民陆续迁入,他们"初辟草莱,勤劳最苦",四川的状况逐步改善。1767 年,四川移民垦荒基本停止。③

客家人从闽、粤、赣出发,经湖南、湖北与贵州,迁入四川。客家人为何离开闽、粤、赣?自然条件与社会因素促成了西迁。请看闽西,"汀界闽粤西南彻,崇岗复岭,深溪窈谷,千山腾陵余五百里"。这里民众"俗尚武勇,当深谷斗绝处,往往挂刀升层崖,如履平地"。汀州府内,长汀县"叠岭崇岗,山多于地,田脊而艰水"。宁化县,

---

① 《赣州与客家世界国际学术讨论会论文集》,人民日报出版社 2004 年版,第 250 页。林善珂等:《客家路漫漫》,中国文联出版社 2000 年版,第 121 页。

② 罗英祥:《漂洋过海的客家人》,河南大学出版社 1994 年版,第 309、303 页。张佑周等:《客家文化概论》,中国文联出版社 2002 年版,第 99 页。

③ 《大迁徙:"湖广填四川"解读》,四川人民出版社 2010 年版,第 280—283、287、288 页。

"山延袤百里,而高二十里"。上杭县,"岭嶂重叠"。连城县,"复叠万山之中,舟车四塞之地"。此外,漳平的"永福里大岭下",海拔1350米,民间如此形容:"永福挂半空,只能种大冬。一年种一季,吃了烤火笼。"湖南仅靠晚稻维持生活,环境问题另具特色。17世纪80年代,那里人口稠密已"无可耕之地",经济开发饱和,人们被迫往外谋生。①

社会因素通常与环境因素相连,发生了饥饿。1691年,"广东饥荒,逃奔他省,走至四川"。家破人亡迫使人们迁移,长乐(今五华)钟家就是一例。丈夫去世,杨氏治家,"家计日渐萧条",人们被迫移民四川。那时,曾有若干70余岁的女性各自率领子孙集体迁徙。社会灾难,如战乱、瘟疫,也迫使人们逃到四川。

移民陆续迁入四川。闽西"填川移民"约20万人,他们绝大多数是客家人,其中汀州人最多,占清代前期入川者的48.2%,而龙岩入川者仅28.9%,漳州16.9%等。如四川《简阳县志》所记载,从闽西移入的家族支数,汀州人多达22支,龙岩只有4支,龙溪、南靖和莆田各一支。② 无疑,那时移民中也包括了非客家人。

填川移民同样反映了移民迁徙的困难。雍正皇帝在给内阁的一次喻示中承认:移入四川者"小民离弃乡井,扶老携幼,跋涉山川,安有余资以供路费?中途困厄,求救无门"。1733年,一位官员奏折记载了移民如下言论:"山高水深,万一不测,跌死下山,淹死下水,也是我等之命。"曾有长乐人经贵州去四川,"途中遇到风雪,滞留于黔四十夜"。嘉应州若干移民途中"盘费不济",被迫在湖南浏阳停留,以砍柴为生,数年后才到达四川。③迁徙路上,家人走散、失踪皆曾发生。文献记载了移民患病甚至死亡的事实。例如"行至途中,患麻疹身亡",或过贵州时,"妻蓝氏病亡"。江西一移民,途中父亲病故。同时,也有新的生命的降临,途中生育困难重重。日常生活缺少食盐等必需的物质。不论陆路还是水路,真是艰难的蜀道!

东渡台湾省的移民,多从闽、粤出发。武夷山地区的自然条件与社会发展水平迫使客家人除西迁之外,将目光东移至台湾。我们不曾找到粤东的统计资料,然而借助闽西的资料也可见一斑。古汀州的长汀、上杭、武平等地灾难较多。以宋代至清代为例,大约420年,闽西水灾84次,旱灾42次。④

厦门与汕头等地为客家人东渡的标志地点。近年的书刊中,可以读到客家人东迁的

---

① (明)胡太初修:《临汀志》,福建人民出版社1990年版,第37页。(清)曾曰瑛修:《汀州府志》,方志出版社2004年版,第31、5页。

② 陈世松:《大迁徙:"湖广填四川"解读》,四川人民出版社2010年版,第107、110、101页。

③ 陈世松:《大迁徙:"湖广填四川"解读》,四川人民出版社2010年版,第230、231、208页。请参见拙文《世界视野中的"填川移民"》,载《重庆·荣昌填川移民文化学术讨论会论文汇编》,2016年,第13、26页。

④ 《龙岩地区自然灾害》,龙岩地区档案馆,1989年,第8—9、18—21页。

记载，如曾、谢、黄、丘等姓客家人的迁徙。①

曾氏为蕉岭的大户。那里，丘陵地带，土地贫瘠，生活不易，况且1767年官方停止了入川移民，于是从1774年开始至道光年间（1821—1850），曾氏家族人员分作多次迁到台湾省的屏东县。

谢氏的迁徙起因是"黄巢之乱"，从福建宁化石壁出发，到江西的于都，1371年到达广东梅县定居。后来，他们陆续迁往台湾省，例如1877年谢姓一支落户于台中市西屯区的牛铺等地。

黄姓迁台的活动基本相同。他们最早一批人于何年抵达台湾，未见记载，传闻在"中港溪附近登陆"，后来在今苗栗县地区垦殖。他们生活困难，不可能返回蕉岭原乡，年幼的黄立柱留在老家的童养媳（钟氏）只得苦苦地一生等待。1877年，又有黄开懋等人渡过海峡，定居于台中市。

丘姓家人于"金兵之乱时"（17世纪中叶）迁入闽西，曾经居住广东，后来迁到台湾的新竹、屏东、桃园等地，成为台湾的大姓之一。爱国志士丘逢甲为该姓人士，他的祖父于乾隆中叶（约1765年前后）迁台。后来，该姓家人在苗栗县定居谋生。

现在，台湾地区人口的20.4%为客家人，约460万人。有关记载告诉后人："客家人移民台湾，并非一大家族或宗族的（集体）迁入，而是零星散户的移垦，久而久之由于台湾海峡形势险恶，返回原乡并非易事，终于逐渐在台湾定居，繁衍后代。"② 然而，客家人崇拜远祖的传统依旧保持着。在台湾的闽南人"十分重视近亲祖先崇拜"，即"只扫近亲个人的墓地"。客家人，如林姓"六兄弟分家，不仅各户独自设立祖先牌位，大多数历代祖先的牌位都一起在团体或小区庙堂受到崇拜"。③

此外，客家人在台湾的日常生活中依旧保存着男女比较平等的关系。这样的社会状况，与明代嘉靖（1522—1566）年间广东《惠州府志》中记载的情景相同："乡落之民，每遇月夜，男女聚于野外浩歌"，"男女饮酒混坐，醉则歌唱"，"互相答和"。还应看到，出现若干新现象：客家人从大陆不同地点迁居台湾后，又分散居住，客家方言的腔调与用词不尽相同，逐渐出现混合的"新客家话"。④

上文所说主要是客家人迁入台湾之后的情况。我们常见从中原"始迁闽，继迁粤，又迁台岛，以今世泽流芳"这一类文字。然而，客家人如何离开大陆、渡过海峡、登陆

---

① 有关四姓：《第四届石壁客家论坛论文集》，福建教育出版社2016年版，第72页。《第七届海峡两岸客家高峰论坛暨第二届石壁客家论坛论文集》，海风出版社2014年版，第162—163、88、173页。《首届石壁客家论坛论文集》，福建教育出版社2013年版，第560页。

② 杨兴忠主编：《首届石壁客家论坛论文集》，福建省教育出版社2013年版，第561页。

③ 蔡建境、杨兴忠主编：《第七届海峡两岸客家高峰论坛暨第二届石壁客家论坛论文集》，海风出版社2014年版，第46—47页。

④ 蔡建境、杨兴忠主编：《第七届海峡两岸客家高峰论坛暨第二届石壁客家论坛论文集》，海风出版社2014年版，第125、73、121页。

台湾、到达不同的定居地？对于如此迁徙历程，有多少记载？这种遗憾，和客家先民从中原到闽、粤、赣的迁徙罕见记载的遗憾，完全相同。应以文字记载客家人的迁徙与心态。就笔者所知，客家人移民四川的路途记录，较有文字可寻。

（三）返乡省亲。从前，交通技术、社会发展水平有限，陆地行走无疑比海峡横渡容易。迁移到了四川的客家人，思念久别的遥远的家乡亲人，多次返回闽、粤、赣敬祖省亲，从他们的长途跋涉中，可以解读客家文明的柔韧性。人们常说：蜀道难，难于上青天！客家人敢于以自己的柔韧性心态挑战这个"难"。"客道难"绝不亚于蜀道难。实例说明客家人凭着浓浓的乡情战胜了迢迢的艰难。

从四川到闽、粤、赣的往返旅行并非易事，不可能完全排除危险，客家人归心似箭，坚强地走过来了。成都东山张氏客家人留下了两份远途返乡朝祖省亲的记录。它们成了珍贵的历史文献。[①]

1813年，从四川至广东。由东山启程，龙泉驿宿，经荣昌、重庆桃源、吉安、会昌……至广东兴宁的祖屋。经过5省，历时73日，行程5180里，日均约70里。

1814年，从广东返回四川。故乡出发，经兴宁、龙川、南康、沔渡、长沙、重庆、桃源、荣昌……宿龙泉驿后，回到住地。历时76日，里程5054里，日均77里。

1910年，自成都东关下船，经眉州、重庆宜昌、赣州……至江西上犹县故乡。历时62天，行6765里，日均113里。（交通状况已改善）

1910年，自上犹老家返川，经吉安、吉水、汉口、宜昌、巴东、万县、南充……至四川金堂县文安场。历时73日，行5766里，日均99里。

上述两次往返（4个行程）的路上印象：日行"陆路150里"，"日行25里，秋雨湿黄花"，"菊花为重阳冒雨开"，山路"崎岖不易行"，"沿河涉水何其苦也"，"此夜不胜防闲，因诓骗故也"，"雨阻前程"，"过猴子山，上下皆十余里"，"炎热之至"，"船老板收账延迟半日"，"逆风甚大"，"数日逗留未行，因风雨具大放也"，"城外风大，只行5里"，"暴风四起，坐船者无不惊骇"，"至虎芽滩，梢干碰断，前仓打破，洪水涌进三个仓，倒退十余丈才停下来"，（巴东县）过后"船翻三次未曾翻下"……

钟姓客家人从四川回福建探亲，也值得提及。1730年，他们经水路迁入四川。1736年，他们由四川，主要由水路，经江西……回到福建汀州府武平县城南的乌石崇。不久，他们沿着原路返回蜀南。"返回福建乡里，至则配王孺人已前卒，族党姻娅易其半，相识若隔世"，"城郭尤是，人民皆非"。[②]久别故乡，重见亲人，心中的激荡是客家人无法避免的磨炼。

---

①　蔡建境、杨兴忠主编：《第七届海峡两岸客家高峰论坛暨第二届石壁客家论坛论文集》，海风出版社2014年版，第205、207—219页。

②　蔡建境、杨兴忠主编：《第七届海峡两岸客家高峰论坛暨第二届石壁客家论坛论文集》，海风出版社2014年版，第220页。

上述真实的记录，浸透了客家人的乡情。他们以柔韧的性格，克服难于想象的困难和风险，往返万里充分展示了客家人的深情厚谊。

### 三、柔韧性的社会性质

前文所述涉及客家文明这一特性的形成与发展的主要活动或社会表现。笔者力求了解这些历史事实的出现与变化的深度原因。客家民系柔韧性的产生和发挥，取决于那些时年中国社会的基本状况以及基本矛盾的演变：通常是某个统治王朝的后期，出现严重的政治内耗、经济困难、贫富悬殊、曾经的日常生活难于照常延续……有时，外族袭入中原造成灾难，挑起武装冲突，甚至诉诸战争，暴力横行，望族与平民皆难于生存，被迫逃离中原，另觅生存环境。客家人在闽、粤、赣安营扎寨，后来迫于自然环境与社会发展的限度、人口的压力，男人只得"过番"下南洋。这一切社会灾难或社会困难，打破了原有的社会生存的某种不无缺陷的"平衡"，迫使人们采取出走的行动，以求远离灾难或摆脱贫困。

实际上，基本原因在于：中原或闽、粤、赣曾经存在的社会关系、生产关系、生产力遭到破坏或受到了限制。当时，代代相传的血缘关系自然而然地跃居第一位。氏族以及组成它的众多家庭，随即成为往南方逃难、定居异乡、海外谋生与发展的主力，血缘在人际关系中发挥出关键作用。有关族谱、家训、家规等祖传文献对此关系作了严肃、明确、具体的限制。在那兵荒马乱的岁月，或山区生活困顿的年代，人的血液、家族的血液，滋润着客家人的心灵，护卫着他们的社会存在，柔韧性发挥了难以估量的作用。

再者，我们看到，客家文明的柔韧性贯穿于客家先民或客家人的奋斗活动：他们作为一个自发的非正式组织的大群体，在被动或艰难的情况下，敢于摆脱灾难或穷困，争取创新发展。这是松散迁徙者们共有的群体精神、百折不挠的群体心态。弱者们打不赢就走，另求生路。人无常势，水无常形。柔韧性的发挥实为一种社会较量，一种以柔克刚的抗争方式、保存实力积极谋生的良策。中华大地长期的、广泛的、深度的社会大动荡，或者涉及芸芸众生的、后果严重的贫困，这是巨大的考验，客家先民与客家人经受住了这些考验，交出了优秀的答卷。客家民系时至今日仍活动于世界舞台。柔韧性，作为客家文明的一个特征，已被往昔的或现今的事实充分证明。

客家文明的柔韧性的形成与发展引出一个根本问题：人类文明的底线。这应是社会"历史的真正基础""历史的世俗基础"，即"人们首先必须吃、喝、住、穿，就是说首先必须劳动"。"首先应当确定一切人类生存的第一个前提，也就是一切历史的第一个前提，即人们为了能够'创造历史'，必须能够生活。但是，为了生活，首先就需要衣、食、住以及其他东西，因此第一个历史活动就是生产满足这些需要的资料，即生产物质生活本身"。[①]

---

① 《马克思恩格斯选集》，第 3 卷，人民出版社 1972 年版，第 41 页。《马克思恩格斯全集》，第 3 卷，人民出版社 2002 年版，第 31 页。

人类的生存依靠衣、食、住、行，这些是日常生活的基础、社会历史的真正基石。换言之，必须以众多相关者的生命与劳动保证大群体的生存，这是不可缺少的起步，而后才可能创造文明的其他部分，如经济、政治、文化、艺术、军事、信仰等。面对着社会大动荡与崇山峻岭的自然环境，客家先民与客家人借助迁徙、新地垦殖、域外劳动，保证了个人、家庭、氏族、客家大群体的生存与发展，为客家文明（中华文明的一部分）的创立、延续、发扬做出了贡献。

我们不能用鄙夷的目光来看待普通民众的衣、食、住、行，轻易地认为人们只顾庸俗吃喝、胸无大志、落后一群。其实，唱高调者通常并非缺衣少食之人，而是仕途上春风得意者，高调也可能是某种群体意识演化至极端的真实表现。实际上，客家先民与客家人在不同时期和地域、不同情况下，必须面对生存问题，为了解决这个天大的难题，长期地发挥出自己的柔韧性，而寻得生存与发展的通途。这就是客家文明的社会性质与社会价值之所在。被迫聚集的特殊的人的群体，面对特殊的困境，以特殊的努力，创造了客家文明的一个特性——柔韧性。

（本文作者系北京大学历史系教授、博导，客家历史与文化研究所所长）

# 海洋文明与十三行行商的族群构成

## 谭元亨

长期以来，人们认为，广州十三行这个在世界海上丝绸之路上有着巨大影响、在明清延续 300 年的中国对外贸易的行商团体，主要是由广府、闽南两大商帮组成的，客家人没有份。

果真如此吗？

我们先从行商性质谈起。

十三行行商是官商还是民商，其实质还在于，是承袭封建的商业体制，还是在向近代的工商业、带有资本主义色彩的市场机制转换？当然，我们不能说，康熙年间，大约不到半个世纪，十三行行商就完成了从官商（总督商人、巡抚商人、将军商人、王商等）向民商的完全转换。事实上，之前尤其是之后，这种艰难的蜕变依然在进行中，包括后来的行商还得花银两去买标志官职的"顶子"……

颇有意味的是，清廷驻广东的最高军事统领机构——将军衙门，恰巧是康熙开海（1684）之前几年，即康熙二十年（1681）设置的，这一设置，是为在广州驻防八旗兵而定的，作为驻粤八旗将军统领。原址为平南王尚可喜之子尚之孝王府的一部分。从时间而言，将军商人自一设立衙门之际，便立即介入了十三行的商业活动之中，这早在开海之前了。所以才有"将军商人"一度活跃于十三行。众所周知，屈大均写的"洋船争出是官商"一诗，便是在开海之前约 20 年，台湾尚未收复，这里对外贸易早已兴起了。

我们想强调的是，无论在康熙开海之前还是之后，行商本身，当应从明代就已经有了，而且，他们无论是否为官方所管控，生意总归是在做的，而这种做海洋贸易的习俗，仿佛就是与生俱来的，与生活环境、历史变迁密切相关。所以，在这里，我们当由官商、民商之辨更向前一步，去探究其族群构成。

一

作为整体，我们可以称他们为海洋文明文化的族群。

中华民族多元一体的格局，对中华文化多元一体的构成所起到的作用是显而易见的。民族，本身就是文化的载体。在我们认同中华文化的共性之际，则需要对现象作更深层的分析，亦即辨异，这是研究的深化及对认同的深一层的肯定。而辨异，则立足于"多元"之上，关注多元与一体的关系。

一般来说，从大的区域上辨异，我们大致可以看到中华文化的三大色块。当中最大一个色块，自然是黄土地上的农业文化，它是以中原为突出代表的，可谓农耕文化区。长城以北、阳关以西，则是大漠与草原上的游牧文化，而东南沿海一带当是蔚蓝色的，即海洋文化区域。当然，这三大色块并不是截然划开的，各大色块交互之处，自然会出现边缘模糊的状况。无疑，农耕文化的色块是最浓重的，无论是其面积、人口、自然资源还是文明程度，都有着显而易见的较强的势能，而这一色块上的文化模式，无疑是以小农经济或自给自足型的自然经济为基础，以儒家正宗观念为主导而逐渐形成，并且相当稳固。

中国古代的文化冲突，其主调恐怕是游牧文化与农耕文化的相互碰撞——长城便是这一历史的产物，元兵南下、清兵入关，均是彪悍的游牧民族长驱直入，横扫天下。但到后来，他们仍不得不以中原文化为尊，于是，便有了2000年的"武力南下、文化北伐"的中国文化演变的大格局，武力南下者也被厚重的中原文化给融合了，有的甚至丧失掉了自己的族属及名称，消失在大汉民族当中。毕竟，游牧民族的文化相对滞后一些，武力是不可以征服强势文化的，相反，文化却可以化解武力。

正是这两种文化的冲突，造成了中华文化的起伏跌宕乃至往复循环。最典型的莫过于两晋南北朝及清代了。一个落后的游牧民族在征服了一个业已腐败的王朝，却把这个王朝的正宗文化当作先进的文化重新祭起，试图注入活力，从而再苟延残喘地来个回光返照，严重地拉住了历史的后腿。

这种局面，直到另一个色块的文化有了发言权，才真正有了改变——这便是海洋文化区域的崛起，也是李鸿章所惊呼的"三千年来未有之变局"。

而引发这一变局的，则与十三行的发生呈正相关。

明清十三行，长达300年，其对中国文化三大色块的格局的影响，再怎么高估也不为过。它无疑是强化了这一蓝色的海洋文化板块，自经济而政治，对日后发生的"太平天国"的作用不言而喻，这已有大量史料为证，包括太平天国后期的《资政新篇》，及在南京与当时思想文化界的往来。其首先在南方发难，直逼中州，虽功败垂成，但在改变3000年中国文化格局上却是"先声夺人"，随后的康梁变法、辛亥革命，均可称在南方启动或因南方而启动，从而最终改变了昔日只由游牧民族武力逞威的历史，由先进文化——真正的先进文化来担负起民族文化再造的历史责任。虽然对某些人来说，这一格局还不算很清晰，并可以据此予以否认，但历史之大变局，在中国已经成了不可逆转的了。

于是，原先绿、黄（游牧区草原与黄土地）交互的色彩，也就让位于黄蓝交互的色彩了，虽然这蓝色的浓淡仍不确定。

这便是中华文化在大的色块上的反差：绿、黄、蓝，先是绿、黄为主，而后则应是黄、蓝为主，作为边缘的绿、蓝，先后都往中心浸润……现在，前者已让位于后者了。而后者也由昔日的隐性、弱势，向显性、强势发生根本的变化。

大的反差如此，具体到各自区域呢？游牧文化区，有新疆、内蒙古较纯粹的游牧文化区，东北、陇宁半牧半农文化区。而农业文化区，以黄河中下游为中心，包括长江中下游，本身也呈示出多个层次。这里，我们着重来看海洋文化区内的落差。

海洋文化区，当包含吴越、闽台与岭南。

作为其边缘地带的吴越文化区，应算是半海半农的文化区域，因为那里与农业文化区几乎没有阻隔，况且历史上从中原位移过来的族群一直占有优势，所以，连他们的学者，也只能称为"海洋农业文化"，实际上想把二者糅合起来，显然，这跟那里的实际状况是相吻合的。甚至可以认为，农业文化的比重还大一些。到了闽台文化区，至少海洋文化与农业文化是并重的，平分秋色，所以，闽台人"义利并重""学商并举"，可见其人生观、价值观处于二者平衡之中。

早期十三行行商，这里说的是明代及清初，不少是从福建漳泉过来的。其实，包括"十三行"这一闽南人的习惯称谓，也都是从月港过来的。在明代十三行之前，泉州及其衰落之后，月港兴起，闽南人的海洋贸易一直方兴未艾。这也就说明，为何在后来十三行行商中，他们所占的比重会那么大。作为族群构成，闽南人无疑名列前茅，十三行前四大家潘、卢、伍、叶，除开卢家外，均为闽南人。

## 二

再往南，岭南，或者具体到两广的广府文化区，情况就迥异了。这里黄的色彩已淡化很多，其主调则是湛蓝色的了，即海洋商业文明占了主导地位。所以，近代的大变局，则全在此启动。

李鸿章所依据的，不仅是洋务运动中来自广东省的一大批政治、经济、文化的"猛人"，而且包括已在南方掀起武装起义的孙中山，还有到了京、沪成了大实业家，也是十三行后人的徐润、唐廷枢，自然，还有其后的康有为、梁启超，等等。

十三行八大家中，可查出籍贯为广东的，除开前述的卢家外，所余的四家，谭、左（梁）、徐、杨，显然都是。

由于十三行本就在广州城西，所以，广东商人，或曰粤商者，在整个十三行中所占的比重，则是最大的。前后进出行商系列的，有400余位，目前有名有姓可考者不到100位，仅一个顺德，就有约10位，谭、黎、关均有几代人在内。

这不奇怪。

岭南，主要是广府，在海洋文化的三个区域中，它的海洋文化色彩是最为浓重的。当然，即便在岭南，同样也存在文化的落差，这便是潮汕文化与客家文化。潮汕文化实际上是闽台文化，这就不用多说了，而客家文化作为最典型的移民文化，是中原文化的板块位移下来，形成一个个的"文化岛"（姑且借用一下"方言岛"的用法），尽管其根仍是中原文化，但亦已受到海洋文化相当的影响。所以，从总体来说，岭南的海洋文化特征是最为典型的，即商业文明与海外殖民这两大特征，无一或缺。这应得益于南岭。从文化区域的视角来看，恐怕很难有比南岭造成的阻塞，更大地造成内地与沿海的文化质态的落差——于吴越，并无高山大岭之隔；于闽台，武夷山也不如南岭。至于长城划出的游牧与农业文化的落差，恐怕更模糊了。这也许正是岭南之福、广府之福，在封建大一统的钳制下，能有较大的自由度，正可谓"山高皇帝远"。岭南海洋文化色彩之所以较吴越、闽台为强，这无疑与南岭的阻隔有很大的关系。

但也正因为南岭的阻塞，使得岭南对中原的影响，在交通不发达的过去，才那么微弱，几乎引不起关注，除开要钱、要珍宝，尤其是十三行的"洋货"，帝王们才想起这里乃"天子南库"。这是幸运还是不幸，姑且不予评说。

这也说明，作为中华文化中的海洋文明成分，在相当长的历史时间内，是处于一种蛰伏状态或"隐性"地位，它存在，但没产生多大影响，更别说产生辐射。当然，不能否认它的存在，如果没有长期的蛰伏，它是不会在相应的气候下勃发起来的，只是它对于整个中华文化格局而言，暂时处于弱势。但没有弱，就不会有强——强须由弱转化而来。正如梁启超所言，广东人，对内呈弱势，对外却充满了竞争力。善于在大海中当弄潮儿，却每每望山兴叹。换句话说，对封建大一统的帝制，海洋文化暂时只取守势，可在海上丝绸之路上却如鱼得水，屡创奇功。所以，弱势、强势，也是相对而言的。显性与隐性，同样也是相对的。在世界上众多的典籍中，广州作为一个国际贸易的中心，却是被描写得相当精彩的。如果它对于内地早早表现出自身的强势，那中国历史可能很早就会被改写了，而不至于在近代如此落后挨打。

因此，十三行能在广州做大，而不在泉州、月港，与这样一个族群是分不开的。

作为岭南文化代表，广府民系的民性，最突出的自然是其商品意识，较之其他民系的超前，这本来也是海洋文明的最显著的特征。无视广府民系这一点，也就无视在东方早在古代便有海洋文明的传统。笔者不赞成把东方海洋文明局限在渔业文化的传统上，海洋文明的内核只能是商业文明，离开了商业文明便无以谈海洋文明了。商业文明与农业文明，各自是海洋文明与内陆文明不同的内容。回溯历史，我们均可以清晰地看到，尽管齐鲁亦濒临大海，渔业也极早发展了起来，但是，在北方海域，远航之出名，是秦皇、汉武为寻找三大神山的长生不老药而外出，是为其皇权服务的，是官方的、政治性的；而在南方海域，虽说如汉武帝组织大规模船队出洋，但目的是商业性的，同时，更多的情况下，均是民间的、自发性的对外贸易。二者就有根本的不同。

因此，广府民系自古以来便受海洋文明的滋育，与内地，甚至与北方海域有相当的不同，北方海域甚至被打上了农业文化的烙印，一度的"禁海"正是为了抑商重农——这正是北方统治者的既定政策。本来，海洋是极其重要的商品交换、文化交流的通道，因此，海洋文明本身就具有浓烈的开放色彩——这在南方海域可以得到证明，广府民系也是如此。但北方把这种开放视为异端，"以海为田"，把海洋视为农业的基地，以至反对民间海外贸易，连对海洋产品也纳入"官营"范围，而非"以海为商"，所以发展到明、清二朝强化"海禁"政策，只余广州"一口通商"，逼迫民间贸易采取走私的形式。

可以说，中央集权政府，历来把对外贸易，包括海洋贸易均视作政治行为，即所谓

"朝贡"与"怀柔"，而不当作经济行为，以至大量关税漏失，造成走私猖獗。而对广府区域而言，由于这种政治弱化，才有外贸的传统。恐怕从民系的早期，大都已经形成这种观念：一切物品，均是以商品的形态出现，挣脱了自给自足的自然经济樊篱——在这里，无论从事渔猎还是贸易，以及手工业作坊，都较早地察觉，必须通过商品交换，才能换取生活的其他必需品以及扩大再生产的生产资料——这样，便卷入了商品经济的大循环中，产生愈来愈强烈的商品意识。自古以来，"走广"便成了经商的代名词，而粤商——广府商人更是全国商人中最负盛名的。加上后来的"一口通商"，使得广府人长期的商业贸易的历史得以发扬光大，在他处受抑之际，此处却得天独厚。这样一来，交换的价值观念便深深地渗透到广府区域的每一个角落，更有力地排斥了传统社会的"礼义"——"贵义贱利"很难在广府人中找到市场，而约束商品交换的"礼节"更已被市场规律所取代了。

这一来，不仅商业发展起来，"洗脚上田"的人多了，连"弃士从商""弃官从商"的也日趋增多，"士"与"官"，权力或名声，不再是最高的价值标准，尤其是到了近代，上述现象更多了。所以，广府人的经济头脑堪称第一流的，其思维方式与内地也大相径庭，以至被人斥之为"重利轻义""人情淡薄"乃至"唯利是图"。

## 三

到此，仍会有人问，另一个族群——客家，莫非也可以列入海洋文化族群的系列？他们不是来自另一块板的农耕成员吗？

且不说客家商人也是粤商中的佼佼者，后来更出了张弼士等著名的大商家，当今梅县松口还立有"印度洋之路——中国移民纪念碑"。只是说，在清朝末期的光绪《漳州府志》中，就有："乱民从倭者，集梅岭，从万家。""其在浙，直为贼，还梅岭则民也。奈何比歼之。"所谓乱民，从倭者，无非是被逼自海商成海盗者，而这些人，所集中的"梅岭"，则是客家人属地。众所周知，郑成功的军队中，客家人就有三分之一，其副手刘国轩也是客家人。看上去，梅岭为山，不与海为邻。其实，从宏观的角度上看，梅岭亦属东南沿海地区，福建的闽西地区，即武夷山之东，同可看成沿海范围。所以，客家人一样为海洋文化所浸染，也就不足为怪了。

在400位十三行行商中，同样少不了客家人，能查到的就有骆姓者。而在深圳，有一个坑梓镇，黄姓居多，人称坑梓黄，客家人，坑梓的黄家围堡、围楼之多、之大，令人咋舌。最有名的是鹤湖新居。

如果不是祖上资本巨大，如何一代代建成近十个巨大的围堡？投入资金难以估量。

相传黄家在十三行做生意，一日，家中的老太爷想吃白胡椒，便发了话，让人从广州带回白胡椒，不知是传话的人传错了，还是听话的人听错了，到后来，竟是黄家商人把十三行的白胡椒全买下了，囤积了起来。没想到，第二年，白胡椒断了货，一下子，价格飙升，黄家就此赚了个盘满钵满……

传说归传说，这该讲的是商业眼光，对时机的把握。

章太炎也曾把客家人列入沿海族群之中，他是从宏观的地理角度上看的。粤、闽、赣三省交界地，其实离南海很近。

到此，十三行行商的族群的基本构成，也就基本清晰了，均为东南沿海的广府人、闽南人（当含潮汕人）以及客家人。原来研究者提及有徽商，一度视叶家为婺源人，大概是以此为依据吧。但叶家已证实为闽人了。

## 四

这里来说"三千年未有之变局"。

李鸿章是有历史眼光的。3000 年曾有过的变局是什么？那便是前边所提到的，武力南下、文化北伐，遗老遗少们总是抱着自己那食古不化的观念，认为博大精深的儒家文化，总能化解掉只靠武力逞能的草原骑手们，到头来，还是儒家文化一统天下——无论当权的是蒙古人还是满人。不管怎样，历史上怎么发生战乱，到最后，还得由中原正宗文化来收拾天下，3000 年皆是如此。

可是，当李鸿章说这话时，情况大不一样了。

虽说这回并不是游牧民族再度重来什么的，而是地地道道的汉人，他李鸿章犯不着这么大惊小怪吧，可是，他看到的已不是什么种族的问题，而是整个中华的帝统能否延续下去而非简单的改朝换代的问题了。过去游牧民族入主中原，不仅为中原文化所"化"，而且，无论是"酋长"还是"大汗"，总归与皇权一脉相通，这样，"道统"也就不至于中断了，3000 年恒久不变的，正是这种"稳态"的皇权政治。

来自南方的发难，却完全不是那么一回事了。

海洋商业文明带来的，是全新的平等，不是一人之下人人匍匐的平等，它无视帝王的权位——早在几百年前，广州十三行就有人提出改所谓的"贡舶贸易"为公平的商品交易，这在事实上已对皇权提出了挑战。由此带来自由、民主观念，就更是天翻地覆了——别指望日后还可以把这些"化"掉，重新回到"道统"上来。而恰好岭南或广府人，最能接受的便是这些，并以此为武器，最终结束了三四千年的"帝统"。在这之后，则无人再敢在中国称"皇帝"了。

海洋文化的实质与表现，就是这样与3000 年间曾数度威胁过中原文化的游牧文化如此地不同，3000 年不改的历史走向，势必也就有了根本的"变局"，难怪李鸿章惊呼。

其实，3000 年才发生这样的"变局"，实在是太晚了。

但是，广府文化作为中华民族文化三大色块中的蓝色主调，毕竟从"隐性"走向了显性，由弱势成为强势——这是历史的大气候所赋予的。它注定要在中华文化的大格局中脱颖而出，虽说它早已名播海外，在海上丝绸之路上搏击风浪已久。

面对昔日中原的权力轴心——君臣父子尊卑有序的那一套，它当初自然是不会有什么竞争力的，且早被视为"南蛮"了，可现在，挟海洋文明与世界先进文化的骀荡长风，它可以大展拳脚，有了用武之地，蕴积在其深处的众多特质，都可以充分地展示出来，一时间是何等的壮丽辉煌。

蓦然回首，中华民族自我更新与再造的潜力，原来竟在"灯火阑珊处"。

从十三行行商族群构成分析，海洋文化这一"灯火阑珊处"，依赖的正是这几个族群自古以来积蓄的"历史潜力"。

他们是当之无愧的海洋族群。

正是海洋族群，才带来近代中国这"三千年来未有之变局"。

（本文作者系华南理工大学客家文学研究所所长、教授、博导）

# 客家对中华文化的传承与践行

刘有长

## 一、艰辛南迁不忘中原根、祖、脉

客家是中国民族史、战争史、移民史的产物，客家民系是我国汉族的一个支系。

西晋以降，灾难的"永嘉之乱""安史之乱"和"靖康之难"，迫使中原汉人大批南迁，特别是唐末的"黄巢起义"和北宋末"靖康之难"的战乱，又迫使作为南迁汉人主要迁入地和中转站的江西赣中、赣北的南迁汉人再次南迁。其中一部分南迁汉人通过进入赣闽粤边的主要四条路线进入赣南、闽西和粤东。四条路线即：第一条，出鄱阳湖溯赣江而上，进入赣南。第二条，出鄱阳湖溯抚河、盱江进入赣南宁都、石城，或经过石壁站岭隘进入闽西的宁化等县。第三条，江西和浙江交界地带，越仙霞岭沿武夷山东麓南下进入闽西地区。第四条，南迁汉人进入福建后，沿闽江上游支流，进入将乐、泰宁、建宁、沙县、三元、梅列、归化（明溪）、永安等县。① 这使唐元和十五年（820）只有 26260 户的赣南（见《元和郡县图表》），猛增至北宋崇宁年间（1102—1106）的 210153 户（见《宋书·地理志》），户口增加 11 倍。使唐元和年间（806—820），只有 2618 户的临汀郡（汀州），增至北宋元丰年间（1078—1085）的 106573 户，猛增 40 倍。增至南宋宝祐年间（1253—1258）的 223432 户，534809 丁，使北宋雍熙四年（987）只有 1568 户的梅州，增至宋元丰三年（1080）的 12372 户，增 7 倍。

汉族客家民系的"四个特征"逐渐形成。即："有脉络清楚的客家先民；有特定的地域条件；在特殊的历史年代；有独特的客家文化。"② 南迁汉人逐渐与当地少数民族和土著相结合，成为以南迁汉人为主体的客家先民。经过漫长的融合发展，由于南迁汉人在人数上、经济上、文化上占优势，他们融合了原住民，于唐末宋初至宋末元初形成以中原汉文化为主导的客家文化及汉族客家民系。

在那战火纷飞的年代，南迁汉人筚路蓝缕、披荆斩棘，面对战乱饥荒，面对死亡、病祸的威胁，受尽磨难，历尽艰辛、辗转南迁。他们在闽粤赣边孕育、形成、发展、播迁汉族客家民系。至为可贵的是，客家人不论身在何地，时刻牢记根在中原。客家人世

① 林开钦：《客家简明读本》，福建人民出版社 2014 年版，第 5 页。
② 林开钦：《客家简明读本》，福建人民出版社 2014 年版，第 9 页。

代相传至理名言"宁卖祖宗田，不忘祖宗言"，这种优良传统，影响着世世代代的客家人。地处福建闽西大山深处的永定区高陂镇厦黄村黄氏宗祠对联可见一斑——"饮水思源万流归宗四海之内皆江夏，远不忘本近不失亲五百年前是一家。"①

泰国客家公会歌词："从北方到南方，从南方到南洋。客家儿女闯天下，历尽艰辛与沧桑。客家之根牢牢记，传统美德代代传。"这就是客家人不忘中原根、祖、脉的真实写照。

**二、崇文重教旨在中华文化的传承**

崇文重教是客家精神"开拓进取、艰苦奋斗、崇文重教、爱国爱乡"② 中的重要内容。客家的崇文重教，旨在中原汉文化的传承，有其深厚的历史渊源。

客家民系形成于唐末宋初至宋末元初。两宋的 300 余年是客家民系形成、发展的关键时期，也正是闽西作为客家民系形成、发展的核心区时期。据范文澜《中国通史》载，宋初，特别是宋真宗后， "尊孔读经" "科举崇儒" 日盛。宋大中祥符一年（1008），宋真宗到泰山祭祀后，亲到曲阜孔庙行礼，以示对孔学的尊崇，赞孔子是"人伦之表"，孔学是"帝道之纲"，撰写《崇儒术论》，对"科举尊儒"大为嘉许，明令考试"依儒家经典"，为培养尊儒考生，在各州县广设府学、县学，儒者讲学之风大盛。这就大大提高了儒学在社会、政治中的地位和作用。他还大力提倡佛道，又作《崇释论》，广修寺庙，建寺译经。全国僧徒猛增至 40 万，尼姑 6 万多，成为赵宋王朝僧徒最多、佛学最盛时期。

在宋代的闽、粤、赣边，中原南迁汉人面对荒蛮之地，当地少数民族生产技术水平的低下，经济、文化的落后，除生存生活之外，崇文重教就成为当务之急。这既有朝廷的旨意，又是现实的需要。在两宋期间，闽、粤、赣边，特别是赣、闽边，寺院林立，学规完备，影响深远。北宋时，赣南已创办府学、县学 14 所。如陆九渊创办、由宋理宗赐名的象山书院，以及濂溪书院、琴江书院、鹅湖书院、道源书院、东湖书院、怀玉书院、白鹭洲书院等一批当时颇有名气的书院。汀州府设府学于北宋天圣三年（1025）；宁化设县学也较早，在天圣年间（1023—1031）就有"天圣始有学"；清流、武平、上杭、连城均在南宋设县学；明溪、永定则于明代。宋代以来，在汀州城内有鄞江书院、新罗书院、森玉书院、紫荆书院、东山书院、正谊书院、道南书院、龙山书院、卧龙书院、正音书院等。

客家人崇文重教的一个重要标志是，使赣南、闽西两地科举名额大增。仅以进士为例，宋代前，赣南进士 3 人，汀州 1 人。两宋时，赣南进士 234 人，其中北宋 92 人，南宋 142 人，而汀州进士共 168 人。赣南、汀州两地宋代进士比宋代前增长上千倍。粤东兴学较迟，两宋时粤东进士只有 10 人，说明经济、文教起步较晚。直至清代以降，粤

① 胡大新编：《土楼祖训》，中央文献出版社 2014 年版，第 123 页。
② 林开钦：《客家简明读本》，福建人民出版社 2014 年版，第 56 页。

东才步入鼎盛。在清300多年间，嘉应州程乡县（梅县）进士89人，数倍于广东其他各州。从闽粤赣边的宋、明、清三朝进士的整体看，赣州共有进士402名，汀州198名，梅州143名。[①]

崇文重教的另一重要标志是理学的创建和发展。在北宋"崇儒重佛道"下，曾在赣南做地方官的理学（也称濂学）始祖周敦颐，吸收佛道思想入儒学，提出"主静、无欲"理论，先后在道源书院和玉虚观讲学，影响着后来理学（也称洛学）的代表人物——程颢和程颐，理学（洛学）南传弟子、闽西将乐理学鼻祖杨时及其弟子罗从彦，再传弟子李侗及理学集大成者朱熹。"理学（也称闽学）四贤"的代表人物均出生在或成就于闽西客家祖地或闽北。

总之，客家人的崇文重教，旨在传承、弘扬、光大、发扬中华文化。上述标志就是客家人崇文重教旨在传承中原汉文化的重要证明。

**三、践行爱国爱乡精神尤为突出**

爱国爱乡是客家人的又一特质。爱国爱乡精神是中华民族的优良传统。"开拓进取、艰苦奋斗、崇文重教、爱国爱乡"的客家精神是客家文化的精髓，爱国爱乡是客家精神的综合体现。千百年来，客家人在艰辛南迁，筚路蓝缕，以启山林，开山填壑，筑陂引水，辟地置田，建设乡村，构筑家园，生存繁衍中铸就客家精神，在一代代家国情怀中积极践行爱国爱乡精神，谱写出震惊中外、流芳百世的新篇章。

南宋末，民族英雄文天祥的"人生自古谁无死，留取丹心照汗青"的千古名言，激励和鞭策着一代代客家人不怕牺牲、为国捐躯。清末民初的台湾抗日保台英雄丘逢甲的"四百万人同一哭，去年今日割台湾"的悲壮诗篇，教育和激励着客家人面对列强，英勇向前。

在中国近代史上，在闽、粤、赣边，中央苏维埃政权的建立，长征主力红军，无不彰显客家人爱国爱乡的精神，他们为新中国的诞生做出了重大贡献，做出了重大的牺牲。被誉为苏区模范县、开国将军县的江西兴国县，孕育出54位开国将军。当年只有23万人的兴国县，参军参战的就达8万多人，有烈士23179名，牺牲在长征途中的就达12038人。漫漫长征路，平均每一公里就长眠着一名兴国籍红军将士。在闽西，孕育出68位开国将军，占全省83位开国将军中的82%，革命烈士2.36万人，占全省革命烈士的一半以上。被誉为苏区模范乡的福建省上杭县才溪乡，孕育出"九军十八师"，是著名的将军乡。

闽西大地，在中央苏维埃时期的扩红运动中，到处出现父母送子、妻子送郎、兄弟争当红军或父子同当红军的动人情景。上杭才溪乡15—55岁的青壮年男子有80%以上参加红军。在整个苏区时期，有10万闽西儿女参加红军。

1934年10月，开始了举世闻名的二万五千里长征。宁化是四个长征起点县之一。

---

① 刘善群：《客家与石壁史论》，方志出版社2007年版，第82页。

1934 年 11 月下旬发生的湘江战役是红军长征中历时最长、规模最大、战斗最激烈、损失最惨重的一战，8.6 万多主力红军抵达湘江时还有 6.4 万人。经过湘江战役，锐减 3 万多人，担任殿后掩护任务的红五军团第 34 师 5000 多人，几乎全部牺牲，其中大部分是闽西籍客家儿女。

在粤东，孕育出十大开国元帅之一的叶剑英、"铁军"军长叶挺、抗日爱国名将谢晋元等。

著名工商实业家、慈善家、教育家胡文虎、张弼士、田家炳、曾宪梓等都是践行爱国爱乡精神的典范。

所有这些，表现出客家人践行爱国爱乡精神尤为突出。千百年来，震惊中外的悲壮历程，可歌可泣的家国情怀，无不令人敬仰、令人赞叹。在当今，也期望客家儿女代代相传这些爱国精神和优良传统。

（本文作者系福建客家研究院常务副院长，《客家》杂志社社长，高级经济师）

# 客家文化是汉文化的重要组成部分

吴汉光

　　客家是汉族的一支民系，它形成于两宋时期。由于它是由当时南迁进入赣、闽、粤边的南迁汉人为主体融合在当时当地散居的、数量明显少于南迁汉人的少数民族而形成的汉族民系，所以它的文化是以汉文化为主导，又具有本身特色，是汉文化的重要组成部分。

## 一、形成客家文化的主导是汉文化

　　在唐末宋初时期，因战乱等原因，中原有大批汉人南迁，其中有一部分进入了赣南、闽西。当时的赣南、闽西地广人稀。以闽西为例，在唐代中叶是因检索到流民3000户而设立汀州府的。当时，现在的福建地区的人烟十分稀少。史载，在隋朝统一中国时，闽地设有4个县，总计12420户，人口5万左右，且主要生活在沿海地区，生活在闽西广袤山区的人口当然就更少了，其荒凉可见一斑。到唐代中叶福建的人口仍然很稀少。赣南的情况比福建好一些，但与赣中、赣北相比较也是属人烟十分稀少的。

　　当时，在当地的少数民族不仅人烟稀少，而且他们还处在较原始的社会发展阶段。仍以闽西为例，据《临汀志》记载，在建汀州时，当地的少数民族仍处在刀耕火种的发展阶段，他们居无定所，或居在大树上，或居于洞穴中。必须指出，唐宋时期居住在赣、闽、粤边的少数民族主要是畲族，他们所处的发展阶段基本相同。畲族总体人口虽然不多，但相对而言，当时分布在粤东和福建的漳州地区的畲族人数稍多一些。这可由畲族传说潮州地区的凤凰山是他们的发祥地及开漳圣王陈元光在漳州与潮汕地区镇压畲民"动乱"的史实证明。但他们的社会生活形态直至南宋后期仍处在刀耕火种的阶段。南宋时期，莆田人刘克庄任漳州知州时曾写了一篇著名的文章《漳州谕畲》，文中说漳州的畲族分西畲、南畲两支，"西畲隶龙溪"，"南畲隶漳浦"，"二畲皆刀耕火耘，崖栖谷汲，如猱升鼠伏"。就是说据时任漳州地方的主管官的观察了解，畲族在南宋末年仍处在原始的社会发展阶段。而在宋代，汉文化是世界最先进的文化，由南迁汉人带进赣、闽、粤边的是当时的先进文化，这是历史事实。而且，在南宋末年，客家民系已基本形成（或接近基本形成）。当然，其时客家文化也已基本形成。所以，客家文化的主导是中原汉文化，这是不言而喻的。

## 二、客家文化特色的成因

客家文化的主导是中原汉文化，但有自己的特色。那么，为什么会形成自己的特色呢？这是与客家先民的迁徙及在赣闽粤边的生存环境相关的。

在唐宋时期，进入赣、闽、粤边地区的南迁汉人是逃避战乱和灾荒的难民，他们的迁徙是无序的。在避难迁徙的过程中要去的目的地在当时是比较安全、能够生存的地方。所以在离开家园走上避难之旅的开头，并没有具体的目的地。很多南迁汉人在进入赣、闽、粤边前都经历过多次迁徙。为了生存，他们除了要克服面临的困难，还要与所接触的不同生活习俗的人和平相处，同时吸取他们有利于自己生存、发展的文化因素为己所用。

唐宋时期，赣、闽、粤边处于待开发状态，人烟稀少，有生存、发展的空间。对进入该地区的南迁汉人而言，保留自己原有的文化及习俗是有利的。但其自然条件与中原大不相同，除了自己开拓进取、摸索在新条件下的生存之道外，重要的一个方面是向先期进入该地区的已有在当地生活经验的土著及长期在当地生活的少数民族学习，吸取他们的有效生活经验，为自己的生存、发展所用。

正是在客家民系形成过程中客家先民的生存环境的改变使得由南迁汉人带来的中原汉文化，在某些方面得到增强，在另一些方面融合了与之相处的人群的一些文化，或为适应新条件而创新了一些文化，综合起来就形成了一些特色。因此，客家文化的主导是中原汉文化，但又具有自身的特色。

## 三、客家人是中华主流文化发展的积极参与者

客家民系在形成、发展的过程中，都积极参与了当时汉文化的发展，并有重要贡献。

客家民系形成的赣、闽、粤边地区在唐宋时期虽被中原汉人视为蛮荒之地，而且不是当时的政治、经济中心区，但客家先民及形成民系以后的客家人，时刻怀念中原故土，秉承传统文化的核心、关心国家大事，只要有机会、有条件，都积极为发展汉族主流文化尽自己的努力。儒家学说是中华传统文化的重要内容，它起源于春秋时期，在宋代迎来了发展的又一个高峰即程朱理学，客家先民或客家人对程朱理学的发展有重要贡献。

理学的开启者、北宋时期的学者周敦颐曾长期在客家地区赣州讲学，客家民系在形成的初期其先民就接受了最初的理学知识。程颢、程颐两兄弟是周敦颐的学生，是理学的重要组成部分洛学的创建人，一般认为他们是程朱理学的开启者。理学的另一重要组成部分是闽学，它的重要开创者是将乐客家人杨时。杨时敬仰二程的洛学学说，认为是儒学在当时的最新发展，于是他北上河南拜程氏兄弟为师，"程门立雪"的典故成为虔诚尊师的千古佳话。送别杨时时程颢的一句"吾道南矣"，表明杨时获得了程氏兄弟的洛学真传。杨时得传正统的二程理学（洛学）是公认的历史事实。杨时作为闽学四贤之首，为闽学的确立立下了汗马功劳。杨时的弟子、客家人罗从彦，不仅致力于闽学的发

展，而且长期在客家地区从事教学工作，培养接班人，连城县至今仍有罗从彦在该地区从事教学活动的遗迹。罗从彦的弟子李侗是朱熹的老师，朱熹是闽学、理学的集大成者。这里我们不仅看到闽学与理学的千丝万缕的联系，更看到在客家民系及客家文化的形成过程中客家人或客家先民努力创造条件、积极主动参与了中原文化主流的发展，并做出重要贡献。

客家民系形成后，随着客家民系进一步的发展和向国内外的迁徙，客家文化有了更多的发展，同时也为中华文化的发展继续做出了重要贡献。

移居海外的客家人，有因反抗外族入侵失败的军人及被封建王朝镇压的农民起义军中不肯投降的战士，他们无法在国内安居，只好迁移海外，也有因各种原因为生活出路而外出打工然后转为定居的。这些人与当年迁入赣、闽、粤边形成客家民系的南迁汉人一样，有强烈的根在中原的情怀，他们将祖国称为"唐山"，自称"唐人"。移居海外的客家人，心怀祖国，千方百计与祖国亲人取得联系，他们在新的环境下既保持了中华文化的主体，又吸取了有利于自己生存、发展的外部文化，而且还将有利于祖国发展的文化因素及信息介绍回国内，为中华文化的发展做出新的贡献。

移居海外的客家人最先接触了近代资本主义的文化，感受到资本主义国家对殖民地、半殖民地国家侵略、掠夺的本质，有改变祖国落后、受欺凌状况的强烈愿望。由于海内外的客家人有着千丝万缕的联系，革命的思想意识在客家地区就有较广泛的传播，有雄厚的群众基础。而且，这种要革命、要复兴、要改变贫穷落后现状的思想意识，在经历了鸦片战争以来接连不断的帝国主义国家的入侵、掠夺的灾难以后，逐渐成为中国人的主流意识。民族概念和国家意识，也从"驱逐鞑虏，振兴中华"，发展到"五族共和"，进一步到中华民族整体观念。中华文化在近代的发展，海内外客家人都有重大贡献。

近代历史还表明，不仅在形成革命意识方面，客家人有重要贡献，而且在革命实践方面客家人也是走在前头的。从太平天国、孙中山领导的建立民国的革命到共产党领导的新民主主义革命，客家人都踊跃参加，众多的客家聚居区成为革命根据地。历史充分证明，客家民系对中华文化的主流发展有重要贡献。

**四、弘扬客家文化与弘扬中华文化的一致性**

客家文化是汉文化的重要组成部分，因此弘扬客家文化就是弘扬汉文化，就是弘扬中华文化，这是一致的。

客家人分布在全球100多个国家和地区，不少外国人是通过与他们生活在一个区域的客家人来认识中国人的，是通过他们接触和理解的客家文化来认识中华文化的。

客家文化的精华是客家精神，即"开拓进取、艰苦奋斗、崇文重教、爱国爱乡"。客家精神所述的具体内容，也是汉文化和中华文化所包含的，只是在客家民系中表现得更突出而已。弘扬客家精神，显然对当前实现民族复兴有现实意义。

开拓进取，是以我为主的主动行为，而且具有推陈出新，做一番过去没有做过的事业的含义。在改革开放之初，上杭人到深圳开拓现代建筑行业，明溪人到欧洲开拓商业，"开拓进取"的客家精神就是他们取得成功的重要保证。如今，我们倡议"一带一路"、引领世界经济发展的行动也是"开拓进取"的行为，必将对中华的重新崛起、世界经济的繁荣产生重大影响。

"艰苦奋斗"体现了客家民系诞生的历史及客家人事业兴旺的成因。要成就一番事业，特别是成就前无古人的伟大事业，必须有长期坚持艰苦奋斗的勇气和行动，显然这是实现中国梦所必需的。

"崇文重教"是客家人的群体素质优良的基石。如果中华民族的成员都有在世界上居前列的素质，那么实现赶超世界先进水平并进一步作为世界发展的领头羊，就是指日可待。

"爱国爱乡"是客家人不忘本的道德体现，也是实现民族团结、共同为实现中国梦而奋斗的基础。中国几千年的历史表明，民族团结则民富国强、国泰民安，就能为世界的发展多做贡献。

综上所述，弘扬客家文化与弘扬汉文化、弘扬中华文化是一致的，是实现中华重新崛起的必需，因此是当代炎黄子孙的历史责任。

**五、结束语**

客家文化的主导是中原汉文化。它是汉文化同时也是中华文化的重要组成部分。由于客家民系形成的特殊历史和自然条件，客家文化本身具有一些特色，它表现了客家文化的兼容和创新的特点。

中华文化有几千年的辉煌历史，是世界上唯一没有中断的文明。当今，中华正在重新崛起，中华文化正在稳步走向世界，我们当代的客家人及全体炎黄子孙有责任继承、创新中华文化，为民族的振兴、世界的繁荣贡献力量。

（本文作者系福建客家研究院常务副院长，福州大学教授、博士生导师）

# 客家民系文化自信建构之路径及当代意义探析

## 刘道超

### 引言

2016 年 7 月 1 日，习近平总书记在庆祝中国共产党成立 95 周年大会上指出："我们要坚持道路自信、理论自信、制度自信，最根本的还有一个文化自信。"并且指出，与前三者相比，"文化自信是更基础、更广泛、更深厚的自信"。

中华民族自三代之后，缘于较为发达的科技与生产力、较为先进的国家政治制度建设、较为完备的文化制度建设，以及较为科学的宇宙观、世界观、人生观，使整个社会从上至下，形成一种自信、包容的文化气度。中华文明数千年传承不断，成为人类文明之奇葩，实得益于这种文化自信。客家民系在颠沛流离中形成、发展、壮大，最终成为汉民族品格优异的独特一群，亦得益于这种文化自信。

那么，客家民系的文化自信究竟如何建构？在中华民族的发展进程中，于族于国有何意义？有何局限与不足？在当今时代有何价值与启迪？特撰此文，稍作论述，以期对中华优秀传统文化的传承、发展暨民族复兴有所助益。

### 一、客家民系文化自信建构之路径

文化自信是一个民族、一个国家以及一个政党对自身文化及其价值的充分肯定和积极践行，对其文化的生命力拥有坚定的认同与信心。

客家刘、黄二氏认宗诗，堪称客家民系文化自信的代表。如刘氏广传公认宗诗曰："骏马登程出异邦，任从随处立纲常。年深外境犹吾境，日久他乡即故乡。早晚不忘亲命语，晨昏须顾祖炉香。苍天佑我卯金氏，二七男儿总炽昌。"[①]将离土迁徙视为文化拓殖，"他乡立纲常"，充满自信，无比豪迈，有气概。东南亚华侨尤其是马来西亚客家侨民，将此诗视为所有华侨的"迁徙诗"。

---

① 博白县《刘氏族谱·总谱》，博白县统修刘氏族谱董事会、博白县刘氏族谱编辑委员会，2001年，第 186 页。贺州市贺街《黄氏族谱》载邵武系开基祖峭山公遗子诗曰："骏马匆匆出异乡，任从随地立纲常。年深外境犹吾境，日久他乡即故乡。朝夕莫忘亲命语，晨昏须荐祖宗香。苍天永庇诚吾愿，三七男儿总炽昌。"黄燕熙主编：《黄氏通书》第六编《精神文化》，香港天马图书有限公司 1997年版，第 1320 页。

文化自信发生的前提是文化认知。那么，客家民系的文化自信——那种坚定自信与豪迈——缘何而来？其建构之路径——使之产生并坚定文化认知——有哪些呢？总括而言，概有如下数端。

一曰建宗祠。

缘于地理环境、经济生产、居住方式等，祖先成为中国社会的信仰核心，成为广大民众精神归属与民族向心之精神中枢。但直至宋代之前，宗庙祭祖一直是帝王贵族的特权，普通民众只能"祭于寝"或墓。直到宋代之后，国家才逐渐放宽限制，允许民间建祠祭祖。而民间建祠风气之昌盛，则晚至明中期以后。客家形成之时，恰值国家祠禁渐开。复因客家独特的历史背景与现实压力，客家民系的崇宗敬祖情结十分浓烈，较其他汉族民系更为倚重祖祠。生活中，以祖祠为核心，聚族而居，形成以祖先为中心的生活模式。若迁徙外地，同姓族人必努力会聚。一姓之力不足，则联络异姓，共建宗祠，以为精神支柱。宗祠建制，初时较为简陋。其后随着经济实力的增长，必尽心尽力以辉煌其制，使之成为当地民居建筑最高成就的代表。

总而言之，宗祠是客家民系祭祖、商议宗族大事、行使宗法与教育子弟的神圣场所，是客家民系的精神中心。客家民系的自我认知、精神归宿、宗族凝聚、伦理教育、文化认同、精神激励等，均仰赖祖先信仰实现。宗祠及祭祖活动是客家民系建构文化自信最根本、最重要的路径。

二曰筑祖墓。

土葬是我国最古老、最普遍的习俗。魏晋之后，随着风水学的产生与兴盛，古老的土葬习俗，在鬼神观念、风水观念及民众精神需求等因素的共同作用下，使祖墓成为广大民众生命归宿、文化认同、精神激励、人生理想的宗教圣境与能量的又一来源。[1]在汉族人包括客家人眼中，坟墓不仅是祖先形骸安息的佳城，也是祖先神灵借以佑护后裔的圣地；同时还是后裔子孙向祖先表示怀念、感激和崇敬之情以及希冀祖先神灵赐予福佑的神圣处所。在客家人的生命进程中，祖茔与丧仪、墓祭共同构成生命礼仪的完整系列，使人的生命成为一个美满过程。[2]从宗教信仰视角看，祖茔是祖先崇拜不可分割的组成成分，在满足客家人自我认知、精神归宿、文化认同、精神激励与道德教化等宗教需求方面，具有与宗祠同等重要的作用。[3]尤其是在没有宗祠，或宗祠不能发挥应有作用的时空环境中，祖墓成为客家民系获得精神归宿和文化认同，建构

---

① 刘道超：《宗教人类学视阈下客家祖茔信仰探析》，《龙岩学院学报》2014年第6期。

② 蔡文高博士认为：死者礼仪、洗骨改葬和祖先祭祀是一个连续性的过程，它们构成了祖先祭祀的礼仪系统。蔡文高：《洗骨改葬的比较民俗学的研究》，转引自陈进国《蔡文高洗骨改葬的比较民俗学的研究评述》，《民俗研究》2006年第1期。

③ 刘道超：《宗教人类学视阈下客家祖茔信仰探析》，《龙岩学院学报》2014年第6期。

文化自信最重要的路径。①

因此之故，客家人十分重视祖墓的选择、修造与祭奠。凡迁徙，若有可能，必携祖骸随行。若不能，则在立足既稳之后，再回家迁葬。或是奉始迁祖之墓为祖茔。且必精择风水宝地，妙选落葬吉日，精修茔墓，岁时祭奠。祭奠之规模与神圣，绝不亚于宗祠。若不得佳城，宁可迁延不葬。若家族不幸或遭遇灾殃，每每以迁葬改运。台湾、粤东、赣南等地客家有"九葬九迁，十葬万年"之说，认为祖先迁葬的次数越多越好。

总之，祖墓在客家民系中具有宗教的神圣意蕴，在客家民系建构文化自信的过程中，具有与宗祠同等重要的作用。

三曰修族谱。

家谱，又称家乘、族谱、宗谱、世谱、房谱，主要记述家族的源流和繁衍发展的历史。在我国，修撰家谱的历史由来甚久，形式多样，最早有结绳家谱、甲骨家谱、口头家谱，后来出现抄本家谱与石印家谱。国人热衷于修家谱，记世系，除了记录家族产生与发展的历史过程，还希望通过修谱"敬宗收族""尊祖重本""启裕后昆"。自清以后，学者多把家谱与"史"并提，强调其史学价值。②我们认为，若从对逝者终极关怀的角度考察，族谱帮助民众超越生命的有限，使之英名永存，是一项非常重要的制度设计。③若从建构文化自信角度观察，族谱堪称伟大的文化创造。因为绝大多数姓氏，在其数千年的传承过程中，或早或晚、或多或少都会出现帝王将相、后妃贵人，或是著名的历史学家、文学家、哲学家、科学家、艺术家，或是著名的大巫、风水大师、预测大师等。后裔子孙为之自豪，引以为傲，自信满满。然而亦缘于满足精神归宿、文化认同与建构文化自信等需求，不少族姓在编撰族谱时，攀龙附凤，以帝王为祖、将相为宗，粉饰祖先，乃至虚拟祖先，并努力提升其在道德、智慧、真善美及功名等方面的内涵，以致引起学者诟病。

客家因其独特的发展史，极其重视族谱的修撰与保存，视之为族中之宝。因族中人口、族产、坟地及居住地等经常会发生变化，各地客家宗族均有续修族谱之制，有"十年小修，三十年大修"之说。总体上看，多数族谱是可信的，尤其是近世祖部分。当然，也不可避免地存在"粉饰"与"附会"的现象（尤其是远祖）。对于这类现象（包

---

① 汪润《华北的祖茔与宗族组织：北京房山祖茔碑铭解析》研究指出："华北的宗族可能不同于华南的宗族，其发展形态不是以祠堂、族谱、族产为主要标志，而是以祖茔为仪式中心和认同标志的。"郑振满主编：《碑铭研究》第二辑，社会科学文献出版社 2012 年版，第 521 页。还有学者认为，华北的宗族不同于华南，坟茔系统和祭祖仪式是华北宗族文化的主要表现形态。参见杨懋春：《一个中国村庄：山东台头》，江苏人民出版社 2001 年版；兰仲友：《庙无处寻：华北满铁调查村落的人类学再研究》，黑龙江人民出版社 2007 年版。

② 章学诚《文史通义》卷六外篇："有天下之史，有一国之史，有一家之史，有一人之史。传状志述，一人之史也；家乘谱牒，一家之史也；部府县志，一国之史也；综纪一朝，天下之史也。比人而后有家，比家而后有国，比国而后有天下。惟分者极其详，然后合者能择善而无憾也。"

③ 刘道超：《筑梦民生：中国民间信仰新思维》，人民出版社 2011 年版，第 131 页。

括客家与其他民系），甚至"虚拟名号、联宗通谱"，建构"虚拟宗族"的现象，我们认为不必苛责，应将之视为圣化祖先的一种文化建构，目的在于满足民众精神归宿、文化认同与建构文化自信的需求。当然，若研究需要，仍需认真辨析真伪。事实上，族谱揭示各族姓的悠久源流、丰富人才，是各姓后裔形成文化自信的重要支撑。我们在实地调查中发现，若族中谱系完整，其族人必自信满满。若族谱缺失，传承失据，必长吁短叹，以为人生至大遗憾。

四曰重郡望。

客家人有重堂号、讲郡望的习尚。这是客家人在不断南迁的过程中，由于怀念故土、寻根念祖、纪念先贤的心理与凝聚族人的精神需求而形成的一种文化创造。堂号实即祠堂名号。可区分为两大类。一是以该姓的郡望为堂号，意指该姓祖先世居的地方；二是以祖先的道德文章、科第功名或家族史上代表性事件、掌故等为堂号，称为典故堂号。

堂号常与堂联相结合，大张于祠堂大门或神龛之上。或将堂号、堂联的核心内容与宗族迁徙拓展史结合，撰联制匾，悬挂在宗祠中，激励族人。一些地区还形成了将本姓氏堂号、堂联融入春联的习俗，构思巧妙，风格独特。通过堂号、堂联，以及巧妙融入堂号、堂联的楹联，使各姓氏的发祥地、祖先世居地以及功名、懿德等艺术地向世人宣示。这种大张本姓氏堂号、堂联的行为习惯，表现出客家民系浓烈的"以郡望自矜"的情结。更重要的是，经过堂号、堂联的长期熏陶，本族的发展史及骄人风范，深深刻入族人的心田，无形中涵养了客家人的文化自信与民系自尊。

客家学者谭元亨曾将客家人称为"形而上的民系"，一个"英雄与平民互为补充的民系"，"身上仍留有当年北人的豪放、达观与大气"。[1]还认为，客家人"以郡望自矜"表现出来的文化自信与族群自尊，"与魏晋北朝中原大家族制度是有着无法切割的关系的"。[2]

五曰重教育。

我国社会素有崇文重教的传统。尤其是当隋唐科举制产生并完善之后，科举考试成为国家各级官员的主要来源，中国社会最终形成"万般皆下品，唯有读书高"的社会氛围。崇文重教由此成为普遍的社会风尚。客家民系由于特殊的背景（身居山区，交通闭塞，经济单一，生存艰难），成为这一传统的最佳代表之一。很多客家族谱中都有关于劝学、建立学田、助学、奖学等方面的规定，把教育宗族子弟视为全族大事。努力建立族产，特设学田，作为办学、奖学的资金保障。积极创办族学、私塾。在客家社会中，崇文重教观念弥漫于日常生活的方方面面。客家地区流传的众多俗谚、熟语、童谣、楹联等，更是客家崇文重教风尚生动而直观的反映。耕读传家，成为客家社会普遍的风

---

① 谭元亨：《客家新探》，华南理工大学出版社 2006 年版，第 10、43 页。
② 谭元亨：《客家新探》，华南理工大学出版社 2006 年版，第 45 页。

气。无论生活多么艰难，也要尽力送子弟读书。一旦读书有成，获取功名，必大加表彰。

由于客家社会普遍尊师重教，客家人具有较高的文化素质，能够较好地保持古代士大夫的风骨、情操与豪迈之义，最终形成重义轻利的民系品格。这种豪迈气度与重义轻利品格，既是客家人注重教育的成果，也是文化自信的生动写照。

六曰重祖地。

客家在形成与迁移过程中，先后出现了福建宁化石壁—石城、上杭珠玑巷等具有民系标志意义的祖居地。客家学者谭元亨谓之"飞地"。①我们觉得，称为"祖居地"可能更为恰当。据客家族谱记载与学者实地考察，今广东、广西、四川、海南、台湾等地客家，其族谱记载与民间记忆，都说其祖上来自福建宁化石壁或上杭珠玑巷，唯称谓"版本"不同。其间必然包含真实、偏离，甚至附会、虚构的成分。

应如何看待这些不实，甚至附会、虚构的迁徙历史记忆？

我们认为，这应当是客家民系在生存压力的逼迫下形成的一种文化策略。即客家在形成之初或徙居外地时，因群体弱小而在生存竞争中处于劣势地位。为了改变竞争劣势，客家人一方面尽可能聚族而行、而居，另一方面则通过象征性的文化符号，实现民系认同，扩大团体优势，增强社会竞争力，实现生存、发展的目的。闽西作为客家民系形成时期的核心地域，使（宁化）石壁、（上杭）珠玑巷先后成为外迁客家人文化认同的标识。②无论是否经历，均声称本宗本族也是经由宁化石壁—珠玑巷而播散各地的。③

从文化认同的角度看，与其说石壁—珠玑巷是一个具体的移民发源地，不如说它是一个抽象的故乡文化或客家民系的象征性文化符号，是一种文化策略。从精神归宿角度看，客家人对移民圣地珠玑巷—石壁的推崇与强调，其价值在于塑造祖先血统的高贵与纯洁，提升祖先的形象。总之，客家民系对祖居地珠玑巷—石壁的认同与强调，满足了客家人文化认同与精神归宿的需求，是客家民系建构文化自信的路径之一。

七曰讲母语。

有学者认为，客家主要是一个文化的概念。我们认同这一观点。文化主要以语言为载体。文化认知与文化自信，首先源自对本族母语的热爱与坚守。出于对本族本能的热爱，一般民众都能坚持讲本族母语。客家人尤其如此。不仅在原乡讲，迁到异地他乡，仍然坚持讲。在广西，因为客家人对本族母语的执着与坚持，致使当地人将客家人称为"倷人"（艾人）或"倷佬"，"麻介人"或"麻介佬"，"新民"（意指新来的居民）等。将客家话称为"倷话""麻介话""新民话"。应该说，坚持讲客家母语，是客家民系涵

---

① 谭元亨认为："在晋代业已初步形成的南下汉人或衣冠士族的'飞地'：石城—石壁一带，是客家民系最后得以孕育、形成的最重要的开基地。"《客家新探》，华南理工大学出版社 2006 年版，第 60 页。

② 谢重光：《福建客家》，广西师范大学出版社 2005 年版，第 46—49 页。

③ 谢重光：《福建客家》，广西师范大学出版社 2005 年版，第 53 页。

养文化自信的基本路径。

**二、客家民系文化自信之历史作用与局限**

以上所述可归纳为：一祠二墓三修谱，四重郡望五读书；记祖地、讲母语，此是客家自信路。这七个方面，除讲母语外，其余六者都属于宗族文化的主干内容，而精神核心是祖先崇拜。从中国社会发展之事实看，以祖先崇拜为核心的宗族文化，涵养了客家民系暨中华民族的文化自信，历史作用极其巨大。它对内凝聚族人，对外联络和团结族群；它教育族人，爱国爱乡，传承文化，使中华文明世代相传，延绵不绝；它随族群迁徙而拓展，使中华文明播衍至全世界。具体而言：

（一）凝聚族人。

宗祠、祖墓、族谱、堂号郡望、祖居地与崇文重教的实质在于"敬宗"；"敬宗"之目的在于"收族"、凝聚族人。同姓族人，岁时年节，一起祭祀共同的祖先；大家抱团取暖，相扶相助，共同发展。共同的祖先血缘，共同的经历与历史记忆，将同姓族人紧密地团结在一起。同姓族人，不论走到哪里，永远都是"一家人"，情如手足，亲密无间。

（二）团结民系，维系客家文化。

以宗祠、祖墓、族谱、堂号郡望、祖居地与崇文重教为核心的宗族文化，既是建构客家民系文化自信的路径，也是团结客家民系、维系客家文化的重要纽带。不论什么姓氏，凡是客家人，都有大体相同的历史记忆、发展经历与气质特征。故凡客家人外出相遇，必曰"自家人"，视如兄弟，极其热情。旧时客家人外徙，若势单力薄之时，往往采用异姓联宗的方法进行联合——若干个甚至十几个、几十个客家姓氏联宗建祠，以增强生存竞争的力量。旧时客家社会中十分流行的异性结拜，是一种"拟血缘"的兄弟姐妹，其文化之根也是宗族文化。遍及各地城镇的商业会馆、同乡会、宗亲会，曾对客家人的生存发展起过极其巨大的作用，其文化根基仍然是宗族文化。凭借较强的文化自信，客家人每每能够坚守自己的传统，喊出"宁卖祖宗田，不卖祖宗言"的豪言壮语。将周邻诸族融入己族，或是形成一个个客家孤岛。[1]从而，使客家文化传承不息。

（三）凝聚中华民族。

宗祠、祖墓、族谱、堂号郡望、祖居地与崇文重教或曰宗族文化的核心是祖先崇拜。一般而言，各个姓氏均有受姓始祖。很多姓氏均源出炎黄二帝。不少后起姓氏，虽非炎、黄二帝之嫡嗣，但由于共同的文化基因，亦奉炎黄为始祖。甚至很多少数民族，亦认为源出炎黄，为炎黄之后。炎黄二帝成为中华民族之共祖。因此，以祖先信仰为核

---

① 广西博白县凤山镇钟屋园村，有一刘姓客家，先迁防城东兴；继迁越南，复于20世纪70年代，远徙美国，远离故土200余年，最后于21世纪初追寻至博白钟屋园祖居地。全族老少至今一口标准客家话。奥秘就是要求所有子弟，在家必须讲客家话，离家外出则随意，不强求。再如广西贺州市富川县白沙镇客家人，周边杂居着各种民族，一直坚守客家文化。因其较高的文化素质与经济力量，吸引周边各族均以会讲客家话为荣。

心建构的文化自信,不仅是凝聚各个姓氏的血缘纽带,还成为整个中华民族之精神纽带,成为凝聚中华民族之文化核心。

(四)传承中国文化。

祖先崇拜的价值核心是"孝"。儒家以"孝"为根基,推衍出悌、忠、信、礼、义、廉、耻等道德观念,形成系统伦理学说。

客家民系以祖先崇拜为价值核心,以宗族为组织依托,以崇文重教为行为重心。在日常生活中,以"孝"教子,以"悌"齐家,以"诚信"立世,以"礼义"做人,以"忠"报国,尚"廉"知"耻"。当国家民族遭受异族入侵,面临危难,饱受儒家文化浸润的客家人就会"移孝作忠",挺身而出,义无反顾地投身到保家卫国的战斗之中。由宋末至20世纪三四十年代的抗日战争,无数客家英烈用生命上演了一幕幕催人泪下的爱国壮剧。甚至江山易主,沦为异族统治,包括客家民系在内的中华民族,始终坚守传统文化,中华文明之火始终传承不辍。

从中国社会数千年历史实际看,由祖先崇拜(价值核心)、宗族(组织依托)及崇文重教(行为重心)三者所造就的文化机制与民系—民族文化自信,正是中国文化数千年传承不辍之伟力与奥秘所在。[1]在某种意义上也可以说,以祖先崇拜为核心的宗族文化是中国文化之根;宗族文化不灭,中国文化就不会消亡。

(五)拓展中华文明。

中华文明不仅随着客家宗族之世代繁衍而传承不辍,而且跟随客家民系的迁徙脚步拓展至全世界。当客家民系离开祖居地,外徙至桂、川、琼、台及海外时,就将以祖先崇拜为核心的中国文化"复制"至当地。就是说,客家民系乃至中华各族,缘于对自己文化的坚定认同与自信,当其外迁时,能坚守自己的文化,同时尊重当地民族的文化与习惯,最终以和平方式实现"他乡立纲常"的伟业,形成一个个"中国文化版图",使中国文化拓展至全世界。因此,文化自信还是传播中国文化、拓展中国文化版图的重要因子。现在,这些遍布世界的"中国文化版图",已经成为我国宣传中国文化、实现民族复兴的重要力量。

但毋庸讳言,此前客家民系的文化自信存在明显的不足或局限。

著名社会人类学家费孝通先生在其80岁生日那天与朋友相聚时,提出人类学要为文化的"各美其美、美人之美、美美与共、天下大同"做出贡献。后来又著文提出,多元一体的思想也是中国文化的特点之一,其中"包含了各美其美和美人之美,要能够从别人和自己不同的东西中发现出美的地方,才能真正地美人之美,形成一个发自内心的、感情深处的认知和欣赏,而不是为了一个短期目的或一个什么利益。只有这样才能

---

① 梁漱溟《中国文化要义》说:(中国文化)"一面明明白白有无比之伟大力量,一面又的的确确指不出其力量竟在那里,岂非怪事!一面的的确确指不出其力量来,一面又明明白白见其力量伟大无比,真是怪哉!怪哉!"学林出版社1987年版,第7页。——不知奥秘原来在此。

相互容纳，产生凝聚力，做到民族间和国家间的和而不同的和平共处，共存共荣的结合"。①

费先生所言"美人之美、美美与共"，已包含了文化自觉的意蕴。具体而言，所谓文化自觉，就是不仅能够了解、认知和诠释自己的民族文化历史，能够自觉传承、维护自己的文化传统，使之得以延续并发扬光大，还要能够尊重并吸收他种文化的经验和长处，与他种文化和谐共处，共享人类文明发展成果。

据此观照，客家民系的文化自信，在整体上仍停留在"各美其美"的初级阶段，尚未上升到"美人之美、美美与共"的文化自觉阶段。我们在研究广西客家的族际关系时发现，客家乃至汉族在与其他民族相处的过程中，双方均有认同与变异的情况。不仅有客家乃至汉族同化少数民族的现象，也有少数民族同化客家乃至汉族的现象。基本规律是：当客家人多势众时，大多能保持自己文化，甚至同化他族。如若反之，则每每被他族所同化。再放眼港澳台、东南亚及世界各地客家，情况也是如此：即当客家人处于人少势薄、生存压力过大的时候，每每容易放弃自己的语言乃至文化，成为"隐性"客家人甚至被他族同化。共同规律是为了生存而有意无意地放弃传承。如果族中有识者严格要求家人坚守，则情况大不相同。如广西博白县凤山镇钟屋园刘氏之族，有一支在清代迁徙防城，再徙越南，再于 20 世纪 70 年代末徙居美国，最后于 21 世纪初寻归博白祖地。族人依然能讲一口标准的祖地客家话。其之所以能够如此，实因族中祖先规定：家人在外可以随意，但回到家必须讲客家话；娶进家中的媳妇，也必须学讲客家话。这一事实表明，学者们津津乐道的"宁卖祖宗田，不卖祖宗言"云云，其实只是个别族姓特别有见识者的守则，并未成为整个民系的普遍意识。正因为文化自信未成为广大客家民众的文化自觉，才会普遍发生"隐性"或被同化的结果。

这种情况至今未有改变。突出表现是：许多客家人口居多的城镇，以客家话为通用语言，但很多年轻父母，甚至中老年人，都与小孩子讲普通话。这是客家民众普遍缺乏文化自觉的表现。这种情况如果不加改变，假以数代，客家话暨客家文化，将成为历史记忆。这非常可怕。

**三、客家民系文化自信之当代意义与启示**

设想一下：如果没有以客家民系暨广大民众对传统文化的自信与坚守，如果所有民众都将传统视为"迷信"，将所有宗祠、庙宇、祖墓、族谱统统推翻、烧毁，不祭祖，不敬天地神明，不过传统年节，不忠不孝，不信不义，少廉寡耻，中国社会将变成什么样？简直不敢想象！

幸好事实不是如此。正因为有客家民系暨广大民众对传统文化的坚强自信与坚守，才保持了宗祠、祖墓、族谱、庙宇、祭祖礼仪、年节庆典、道德观念、各种文化遗产等传统文化的宝贵因子，社会道德才会仅仅"滑坡"而不"崩溃"，中国社会才得以维系

---

① 费孝通：《论人类学与文化自觉》，华夏出版社 2004 年版，第 145 页。

最基本的秩序与样态，改革开放才有可能取得如此巨大的成就，中国国际形象和国家文化软实力才能够不断提升。一句话，中国社会数十年来所获取的一切成就，均有赖于广大民众对传统文化的坚强自信与坚守。2017年年初国务院《关于全面实施中国优秀传统文化传承发展工程的意见》，也是由广大民众对传统文化的自信与坚守奠基的。

广大民众对传统文化的坚强自信与坚守，不论过去、现在，还是未来，都是中国社会繁荣稳定、中华文明传承延续、中国文化维系并走向辉煌的保障。当然，广大民众的文化自信确实存在自发性与盲目性，并在整体上未能达至文化自觉的高度。当前，在"全面实施中国优秀传统文化传承发展工程"、实现中华民族复兴梦的背景下，如何进一步增强全民族的文化自信并将其提升至文化自觉层次？这是国家政府尤其是人文学者需要思考与研究的重大课题。本文提出以下建议，以抛砖引玉。

第一，肯定民间信仰的"正能量"价值。

通过上文探究，我们知道，宗祠、祖墓、族谱、堂号郡望、祖居地及崇文重教等，是中国民众建构文化自信的主要路径。此六端同属宗族文化，核心为祖先崇拜。而祖先崇拜是中国民间信仰的核心，是最具中国特色的宗教。近百年来，我们对民间信仰的批判与打击太多，这都因为我们此前对民间信仰缺乏研究及正确认识所致。现在，我们已经知道，民间信仰与儒、释、道等制度性宗教是中国传统宗教的统一整体，是中国优秀传统文化的主要载体，是中国传统文化之根，为中华民族命脉所系。根脉一旦动摇，民族就会危殆。建议国家肯定民间信仰的"正能量"价值，充分发挥民间信仰在现代化建设过程中的正面作用，增强民众的文化自信。当然，对于各种打着民间信仰或民间宗教幌子行骗的违法行为，则应严惩不贷。

第二，给民间信仰"定性正名"。

孔子说："名不正则言不顺，言不顺则事不成，事不成则礼乐不兴，礼乐不兴则刑罚不中。"[①]祖先崇拜为中华文明之根、中华民族之魂，是中国民众建构文化自信的精神支柱。民间信仰以祖先崇拜为核心，涉及绝大部分中国人。建议国家从文化发展战略的高度，制定相应管理法规，将民间信仰纳入各级政府宗教事务的管理范围，[②]鼓励并支持各地民众建祠修谱，开展祭祖活动。此举不仅在法律层面确定绝大部分中国民众信仰之合法性，更在文化层面为中华民族复兴植入民族之魂、道德之魂，大大增强广大民众的文化自信。若此，定将有助于阻止社会道德解体的危险，促进国务院《关于实施中华优

---

① 《论语》，十三经注疏本，中华书局1983年版，第2506页。

② 2003年，中国社会科学院世界宗教研究所在给中央有关方面提交的福建民间信仰研究报告中，建议政府要从"大宗教观""非制度化的宗教形态"等概念来界定民间信仰，并从中国文化发展战略的高度考虑将其正式纳入各级政府对宗教事务的管理范围。这个意见获得有关部门的采纳，国家宗教事务局成立了第四司，管理民间信仰和新兴宗教。参见曹中建、张新鹰、金泽、陈明、陈进国《关于福建省民间信仰问题的调研报告》，2003年4月。转引自路遥等：《中国民间信仰研究述评》，上海人民出版社2012年版，第59页。

秀传统文化传承发展工程的意见》的落实，加快民族复兴之进程。同时，也将彻底改善中国被视为"无信仰国家"的国际形象。在学术界，则努力配合各地政府做好诸项：规范祖先祭祀礼仪，提升其神圣性；发挥宗族组织及其他乡村组织的正能量，促进新农村建设；倡导敬祖孝亲，崇尚礼仪，创建乡村礼仪新风貌；选择并塑造典型乡村，以及宣传、普及等。

第三，将殡葬改革提升为国家文化战略，将殡葬改革与建构民族文化自信相结合，探索一条符合中国社会实际的殡葬改革之路。

诸缘聚合，使中国民众历史地将祖先选择为文化认知、精神归宿、凝聚族人、道德教化及精神激励的信仰核心。宗祠与祖墓，成为祖先信仰的主要载体或神圣空间，成为中国民众获取文化认知、建构文化自信的主要路径。这就意味着，在中国，坟墓绝非单纯的尸骨埋葬地，而是承载着中国民众对文化认知、精神归宿、凝聚族人等非常神圣的宗教诉求，关系到民众文化自信的建构与传统文化传承。因此，殡葬改革并不是简单地以火葬取代土葬，也不是单纯的死人与活人争地的问题。若简单粗暴、强制性地掘墓焚尸、平坟归耕，势必造成民众心理恐慌，影响社会稳定，阻碍民众对传统文化的认知及文化自信之建构。[①]总之，殡葬与中国宗教样态紧密相关，涉及土地占用、文化认知、人生归宿、文化传承、文化自信、社会稳定等诸多方面，绝对不可简单对待，草率处置。据此，我们建议，将殡葬改革提升为国家文化战略，由政府牵头，组织专家团队（根据中国文化多样性的特点，组建国家与省级两级团队），将殡葬改革与建构民族文化自信结合起来，深入研究，探索一条符合中国社会实际的殡葬改革之路。

第四，在全国范围内，开展一场以讲母语为荣的运动。

人类文明因文化多样而精彩纷呈。中国文化因文化多元而光辉灿烂。文化以语言为主要载体。中国不同民族各具特色的方言母语，是中国多元文化的根基。一旦各地各民族的方言母语消失，则依附于其之上的地方文化、民族文化，离消亡亦即不远。而一旦失去丰富多彩的地方—民族文化的支撑与烘托，则不仅中国文化黯然失色，民族文化自信亦势必大受影响，中华民族亦必在"特化"的道路上愈行愈远。[②]因此，我们要像保护地球物种多样性一样，努力保护中华民族文化的多样性，捍卫各民族各民系的方言母语。因为，守住了方言母语，就守住了民族文化多样性；守住了民族文化多样性，就能保证中国文化的光辉灿烂，就能维系并增强中国民众的文化自信，最终保障中华民族的

---

① 2016 年 11 月初，21 名学者联名呼吁保护乡村传统丧葬礼俗。他们认为目前遗存的乡村葬礼具有重要的历史文化价值和人文道德价值，呼吁要充分认识包括葬礼在内的传统礼俗对于乡村社会的重要意义，要慎重对待和保护传统丧葬礼仪中那些有意义的具体仪式。参见《二十一名学者联名呼吁，保护乡村传统丧葬礼俗》，澎湃新闻 2016 年 11 月 3 日。

② 特化是由一般到特殊的生物进化方式。指物种适应于某一独特的生活环境、形成局部器官过于发达的一种特异适应，是分化式进化的特殊情况。由于特化，生物类型大大缩小了原有的适应范围，所以当环境发生突然的或较大的变化时，往往导致它们的灭绝，成为进化树中的盲枝。

健康存续。因此，我们要在全国开展一场方言母语保卫战。各地中小学，要像重视外语教育一样，将方言母语引入校园、引入课堂。以会讲方言母语为时尚、为荣。开展多种多样的方言母语教学、歌谣、朗读朗诵、讲故事及演艺活动。各地各族家庭，更应以讲母语为责任，以传承民族文化为荣。凡居家、家庭成员或本族系人之间，倡议多讲本族系方言母语。

（本文作者系广西师范大学历史文化与旅游学院教授，广西师范大学客家文化研究所副所长，广西人文社会科学发展研究中心客家研究院副院长）

# 弘扬中华优秀传统文化，传承客家民系寻根与修谱精神

林丽华　陈俊光

## 一、前言

国有国史，地有方志，家有家谱。方志与家谱，是中华民族悠久历史的重要组成部分，撰志与修谱是中华民族的优良文化传统。中华民族各姓氏之族谱文献，多如繁星，各姓氏族谱意义非凡。各族各姓的迁移历史，与各民族同化的历程，都可以从各姓氏之族谱中看出。族谱记载着先人过去发展之足迹。族谱是以记载一个姓氏的祖先名讳及家族历史为主要内容的一种文献，对于命名问题，常会受到编修人的时代背景、地域范围、家族大小、续修次数、个人喜好等因素影响。族谱，承载着义无反顾的中华民族凝聚力。相同的姓氏构成了家族，百家姓氏和千千万万个家族的会聚，组成了中华民族的大家庭。族谱体现了宗法与人伦这一维系家庭、家族关系的本质功能，同时它也具有维系社会、法律、道德、传统的深厚内涵。这也是血缘的延续，是根脉的连接。不管你是何氏何姓，不管你的家族大小，都要以华夏儿女传承为依归，以中华民族是我们的共同家园为荣耀。

两岸之中国人都注重族谱之编修。章学诚说："传状志述，一人之史也；家乘谱牒，一家之史也；郡府县志，一国之史也；综记一朝，天下之史也。"① 中国古代谱牒以世系为谱，家乘为牒，其中以族谱、宗谱和家谱最为大家采用。"族谱"或"谱牒"，又称为"家谱""宗谱"，有很多种名称，它是一种以表谱形式记载一个以血缘关系为主体的家族世系繁衍及重要人物事迹的特殊图书形态。有些家谱会纂修人名表与捐资人名表，用以表彰对纂修族谱有贡献的家族成员，还有的族谱中设有名迹录，记载与家族有关的山水桥梁、亭台堂舍、庵寺书院等，用以夸耀家族对乡里的贡献。②

以功能来说，族谱内容以世系及家传最为重要，具有寻根问祖的功能；族谱本身亦具有文物价值，也具有数据价值；族谱中记载家训、族规、家法等内容，也有道德价值。谱牒丰富的文化内容，让族谱文献达到追本溯源、寻根问祖的目的。可以说，中国人的族谱，记载着炎黄子孙的春秋，体现着最基本的道德传统，凝聚着厚重的民族向心

---

① 章学程：《文始通义》，盘更出版社，年不详，第133页。
② 吴强华：《家谱》，重庆出版社2006年版，第70页。

力。族谱，积淀着源远流长的民俗文化。族谱的出现，本身就为中华文化的发展赋予了一层新的内涵。族谱除了必须标示姓氏外，最好能冠上县市别及续修之次数，而且在同一部族谱之内，名称也要前后一致，这样才能显示家族史料永续长存之意涵，同时也可方便他日之研究与考证。众多家族供奉列祖列宗的虔诚心灵，催生了祖厝、宗祠、家庙、神龛等的建筑辉煌和地域特色。随着祭祖礼俗与儒、佛、道教的影响融合，形成了独特的祭祖规制、原则和程序，实为中华民俗优秀文化之大成。历历族谱，包含着华夏山河的人杰地灵，渗透着炎黄子孙的聪明才智，展现着中华民族的文明成果。

## 二、客家修谱中的道德文化意涵

客家族群是中华民族中的一支，在语言、地域、经济、文化等方面具有明显的特征与相对独立性的一支民系。客家的先祖们，在中原广袤的土地上，或以国名为姓，或以祖先字号及谥号为姓，分出许多的姓氏。在客家姓氏族谱中，对自家姓氏渊源开卷就有明确的记载。族谱可以诠释出客家移民迁徙流向，客家族谱以翔实的数据，记录着每一姓氏的祖先辗转入闽、择吉地开基繁衍裔孙的情况。从西晋以来，南迁的客家先民为避战乱辗转迁徙，从江西石城到福建宁化石壁，或从江西瑞金到福建长汀，或从江西会昌到福建武平。根据闽西志书及各姓氏族谱记载，有 286 个姓氏之客家先民先后到福建宁化定居繁衍。[①]

客家人移民台湾，并非一大家族或宗族的迁入，而是零星散户之移垦，但久而久之，终因台湾海峡形势险恶，回原乡并非易事，终于逐渐在台湾定居，在台繁衍后代人数渐多，祭祖或编修族谱便成为必备之事，于是开始建立宗族组织，撰修渡台后之新族谱。客家移民在台湾所编修之族谱，常会记载开台祖入垦之事迹，成为后人研究先人移垦台湾历史重要的文献。客家各姓氏移垦台湾之史迹，常具体呈现于编修家谱或订定家规族约的文字中，或由祖先们口耳相传。客家文化重视谱牒之撰作，编修族谱，是尊祖敬宗与敦亲睦族的表现，甚至是"慎终追远""谨始怀来"之宗族意识的展现。[②]

族谱蕴含道德伦理的精神。道德是人们共同生活及其行为的准则与规范。不同时代与不同阶级，其道德观念都会有所变化。但是，儒家道德思想经历数代大儒阐释，千百年来一直是中国传统文化的主干。从启迪人们自觉立身做人、修身养性，到引导为人父母者积善兴家、教子成材，从劝说为政者"修己治人""化民成俗"，到对广大民众"导之以德，齐之以礼"，从对全社会进行积极的道德价值导向，到向人们提出一系列相应的具体行为规范，都在某种程度上体现了民族的精神文明智慧，塑造着我们民族的道德取向，给传统中国人提供了稳定的价值支撑和理想认同，是我们宝贵的精神财富。

而中国人的族谱，不但体现了儒家的道德观，而且连接着海峡两岸人民的血缘亲情。台湾同胞的根在大陆。两岸人民同族同祖，同文同种，同根同源，同谱同牒。一湾

---

①　严雅英：《客家族谱研究》，黑龙江人民出版社 2007 年版，第 32、248 页。

②　罗香林：《客家史料汇篇》，南天书局 1992 年版，第 2 页。

浅浅的海峡，并不能阻隔两岸人民的民族亲情，也挡不住两岸血浓于水的族谱的接续传承。原乡人的血，必须流返原乡，才会停止沸腾。客家人的族谱，连接着两岸人民的血脉，沟通着两岸人民的亲情，凝聚着两岸客家人的民族精神。《论语》云："慎终追远，民德归厚矣。"中国人重孝道，最根本的是讲求慎终追远，饮水思源，不忘血脉传承，不忘祖宗先人。轩辕黄帝是中华民族的共同始祖，百家姓氏同为炎黄子孙的涓涓血脉。站在老祖宗传下的族谱面前，庄严、肃穆、虔诚而崇敬的历史感，是促使人们铭记家训志，回归民族魂的印记。

从客家族谱的家规家训来看，客家族谱详细地记载了客家人的价值观念。族谱是客家文化的重要组成部分。客家族谱所载的家规家训，是客家先祖们的处事原则和经验教训之总结，也是客家人道德价值观的体现。研究客家族谱文化是客家学者的重要课题之一，吾人也可以从客家族谱的"家规家训"来分析客家人的道德与价值观念。

### 三、以客家谢氏族谱的道德观念为例

客家族谱都载有《家规家训》。我们以台湾 2005 年所编撰之《谢氏规惕崇创公长兴派下家》为例，其中有谢氏昌祚户规崇惕创公遗言戒后云：

"生年不满百，常怀千载忧，奈何日月如梭，光阴似箭，梳中白发，暗里偷生，日渐西山，桑榆暮景，虽朝廷既加冠带，虑子孙或失礼仪，上不爱宗族，下不怜于侄，言辞无逊，文理不遵，今不遗言，恐身家不能保，故立此而戒云：一曰子孙遵天地；二曰子孙孝顺父母伯叔；三曰和睦乡里；四曰尊礼长上；五曰不得计利大秤小斗；六曰瞒卑幼；七曰不得懒惰、赌财、贪花、恋酒；八曰盗贼莫为；九曰吏役莫求；十曰坟墓宜祭；十一曰门户匡持；十二曰纲常勿扫地；十三曰见富休嫉妒；十四曰见贫勿凌欺；十五曰诗书宜攻。古云：富贵莫贪卑幼、贫贱莫与贼相交，百年之后，不依佛事，依照家理行之，若遵此言，子孙奕世蕃衍。"

每个客家宗族的族谱中，都记载有此类似之家规家训，其主要内容，是道德内容是教育族人与子弟如何忠公、睦族、读书、做人的劝勉训诫之辞，要求子孙遵守哪些道德原则。特别是规范行为准则，哪些事应该做，哪些是不应该做。纵观这些家规家训，可以看出客家人如下的价值观念。

（一）尊祖敬宗的观念

追宗念祖，宣扬祖先功德并以之激励后人，常常是客家族谱家规家训的重要内容之一。台湾客家人之编修族谱，亦在于追念祖宗，弘扬祖风、宗功、祖德。客家人一向将子孙后代的兴旺发达，都归功于祖先的功德："非始祖有余荫不至此，非始祖以有列祖之余荫亦不至此，非始祖以上更有远祖之余荫亦不至此。"当然，现代社会强调爱国尽忠，爱国、爱民的节烈思想也会客家在谱牒中被大力宣扬。那些为国为民建功立业的志士及祖先，都会被载入谱牒，以颂扬他们的高尚品格，也为后代树立楷模。许多谱牒中有很多家训、规劝类诗文，家族长辈往往在此劝勉后辈子孙立志报国爱乡。

（二）"忠信孝悌"的伦理道德观

自孔子以后，"忠信孝悌"是儒家传统伦理道德的核心内容。谱牒在形成和传播这些伦理道德过程中起着深远的作用。"敦孝悌"常常是客家家规家训的基本内容，几乎所有客家族谱都很重视这一点。《谢氏规惕崇创公长兴派下家》中，就有"虑子孙或失礼仪，上不爱宗族，下不怜于侄，言辞无逊，文理不遵，今不遗言，恐身家不能保，故立此而戒云：一曰子孙遵天地；二曰子孙孝顺父母伯叔"的字眼，希望子孙依照家理行之，倘若子孙能遵此言，子孙定能奕世繁衍。可以说，台湾客家谱牒有着睦族治乡与阐扬伦理的特殊效能，儒家六经的微言，还有经、史、子、集、史的奥义，都在族谱中展现着。

曾子说："慎终追远，民德归厚。"虽历经时间的试炼，族谱记载的传统却是吾人所不能忘却的，血浓于水的亲情也是不容切割清楚的。因此，客家文化传承着"慎终追远""报本反始"和"视死如视生"的理念，也坚持着儒家精神来教化后代子孙，使得人人不忘己之出。

（三）亲睦观

客家族谱展现客家人的亲睦观念。客家渡台移民在台湾建立宗庭祠堂后，精神上完成宗族向心力，会以宗族祠堂、祭祀公业形式存在的土地，为宗族后裔的经济后盾。由客家宗族意识来看，越是后期渡台客家之家族，定居台湾之条件越成熟，越有能力在台湾购地建立宗祠。可以说，清代后期移民到台湾的垦民，族中移民经验丰富，受到同乡人士援助，会招引在地缘上或血缘关系上之原乡同胞，到台湾来移垦定居。因此，同宗之人久而久之自然就会建立宗族组织之祠堂，以便祭祀祖先。

客家人在台湾所建立以祭祀祖先为组织要件的团体，有"唐山祖宗族"与"开台祖宗族"。依据人类学者对于华人宗族组织的研究，广东、福建区分汉人的宗族（lineage）和氏族（clan）的重要依据是"共有财产"，一单系祭祀群拥有共同财产者为宗族，无则为氏族。财产是支撑其宗族形成、发展的动力。也有人认为"系谱"才是区别宗族与氏族的主要标准，客家宗族与其祖先的关系是有族谱可循的。[①] 台湾之宗族组织，一般认为是以族产或宗祠为基础，称这类族产组织为"祭祀公业"。祭祀公业系前清或日据时期先民离乡背井之际，为怀念其原乡祖先，而由子孙集资购置田产，以其收益作为祖先祭祀时之备办及聚餐费用，充分显示台湾客家先民慎终追远、尊祖敬宗之文化传统。

台湾祭祀公业子孙继承权通称为派下权，所谓派下权是指身份权与财产权的集合。意思就是说被列为派下之人即有处分财产之同意权。依照正常传宗接代的演化，一家族的派下员会越衍生越繁杂，祭祀公业财产管理的困难度也会越来越高难度。散见于台湾祭祀公业文献上之名称有如"祖公""百世祀业""祭祀公业""公田""大公田""公

---

① 陈运栋主编：《头份镇志》，头份镇公所，2002 年，第 352—353 页。

山"等。客家族群则称之为"尝""公业""祖尝""公尝""尝会"等，[1] 闽南人多称"公业""祭祀业""祀产""祖公蒸""百世祀业""公田""大公田""公山"等。

台湾的宗族组织，即以祭祀公业所分成的"阄分字祭祀团体"和"合约字祭祀团体"两种，是台湾汉人移民社会的典型宗族形态。为了分析之便，将阄分字祭祀公业改称为"小宗族"或"开台祖宗族"，其祭祀对象通常是第一位开台祖或其后代；合约字祭祀公业则多指"大宗族"或以唐山祖为祭祀对象的"唐山祖宗族"。宗族内部的权利义务分配关系，至少具有三种类型，即房份（pre stupes）、丁份（percapita）、股份（shares）。理论上，典型的小宗族是照房份组织而成，大宗族则照丁份或股份。然而，丁份和股份非宗族所持有之组织方式，在这一点上，"宗族"实已超出严格的亲属团体之外，而是与社会的政治与地缘关系相干。[2] 合约字祭祀团体，则是来自同祖籍地的垦民以契约方式共同凑钱而购置田产，派下人仅限于出钱的族人。

所以，无论阄分字的宗族团体，还是合约字祭祀团体，都是强调宗亲之间的和睦相处。以慎终追远、和睦相处，作为纪念祖先的目的。换言之，移垦的社会，大都以姓氏为基础的垦辟团体为重要的角色。此种会份尝在设立之过程和分配制度上的特性，正也充分反映出移垦社会的特质。[3] 整个客家社会，为了尊宗敬祖与互助合作而组成宗族团体，透过族谱之编修，传承着传统客家和睦亲临的特色。

我们以光绪六年（1880）黄钊著《石窟一征》卷四《礼俗》的一段记载为佐证，该书介绍广东省镇平县的客家宗族组织情形。[4]

> 俗家庙之制，用龛藏主太祖、特祖，供以正中，左右分昭穆次序为序牌，皆南面。其无后者供以龛左右之东西面，亦分以昭穆矣。有犯族禁逐出者，不得入序牌。按《白虎通》：宗之为言尊也。族之为言凑也。太祖之泰尊之也，昭穆之序凑之也，宗族之义备矣。

由上面这一段话，我们可以了解到，客家人宗族组织与大陆原乡之蒸尝，保留了敬祖收族及互助合作及和亲睦族之目的。而且，宗族里不可避免会有贫富分化现象，因此有必要通过各种说教、规定来灌输同族人之间的亲睦观。一般谱牒都订有亲睦条款，其主要内容不外是说族人虽有亲疏，但以祖宗视之，则均是子孙而无亲疏也。因此同宗共祖者要彼此相维，患难相周，千万不能同宗操戈。可见，客家族谱的家规家训有不少宣

---

[1] 客家人分产时，若能力许可，家族会另外拨出一部分财产作为"公业"，公业若是田地则称为公尝田，其收入可用为教育或女子嫁赀。公业或由男长者管理，或由各房轮流经营。

[2] 陈其南：《家庭与社会——台湾和中国社会研究的基础理念》，文兴出版社 1989 年版，第 107 页。

[3] 陈运栋主编：《头份镇志》，头份镇公所，2002 年，第 352—353 页。

[4] 黄钊：《石窟一征》，宣统元年（1909）重印本，学生书局 1970 年版，第 157—158 页。

扬"亲睦观"的内容。客家祭仪在行礼如仪中体验长辈追怀先人、孺慕先人的情操，更进而潜移默化，使宗族中人人心有所向，致力于光宗耀祖，达成"敬宗收族"的理念和目标。

一般客家谱牒均表现出强烈的崇儒文化心态，要求族人以儒家的处事原则为立身之道，强调宗族的教育要造就知书识礼、忠孝双全的人才与子孙，并积极鼓励培养族中子弟参加科举考试，以求得功名人爵。这种儒家道德观，常常在客家族谱的家规家训中有所体现。客家人敬宗睦族、显亲扬名、光前裕后的思想极为普遍。客家父母莫不希望自己的子弟能按部就班地读书应试。读书士人往往十年寒窗，经由科举考试，一朝取得功名，不仅被则载入族谱，而且永传后世。当然，客家族谱中还有儒家其他友睦族邻、勤俭治家、子孙各立其业、重视品行、重视教育的儒家伦理道德，反映了客家人的道德价值观。这些观念对于客家民系的塑造具有十分重要的作用，而且在现今社会仍然深深影响着客家人。

**四、结语：弘扬优秀中华文化传统，传承客家民系寻根与修谱文化**

两岸各姓氏宗亲都同根同源，有着相同的血缘关系。但是若要寻找进一步的关系，相互了解自身是属于第几世、几房，就得仰赖"族谱"的指引。族谱不仅记载着本姓氏的由来，祖先的起源、发展、迁徙、归宿以及家族的身世背景、名望始末，而且记载先人的训示和处世待人的准则，或称"家训"，这些是世代祖先的遗产，让晚辈子孙受益匪浅的宝贵经验，遵循者必须发扬光大祖先德泽。

20世纪80年代，台湾各县市之各姓氏纷纷流行编修"家谱"之工作。1977年创会之"台湾省各姓氏历史源流发展研究学会"，很早就展开搜集族谱的工作，至目前为止，收藏有上千本以上的族谱。目前台湾各地所编修的客家族谱文献，仍然以传统纸本数据形态为主。许多族谱专家建议，应该鼓励台湾地区客家族谱的续修工作，在修谱时应该尽量活化谱牒文化内涵，无论是包含唐山祖历代繁衍的世系族谱，还是以来台后开基组织族谱，其内容与体例应力求完整。客家人修谱，并非只是一本寻常的地方家族谱牒而已，其深层的意义在于彰显家族所抱持之木本水源、慎终追远的人文情怀与精神，传承暨发扬客家先民尊祖敬宗的伦常关系。族谱与家乘的修撰，是民间家族强调血缘关系的一项重要措施，其为家族组织的活动建立完备的档案数据。可见族谱对于一个家族及宗族来说，是相当具有重要性指标意义的象征。族谱的编修，巧妙且紧密地将族人联结在一起，巩固了家族势力的发展。从另外一个角度说明，族谱所富有的作用，不但可载明世系宗脉，别昭穆亲疏，而且可追本溯源，从中了解家族历史和先人操守懿行。

台湾客家人修谱，以祖先迁台后为主要撰述内容，依循传统，内容除了记载家族沿革、家训、世系宗脉、祖先坟茔、公尝制度、人物考等以外，还编入各项可资考证的文件约书、碑石文拓等图片，富有现代意义。现代人修谱不仅针对家族的历史发展，运用大事年表方式，翔实纪录家族自大陆渡台以来的家族历史，而且将所有相关之祖先神位、禄位、画像、塑像、家族例祭图像等收入族谱，使新修族谱更趋丰富及多元。当阅读者翻阅家谱的同时，还可以清楚容易地从家训内容、公尝制度、祖先牌位的书写方式、祠堂的用语称法、阄书内容等不同面向，了解客家族群处在现代社会中对传统伦常价值的侧重与实践。

中华民族之优秀的修谱文化已经流行数千年，富有深厚的文化意涵。台湾的客家人对祖先不仅崇敬，而且景仰，展现今人对祖宗的崇祀精神。现代社会新一代年轻人，应该传承传统礼俗，避免传统修谱文化之式微。在科技时代，现代人除了应净化心灵，提升品德之外，亦应集合群力，发挥谱牒文化中的道德教化功能。

总之，当前西方科技社会已经出现"忙、茫、盲"的社会形态，人心陷溺，心、身、灵亟须修养。因此，人们或可从东方中华大地古老的谱牒文化中，去挖掘宝藏、开发资源，以找回心身灵的平衡，找到安身立命的方向。现代人可以从客家族谱的文化中，找寻真我，追求身心灵一体平衡与同步成长，培养意念的无私无我，培养无私、心诚、爱心、忍让、努力、奉献等德行。我们不要忘记，"人是一待成者，不是一已成者"，作为道德主体的我们，不仅要奋勉于信仰与德行的陶成，也要继续发挥谱牒文化的功能，为建设德化祥和的社会而努力，勠力于谱牒文化的弘扬，朝中华民族伟大复兴的目标迈进。

**参考文献：**

[1]《士朝园》，苗栗刘士朝派下四大房子孙印，1988年。《刘氏族谱》，士朝园子孙印，1997年。

[2] 黄钊：《石窟一征》，宣统元年（1909）重印本，学生书局1970年版。

[3] 戴炎辉：《清代台湾的乡治》，联经出版公司1979年版。

[4] 罗香林：《客家研究导论》，南天出版公司1992年。

[5] 刘兴唐：《福建的血缘组织》，《食货》半月刊，1936年。

[6] 尹章义：《台湾客家史研究》，客家事务委员会，2003年12月。

[7] 蔡仁厚：《新儒家的精神方向人》，学生书局1985年版。

[8]《广西民族学院学报（哲社版）》第28卷第3期。

[9] 谢达远主编：《谢氏族谱》，苗栗：谢氏宗亲印，2006年2月。

[10] 沈清松：《传统的再生》，业强出版社1992年版。

[11] 吴宗嬅：《嘉应州志》，成文出版社1968年版。

[12] 吴强华：《家谱》，重庆出版社2006年版。

[13] 刘贯文：《谱牒学研究的任务》，《谱牒学研究》第1辑，书目文献出版社1989年版。

[14] 陈英毅：《中国族谱的产生与发展》，上海科学技术文献出版社2003年版。

[15] 张奇：《上海图书馆家谱上网的设想》，上海科学技术文献出版社2003年版。

[16] 孙达人：《论族谱与传统史学》，《中国谱牒研究——全国谱牒开发与利用学

术研讨会论文集》，上海古籍出版社1999年版。

　[17] 章学程：《文始通义》，盘更出版社，年不详。


（本文作者林丽华系台湾联合大学客家语文与传播研究所硕士生；陈俊光系台湾客家委员会艺术评审委员，台湾联合大学苗栗学研究中心研究员，苗栗县美术学会理事长，厦门大学硕士）

# 客家民俗的研究与传承

## ——以客家盐粮文化中的职业山歌和饮食民俗为例

周　琍

### 一、问题的提出和文献回顾

中国民俗学者对于客家山歌的系统性记录和研究发端于明清时期。黄遵宪作为最早针对客家文化进行系统研究的学者，在探讨了竹枝词和山歌之后提出"诗界革命"，要"我手写我口"，于是将客家的歌唱文化底蕴融入他的诗词创新。他的客家民俗史观和方法为罗香林的客家研究提供了一个研究范式。① 与黄几乎同时的法国学者葛兰言（Marcel Granet）是西方最早针对中国"歌"的专题研究者。他认为：首先，要对于文献的学术价值进行把握；第二，要把握所得文献的社会价值和社会功能，并且要在事实构成的"整体之内进行更为谨慎的解释"。② 这是关于中国艺术历史研究比较早的方法论系统。他通过此方法对《诗经》进行了系统的研究后，得出中国人的世界观是由《诗经》的许多原则所指导的。由此，他在民俗学研究理论中提出的文化整体观与发生学的联系虽说在 20 世纪早期就已经提出，到现在仍然有指导意义。

现时的客家山歌研究主要集中在对于性别学科话题的讨论，③ 所以"性别的构成以及女性的地位分析必须考虑选择、计策、道德价值和社会价值，探讨客家妇女地位不能离开整个中国文化背景及其变迁过程"。④ 与此同时，对于山歌起源、发展和现况把握应该从文化生态的学术路径去探寻。⑤ 有学者通过客家山歌所折射出来的女性耕作持家的内容来讨论"母性家教"中言传和身教的文化意义。⑥ 客家女性之母性产生于民系的艰

---

① 张应斌：《黄遵宪的客家民俗研究》，《民俗研究》2000 年第 2 期。黄有东：《从两个核心范畴"客"和"山"看客家山歌的意蕴》，《华南理工大学学报》2004 年第 3 期。

② ［法］葛兰言著，赵丙祥、张宏明译：《古代中国的节庆与歌谣》，广西师范大学 2005 年版。

③ 虽然也有许多客家男性是很好的山歌手，然而主要的参与人群则为女性。这样一来，此生活的艺术表现形式就更具有女性研究话题的意义。

④ 李泳集：《社会变迁与客家妇女地位——粤东紫金县竹园村调查》，《中南民族学院学报》1995 年第 2 期。

⑤ 王维娜：《婚姻、性别与山歌——传统时期的闽西客家山歌的文化生态》，《民间文化论坛》2009 年第 2 期。

⑥ 黄茜：《传统客家女子教育初探》，《嘉应学院学报》2010 年第 10 期。

辛迁徙的过程中，所以具有"坚韧、顽强的性格和温暖、博大的胸襟……被男权社会塑造为秩序所认可的贤妻良母"。① 还有些学者对于客家妇女的社会地位，基于女权主义的视角进行了富有意义的争鸣。有学者从历史人类学视角对于旧时法律文本中妇女的角色进行研究。② 还有学者通过比较全面的探讨后得出客家妇女"家庭、婚姻、经济和文化地位较高"③ 的结论。以上都是属于对于客家山歌文化及其符号意义的静态研究。同时，对于山歌中关于客家女性的婚恋观的文本进行研究后，发现她们的婚恋观变化和现代女性意识提升之间有较大关联。④ 这说明对于山歌文本的历史动态分析与静态研究同样重要。

除此以外，对于山歌起源之中原根性还是土著根性的争论是具有重大学术价值的。通过这样的讨论，可以从历史动态的角度去把握客家山歌的本源以及历史上区域中不同族群间文化互动的过程。有一种观点认为，客家人既是从中原而来的话，那么其民系文化的底蕴之根性应该是中原性；客家文化的土著性是通过"高低互位的文化整合"⑤ 后所体现出来的。这样看来，客家文化的中原性为主位，南方的土著性为次位；"客"为中原性，"山"则为土著性。另外一种观点是通过整理屈大均、王士禛、黄遵宪等学者关于山歌的记录后所得出的：起源于闽、粤、赣边地的客家山歌与南方民族的曲艺形式，无论是从语言还是从表现方式来看都是传承关系，不存在根在中原一说；然而与《诗经》的记录相符，因为其中也有不少当时南方民族的歌。⑥ 年轻学者们通过田野调查并融会贯通以上两种观点后，认为无论是从客家山歌与南方民族歌唱艺术的语言，还是从展演方式与场合以及歌唱内容等方面，都说明客家山歌的出现是南方各族群交流的结果。⑦ 为此，学者们针对客家山歌的保护方式，也提出了"创新就是保护"⑧ 和"地方政府的鼓励和保护政策"⑨ 等灼见。

笔者以为，客家山歌无论是通过创新还是政策制定去进行保护，我们必须了解：粤、闽、赣地区的客家文化除有普遍性语境外，还具有非常强的区域性。比如粤东客家

① 叶从容：《从客家山歌看客家女性的母性意识》，《海南师范大学学报》2011年第3期。
② 房学嘉：《客家妇女：历史人类学视野——以粤东客家地区为重点分析》，广东民族研究论丛第十三辑，民族出版社2007年版，第264—290页。
③ 李黛岚：《从客家山歌看客家妇女在传统文化中的地位》，《农业考古》2008年第6期。
④ 周晓平：《客家山歌与客家女性婚恋文化》，《赣南师范学院学报》2013年第2期。
⑤ 江金波、司徒尚纪：《中原文化和土著文化在梅州的整合研究——以梅州客家山歌形成为例》，"中国历史地理论丛"第十七卷第一辑，陕西师范大学，2002年。
⑥ 谢重光：《客家山歌文化渊源新论》，《福州大学学报》2007年第5期。
⑦ 刘宇、何小芊：《殊路同归：客家山歌与畲族山歌的比较》，《黄冈师范学院学报》2010年第2期。
⑧ 陈菊芬：《广东客家山歌特点初探》，《韶关学院学报》2005年第7期。
⑨ 刘晓春：《客家山歌的传承方式——以梅州市和兴国县为对象》，《民族文学研究》2007年第3期。

山歌中就有相当一部分是"职业歌"。它的产生与发展与区域经济的特色息息相关。只有了解和把握了这样的特性之后，我们的创新和保护才能有的放矢。本文试图通过分析岭东客家的山歌中所反映的粤赣盐粮文化所构成的区域文化网络，来探讨当地山歌文化与其他客家物质性民俗的相生共荣关系。

## 二、挑盐客、盐粮古道与区域文化网络

### (一) 粤东客家"挑盐客"概况

粤东客家地区指的是广东梅州、兴宁、蕉岭、大埔、丰顺等地。粤东挑盐客的产生与发展归结于商道的开辟。众所周知，自唐朝张九龄首开大庾岭商道以来，赣南在南北交通及经济文化交流中的重要地位日益突出。其处于沟通南北交通的大庾岭的北端，是岭南与北方进行物资交流和人员往来的重要通道，岭南钱粮、香药的上供，都是由大庾岭商道进入南安军、虔州，然后通过赣江、长江、大运河，最后输送至都城。当时赣、粤间产品交换中的最重要和最大宗的物质，莫过于广盐。[①] 根据文献与现有研究成果可知，至少在北宋初，赣民利用秋、冬田事间歇期"资盐于广"已经成为习惯和传统，南宋后期甚至一度曾出现"岁秒空聚落"和"动以千百为群"，结伙相伴往返赣、广间贩盐的盛况。这些庞大的盐子群商，逐步在赣、粤、闽间开创出以赣南为中心的两条主要的私盐运输路线：一是赣州、汀州与循州、梅州交界处，转运惠州盐、潮州盐；一是南安军与南雄州交界处，即通过大庾岭商道转运经南雄州陆运的广州盐。于是，以挑担运输食盐为职业的挑盐客应运而生，他们活动于赣南、粤东地区的交通要道上。

粤东挑盐客的身份多种多样，按照工作时间划分可分为：长期挑盐客和兼职挑盐客。按照工作性质划分可分为：挑担工和小盐商。按照性别划分可分为：男性挑盐工和挑盐妇。"女劳男逸"的客家社会，造就了客家妇女勤劳、坚韧的精神。粤东客家挑盐妇本身就是居住在粤东地区，长期往返赣南与粤东，充当运盐运粮工作的挑工。她们多为已婚妇人，家境较贫，或男性出外务工，家中需要经济来源。

挑盐客的工作并非人人都能胜任，因此只有具备了一定的素质与要求才能担当这项任务。相较而言女性挑盐客显得更加不易。第一，要有过人的胆识和吃苦耐劳的精神。赣闽粤边区盗贼较多，往往要有过人胆量应对突如其来的事件。"两广素称多盗，兵戈不息，供馈实繁，其饷用之资，类取给予盐利之税，皆榷纳于桥关"。[②] "粤东负海滨，山盗会诸匪，甲于他省，公用以缉匪为大宗"。[③] 其次过重的货物是挑盐客所面临的问题，客家山歌就提到过："见妹扁担百二三，阿哥心头着下惊。心想同你伐多少，又见人多唔敢声。"[④] 最后恶劣的自然环境、复杂的社会环境都是其必须面对的。第二，较为

---

① 郭秋兰：《宋代赣南盐子狱的地域社会背景分析》，《历史文献研究》第 30 辑，第 94—101 页。

② 吴桂芳：《议复衡永行盐地方疏》，（清）度裕福、沈师徐辑：《皇朝正典类纂》卷 76，载沈云龙主编《近代中国史料丛刊》，文海出版社 1966 年版。

③ 《清朝野史大观》（清朝史料）卷 4《道光朝州县陋规之纷议》，上海书店 1983 年版。

④ 黄火兴编著：《梅水风光》，广东嘉应音像出版社 2005 年版，第 63 页。

紧密的联系网。粤盐赣销、赣粮粤卖需要其有紧密的联系网，才能够获得当地相关的售卖信息，从而获得更好的报酬。第三，熟悉当地文化，例如赣南地区的语言。因此在挑运过程中需要逐步掌握所途径地区的语言与风土民情。

客家挑盐工的工作，从时间上看，一般都是 15 天左右，前后参加有上千人。他们成群结队地一起将食盐运送至赣南。挑盐工的收入来源主要为：第一，雇主支付。《兴宁县志》记载道："自乐昌运至田头水脚银五钱二分"，[①] "平远县，本县食盐自广济桥过关，载至三河，在县贸易者，雇民船载至坝头，另募夫挑运发卖其坐派解京盐钞银，除拨镇平外，三十五两九钱两分六口零。丑口原系潮府广济桥盐利代纳千，天启二年口届奉"。[②] 粤东地区的县志均有相关脚夫，挑担工工钱的记载。第二，粤盐入赣。兴宁向食潮州广济桥盐饷无定额，康熙三十三年（1694）桥商按县沠引，始定兴宁额引 31995 道，饷银 11277 两，时江西负贩肩挑者多集与宁桥商，见兴宁能销盐，遂执成说以定额盐课，遂浮于正供矣。[③] 南乡人和埠忍废县民仍旧自赴广东乐昌县西河埠贩肩运回便民卖食。[④] 第三，赣粮入粤。如《雍正朱批谕旨》记载："南、赣二府……向有潮州及附近汀、翰各府人们挑负米谷豆赴平远（嘉应州北部）易盐过岭，在各乡分卖。"[⑤] 粤东挑盐客的经济收入来源渠道主要是雇主支付、贩卖食盐以及带粮入粤。这样，促使盐粮文化发展的国家政策、劳动力来源以及商贸交换机制得到了各方面的确认。

（二）粤赣盐粮古道与客家挑工职业山歌的产生

1. 大庾岭商路——梅关古道

在江西和广东交界的崇山峻岭之中，蜿蜒着一条古道，鹅卵青石铺路，两旁或灌木野花突兀，或林荫夹道掩映，古朴而陆离，沧桑而厚重，这就是曾经在历史上起过重要作用的大庾岭商路，今人称为梅关古道。

大庾岭，位于粤赣边界，距江西赣州府大庾县城 12 公里，距广东南雄 30 公里，自唐代张九龄开凿以来，到五口通商前，一直是中原与广东乃至海外商贸的两条主要商路之一（另一条是湖南的南丰岭商路）。"元明清三代，纵贯中国南北的大道，无过于此。"万历二十三年（1595），意大利传教士利玛窦，由广东进入江西旅行时，曾经这样描述过大庾岭商路的盛况："翻山的道路也许是全国最有名的山路"，"许多省份的大量商货抵达这里，越山南运；同样地，也从另一侧越过山岭，运往相反的方向旅客骑马或者乘轿越岭，商货则用驮兽或挑夫运送，他们好像不计其数。"清人认为闽粤交往有三条大的通道："省之南顾，则赣州为一省咽喉，而独当闽粤之冲，其出入之路有三：由惠州南雄者，则以南安大庾岭为出入；由潮州者，则以会昌筠门岭为出入；由福建汀州者，

---

① （清）郭树馨、刘锡九等纂修：《兴宁县志》，光绪元年（1875）刊本，第 606 页。
② 故宫博物院编：《广东府州县志——嘉应州志》，乾隆十五年（1750），第 471 页。
③ 故宫博物院编：《广东府州县志——嘉应州志》，乾隆十五年（1750），第 384 页。
④ （清）郭树馨、刘锡九等纂修：《兴宁县志》，光绪元年（1875）刊本，第 602 页。
⑤ 《雍正朱批谕旨》，雍正四年（1726）七月二十四日，何天培奏，中国第一历史档案馆藏。

则以瑞金隘口为出入。"史载:"雍正五年丁未,潮州米贵,每日千余人在筠门岭及周田墟搬运,本邑米复大贵","乾隆六十年乙卯四月间闽广搬运,米价腾昂,每升六十文",地方官因此把米贵归之于"接壤闽粤两省,运去米谷甚多,以致本地米缺价贵"。赣南则从广东运进食盐。清代赣南大部分时间食广盐。据文献记载,至少在北宋初,庞大的私盐商贩逐步在赣、粤、闽间开创出以赣南为中心的两条主要的私盐运输路线:一是赣州、汀州与循州、梅州交界处,转运惠州盐、潮州盐;一是南安军与南雄州交界处,即通过大庾岭商道转运经南雄州陆运的广州盐。

南宋以后,中国商品经济活跃,作为南北物质交流重要通道的梅岭,开始出现更多商人的身影。明人形容梅岭商道的繁华景象说:"商贾如云,货物如雨,万足践履,冬无寒土。"万历年间,著名的传教士利玛窦越过大庾岭时,亲睹梅岭繁忙景象,记述说:"旅客骑马或者乘轿越岭,商货用驮兽或挑夫运送,他们好像是不计其数,队伍每天不绝于途。"众多的商旅为大庾岭两边的大余和南雄等地提供了巨大的就业机会。可以肯定,大余和南雄至少从明代甚至更早就有一支训练有素的"路夫""担夫"队伍,他们负责为过往商旅提供运输服务,吃苦耐劳,数量庞大,有近十万之众。明代两边的路夫为了争夺生意,经常械斗,"杀伤狼藉",后来南安和南雄知府商议在距南雄70里处设立关口,双方货物在此地"博换",也就是相互交换,各取所酬,并刻石定制,从此双方相安无事。

清政府实行闭关锁国政策,乾隆二十二年(1757),规定广州"一口通商",外国商船只能至广州港停泊交易,梅岭更为重要,商业更为繁荣。梅岭古道一路店铺林立,据说下雨天不带伞,可走几公里而身上不会淋湿。梅岭古道已完全是一条繁华的商道。

如今的梅岭,尽管没有了两边络绎不绝的店铺和房舍,也没有了来来往往商旅,但是天高岭峭,点缀着夫人庙、六祖寺、望梅亭等古迹,让人发思古之幽情。梅花尽开,古道幽深,成了游客向往的旅游胜地,也一直见证着盐业古道的悠久历史。

2. 玉水古村道与挑工山歌

玉水古村位于梅县城东镇梅城东北部。客家挑盐客的运盐队伍多途经此地。据史料记载,明末至民国数百年来,粤东客家地区盐丰粮缺,江西多粮少盐,粤赣两地商人纷纷前往产地贩运盐粮。由于彼时粤赣两地交通不便,大山横亘,水路不通,两省通商多走山路,货物由劳力肩挑肩负,挑盐大军悄然涌现。粤赣两地客家人,用自己的脚步和肩膀,挥洒着汗水,开辟了这段近200公里长的盐粮贸易古道。这段粤赣盐商古道的起点在潮汕地区,当地海盐走水路逆韩江而上,运至大埔三河坝后转从梅江而上,至梅县东山码头后,改为陆路由挑夫肩挑北上,从玉水村经梅县大坪、平远石正进入江西流车、寻乌,至江西筠门岭后进会昌县城为终点,全程约230公里。挑担人的艰辛换来了"粤盐赣销,赣粮粤卖"的现象,从而催生了粤赣盐商古道。

在客家地区,流传着这样一首山歌:"挑担阿妹苦难言,一步唔得一步前。挑得重来挑唔起,挑得轻来又没钱。"这首山歌透露了另一史实——盐商古道上挑担者大多为客家妇女。当时客家地区教育普及较好，男性多为读书人，较少从事体力劳动；另外，梅州是侨乡，当时男性多结伴到南洋打工，只有妇女和老幼在家，为了维持生计，客家妇女就选择了挑盐这个副业。她们一般从梅州各地盐仓每人挑盐 100 斤左右，二三十人结伴而行，风雨无阻，沿着崎岖曲折的山道往江西方向慢慢前进，每天走 30 公里至 40 公里。为了安全，她们一般天亮便出发，下午 4 时便找沿途驿站歇息。彼时，挑盐成了许多客家人最大的副业，亦是一个家庭重要的收入来源。由于货币交易不发达，挑担者很少领工钱，大部分妇女选择要米。据史料记载，抗战时期，梅县还活跃着一支妇女挑担大军。因日寇的严密封锁，粤赣及西南诸省的食盐，曾一度依赖闽南沿海供给，内销的千百万斤盐大部分依靠粤赣边区客家妇女人力运输；从闽粤交界的韶安、黄岗、饶平、高陂、沿韩江、梅江而上，再经盐商古道进入江西，每天有成千上万的妇女，成群地搬运盐，一担一担越过高山峻岭，一站一站地接过去。由于客家挑盐客队伍的不断扩大，古盐道上的"盐"文化也逐渐变得浓厚，建立了许多驿站与盐业当铺。

1949 年之后，伴随交通逐渐完善，挑盐逐渐淡出人们的视野。走的人少了，路也就慢慢消失了。曾经深深印着客家妇女脚印的小道，被苔藓覆盖，渐渐沉睡。近年来，这段沉睡了几十年的盐商古道开始苏醒。在古村落保护和开发声高涨的今天，与其他地区的很多古村落一样，玉水古村逐渐崭露生机，先后获得广东"古村落""中国传统村落"的称号。2009 年 5 月，玉水村进行旅游开发规划，打造客家古村观光休闲文化旅游区和客家乡村生态休闲旅游区。对于生活于现代化的人而言，这段蕴藏着粤赣生命线，融客家人亲情血泪史的盐商古道，变成了对先辈的纪念，也是对未来生活的一种警醒，因而焕发出独特的魅力。①

**三、客家挑盐客与赣粤盐粮文化传承**

赣粤盐粮的流通，不仅仅为赣南地区供给食盐，也促成了赣闽粤经济区的形成。同时粤东挑盐客的大量存在也为粤盐业文化的传承做出了突出贡献。主要表现在：

（一）盐业山歌与故事的流传

客家人爱唱山歌，粤东客家挑盐客很好地发扬了这一传统。在运输粤盐的过程中，也积极展示其卓越的歌唱才华，留下了许多流传广泛的关于挑盐人生活的山歌，传承了盐业文化。例如上文所提及的："见妹扁担百二三，阿哥心头着下惊。心想同你伐多少，又见人多唔敢声。山歌又好声又靓，画眉难比妹歌声。上岗过坳唱一首，百斤担子也嫌轻。"②"一条担竿肉软软，对面来个涯心肝。身上衣衫涯做个，纽扣系涯亲手安。"③

另外，黄火兴编著的《梅水风光》记载：旧时，梅县某地有个女山歌手，很会打情打景唱山歌，1943 年闹饥荒，为生活所迫，为盐商老板挑盐担上江西。此歌手性格温

---

① 《客家女的盐商古道：期待唤醒》，《南方日报》2014 年 2 月 20 日。
② 黄火兴编著：《梅水风光》，广东嘉应音像出版社 2005 年版，第 62 页。
③ 黄火兴编著：《梅水风光》广东嘉应音像出版社 2005 年版，第 63 页。

顺，且有几分姿色，但为人慎重，故虽然善歌而不随意出口。盐商老板闻说她是一个歌手，但从来没有听她唱过一首山歌，有意试试。有一天歇宿至江西筠门岭某旅店，盐商老板知道这个歌手正在这里，便过来相访，请她唱首山歌听听，她想了好久才笑道："老板，我若唱出一首山歌来，你有何打赏？"老板道："你若能打情打景，唱一首山歌，脚钱加一倍！"歌手道："好！要说话算数！"老板道："我们都是乡亲，难道还不讲信义吗？"于是，歌手随口唱道："老板讲话也内行，知得盐担几斤两。知得脚子几辛苦，唱首山歌有打帮。"老板一听，眉开眼笑，便道："做得，确实名不虚传！请你再唱一首，要说明挑盐担的苦处。"女歌手随口道："好！"一首山歌又唱出来："讲着凄凉涯最凄凉，担竿络索准眠床。人人问涯样般睡，牙牙龇龇到天光！"大家一听都拍手叫好。老板不敢食言，结果以两倍工钱算给了她。①

粤东地区盐业山歌记录了客家挑盐客的真实生活，丰富了客家挑盐客的日常生活的同时，也使得一大批盐业纪实的资料流传于世，丰富了粤东盐业文化。② 挑盐工的队伍之中，不乏出现客家妇女的身影。在"女劳男逸"的客家社会里，挑盐妇承担起了养家糊口的重任。"挑担阿妹苦难言，一步唔得一步前。挑得重来挑唔起，挑得轻来又没钱。"一首在客家地区广为流传的山歌唱出了客家挑盐客的心声。近年来，大量的客家山歌作品皆以客家挑盐客为题材，讲述其辛苦工作的事实。他们为盐业的运输以及粤盐文化的传承做出了很大的贡献。

除此之外，还有很多歌谣作品也传承着盐业文化，如粤东明代人江振沛③身为东莞沙井人（现在深圳宝安福永镇沙井村），有感于盐丁的苦难生活，创作了《磋海谣歌》。④

迤邐赤子难衣食，砍山煮海劳筋力。煎熬辛苦无奈何，彼思出作而入息。
场予逃亡取疲偿，县当里甲纳秋粮。饥寒切骨难怜悯，憔悴一身当县场。
夫妻劳勚生息少，刑枯精耗多殇火。聚领惟拒足额求，催科正巧多流殍。
岂知水接东西江，则坏国初赋有常。一丁岁办二小引，户有三丁共贴帮。
条科罪犯煎盐律，役满宁家应计日。盐丁生本是平民，终日煎办无优恤。
县籍秋粮科灶田，场单据亩又税盐。灶盐两税丁重役，例免徭差杂泛编。
困穷救死常不赡，重敛横差欺莫办。累朝恩例付空言，吏缘为奸逐成渐。
逼迫纷更损大和，忽惊地底出只鹅。奸雄相率偷生汁，岁岁汉池频弄戈。
廉明赖有东湖老，援拯深恩同再造。类编恩例恤盐丁，玩法群奸尽除扫。

---

① 黄火兴编著：《梅水风光》，广东嘉应音像出版社 2005 年版，第 63 页。

② （清）郭树馨、刘锡九等纂修：《兴宁县志》，光绪元年（1875）刊本，第 1397 页。

③ 生平不详，文献记载中尚未找到更为翔实的资料。见《夕阳斜照井蚝田》，《晶报》2003 年 9 月 28 日。

④ （明）江振沛：《磋海谣歌》，康熙《新安县志》卷十二《艺文志》，第 85—86 页。

天假临场鲜待御，痛察盐丁发深虑。奏将盐引减价银，焦枯重喜逢甘雨。

余生复逢林宪金，职司盐法重垂怜。摅总再为医民瘝，奏疏详明达席前。

聪明览奏应矜恻，轸念舆情生感情。钦承真切转醝司，务令残喘除心匪。

奈何行法遇非人，自叹盐丁生不辰。户口伪增为足额，混差民灶不相分。

重磨叠窨火消索，悍差催盐如虎恶。冻雀何心恋纥于，愤飞都向生处乐。

逃移接踵嗟时变，势若千钧悬一线。比邻无复报晨鸡，荒林每见巢春燕。

严霜凛冽转阳春，玉烛春台郑父心。洞焰同阖回死力，讴歌从此遏呻吟。

肺肝铭缕恩公德，入观枫宸应指日。心悬烛影逐只旌，口碑醝海千秋勒。

愿公报政早迁乔，薇垣亟返使星轺。甘霖大沛苏群稿，试采重生赤字谣。

此外，一些诗词作品也记载了灶户的艰苦生活，如：

"煎盐苦、煎盐苦，煎盐日日遇阴雨。爬碱打草向锅烧，点散无成孤积卤。旧时叔伯十余家，今日逃亡三四五。

"晒盐苦、晒盐苦，皮毛落尽空遗股。晒盐只望济吾贫，谁知抽箅无虚土！年年医得他人疮，心头肉尽应无补。公婆枵腹缺常餐，儿女全身无全缕。场役沿例不复怜，世间谁念盐丁苦？

"盐丁苦、盐丁苦，盐丁苦事应难数。豪商得课醉且歌，总催得钱歌且舞。盐丁苦状类圈羊，群恶宣骄猛如虎。何时天悯涸辙鱼？清波一挽沧溟溥！"①

灶户生活如此之悲惨，所以当时灶户逃亡的现象就如同军户逃亡一样，成为必然的趋势。灶民养计无生，在逃亡的过程中挺身为盗的困苦情形，再次出现了。②

（二）盐烹传播与粤赣盐粮文化网络

粤东盐业的发展，对盐烹文化的传播也起了一定作用。在原始社会，随着石器、陶器和铜器等烹制工具的相继出现和使用，原始烹饪方式不断优化，特别是"煮海为盐"的出现和酿酒术发明后，原始烹饪迈入了烹调发展时期。夏商周时期，中原乃至中国饮食文化进入初步形成时期。烹饪的基本套路和基本章法也开始形成。这一时期的粮食作物主要有所谓五谷（稷、黍、麦、稻、菽）和粟等；调味品主要有所谓五味（盐、米酒、米醋、饴糖、姜）和椒（花椒）等。客家人烹制菜肴，除了善用其他菜系常用的水烹、油烹、汽烹、火烹外，还精于古老的石烹，并首创了盐烹。东江盐焗鸡就是采用盐烹的一道客家名菜。

烹制盐焗鸡兴起于粤东客家地区，与赣闽粤边区食盐流通有直接关系。南宋以前，闽西、赣南人的食盐，都由福州、漳州陆运而来，号称"福盐"。运盐山道漫长崎岖，

---

① （明）曼叟：《盐丁叹》，康熙《新安县志》卷十二《艺文志》，第87页。

② （清）阮元修：《广东通志》卷一百六十五，《经政略·盐法》，上海古籍出版社，第3002页，引《明文海》讲述了盐民生存无计，或为盗、或生活困苦的不堪情形。

运盐人肩挑手提，费时费力，食盐价格自然昂贵。这一状况引起了关切民生的长汀知县、著名法医学家宋慈（1186—1249）的高度关注。他亲自走访民间，开展市场调研，发现广东潮州海盐丰富，而从潮州溯韩江、汀江水路运食盐来内地出售，其销售成本将大大降低，销售价格自然要便宜很多。于是，宋慈以知县名义呈请改运福盐为潮盐，并开辟了一条从潮州经韩江至梅州，再由梅州经汀江至汀州，由汀州至赣州的新盐道。此道一开，赣闽粤客家地区盐业勃兴，盐道沿途"盐馆"林立，特别是东江地区，因盐业经济发达而带动的其他商品贸易也日趋繁荣。东江客家人就是在这样一种大的历史背景下发明了盐焗鸡这道名菜的。

正宗东江盐焗鸡采用东江地区特产"土项鸡"（又称三黄鸡）为原料。所谓项鸡，指的是下过蛋的母鸡。将项鸡杀好、洗净后，在鸡身内外擦遍盐和酒，稍作晾干，再用荷叶或香蕉叶包好，外裹上一层毛边纸。然后将适量的盐炒热至暗红色，把包好的鸡埋至盐中，盖紧锅盖，用微火使锅内的盐保持一定的温度焗鸡。焗鸡时间视盐的多少和灶火的大小而定，因此，盐焗鸡的火候掌握甚为关键。火候不到开包，需要再焗；火候过头，肉质老化，其风味自然逊色许多。有经验的师傅往往凭感觉一次开包成功。火候恰到好处的盐焗鸡皮脆肉嫩，风味独特。

关注客家饮食文化的一位日本学者曾于1979年在广州拜访全市唯一客家菜馆——东江饭店。来自东江地区兴宁县的该饭店主人介绍，饭店开办于1946年，原名为宁昌饭店，因长期坚持经营东江客家特色菜而享誉广州，后来干脆改名为东江饭店。30多年来，饭店烹制的菜肴能代表东江客家菜的特色和制作水平。其中，为顾客普遍认可和称道的有十道名菜：盐焗鸡、梅菜扣肉、酿豆腐、八宝福全鸭、上汤牛丸、炸肉卷、糟汁咸菜眩胱、东江园蹄、七彩什锦煲、红烧海参。同年，该日本学者到梅县实地调研，抄录民间宴席菜单，名列榜首的也是东江盐焗鸡。[①] 可见盐焗鸡在东江客家地区的名菜地位。作为此区域文化的代表，地方饮食文化也见证了粤东盐粮流通的这段经济历史。

四、结论

粤东的盐粮古道系统作为沟通岭东和赣南的重要经济通道在渐次开通之后，当地的客家人之中也随着这个通道的开通过程产生了一个独特的职业——挑客。其中，相当一部分为女挑客。她们为了家庭的温饱而肩挑盐粮奔疲于粤赣两地的山道之上；在此过程中有许多人甚至付出了生命。正是有了这样的货品交换和联系来往两地人们的道路网络，极具地方特色的粤东客家盐粮挑工文化才逐渐发展起来，并成为地方文化的重要代表。其中，"挑客山歌"和"客家烹饪"就是此盐粮文化中的非物质和物质文化的硕果。在这类山歌研究中，除客家女性的女性研究的话题之外，学者们还可以从中寻到地方经济史以及区域文化网络的第一手口头文本。粤东地方特色烹饪方式是表现当地盐粮交易的历史记忆；"盐烹"恰恰是这种记忆的物质体现。由此，学者在研究客家山歌文化的

---

① ［日］周达生著、刘丽川译：《客家的食文化》，《客家学研究》第2辑，上海人民出版社。

女性议题时，除了研究妇女本身的话题外，可以进一步联系当地的经济史和区域文化网络，联系其非物质—山歌—记忆与物质—饮食—烹调进行探讨。这样也是将客家山歌研究的格局进一步打开的一个路径，体现了民俗研究中"整体与地方"和"历史与当下"的动态全面把握路数。这样一来，通过民俗系统的研究，可以更好地将一个地区的特色文化进行更深的把握。

**参考文献：**

[1] 周琍：《清代广东盐业与地方社会》，中国社会科学出版社 2008 年版。

[2] 黄火兴编著：《梅水风光》，广东嘉应音像出版社 2005 年版。

[3] 黎章春：《客家味道》，"客家饮食文化研究"，黑龙江人民出版社 2008 年版。

[4] 郭秋兰：《宋代赣南盐子狱的地域社会背景分析》，《历史文献研究》第 30 辑。

[5] 周琍、周建新：《水客与客家侨乡社会变迁》，《中南民族大学学报（人文社会科学）》2009 年第 24 期。

[6] 周琍：《明清赣闽粤边盐商的盐业经营研究》，《客家商人与企业家的责任研究》，华南理工大学出版社 2012 年版。

[7] 周琍：《明清时期闽粤赣边区的"盐粮流通"》，《盐业史研究》2006 年第 3 期。

[8] 吴桂芳：《议复衡永行盐地方疏》，（清）度裕福、沈师徐辑《皇朝正典类纂》卷 76，载沈云龙主编《近代中国史料丛刊》，台湾文海出版社 1966 年版。

[9] 《清朝野史大观》卷 4《道光朝州县陋规之纷议》，上海书店 1983 年版。

[10] 故宫博物院编：《广东府州县志——嘉应州志》，乾隆十五年（1750）镌。

[11] （清）郭树馨、刘锡九等纂修：《兴宁县志》，光绪元年（1875）刊本。

[12] 《雍正朱批谕旨》，雍正四年（1726）七月二十四日，何天培奏，中国第一历史档案馆藏。

[13] （清）阮元修、伍长华纂：道光《两广盐法志》卷 21《转运八》，道光十六年（1836）刊本。

[14] [法] 葛兰言著，赵丙祥、张宏明译：《古代中国的节庆与歌谣》，广西师范大学 2005 年版。

[15] 张应斌：《黄遵宪的客家民俗研究》，《民俗研究》2000 年第 2 期。

[16] 黄有东：《从两个核心范畴"客"和"山"看客家山歌的意蕴》，《华南理工大学学报》2004 年第 3 期。

[17] 李泳集：《社会变迁与客家妇女地位——粤东紫金县竹园村调查》，《中南民族学院学报》1995 年第 2 期。

[18] 王维娜：《婚姻、性别与山歌——传统时期的闽西客家山歌的文化生态》，《民间文化论坛》2009 年第 2 期。

[19] 黄茜：《传统客家女子教育初探》，《嘉应学院学报》2010 年第 10 期。

［20］叶从容：《从客家山歌看客家女性的母性意识》，《海南师范大学学报》2011 年第 3 期。

［21］房学嘉：《客家妇女：历史人类学视野——以粤东客家地区为重点分析》，"广东民族研究论丛"第十三辑，民族出版社 2007 年版。

［22］李黛岚：《从客家山歌看客家妇女在传统文化中的地位》，《农业考古》2008 年第 6 期。

［23］周晓平：《客家山歌与客家女性婚恋文化》，《赣南师范学院学报》2013 年第 2 期。

［24］江金波、司徒尚纪：《中原文化和土著文化在梅州的整合研究——以梅州客家山歌形成为例》，"中国历史地理论丛"第十七卷第一辑，陕西师范大学，2002 年。

［25］谢重光：《客家山歌文化渊源新论》，《福州大学学报》2007 年第 5 期。

［26］刘宇、何小芊：《殊路同归：客家山歌与畲族山歌的比较》，《黄冈师范学院学报》2010 年第 20 期。

［27］陈菊芬：《广东客家山歌特点初探》，《韶关学院学报》2005 年第 7 期。

［28］刘晓春：《客家山歌的传承方式——以梅州市和兴国县为对象》，《民族文学研究》2007 年第 3 期。

［28］［日］周达生著、刘丽川译：《客家的食文化》，《客家学研究》第 2 辑，上海人民出版社。

（本文作者系深圳大学人文学院历史系教授，经济史专业硕士生导师，《深圳大学学报·人文社科版》编辑）

# 客家民系传承发展中华优秀传统文化之研究

## 徐天河

### 一、谦和睦邻、诚实守信是处世之方

客家人的"客"字，《说文解字》释为："寄也，从宀，各声。""客"字由"宀"和"各"构成。"宀"为"交覆深屋也"。"各"字由"口"上的"夂"组成，它时刻在提醒客家人必须高度注意自己言行的文明修养。中华优秀传统文化的核心精神是"和"，即追求和谐的中和主义。孔子说："礼之用，和为贵，先王之道，斯为美。"① 它是儒家追求的最高社会理想。"和"的人生观，具体表现在以"中庸"②为准则的处世哲学上。它要求人们在处理问题时，注意避免"过"和"不及"两个偏向，以保持各种矛盾与关系的和谐统一。中华民族崇尚和平的价值取向，由此形成。这种处世哲学中"和"的原则，使中华民族注重个人品格的修养，待人接物讲究礼节，养成谦和善良、温柔敦厚的品格与习惯。因此，"文质彬彬""温良恭俭让"③被公认是君子应有的品德风范。

1000多年前，中原一带由于发生天灾和战乱，许多书香门第、仕宦之家甚至皇亲贵族被迫南迁。客家先民在千年万里迁徙的过程中，经历了万般艰辛，最后在山区定居。为了生存与发展，只有依靠集体的力量，才能战胜恶劣的自然环境，这就要求和睦相处。与此同时，儒家文化精神也伴随着他们在新的地方扎根，并与客家精神文化融为一体。这对客家人善良、好客、包容的性格形成起了重大的影响，至今仍影响着客家人的为人处世哲学，并形成客家精神文化的特点。

客家人主张"万事以和为贵"。两个人在狭窄的路上相遇，多数客家人会主动谦让，年轻的让年长的，男的让女的，空手的让挑担的，挑担轻的让挑担重的，挑重担的会让给扛抬的。俗话说："客家，客家，好客之家。"主张"谦和为贵"的客家人，素有热情好客的传统，倘有宾客登门，殷实之家将以丰盛酒席热情款待。即便贫穷人家，他们宁可自己勒紧腰带，节俭过日，也要倾其所有招待客人。在一些偏僻山村，还有家族、邻里共同招待的情形。来了不速之客，主家正为一时无法置办食品而发愁时，家族、邻里

---

① 《论语·学而》。
② 《中庸》和《大学》《论语》《孟子》并列称为"四书"。
③ 《论语·学而》。

闻讯，或主动送来贮藏的香菇、竹笋干、银耳等山珍，以及平时舍不得食用的鱿鱼干、墨鱼干等海味，或烹制一道自己最拿手的菜肴端上席来。这时，主家依例请来族长或长辈坐于上席，并请来家族、邻里一起作陪，谈笑风生，和乐融融。"一家来客，四邻接待"是多数山村客家人的风俗。即使邻里之间曾发生过口角，也不会记旧时怨恨，照样提着酒壶端着菜肴，到邻居家款待客人，这样一来，邻里之间便会前嫌尽去，和好如初。因此得到时任中共中央总书记、国家主席胡锦涛的高度评价——"大家庭小社会和谐相处的典范"。①

迁徙的苦难，出洋的冒险，使客家人强烈企盼和衷共济、平等友爱、共同发展。他们继承、发扬儒家以和为贵的仁爱精神，积极化解当地土著人的戒心和敌意，"润物细无声"地感化、同化他们，使当地土著（如古越族、畲族、瑶族）部分人融入客家民系之中。客家民系的形成过程，让人们清晰地看到中华民族谦和睦邻、和谐相处的形成与发展过程。客家人身上所体现的精神文化，也折射出中华民族"海纳百川，有容乃大"②之源远流长的文明光彩。

诚实守信，是待人接物方面的一个重要的行为准则，千百年来一直被国人视为做人的美德。孔子大声疾呼："人而无信，不知其可也！"③他呼吁将诚信作为治国之宝。诚实与守信二者有着密切的联系，诚实是守信的思想基础，守信是诚实的外在表现。只有内心诚实，做事才守信用。

诚实守信是客家人继承中华传统文化精神的优秀品格。客家人常说："无信非君子，无义不丈夫。"把信义视为社会交往中为人处世的基本品德，并把它作为判别朋友或"小人"的价值标准。历史上的客家人被迫流落异地谋生，在政治、经济上都处于较脆弱的劣势地位。为了生存与立足，他们首先要取信于人，也需要得到朋友以信义相助，把一切损人利己、欺诈、蒙骗、陷害、背信弃义等行为看作"小人"之举，并以"亲君子，远小人"④这一古训作为座右铭。多数客家人一般都具有质朴无华的习性，平日言谈，不尚藻饰，是就是，非就非，实实在在。跟客家人接触多了，相处久了，就知道他们一般都是诚实守信的。虽然有古语"无商不奸"，但是曾宪梓、田家炳、姚美良等客家商界精英，无一不是靠诚实守信发展的。曾宪梓白手起家，创立了"金利来"名牌。只要人们问起金利来团队的任何一个成员："什么是金利来精神？曾宪梓先生成功的秘诀是什么？"他们就会毫不犹豫地回答："勤、俭、诚、信。"的确，其企业王国的每一个成员都始终坚守着曾宪梓一生所坚持"勤、俭、诚、信"的做人为商之道。

曾宪梓常说："无论各地的情况如何不同，各个顾客的要求如何差异，只要我们本

---

① 罗钦文：《总书记春节看土楼　客家文化受瞩目》，中国新闻网 2008 年 2 月 18 日。
② 1839 年 3 月，林则徐奉旨以钦差大臣身份到广州查禁鸦片，在其厅堂内挂此联。
③ 《论语·为政》。
④ 诸葛亮：《出师表》"亲贤臣，远小人"的化用。

着以诚待客、处处设身处地地为客人着想的精神，一切问题都可以得到解决。"① 曾宪梓不仅是这样说的，也是这样做的。20 世纪 60 年代末，当曾宪梓还在做泰国丝领带生意的时候，位于香港中环的龙子行是当时中等偏上的百货公司之一，也是曾宪梓早期的重要客户。一次，曾宪梓因为急着要去泰国订购泰国丝领带原料，临行前给龙子行订购泰国丝带的经理报了价。对方也及时预订了 20 打领带。不过因为时间关系，双方当时都没有签订合同，只有口头协议。当曾宪梓在泰国进货的时候，发现泰国丝的价格已涨，如果按照自己原来的报价领带卖给龙子行，就意味着这笔生意会亏损。但曾宪梓想到做生意最关键的是"执事以信"，宁可自己吃亏，也要坚守信诺。从泰国回香港后，虽然前后的价格已经大有不同，而且龙子行的经理也是行家，也十分了解不断变化的市场行情，但是曾宪梓还是按照当初口头协议的价格，将领带卖给他们。龙子行的经理十分感佩曾宪梓诚实守信的经商作风，因为曾宪梓在当时那个时刻正为六口之家的生存而奔波，能够做到如此信守诺言，是非常不容易的。这以后，双方相互合作，十分信赖、默契。

### 二、自强不息、开拓进取是立足之本

自强不息，语出易经："天行健，君子以自强不息。"② 其意是，天上的日月星辰是不分昼夜，永恒运动，所以"天"是"刚健"的，人应该效法天，积极进取，永不停息。自强不息的民族精神传统，造就了国人独特的苦乐观。孔子就是"发愤忘食，乐以忘忧，不知老之将至尔"。③ 他一生以天下为己任，以万民之苦乐为苦乐，以有限生命，成就"立德""立功""立言"三不朽之伟业。这样的一生，上无愧于天，对得起道德良心，下无愧于地，对得起列祖列宗，表达了中华民族文明鼻祖自强不息、积极进取的思想意识。孟子提出"生于忧患，死于安乐"④ 的忧患意识。他认为，只有不断追求、进取自强，生命才能得到延续，相反则自取灭亡。屈原"路漫漫其修远兮，吾将上下而求索"，⑤ 也反映了这种积极进取、自强不息的民族精神。作为中华民族儿女的客家人，继承和发扬了先辈们自强不息、开拓进取、威武不屈的精神文化。

客家，是一个充满颠沛流离、饱经风霜的苦难的代名词，客家人迁徙过程充满血泪和辛酸；客家，又是一个富有艰苦奋斗、自强不息、积极进取的光辉的代名词，客家人历经磨难，创造了独特的客家精神文化。客家先民作为"客"，是"后来人"，来到陌生的地方，自然条件比较优越的地方早已被土著人占据，他们只能向尚未开发的山区进军，才能找到落脚之地。在开拓山区的过程中，面临险恶的自然环境，层峦叠嶂，毒蛇猛兽出没。为了生存立足，他们需要有艰苦奋斗、自强不息、积极进取的坚强意志。深

---

① http：//book2. fbook. net/book/6019/index. htm.
② 《周易·乾卦》。
③ 《论语·述而》。
④ 《孟子·滕文公上》。
⑤ 《离骚》。

谙中华优秀传统文化精髓"生于忧患,死于安乐"的客家人素来特别能吃苦耐劳,每天都是披星戴月地在田间工作,晚饭后还要劳作一二小时才休息。周年如一日,毫无偷懒。不只穷人家如此,大户人家也一样。各地流传的民间谚语,是客家人进行艰苦奋斗、开拓进取教育的生动教材,如"早出三朝当一工"。多数客家人不睡懒觉,平时妇女早早起床烧火做饭、挑水洗衣、喂猪喂鸡,男人则早早下田或上山干活。至于插秧时节,村民更是半夜起来,在田头点上火把,拔秧插田。尤其是客家妇女特别能吃苦耐劳,她们的体格一般都很健壮,而且习惯了劳动,并不以为苦,大都能独自经营家庭生活。她们辛勤工作,常年如此,从未听见一句怨言。美国人史密斯就这样不吝溢美之词地说:"客家妇女,真是我们所见到的妇女中之最值得赞叹的了……除了刻苦耐劳和尊敬丈夫以外,她们的聪明、热情和在文化上的进步,也是很使我们羡慕。"①

深受儒家思想影响的客家男子年龄稍长,都会有出门创业的念头,这种自强不息的精神在出洋开拓的客家人身上更能体现出来。马来西亚侨领叶亚莱是开创吉隆坡的开埠元勋,该国大埔籍客属华侨肖晚香,十多岁还在广东大埔山区放牛,而后一条裤带闯南洋,白手起家,成为当地巨富。他们能开拓创业的精神支柱便是可贵的自信心,精神动力是自立、自强、自我奋斗。因为客家人自强不息、开拓进取的意识很强,所以他们不安于现状,总想改善环境,改变处境。在东盟社会,客家人普遍都善于抓住一切机会来发展自己的事业。

一部客家史,就是客家人自强不息、开拓创新的奋斗史。客家人长途跋涉,辗转奔走,只有充满自信,并具自立、自强、不断进取的意识和能力,才可能在颠沛流离中坚持下去,才能在严酷的环境中生存下来,才能开拓出一条美好光明的道路。多数客家人深刻认识到,人生在天地宇宙间,本身就是匆匆过客。人的生命是短暂的,做客更是暂时的事,何况又是"过客"。客家人不断地迁徙,客居于陌生的环境里,要适应新的环境和陌生的人群,就得抓紧时间,珍惜光阴,努力学习,勤奋拼搏,不能有稍微的松弛懈怠,时时处于积极进取的精神状态中,这样生命才有意义。许多卓有建树的客家杰出人物,都是清贫苦读、只身投向社会或一条裤腰带远涉重洋的。他们能拼搏创业,精神支柱便是可贵的自信心,显露出革命、开拓、进取、创新等自强不息的精神特质。文天祥、洪秀全、黄遵宪、孙中山、朱德、叶剑英、陈寅恪、王力、田家炳、曾宪梓等一大批成功的客家人身上,无不折射出中华民族优秀儿女自强不息、开拓进取的光辉。

### 三、团结互助、和谐共生是克难之途

长期筚路蓝缕的移民生活经历,使客家人养成一种恭谦平等、团结友爱的传统精神。因为在逃难的时候,无论昔日在故乡时如何富贵或何等贫贱,"同是天涯沦落人",大家都是一样。不但人人平等,没有你看不起我、我瞧不起你的情形,而且大家也都因此知道,不互相团结、互相帮助,就不能共同渡过难关。所以,进一步养成守望相助的

---

① [美]罗伯·史密斯:《中国的客家》,中国民俗网 2009 年 9 月 28 日。

友爱精神，形成客家人彼此之间都像兄弟姊妹一样友爱的传统。因此，客家人所到之处，均能安身立命，随遇而安，在异地他乡落地生根。除了面临自然环境的挑战，还有主客文化的冲突，为了战胜恶劣的自然环境，融入当地的社会，必须开放与兼容，这就使得友善宽容的客家人十分看重和谐与团结。不但要加强客家人的团结，而且要加强和客居地人们的团结。比如客家人在农忙时，家里人手不够的时候，不去"雇请"工人，而去找左邻右舍来"帮工。""帮工"也叫"换工"。这是基于客家人传统的平等精神。他们认为：你来替我做工，不是我用钱买来的，而是你发扬友爱精神来给我帮忙。至今广西陆川、博白等地的客家人，他们在做比较大的事情（如农忙、婚丧嫁娶等）时，总是互相帮忙的。又如那一座座工程艰巨而浩大的客家围龙屋，正是客家人的团结创业的结晶。那四圆同心、三圆同心的大土楼，正体现了客家人同心同德、同甘共苦的团结精神。

同时，客家人一次又一次地向南迁徙，最主要是由于北方战乱即军事压力。这种来自外部的压力，没有把南下的客家人压垮，反而加强了他们巨大的凝聚力。不断的凝聚，客家先民共同的语言，共同的崇敬祖先意识，共同的命运与遭际，共同的千里征途，共同的血与泪……这一切，使他们更有效地团结在一起。这样，一支独立卓行、具有自身鲜明特征的民系，便在来自社会和自然界的外力挤压下日益内聚，在千年迁徙、万里跋涉中形成了一个团结互助、共同奋进的坚强的群体。可以说，客家人艰难的迁徙过程，就是团结奋进的过程。美国《新不列颠百科全书》指出："……迁居到华南的中国北方人即客家人，是一个非常勤奋和精明的群体，他们团结得十分紧密。"

客家人迁来之前，赣、闽、粤、桂山区地带都是人烟稀少、毒蛇猛兽出没的原始森林。在这荒野的崇山峻岭中，居住着百越、畲、瑶、蛋族等当地土著。这些少数民族文化落后，处于刀耕火种的荒蛮时代，生产力水平极其低下。客家人大量的不断南迁，给这些荒僻而神奇的土地带来了蓬勃的生机。客家人从中原地区带来农作物的种子、先进的农耕技术和建筑技术等，毫无保留地与所在地的土著人分享。他们共同伐木垦荒，筑坝造田，把一个个小盆地或低缓的坡地开垦成片片井田或层层梯田，并修渠筑坡，引水灌田，使寂静的群山阡陌纵横，如诗如画。昔日荒凉闭塞的山野，变得人声喧闹，鸡犬相闻，生产力水平得到了很大的提高。客家人逢山开路，遇水搭桥，一个个深山中的村寨修有盘山小路并与公共大道相通。一些人口集中的较大村寨形成了集贸市场。就这样，客家人把热闹带进了千沟万壑，把繁荣带进了穷乡僻壤，把文明带进了荒峦山野，与土著人和睦相处，和谐共生，和乐融融。

如今客家儿女已分布在世界五大洲80多个国家和地区，他们对侨居地经济社会文化的发展，对促进中外文化交流，对增进中国人民与侨居国家或地区人民之间的友谊，也起着积极的促进作用。客家史是华侨史的组成部分。客籍华侨与侨居国人民一起，和谐相处、共同发展，为争取民族独立、幸福而奋斗的可歌可泣事迹，被载入侨居国的史册中熠熠生辉，也为整个世界的文明事业做出了不可磨灭的贡献。

### 四、崇文重教、掌握知识是发展之基

《礼记·学记》：“玉不琢，不成器。人不学，不知道。是故古之王者，建国军民，教学为先。”① 这表明中华民族自古重视教育。客家先民源自中原，客家人对儒家学而优则仕的思想奉为信条，尤其是对孟子所言“逸居而无教，则近于禽兽”② 笃信至深。长期处于贫困山区的客家人衣食难保，兴学读书谈何容易！但是他们认识到，只有知识文化才能改变自己的社会地位和命运。因此，客家人愈贫穷愈坚定地送子女读书，读书的也能拼命发奋，历尽艰辛，只为将来有个好前途。这是一条以文治贫、以学翻身的进取之路。这种重教化、着力提高族群文化素质的优良传统，无疑是客家文化普及、人才辈出的历史渊源。扎根赣、闽、粤、桂山区后，他们秉承中原遗风，以耕读传家，以兴学为乐，以读书为本，以文章为贵，以知识为荣，在客家社会里蔚然成风。

走进客家山区，微风送来树木的清香，也送来浓浓的书香。远处传来泉水的叮咚，也传来琅琅的书声，这宛如“天籁”传来的书声和书香，令人陶醉。几乎所有的家长都支持子女读书。即便很贫困的家庭，生活都难以为继了，做父母的依然咬着牙关，义无反顾地勒紧裤带供子女读书。有卖田地供子女读书的，有长年咸菜稀粥从嘴里省出钱来交子女学费的，有挑担、卖樵为供子女上学的，有因家贫无法让子女上学、而从千里之外背着书回来教子女的父亲，有帮人舂米两天只吃一次饭为供丈夫读书的妻子……好些地方志都记载着客家人重视读书的话语：“男子不读书，家计无出路”；“不识字，一头猪”；“讨食也要教子女读书”；“山脊载松柏，家贫好读书”。客家地区也广泛流传这样的童谣：“月光光，秀才郎；骑白马，过莲塘……放条鲤嬷八尺长。鲤嬷头上承灯盏，鲤嬷肚里做学堂。做个学堂四四方，兜张凳子写文章……”“蟾蜍罗，咯咯咯，唔读书，冇老婆。山鹁鸠，咕咕咕，唔读书，大番薯！”

客家各宗族都非常重视兴学育才，办好本族子弟的教育，并把这个视为本族兴旺发达的大业。祠堂之多，是客家地区一大特色。一位法国天主教神父，目睹客家人以祠堂为依托，兴办教育的情况以后，十分赞赏地说：“客家人每一个村落里都有祠堂，就是他们学校的所在地。全境有七八百个村落，就有七八百个祠堂，也就是七八百间学校。按照人口的比例来计算，不但中国没有其他地方可以赶得上，就是与欧美相较之下亦不多让。”③ 祠堂大都用来办学校，祠堂亦学堂，且大都置有“公田”，收取租谷或租金（俗称“公尝”），作为办学费用。还有不少氏族有公尝山、公尝田。这是祖辈在兄弟分家时，并不将祖产全部分完，而一部分田地、山林、鱼塘留下来作为氏族的公产，并用它每年出租的收入来兴办村学，帮助老师，支持族中子弟上学。有的族规还写明，凡考上中学、大学者，资助钱财若干。此外，从前民间还有“文会”“互助会”，将集股所得

① 《礼记·学记》。
② 《孟子·滕文公上》。
③ 雷·查理斯：《客法辞典》，1911年版，见陈运栋《客家人》第一章《绪论》，1988年版。

的钱、粮，以奖学金的形式来扶助穷家子弟求学。再有，客家地区山多田少，人多地少，生存环境极为严酷，地理条件制约，使客家人向外发展极受羁绊，他们唯有发奋读书，"学而优则仕"，争取考科入选，金榜题名，才能光宗耀祖。他们深知，唯有发奋读书、知书识字，才能学习谋生技能，不断发展。况且，客家来自中原，多为门户清高人士，可谓"衣冠南迁，书香门第"。在文化意识里有"万般皆下品，唯有读书高""书中自有黄金屋，书中自有颜如玉"的传统观念。南迁赣闽粤桂后，面对严酷的生存环境，强化了"唯有读书才有出路"的观念。客家人认为，"男人志在四方"，决不做"灶下鸡""缸下拐"。在他们看来，"捏泥卵"（务农）、留守家园是最没出息的。这一切，使客家人崇文尚学，重视教育，以致客家地区教育之盛、人文之秀闻名天下。

崇文重教的民风，使客家英才辈出，世代相传，灿若群星，溢彩流光。在客家精英中，既有独领风骚的艺坛巨匠，又有学术领域的一代宗师；既有杰出的书画家，又有才气横溢的散文家、诗人……他们的成就在中国文化史上，编织成丰富多彩的绚丽图景。当代文史大师郭沫若先生就曾赞叹客家："文物由来第一流。"[1] 如客家大县广西博白县顿谷镇的王家宗祠——金圭塘，据说王履坦国师的五个儿子都中了科举，当地的人称五子登科，后来这五个儿子各立门户分成了现在的五房人，这五房人在当地相当有名声、势力，在当地无人不晓。世界著名语言学家王力教授，北京大学国际关系学院院长王缉思教授，广西著名诗人秦似教授，中国科学院心理研究所四通打字机发明人王辑志，全国政协委员、广西喷施宝董事长王祥林，参与研究"神舟六号"并获奖励的王熙强，2010年被中国原子能科学研究院录取为博士研究生的王祥高等，均出自金圭塘。

**五、审时度势、敢于担当是发达之道**

《周易》是中华民族的国宝，其理论可以用"审时度势"四个字来概括。与儒家宣扬仁、义、礼、乐，以仁爱为立身的核心，以中庸为行为准则，以修身、齐家、治国、平太下为己任，有异曲同工之妙。这种伦理道德观念，不仅成为历代封建王朝巩固统治地位的思想武器，而且几乎成为中华优秀传统思想和文化的代名词。

孙中山是传承中华优秀传统文化——"审时度势"的客家贤达。他认为："中国如果强盛起来，我们不但是要恢复民族的地位，还要对于世界负一个大责任。如果中国不能够担负这个责任，那末中国强盛了，对于世界便有大害，没有大利。……所以我们要先决定一种政策，要济弱扶倾，才是尽我们民族的天职。我们对于弱小民族要扶持他，对于世界的列强要抵抗他。如果全国人民都立定这个志愿，中国民族才可以发达。"[2] 客家先贤的遗言，绝不因时间而稍褪颜色，至今"审时度势、敢于担当"更凸显其现实意义。

---

① https：//sanwen8．cn/p/195Dbfm．html.
② 孙中山：《民族主义·第六讲》，中国社科院近代史研究所中华民国史研究室等编《孙中山全集》第九卷，中华书局1986年版，第253页。

长期在艰苦环境中求生存、发展、发达的客家人，继承了中华优秀传统文化"审时度势、敢于担当"所特有的品格，从而使自己根深叶茂，得到不断丰富、发展、发达。

李光耀1923年9月16日出生于新加坡，祖籍广东省大埔县党溪乡。13岁时考入当地顶尖的英校莱佛士书院，1940年考入莱佛士学院，日军占领新加坡后中断学业，战争结束后赴英国留学。1954年李光耀与一些从英国回来的华人、当地受华文教育的"左"派学生和工会领袖成立人民行动党，参加次年举行的首次选举。这次选举中李光耀本人顺利当选立法院议员，开始与新加坡的共产党合作争取独立。

1959年新加坡取得自治地位，在自治政府的首次选举中人民行动党成为立法议院第一大党，李光耀出任总理。1963年7月，李光耀在伦敦与马来西亚政府达成协议，双方正式合并，但是合并后很快联邦政府与新加坡政府就在经济等多项政策上发生严重分歧。1964年新加坡发生种族骚乱，李光耀政府指责马来西亚联邦政府试图推行"种族沙文主义"，马来人在联邦内享有特殊待遇，并煽动新加坡的马来人反对当地华人政府，最终导致了新加坡在1965年8月退出马来西亚联邦。

独立后，李光耀积极推动经济改革与发展，成功地使新加坡在30年内发展成为亚洲最发达的国家之一。在其任内推动了开发裕廊工业园区、创立公积金制度、成立廉政公署、进行教育改革等多项政策。今天的新加坡政府以高效、廉洁而闻名，人民生活水平较其他亚洲国家为高。李光耀在缺水缺土的新加坡建成了现代化国家，有"国父"之称。

在审时度势、敢于担当的客家人中，涌现了许多可歌可泣的爱国志士和民族英雄。例如鸦片战争时期广东水师提督、抗英名将赖恩爵，1882年前后抗法英雄、黑旗军司令刘永福，中日甲午战争抗日保台领袖丘逢甲，爱国诗人、维新改革思想家黄遵宪，抗日烈士罗福星（1912年台湾抗日），叶挺、叶剑英……不胜枚举。日本人山口县造高度赞扬客家人，认为："他们原有一种自信与自傲之气，使其能自北方胡骑之下，迁至南方，因此，他们的爱国心，比任何一支其他民系都强，是永远不会被征服的……"① 客家先人多数是在外族入侵时被迫南迁离开生于斯长于斯之家园的，他们备尝颠沛流离之苦，因而对国家民族的前途和命运极为敏感和关注。他们的灵魂深处蕴含着不妥协、不受辱、不甘被奴役的反抗精神，怀有强烈的爱国主义情愫，往往能审时度势，敢于担当，义无反顾，勇于献身。

众多的域外客属同胞，始终心系桑梓、情注故里，想念着、眷恋着故土的山山水水。因为他们有着崇先报本的情怀。崇先，指客家先民无论流落何地，都难舍故乡情怀，念念不忘自己的祖先。他们崇拜自己的祖先创建的客家文化以及源远流长、厚德载物的儒家思想，也为此深感自豪。无论迁徙到何地，客家人都继承和发扬祖先给他们留下的精神财富。报本，指在面对其他族群及恶劣自然环境的挑战中，他们把对祖先的崇

---

① 日本《大汉和辞典》，1975年版。

拜内化为强大的精神动力，从而战胜困难、光大祖业、兴旺人丁，以此作为炫耀祖德、报效祖先的最好"礼物"。这种"审时度势、敢于担当"思想意识的升华就是客家人爱国爱家乡的精神文化，因为中国古代是家、国同构的社会，"家"的放大就是"国"。历史上这种精神即表现为报效国家。"他们有很强的寻根意识，虽然远隔重洋，在海外繁衍了十几二十代，生息了二三百年，却念念不忘祖国，不忘曾经孕育客家民系的故乡。无论是在迁徙之地，还是重返中州，他们都有着一次又一次的隆重的祭祖仪式；无论怎样漂洋过海，怎样跋山涉水，他们都要重返故土，去寻找自己的生命之根、文化之根"。① 他们中许多人不远千里，一次次回归故乡省亲探友，寻根问祖，尽力支持故乡的建设。如梅州地区很多文化、教育和公益福利事业等设施，就是由海外侨胞、港澳台同胞投资或参与捐资兴建的。在广东大埔县，举目所见，许多中小学校校舍、医院、桥梁等，是东南亚著名的实业家、慈善家田家炳先生捐建的。田家炳先生是客家精英的杰出代表，他不仅在故乡大埔捐巨资建学校、医院、桥梁等，而且在全国各地捐建数百项工程，其崇先报本的精神深受客家人乃至全国人民所敬佩。曾宪梓先生创办的金利来（远东）有限公司，不但占领了香港和东南亚市场，同时，在新加坡、马来西亚、泰国等国家建立了分公司，经营范围也从领带发展到男士系列用品。随着金利来领带声誉日隆，曾宪梓先生摘取了亚洲领带大王之桂冠。他说："只要我还活着，只要我的公司不倒闭，我就要为祖国为家乡多作贡献。"② 到目前为止，曾宪梓先生在国内的捐资总额已逾10亿元人民币。

凡此，客家迁徙及其所体现的中华优秀传统文化精神，形成了独特的客家精神风范：谦和睦邻、诚实守信是客家人的处世之方；自强不息、开拓进取是客家人的立足之本；团结互助、和谐共生是客家人的是克难之途；崇文重教、掌握知识是发展之基；审时度势、敢于担当是发达之道。梳理和探究客家迁徙所形成的思想体系及其为人处世风范，让人领略到中华优秀传统文化光辉灿烂，源远流长，犹如一部规模宏大、气魄非凡的交响乐，而客家精神文化则是其中扣人心弦、美妙无比的华彩乐段。诚然，我们也应该清醒地看到，由于受当代人心不古、礼崩乐坏、物欲横流的世俗社会风气影响，许多客家人身上的客家精神和特点，正在自觉或不自觉地快速异化。这便是笔者长期以来深感焦虑而情不自禁地探究客家民系、传承发展中华优秀传统文化的价值和意义所在。

（本文作者系教授、博士、硕导，曾任广西玉林师范学院中文系主任）

---

① 罗勇：《文化与认同——兼论海外客家人的寻根意识》，《西南民族大学学报（人文社科版）》2006 年第 2 期。

② http：//book2. fbook. net/book/6019/index. htm.

# 弘扬理学文化是对客家文化的传承与发展

## 郑树钰　廖允武

中华民族文明诞生于黄河流域，根在中原。在漫长的历史进程中，作为中华民族主体的汉族繁衍不息，流动不止，既有因发现新的宜居宜业地域而主动迁居，也有因战乱、瘟疫、自然灾害等影响而被动逃难。迁居迁徙的过程，把中原文明的种子向四周不断扩散、传播。三明是客家祖地、客家大市。由于唐宋时期中原发生战乱、灾荒，大量衣冠士族南迁，中原汉人几经辗转，聚集于闽、赣、粤三省交界地区，与当地少数民族长期在经济、文化、生活等方面互相交融，融合了当地原住民，孕育出具有独特语言、文化和特性的汉族客家民系。地处闽江、赣江、汀江三江源头的三明是闽粤赣边的组成部分、是客家祖地。所辖 12 个县（市、区）中，宁化、清流、明溪、将乐、建宁、泰宁、沙县、永安、三元、梅列都是客家县（市、区），此外，大田、尤溪县也有部分客家乡村，可说是泛客家区域。正如全球客家·崇正会联合总会总执行长黄石华先生指出的那样："三明是中国重要的客家地域，是客家大市……在整个客家史上具有非常重要的地位和作用。"

近年来，三明充分发挥客家资源优势，努力打响客家祖地品牌，传承、弘扬客家文化，三明客家地域基础条件日趋完善，三明客家事业的发展促进了客家经济的发展。但是，三明客家祖地如何继续发挥客家资源优势，促进客家事业的高速发展，这是三明客家社团当前面临的重要课题。理学是三明客家资源强项、优势之一，笔者认为加强理学研究、弘扬是促进三明客家事业更大发展的有利途径之一。

### 一、理学是三明的重要的客家文化品牌之一

一个民系文化的形成，不是某一历史时期中原文化的植入，而是在漫长历史过程中冲突与交集、主导与融合的结果，是长期的文化积淀过程。从汉族各大民系来看，我们能明显地感受到汉族各民系在文化领域，既能继承中华传统文化的精华，又善于在冲突中融合，在创新中发展，经过漫长的历程逐步形成自己独特的文化特性。远离中原故土，几经辗转迁移，历经艰辛颠沛并在闽粤赣边与少数民族与原住民融合而形成的客家民系，也不例外。① 其客家文化，正是汉人从中原南迁过程中，将带来的中原文化与当

---

① 　曾世庆：《理学文化助推客家民系形成作用之探讨》，《三明客家》总第 38 期。

地土著文化长期冲突与交集，主导与融合，并在客家民系形成过程中形成客家文化，因为中原汉人占绝大多数，所以形成的客家文化成为根在中原，又包含当地的文化特征的新特文化。理学正是其中卓有特色的文化之一。理学来自于北方的洛学，在宋代由出生在三明将乐的杨时传到南方，经杨时、罗从彦、李侗、朱熹四代人的努力，并经朱熹的集大成，成为理学（新儒学又称闽学），杨时、罗从彦、李侗、朱熹被称为理学四贤。理学成为南宋以后统治中国思想界数百年且在东南亚有极大影响力的理论体系。理学为客家注入强大的精神支柱和力量源泉，可以说，客家文化的主要思想特质均受到理学的影响，如推崇天理、勇于抗争、爱国爱乡等等。

值得注意的是，杨时、罗从彦、李侗、朱熹等人都是客家先民的后裔，出生、成长、居住、求学、讲学等活动都与客家地区关系密切，他们对于祖上的迁徙艰辛和曾经的荣耀有着刻骨铭心的记忆和体会，于是，他们把祖上多次迁徙沉淀下来的思想成果进行系统化研究，把感悟融入讲学授课和育人中，足迹遍布赣、闽客家地区，活动频繁，影响很深。[①]

理学四贤中杨时、罗从彦、朱熹三贤是三明人，李侗虽不是三明人，但他是罗从彦的学生，且后裔也生活在三明。在三明境内，闽学四贤留下了大量历史遗存，许多遗迹虽历经千年历史沧桑，还历历在目。关于四贤的许多故事、趣闻虽然年代久远，还鲜活地在民间广泛传颂。他们的后裔遍布三明各地，他们传承先祖的遗风遗训，践行着先贤的优秀品格和思想。因此，理学和三明渊源深厚。

杨时（1053—1135）出生在北宋将乐县，号龟山，在元丰四年（1081）拜颍昌程颐为师，成为程门四大弟子之一，深得二程赏识。据《龟山先生年谱》记载："时明道之门，皆西北士，最后（杨时）先生与建安游酢，往从学焉，于言无所不说，明道最喜。每言杨君最会得容易，独以大宾敬先生。后辞归，明道送之出门，谓坐客曰：'吾道南矣。'"由此可见程颢对杨时学术的推崇。杨时短时间除外出赶考和拜师外，一直在家乡读书、游学和讲学；在外为官期间，杨时却因或回乡守制，或养病，或转任，有七八年在家乡度过，著书讲学；在杨时众多弟子中，最得意的三个门生罗从彦、陈渊和廖刚，前二位是沙县人，廖刚是将乐邻县顺昌人。因此，三明是杨时出生、成长地，习道、研道、传道主要活动地和终老地。杨时是我国传统儒学和宋明理学发展演化过程中具有重要地位和影响的人物。他"学传东洛，道倡南闽，群邪冀正，继往开来"，"有功于前圣，有功于后学"，（明程敏政《杨龟山先生通纪》）被推崇为"程氏正宗"（清康熙为将乐龟山书院题名）和"八闽理学之始"（清蒋垣《八闽理学源流》）。"四方之士，不远千里从之游，号曰龟山先生"。（《南平县志》）人生在世便名扬四海的人为数不多，而远在1123年交通极为不便的情况下，宋使臣路允迪、付墨卿出使高丽（朝鲜）时，高丽王便向中国使者询问杨时近况，足见杨时活着的时候声望已远及海外。（吴福瑞

---

① 曾世庆：《理学文化助推客家民系形成作用之探讨》，《三明客家》总第 38 期。

《论将乐历史名人杨时》)

三明是罗从彦的出生、成长、生活之地，主要学术活动地。罗从彦祖籍江西南昌。其先祖罗周文于唐中和十五年（820）到沙县任县尉，家眷也由南昌迁到沙县城西和仁里罗家巷居住，罗氏一脉从此在沙县繁衍生息。罗从彦为罗周文第十二世孙，是沙县人。罗从彦青少年是在唐朝沙县尉罗沂"舍田创所"的罗氏家学义恩寺接受教育的，而且和罗畸是同学。为了追求孔孟之道，得到更高水准的教育，罗从彦长大后，先拜吴仪为师，后多次跟随杨时拜杨时为师，并"鬻田走洛"、问道于程颐。除了求学和61岁外出做官4年外，一生大部分时间都在沙县度过。先居沙县城关罗氏老宅，后在沙阳里"筑室山中"，专心研究理学，传授理学。

三明是李侗求学拜师地、主要学术活动地。李侗虽然是南平人，但是，24岁到沙县拜罗从彦为师，他虽"退居山田"，但"答问不倦"，因求学、授业等原因，也常在三明山水之间游走。成书于清同治八年（1869）的《杨岩浮桥书册》这样记载：政和六年（1116），24岁的李侗同挚友朱松（字乔年，朱熹之父）"策马星夜疾驰二日，抵沙邑杨岩'翠云书院'，拜仲素门下"，开始在"翠云书院"研习《春秋》《中庸》《论语》《孟子》等典籍。"学成，念师寓'翠云书院'，乃结庐于山下，助师启蒙授学"，即帮助师傅教习刚来求学的学生。道光九年（1829）《福建通志》卷二十七《汀州府归化县·坛庙》载："吾邑既为杨、罗二先生之乡，延平与朱子又尝往来斯地，尚有遗迹，盍祠以合祀焉？爰醵金鸠工，即建于'峨眉学社'……"正德十一年（1516）《归化县志》卷十《祠翰》载："若乃李之延平，相距咫尺，受学豫章罗公之门，尝往来吾治境内者。"虽然这些记载，没有很具体的时间，但是地点都很明确，鲜活地记叙了李侗在三明大地上的活动，而且和罗从彦的生平轨迹很吻合。以上文字说明，李侗也常来往于三明各地。

三明是朱熹出生成长地、主要学术活动地之一。朱熹因父亲在尤溪任县尉，于南宋建炎四年（1130）在尤溪出生。他1—7岁都在尤溪度过。其中4岁时，就"孩提问天"。5岁时，能读懂《孝经》并在书额题字自勉："若不如此，便不成人。"6岁时，"沙洲画卦"，可见其聪慧程度。绍兴七年（1137）夏，朱熹8岁，"朱松被召入对，赴都之前，他把祝氏和沈郎送到建州浦城寓居中"。这样，朱熹结束了在尤溪的童年生活。此后，朱熹曾先后多次回尤溪，有据可考者9次，并留下了许多诗、书法和典故。梅列列西、三元忠山村、明溪龙湖等地建有四贤祠，都记录了杨时、罗从彦、李侗、朱熹到过等信息，说明朱熹在三明沙溪河沿岸留下了厚重的足迹。朱熹一生功于学术研究，承传了杨时、罗从彦、李侗丰富和发展了的河南二程洛学，集理学之大成，并吸收了佛、道两家的精华，创立了闽学，并使闽学成为南宋时期发展到最高层次的理学体系和全国理学的主流学派。南宋晚期，以闽学的代表的理学上升为官学，在中国传统文化中居正统地位。直到清代末年的几百年间，理学始终是中国传统文化的主导思想意识。同样，理学也是这几百年间客家文化的主导思想意识。（曾世庆《理学文化助推客家民系形成作用之探讨》)

综上所述，理学传承创新经历了四代传承，四个标志性人物为理学的发展做出了不可替代的重要贡献，三明是理学的发祥地和传播发展的核心区域。

**二、弘扬理学文化是对客家文化的传承与发展**

理学是三明客家文化的精髓，弘扬理学文化是对客家文化的传承与发展，其表现在三个方面。

（一）理学对客家文化的形成、发展起了深刻的影响。

宋朝时，一批学者倡导"儒学治家，佛教治心，道教养身"，提出了以"理""天理"为核心的学说，被称为"新儒学"，也就是理学。出现了多个学术流派，主要有：以周敦颐为代表的濂学，以程颐、程颢为代表的洛学，以张载为代表的关学和以杨时、罗从彦为代表的闽学（理学），杨时师承洛学二程，杨时、罗从彦、李侗、朱熹是师承关系，被称为"理学四贤"，朱熹是集大成者。朱熹大量阐发儒家思想中的"仁"等哲学，他主张"穷理以致其知，反躬以践其实"，而以"居敬"为主，他认为"理""气"不相离，但"理"先，"气"在后。"理"是物质世界的基础和根源，没"理"就没有世界万物。他又主张"理一分殊"，认为"理"体现在万事万物中，强调"天理"与"人欲"对立。要求人放弃"私欲"而服从"天理"。朱熹在尤溪留下许多书铭、诗文、墨迹，如四幅条幅："读书起家之本"，"和顺齐家之本"，"勤俭治家之本"，"循理保家之本"。由于理学的核心价值观"存天理，灭人欲"等延续了三纲五常的封建伦理道德，符合统治阶级的需要，被统治者奉行、利用，所以理学快速兴起，四处传播，占据了宋代思想界的主导地位。（《三明市志》2002 年版）

如，理学家们推崇知识，尊师重教。杨时有"程门立雪"的故事，罗从彦有"鬻田求学"的故事。客家文化的重点之一就是崇文重教。按说家贫是读不起书的，客家人却有"地瘦栽松柏，家贫子读书"的谚语，由于各个客家姓氏宗族都留有一份学田，学田的收入为贫家子弟读书提供了保证，所以客家人才能"家贫子读书"。正如学者崔灿在《客家三论》中所言："客家人办教育的热情源于中原，而又极大地超过了中原。中原人办教育，入学的多是贵族或富人子弟，穷人子弟往往拒之门外。客家人办教育是博施于民，只要是同宗同族的子弟，不论贫富一律收授……"正因如此，客家人勉励儿孙读书的谚语俯拾皆是："生子过学堂，生妇过家娘。""细小不读书，老了目汁（眼泪）滴。""补漏趁天晴，读书趁年轻。""家无读书子，官从何处来？""勤心打石石成花，勤心读书易做官。"也正因为崇文重教，三明客家地域古代人才辈出，三明市境内历史上中进士总人数达 720 名。号称"汉唐古镇，两宋名城"的泰宁，两宋时曾有"一门四进士，隔河两状元，一巷九举人"之说。将乐出了"上承伊洛，下倡南闽"的宋代大儒、闽学鼻祖杨时。沙县在宋朝时，全县考取进士的达 129 人。连弹丸之地的永安贡川，仅在两宋就为朝廷输送了 12 名进士，受赐"大儒里"牌坊，博得"九子十登科"的美名。又据《元史》《续通鉴》等书载，元朝共考过 16 次科考，每次都分"南北榜"，此时福建省共出过 75 名进士，三明境域有 30 名进士，占全省的 40%。诸如此类的学子与历史文化现象不胜枚举，这种客家文化现象与理学文化的"重教"思想关系显然密切。

又如，客家人极为重视个体的修为。族谱、族规里均有"尊纲常、崇礼教、行孝悌、敬祖穆宗"的祖训。其住房厅堂上和门边楹联中存在大量的有关孝悌忠恕的字样，如："仁义礼智信；忠孝节德行。"这与理学维护的"三纲五常"相同。沙县陈了斋祠堂楹联"仰不愧天俯不怍人千古允称忠肃谥，穷不失义达不离道八闽惟见了斋翁"，说的是对上无愧于天，对下无愧于人，千百年来应许人们称之忠肃公。贫困不失原则，发迹不离道德，八闽之中唯有名副其实的了斋翁。这表明"理学"已浸入客家文化的血液之中了。

再如，客家人重视老小长幼、辈分高低来规范言语行为。当以舅公（舅母），为最大，称："上有雷公，下有舅公。"朋友以世交深浅或年龄大小排。同宗则按辈分大小排，同一辈分，则视年龄。上辈交谈，下辈不得多言插嘴，俗语云："在人话事，细人摁耳。"由此可见客家人对孝悌观念的重视和恪守。（蔡登秋《论三明客家文化与理学文化的关系与属性》）

事实证明，客家文化不能游离于社会主流文化，理学在客家文化中也是占主导地位的。

（二）理学是客家文化的重要组成部分。

客家民系和客家文化是在唐宋至元初形成的，理学是在两宋兴起的。前者是在闽粤赣边形成，后者也是在这一地区兴起，客家文化是中华文化的组成部分，两宋时期整个思想文化界都被理学占主导了，客家文化自然也不会例外，何况杨时、罗从彦、朱熹出生于三明，是三明客家人，其后裔虽然有许多外迁至全国甚至世界各地，但是延绵数百年以来，杨时、罗从彦、朱熹留在三明的后裔在这一福地薪火相传，一直很兴盛。这一现象也包括了李侗后裔在三明的发展。

如杨时后裔沿着汀州到南剑州古驿道和金溪两侧村镇繁衍发展，三明境内主要在将乐、明溪、清流、宁化、泰宁等客家区域；罗从彦后裔主要沿着沙溪流域两侧村镇繁衍发展，主要集中在沙县、梅列、三元、明溪、永安等客家地域；朱熹后裔沿着尤溪等闽江上游流域两侧村镇繁衍发展。李侗的次子李信甫，任福建汀州知府后，因不满南宋腐败，携全家开基在宁化温泉团龙门坊（现泉上），除长子伯逢出生于南平、留守祖父李侗墓，五子道明因出任广东通判、其子孙在广东发展外，另外三个儿子都有后裔在三明的宁化、明溪、清流等地繁衍发展。四贤子孙以理学传世，以家训治家，保持着"忠厚持家远，诗书继世长"的优良家教家风，在历朝历代社会发展中，发挥着"正能量"的重要作用。

当然，这种文化的传承也并不局限于某个人、某个时期。理学家们的弟子、子嗣传承并广泛传播着洛学南渡的思想文化成果。当时，杨时创立了"龟山书院"，弟子数千，名噪一时；朱熹的门人众多，仅籍贯可考的登门求教、明言侍奉、自称弟子的正式门人就有500多人，来自福建、浙江、江西、湖南、安徽、江苏、广东等地。杨时、朱熹等都去过江西大余（宋时为南安府）寻根探源和过话。宋乾道四年（1168），朱熹任江西茶盐公事，先后到赣南的宁都、于都、赣县、大余等地，边了解灾情，边在梅江、濂溪、周程等书院讲学，传授弟子，使理学文化植根于士族百姓中。罗从彦到客家县连城冠豸山"仰止亭"讲学4年，著《豫章集》在冠豸山终篇。清代《浮桥书册》"桑梓图记""杨岩乡解"篇亦分别记载："宋侍郎张驾、祭酒杨时、司谏陈瓘三君子肄业处也，至今乐道弗衰矣。""而立雪程门，开道南之一脉者，惟杨为最。吾乡以杨岩命名，义实取乎此。"这些说明了杨时在今三元区岩前镇活动情况。杨方等人受学于朱子，使龟山、豫章之学在连城乃至汀州延续和光大。当时南方文化的兴起，既体现于理学家的活跃，也体现于官府对教育教导的重视。史载，宋代的赣南"虽荒服郡县，必有学"。

如上所述，宋代中国经济与文化中心南移，理学在这里诞生，并对三明区域内的客家文化圈产生影响。三明是"理学四贤"后裔繁衍生息、开拓发展之地。理学的传承和发展也大大影响和促进了客家文化的形成与发展，理学文化成了客家文化的组成部分。

（三）弘扬理学文化有助于客家文化品牌发扬光大。

三明是理学南移和闽学奠定和发展之地，三明又是客家祖地，理学为客家民系注入了精神支柱和力量源泉。如客家人多用"天理良心"来发誓，倡导要凭天性和良心做事，对于违背社会秩序的人和事，天理人道难容。正是由于客家人对于天理的如此重视和敬畏，所以他们践行起来也非常认真和严苛。又据上杭《丘氏族谱》记载（上杭丘氏是从宁化迁出去的），南宋末年元兵南侵，原居上杭下都乡的丘文兴率乡里子弟随文天祥抗元，转战至潮阳、海丰。南宋灭亡后，丘文兴立下"子孙皆有学行，不仕元"的家规，后来历史证明，丘氏"族人终元世无仕者，入明乃大显"。此例说明客家人对于"天理"的尊崇和执守。由此可见弘扬三明理学有助于客家文化品牌的发扬光大。

打好客家文化品牌，说白了就是将客家精神发扬光大。理学注重气节、品德的培养，客家文化也注重气节的培养，在外族入侵时讲求民族气节，勇于斗争，反对外族侵略。客家先贤文天祥的"人生自古谁无死，留取丹心照汗青"诗句，就体现了文天祥至死不投降外敌的英雄气概。客家精神的内涵主要是"开拓进取，艰苦奋斗、崇文重教、爱国爱乡"。而这，也是理学的重要实质内涵。如"爱国爱乡"，客家人饱尝战乱和压迫带来的背井离乡痛苦，对于家园的安定和国家的强盛有着强烈渴望。客家谚语"一寸国土一寸金"，"树高不离土，叶落仍归根"，"国家、国家，有国才有家"等等，都反映出客家人深刻体会到家、乡、国命运一体，荣辱与共的关系，体现了客家人对国、对家的挚爱之情。历史上，客家儿女抗击外敌入侵、保家卫国、视死如归的故事不胜枚举。近代，洪秀全、孙中山等一批又一批客家先贤抵御外侮的义举，教育影响了客家的子子孙孙。国内革命战争、抗日战争中，也处处有客家人的身影，他们用鲜血谱写出伟大的爱国主义新篇章。改革开放以来，客家人爱国爱乡热情高涨依旧，回大陆寻根谒祖的海外华人以客家人最多。自1995年以来，每年都有成千上万的海内外客家人参加宁化客家公祠祭祖或宗族祭祖。至今，宁化石壁已举办23届世界客属石壁祖地祭祖大典，约50万人次参加。这些都反映理学文化基因流淌在客家民系中。

**三、如何弘扬三明理学品牌，促进客家文化发展**

（一）加大理学研究力度。

加大理学研究力度，不能把理学四贤的学术内容和研究成果割裂开来，而要有机地把理学四贤的学术放在一起研究，因为理学四贤是四代传承关系，既有师承关系，又有各自的特点。要整合社科研究力量。建议成立理学文化开发利用专家咨询委员会，整合社会科学资源，充实科学研究力量，造就一批高素质的理学学术带头人和学术骨干。充分发挥社科联、大学研究机构、客家研究机构和研究力量的作用，要把整个理学内容统一起来进行研究，才能做到一以贯之、脉络清楚、承上启下、思路清晰，真正理解理学的文化精髓、内容特点，及其从北至南不断传承发展，到朱熹集大成思想的理论体系。

（二）在研究中，突出理学与客家文化关系的研究，进一步说明理学在客家文化发展中的地位与作用。

三明是客家祖地，是客家文化的发祥地之一，三明又是理学南移乃至集大成的实现之地。许多理学家本身就是客家人，理学对客家文化的形成和发展影响至深。杨时、罗从彦、李侗、朱熹的理学实践对客家文化形成的作用，在于使中原地区的洛学文化南传到三明，经创新发展，在赣闽粤边区广泛传播，为客家文化的形成和发展奠定了坚实的基础。客家文化的形成实际上就是理学思想在赣闽粤边区广泛传播，并为当地原住民普遍接受和认同的过程。

了解了理学与客家文化的关系后，我们就可以比较容易认识三明理学家的文化活动对客家文化的意义了。

（三）要加大力度对理学四贤相关文物古迹进行保护、修缮，扩大对理学文化的宣传，如举办理学四贤文化节，修建、完善将乐杨时宋代文化城、沙县罗从彦纪念堂、尤溪朱子文化园等，积极开展纪念理学四贤理学文化活动，如组织理学文化研讨会、姓氏文化研讨会，编书籍，出画册，进行书画、摄影及民间艺术展等。同时扩大旅游功能，把理学名人的住处作为市民休闲、锻炼和娱乐的去处，同时必须有一个面积较大的广场，以方便举行公祭仪式时使用。有了全新的文化点作为基础，并利用这些措施，举办海内外客家旅游文化节活动，扩大理学在海内外的影响。

同时要加大宣传力度，扩大影响。各地名人故里一般都有塑像修建在重要的位置，进行突出宣传，所以应该在县城的文化长廊等场所修建理学四贤塑像，以供人们平时瞻仰和凭吊。对内宣传可以让理学的文化精髓、故事等进课堂，对外宣传主要是通过媒体。可利用的媒体有平面媒体、电视媒体、网络媒体、短信等，以此让大家知理学、懂理学，让理学文化更好地推进客家文化的繁荣发展。

综上所述，理学是三明的重要的客家文化品牌之一，弘扬理学文化是对客家文化的传承与发展。我们要把理学文化摆在客家文化的重要位置，加强理学研究，弘扬理学文化，加大宣传力度，增强理学名人效应，让海内外更多的人了解理学文化在客家文化中的地位与作用，进而促进客家文化的发展与繁荣。

（本文作者郑树钰系原三明市文化局局长，文联主席，三明市客家联谊会副会长，副教授；廖允武系三明市民间文艺家协会主席，三明市客家联谊会副秘书长，副教授）

# 客家姓氏与客家民俗文化初探

蔡干豪

## 一、客家姓氏迁徙多元与居住特色

（一）客家姓氏迁徙的多元性

中国历史上共有过五次人口大迁移。客家人也是一样，第一次是两晋时期，中原许多人举族南迁至长江流域，并涉足闽、粤；第二次是从唐代开始，陈元光入闽开漳，87姓入闽；第三次是安史之乱与唐朝末黄巢农民起义时期，北方地区长期战乱，而赣、闽、粤地区相对安宁，于是大批避乱汉民迁居到这里，成为第一批"客家先民"；第四次是两宋时期，北方少数民族入侵，朝廷南迁，一批批的汉民迁来赣、闽、粤三角区，他们在这里繁衍生息，并与畲、瑶等土著居民发生血缘上和经济文化上的交融，最终形成客家民系；第五次是明末清初，赣南由于受满族铁蹄的蹂躏，后来又发生瘟疫，人口锐减，客家人迁回播迁，闽西、粤东和赣南一部分客民携家出走，另谋出路，播迁海内外各地，有的移居海外，有的又迁到赣南，有的播迁至湖广与四川等西部地区，从而最终奠定了客家居民的现代格局。

客家姓氏与随陈元光入闽的 87 个开漳姓氏、随王审知入闽的 56 个开闽姓氏相比，有个根本的区别。

陈元光、王审知入闽是带兵入闽平乱，而后其部将及随行军民定居闽、粤。一是陈元光、王审知入闽是以武装力量和行政手段接管地方政权，控制了大面积的沿海沿江的平原地区。二是随陈元光入闽的 87 个开漳姓氏、随王审知入闽的 56 个开闽姓氏家族主要聚居在闽北建溪、富屯溪、闽江下游以及晋江流域等交通方便、土地肥沃的地方。三是各地由一家一姓定居衍派而成单一村落者极为普遍。相对形成稳定的大族家族性聚居，即使是小姓，也显示聚族而居的现象。四是不论他们姓氏的发祥地是哪里，但是他们的族谱所载，几乎都是清一色的来自"河南光州固始"，其实很多都是攀附的，有失真实。

而客家的族谱记载却是各有特色，我在整理宁化石壁百家姓时对 160 多个客家姓氏的迁徙做过分析，按照迁徙入闽西前的住籍地分别归类：（1）由河南、河北、山东、山西、陕西迁徙至闽西的有卜、贝、尹、甘、邓、冯、叶、田、丘、斥、阴、邢、汤、孙、伊、邹、羊、连、陈、郑、范、练、官、胡、唐、郭、袁、曹、湛、崔、董、谢、裴等诸姓氏。（2）由江苏、浙江、安徽、湖北、四川迁徙至闽西的有毛、石、包、吕、华、孙、沈、汤、吴、余、张、幸、项、施、柯、钟、修、饶、夏、钱、莫、萧、龚、童、韩、温、蒋、程、傅、赖、薛、黎等诸姓氏。（3）辗转由漳州、澄海、泉州、莆田、福州等语系区域迁徙至闽西的有：庄、尤、吕、池、许、宋、伍、巫、苏、郑、林、姜、赵、姚、翁、蓝、蔡、潘、薛等诸姓氏。（4）由闽北邵武、建阳迁徙至闽西石壁的有：马、江、巫、朱、李、杨、卓、欧阳、黄、游、蒙、葛、詹等诸姓氏。（5）辗转于原汀州8县的闽西及赣南、粤东等客家语系区域迁徙的有：丁、马、方、江、车、邓、孔、古、卢、兰、宁、艾、刘、严、危、花、杜、何、邹、张、陈、陆、汪、郏、林、周、罗、晏、洪、俞、科、侯、聂、高、夏、涂、凌、徐、康、曾、揭、彭、雷、阙、简、管、廖、鄢、谭、熊、潘、戴、魏等诸姓氏。

客家各个姓氏不是依靠军队和行政手段控制居住地，因此形成特殊的风格，不论是家族内部团结还是相关的各个家族之间的团结都成为客家人相互间的纽带，形成了主要以家族为单位或以若干个家族组合单位，入垦的是闽、粤、赣边界的客家地区。虽然客家人也有大族的聚居村落，但更多的是若干个小姓联合聚落。

由于沿海沿江平坦地区已有随陈元光、王审知入闽家族人居住了。客家人只好迁于山区或丘陵地带，这就是所谓"逢山必有客、无客不住山"之说。客家人居住地大多在偏远、边远的山区。当时闽、粤、赣边界三角地带，满目丘陵、山脉，是东南丘陵的集中地。这里武夷山脉和南岭山脉相交接，形成中原大地与东南沿海相隔离的天然屏障，而且小盆地星罗棋布。在客家人来到之前，这些地带是人烟稀少、野兽出没的原始森林。在这荒野的山岭中，居住着百越、畬族、瑶族等当地原住民。这些少数民族文化落后，处于刀耕火种的蛮荒时代，生产力水平极其低下。客家人的大量南迁，给这片荒僻而神奇的土地带来了蓬勃的生机。客家人从中原地区带来农作物的种子、先进的农耕技术和建筑技术，推动客居地的繁荣与发展。客家人的生存是与原住民在摩擦中混居、发展中交融。当地官员也没有把客家人列入当地户籍，为这些移民登记户籍时，立为"客籍"，称为"客户""客家"，此为客家人称谓的由来。因此，"客家人"，这是一个充满颠沛流离、饱经风霜的苦难的代名词。客家人迁徙过程充满血泪和辛酸；客家人，这又是一个富有艰苦奋斗、开拓进取的光辉的代名词。客家人历经磨难，并形成有别于周边其他民系的独特的方言、习俗和其他文化事象的群体，创造了著名的客家精神和文化——其光荣和辉煌值得客家人引以为自豪。

（二）客家族群聚居多样性

客家人没有以武力控制客居地域，为了生存、生产，为防止盗贼的骚扰和当地人的排挤，为防外敌及野兽侵扰，为了家族和聚落的安全，多数家族不但合族聚居，而且还建造了营垒式住宅，实现自我保护。这些营垒就形成了围龙屋、走马楼、五凤楼、土围楼、四角楼等，其中以围龙屋存世最多和最为著名，是客家建筑文化的集中体现。围屋结构上，集厅、祠、院、堡、居于一体，重视门坊的建筑。是一种以围堡式大屋为中心的聚族而居，融生产、生活与自卫于一体，具有独特的民系与地域色彩的居处方式。这是客家人在长期的生产、生活实践中形成的，一方面是中原汉族传统的居处方式的继承，另一方面又是迁居南方以后为适应当地的社会和生产、生活条件而发展形成的。永定"承启楼"有300多个房间，面积5376平方米。"遗经楼"有五层楼，面积10336平方米，光是厅堂便有51个。日本一建筑学教授考察了永定土楼后写道："这动人的客家土楼，与其说是一幢庞大的住宅，不如说是一座小城市。"客家人崇拜先祖，把土楼、围屋的"心脏"作为祖宗祠堂。这里是族长聚集各户家长议事的地方。逢年过节，合族的每家都挑着各种供品，到这里祭祀祖先。男儿娶亲，须在祠堂拜天地，叩祖先，宴宾客。闺女出嫁，向列祖辞行后，方可罩上盖头，踏着象征团圆的大圆匾出阁。老人谢世，祠堂成了举哀发丧的灵堂。就这样，一座祠堂将合族融洽地凝聚在一起，共享天伦之乐。

客家的小姓也是过聚居生活，形成的是多姓氏的聚落，甚至多姓氏的共祖屋。凡有客家人居住的地方都有多姓氏共祖屋的范例。共建祖屋的原因有多种：（1）如经济原因贫穷不能单家独户建房屋，因友好关系、亲缘关系，为了生存共同抵御自然灾害及外人欺负等。客家人南迁异地落居后为了共同利益，守望相助，所以产生了多姓氏共建祖屋的客家特色。（2）客家人为了不忘南迁中的患难友情，也有把他们居住的地方用二姓人的姓氏来命名村落。共祖屋增强了客家人的凝聚力。

唐宋以来的世居客家姓氏较多，因此方言中保留中原古韵的成分就较多，呈现同一的多样性。一是由于客家人姓氏迁徙的多元性、居住的独立性、交通和通讯相对闭塞，也就形成语言、文化和风俗的多样性；二是因为明末清初粤东、闽西、赣南的客家人又大量来回迁徙，客家方言形成同中有异的特点，县与县之间不一样，甚至乡与乡之间、村与村之间也显出差异。这些多元性、多样性，也给客家人民俗文化带来了多元性和多样性。

**二、客家多源姓氏的民俗多元特色**

在闽东、闽南地区只要语言一样，民俗就大同小异。然而在客家地区，民俗文化体现出多元性、多样性。在客家传统文化中，反映乡土情调的莫过于客家山歌。客家山歌是中华民族民间文学百花园中一朵色彩艳丽的奇葩，也是东方诗歌大园里出类拔萃的妙诗，是客家地区民间文学的瑰宝。俗话说"客家山歌特出名"，"客家山歌松口出"。这种带有浓厚乡土气息的民歌寄托着客家人的乡愁乡情，在中国民歌中独树一帜。它直接从人民群众中产生，尽情抒写客家人的生产与生活、欢乐与忧愁，悲欢离合，情深景真，质朴优美，为人民群众所喜爱。千百年来，客家山歌广泛而持久地在客家人聚居地流传，魅力常在，青春永葆，表现出强大的艺术生命力。在客家人中，各地山歌各有特色，各领风骚。山歌的差异，当地人最清楚，只要你一开口，就知道你是哪里来的客人。

客家地区戏剧种类特别丰富，是迁徙中的各个姓氏家族把全国各地的剧种都带到了这里，不断孵化，丰富了客家的文化。在这里主流戏剧有广东汉剧、采茶戏、花朝戏、平安戏、踩马灯、乱弹戏、提线木偶戏和山歌剧等等地方戏剧。台湾的客家八音，也是源于闽西，分布在桃园、新竹、苗栗及高雄美浓、屏东县等地，是客家人拓展出的特有音乐文化。这些地方戏剧，除汉剧外，大都用客家方言演唱，曲调带有浓厚的地方特色。剧种分布与客家姓氏家族分布多多少少有所关联。如：泰宁戴氏、严氏聚居村大源村有傩舞；将乐的客家八韵南词源自浙江的婺剧，与廖氏有关；将乐万安镇跳花灯与许、高姓有关；沙县富口镇邓姓盖竹村有大腔戏。这些剧种许多都是在其他地区很难以见到，与客家姓氏有关的戏剧"活化石"，都随着姓氏家族源远流长。

闽东、闽南汉族的游灯一般是在正月元宵节举办，而且多多少少带有"官方"举办的色彩。但是客家民俗游灯文化则是以其古朴和充满浓郁的乡土气息凸显其姓氏家族聚落特色，为世人所瞩目。客家游灯民俗活动，一年四季均有举行。如：客家地区的家族性的传统灯习俗很多，每年元宵节前后新生儿家庭有"添丁升灯"仪式，为新生男丁祈福；新生儿满月之时，在自家厅堂贴上新丁名字，挂上写有"添丁"两字的灯笼；婚嫁有"送灯打瓮盖"礼仪；乔迁新居在正堂或客厅加油点亮，谓之"添灯兴旺"；过春节有"上灯"习俗，多数村落春节期间有龙灯、蛇灯、鲤鱼灯、马灯、狮灯、神灯等各种灯彩的表演和赏灯活动；中秋节有"放孔明灯""请月光姑姐"等灯活动。除上述具有汉民族一般特点的节日民俗活动外，还有一些地区有"九狮拜象""竹篙火龙节"等，很多家族还有自己特色的游灯活动，如刘氏的"二十八宿"灯。

客家地区不同姓氏家族有不同的民俗活动。刘姓有刘姓自己独特的活动，李姓有李姓自己独特的活动，林姓有林姓自己独特的活动……从正月开始到年底，各个姓氏都有自己各自的民俗，如永定仙师瑶上"迎公王"（正月初二）、金砂"迎邹公圣王"（正月初八、初九）、峰市河头城"迎天后（妈祖）"（正月十二）、四都镇的"打菩萨"民俗（正月十四）、岐岭"作大福"（正月十五）、陈东乡迎神游村"四月八"，仙师兰岗"迎公王"（八月初八）、仙师恩前"迎斋神"（八月十五）、金丰湖坑的作大福迎接"保生大帝"（九月十一）、城郊古镇"迎五显大帝"（九月廿六至廿九）、金砂上金（孔目督）"迎灶君老爷"（十二月廿三）等传统民俗活动，其隆重热烈程度不亚于岁时节日。这些举不胜举。

同是刘姓、同是林姓，在不同区域不同宗支也有不同民俗，这是客家民俗的又一个多元性、多样性。以林姓为例，永定高陂镇西陂村林姓"迎春牛"、长汀县童坊镇举林村"闹春田迎丰年"、漳平市永福镇林氏妈祖文化节、连城姑田林坊村天下第一龙、新罗区美山村采茶灯、长汀严婆田村"严婆女性文化"，等等，多种多样。

**三、客家姓氏民俗列举解读**

（一）永安小陶刘氏"二十八宿"灯会。"二十八宿"游灯与刘氏家族有着美好的传说。相传，为汉明帝刘秀"复兴汉室"立下大功的 28 位开国元勋，是天上 28 星宿下凡转世。而小陶刘氏后人为了纪念这 28 位将军，根据他们的属相制作成 28 盏游灯，在民间代代流传。刘秀的儿子明帝刘庄，为了给臣僚树立榜样，在南宫云台画了这28将的图像，史称"二十八宿"。他们用游灯方式在民间一代一代流传纪念他们先祖为汉室基业而立下丰功伟绩。

（二）永定陈东乡陈氏的"四月八"。陈东乡"四月八"是有几百年传统的民俗活动。从农历四月初七到初九，历时三天，亲友云集，比过春节更热闹。"四月八"主要活动是迎神游村。其由来，传说有二，一说其神为谢安。东晋名臣谢安，曾统兵御秦王苻坚，因取得淝水之战大捷而闻名于世。东晋时有崔、卢、王、谢四大望族，后卢循起义造反，卢家受灭族株连，承谢安拯救，逃到南方开基，繁衍子孙。卢家后裔为追念谢安，将其供奉为神，每年四月初八谢安生日时集会纪念。

（三）宁化楼家村张氏的板凳龙。农历正月初八，宁化楼家村张氏的板凳龙"华光尊王"和"桥灯"巡游活动已有几百年的历史。当天，村民们在祠堂内早早地摆好供桌。晚7时许，十几位壮劳力抗着菩萨走出张氏宗祠，开始在坪场上巡游。长蛇阵板凳龙紧接其后，翻腾飞跃，灯光闪耀。板凳龙由龙头、龙身（子灯）、龙尾三部分组成，以户为单位，各家自备一块近2米长、10厘米宽的杉木板作为烛桥板，状如长条板凳面。一起舞动的还有一条布龙，双龙气派壮观，蜿蜒盘旋，夜色下显得壮观美丽。龙灯队伍分别在张氏祠堂、村部所在地表演后，巡村游开始了。抬菩萨和舞板凳龙的队伍沿着家家户户门前拜年，村里200多户人家鸣放鞭炮，接龙接福，整个村庄一派喜气祥和。

（四）永定金丰湖坑李姓的"作大福"。永定金丰一带李姓的民俗活动。湖坑李姓三年一次的"作大福"，在该年农历九月十一至十六举行。各村村民抬着"公王"（土地神）的牌位，相继汇集到湖坑集市西南的马额宫。十一至十四日，上的是斋供（果蔬米粄之类祭品），按村轮流上供，一村半天。十五日，各房族迎旗、打锣鼓集中到马额宫，迎接"保生大帝"。沿途又是铳炮连天，硝烟弥漫，人潮如涌，旌旗蔽日。到大福场后，进行开祭仪式，各村集中上供、烧香，每户都燃放鞭炮，形成又一个活动高潮。十六日送神，表示"作大福"仪式结束。

（五）连城罗坊罗氏"走古事"。在连城盛行，尤以罗坊蔚为壮观。罗坊"走古事"是乡间闹元宵的盛大狂欢活动。据传在明朝，罗坊镇常闹旱、涝两灾，当地百姓把流传湖南的"走古事"移植到罗坊，以祈求风调雨顺、国泰民安。从清朝乾隆、嘉庆年间以来，承传不衰。这里"走古事"，要出七棚（棚，为扮演古事的一个轿台），挑选体壮胆大的10岁男童两名，按戏曲装扮，化妆脸谱，身着戏袍，一名扮领先的天官主角，一名扮护官的武将。天官直立在一条铁杆上，腰身用铁圈固定，武将坐立在轿台上，成两个层次。轿台由木柱镶成方形框架，四周饰上精美的画屏，两根轿杆，每棚400余斤，须用20人抬。村民把三太祖菩萨轿、花蓬、彩旗置放在广场中心。虔诚的妇人们在此烧香祷拜，以祈四季平安，风调雨顺。

（六）永定抚市巫姓"走古事"。抚市镇巫姓"走古事"中常见的故事有魁星点灯、桃园三结义、五虎将、六国拜相、七仙女下凡、八仙过海等等。每条有代表性的花"船"根据古事棚大小，最多达到16个壮汉抬行。远近居民呼亲唤友，成群结队，蜂拥而来，如痴如醉抬着古事棚游走于乡间。

（七）连城姑田周、黄两姓游大龙。连城姑田下堡村之邓屋游大龙，起源于明朝万历年间。姑田的大龙有"天下第一龙"的美称，龙头高达2.4米，长7米，直径0.8米，眼圈直径0.7米，龙口大张，内含一个直径0.6—0.7米的大红龙珠，大有吞云吐雾、威震山河气势。

（八）永定坎市卢姓"打新婚"。永定坎市是闽西有名的一个大集镇。卢姓有万人之众，已在此繁衍生息500多年。"打新婚"是他们的独特民俗。

（九）长汀县童坊镇彭坊村刻纸龙灯。长汀县童坊镇的彭坊村张、彭两姓刻纸龙灯，著名的有三龙齐舞闹元宵。

（十）连城姑田林坊村林氏天下第一龙。姑田"游大龙"活动始于明代，已有400多年历史，意在祈求风调雨顺、五谷丰登，现已成为乡里百姓喜闻乐见的民俗文艺活动。据说，姑田"游大龙"盛时曾有12条大龙一同腾舞，并且曾出过173节、达700多米长的大龙，而今虽已不如昔，却也仍有3条龙出游，长者达60多节、200多米。大龙长且重，出游的壮观场面，让人叹为观止。

（十一）长汀严婆田村林姓的女性文化节日。每年九月，长汀南山镇严婆田村严婆神庆典是汀州客家严婆田村特有的女性文化节日。严婆文化强调"做人要清正、做官要廉明、做事要顺天"，"尊重女性、鉴严为明、固家安国、文武奋进"的精神内核，对当代的家庭教育、爱国主义及勤政廉政教育具有重要的意义。

（十二）沙县际核村李氏"跑天王"。沙县际核二月初一举行的祭祀活动——"跑天王"。天王系华光天王。相传清咸丰年间，在沙县际核一带经常闹匪患，有一个被称为"红毛鬼"的土匪最为凶残，老百姓既深恶痛绝又十分害怕，不得安宁。后来，有一位叫华光的人迁居际核，便组织村民设下埋伏，活捉了土匪头子"红毛鬼"，村里从此获得了太平。不幸的是，华光在这次战斗中牺牲了。村民为了纪念华光的显赫战功，建立庙宇祭祀华光，称其为"华光天王"，并于每年农历二月初一举行祭祀活动，将华光神像用轿子抬到庙外，跑步绕圈，到处游走，祈求一方平安幸福。

（十三）清流客家祖山下长校镇李姓游龙灯。清流客家祖山下长校镇长校村的客家民俗活动游龙灯。游龙灯称客家"拔龙灯""游龙灯""出龙灯"；长校客家拔龙一般是在正月和二月举行。令人称奇的是，长校的龙灯是白天出灯，游龙活动在山上举行。客家拔龙它是以各村庄以各姓氏牵头举行。族姓中每家每户出一桥灯，桥灯上有两个纸糊的小灯笼，灯笼有各种各样，有跨鱼灯、鲤鱼灯、六角灯、八角灯等，有的写着"五谷丰登""风调雨顺""政通人和"等字；灯笼固定在木板上，形似农家的板凳，木板的两头还凿了孔，便于板凳与板凳之间相嵌，前后相接连成一体。

（十四）长汀县北团镇上江村游大粽。对北团镇上江坊的村民来说，粽子就不仅仅在端午了，其意义甚至还超过了在端午的意义，因为每年的二月初六起，上江的村民们开始用上万片粽叶缝制粽衣，一个粽用 120 斤糯米，制作成 1.6 米高的大粽。初七晨大粽下锅，蒸煮 4 天 4 夜，十二日用金箔，吉祥纸花等妆粉大粽，供奉于宗祠。二月十三日出游到十五日达到高潮，村民们抬着一个个大粽，鸟铳、鸣锣开道，彩旗花伞引路，一路吹打，浩浩荡荡，沿村道游行。热闹完毕，大粽则分给村民，保佑各家五谷丰登、五业兴旺。节日一过，春耕大忙就开始了，民间习俗仍给人们留下了美好的憧憬。

（十五）沙县夏茂镇洪姓"游春牛"。夏茂镇洪姓客家人每年立春都要举行"游春牛"活动。入沙始祖原籍江西的洪茂于南宋嘉泰二年（1202）任沙县尉。洪茂逝世后第三年，其子洪原携家眷从沙县城关迁至夏茂水南开基，后移居夏茂水北七姑台。于是洪姓人便把赣南"游春牛"这种客家游艺带进沙县夏茂，使这种传统游艺活动相传至今。牛是农民最好的帮手，游春牛是为了祈盼新的一年风调雨顺、五谷丰登、国泰民安。

闽西客家姓氏的特色民俗远不止这些，这只是我目前调研所见所闻整理出来的部分资料，很多还等待我们去挖掘。

**参考文献：**

[1] 蔡干豪、林庚：《闽台百家姓》，海风出版社 2011 年版。

[2] 蔡干豪、林庚：《闽台姓氏地图》，海风出版社 2016 年版。

[3]《海峡百姓论坛论文选集》，2010 年、2012 年、2013 年、2015 年。

[4] 厦门市客家经济文化促进会：《第二届海峡两岸客家高峰论坛论文集》，2007 年。

[5] 刘小彦主编：《第四届石壁客家论坛论文集》，福建教育出版社 2016 年版。

[6] 杨兴忠主编：《首届石壁客家论坛论文集》，福建教育出版社 2013 年版。

[7] 吕国健主编：《第三届石壁客家论坛论文集》，中国文化出版社 2015 年版。

（本文作者系福建省姓氏源流研究会副会长，青岛恒星科技学院姓氏文化研究院副院长、客座研究员，闽台姓氏学者）

# 范式、概念与方法：
# 客家研究的学术历程与理论反思

黄志繁

## 一、前言

如果从 20 世纪 30 年代罗香林先生《客家研究导论》出版开始算起，客家研究被纳入学术轨道已经有 80 多年的历史了。这半个多世纪的客家研究之发展不可谓不迅速。不过，客家学研究观点和流派之驳杂，恐怕也是公认的事实。出现这种局面，当然与客家学这门学科没有真正建构起来有关。[①] 因此，要推进客家学的进展，在理论上反思目前客家研究显得非常必要，因为只有通过理论上总结当前研究之成功与不足，才能为未来研究指明方向。事实上，关于客家研究理论上的反思，已有多位作者进行了努力，但或仅涉及概念，或从客家学建构角度，或只从某个角度进行，因而仍有较大的反思空间。[②] 本文试图在学术发展历程回顾的基础上，以范式转换与概念运用为中心，结合研究中存在的问题，对客家研究进行回顾与反思，希望能对推进客家研究尽绵薄之力。

## 二、学术研究历程

客家研究从很早就开始了，学术界一般把 1808 年执教于惠州丰湖书院的徐旭曾所著《丰湖杂记》作为客家研究的发端。徐旭曾先生提出"今日之客人，其先乃宋之中原衣冠旧族"，并对客家的习俗进行了简单总结。此后，有多人对客家源流、语言、风俗等问题进行了探讨。这一阶段的作品包括对后世客家描述影响甚大的晚清黄香铁所撰《石窟一征》和温仲和所编《嘉应州志》。进入民国时代，受西方种族观点影响，在广东知识界曾经因为出版物中使用了对客家人诬蔑的言辞，引起许多客家籍学者的奋起反击，也使顾颉刚、洪煨莲、潘光旦等著名学者开始倡导客家研究（谭元亨、刘小妮，2006）。

正是在这一背景下，罗香林开始关注客家研究，并使客家研究确立其学术地位。1933 年罗香林的《客家研究导论》出版，毫无疑问，具有开创性的影响，也确立了客家

---

① 王东等学者曾经试图建立起客家学的理论体系，但由于对"什么是客家"这类根本问题，客家研究界并没有达成共识，其建构的学科体系仍有待进一步完善。参考王东（1996）。

② 已有一些作者对客家研究进行了理论探讨，参考黄向春（1999）、庄英章（2002）、周建新（2003、2005）、王东（2009）。

研究的基本范式，即客家祖先来自于中原汉人，是中华民族的一支优秀民系，有着优秀的客家文化。罗香林的研究影响了从 20 世纪 30 年代到 20 世纪 90 年代整整半个多世纪，直到现在，"客家是中华民族的优秀民系"的观念依然影响着主流社会和大部分地方文史工作者。

客家研究学术繁荣局面是从 20 世纪 80 年代以后开始出现的。随着改革开放的进行，在招商引资和海外客家团体的推动下，客家研究得到了政府、商界和学界的共同推动。在这一形势下，广东嘉应师专、福建龙岩师专等地方高校教师比较早开始了客家研究，但真正把客家研究推进到一个比较高的学术地位的高校还是华东师范大学。华东师范大学在吴泽等老一辈史学家的领导下，举办客家学术会议、创办客家学术刊物、举办客家学高校教师培训班等形式，对大陆客家研究起了重要的推动作用。此后，广东嘉应师专（后更名为嘉应学院）、福建龙岩师专（后更名为龙岩学院）、江西赣南师范学院及江西师范大学、厦门大学等高校一大批教师也加入客家学术研究潮流中，各高校也相继成立客家研究学术机构。这一时期的客家研究，基本上奉罗香林的《客家研究导论》为圭臬，在问题、方法及研究领域上都没有超越罗香林。

进入 20 世纪末，罗香林的客家研究理论受到了严重的挑战。1994 年，房学嘉《客家源流探奥》一书出版，提出客家人是南迁的中原人与闽、粤、赣三角地区的古越族遗民混化以后产生的共同体，其主体是生活在这片土地上的古越族人民，而不是少数流落于这一地区的中原人。谢重光（1995）提出客家是一个文化的概念，不是个血统的概念，由此他亦认为，客家人不可能纯粹来自正统中原汉人，而是赣闽粤边的原住民与北方南迁汉人融合的结果。陈支平（1997）在大量地比较客家和非客家的谱牒文献之后，认为客家民系与南方各民系的主要源流来自北方，客家血统与闽、粤、赣等省的其他非客家汉民的血统并无明显差别，客家民系是由南方各民系相互融合而形成的，他们都是中华民族 1000 多年来大融合的结果。通过以上学者的努力，学界普遍对罗香林关于客家血统源自中原汉人的观点表示了质疑，但是，在客家的源流与形成问题上，学者们意见并不一致。

除了对罗香林研究理论的质疑之外，20 世纪 90 年代以来客家研究有一个重要的变化是人类学理论的引入。20 世纪 80 年代以前，由于大陆相对封闭的政治环境，海外人类学家研究客家问题只能到港台地区开展研究，这一局面使大陆客家研究比较晚近才和海外人类学家合作。20 世纪 90 年代以来，孔迈隆（Myron L. Cohen）、谢剑（Xie Jian）、劳格文（John Lagerwey）等海外人类学家纷纷进入客家地区进行田野调查，并与当地学者开展合作。海外人类学家的到来，深刻地改变了客家学术研究局面，特别是劳格文教授。他主持的大型研究计划"客家传统社会结构与原动力"的合作者几乎囊括了赣、闽、粤三省所有研究客家的高校和科研机构及大量地方文史工作者，并在每个客家地区推出了一本以上田野调查报告集（劳格文，1996—2008）。

进入 21 世纪，在海外人类学家的影响下，客家研究者研究的问题意识开始摆脱单纯的探讨客家源流问题，研究领域也由族源、民俗拓展至宗族、民间信仰、庙会与圩市经济等，研究概念也开始频繁使用"族群""社区"等社会人类学概念，而"民系"的使用越来越少。略有遗憾的是，在运用族群理论研究客家方面，客家学术界还缺少类似澳大利亚的华裔学者梁肇庭（Sow–Theng Leong）（1997）那样的杰出研究。他运用族群理论和施坚雅的区域经济体系理论，成功地展现了在明清华南地区作为一个"族群"的客家人的形成过程。

2006 年，陈春声发表《地域认同与族群分类：1640—1940 年韩江流域民众"客家观念"的演变》一文，对 1640—1940 年韩江流域民众"客家观念"的演变过程进行研究。他认为，把客家人作为一个族群观念，经过了漫长的演变过程：由明末清初的"迁海"与"复界"所带来的"语音不类"的族类认同，到后来清代中期客家人通过族谱修撰对祖先来源"历史记忆"的塑造，再到近代族群分类意识的传入、近代教育的推广和近代城市兴起所引起的生活方式的改变，最后到罗香林等知识分子将"客家人"定义"标准化"。陈春声的研究将族群理论和"想象的共同体"等社会学理论运用于区域社会观念变迁中，比较好地展现了"客家认同"意识在一个区域内的形成过程，应当是这一时期学者运用人类学理论研究客家比较优秀的成果。此外，一些年轻的人类学者、历史学者、社会学者也开始运用社会学、人类学的理论和比较新的概念，尝试着对客家社会提出了一些新的认识。正如劳格文在为周建新（2006）专著所写的序中所说："他专注于调查眼下中国及其他地方最紧迫的社会与文化问题，紧跟国际学术潮流，开始创造性地使用当代西方人类学研究中普遍使用的新概念，如象征资本、文化资源、文化抗争、文化经营、文化联系等。"

总结起来，客家研究的发展历程与研究范式呈现明显的阶段性特征。第一阶段，可称之为"前罗香林时代"，即从 1808 年徐旭曾发表《丰湖杂记》至 1933 年罗香林《客家研究导论》出版，[①] 这一阶段研究者大多结合自身的观感，从进化论角度对客家问题进行研究。第二阶段可称之为"罗香林时代"，即从 1933 年罗香林《客家研究导论》出版开始至 20 世纪末，这一阶段虽然有族群理论的引入，但客家研究者大多依然采用罗香林开创的"民系—文化"范式展开研究，即使反对罗香林观点的研究者亦不例外。第三阶段可称之为"族群理论时代"，即从 21 世纪开始至今，客家研究者开始运用社会学、人类学理论，特别是族群理论来研究客家问题，涌现了一批比较新颖的成果。[②]

20 世纪 80 年代以来的客家研究发展，形成了若干个客家研究重镇。其中，比较重要的有华东师范大学客家研究中心，该中心有客家研究的先导之功。另两个重要阵地是广东梅州的嘉应学院客家研究院及江西赣州的赣南师范学院客家研究院。它们都分别是

①　罗香林的《客家研究导论》初次出版于 1933 年，后多次再版，本文引用的是 1975 年台北古亭书屋版本。
②　王东反对在客家研究中使用"族群"概念，参考下文的相关讨论。

省级人文社会科学重点研究基地，已出版了数量比较多的客家研究论著，① 连续召开了多次学术研讨会，分别编辑客家学术专门刊物《客家研究辑刊》和《客家学刊》，促进了客家研究的繁荣局面。此外，厦门大学、福建师范大学、龙岩学院、四川省社会科学院等也是客家学研究方面重要的学术机构。② 同时，中山大学的一些人类学者、社会学者也撰写了一定数量的该领域学术论著。③

### 三、范式转换与概念

客家研究经历了一个比较明显的范式转换历程，即从罗香林的"民系—文化"范式转变到"族群—认同"范式。

罗香林《客家研究导论》中发明的一个重要的概念就是民系。关于民系，罗香林（1975）是这样解释的："'民系'一词，是我个人新造出来用以解释民族里头种种支派的。"所谓民系，就是民族下面的分支，而客家就是汉民族下的一支民系。受过严格现代学术训练的罗香林之所以发明"民系"一词，是为了证明客家是汉民族中一个优秀民系的观点。他的三段论式理论阐述为：民族内部分化出民系是很自然的现象，而民系与民族优秀与否，并不取决于成形时间的早晚和血统是否纯粹，而是取决于文教的高低和历阶（历经磨难）的多少；客家是汉民族中的一个支派，虽然成形较晚，血统也不纯粹，但是，文教比较发达，从而能同化畬民，且历经磨难（所谓历阶），演变成一支优秀的民系。在此理论表述的基础上，在《客家研究导论》中，罗香林分别从语言、文教、客家特性及其与近代中国的关系等方面论证客家文化的先进。《客家研究导论》中的理论表述，确立了客家研究中一个经典的范式，即"民系—文化"范式（黄志繁，2007）。

虽然20世纪90年代以来，先后有多位学者出专著，对罗香林的观点进行挑战，一方面以各种方式反对罗香林所谓的"客家的主体是中原南迁汉人"的观点，另一方面则主张客家是南迁汉人与南方土著民族"融合"的结果，但是，如前所述，罗香林在其《客家研究导论》中并没有否定客家是南迁汉人与南方土著融合的事实。实际上，归结出"客家祖先是中原南迁汉人，因而拥有优秀的文化"的观点，并不是罗香林的学术表达，更多的是客家族群自身的认识。

一个耐人寻味的事实是，虽然大多数挑战罗香林观点的学者对罗香林的研究方法有超越之处，例如房学嘉（1994）运用了大量田野调查资料补充文献资料之不足，陈支平（1997）把非客家人族谱与客家人族谱进行比照，但是，他们对罗香林的质疑采取了和

---

① 列举学术论文过于繁杂，仅列学术专著若干：宋德剑编2008；宋德剑等2002；萧文评编2008；周建新2007；周雪香2007；周雪香编2006；房学嘉2002；房学嘉编2008a；房学嘉等编2008b；林晓平2006；张嗣介2006；陈世松2005；万幼楠2006；刘大可2002；刘大可2008；谢重光2002；罗勇2004；罗勇编2006；钟俊昆2004、2006、2009。

② 这些机构出版许多著作：周雪香编2006；周雪香2007；谢重光2002；刘大可2002、2008；陈世松2005。

③ 例如黄淑娉（1999）、何国强（2002）。

罗香林同样的方法，即从族源上来认定客家。不仅如此，当学者们质疑罗香林过分强调中原血统的时候，他们有意无意地忽略了罗香林对客家的认定并不完全依据血统，而是更强调文化。实际上，罗香林在《客家研究导论》中除了强调客家中原血统之外，也注意到了客家与畲民之间的血缘融合，从而发明和解释了"民系"理论，并从文化上来论证客家民系之优秀，同时，他对客家的界定，依据了客家人士的访谈，暗合了现代族群理论。正是在这个意义上，曹树基（1997）批评从移民迁入时间早晚和方言区分客家与非客家是在罗香林认识基础上的倒退。也就是说，虽然当前客家研究取得了比较大的进展，但是，在理论上，并没有超越罗香林。易言之，他们的研究依然可归入罗香林开创的"民系—文化"范式，即认为客家为汉民族的一个分支，其文化具有一定的特质（与其他民系相比，或是先进的，或是与众不同的）。①

毫无疑问，把客家当作一个族群（ethnic group），而不是一个民系，是对客家研究的推动。在当代人类学理论中，族群的界定逐渐由语言、血缘、风俗、体质等客观因素的强调转向对族群边界的强调，即对族群认同意识的重视。"族群"与"民系"相比，更为强调与其他群体的互动，其中核心是族群边界的产生，"本族意识"和"异族意识"的产生。"客家"这个称谓正是在与土著互动过程中产生的，因而族群理论非常契合客家研究之需要。更重要的是，族群之界定所强调的是"族群认同"意识之产生，这一点正好可以超越长期以来客家研究所体现出来的"客观特征论"，即认为客家具有一种特质，其特质体现在包括语言、血缘、风俗、体质等客观存在的方面。从族群理论视角看来，客家之所以是客家，关键并不在于语言和血缘与其他人群不同，更重要的是族群意识不同，即"客家人"意识到自己是"客家人"，且会有意识地制造出与别的族群不同的诸如语言、风俗等"客观"界限。因此，客观存在的一些人群特征尽管仍很重要，但都变成了次要，最关键的还是族群边界的形成。

族群理论之所以对客家研究有帮助，还在于当今客家人正日益成为全球性认同的族群之事实。由于政治和经济的因素，加上网络普及等原因，目前地方政府、知识分子、民间社团等群体正在建构全球性的"客家人"认同意识。从世客会的举办到网络论坛的热闹，从大陆的招商引资到台湾的族群政治，"客家人"正变成一种话语（discourse），一种可以建构的身份。在这一背景下，如果再用"民系—文化"这一范式来研究客家问题，根本无法把握当今客家认同背后的动机，即客家人之所以愿意构建为具有共同的祖先和优秀基因的全球性的族群，不仅是因为他们客观上具有这些共同因素，而且是因为不同的（客家）人群都愿意并希望他们具有这些共同的因素。

毫无疑问，族群理论是个比较灵活的概念，而正是由于其灵活，使其能够有效地帮

---

① 黄向春指出了客家界定中的两种理论方法与框架，即"民系—文化"论与"族群—认同"论，参考黄向春前引文（1999）。本文认为，由于罗香林研究的典范性影响，"民系—文化"已经成了客家学研究中许多学者共同认可的范式。

助学者处理复杂的客家源流问题，从而大受现代客家学者欢迎。可以说，目前"族群"已经取代了"民系"成为客家研究中最有分析力的概念。但是，正是由于"族群"的灵活性，研究者在使用这个概念时容易忽视一个根本的问题，即必须有族群边界才能产生族群，一个社会群体必须有自我认同并且与其他周边群体形成了"自我"与"他者"的划分才能称之为"族群"。实际上，"客家"这一概念本身就包含着"他群"，即既然是"客家"，必然有"土著"。问题在于，我们今天习以为常的"客家"概念，在历史上并不当然就有，特别是明清以前的历史文献中，我们完全看不到"客家"一词，① 最多的是"客籍"之类的字眼，更遑论有自我边界的"客家族群"了。

王东（2009）是比较鲜明地反对使用"族群"概念的客家学者。他认为，用"族群"概念来代表"客家"是有条件的。他引用梁肇庭的研究作为证据，认为：只有从16—17 世纪开始从赣闽粤边不断迁至岭南的那部分人，才能称之为"客家族群"。问题在于：其一，并非所有居住在赣闽粤边的居民，都在这一时期向外迁移，如果用"族群"来界定他们之中的移居者，那么，对于一直留居在赣闽粤边的居民（他们才是主体），又该如何界定？其二，既然"客家族群"产生于16—17 世纪的赣闽粤边居民的大规模外迁，那么对于此前生活在赣闽粤边的居民，又该如何界定？他进而认为，"族群"这个概念，揭示的只是客家这个地域性语言文化群体的次生形态，它所涵盖的客家历史与文化信息，在时空范围上都是十分逼仄的。基于此，王东强调了以方言界定客家的重要性，他以"方言群体"取代"族群"，对客家的源流提出了新说。他通过史料的爬梳和整理，认为元代中后期，随着赣南、闽西人口向粤东北的迁移，梅州和循州一带的语言与赣南、闽西趋近，赣南、闽西和粤东北三个原本独立的地理空间，逐渐变成了一个新的语言文化群体，即方言意义上的客家。明清时期，这个新的语言文化群体又开始向四周扩散，形成"离心式的移民"，从而与当地文化结合，裂变成各种"亚语言文化群体"，即形成今天我们所见的各地不同的客家文化风貌。

王东抓住方言这一可以感知的客家文化的特征，独辟蹊径地提出以"方言群体"取代"族群"来指称各种"客家"群体，显得非常有见地，是对客家研究的极大推动，基本上让长期争论不休的客家源流问题有了比较合适的答案。不过，我们无法考察历史上人们使用的方言，因此，仅通过描述性的资料确定元代中后期形成客家方言群体，实际上还是有一定的风险。意识到"方言群体"概念的这一缺陷，我们就应扩大视野，把更多的目光投入整个客家区域的历史变迁中去。也就是说，我们不应局限于从语言、风俗之类的东西入手去了解客家的历史，而应从整体史的角度去观察客家地区的历史，只有这样，才能更好地了解客家的历史和文化，所谓的"客家源流"问题也才能有更好的答案。

---

① 关于"客家"概念的辨析，请参考饶伟新（2005）。据学者考证，明末清初屈大均的《广东新语》是最早出现"客家"一词的文献，而根据笔者对赣南文献的了解，赣南文献中最早出现"客家"的是康熙年间编纂的兴国县志《潋水志林》。

### 四、需要解决的几个问题

如果我们以比较严格的标准来看客家学术发展，可以说，自罗香林以来，80 多年的客家研究虽然有了长足的进步，但是还是存在学科定位不清晰、整体水平不高、研究领域急需拓展、现实利益影响过大等问题，具体表现为如下三个问题。

（一）客家学的学科定位问题

客家学已经由许多学者提出并部分得到了学界的肯定，但是"客家学"并没有正式获得承认，没有在教育部制定的学科体系中获得单独的名称。它不是一级学科如社会学、民族学、历史学下的二级学科名称，通常被放入文化人类学、专门史、民俗学等二级学科下，成为某个研究方向。客家研究的专门机构大多设立在地方高校中，而重点高校（所谓211、985大学）中，也比较少设立专门的客家学研究机构。

出现这种局面，原因有三：第一，虽然客家学事实上已经成为一门独立的学科，但对"客从何来""什么是客家"一类基本问题，学界并无共识，这显然对客家学获得自身的学术地位极其不利；第二，学科归属不明显，从事客家研究的有历史学者、社会学者、人类学者、民俗学者等，客家应归属哪一学科，目前没有定论；第三，可能是最根本的一点，即客家学没有在资料和问题上对主流学科例如社会学、民族学、历史学做出贡献。综观学术发展史，一个学科要成为被学界认可的单独学科，必须对主流学科做出资料上的贡献或者是解决了某些问题。例如，敦煌学为佛教学术史和中国古代史提供了许多新的资料和问题，而徽学在资料上为史学界提供了一个丰富的宝库。

和徽学等学科不同的是，客家学的兴起并不是因为资料上的突破，而更多的是因为一种现实需要的刺激，因而我们不能奢望客家学在资料获得突破。另一方面，客家学也需要跨学科的交融才能很好地发展，因此，我们应将客家学当作一个开放的学科平台，而不是专属某学科的学问。事实上，归属于哪一学科并不重要，重要的是能够通过跨学科的组合和融合，做出能够回答主流学科核心问题的优秀的学术成果。

在这方面，人类学者和社会学者应做出更大的努力。目前客家学者中，以历史学和民俗学背景居多，而人类学者和社会学者则较少长期关注客家问题。相应地，在客家研究成果中，我们也比较少看到对现实的客家认同问题、文化产业问题、客家社区问题的研究。① 但是，客家作为一个族群现象，已经被编织进复杂的历史和现实进程中，"客家族群"历史和现实的复杂面相，应该是人类学者比较感兴趣的问题，也应该能够提出一些新的理论见解。另一方面，目前客家研究和学术活动已经裹挟着太多经济利益、政治考量和地方荣誉于其中，"客家文化"和"客家认同"已经成为比较引人注目的社会现象，社会学者应关注这一现象，并提出新的社会理论来解释这一现象。唯有将客家的研究变成社会学、人类学等学科所关注的焦点问题并为学科发展提供具有魅力的学术资

---

① 学界有一些关于客家文化旅游产业发展的论文，但水平并不高。另，周建新曾经分析过世客会的文化意义。

源，客家学才能获得更大的发展和更高的学术地位。

（二）客家研究中领域拓展和方法论问题

20世纪80年代以来，客家学术界大多围绕着客家源流问题争论不休，并一度形成繁荣的学术局面。为了弄清客家源流问题，学者们或汲汲于各姓族谱中寻找历史痕迹，或皓首穷经于文献史籍中，或参考采纳田野考古资料，虽然方法不一，但研究领域相对集中在历史上的客家地区移民迁徙、民俗风情、姓氏源流等方面。20世纪末期，受人类学影响，研究领域拓展至宗族、庙会、市镇经济、神明信仰等诸多方面，但耐人寻味的是，客家族群认定中至关重要的"族群认同"少有学者讨论。研究领域拓展背后其实是研究方法的更新。"族群认同"问题少有人讨论这一事实表明，虽然客家学者已经广泛使用"族群"概念，但是真正在研究中贯彻运用族群理论的并不多。类似梁肇庭（Sow - Theng Leong）专著那样把"客家"族群意识形成过程描述得比较清晰的著作几乎没有出现。梁肇庭描述的实际上是一个历史过程，一个客家形成的过程。这个过程同时也是一个故事，一个关于客家人的故事，就像很多古老的传说一样，告诉人们许多事情的来龙去脉，人们通过这个故事，也自然地获得了关于"客从何来""何为客"等问题的解答。应该说，作为历史学家的梁先生，比较擅长的正是通过对各种史料的解读给我们讲述事情的来龙去脉，人类学的理论在这里只是一种帮助阅读和整理史料的工具，这种方法应该称之为历史人类学的方法。因此，在运用族群理论研究客家形成问题的时候，历史学的方法也许才是根本，族群理论只是一种帮助思维的工具。

目前，关于赣南、闽西、粤东北已经有了比较精深的区域社会史研究著作，尽管这些研究的出发点并不是客家，但透过这些花费作者多年心血的著作，我们不难发现，通过作者对区域社会史脉络的梳理，一些困扰学界多年的问题都能得到相对满意的回答。①以萧文评（2011）对白堠乡的研究为例，他通过大量的历史文献的解读，展现出一个明代中叶具有畲、瑶背景的"盗窟"转变为清中期"聚族而居"的"邹鲁之乡"的过程。在这一过程中，我们可以很清晰地看到，所谓的"畲""瑶"族群是如何"汉化"为"汉"人的过程，明了了这一过程，也就不难理解客家人和历史上的畲、瑶之间的密切关系了。更重要的是，在对明清时期粤东北区域社会变迁脉络有了相对清晰了解的基础之上，我们也就不难理解，罗香林等先辈学者在建构其客家学之际，面对的是怎样的社会文化氛围，而这一点，恰恰是为以往几乎所有客家学者所忽视的。在赣、闽、粤边界区域社会史研究的基础上，笔者认为，明中期以来赣、闽、粤边界社会经历的从"盗窟"到"邹鲁之乡"的过程，使赣、闽、粤边界的人们开始强调自己的"正统"身份，在这个背景下，祖先来自于"中原正统汉人"的观念很容易被建构出来，并体现在族谱中。正是这一事实，构成晚清时期"客家人"自我书写族群历史的基础。也就是说，罗香林等人面对的社会氛围、族谱资料和历史记忆都使他们很容易得出"客家人是来自于

---

① 例如饶伟新（2002）、刘永华（2003）、黄志繁（2006）、萧文评（2011）等。

中原南迁的汉人"的结论（黄志繁、周伟华，2009）。① 显然，如果没有对区域社会的深入研究，我们很难"同情之理解"罗香林先生的开创性研究。

在刘正刚（1997）、陈世松（2005）精彩的客家移民史研究中，我们可以看到，赣闽粤边界地区、两湖地区、四川地区的客家人其实是辗转联系在一起的，但是，四川、两湖地区比较少带有客家问题意识的深入区域史专著。同样，广西博白和陆川地区、湖南南部关于客家的区域社会经济史专论也不够。笔者以为，只有以历史人类学的视野，加强客家地区区域社会史研究，才能在厚重的区域社会史研究基础上，真正地了解"客家"社会。这在中国大陆，尤为重要。因为通过学者的不懈努力，台湾客家地区的社会经济史已经相对清晰，而大陆客家地区地域辽阔，历史复杂，我们如果没有深刻认识其社会变迁，如何奢谈"客家文化"？

（三）客家源流问题

关于客家源流问题，如前所述，学界有个有趣的现象，就是几乎所有的学者都在反对或者修正罗香林的观点，但又几乎没有哪位学者的观点能比罗香林的观点更深入人心。应该说，关于客家源流问题，是客家学界一度最为兴奋的话题，也是一个成果比较集中的领域。就客家民系形成的时间而言，形成了魏晋南北朝说、唐代说、南宋说、明清说等多种说法；就客家民系构成而言，形成了南方土著民族主体说、畲汉杂流说、中原汉人主体说、文化群体说等。② 经过一番争论，罗香林的观点普遍遭到质疑。可以说，虽然罗香林的观点普遍为政府和民众接受，但学术界基本已经不再坚持罗氏观点，所谓"客家人来自中原正统汉人"的论调已经不被大多数学者接受。

正当学者们以为已经超越了罗香林学术观点的时候，来自遗传学界的两份研究报告却非常有力地支持了罗香林的观点。来自复旦大学生物学家李辉和语言学家潘悟云等人（2003）对福建长汀的148个客家男子做了遗传分析。从父系遗传的Y染色体SNP的主成分分析，认为客家人的主要成分应是中原汉人，畲族是对客家人影响最大的外来因素，客家话等南方汉语方言最初也可能是南方原住民语言在中原汉语不断影响下逐渐形成的。最近的一份关于客家人基因分析的报告，也几乎得出了同样的结论。美国汇泽基因公司启动了"客家人基因族谱"项目，他们检测了福建宁化境内的105个姓氏的393个样品，其中一些姓氏有不同的血缘分支，所以总共获得279个姓氏家族的样本，于2011年公布了两个结论：在这些姓氏家族中，绝大部分（将近三分之二）的父系血缘来自北方中原汉族，小部分来自百越族群和苗瑶族群，宁化是客家祖地，而宁化的客家姓氏与其他客家地区的客家姓氏分布也很类似。因此，客家基因族谱的系统分析表明了客家人起源的主体是北方中原汉人。遗传学支持石壁的独特历史地位。石壁的姓氏的父系

① 前引陈春声（2006）文也有助于我们理解这一过程。

② 除了前引学者之外，还有大量学者投身于此：刘佐泉1991，蒋炳钊1993，罗勇1994、2004，吴松弟1995，周振鹤1996。

血缘中，中原汉人起源的比例（75%）远远高于宁化的其他区域（65%），尤其高于宁化北片的水茜、安远、泉上一带（59%）。在这么狭小的地理区域里，能形成这么大的血缘成分的差异，最合理的解释就是，中原汉人在南迁时，一下子涌入了宁化石壁这个狭小区域，形成了绝对的优势。①

面对生物科学的挑战，客家研究学者尚未正式回应。有一点可以肯定的是，即使生物学家们用自然科学手段来研究客家源流问题，看似科学，但依然必须借助客家学界已有的成果，例如，他们对客家人姓氏和族谱的认定，对何谓"北方中原汉族"的认定等。实际上，关于客家源流问题已经耗费客家研究学者太多精力，目前要做的工作更多的应是，将客家形成过程放置于一个具体的历史场景中分析和考察，更加清晰地展示客家地区及客家人变迁的过程。正如台湾学者罗烈师（1999）所言，客家学的关键问题不是客家特质的问题，真正的问题是："哪些力量在界定客家？"也就是说，关键不在于"是什么"（what），而是如何（how）。因此，客家研究主题应以"客家形成"（hakkalization）取代"客家特质"（hakkaness）。显然，这一呼吁和前面笔者强调的客家研究应拓展区域社会经济史研究的观点遥相呼应。

**参考文献：**

［1］王东：《客家学导论》，上海人民出版社 1996 年版。

［2］王东：《客家研究：范式的转移及其思考》，《客家学刊》2009 年创刊号。

［3］何国强：《围屋里的宗族社会：广东客家族群生计模式研究》，广西民族出版社2002 年版。

［4］吴松弟：《客家南宋源流说》，《复旦学报》1995 年第 5 期。

［5］宋德剑主编：《地域族群与客家文化研究》，华南理工大学出版社 2008 年版。

［6］宋德剑等：《民间文化与乡土社会——粤东丰顺县族群关系研究》，花城出版社2002 年版。

［7］李辉、潘悟云等：《客家人起源的遗传学分析》，《遗传学报》2003 年第 9 期。

［8］萧文评：《白堠乡的故事：地域史脉络下的乡村社会建构》，三联书店 2011 年版。

［9］萧文评主编：《罗香林研究》，华南理工大学出版社 2008 年版。

［10］周大鸣：《中国的族群与族群关系》，广西民族出版社 2002 年版，第 2—4 页。

［11］周建新：《客家研究的文化人类学思考》，《江西师范大学学报》2003 年第4 期。

［12］周建新：《族群认同、文化自觉与客家研究》，《广西民族学院学报》2005 年第 2 期。

---

① 笔者对该观点的获得主要来自于 2011 年在成都举办的第三届客家文化高级论坛及百度文章《从客家人基因族谱研究看中华民族融合的历史》。

［13］周建新：《动荡的围龙屋：一个客家宗族的城市化遭遇与文化抗争》，中国社会科学出版社 2006 年版。

［14］周建新：《江西客家》，广西师范大学出版社 2007 年版。

［15］周振鹤：《客家源流异说》，《学术月刊》1996 年第 3 期。

［16］周雪香：《明清闽粤边客家地区的社会经济变迁》，福建人民出版社 2007 年版。

［17］周雪香主编：《多学科视野中的客家文化》，福建人民出版社 2006 年版。

［18］房学嘉：《客家源流探奥》，广东高教出版社 1994 年版。

［19］房学嘉：《围不住的围龙屋——粤东古镇松口的社会变迁》，花城出版社 2002 年版。

［20］房学嘉编：《粤东客家生态与民俗研究》，华南理工大学出版社 2008 年版。

［21］房学嘉等编：《廖安祥研究》，华南理工大学出版社 2008 年版。

［22］林晓平：《客家祠堂与文化》，黑龙江人民出版社 2006 年版。

［23］张嗣介：《赣南客家艺术》，黑龙江人民出版社 2006 年版。

［24］曹树基：《赣、闽、粤三省毗邻地区的社会变动和客家形成》，《历史地理》1997 年第 14 期。

［25］庄英章：《试论客家学的建构：族群互动、认同与文化实作》，《广西民族学院学报》2002 年第 4 期。

［26］陈支平：《客家源流新论》，广西教育出版社 1997 年版。

［27］陈世松：《大迁徙："湖广填四川"历史解读》，四川人民出版社 2005 年版。

［28］陈春声：《地域认同与族群分类——1640—1940 年韩江流域民众客家观念的演变》，《客家研究》2006 年创刊号。

［29］劳格文（John Lagerwey）：《客家传统社会丛书》（1—36 卷），香港国际客家学会、海外华人研究社、法国远东学院等，1996—2008 年。

［30］黄向春：《客家界定中的概念操控：民系、族群、文化、认同》，《广西民族研究》1999 年第 3 期。

［31］黄志繁：《"贼""民"之间：12—18 世纪地域社会》，三联书店 2006 年版。

［32］黄志繁：《什么是客家》，《清华大学学报》2007 年第 4 期。

［33］黄志繁、周伟华：《生态变迁、族群关系与国家认同——晚清"客家"族群认同建构的历史背景》，《客家学刊》2009 年创刊号。

［34］黄淑娉：《广东族群与区域文化》，广东高等教育出版社 1999 年版。

［35］万幼楠：《赣南围屋研究》，黑龙江人民出版社 2006 年版。

［36］刘大可：《闽西武北的村落文化》，国际客家学会、海外华人资料研究中心、法国远东学院，2002 年。

［37］刘大可：《闽台地域人群与民间信仰研究》，海风出版社 2008 年版。

[38] 刘正刚：《闽粤客家人在四川》，广西教育出版社 1997 年版。

[39] 刘佐泉：《客家历史与传统文化》，河南大学出版社 1991 年版。

[40] 蒋炳钊：《关于客家形成问题的思考》，《中南民族学院学报》1993 年第 6 期。

[41] 萧文评：《白堠乡的故事：地域史脉络下的乡村社会建构》，三联书店 2011 年版。

[42] 萧文评编：《罗香林研究》，华南理工大学出版社 2008 年版。

[43] 谢重光：《客家源流新探》，福建教育出版社 1995 年版。

[44] 谢重光：《畲族与客家福佬关系史略》，福建人民出版社 2002 年版。

[45] 罗勇：《略论明末清初闽粤客家的倒迁入赣》，《首届国际客家学研讨会论文集》，《客家学研究》第 3 辑，谢剑、郑赤琰主编，香港中文大学、香港亚太研究所、海外华人研究社，1994 年。

[46] 罗勇：《客家赣州》，江西人民出版社 2004 年版。

[47] 罗勇编：《客家文化特质与客家精神研究》，黑龙江人民出版社 2006 年版。

[48] 罗香林：《客家研究导论》，古亭书屋 1975 年版。

[49] 罗烈师：《台湾地区客家博硕士论文述评（1996—1998）》，《客家文化研究通讯》1999 年第 2 期。

[50] 谭元亨、刘小妮：《近现代客家学术史》，《学术研究》2006 年第 7 期。

[51] 钟俊昆：《客家文化与文学》，南方出版社 2004 年版。

[52] 钟俊昆：《客家文学史纲》，黑龙江人民出版社 2006 年版。

[53] 钟俊昆：《客家山歌文化研究》，黑龙江人民出版社 2009 年版。

[54] 饶伟新：《生态、族群与阶级——赣南土地革命的历史背景分析》，厦门大学历史系博士论文，2002 年。

[55] 饶伟新：《区域社会史视野下的"客家"称谓由来考论——以清代以来赣南的"客佃""客籍"与"客家"为例》，《民族研究》2005 年第 6 期。

（本文的写作得到中华人民共和国香港特别行政区研究资助局 AOE 项目"中国社会的历史人类学研究"资助）

（本文作者系南昌大学人文学院院长、历史学系教授）

# 和平古镇，客家入闽的中转地

## 戴 健

具有"中国历史文化名镇"殊荣的和平古镇——客家入闽的中转站，是一曲饱含闽北乡土气息的山歌，从遥远传唱至今；是一颗古朴的明珠，从远古璀璨到今天；是一座历史博物馆，抖落的是尘埃，留下的是珍贵。

### 一、历史悠久

和平镇位于邵武南部，是一座有 4000 多年历史的文化古镇，位于古代邵武通往江西、泰宁、建宁、汀州的咽喉要道。而且，福建出省三道之一的隘道"愁思岭"就在和平境内，古代部分迁徙入闽的中原人士，就是从"愁思岭"入闽的，他们第一站就在和平落脚，因此，和平成为客家入闽的中转地。

和平古称"禾坪"（禾苗的禾，草坪的坪），意为地势平坦，盛产粮食，是一座古城堡。新石器时期，古越先民就在这儿繁衍生息。自唐代以来，和平历设里、乡、分县建制。唐时称"昼锦"，宋为"昼锦乡和平里"。因唐代这里已经人口稠密，形成繁华的街市，故宋以后又称"旧市街"。元承宋制。明为"三十三都"，万历年间和平开始修宝塔、建城堡。万历二十年（1592），一些大户人家时常遭山贼土匪强扰和掠夺，在黄氏族裔黄显岐、黄若岐首倡下，修建和平城堡。城堡周长 360 丈，占地 0.43 平方公里。修建和平城堡就地取材，全部用河卵石砌成，别具匠心。城堡辟有四大门、四小门，东西南北四个主城门，并在门上建谯楼，用于瞭望。

清乾隆三十四年（1769）设和平分县，置"分县署"和"把总署"，驻兵防守，隶属邵武府治。县丞署俗称分县衙门，位于古镇区东南隅的谢傅巷，坐西朝东，现有面积 500 多平方米。

和平古镇不仅有着悠久历史，是一处全国罕见的城堡式大村镇，而且是一幅蕴含浓郁农耕文化、古意盎然的水墨丹青。

### 二、建筑文化

这里的客家古建筑特迹星罗棋布，不仅有城堡、谯楼、分县衙门，由明末著名军事家、民族英雄袁崇焕题写塔名的"聚奎塔"，闽北历史上最早的宗族书院——和平书院，还有许多庵庙宫观、祠堂及义仓，更有 300 多幢明清民居建筑，仅建筑技艺精湛、雕饰精美、外观壮美的"大夫第"就有 5 座，是我国保留最好、最具特色的古民居建筑群之一。

古镇保留了完整的古街巷。城堡内有两条分别连接东西城门和南北城门的古街，街道两侧有纵横交错的大小巷道，有的中间铺青石板，两边铺河卵石，有的全部铺河卵石。贯穿古镇南北的旧市街，被誉为"福建第一古街"。旧市街两侧的店门尽管斑驳古旧，却遮挡不住古镇曾有的繁华。仿佛还能听见从街心青石板上传来的唐时的嘚嘚马蹄声、独轮车吱呀呀的吟唱；看见宋时摩肩接踵赶集的人群，志气飞扬的书生；闻到缠缠绵绵几百年"游浆豆腐"的芬芳，这种芬芳至今浓郁，满满的都是乡俗的滋味……

东门街两旁灰色的古砖墙，将石板街夹于其间，以其灰暗的色调和凹凸不平的面容，向我展示它的沧桑，仿佛每块砖里都藏着一个神秘的故事，每一道墙缝都牵引着古镇人的情愫。街面的石板，块块光滑，雨后更是光洁如镜，如诗如画。诗云："江南冷雨北吹斜，人影百姿映在街。洁石镜明非打锉，但凭千载万家鞋。"这光滑的石板是古镇久远的印迹，盛放在一代又一代古镇人的脑海里，难离难弃。古街两旁分布着近百条纵横交错呈网状的河卵石巷道，或长或短，或宽或窄，高墙窄巷，古朴幽远。陌生人走进去非常容易迷路，极具挑战性。古民居鳞次栉比，既有中原古风，又具地方特色，堪称古民居的瑰宝。

和平古镇不乏豪门巨宅和有价值的建筑，砖雕木雕工艺精湛。

和平古镇的砖雕不仅数量多，而且巧夺天工，件件都称得上艺术珍品。行走其间，犹如置身艺术的殿堂。

"花绽百姿草竞妍，鸟鸣千啭蝶翩跹。篷船摇橹漪澜丽，骏马扬鬃将甲坚。"这首题为《砖雕》的七绝，描写的就是和平古镇美轮美奂的砖雕。和平古镇内近百条的小巷在高墙间蜿蜒，古朴、幽静、深邃，见证百年夕阳烟雨。走进它，仿佛进入了那久远的过去，令人浮想联翩。不经意间，精美的砖雕就会扑入眼帘，令人心潮澎湃。

坐落于距古镇东门一百米处的"李氏大夫第"，为奉政大夫、知州李春江，奉直大夫、直隶州州同李奇川的宅第，此门李氏清晚期"一门九大夫"。其门楼为砖石构六柱五间一门牌坊式八字门楼。门楼左右三组梯级挑檐，烘托出顶檐的上冲之势，整个门楼气势恢宏，极为壮观。挑檐砖质斗拱层叠，样式华丽。砖雕内容丰富，有历史人物故事、多种动植物和吉祥图案。砖雕以大门的中间为中轴线对称展开，注重在对称中求变化。中轴线两侧画幅讲究对称美，画中的内容却不是一模一样的，但都风采动人，栩栩如生。八字面的墙上有四幅《三国演义》的典故：《斩颜良》《华容道》《长坂坡》《博望坡》。四幅砖雕采用了浮雕和镂空透雕的技法，所雕人物造型精美，将人物的喜怒哀乐展现得淋漓尽致。《华容道》雕的是曹操赤壁大败，被关羽拦截，关羽因还人情放走他的一幕。但见曹操盔丢发乱，身体前倾，策马扬鞭，拼命往前奔；关羽手提青龙偃月刀端坐马上，目送曹操逃命。曹操的狼狈相被雕刻得逼真传神，与关羽威风凛凛的形象形成鲜明的对比。还有一幅《宋太祖千里送京娘》的砖雕，人物战马形状生动，雕刻玲珑剔透，画面极为精美。门楼雕刻这些历史人物故事，折射出房主人崇尚"忠""勇"

"义""孝"的思想。此外，雕刻精美的松、竹、梅、鹤、鹿、麒麟等组合的画面错落有致地分布在巨大的门楼上，极具美感。最奇特的是，在题额上方左右两边各有一只凤，一条雕刻精细、活灵活现的盘龙。不过所雕之龙在凤的下方，与传统的龙在上、凤在下正好相反，是典型的清同治年间产物，历史时代特征非常明显。在这里既可欣赏精美绝伦的砖雕，也可感受到历史的印迹。

坐落在和平街东侧的"黄氏大夫第"，合院三进二厅，正厅为一厅三天井，均三开间，南侧有护厝。砖石构四柱三间一门牌坊式八字门楼，砖雕丰富精美，富丽堂皇，有简洁疏朗的图案，有内涵深刻的画面。四幅主画面采用粗犷的写意技法，雕刻了梅、竹、松、锦鸡、鹤等物，谐喻"松鹤延年""富贵长留""竹报平安""锦绣美满"。既有深刻的文化内涵，又有浓郁的地方特色。与"李氏大夫第"写实的砖雕对比起来欣赏，别有一番情趣。

位于古镇区东南1.5公里的狮形山上，矗立着一座20米高的宝塔。宝塔为砖木石混构，是明朝所建塔中较为罕见的，是研究古塔建筑艺术的珍贵实物资料。宝塔六面均外辟拱顶窗龛，龛内砖质浮雕神佛像，形态各异，表情生动，有很高的艺术价值。龛顶砖雕花草图案，精巧、华丽、大方，与佛像相得益彰。更为珍贵的是，塔名"聚奎塔"是由袁崇焕题写的。"聚奎塔"三个字笔画苍劲有力。

行走在和平古镇的街巷间，两旁砖雕精美的马头墙，让人在感受历史、古朴的同时，体会到古民居的华贵。甚至一座非常普通民房的门楣上都有镂空透雕的砖雕精品。

民居木雕内容丰富，既有花草图案，又有历史故事。二十四孝中王祥"卧冰求鲤"、黄香"恣蚊饱血"和"孟宗哭笋"的典故；历史上著名的故事，如萧何月下追韩信、关羽在华容道放曹操的故事，尽现于门窗之上。这些雕饰，技艺精湛，人物传神，栩栩如生。

和平古镇民居中所荟萃的精美的雕饰，集中体现了古代闽北工匠高超的工艺水平，彰显了和平古镇深厚的客家文化底蕴。

### 三、饮食文化

和平古镇现在的居民，绝大多数都属于客家人，在长期的生产生活中，形成了许多特色鲜明的美食和美食文化。

和平的"游浆豆腐""泥鳅钻豆腐""熏烤鲤鱼干""鲜嫩稻花鱼""和平包糍""和平田螺""和平米粉"等烹饪绝活，名闻遐迩，享誉久远。其中和平"游浆豆腐"的制作工艺堪称中国一绝。

豆浆成为豆腐，关键一步是在豆浆中加入石膏或盐卤，世人皆知。然而，在和平古镇，制作豆腐不用石膏或盐卤。古镇豆腐坊做的是"游浆豆腐"，用陈浆作为酵母来制作豆腐。酵母盛放在一大缸中，加工豆腐用了多少酵母水，当天就要适量添加，以保证天天使用，天天不减。故有民谣唱道："一块豆腐百年酵，一口咬下味百年。"加工豆腐添加酵母非常有讲究：先将豆浆倒入大锅中，之后按一定比例，逐渐加入适量发酵变酸的母浆，用松木制成的大木瓢在豆浆中慢慢游动，待豆浆凝结成块后，再把豆腐脑舀起分成若干板，压干即成"游浆豆腐"。加工"游浆豆腐"的工作量，比用石膏或卤水点聚的豆腐大得多。在和平古镇北门开作坊的游浆豆腐传承人黄孝廉说："'游浆豆腐'从磨浆到出豆腐要四五个小时，仅用木瓢在豆浆上来回游动就需一个多小时，非常辛苦。"黄孝廉游浆的动作非常优美——大拇指、食指和中指相互配合，转动着松木瓢的柄，木瓢随之在豆浆中旋转，手指在舞蹈，木瓢也在舞蹈，如上演一场卓尔不凡的舞蹈盛会。用这种工艺制作的豆腐细嫩爽口，风味独特，且不会对人体产生任何副作用，免去如多吃会导致胆结石等的担忧，是名副其实的绿色食品。因此"游浆豆腐"的制作工艺被人们称为一绝。

制作"游浆豆腐"的奇特技艺，源于何时，由何人何地传到此处已无人知晓，亦无文字资料可考。据古镇年长者称，他所知其上辈五六代人即已操此业，至少是清代已存在。原在邵武市的和平镇、桂林乡及泰宁县的朱口镇都有人传承，但至今桂林乡和泰宁县朱口镇均已失传，现唯有和平镇尚有几户人家传承。

用"游浆豆腐"加工成油炸豆腐、黄豆腐、豆腐乳、烊豆腐等，韧性好，鲜嫩可口，遐迩闻名。用石膏或卤水点聚的豆腐，油炸后边硬，内呈蜂窝状，久煮易烂，而"游浆豆腐"油炸后，色泽金黄，边软，中不空，外韧内嫩，久煮不烂，且越煮越香，百吃不厌。一次，我细心地看了炸豆腐后，写下七绝《油炸"游浆豆腐"》："温柔玉板满盘鲜，扑入油花唱又颠。金甲披身香四逸，千烹万煮总缠绵。"这算是对油炸"游浆豆腐"特点的概括吧，也是我对"油炸游浆豆腐"喜爱的使然吧——爱之越深，感悟越深。

吃刚炸好的"游浆豆腐"别有一番风味。我曾在和平古镇从事旅游开发，与黄孝廉颇有交情。冬天每每经过他的豆腐坊，又恰逢他在炸豆腐时，他总会热情地招呼我吃上两块刚炸好的"游浆豆腐"。我也不客气，把出锅不久的油炸豆腐盛入小碗，蘸上老黄自制的辣酱，咬一口温温的，外酥里嫩，香辣交融，满口生津。多吃两块，鼻尖便布满细细的汗珠，浑身轻松通畅，驱走了不少的寒冷，真是一种难得的享受。吃完，我扔下钱就匆匆地走了，否则老黄是死活也不肯收钱的。有时，游客看到我非常享受地吃着油炸豆腐，也禁不住食欲，像我一样吃起了豆腐。他们的表情迥异，伸舌头的有之，用手为嘴巴扇风的有之，心满意足的有之……这应该也是旅游中的一种享受吧。

盛夏，黄孝廉与妻子还会浸制消暑的"游浆豆腐"出售。这是一道古镇独此一家的美味。他们把地骨皮、竹叶心、车前草、石斛、白茅根、金银花等十几味中药煎成有助于解暑降温的汤汁，加入适量的盐、糖晾凉，再把"游浆豆腐"放入汤汁中浸渍，3—4个小时后就可食用。浸渍好的豆腐入口鲜嫩，满嘴流淌的是植物的清香和清爽。

用"游浆豆腐"可制作多种名菜，其中"泥鳅钻豆腐"尤为出色。取大小相对均匀的泥鳅在清水中养两三天，待其吐尽腹中泥沙后，再用蛋清喂养一天，烹饪时放入冷水锅中，以微火将水慢慢烧热至一定的温度放入整块豆腐。泥鳅在锅中热得乱钻，遇到冷豆腐，便直往豆腐里钻，此时突然用猛火，若火候掌握恰当，泥鳅头、尾皆露在豆腐外，身子则在豆腐内。待泥鳅煮熟后，加入适量葱白、姜末、胡椒粉、味精、食盐、红酒等作料，即成泥鳅钻豆腐。其特点是味道鲜美，细嫩爽滑，吃后令人回味无穷。这是地地道道的和平古镇的名菜，然而想吃到它并不容易，因为要找到合适的泥鳅并不易，另外泥鳅还要用清水养两三天，时间较长，烹饪时火候也不易掌握。

如果能够享受到"游浆豆腐宴"，更是惊艳美食——所有的菜肴都是豆腐，红烧豆腐、油炸豆腐、泥鳅豆腐、排骨豆腐、铁板豆腐……煎、煮、炸、烩、烤，满满一桌；黄、白、红、绿、紫，五色杂陈。台岛的摄像记者曾把游客陶醉于和平豆腐美食中的神情摄入镜头，京华的作家亦将写和平豆腐的美文见刊于报纸。

"游浆豆腐"尽管品质优良，味道鲜美，产量却不大，因为掌握游浆豆腐制作工艺技术的人家秘不外传，只传子传孙，连女儿都不传；目前，掌握此项工艺技术的人只有15人。

家族式的传承，虽然抑制了"游浆豆腐"的产量，却固守了"游浆豆腐"的原汁原味。这种原汁原味绵延在当地人的生活里，流淌在外出游子的思念中，鲜活在天南海北的游客记忆中，氤氲在古镇深厚的文化间，经久弥香。

### 四、书院文化

和平客家人非常注重读书，书院在这里源远流长。从唐代到科举废除时，和平出了137名进士，被誉为"进士之乡"。和平文化炽盛，和平书院和北胜书院承载了教化的使命。北胜书院位于今天的和平镇坎下村，已无存；和平书院位于和平古镇镇区内，一脉书香依旧氤氲在乡民的衣袖间。

古朴苍老的和平书院，至今仍然挺立在古镇之西的深巷间。它由后唐工部侍郎黄峭归隐故里创办。黄峭心怀复唐的志向，面对不可逆转局势，没有苟且于朝堂，毅然地选择了归隐，在和平根植了培育才俊的梧桐。

黄峭不仅是一位贤者，还是一位思想在当时空前豁达之人。黄峭娶三妻：上官氏、郑氏、吴氏，三妻各生七子，共二十一子。后周广顺元年（951）黄峭适逢八十寿诞，大会姻亲。在盛大的宴席上他面对儿子、媳妇感慨陈词，并对家事做了新安排。他说："古谚：'多寿多忧，多子多惧。'你们兄弟21人，本想全留在我身边奉老。但以我戎马半生经验，眼见战火所过之处，皆成废墟，一到安定后恢复农桑，又成乐土。现拟三房子媳各留长子侍母送老，余子各给马一匹，家谱一套，资财一份，信马所到，随止择留。"他还口授一诗以赠别："信马登程往异方，任寻胜地振纲常。足离此境非吾境，身在他乡即故乡。朝夕莫忘亲嘱咐，晨昏须荐祖蒸尝。漫云富贵由天定，三七男儿当自强。"中国社会几千年来的传统习惯总是子孙承袭、依靠父辈的福荫，父母为子孙营造安乐窝。"父母在，不远游"，是从孔夫子那里传下来的传统观念。而黄峭却能意识到"多寿多忧，多男多惧"，意识到"燕雀怡堂而殆，鹡鸰巢林而安"，摒弃封建社会根深蒂固的传统观念，告诫子孙"漫云富贵由天定，三七男儿当自强"，教育后人自强自立，不袭父荫，毅然分遣子孙远走他乡自己开拓创业，繁衍发展。从此，那份"我在哪里，哪里就是家"的气概，就在黄峭子孙的胸怀萦绕，在他们的血管里流淌；血缘深处，埋下了敢于探索、冒险和流浪的基因。

和平书院初创时是一座黄氏宗族自办学堂，专供族中子弟就学，开创了和平宗族办学的先河。邵武南部各姓氏宗族竞相效仿，宗族办学自此相沿成习。自宋以后，和平书院逐渐成为一所地方性学校，吸引了一大批历史上著名人物到书院讲学。宋代著名理学大师朱熹、程门立雪的杨时都曾到和平书院讲学布道。和平书院东面门上的"和平书院"四字就是朱熹题写的，伫立其下，犹闻那铁勾银划弥漫的墨香。

沿着被学子的布履研磨得如镜的青石板路，缓缓接近书院。斑驳的马头墙和墙头的野草显出岁月的沧桑，我的眼睛从时光的深沟里打捞起学子匆匆的身影。驻足书院的院门口，心间陡然而生敬慕之情。和平书院始建时是什么模样，已无处可知。在千年的时光中，它塌了又建，建了又塌，绵延而不辍，生命力之顽强令人感叹。现存的书院是修建于清乾隆年间的建筑。院门青砖而筑，匠心独运，顶部形状像一顶官帽，三扇门形成了一个"品"字。"品"字形院门寓"万般皆下品，唯有读书高"和学而优则仕，要做官就做有品级的官之意，砥砺学子勤勉学习。一个"品"字，不知桎梏了多少人的才情，身陷歌德、八股之中，但它又是当时读书人最好的出路，让读书人不追求也难。"品"字由"口"字垒成，我们的先祖在造字的时候，似乎就向读书人指明了，要为官就要备尝人间五味。而绝大多数读书人一辈子"头悬梁，锥刺股"为之奋争，结果却如"口"字一般只是一场空，在无比失落中终老。他们至死也无法超脱仕途对他们的羁绊，这就是当时读书人的无奈而伤感的情结。

进入书院正厅，必须登十三级青石板台阶，前六级为读书打基础之意，从第七级开始为七品至一品，寓意步步高升。大门上方的木雕月梁为打开书卷的样子，寓意"开卷有益"。"书卷"上原本镶嵌着"天开文运"四字，令人惋惜的是现只留下模糊的印迹。

书院正厅为授课之所，正上方悬一匾，上书"万世师表"四字。匾是新做的，从中可见古镇居民对传道授业夫子的褒扬之情。俯视脚下，地砖已被磨蚀得坑坑洼洼，里面涌动的是学子的汗水和凿壁偷光求学的精神。环顾四周，已不见古人些许踪影，眼前却浮动着学子习四艺的场景，悠扬的琴声在耳畔响起，经久不息。

和平古镇历史上文化教育的发达，营造了千余年读书求学的氛围；文风炽盛，造就了一批又一批英才人杰。宋代大理丞黄通，司农卿黄伸，榜眼龙阁侍制上官均，元代国史编修、文学家黄清老等，都是身着青衫从和平书院、北胜书院走出，跨入峨冠博带的人臣之列的。

在和平书院、北胜书院的莘莘学子中，也不乏才情如炬，但寄情山水、不屑仕途的清雅之士。明代山水人物画家上官伯达就是其一。他以一幅《百鸟朝凤图》而名扬朝野。盛名之下，他婉拒了唾手可得的功名，拂袖投身于青山绿水间，尽展生花之笔。在邵武的宝严寺内，他那超凡脱俗的丹青，至今依然撼人心魄。

和平书院及上官家族的书院——北胜书院,虽然不如白鹿洞书院、岳麓书院、嵩阳书院、应天书院名满天下,但是它教化一方子弟的操守不打半分折扣。它将儒学的思想浸染进古镇的每一条街巷,绵延千年。至今民居中遗存的"忠孝持家远,诗书处世长""世间只两样事耕田读书,天下第一等人忠臣孝子"的竹木刻楹联,仍流淌着儒家文化的芬芳。

但愿和平书院的墨香在古镇上空恒久不散。

**五、民俗文化**

和平古镇的客家人传承了许多奇特的民俗,如浴佛节传经、摆果台。

农历四月初八浴佛节,是纪念佛教创始人释迦牟尼诞生的佛教仪式节日,又称佛诞节。相传在2600多年前,古印度有一个富庶的迦毗罗卫国,国王称为净饭王。净饭王有两位妻子,一个叫摩耶夫人,另一个叫摩诃波波提。净饭王仁慈和善,善理国政,只可惜多年没有子嗣。有一天,摩耶夫人梦见有一匹六牙白象进入她的身体,随后就有了身孕。当时的印度有一习俗,女子在生产之前要回到娘家去。摩耶夫人也在此时动身回家。当她走到蓝毗尼园婆罗树下时,心中异常欢快。这时,摩耶夫人突觉腹痛,随后太子降生,就是后来的释迦牟尼。小太子生下来就会走路,双脚各踩一朵莲花,一手指天,一手指地,说:"天上地下,唯我独尊。"于是,大地为之震动,九龙吐水为小太子沐浴。这一天适逢中国农历四月初八,即为佛诞日。之后,每当这一天,许多寺庙的僧侣会在佛殿上供奉太子佛像,用甘草茶做成浴佛水,仿效这种情景为太子佛沐浴,因此称作"浴佛节"。

中国东汉时,浴佛节仅限于寺院举行,到魏晋南北朝时流传至民间。唐代佛教信仰极盛,长安善男信女多于此日施舍。此风迄宋明依然。《东京梦华录》记载:"四月八日佛生日,十大禅院各有浴佛斋会,煎香药糖水相遗,名曰浴佛水。"而浴佛节是什么时候传入邵武和平的呢?这既无确切的文字资料记载,也无口头传说可借鉴,因而无从知晓,也无从考证。但是浴佛节传入和平后,这里产生了一个新的程式——在浴佛节上"传经"。

和平的浴佛节传经,许多地方颇费思量。如原先的传经属于道教活动,由道士主持,而且要把太子菩萨抬出游街。改革开放的这些年则改为由僧人主持进行。浴佛节是纪念佛教创始人释迦牟尼诞生的节日,先前为何是由道士主持浴佛节呢?道教信徒过三元节才是正确的啊!这其中有什么说道,目前没有人能够说得清。

和平的浴佛节传经活动,始终都依托坐落在和平古镇北门谯楼附近的延喜庵举办。延喜庵是个历史悠久的古庵,和平《庆亲里李氏宗谱》载有元大德十年(1306)黄仲茂撰《开辟旧市地基并延喜庵记》,云:"……于元初定鼎以来,敬择成宗六年庚子岁(1300)卜居于此……余择庵宇之下开基架屋……但惜庵宇前遭巢贼剿灭,此地年深岁久,朽坏难堪,仅存正栋,墙壁俱无。"《樵南丁氏族谱》也有相应的记载与此吻合。由此可见,早在唐代,延喜庵就已存在,被黄巢军队所毁,宋代何时重建未见记载,到了元初，庵宇已颓败不堪，大德八年（1304）重建。年深岁久，元代的建筑亦不存，现存为清代建筑。

浴佛节这天，如天降大雨，"传经"活动就在延喜庵内举行；若天气晴朗，"传经"活动则在大街上举行。信众在北门城门口摆上一张方桌，供奉"太子菩萨"，摆设香、烛、油灯、花瓶、茶叶、苹果、桂圆、柏枝、檀香、香炉、符、经书以及糖水、糖果等物品。供奉的"太子菩萨"古朴，体形小巧，只有十几厘米高。经书有"金刚经""华严经""贝叶经"三种，每种120部。经书用红纸包裹，"符"用红纸或红布包裹，"传经"结束后分发给各信众。

离供桌不远处摆放三张交椅，椅上铺盖红毛毯，供"头经""二经""三经"坐，另外还有一把用大红绸缎制作的华盖（凉伞）和一面大红旗。坐"头经""二经""三经"是有条件的，不是什么人都可以坐。捐助最多的信徒坐"头经"，捐助第二多者坐"二经"，捐助第三多的坐"三经"。坐"头经"的妇女，还必须夫妻健在、子孙满堂、家境殷实，且坐过"尾经"，没有坐过"尾经"的不能坐"头经"。坐"头经"的妇女可以享受张盖华盖和大红旗的殊荣。以三把交椅为首，沿街往南摆放两排长板凳，其他参加传经的妇女面对面分两排坐，称为"经尾"或"尾经"。人多时，长板凳可从北门一直排到南门，颇为壮观。

和平浴佛节传经最重要的目的，就是祈求生子添丁和子孙满堂。因此在传经开始前，会用糖水洗浴裸体的"太子菩萨"，尔后将太子菩萨置于糖水中。这与许多佛寺的僧侣以甘草茶煮成"香汤"，在寺庙的浴亭里对太子佛像进行淋浴不同。尚未生子的年轻妇女，如若想祈盼生子，就要用手触摸太子菩萨的生殖器，并舀饮浴佛的糖水，据说这样就能生子，很灵验。参加传经活动的其他信众则是祈求子孙满堂、人丁兴旺。

之后，"传经"活动开始。信众依次点燃香烛、香灯和檀香，乐队奏乐，身穿法衣的道士或僧人念祷词，并对香灯、经书等逐一画符、念咒语，尔后将点燃的两支香、一对红烛、香灯以及插了柏枝和花卉的花瓶，盛贮檀香、茶叶、果品的小碟，用红纸或红布包裹的"符"、经书等次第传递给"头经"，再由"头经"传给"二经"，"二经"传给"三经"，"三经"再传给坐在身边的普通传经者，逐一往下传，最后传回到城门口的供桌上。"传经"结束后，将供桌上的糖水、果品等散发给在场的众人食用，经书、"符"也散发给参加传经的诸信众。所有参加者中午还都可以在庵内免费吃一餐斋饭。

和平浴佛节传经、浴佛，信众除了祈求生子和子孙满堂、人丁兴旺的目的外，也有通过参加浴佛节活动，达到洗涤心中的污秽黑暗——洁净心灵的目的。

和平浴佛节传经是一种地方性的民俗活动，不但寄托了当地人美好的愿望，还让他们的内心少了恶，多了善。

浴佛节上"传经"，为和平所独有。这使它更显得弥足珍贵。

另外，每年八月初五，来到坐落于和平坎头村下城桥畔的惠安祠，都能目睹神奇、盛大的摆果台场面，被称为和平一绝。惠安祠飞檐翘角，古色古香，西临小溪，东、北接田畴，南望山野，犹如古朴、褐色的玛瑙镶嵌于碧玉之中，远远望去，韵味无穷。

惠安祠，古名"溪堂"，始建于北宋熙宁年间，原系唐镇将上官泪及其子上官兰的享祠。因上官泪号惠安，故名"惠安祠"。后又将全邵武普遍信奉的福善王欧阳佑神像同供奉于祠内。八月初五是欧阳佑的诞辰，这天，和平一带以位于坎下村的中乾庙为中心举行跳傩，在惠安祠则举行"摆果台"的祭祀活动。

那么，欧阳佑为什么会成为全邵武千余年来民间信仰的主要神祇之一呢？原来，欧阳佑为隋代洛阳人，曾任温陵（泉州）太守。隋大业十四年（618），欧阳佑调任蒲西，上任途经邵武时，听说隋代已被唐所灭，他耻于事二主，遂带领全家跳河自尽。邵武人将其夫妇合葬于大乾山，并在墓侧立欧阳太守庙奉祀。宋代朝廷对其进行敕封：康定元年（1040）封广佑王，元丰五年（1082）封佑民公，政和六年（1116）封广佑王，后来累封至"仁烈显圣文惠福善王"。欧阳佑并未在邵武任过职，也没有为邵武百姓做什么事，邵武百姓却敬重他，是因为他有可昭日月的大忠大义，是百姓心目中的大英雄。百姓对善恶的评判往往能经得起历史的检验，是有极强生命力的。

八月初五是欧阳佑的诞辰，这一天被称为"圣诞"，在惠安祠举行"摆果台"祭祀活动很是吸引人。我于2003年和2010年两次观看了"摆果台"盛大祭祀场面。我步入祠内，四面八方萃集而来的善男信女，忙着烧香跪拜，其情严严，其神淑均。大殿中央一张用木板铺就、盖着布的超大桌子上，蔬果琳琅满目，一年四季的皆有，足足有120种之多。现在摆出这些蔬果并不稀奇。然而，在百年前，甚至几百年前，乃至上千年前要做到在八月初五这一天摆出上百种四季干鲜蔬果就非常稀罕了。

"摆果台"被称为一绝，其绝不在于蔬果之丰和品种之全，而在于一年内的鲜果保存至八月仍能色泽鲜艳、不腐烂、不变质，如初上市的鲜果。据调查，他们是采取以井水与窖藏相结合的保存方法进行保鲜的。而没有冷藏冷冻之类电气设备的古代，这种特殊的保鲜技术确实堪称神奇。另据当地村民廖和民介绍，他们的先人还用米酒对春笋进行保鲜，且一斗米的米酒只能保鲜一棵笋，其方法之独特，其成本之高，都令人叹为观止。

惠安祠保存了一部庙志《惠安祠众簿》，详细记载了"摆果台"的120种蔬果的品名：豆角、刀背豆、生苦瓜、浸杨梅、梨俚、香元、蜜榄、生马荠、葡萄子、西瓜、石榴、莲子、地茄子、煎糕炒、稍瓜、春笋……一些蔬果至今在当地已难觅踪影，可谓一件憾事。

时至今日掌握这项技艺的人已凤毛麟角，但愿它能如惠安祠边的溪流，流水不绝，把惊奇留予后人。

（本文作者系福建省作家协会会员，南平市政协文史研究员，武夷文化研究院研究员）

# 闽西客家刘姓及其民俗文化简读

## 林 庚

### 一、客家刘氏源流考略

刘姓为全国十大姓之一，族源多。刘氏姓源主要有四支：一是出自帝尧陶唐氏，以邑为氏。《姓名寻源》云："帝尧娶散宜氏之女，女后生子监明。监明之子式封于刘，其后有刘累。"子孙以封邑为姓，为刘氏之始，尊监明为太始祖。二是出自姬姓，以邑为氏。西周时，周成王姬涌封王季之子于刘邑（今河南省偃师市西南），其后裔以邑为姓；东周时，周匡王姬班又把他的小儿子封到刘邑，号刘康公，其子孙也以邑为姓。三是皇帝赐姓。如汉高祖刘邦登基后赐项伯、娄敬姓刘，更始帝刘玄赐王常姓刘。四是少数民族有刘姓。

早在南朝陈国（557—589），有汉景帝之后裔刘国祥徙居宁化石壁。晋永嘉年间（307—313），随着晋政权的南移，居于洛阳的刘永后人也迁居江南。刘永是三国蜀汉主刘备的次子，蜀国被魏国灭亡后移居洛阳。唐朝末年，刘永的裔孙刘天锡唐僖宗年间（874—888）为翰林学士、视察使。唐僖宗乾符二年（875）因避"黄巢之乱"，刘天锡弃官奉父刘祥南下，避居到福建汀州宁化县石壁（今宁化石壁乡）。所以，刘祥为入闽刘姓开基始祖之一，刘氏也成了客家望族。

客家刘氏始祖刘祥公，字图南，又字祖云，号子先，追谥文忠，官至金吾卫士将，后封沛国公。唐僖宗乾符年间（874—879），刘祥公与兄刘祺、弟刘裡南下避乱，兄弟三人失散。刘祺避居大梁河东，官知建州，后裔创潮安东津、普宁桂花篮派系，分居潮、普、揭等地，谱称"西派"。刘裡迁居安城（今江西吉安）。刘祥避居福建汀州府宁化县石壁洞（今三明市宁化县），为刘氏入闽始祖，又称刘氏中代始祖，谱称"东派"。刘祥公有天锡、天瑞、天明、天诚四个儿子。天锡于唐懿宗时登进士第，官至观察使，罢官后随父避居宁化石壁。刘祥的孙子刘沐，钦点状元，博学多才，在后晋天福二年（937）主持撰修客家刘氏的第一部族谱。

刘祥公四世孙龙图公，登后周翰林学士；五世孙任公，北宋开宝年间（968—976）任河南转运使；七世孙参常公，任官河南怀庆府尹，创建客家刘氏的第一座家庙即汀州刘氏家庙，以祭祀始祖刘祥和远祖三国鲁王刘永；九世孙月清公，任江南制置使；十二孙世春田公，南宋高宗时，官虔州判官，敕赐紫金光禄大夫；十三世孙贵盛公，官授浙江金华府；十四世孙龙公，官授湖广承宣使，升河南宣抚使，任后返籍居宁化石壁。龙公生九子：名开一至开九。

还有，刘祥裔刘韶，曾任虔州（今江西省赣州市）判官，迁居赣州府瑞金县东门外垂金塘背，有多支裔孙从瑞金分迁闽西各地。北宋天圣二年（1024），原籍江西吉水的刘沆郎为福建延平府尹；其子刘新郎不愿还乡，卜居宁化。（宁化下沙《刘氏族谱》）刘沆郎，原籍江西吉水，北宋仁宗天圣二年（1024）任延平府尹，其子新郎卜居宁化县。元朝至元年间（1335—1340），刘益浩从江西徙宁化县淮土。

刘祥公后裔播迁广东潮州、嘉应州（今广东梅州市）、兴宁、梅县、五华、丰顺、大埔、平远、顺德、新会、江门、曲江、仁化、蕉岭、潮安、韶关、翁源、英德、丰顺、揭阳、海阳、龙川、河源、紫金、惠阳、惠东、惠来、江华、博罗、龙门、和平、乐昌、揭西、曲江、连州、乐昌、东莞、河源、惠州、汕尾，湖南，湖北，四川，云南、贵州，陕西，北京，江西赣州、陵潭、南康、兴国、吉潭、寻乌，广西桂平、象州、博白、北流、梧州、柳州、柳江、庆远、郁林州，江苏彭城，福建永定、南平、松溪、漳州、诏安、云霄、厦门，香港，台湾等地。侨居海外之地多为新加坡、马来西亚、泰国、越南、印尼、加拿大、美国、巴西等国家。

始祖刘祥公繁衍的客家后裔陆续向四处扩迁，特别是开七公的子孙昌盛，支脉繁茂。开七公再传广传公这一派，谱称"东江十四大房"。明清以后，客家刘氏十四大房子孙又纷纷向闽粤以西地区和以南洋为主的海外迁移，播居闽、粤、赣、桂、川、滇、黔、浙、湘、鄂等省与港、澳、台地区以及海外 70 多个国家。现在海内外客家民系的汉族刘姓绝大部分属祥公的后裔，人口达 2700 多万，人才荟萃，名人辈出。该宗族成为世界刘氏最重要、最庞大的宗族。

在福建汀州府一带流传过一首歌谣："张王李赵遍地刘，世世代代传不休。刘家子弟多俊杰，三江南北芳名留。"这歌谣中说的"遍地刘"，是指刘姓者多，分布广。闽西有客家刘姓人口近 25 万，人口上万的有上杭、永安、宁化、武平、长汀、漳平等县（市），武平刘姓人口居全县人口第二，邑中素有"无刘不成村"之说。闽西客家刘姓主要居住在永定县的凤城、峰市、下洋、高陂、湖雷、合溪、城郊、仙师、洪山、湖山，上杭县的临江、临城、旧县、官庄、下都、湖洋、中都、南阳、蓝溪、稔田、才溪、白砂、芦丰、通贤，武平县的平川、中山、岩前、十方、中堡、桃溪、象洞、湖店、下坝、中赤、武东、大禾、永平、东留、万安、城厢，长汀县的汀州、馆前、红山、童坊、南山、河田、濯田、四都、涂坊、羊牯、新桥、古城、三洲、宣城，连城县的姑田、罗坊、曲溪、林坊、莲坊，宁化县的安乐、淮土、翠江、安远、石壁、中沙、湖村、方田、泉上，清流县的龙津等乡镇。据上杭《刘氏族谱》载，迁台裔孙有豪贤、耀宗、玉明、善豪、如魁等。

**二、客家刘氏祠堂解读**

祠堂是国人灵魂的栖息地，客家人尤其重视祖先的信仰，清白传家，建祠修谱，供人景仰。刘氏宗祠是刘氏家族供奉祖先和祭祀的场所，是刘氏族系的象征。它记录着刘氏家族的辉煌与传统，是族系悠久历史和传统文化的象征与标志，具有无与伦比的影响力和历史价值。福建刘氏宗祠分布在全省各地，据不完全统计，大大小小的宗祠近千座，大多是明、清建筑保留至今。不少祠堂已列入省、市、县级文物保护单位。福建刘氏祖先大都来自中原，修建宗祠成为福建刘氏宗亲代代子孙亲躬力为的大事。随着社会的发展，客家刘氏子孙再次播迁各地，漂洋过海。游子回乡，捐资助款，修护宗祠，孝心天鉴。刘氏宗祠是福建刘氏族亲的心灵圣堂。

福建客家刘氏宗祠一般为三院落建筑。第一进为天井、大厅，为族里议事用，大厅大案桌上供奉刘氏历代祖宗神牌；第二进为族亲逝去的灵牌摆放，俗称进祠，也可称之族人灵魂的栖息地；第三进为族中小孩读书的书斋，因福建客家刘氏遵循"立业惟修德，敦论在读书"的训导，读书至要。宗祠还是议事、庆典的场所。客家刘氏祠堂很多，这里列举几座影响较大的作简要介绍。

汀州刘氏家庙，是各地客家刘姓子孙集资建造的客家刘氏总祠。江南刘氏五大名词之一。古名"鲁王府"称为"王衙"，位于长汀城乌石山（古称龙首山）下王衙前，北倚卧龙山，面对宝珠南屏山，东临龙潭风景区、水东街，南通汀城主街道兆征路。

刘氏家庙始建于北宋淳化三年（992），奉祀三国时蜀汉昭烈帝刘备次子鲁王刘永及入闽始祖刘祥，故称"王衙"。以其历史悠久、规模宏大、后裔繁衍之广、建筑所具特色闻名于客家。清光绪年间曾任刑部主事的刘光第，于清光绪二十一年（1895）回汀，到刘氏家庙祭祖。现家庙中有他的拟联："为肖子难为孝子，做良臣不做忠臣。"刘氏家庙的建筑为明代风格，占地1200多平方米，有门楼、边门、照壁，天井，上中下三大厅，从前还有福德祠、朱子阁，桃园结义亭、左右厢房所组成，总共房间69间。正堂为单檐歇山顶式，面阔4间，进深4间，抬梁式结构，11檩前步郎，琉璃盖栋，屋檐梁柱，门栏窗格，门楼为三间四柱桥形式样，前有石砌台阶，有石狮一对。刘氏家庙，据史志载：宋末文天祥和太平天国石达开部义军曾驻兵于此。苏区前此处是"训政人员养成所"，苏区时为兆征县委、兆征县苏维埃政府办公址。前空军司令刘亚楼上将，年少在汀中读书时，就住在此处。这里每年都举办祭祖活动，现为省级文化保护单位。

永安刘氏宗祠——兴山堂坐落于大湖镇魏坊村（俗称大湖岭后），创建于宋庆元元年（1195），由永安刘氏开基始祖、南宋绍兴十五年（1145）状元、曾任礼部尚书兼给事中刘章所建，历经多次修葺，重建于清同治八年（1869）。现今刘章后裔遍布永安、漳平、沙县、尤溪、三元、大田、永春、德化、连江、清流、明溪、将乐等各地，有4万余人，其中永安刘氏人口18000多人，90%以上是其后裔。每年农历十月廿日是兴山堂祭祀之日，前来拜祭的裔孙达1000多人。

永安市下吉山中心刘氏宗祠，又名"崇仁堂"，坐北向南，建于清乾隆年间，建筑面积595平方米。每年农历九月初一，上下吉山村刘姓后代都在此祭祀开基吉山的第一代始祖刘贵三——明嘉靖十五年（1536）从渔沄迁至吉山。宗祠系歇山顶穿梁式木结构，为三进三开间抬梁式构架，梁上雕刻十分雅致，祠内整个布局建筑在中轴线上，左右对称地排列厅堂，中间天井水放午方，两旁是回廊，张贴芳名榜和崇仁堂简介。走进幽雅清静的祠院，大厅上方悬挂着民国福建省政府主席刘建绪 1942 年给吉山刘氏宗祠所题的"绳其祖武"四字牌匾。左侧上方悬挂民国福建省教育厅长郑贞文所题的"明德惟馨"。大厅上方高悬着"进士""文魁""武魁"等牌匾。

宁化刘氏家庙，坐落于宁化县淮土乡淮阳村南大街。郡号"彭城"。堂号"肃闻堂"。该祠始建于明天启年间，原址三峰寨祠堂窠里。清道光二十五年（1845）重修。咸丰七年（1857）遭太平军所焚，同治九年（1810）迁建现址。1985 年刘氏子孙捐款整修，正厅中央设一神龛，神殿主牌位为"明一世祖刘汉卿之神位"，其他各房神位牌均安放在神龛中。家庙坐北朝南，仿古砖木结构，飞檐斗拱，气势恢宏。祠分上、下厅及两侧回廊，建有歇山顶牌楼，左右设有厢房。祠堂外围筑有围墙，围墙左右开有进出边门。大门前竖有两根盘龙石桅杆。祠前原有一对宋代造型的石狮，后被毁，1998 年重立一对石狮。祠埕 100 多平方米。1931 年 11 月间，闽西苏维埃政府主席张鼎丞曾在祠内主持召开宁化县第一次工农兵代表大会。随后在此设有兵站，并在此祠正厅上悬挂一幅宁化县第一次工农兵代表大会开会场景的大幅油画。

客家刘氏祠堂很多，此外还有：上杭刘氏宗祠；沙县城头的先世祖祠、入闽始祖赐公祠；沙县岭后村尾洋大湖岭后"兴山祠"；永安贡川城外贡堡北郊刘氏家祠；贡川城内刘氏狮子巷（今在顺巷）刘氏家祠；小陶大吴地始祖三十郎"善庆堂"；小陶团结村刘氏宗祠，一世祖文富公祠"钟秀堂"，二世（团结始祖）祖升公祠"忠馨堂"；龙岩铁山乡洋头内厝宗厅"正兴堂"，外厝宗厅"震声堂"，等等。

**三、客家刘氏祭祀独特民俗**

中国自古被称为"礼仪之邦"。《周礼·大宗伯》将礼仪划分为吉、凶、军、宾、嘉；又有宗伯掌五礼之说。吉礼即祭礼，列五礼之首，包括祭天、祭地、祭祖。《朱子家礼》规范了祭礼的仪式。

客家刘氏古宗祠，是客家刘氏在故土的一个灵魂的栖息地，极大地凝聚了侨居海内外的福建刘氏宗亲。例如福建三明在 2012 年成功举办第 25 届世界客属恳亲大会，来自世界各地刘氏宗亲数百人参加恳亲祭祖活动；宁化祖地自 1995 年至今每年举办刘氏宗亲祭祖活动，每次多达数千人参加；客家首府汀州刘氏家庙每年定时举办祭祖活动，每次多达数千人。

客家刘氏有春分先后择日祭祀先祖的习俗。通过祭祖，刘氏族亲追思祖德、善尽孝道，进一步增强族系血脉联系，促使后代子孙紧密团结，形成互助的风尚。对祭祀的祭品、陈器、衣着都严格要求。

客家传统礼仪有焚香、安杯、安筷、献牲、献帛、三跪九拜、行上香礼、行酒礼、恭颂祭文等程序。客家刘氏祭祖大典流程依次为：1. 诵读家训；2. 祭祀仪式；3. 上新丁仪式；4. 宗亲致辞；5. 宣读倡议书；6. 交接主祭旗。春分祭祀仪式流程：1. 净手；2. 起乐；3. 上贡；4. 跪拜；5. 上祭；6. 鞠躬。上新丁仪式：1. 宣读新丁名单；2. 宣读报新丁办法；3. 上贡；4. 跪拜；5. 上香；6. 点光明灯。笔者曾参加刘氏祭祖活动，深感祭祖大典的隆重、庄严和肃穆。

客家刘氏民俗中最典型的是每次的祭祖大典之后，都会有"二十八宿"游灯。"二十八宿"游灯有着美好的传说。王莽末年，高祖刘邦九世孙刘秀与兄长刘演在南阳起兵，经过数年征战，于公元25年六月在鄗阳登基称帝，改元建武，定都洛阳，历史上称汉光武帝。公元57年刘秀崩驾于南宫，太子刘庄继承皇位，即明帝。东汉明帝永平三年（60），汉明帝刘庄在洛阳南宫云台阁命画师画了邓禹、吴汉、贾复、耿弇、岑彭、冠恂、冯异等二十八将的像，史称为"云台二十八将"。"云台二十八将"，是汉光武帝刘秀麾下助其一统天下、重兴汉室江山的二十八员功劳最大、能力最强的大将。这二十八将都是跟随刘秀为"复兴汉室"立下大功的开国元勋。刘家后人把这些将领与神话传说的天庭二十八星宿名称相对应，这就是"云台二十八宿"。刘家后世以二十八宿代为二十八将，用游灯方式在民间一代一代流传，纪念他们为汉室基业立下的丰功伟绩。这是刘氏族人特有的感恩方式的文化活动，世代相传。

范晔《后汉书》为二十八将立传，记载他们"咸能感会风云，奋其智勇，称为佐命，亦各志能之士也"。《后汉书》载有他们的官爵姓名及属相为：太傅高密侯邓禹角木蛟；太司马广平侯吴汉元金龙；左将军胶东侯贾复氐土貉；建威大将军好畤侯耿弇房日兔；执金吾雍奴侯冠恂心月狐；征南大将军舞阳侯岑彭尾火虎；征西大将军夏阳侯冯异箕水豹；建义大将军融侯朱祐斗木獬；征虏将军颍阳侯祭遵斗金牛；骠骑大将军栎阳景丹女土蝠；虎牙大将军安平侯盖延虚日鼠；卫尉安成侯姚期井木犴；东郡太守乐光侯耿纯室火猪；捕虏将军杨虚侯马武奎木狼；中山太守全椒侯马成胃土；河南尹阜成侯王梁昂日鸡；琅琊太守祝阿侯陈俊毕日乌；骠骑大将军参蘧侯杜茂参水猿；积弩将军昆阳侯傅俊嘴火猴；左曹合肥侯坚镡危月燕；上谷太守淮阴侯王霸鬼金羊；信都太守阿陵侯任光柳土獐；豫章太守中水侯李忠星日马；右将军槐里侯万修獐月鹿；太守灵寿侯邳彤翼火蛇；骁骑将军昌成侯刘植轸木蚓；城门校尉郎陵侯臧宫壁水；骠骑将军慎侯刘隆娄金狗。

东汉末年，一支刘秀后裔迁徙到福建省永安市小陶镇，为感念先祖的云台二十八将之丰功伟绩，刘氏族亲用材料制作成代表"云台二十八将"的28种动物造型，以游灯表演的形式，穿过岁月，世代缅怀感恩。"二十八宿"古游灯习俗，已流传1000多年了。"二十八宿"游灯活动，在客家各地刘氏族群居住地流传，在客家刘氏祭祖大典或春节等都是必演项目。

"二十八宿"古典游灯，以二十八将的属相生物为造型；以竹篾为骨架扎成，外糊色纸装饰点缀。庞大的阵容有："二十八宿"生物灯，圣旨牌一面，羽扇二把，大红灯笼四个，恭贺新禧一面，灯头牌一面，风车二个，龙珠二个，花灯12盏；伴奏乐器有：大锣大扁，铜钟八扁，钹四副，小锣二扁，响鼓二个，唢呐二把，小号四支，各种胡琴数把。

"二十八宿"古典游灯表演时，按传统习惯分为游踏和游场两部分。游踏起游时，大锣在前开路，铜钟、钹、鼓、唢呐、小号等跟随其后，接着是圣旨牌、羽扇、大红灯笼、灯头牌、风车和龙珠，随后"二十八宿"灯，花灯最后，其压阵的为乐队。整个游灯活动需140多人参与表演，阵容庞大，蔚为壮观，极具历史和人文艺术价值。游灯队伍里的成员全部是刘家儿女，大都姓刘，不是姓刘的也是刘家的媳妇或家人。

"二十八宿"古典游灯的游场表演主要有九种表演方式。队形套路有：卷席筒、四角转骑、牛换步、满天星、炉排花、篱笆花、腊月梅、双鱼上水、三品等。出场表演顺序为：卷席筒由风车龙珠领头，"二十八宿"绕场地一大圈，圈子以一定距离越绕越小，最后风车绕至中心。如果进场是以顺时针绕进，出场则反之绕出。四角转骑由领队人根据实际场地安排，以正方形队列或长方形队列均可。牛换步由领队人带"二十八宿"，呈斜线等距离队列前进。满天星在场地上，不受队列的约束，横走竖走均可，或绕圈；但必须在每一条跑线，等距离、等人数转骑，以显杂而不乱、繁而不紊。炉排花进场地以一字队列呈横或竖前进跑至场地边，领队急转牛换步。篱笆花到达场地边后均分两路跑，一人向左，一人向右，相反方向兜几圈子后齐头并进，急转呈现炉排花队形。腊月梅模拟梅花瓣形对走，在瓣尖处转骑，大灯笼立于花心，12盏花灯在瓣内走圆圈，首尾相接。双鱼上水为表演完上述队形后，人马均分两路，一人顺时针一人反时针跑两圈后齐头并进，立定称"歇马"。三品是当双鱼上水"歇马"后，后台乐队齐奏，子弟作慢步行走，边走边唱戏曲。这些表演方式并非始终不变，常根据场地许可表演某一形式，即可连贯变化，非常紧凑与和谐，常常令观众目不转睛，击掌叹为观止。游场表演接近尾声时，汉剧表演开始，身着古装的皇帝（刘秀）、侍卫、太监、娘娘（郭圣通）、宫女等10名扮演者一齐登场表演。其演唱内容为"汉室重兴，普天同庆"。

刘氏的"二十八宿"灯这种祭祀习俗，在刘氏族谱中都有记载。例如《彭城刘氏族谱》中记载，永安团结村人已在此繁衍了360多年，每30年一次祭祖，正月游"二十八宿"等也有360多年的历史了。正月十六"二十八宿"灯结束表演，服装装箱封柜放祖祠，灯具送至村尾、水口处焚烧，有"送神归天"，从此安顺消灾的寓意。传说，如果各种生物属相不烧掉"送上天"，会留下作祟，人畜、庄稼都不得安宁，会人病畜瘟、禾灾歉收。因此，迎完灯"烧灯"成俗。

刘姓迁徙客家地域，带来闽西特有的客家刘姓民俗文化。客家刘氏族人注重对"二十八宿"古游灯文化的保护和发扬。如今"二十八宿"游灯已被列入三明市非物质文化遗产名录，使优秀的汉刘文化得到发扬光大。

**参考文献：**

［1］蔡干豪、林庚：《闽台百家姓》，海风出版社2011年版。

［2］蔡干豪、林庚：《闽台姓氏地图》，海风出版社2016年版。

[3]《汀州刘氏家园》2014 年第 4 期。

[4] 汀州《刘氏族谱》、贡川《刘氏族谱》、黄历《刘氏族谱》、吉山《刘氏族谱》、小陶团结《刘氏族谱》、上杭南阳《城彭刘氏东山族谱》、武平《刘氏族谱》。

（本文作者系百姓源脉研究院院长，福建省开闽文化研究院常务副院长、研究员）

# 宁化客家祠堂文化内涵

## 张恩庭

宁化客家祠堂文化是中华优秀传统文化的重要组成部分，亦是石壁客家祖地文化的重要内容。祠堂大体有两种称谓，一是家庙，一是宗祠（家祠）。家庙和宗祠有所区分，说是出皇帝的姓方可称家庙，但民间似乎没有什么严格区分，同一姓的祠堂，有称家庙、宗祠、家祠者。祠堂是人们出于对祖先崇拜进行祭祖的地方，在先秦时就有祭祀场所。到西汉，民间祠堂有所发展。魏晋以后，民间祠堂发展相对缓慢。在宋代民间家族建立自己的祠堂至明清时期得到巨大发展。这与中国宗族制度在明清趋于成熟、程朱理学的兴起有关系。在宗族社会里，祠堂成为宗族最具有凝聚力的象征，视为高于一切，神圣不可侵犯，它关乎家族之命运。随着时代的发展，祠堂之功能却远远超出奉祖祭祖一事，它供祭祀、宗族议事、聚会、执行宗法族规、娱乐、宴会等方面之用，又不仅仅是宗族的活动场所，它通过各种形式的文化表述，诸如挂堂号、楹联、匾额、修纂族谱、制定祖训家规等，凝聚着宗族的历史、文化理念、价值取向等各方面的宗族理念。当今，将传统的祠堂变成道德课堂，融入了社会主义先进文化。现就宁化客家祠堂文化的内涵作如下表述，印证文化内容之多、涵盖面之广。

1. 祠堂数量之多。据笔者于2012年3月的不完全统计，宁化县现有居住的姓氏达215个、37万人口。其中有65个姓，建有235座祠堂，内有张姓53座，李姓12座，巫、邱姓各11座，王姓10座，吴、曾姓各8座，罗、陈、黄姓各7座，廖姓6座，刘、邓姓各5座，杨、曹、上官姓各4座，伍、伊、谢、范、赖、余、夏、马姓各3座，其余各1—2座。全县祠堂分布于16个乡镇、166个行政村。以乡镇来分，曹坊镇27座，安远镇26座，石壁镇25座，淮土镇22座，方田乡20座，安乐镇19座，济村、城郊乡各14座，中沙乡13座，湖村镇12座，治平乡、水茜镇各11座，河龙乡8座，泉上镇6座，城南乡4座，翠江镇3座。此外，还有55姓，建有香火堂（众家厅）55座。

2. 建祠时间之早。中国各姓祠堂起源于夏，到西汉在民间则有所发展，到了明清则出现大发展的势头。据有关资料显示，宁化县现有各姓祠堂235座，其始建时间是：唐至五代有2座、宋代有11座、元代有9座、明代有48座、清代有157座、民国以后8座。宁化最早建祠的是翠江镇小溪村的巫罗俊公祠，始建于唐麟德元年（664）。其次是翠江镇小溪村的罗氏家庙（罗令纪公祠），始建于后唐同光三年（925）。

3. 建筑风格古典。宁化各姓祠堂建筑风格呈恢宏壮观、古典气派的特征。绝大多数祠堂都是硬山顶砖木结构建筑，由正堂、天井、下廊、回廊、山门牌楼、火堆、围墙组成，穿斗与抬梁式相结合，屋面正脊用通透青砖镶嵌，两头为燕尾翘角，雕梁画栋，宽敞明亮，呈中原古典宫廷建筑气势。比如，曹坊镇滑石村温坊的温氏宗祠，是一座保存较好的古祠，建筑面积300多平方米，为硬山顶砖木结构，坐南朝北，中轴线上至北而南依次为山门、天井、正堂。正堂面阔二间14米，进深三间，明间宽8米，宽梁大柱，柱基为八角形，前廊柱基为腹鼓石。主体尾架为七架列式结构，穿斗式与抬梁式相结合，小额枋为矩形穿斗。还有淮土大王的王氏家庙、翠江小溪的罗氏家庙、谢氏家庙、石壁村的张氏上祠、张氏下祠、淮土淮阳的刘氏家庙、曹坊根竹的徐氏宗祠，都恢宏壮观、古典气派。

4. 姓氏郡号多样。郡是我国古代地方行政区域的名称，秦以前，郡比县小，秦以后，郡比县大。郡望古代指郡里的显贵家族，而各姓取的郡号就是这样来的。宁化客家人素有慎终追远、敬祖穆宗的传统，各姓都非常重视郡号的传承与弘扬，教育后代不能遗忘。从宁化65姓、235座祠堂的郡号来看，有资料显示，张姓53座祠堂全是清河郡，李姓12座祠堂全是陇西郡，巫姓11座祠堂全是平阳郡，王姓11座祠堂全是太原郡，罗姓7座祠堂全是豫章郡，黄姓7座祠堂全是江夏郡，陈姓7座祠堂全是颍川郡，廖姓6座祠堂全是武威郡，刘姓5座祠堂全是彭城郡，邓姓5座祠堂全是南阳郡，邱姓5座祠堂其中天水郡4座、河南郡1座，曹姓4座祠堂全是谯国郡，上官姓4座祠堂全是天水郡，杨姓3座祠堂全是弘农郡，伊姓3座祠堂其中陈留郡2座、太原郡1座，范姓3座祠堂全是高平郡，马姓3座祠堂全是扶风郡，伍姓3座祠堂全是安定郡，谢姓3座祠堂全是陈留郡，赖姓3座祠堂全是松阳郡，夏姓3座祠堂全是会稽郡，余姓2座祠堂其中新安郡、下邳郡各1座，徐姓2座祠堂全是东海郡，俞姓2座祠堂全是河间郡，温姓2座祠堂全是太原郡，方姓2座祠堂全是晋阳郡，周姓2座祠堂全是汝南郡，何姓2座祠堂全是泸江郡，雷姓2座祠堂全是冯羽郡，其他的祠堂就是一姓一郡，这里不一一列举。

5. 姓氏堂号多元。宁化各姓祠堂的堂号呈多元的特点，主要表达慎终追远、敬祖穆宗、宗族文化、兴旺发达的含义。比如宁化张姓的53座祠堂的堂号中，冠"追远堂"的12座，"敦睦堂"的7座，"敦本堂"和"敦伦堂"的各2座，其余则是"德馨堂""敬贤堂""弘光堂""思孝堂""克绳堂""尽诚堂""致爱堂""思源堂""武义堂""仁率堂""继光堂""继述堂""永茂堂""惠时堂""华阳堂""崇俊堂""孝友堂"和"萃饮芳源""受先之祜""世德流芳""孔安绥祉""端衍宗风""忠孝流微""嘉谟宏远""绪赞曲江""永绥存缓""绥我思成""受天之祜""永世克孝等"。一个姓的祠堂，如此纷繁的堂号，表达了各个宗系不同的文化理念。这是宁化祠堂文化的一个多元的特征。在宁化其余各姓祠堂的堂号中，冠"敦睦堂"的有28座，"追远堂"的有13座，"天水堂"的有5座，"敬睦堂"的有4座，"平阳堂""思远堂""太原堂""宝树堂"的各有 3 座,"睦敦堂""龙乡堂""源远堂""启秀堂""武威堂""宝珠堂""松阳堂""孝思堂""泸江堂""序伦堂""西河堂""吴兴堂"的各有 2 座,其他就是一祠一堂了。

6. 祠堂楹联撷英。宁化的每个祠堂都有楹联,祠堂的大小不一,但几乎每根柱子都有对联。这些楹联饱含每一个祠堂宗族探本溯源、追怀祖德、敦睦族谊、激励后昆、文化理念、价值取向的各个方面。楹联多是形体短小、上下对应、对仗工整、韵律和谐的偶句式的文体。楹联界一直认为后蜀主孟昶的"新年纳余庆,佳节号长春"为第一副联。而祠堂楹联是宗族文化的产物,中华民族文化、客家民俗文化的结晶,可谓是一个宗族的微型族谱,是一姓一族的简史。笔者几年来收集整理成《宁化客家祠堂楹联》一书,共 77 姓、195 座祠堂、1179 副楹联,已收入广东梅州陈平主编的《中国客家对联大典》。这些宁化祠堂楹联撷英归类,可分:一是追根溯源,不忘故土;二是颂扬祖先,彰显宗功;三是劝诚训勉,激励后昆。诚然,宗族文化的主导思想是儒家伦理思想,因而忠孝仁义也就成为宗族伦理思想的核心,并且成为宗族考虑一切问题的出发点和族众必须遵从的行为准则,这从宁化客家祠堂楹联得到了充分印证,也恰是这种印证为"石壁客家祖地文化与中华传统文化一脉相承"的论断提供了有力的论据。这些楹联的作用与家训宗规颇为一致,是对子孙行为规范的训导,寄托着先人的殷切厚望。

7. 祠堂匾额时兴。宁化各姓祠堂除了柱挂楹联,还有堂内悬挂匾额,这又是各个时期的时兴之作。宁化各姓祠堂几乎都有悬挂匾额,多的有 50 多块,一般的 20—30 块,少的也有 10 多块,其内容大致是宣扬祖德、祝贺寿星、几代同堂、文才武略、渊源流迁、歌功颂德等。比如翠江镇小溪村的巫罗俊总祠,现在祠堂内悬挂匾有 52 块,书以"光宗耀祖"的有 6 块,"功德无量"的有 5 块,"进士""源远流长"的各有 2 块,其余是:"平阳堂""敦亲睦族""弘扬祖德""遗爱启人""情系华夏""功垂千秋""开县远祖""惠泽海隅""永世其昌""宗支繁衍""百世万昌""千秋鼎盛""青州正气""平阳古族""佑启门第""探花驸马""蜀裔源宗""同气连枝""枝繁叶茂""开县始祖客家先驱""恩赐镇将""祖德留芳""根枝通荣""松龄鹤寿""福荫子孙""德才兼优""神威显赫""同根共祖""商海明珠""翠城骄子""寿功联辉""开疆始祖""巾帼精英""怀念祖宗""无私奉献""爱我老祖""后继有人"。诸如石壁张氏上祠、张氏下祠、江头张氏家庙、淮土淮阳刘氏家庙、大王王氏家庙等,均有几十块匾额,真是淋漓尽致。

8. 编纂族谱之常态。宁化各姓祠堂历来非常重视编纂族谱,体现尊祖敬宗尽孝道之根本。修谱以考世系、序昭穆、明世派、别亲疏为主要内容,谓之家有谱、邑有志、国有史,三位一体,而谱尤不可无也。案头资料显示,宁化县有 233 座祠堂编纂族谱,其首修时间,各祠为:宋代 11 座祠堂、元代 9 座祠堂、明代 38 座祠堂、清代 163 座祠堂、民国以后 12 座祠堂。修谱次数是:修 1 次的有 3 座祠堂,修 2 次的有 8 座祠堂,修 3 次的有 8 座祠堂,修 4 次的有 13 座祠堂,修 5 次的有 15 座祠堂,修 6 次的有 17 座祠堂，修 7 次的有 10 座祠堂，修 8 次的有 22 座祠堂，修 9 次的有 41 座祠堂，修 10 次的有 32 座祠堂，修 11 次的有 24 座祠堂，修 12 次的有 14 座祠堂，修 13 次的有 16 座祠堂，修 14 次的有 13 座祠堂，修 15 次的有 1 座祠堂，修 17 次的有 1 座祠堂。济村乡罗家村罗家嶂罗融朱公祠，从北宋绍圣二年（1095）至 1989 年，895 年中修谱 17 次。石壁下祠张茂甫公祠，从明洪武初年首修族谱，迄今 600 多年，修谱 15 次，平均 40 年一次。还有石壁江头张氏家庙、方田村张氏宗祠、曹坊坪上张氏宗祠、济村长坊张氏宗祠、安远东桥李氏家庙都已修 14 次。这些都说明宁化各姓祠堂编纂族谱的积极性和常态化。

9. 活字印刷客家族谱。宁化各姓祠堂利用木活字印刷族谱，又是一个祠堂文化的亮点。活字印刷是中国古代的四大发明之一，也是中华民族对人类的重大贡献。它源于古代的雕版印刷，经北宋毕昇发展、完善，产生了泥活字印刷。之后，元初农学家王祯于大德二年（1298）创制了木活字。木活字是用梨木、枣木或杨柳等雕成单字，因取材比较方便，成本不高，制造起来又比较简单迅速，所以成为我国活字印刷史上常用的一种活字。宁化是中国古代印刷业的重要区域，是我国古代重要刻书中心之一，在明清时期，全县共有 20 多位木活字印刷师傅，如分布于城关的谢、邱、邹、廖氏等，淮土吴陂的伍兆光、伍腾芳等，方田禾岭下的谢师傅，济村长坊的张师傅。现保留木活字雕刻印术的传承人是邹建宁。现存木活字 30 万枚，1995 年以后，为本县及外省县的清流、明溪、连城、长汀、宁都、石城等地 10 多个姓印刷族谱。2015 年国家新闻出版广电总局正式批复宁化为"中国印刷博物馆福建印刷文化保护基地"。宁化客家木活字印刷表演还亮相于国内的北京、深圳以及海外的尼泊尔、美国等国。宁化的活态木活字印刷术，堪称中国乃至世界印刷术的活化石，它将为我国和世界印刷史、文明史、客家史增添新的风采，谱写新的篇章，为研究举世闻名的石壁客家祖地文化史提供便利条件。

10. 编纂网络族谱。宁化现有不少祠堂为适应时代潮流，进行了编纂网络族谱。互联网族谱具有集文、图、声、色于一体，资料完整，上谱及时，查谱便捷，携带方便，修改灵活等诸多优点。还具有查（阅）、娱（乐）、聊（天）各种功能。2013 年 5 月正式注册成立了"宁化县客家立华网络族谱协会"，并入全国"百姓通谱网"网站。宁化现已编纂网络族谱的有安远割畲张氏宗祠、中沙楼家张氏宗祠、中沙下沙雷氏家庙、翠江小溪罗氏家庙、谢氏家庙等 10 多座祠堂。

11. 辈分排列丰富。宁化各姓祠堂在编修族谱中十分重视辈分的排列，谓之"联宗必联派，方知亲疏，而序昭穆"。各祠堂通过修谱把辈分排列下来，不仅"知亲疏，序昭穆"，而且有其丰富的宗族文化底蕴。笔者已整理出 139 座祠堂的辈分排列，确实体现了上述论述。宁化已修谱的祠堂都有辈分排列，这里略举二例：宁化张公君政总祠，在清同治修谱中所列 60 字派是："仁天发祥初，清河广美居。秀毓生豪杰，谟烈丕登书。匡辅储经济，克治功可继。宝鉴喜相传，选举冠高第。理学仰西铭，渊源道德纯。贻谋绍前哲，元恺正逢辰。"济村古背黄氏祖祠族谱修于清康熙十六年（1677），所列字辈为："山川毓秀，匡正储精。职掌台谏，宠冠丝纶。待命玉阶，调元鼎臣。太平丞相，盛世文英。声腾朝野，望重缙绅。岱宗乔岳，育颖含灵。螽斯麟趾，经纬云礽。秉国之钧，监察衡量。奕世忠孝，积厚流芳。功若周召，武尤鹰扬。辅助君主，官居奎章。绵延瓜瓞，廿一子昌。"以上这些，均包含了姓氏源流，蕴含了各种文化理念。

12. 祠堂祖训之发展。客家各姓祠堂非常重视祖训、族规、家规的传承和发展。我们通常说的祖训包括了族规、族训、家规、家训。族规、族训，通常是在修族谱时制订的，每届续修族谱时，都会修改或完善，由一个宗族的长老们和各层次的代表集体研究、通过，或开全族大会通过。家规、家训，一般都是家族的贤者、老者、有权威的家族长辈制订。宁化的祖训传承了古代的伦理道德，其基本内容是：敬祖睦宗、爱国守法、崇儒重教、崇尚仁义、惩恶扬善。其核心价值是正面的。它在弘道养正、团结族人、规范族人（家人）行为、弘扬社会正气、维护社会秩序方面起了积极作用。宁化客家人，祖祖辈辈，承前启后，很好地传承和践行祖训，创造了许多历史印迹。当下宁化不少祠堂，利用族训、家规建设良好家风，做讲道德、尊道德、守道德的参与者、践行者，订立家规传后人，传承客家优秀家风，举办家风家训道德论坛。

13. 建立祠产保运转。宁化各姓祠堂建立祠产，保证祠堂功能的发挥，使其能够正常运转。祠堂一般都建有祠产，或建立基金，保证一定的活动经费。祠产，也称族产。在尚未建祠之前，在总祠之下的房族也有产业，所以称之为族产更加确切。族产分为祭产（蒸尝）、学产。家族不大，族产就没有明确的划分。在历史上，总祠、大房、小房基本都有产业，多少而已。族产的来源，一是祖先留下的，除分配一部分给儿孙，留下一部分作为族中共同产业。二是义捐，较大户人家自愿捐一部分给宗族。三是按户、丁摊派，可以出钱，也可以出地、房产。其经营方式由宗族组织统一管理，可以出租，收租待用，也可以一部分转流耕作，耕作者，负责当年蒸尝开支。

14. 建立祭产保祭祀。祭产，宁化客家人叫蒸尝，主要用于祭祀，包括一年春秋二祭（春为清明节，秋为古历八月初一，称小清明）、扫墓、平时祠堂香火、供品及宗族活动之用。宁化春秋二祭侧重有所不同，春清明节，祠堂只是点烛焚香、烧纸钱，主要是扫墓。扫墓完成后，以小族为单位"吃清明"，即族中人聚餐。秋清明以祠堂祭祖为主，一般不扫墓。祠堂举行大祭，而后演戏、聚餐。有的大族祠堂，一连数十日演戏、"吃清明"。还有的宗族把族田分为蒸尝田、军产田（军田）、学租田（学田）、蒸尝田，又称祭产、祀产、尝产，主要用于祭祀、扫墓之用。军产田主要用于族中从军者。学租田是用于族中读书者。

15. 祖坟古墓之庄严。众多的客家祖坟古墓，记录着几千、几万、几十万乃至百万客家裔孙的哀思，这是永远摧不烂、割不断的血脉渊源，更体现着中华民族强大的凝聚力和向心力。宁化各姓祠堂遵循"尊祖、敬宗、收族"的宗旨，祖坟古墓在家族中居重要地位。笔者粗略调查统计，现在宁化保存较好的祖坟古墓有48座，其中唐代11座、宋代19座、元代2座、明代5座、清代11座。省级文物保护单位的有2座（伊秉绶、黄慎墓）。县级文物保护单位的有 7 座（巫罗俊、罗令纪、郑彦华、郑文宝、张显宗、伊天佑、伊朝栋墓）。后人重视墓祭，源于对祖先崇拜，以寄托对祖先的哀思；保护祖坟古墓，每年清明节扫墓时都要修整补齐。这同客家民系尊祖敬宗的优良传统密切相关。

16. 弘扬祖先功绩。宁化各姓祠堂都很重视弘扬祖先功绩，打造名人效应。宁化客家祖先是接受儒教熏陶，带着儒家思想南迁的，所以他们一定居下来，便开始设馆办学，培养人才。笔者最近调查整理出宁化客家名人 518 人，其中历代先贤 50 人，现代名人 452 人（含省部军级 15 人、地市师级 45 人、县处团级 392 人），英雄模范 16 人。这就充分表明宁化客家人崇文重教、耕读传家的意识非常强烈，这一传统传承至今，所以宁化名人辈出，各姓祠堂也就通过各种形式打造名人效应。如巫氏总祠编印《开疆始祖巫罗俊》，罗氏家庙编印《开县始祖罗令纪》，进行宣扬。张氏总祠成立宁化张显宗文化研究会，编印《明代状元张显宗》，予以宣扬，启迪后人。

17. 祠堂成为革命阵地。宁化是著名革命老区、红色苏区、中央红军长征起点县之一（全国只有 4 个）。而宁化客姓祠堂在这一时期发挥了极其重要的作用，为第一次国内革命战争做出了重要贡献。粗略统计就有几十座祠堂发挥了作用。比如曹坊上曹曹氏家庙，1930 年宁化党组织负责人徐赤生在此组织秘密农会，成立曹坊苏维埃乡政府，组织曹坊农民革命武装暴动。水茜沿溪宁氏宗祠，1931 年 1 月毛泽东一行在此住过。淮土淮阳刘氏家庙，1931 年 11 月在此召开宁化县第一次工农兵代表大会，并在此设立兵站。翠江小溪罗氏家庙，1932 年冬在祠内设立闽赣省宁化县保卫局。翠江小溪村谢氏家庙、方田大罗丁氏家庙、石壁下祠张氏家庙等都成为当时"红军医院"的驻地。

18. 祠堂文化之创新。传统祠堂文化是以儒家纲常伦理为核心的文化，虽然承载着不少宗族历史、优秀文化、传统美德，但也有许多落后的、封建的、迷信的，与社会主义精神文明相悖的内容。20 世纪 90 年代以后，宁化县大力实施《公民道德教育实施纲要》，将传统的祠堂变成社区道德的"大课堂"，革旧立新，用先进文化排除传统的封建迷信，立社会主义文明新风。1995 年宁化石壁客家公祠建竣之后，通过客家历史文化陈列、展览、出版图书、写楹联以及各种文化活动，成为凝聚世界客家人的圣地，团结世界客家人的纽带，弘扬客家文化的中心，成为爱国主义教育阵地，古老宗祠的楷模。宗祠普遍在传统的祭祀活动之外，融入先进文化，祠堂内张贴政府的一些法律法规、计划生育宣传、族中的好人好事宣传等，其中重大的历史性的变革是女人上族谱、上寿匾，上门女婿也上寿匾，打破了千年的传统束缚。淮土淮阳刘氏家庙一位 80 岁刘母上匾、一位 70 岁姓曹的上门女婿上寿匾，打破陈规，开辟时代新风。尤其是翠江小溪巫氏总祠在创建新祠堂文化方面，做出了榜样。他们的主要做法：一是建立活动室，先后建立了"八室一栏"；二是"演时代戏"，成立了由 30 多位社区群众组成的"夕阳红艺术团"；三是"书守德训"，对健康向上的传统家训进行宣扬；四是"扬爱国情"，成立了"巫氏海外宗亲联谊总会"；五是"树文明新风"，为老人举行集体祝寿、开展道德评议、捐资济贫助学等。这样，使该祠成为社会主义精神文明建设的阵地和课堂，得到了社会各方面的认同、赞许和表彰。中共中央宣传部《党建》2005年第3期刊登题为《昔日香火缭绕　今日文明四溢》的文章；中国人民大学《精神文明导刊》2004年第3期发表了题为《三明市不断创新群众性精神文明建设载体——将传统祠堂变成道德课堂》的文章；《福建日报》2005年3月发表题为《昔日宗族祠堂　如今道德课堂》的文章。作者们对宁化巫氏总祠的新文化、新理念、新成果作了充分报道和肯定。

19. 加强祠堂管理。祖堂是崇拜祖先的神圣场所，也是各种活动集会的重要场所。所以，宁化各姓祠堂都非常重视加强祠堂管理，发挥其功能。各祠堂都成立管理机构，有的称管理委员会，也有的称理事会等。做到分工明确，职责分明，起到"祠胆公"的表率作用。同时，制订各项规章制度，如宗祠管理制度、财务管理制度等。石壁下祠张氏家庙，除成立祠堂理事会外，还建立了慈善基金会和助学基金会，并制定了《家庙管理规章》《钉匾入祠的规定》《祠庙管理制度》《财务管理规定》《文物保护管理规定》等。

20. 获得诸多殊荣。宁化各姓祠堂，在保护好、传承好、管理好、发展好的同时，珍惜文物，留住乡愁，获得诸多殊荣：获得省级文物保护单位的有2座祠堂，即翠江镇小溪村罗氏家庙、石壁上祠张氏家庙。获得县级文物保护单位的有6座祠堂，即翠江小溪谢氏家庙、淮土淮阳刘氏家庙、石壁下祠张氏家庙、淮土桥头黄氏宗祠、曹坊上曹曹氏家庙、曹坊上曹曹氏宗祠。获得"八闽名祠"的有2座祠堂，即淮土大王王氏家庙、曹坊上曹曹氏家庙。

（本文作者系宁化石壁客家宗亲联谊会创会会长）

# 从石城温氏族规家训看客家清廉家风的形成和传承

## 温涌泉

　　客家族规家训是客家文化中的重要组成部分，是中华民族中重要的传统文化内容之一，是树立和传承客家良好家风的重要方法。客家族规家训是在漫长的历史进程中形成的，成为当时约束规范人们行为的重要手段和行动指南，在当时的社会条件下，对家庭、家族、社会的稳定和发展起到了十分重要的作用。特别是对清廉家风的形成，起到了积极的推动作用。本文从石城县客家温氏族规家训中，提取了涉及清廉家风的基因和传承发扬清廉家风的典型人物，谈谈客家清廉家风的形成和传承。

　　**一、石城客家温氏族规家训形成的历史背景**

　　客家民系是在不断的迁徙过程中形成、发展、壮大的，客家族规家训的形成与客家人的迁徙历程、生存环境、思想理念、精神特质有着密切的关联。

　　石城县是客家民系的重要发祥地和客家人重要的中转站之一。石城在春秋时期为百越之地，西晋末年至唐、宋、明、清时期，中国历史上以中原大地为中心的区域出现过五次较大的战乱，从而导致了古代历史上出现五次较大的人口迁移。为躲避战乱，大量的中原汉人迁徙到石城境内定居、繁衍。这些南迁的中原汉人与当地畲、瑶族原住民兼并、融合、同化、改造、创新，通过漫长的历史过程，最终形成了汉民族中独具特色的客家人。

　　根据古代的石城《温氏族谱》载："晋……温氏族人随中原士族南迁。"据温氏老族谱记载，石城温氏的先祖在中原是书香门第、官宦之家，为躲避战乱，颠沛流离、历尽艰辛，从中原南迁到石城，依山傍水、刀耕火种、建村立寨、繁衍生息。南迁石城的温氏族人有着中原时期的书香传统，有着南迁路上历尽艰苦的体会，有着在艰苦的环境中开创新家园的艰辛磨炼。为了适应当时在石城极其艰苦环境中求生存、谋发展，并争取创造新的辉煌，必须制定严格的管理制度和措施加强对温氏族人的约束和管理，温氏家训族规应运而生。经过漫长历史岁月的开拓，温氏最终成为在石城人口最多的望族。石城温氏的族规家训非常全面，包括了方方面面的内容，特别是包含了许多坚守清廉齐家的规定。这些规定在石城温氏一族中得到了很好的传承和发扬。

　　**二、石城客家温氏族规家训关于清廉齐家的内容**

　　（一）"风俗之美恶，由于人心，人心之浇漓，由于教化。教化不明，则心术不正，习尚不端，而流为风俗之蠹矣。吾家素传清白，号称诗礼，泊乎晚近生齿日繁，不学者，象而豪强狂狡瓷睢凌悖之徒，征征多有，以致家声不振，互乡贻讥。虽子弟之率不谨，亦父兄之教不宣也。兴言及此忾我寝叹，因条立族规如左"。

该族规的开篇序言指出，制定族规是为了规范、约束本族弟子行为，是用来教化本族后人做知书达礼、心地善良、清廉端正、勤恳务实的人，从而更好地传承和发扬好"吾家素传清白"的清廉家风。从中可以看出"清白传家"是该族规中的"清廉齐家"的重要基础。

（二）守王法

"书曰：无有作好，遵王之道；无有作恶，遵王之路。吾辈幸生圣世，自宜凛遵，普天率土，为下不倍之义，凡日用云，为教诲子侄，务循法度，临深履薄，惟恐销即于匪理，苟或不谨，自罹法纲，上忧父母，下累妻子，而且宗族含羞，姻党蒙耻。至此而始知悔，噬脐何及哉。故凡我姓子孙当先勉之"。

该族规明文规定，本族子侄必须"守王法""务循法度"，如果"自罹法纲"，将拖累家庭，并影响宗族声誉。从现在的角度看，遵纪守法是做到清正廉洁的重要保证。

（三）严约束

"廉节守身之大，本族子侄务宜各守本分。若纵其骄淫，恣其游惰，闯入邪匪，上干国宪，噬脐何及，为父兄者，宜平时讳教，交结正人，使其非心日革，至于构居族属，动静皆知，尤宜严加伺察，倘有不法，悔何及乎！自后相规相诫，毋坐视容隐，毋损人利己，毋假公济私，否则上辱祖宗，下污名声，捉至祠下，重责重罚，决不轻贷"。

"严约束"条文在开头就明确点出："廉节守身之大，本族子侄务宜各守本分。"规定父母、兄长要教育好族中子弟洁身自好，不与坏人交往。指出廉节守身是最大的事，不能做损人利己、假公济私的事，否则将开祠堂进行重罚。

（四）养人材

"吾家子姓中间，有颖敏特达者，固山川之所毓秀，亦先灵之所笃生也。为父兄者，亵视而不之教，则席膏腴骋材智耽酒色，其不至于捐志堕业者无几，务宜详择师友，严笃课令，一切灯油廪饩之需，须当周悉，不可让以家事纷其志虑即或父兄清素，亦思子英异难得，竭力作养，则为子弟者，必念父兄艰难勤苦，励志锐进，科目之途又何择于贫富哉！培植教育，为父兄者不可不任其责也"。

该族规中制定了"养人材"这一条款，要求父兄加强对本族子弟的管理和教育，督促他们读书崇文，勤学苦练，不断进取，明晰事理，正直做人，成为栋梁之材。温氏族人的理念是认为重教育、养人才、明是非，是做到清廉齐家的重要保证。只有让本族子弟有文化、有知识、明事理，才能更好地分辨是非，才能懂得"守王法"的重要性，才能理解"廉节守身之大"的内涵，才能更好地传承和发扬"清白传家"的良好家风。

（五）输国课

"夏税秋粮国之重务，寒衣饥食，吾先得思至鸿钜，故每年粮差，务依期早纳，庶上免官司之扰，下称良善之家"。

该族谱将"输国课"作为重要条款规定在内，要求全族人必须按时向国家交粮纳税，没有任何理由拖欠，即使自己忍冻挨饿，也不可不交。只有这样才合法，才是良善之家。从现在的角度看，这也是在教育人们要做遵纪守法的人，要做善良正直的人。

（六）勤生业

"勤则必盛，惰之必衰，此理之常也。族中子姓衍繁，散居郡县，凡各房子弟，首宜教以诗书，次则当务耕稼，或习技艺商贾"。

该族规中的"勤生业"条款，是教育本族子弟要务正业，要自食其力，勤劳发奋，振兴家业、族业。只有做到这些，才不会好吃懒做、胡作非为，才不会做出有辱"清白传家"的事来。

### 三、石城温氏族人对清廉齐家良好家风的传承和发扬

据石城温氏老族谱记载，石城温氏的先祖在古代的中原时期是名门望族、书香门第，在当时就有"书香传家""清廉为官"的祖训和家风。南迁石城的温氏族人牢记祖训、传承家风，以"首宜教以诗书"为基础，以"廉节守身之大"为重务，并定为族规，载入族谱，世代承传。现举例如下。

例一：清廉为官的宋代宣抚副使——温勋。

温勋，字成劳，江西石城人，生于北宋仁宗嘉祐七年（1062），殁于南宋绍兴三年（1133）。他于北宋崇宁五年（1106）考中丙戌科蔡疑榜进士，官至山东宣抚副使。温勋受到了"修身治国平天下""穷则独善其身，达则兼济天下"等思想的熏陶，为官清廉，爱民如子，志载"其人文行并著"，被誉称为"温夫子"。

温勋"莅治有功德于民"，成为一时名宦。他清正廉明，体恤民情，其为官之道充分展现了他良好的道德修养和高尚的品行。任山东宣抚副使时，正好碰上当时被称为朝内"六贼"之首的蔡京乱朝政，致使大多老百姓民田被侵，度日如年。温勋到任看到这种情形后，满心忧虑，食寝不安，立即下到各地走访，详细察访民情。之后将访问到的民众疾苦急速上疏朝廷，有谓"念新法之颠翻，痛哭请命"。

面对农民因失地多，捐税重而家无三日粮的景况，温勋看在眼中，急在心里，经常"捐俸周饥"，不时捐出自己的薪俸，用来弥补春税，解救贫困百姓；若"值大饥"，遇上发生灾荒的年份，则"预开仓廪，计口而赈"，并檄谕各郡县"便宜发谷，周济百姓"，使得饥民"赖以不毙"。

温勋在宣抚副使任上爱民如子、公正廉明、不贪不沾、不以权谋私，从不收受别人的钱物，深受百姓爱戴。据志载，温勋所施善政，感动了齐鲁大地各方百姓，"至有以姓名其子女者事闻"，朝廷知道后也大为"叹赏"，称"长孺之功不过是也"。

例二：以"清、慎、勤"享誉官场的温必联。

温必联，石城小松耸岗人，生于清康熙三十六年（1697）。温必联于雍正十年（1732）参加乡试。雍正十三年（1735）充湖平乡试同考官。乾隆元年（1736）登丙恩

科金德英榜进士，授兵部职方司主事兼武选司，充兵部侧例馆纂修。奉旨记名都察院监察以御史用。乾隆十一年（1746）特授江苏直隶海州知州、兼署扬州府高邮知事，后调任滁州知州。乾隆十四（1749）年升安庆府知府，护安徽道兼理芜湖关税务，摄太平府事。两护安徽等处提刑按察司印务。乾隆二十八年（1763），升授河南省粮储、驿盐、水利道员。乾隆三十三年（1768），以年老辞官，寓居苏州吴汀。乾隆三十七年（1772）病故，享年76岁。

温必联为官33年，以布衣进仕在官场能步步高升，并能以"清、慎、勤"享誉官场，为百官表率，为百姓青天，可谓凤毛麟角。这首先得益于石城温氏传统的族规、家训的熏陶和教育。他在兵部任职十年间，更是处事谨慎，勤勉有加，清正廉明，所以在京察中列为一等；他在江苏任上，一心为民，两袖清风，积极兴修道路，拓宽驿路，修葺驿舍，疏浚河道，为国为民办了许多的实事好事；在安徽十余年间，他时常翻阅卷宗，察访案情，微服私访，使沉积多年的疑案得到审理，一些冤假错案得以平反，冤情得以昭雪。他还经办育婴、体仁等关系民生的事务，使弱势群体得到关爱；他在河南任粮道时，正直无私，更是身先士卒，亲临一线指挥调度，衣不解带，马不卸鞍，其清廉踏实的作风深受好评；温必联从政之地，荫福百姓，一股清风法荡，与当时污浊之气截然不同。以致老百姓听说温必联由安徽调任河南，涕泪涟涟，纷纷拉住马车，拴住缰绳，躺卧车道，绵延数里，极力挽留温必联。

温必联在四处为官之时，不忘家风的传承，特别是子女的教育。他洁身自好，勤奋好学，追求上进，为子女树立了极好的榜样。对家人，他要求甚严，时常告诫："勤生业，慎务虚时玩日，游手蹉跎，伊贻后悔！"对子女的教育更是严格有加。在家规中，他要求"详择师友，严笃课"，"励志锐进科目之途"。所以温必联后人皆勤奋好学，苦心钻研，取得功名。其儿孙为官时均能秉承"清、慎、勤"之风，政声良好。其子，崇潭，任云南浪穹县知县。其孙，之诚，任云南丽江府知府。三代为官，清史留名。

例三：进士为官，两袖清风——温鹏翀。

温鹏翀，江西石城人，出生于清嘉庆四年（1799）。清道光五年（1825），温鹏翀在豫章书院毕业参加省会试，中举人。翌年进京会试考中进士，清道光十七年（1837）奉旨赴广西梧州府任藤县知县。温鹏翀传承良好的家风，成为一位忧国为民、勤劳务实、公正无私、清廉爱民的父母官，深受百姓的拥戴。

首先，他在藤县树起了清廉的旗帜。他一上任，就拒收部属及地方绅士们的见面礼金，并立即颁布了《清廉要约》，约束自己和部属"不收分外之钱物、不扰民欺民"，并以身作则，一举扭转了藤县的社会风气。

由于温鹏翀公正廉洁、政绩卓著，于道光二十二年（1842）奉旨调任云南省负责采运滇铜国用。这是一个被别人看成富得流油的肥缺，每天进出几万两白银。而温鹏翀却把这看成了一种更重的责任，更加严格要求自己和部属，处处凸显公正廉洁、为国为民、勤勤恳恳。温鹏翀因积劳成疾，殉职于云南任上，终年仅45岁。一位文采飞扬、公正清廉的好官，就这样凋谢在任上。

藤县人民得知温鹏翀殉职于云南任上，无比悲痛，全县上下掀起了一场悼念温鹏翀先生的活动，数百名绅士特为温鹏翀制作了一块牌位，放置于藤县武山的"访苏亭"中，供后人瞻仰。当时有篇文章这样记载了当时的情景："其中联名崇祀当时不下百余人俾，得于坡公同享千秋祭祀。"该文将温鹏翀与苏东坡相提并论，可见温鹏翀在藤县的影响力之大，藤县人民给予温鹏翀荣誉之高。这些已载入了藤县的史册。

石城温氏族规是在特定的环境中，通过漫长的历史岁月提炼形成的，有着深厚的文化底蕴和严格的管理规定，符合当时的社会发展条件，对石城温氏一族的生存、发展、壮大起到了极大的推动作用。该族规引导培育了石城温氏族人以"廉节守身之大"为重的高尚理念，并得到了世代传承。温氏族人树起了一座座清廉的丰碑，其精神值得发扬光大。

（本文作者系中国散文学会会员，赣南师院客家研究中心兼职研究员，江西省石城县客家文化研究会秘书长）

# 从客家谚语看客家人的礼仪观及其美学意义

## 刘云祯

中国素有"礼仪之邦"的美誉，对"礼"的讲究历史悠久。早在春秋战国时期，"礼仪"就被提升为社会典章制度和道德教化要求。所谓礼仪，就是人们在各种社会交往中为了互相尊重，在言谈举止等各方面约定俗成的、共同认可的规范、程序。①

客家人是历史上渐次南迁的中原汉人，继承了中原文化的优良传统，并与聚居地古越人后裔、畲、瑶等少数民族融合，吸取当地经验，形成了独具特色的客家文化。客家谚语是客家人长期生活劳动的经验总结，是客家人聪明才智的反映，集中地体现了客家人的礼仪观。本文试从衣、食、住、行等方面阐述客家人的礼仪观及其美学意义。

### 一、客家人的礼仪观

#### 1. 粗衣薄妆，整洁大方

客家衣着最突出的特点是"质朴无华"。客家妇女不崇尚时髦，朴实无华，对衣服十分爱惜，平日穿打补丁的衣服，新衣服除过年或走亲戚偶尔穿一两回外，总舍不得穿。谚语"在家唔怕旧，出屋唔怕新"，真实地反映了她们的穿戴观。

客家人的质朴是与整洁连为一体的。客家人常用服饰因城乡、贫富而有不同，乡村居民大都穿着朴素，但求耐穿、舒适、大方，而城里人穿着较讲究，注意时尚和整洁。谚语"不怕衫烂，最怕人烂"，说明在客家人眼里，人品比衣着打扮更为重要，衣服虽破，只要补得好，洗得干净，穿得整齐，就不会被人见笑。客家人重面子，极为注意正式场合的穿戴，如梅县人有谓"锅里无米煮，出门衣官样"，逢年过节或走亲访友，均须穿上整齐清洁的衣衫，以免被人瞧不起。②

#### 2. 粗茶淡饭，热情好客

客家人平日粗茶淡饭，生活简朴。主食以稻米为主，番薯芋子次之，有"半年薯芋半年粮"的说法。③ 以家庭经济条件看，穷苦人家一日三餐皆食粥，中等人家一日三餐两粥一饭，富裕人家一日三餐两饭一粥。客家人懂得居安思危，常教育子孙："平时不

---

① 陶应虎：《公共关系原理与实务》，清华大学出版社 2010 年版，第 364 页。

② 房学嘉：《客家民俗》，华南理工大学出版社 2006 年版，第 23 页。

③ 房学嘉：《客家民俗》，华南理工大学出版社 2006 年版，第 23 页。

斗聚，年节不孤凄。""一餐省一口，一年省一斗。"①但是，逢年过节，或举办婚嫁、寿诞、生子满月等喜庆活动，主家往往倾其所有，摆出"四盘八碗"或"四盘十二碗"的筵席，以各种客家传统风味佳肴，欢宴亲朋。②

俗话说："客家客家，好客之家。"保持着中原古风的客家人，素有热情好客的传统。凡宾客登门，主家必端茶、倒水、打酒、买肉、宰鸡，殷富之家将以丰盛酒席盛情款待，即便贫穷人家，他们宁可自己勒紧腰带，节俭过日，也要倾其所有来招待客人。在一些偏僻山村，还有家族、邻里共同招待客人的习惯：来了"不速之客"，主家正为一时无法置办食品而发愁时，家族、邻里闻讯，或送来自己贮藏的香菇、竹笋干、银耳等山珍，以及平日舍不得食用的鱿鱼干、墨鱼干等海味，或烹制一道自己最拿手的菜肴端上席来。主家依例请来族长或长辈坐于上首，并请来家族、邻里的代表一起作陪。靠着家族、邻里的帮助，把筵宴办得丰盛而又热闹。③

3．崇龙尚左，主次分明

客家人建房时极为讲究新屋左右地势的高低：左为"青龙"，右为"白虎"，左边可比右边高一些，而右边不得比左边高。俗话说："不怕青龙高万丈，最怕白虎高一拳。"④这是古代崇龙、尚左的风俗在客家民居建筑中的体现。

客家建房还讲究整体布局，显示主次关系。围屋上下厅堂的高低、宽窄有所不同。紧靠大门的下厅堂要低些，上厅堂应高些；与之相配，上厅堂比下厅堂还应宽一些、深一些。这样，从高处望去，前低后高，前窄后阔，方显出气派，上下厅堂的布局恰如"昌"字，以兆繁荣昌盛。厅堂与左右厢房（俗称横屋）的配置，其高低也有规矩：紧靠厅堂的左右第一列横屋，要比厅堂低一些；而第二列横屋，则要略低于第一列横屋。⑤

崇龙尚左不仅运用于客家民居建筑，同样适用于参加宴饮的宾客座次排定。乡俗宴饮座次，每席均以"上横头"为首位，而"上横头"又以左为大。横头是相对而言的，摆设地点位置不同，"上横头"的确定也就不同。最为常见尊贵的"上横头"，男席通常设在祖公厅中厅靠左边的第一席，女席则设在祖公厅上厅（祖堂）左边的第一席。⑥

4．蓬头赤足，吃苦耐劳

木屐为客家人最常穿的木鞋，旧时在客家地区，一般人家赤足干活出墟入市，只待晚上洗身后才穿木屐，遇雨天、寒天也会穿木屐。有一双新屐往往要留待除夕洗身敬祖公时穿。一双木屐穿坏了修，修好了又穿，直至底部磨薄了不能再穿了，才将其当作柴火。赤足俗称"打赤脚"，旧时客家人平常爱打赤脚的原因有三：生活艰难，天气炎热，

① 李仕华：《仪陇客家生态文化研究》，人民出版社2016年版，第102页。
② 丘桓兴：《客家人与客家文化》，中国国际广播出版社2011年版，第68页。
③ 丘桓兴：《客家人与客家文化》，中国国际广播出版社2011年版，第79页。
④ 丘桓兴：《客家人与客家文化》，中国国际广播出版社2011年版，第57页。
⑤ 丘桓兴：《客家人与客家文化》，中国国际广播出版社2011年版，第130页。
⑥ 房学嘉：《客家风俗》，暨南大学出版社2015年版，第82页。

便于下田劳作。

客家妇女不缠足，素有"天足健妇"的美称。由于生活艰难，客家男人往往要出外谋生，客家妇女便要担起生活和家庭的双重责任。犁耙田、春耕、夏收夏种、秋收冬种及上山砍柴等粗重农活都由妇女作为主要劳力去完成。清人黄遵宪云："健妇持门户，亦胜一丈夫。"① 特殊的生活环境，造就了客家妇女吃苦耐劳的优良品德。若有苟且偷懒的妇女敢长年处在家里，不管田务的，社会舆论，便必以"懒尸妇道"或"好懒妈，贱东西"等恶名词去攻击她，因此，客家女子遂养成了一种"须与男子一同力役"的风气。②

**二、客家礼仪的美学意义**

原始儒学的基本思想精神是"仁"。所谓"仁者爱人"。在美学上，孔子所倡言的"仁"，建构在人之生命的个体之间、个体与群体以及群体之间，用以和谐地协调人伦、人间关系。③ 客家人的礼仪观，充分体现了孔子的仁学思想。

1. 以孝悌为美

东汉许慎《说文·人部》云："仁，亲也。从人，从二。"④ 仁者，二人。首先，指二人之间的血亲联系，指男女、夫妇、祖孙与长幼等等的相亲相爱。《论语》云："弟子入则孝，出则悌，谨而信，泛爱众，而亲仁。"⑤ 其次，扩而至于君臣、臣民、友朋与天下百姓之间的亲爱等等，均以事实的或观念血亲关系维系着，此之为"天下归仁"。从其美学意义而言，"仁"其实是一种基于血缘人性的亲情。

客家人长幼有序，以孝悌为美。客家苏氏家规言："凡为子孙，父慈子孝，兄友弟恭，夫正妇顺，内外有别，老小有序，礼义廉耻。"⑥ 客家人具有敬老的传统，逢节日，分了家的儿孙，家家要给老人端一碗好菜或米果，谓之"敬老汤"；杀了猪，一定要请老人吃一餐或送上两斤好肉。设宴时，对座次排序非常讲究，上座留空位与已故先祖，以示尊崇，其他座次按照辈分排序。吃饭时长辈先行，长辈举筷，其他人才可以动筷，席间小辈还要给长辈敬酒等等。⑦ 这些，无不体现出孔子仁学对客家人行为规范的影响。

2. 以和谐为美

客家人平日粗茶淡饭，生活简朴，却十分热情好客。《论语》："里仁为美，择不处仁，焉得知？"⑧ 意思是："住的地方，要有仁德才好。选择住处，没有仁德，怎么能算聪明呢？"客家人为了达到仁的境界，努力使自己成为有仁德的人。

---

① 房学嘉：《客家民俗》，华南理工大学出版社 2006 年版，第 23 页。
② 房学嘉：《客家风俗》，暨南大学出版社 2015 年版，第 12 页。
③ 王振复：《中国美学史教程》，复旦大学出版社 2004 年版，第 65 页。
④ 王振复：《中国美学史教程》，复旦大学出版社 2004 年版，第 65 页。
⑤ 杨伯峻：《论语译注》，中华书局 1980 年版，第 5 页。
⑥ 管思燕、邱远、姚志强：《品鉴客家古邑家训文化的"四道"之光》，《文化学刊》2015 年第 1 期。
⑦ 温小兴：《客家饮食禁忌的文化解读》，《美食研究》2016 年第 2 期。
⑧ 杨伯峻：《论语译注》，中华书局 1980 年版，第 35 页。

客家人信奉"天下客家是一家"的理念，倘有宾客登门，必热情接待，切实给人以宾至如归的感受。旧时客家地区交通不便，出门走亲访友都得步行，又热又累。于是，主家一见宾客登门，必急步迎上前去，接过客人肩挑或手提的物品，将客人请进厅堂歇息，沏茶、敬烟。女主人还赶紧烧上一桶热水，提进浴室，请客人洗身解乏。此时若是半晌，离午饭、晚饭尚早，女主人往往要先煮一碗米粉（云南人称"米线"），再煮上一两个荷包蛋。客人清早出门，爬山越岭赶路，早就饿了。于是，客人洗过澡出来，一身清爽，又吃上可口的点心，顿感格外温馨。① 由于不断地迁徙，客家人每到一地，总是一切从头开始，因此必须"一人有难大家帮，一家有事百家忙"。客家先民是外来的族群，在迁入地自成部落的现实环境使他们以血缘为纽带把个体生命联结成生死与共的群体："家中唔和旁人欺，楼中唔和外人欺。"② 为了搞好团结，客家人有一系列的行为规范，如："要打当面鼓，唔敲背后锣。"③ "相骂莫帮言，相打莫帮拳。"④ 客家人注重修身养德，力求通过自身的努力，营造一个温馨和谐、充满仁爱的邻里环境。

3. 以节制为美

客家人注重礼节，凡事循规蹈矩，不偏不倚，以节制为美。子曰："克己复礼为仁。"⑤ 意思是："抑制自己，使言语行动都合于礼，就是仁。"客家人礼节多，如"做客莫在后，见官莫向前"，做客时后到，是对主人的不尊重。吃饭夹菜要"一下起，两下止"，不能老夹好吃的菜，看到菜不多的时候就不能再吃了。吃饭时"打碗打筷"，"扁菜"，筷子插在饭中间，嘴巴发出很大的声响，都是"无规矩""无家教"的行为。旧时客家女人在赴宴时，常带上孩子参加，自己舍不得吃，轮到自己夹菜时便把菜夹到事先准备好的莲叶里，包回去给家人吃。大家都自觉地恪守着一定的礼数，每人轮流夹，不吃的便打包回家。如果不顾礼数，拼命往自己碗里夹，不仅会被旁人数落，也会被别人瞧不起，会被这个社会族群所排斥。⑥

美国学者爱德尔说："客家人刚柔相济，既刚毅又仁爱，而客家妇女更是中国最优美的劳动妇女的典型。"⑦ 客家妇女吃苦耐劳，勤俭节约，精明聪慧，温柔贤良，集中体现了中华民族的传统美德。美国传教士罗伯特·史密斯在《中国的客家》中写道："一切稍微粗重的工作，都是属于妇女们的责任。——市镇上做买卖的，车站、码头的苦力，在乡村中耕田种地的，上深山去砍柴的，乃至建筑屋宇时的粗工，灰窑瓦窑里做粗

---

① 丘桓兴：《客家人与客家文化》，中国国际广播出版社 2011 年版，第 131 页。

② 郭起华：《客家人价值观的民间视野——客家谚语解读》，《牡丹江大学学报》2008 年第 131 页。

③ 郭起华：《客家人价值观的民间视野——客家谚语解读》，《牡丹江大学学报》2008 年第 9 期。

④ 丘桓兴：《客家人与客家文化》，中国国际广播出版社 2011 年版，第 131 页。

⑤ 杨伯峻：《论语译注》，中华书局 1980 年版，第 123 页。

⑥ 黄映琼：《客家方言饮食熟语中的饮食文化》，《嘉应学院学报》2014 年第 10 期。

⑦ 丘桓兴：《客家人与客家文化》，中国国际广播出版社 2011 年版，第 131 页。

重工作的，几乎全都是女人。她们做这些工作，不仅是能力上可以胜任，而且在精神上非常愉快，因为她们不是被压迫的，反之她们是主动的。"① 面对艰难困苦的现实环境，客家妇女激发生命潜能，全力以赴，勇敢地承担起家庭责任。客家妇女健美、温柔，她们结婚成家之后，对丈夫是非常尊重和顺从的，对老人和孩子更是倾注她们的情和爱。她们对丈夫的事业，对兄弟子叔，对宗族的事务，都会全力支持。客家妇女不事外表修饰，衣着整洁大方，重在内心修为，堪称心灵美的典范。

客家人的审美观念，深受孔子仁学思想的影响，继承了儒家文化的优良传统，并在激发个体生命潜能、协调个体与群体以及群体之间的关系方面发挥了重要作用。在商品经济大发展的时代，物欲横流，但在许多客家地区，民风淳朴，客家人仍保留了注重礼节、热情好客、勤劳简朴、正直善良的优良品德，这对青少年的健康成长无疑是大有裨益的。

三、结论

客家谚语是客家人的智慧结晶，集中反映了客家人的礼仪观和审美观。客家人以孝悌为美，以和谐为美，以节制为美的审美观念，对协调和谐的人伦、人际关系，对营造温馨和谐、充满仁爱的邻里环境，对构建和谐社会都将发挥积极的重要的作用，应当加以发扬光大。

**参考文献：**

[1] 陶应虎：《公共关系原理与实务》，清华大学出版社 2010 年版。

[2] 房学嘉：《客家民俗》，华南理工大学出版社 2006 年版。

[3] 李仕华：《仪陇客家生态文化研究》，人民出版社 2016 年版。

[4] 丘桓兴：《客家人与客家文化》，中国国际广播出版社 2011 年版。

[5] 房学嘉：《客家风俗》，暨南大学出版社 2015 年版。

[6] 王振复：《中国美学史教程》，复旦大学出版社 2004 年版。

[7] 杨伯峻：《论语译注》，中华书局 1980 年版。

[8] 管思燕、邱远、姚志强：《品鉴客家古邑家训文化的"四道"之光》，《文化学刊》2015 年第 1 期。

[9] 温小兴：《客家饮食禁忌的文化解读》，《美食研究》2016 年第 2 期。

[10] 郭起华：《客家人价值观的民间视野——客家谚语解读》，《牡丹江大学学报》2008 年第 9 期。

[11] 黄映琼：《客家方言饮食熟语中的饮食文化》，《嘉应学院学报》2014 年第 10 期。

（本文作者系三明学院副教授）

---

① 丘桓兴：《客家人与客家文化》，中国国际广播出版社 2011 年版，第 131 页。

# 家风家训与和谐社会

## ——以客家家风家训为例

翁汀辉

### 一、前言

客家指从黄河流域逐渐迁徙到南方的汉人，现主要分布在赣南、闽西、粤东、粤北等地带。客家为汉族支系，是我们中华民族最为优秀的民系之一。自秦开始，客家人经历了千年的迁徙，他们在不断的南迁中演化发展，在苦难中成长、繁衍。或许由于曾经历过太多的艰辛，客家人更懂得幸福来之不易；或许由于曾是"异乡来客"，怀着对故土的思念，客家人也更懂得"家"的含义。客家人对"家"的重视，必然衍生出了他们"崇文重教"的价值选择。客家先辈们秉持着"遗儿千秋富贵，莫若良言一句"的观念，十分重视对子孙处世态度的教育，重视传承良好的家风和客家精神，而这种传承的载体就是家规家训。

客家人的家规家训形式多样，涵括的内容十分丰富，在千年的岁月嬗递中逐渐成为客家文化的重要组成部分。同时因受时代的拘束，其中必然有部分家规家训的内容被打上封建礼教的烙印，但纵观其大部分的内容，更多的是彰显客家人积极向上的精神风貌，体现客家人勇于开拓、吃苦耐劳、爱国爱乡的优秀美德。这些精神风貌以及优秀美德，都很值得我们去深入解读。客家人对家规家训的承袭也属于对中华优秀传统文化的继承和发扬。

### 二、客家家训提出有基本伦理道德观的要求

道德观引导人的行为取向，有什么样道德观就有什么样道德行为。河源客家各姓氏家训，多数都从基本伦理道德观对子孙提出要求。如：王姓，"古之君子，其行至慎。取予之择，必合于天道"，"能存正直神维佑，尚务凶邪法不容"。刘姓，"明礼让，务本业，端士品"。邹姓，"立身德为首，礼义诚信高。礼交往，信于诚"。黄姓，"崇正道，摈异端；积阴功，贻子孙"。曾姓，"明义利，慎官守"。廖姓，"人生在世，追求理想；坏事莫为，万古流芳"。赖姓，"己所不欲勿施人，温良谦让睦邻里；不义之财莫贪取，身修行洁众口碑"。陈姓，"一诺千金人所敬……若是一事不践言，下次说来人不信，当知信。事无大小只有宜……宜小宜大求正义……当知义"。

### 三、客家家风家训注重和邻睦族

在中国古代的封建家庭里，每一个家庭成员都有着维系家族的责任，无论是家风的

建立还是对家庭经济的管理，都是从家庭的发展和兴旺发达着眼的。在客家人的家庭观中亦是如此，他们重视从不同的方面教以子孙治家的智慧，望子孙以此光大家声。这些治家的智慧，大都是客家先民在他们的迁徙和发展中的切身之悟，是他们从苦难和艰辛中积累的智慧凝聚。中国素称"礼仪之邦"，《礼记·大学》云："一家仁一国兴仁；一家让，一国兴让。"家庭是社会的细胞，家庭的和睦团结，家族的亲睦友善，有助于社会的太平和繁荣。而邻里宗族间亲睦友善互帮互助，也是在中国被传承了数千年的优良传统。客家人作为北来移民，因为是"异乡来客"，他们只能在一片片荒凉和贫瘠中挽草为业，开荒僻壤，所以为了生存他们必须团结在一起，不仅要和睦同姓宗族，还要联合外姓家族，齐心协力地建村立庄。

随着客家人的成长和发展，这种团结互助的习惯逐渐演化成一种"和邻睦族"的客家传统和风气。在客家的家规家训中也时常对子孙后代留有"和邻睦族"的告诫。如兴国《邱氏家训》有"敦宗族"条目："同姓同德，同德同心，同心同志，姓利不迁。一本万殊，瓜延瓞笃。敦睦宗族，和善宗亲。不违天道，不悖人伦。利而勿害，与而勿夺。尊强扶弱，尚富恤贫。雍睦一堂，和蔼千秋。"闽杭庐丰《蓝氏族谱家训》载有："亲宗族以厚一本，恤孤弱以广慈惠，和姻邻以息争讼。"大余新城《李氏重修族谱家训》有"睦宗族"条目："宗族吾身之亲，千支同本，万脉同源，始出一祖，不睦宗族是不敬宗祖，不敬宗祖则近于禽兽。凡我族人切不可相残相欺，以伤元气。"

在客家人看来，亲族邻里之间理应相互帮助，在彼此陷入困境时给予周济，这才能有一个祥和的生存空间。而"和邻睦族"也不仅是客家先辈们对自己的自我要求，同时也是他们教育子孙后代的行为准则。客家人的"和邻睦族"是可以被解读成"谦让"的。谦让有礼是中国传统社会中所提倡的一种为人处世的方式，从道德的角度来看谦让有礼也是被公认的人格魅力和美德。客家人把教子谦让有礼作为家规家训中的重要内容，其实也就是为了让家族宗亲之间少有矛盾和争端，能化干戈为玉帛，这无论是对治理一个家庭还是治理一个社会都不失为一件好事。中国的传统观念向来重视人的处世态度。《礼记·曲礼》说："毋不敬，俨若思，安定辞。安民哉。"这就是教人凡事要恭敬而有礼，态度要端庄严肃而若有所思，言辞要详审而确定，这样才能使人信服。这也正是中国传统的处世之道的体现。客家人曾经历过"时时为客处处为客"的窘迫，当然也就对处世之道的重要有着更切身的体会。客家先辈在成长和演化过程中，也积攒了丰厚的处世哲学，并在家规家训中以此对后代的处世交际加以指导。

**四、客家家风家训重视个人品行的修养**

中国古代家训的写作根本目的就是以家长自己的社会阅历，教导子弟如何做人。应该说，如何教导子弟做人，是中国古代家训的核心内容。子曰："其正身，不令而行；其身不正，虽令不从。"一个人必须正身做人，只有这样才能得到别人的尊重，一个人也只有学会如何做人，才能学会做事，因为一个人的人格往往就决定了一个人成事的空间。在客家家规家训中，先辈们总结的为人之道也是必不可少的一个部分。

"吾日三省吾身：为人谋而不忠乎？与朋友交而不信乎？传不习乎？"人非圣贤，不可能尽善尽美，要想提高和完善自己，就必须严以修身，不断磨砺自己。《论语》中就有"修己以敬""修己以安人""修己以安百姓"之说，重视修为、力戒恶习才是君子所为。客家人在教育子弟时也是尤为看重品行修养的。他们在家规家训中对子孙后代的行为习惯方面列出了各种规范，他们教育后辈待人笃敬、行为合礼、自省自律……这是一种道德上的教化和修为上的培养，客家人普遍拥有良好的人格品貌也正是源于这种重视德育的家庭风气。

在修身洁己上，客家人给予后辈的教育不仅是言传，还有身教。"其身正，不令而行"。父母长辈也要加强自身的修养，才能对子女后辈起到以身示教的作用。如：信丰《袁氏家训》有"端品行"条目："品行宜端，立身之要道也。律条正己，斯足取信于人。族邻亲友，皆宜以礼相接，以义相持，毋矜才以傲物，毋利己以损人。庶淳良之风可致而休美之俗堪嘉也。"赣县《戴氏家训》有"戒子弟"条目："族中子弟宜务正业，凡洋烟赌博，不但浪费并且荒业，败产倾家皆由于此，甚则穿窬为盗无所不为。至于饮酒，除宗祀宴宾外，亦不宜纵饮，以免使酒行凶，一切戏局概行禁止，族中其共凛之。"《周氏祠规四则》有"端品行"条目："品行不端者，尽系匪僻无赖之徒，既宗祠巍然虽不尽阀阅名第，亦系故家巨族则，凡我族人，各宜明理知义，立品砥行，勿图非分之财，勿狃好胜之习，风水当积德以求，毋诡计图占，致福未得而祸先临，词讼每宜忍耐，毋刀笔称雄致气意坏而天良丧，赌则近盗勿执迷而甘人下流，奸则近杀勿纵欲而罹不测。"客家人认为做人就应当顶天立地，就应当做有修养的人，做坦荡的人。

客家家规家训中这种对人格影响力的重视是不会过时的，无论是在过去的封建社会还是今天的新时代下，教育都应重视个人品行的修养。正是客家人的严以修身滋养了客家家风，子孙修身，家风必正，国风也必清。每一代客家子弟都在先辈的谆谆教导下立身做人、修身养性，优秀的客家精神被代代相传，影响着过去和今天，同样也启迪着未来。传统家训中包含许多有价值的道德观念和伦理思想，但由于受到特定历史条件的限制和封建地主阶级局限性的影响，也存在着不少糟粕。传统的客家家规家训也不例外，主要表现在灌输男尊女卑思想、愚忠愚孝的封建纲常及奴化教育和宣扬封建迷信等几个方面。这些带有封建礼教色彩的说教在当时扭曲了人性，遏制了人的发展，有些观念甚至在今天还在影响着我们的生活。

正因为传统的客家家规家训并非"篇篇药石，言言龟鉴"，所以在当下，我们应该从"舍其糟粕，取其精华"的角度出发去整理传统的客家家规家训。我们需要传承的是客家家规家训中的优良传统，这些客家优良传统是客家人在数千年的生产劳动中总结出来的思想精华。客家优良传统是客家人集体智慧的结晶，是客家民系凝聚力和向心力的发源点和根本所在，是推动客家民系不断走向文明进步的力量源泉和精神动力。在客家家规家训中传承下来的传统美德和精神，不仅仅影响着客家人的过去和今天，而且对我们当今社会的发展和建设也有着极大的现实意义。

### 五、客家家风家训注重慎言谨行

如果说勤俭是治家之本，那么谨慎就是保家之本。张履祥说："子孙以忠信谨慎为先，切戒狷薄。不可顾目前之利而妄他日之害，不可因一时之势而贻数世之犹。"只有行事端正严谨，防微杜渐才能避免祸起于行。行事要三思而后行，说话则更应三思而后言。《周易》曰："乱之所由生也，言语以为阶。君不密则失臣，臣不密则失身。"这指出了祸乱之源就是不谨慎的言辞。客家人向来是以严谨治家，日常中也都秉持着"非礼勿视，非礼勿听，非礼勿言，非礼勿动"的自我约束。客家人谦恭宽厚的本性使他们从不妄加非议他人，他们对诚信的看重也使他们从不轻易许诺，但凡承诺也绝不失信。

客家人的谨慎是体现在处事、祭祀、婚嫁等日常生活的方方面面的。如永定《沈氏家训》载有："在人言，一言出，不可忘，千金重，九鼎傅。"定南老城村《廖氏家训》载有："凡事三思，妥帖顺当，性急粗暴，好事弄僵。"定南《叶氏家训》有"敬慎祭扫"条目："坟墓为掩祖骸，实后人发祥之始，祭扫为酬先德，亦子孙报本之心，不可不敬。如清明拜扫，必老幼亲临，不择远迩。祭则衣冠正肃，必敬必恭，黎明骏奔则神歆其祀。若岁时缺醮，等于荒丘，惰慢跛踦，同于儿戏，必且神人胥怨，幽明共罚，豺獭倘知报本，人岂不若兽哉？"南康《郭氏家训》有"慎择婚配"条目："人之有配，敌体之谓也。配非其人，则自卑自贱甚矣！人之择配，不可不慎也。况上以承宗礼之奉，下以开继续之传，岂可苟欤？然选择其人，非必富贵之家也！唯门第相当耳！清白之家，礼义之族，虽贫足以身荣；浊乱之家，下流之族，虽富反为身辱。"慎言谨行是客家人从儒家流传千百年的"君子慎独"思想中承袭而来的，是客家人自律、自觉、自重精神的重要体现，同时也符合客家人求家族长久兴盛的要求。

### 六、结束语

客家家规家训是客家人流传了数千年的传统，客家人不仅养育子孙，也通过家规家训对子孙进行家教，塑造他们的人格，陶冶他们的情操。客家人把优秀的传统文化渗透在他们的家庭教育当中，把他们的勤劳和智慧传承给每一代子弟。客家家风家训丰富多样，其中有很大部分家风家训注重和邻睦族，重视个人品行的修养，注重慎言谨行，所以客家家风家训有利于和谐社会建设。作为优秀的传统文化，客家家规家训亟待我们进一步地去挖掘它的文化内涵、优良传统和精神力量。

**参考文献：**

[1] 陈晋：《从家风看社会主义核心价值观的培育》，《思想政治工作研究》2014 年第 4 期。

[2] 吴中胜：《罗柠中华优秀传统文化视野下的客家家规家训》，《赣南师范大学学报》2017 年第 1 期。

[3] 中共河源市委宣传部：《客家古邑家训》，2014 年。

[4] 王长今：《传统家训思想通论》，吉林人民出版社 2006 年版。

［5］ 庄辉明、章义和：《颜氏家训译注》，上海古籍出版社1999年版。

［6］ 陈延斌、徐少锦：《中国家训史》，陕西人民出版社2003年版。

［7］ 刘加洪：《社会主义核心价值体系视阈下的客家优良传统》，中国社会科学出版社2015年版。

（本文作者系龙岩学院闽台客家研究院办公室主任、讲师）

# 建设客家文化（闽西）生态保护实验区之研究

# 打造客家文化（闽西）生态保护实验区之我见

## 谢小建

继 2010 年和 2013 年文化部先后同意设立客家文化（梅州）生态保护实验区和客家文化（赣南）生态保护实验区后，经过多年的努力，2017 年 1 月，终于盼来了文化部的复函，同意设立客家文化（闽西）生态保护实验区，范围包括龙岩市的长汀、上杭、武平、连城县和永定区以及三明市的宁化、清流、明溪县。这也意味着客家人最集中连片的粤东、闽西、赣南都已成为国家设立的客家文化生态保护区。

作为第三个设立的客家文化（闽西）生态保护区，如何借鉴梅州、赣南的经验，结合自身实际，努力打造既有客家底蕴又有地域特色的文化生态保护区，是摆在福建客家人面前最迫切要探讨的问题。作为福建客家人中的一员，笔者就此问题谈一点看法。

### 一、客家文化生态保护区的现状

所谓文化生态保护区，是指在一个特定的区域里，通过有效的保护措施建立一个非物质文化遗产和物质文化遗产互相依存的良性循环机制，使人们的生活生产与自然环境、经济环境、社会环境和谐相处，成为一个和谐并充满活力的民族文化生态整体。客家文化是中华优秀传统文化的重要组成部分，也是不可或缺的地域文化之一。设立客家文化生态保护区，其目的就在于发掘和保护客家资源，做大做强客家品牌，从而增强全球客家人的归属感和认同感，打造全球客家人的共同精神家园。

赣南、闽西、粤东是目前中国客家人最集中连片的地区。追根溯源，闽粤赣边是客家形成的地方，赣南是"客家摇篮"，闽西汀州府是"客家首府"，汀江是"客家母亲河"，梅州是"客都"，因此也是客家文化资源最丰富的地方。这些年来，所在地域的政府对客家文化的宣传、保护都是十分重视的，都把客家作为地域品牌来打造，都先后举办过世界客属恳亲大会，在全球客家中也有较大知名度。梅州、赣州相继获批成为客家文化生态保护实验区后，龙岩市也加快了申报步伐，加大财政投入和民间资金筹措，加强客家文物、民俗等特色文化的保护，努力营造浓郁的客家文化氛围，使客家文化资源更加丰富。现全市国家级非物质文化遗产达到 8 项，省级 26 项；世界文化遗产 1 处，全国重点文物保护单位 14 处 40 个点，省级文物保护单位 80 处 110 点；国家级历史文化名城（村、镇）12 个，省级 11 个，中国民间文化艺术之乡 7 个，还由民间自筹资金建设了 5 个非物质文化遗产展馆（厅）和 6 个传习中心。闽西正是以客家文化的多样性、独特性和完整性，获国家批准成为客家文化生态保护实验区。

特别值得一提的是，近年来，福建省客家研究联谊会十分重视抓客家文化的研究、宣传、挖掘和传承，在省委、省政府及有关市县的支持下，先后实施了十大项目，在龙岩、三明两市兴建了9个客家博物馆（园），作为宣传客家文化的阵地；还注重客家基本知识的普及，先后出版了《论汉族客家民系》《客家简明读本》和《客家七讲三字经》，并把2016年定为"客家基本知识普及年"，采用讲座、宣传栏、发放资料等方式介绍宣传客家基本知识，取得明显成效。福建省客家研究联谊会为客家文化（闽西）生态保护实验区的成功申报做出了不可磨灭的贡献。

从目前情况看，虽然客家文化的保护已经引起广泛重视，也取得了一定成效，但也面临着许多问题和困难亟待重视和解决，主要有以下几点。

（一）重视程度不够。各级政府还没有真正把客家文化的生态保护摆上议事日程，布置了才去抓，缺乏自觉性和主动性。

（二）宣传力度不够。对客家的基本知识、客家文化的内涵、客家文化生态保护的重要性紧迫性等没有更广泛地宣传，以致出现一些人把客家当作少数民族的怪事。

（三）参与人群不多。除了客家联谊会成员以及一批客家研究学者外，真正参与客家文化保护工作的人员屈指可数。

（四）资金支持不够。由于目前列入生态保护实验区的县不少是贫困县，虽然这些年经济发展有明显好转，但是仍处于财政困难的状况，每年能拨出用于客家文化保护的资金少得可怜，相对于庞大的保护工程只能是杯水车薪。

从有关方面了解的情况看，梅州和赣州自从获批客家文化生态保护区后，都得到了国家和省有关部门的政策和资金扶持，加大了保护力度，采取了更多的保护措施，也取得了一定的成效，但与预期目标仍有一定差距。

**二、如何打造客家文化（闽西）生态保护实验区**

成为客家文化生态保护实验区，标志着闽西的客家文化生态保护进入了一个新阶段，也是闽西客家文化保护传承的新起点。机不可失，时不我待，作为实验区所在的龙岩市和三明市，理应抓住这一来之不易的难得机遇，全力打造好客家文化生态保护实验区。笔者认为可以从以下几个方面入手。

（一）加大宣传力度，统一思想认识。要通过报刊、广播、电视、网络等多种形式，广泛宣传中共中央办公厅、国务院办公厅最近印发的《关于实施中华优秀传统文化传承发展工程的意见》，宣传国家批复设立客家文化（闽西）生态保护实验区的重大意义和作用，在全社会形成保护文化遗产人人有责的思想共识，唤起客家民众的文化自信和文化自觉，强化全民保护、传承、发展客家文化的观念，让更多领导、更多部门关注关心这项工作，让更多的民众参与这项工作，为保护好客家文化出谋献策、添砖加瓦。据报载，北京市利用2017年全国首个"文化和自然遗产日"，在今日头条网火山小视频开展"火山文化周·高手在民间"网络文化活动，组织传统文化传承人与爱好者参与直播，有口技、川剧变脸、陶艺、书法、剪纸、刺绣等，引发大量网民关注围观，观看人数达73万人次，点赞数达38万，打赏5.3万元，从而拉近了年轻人和传统文化的距离，起到很好的宣传作用。通过互联网让刻板印象中"老套"的传统文化"活"起来，极大降低年轻人获取知识的门槛，让中华优秀传统文化焕发出新一轮蓬勃生命力，这种做法值得很好借鉴。

（二）加紧制订规划，全面落实责任。要根据《客家文化生态保护实验区规划纲要》，以"五大发展理念"为指导，以"保护为主、抢救第一、合理利用、传承发展"为方针，尽快制订《客家文化（闽西）生态保护实验区总体规划》，对闽西客家文化的基本概念、保护范围、保护对象、保障机制等进行具体规划，特别是要明确实施保护工程的责任主体、实施年限和步骤，凸显政府在保护文化遗产中的主导作用和民间民众的主体作用。列入实验区的县区也要根据自身资源特色，从维护文化生态的真实性、完整性出发，制订更为具体的保护规划。特别是要根据非物质文化遗产名录，认真策划和及时申报项目，以确保客家文化生态保护得以顺利实施。

（三）加快保护步伐，力求精准施策。从程序上说，应该先有规划之后才能开始实施保护工程，但制订规划毕竟需要较长的时间，因此，可考虑在制订总体规划的同时，启动对亟须保护的项目采取抢救性的措施，先行保护，如即将倒塌的文物，即将失传的绝技、曲艺、孤本，以免造成不可挽回的损失。此外，不同的项目有不同的情况，包括损毁破坏程度、修复难易程度、资金需要量以及保护措施的正确度等都会有很大差别，不能千篇一律同等对待，应因地制宜，逐项施策，力求精准，提高施策的效果。福建省闽南文化生态保护区获批后，列入的泉州、厦门、漳州等市县区及时跟进，迅速落实项目和资金，极大地推动了非物质文化遗产项目的保护和传承，如南音、木偶。应学习他们的做法。

（四）加强协调，联手推进。文化生态保护，是要对非物质和物质文化遗产内容丰富且较为集中的区域实施整体性保护，量大面广，绝非一日之功，单靠文化部门难以完成。因此，必须将客家文化保护工程纳入有关市县区的经济和社会发展规划，举全力来实施这个庞大的工程。要由政府出面，牵头组织各相关部门一起研究、一起行动，有钱出钱，有力出力，按照总体规划去逐项实施。在实施过程中加强沟通协调，及时发现问题、破解难题，确保每个项目保质保量完成。特别是要发动民间力量，让更多的人参与到客家文化的生态保护工程中来。

**三、打造客家文化（闽西）生态保护实验区的难点及对策**

从目前情况看，要按照国家批复精心打造客家文化（闽西）生态保护实验区，必须解决好以下几个难点问题。

（一）如何统筹协调管理的问题。国家批复设立的客家文化（闽西）生态保护实验区包含8个县区，其中长汀、上杭、武平、连城县和永定区隶属龙岩市，宁化、清流、明溪隶属三明市。这8个县区历史上同属汀州府管辖，但现在分属两个市。这既是闽西实验区与梅州、赣南实验区不同之处，也是打造实验区的难点之一。从现行体制来看，县区隶属于设区市，人、财、物及工作部署都由市里统管。实施客家文化生态保护，必须有人员做事、有项目支撑、有资金保障，而设立客家文化生态保护实验区并没有专门机构和人员编制，况且列入实验区的也只是两个市的其中一部分县区（龙岩 7 个县区仅划 5 个，三明 12 个仅划 3 个），这给实验区的打造带来一定的难度。由谁来统筹？怎么来管理？笔者认为，在不可能改变原有隶属关系的情况下，省政府应尽快出面牵头，成立客家文化（闽西）生态保护实验区管委会，由分管副省长兼任主任，省文化厅、文物局和龙岩市、三明市各一位领导担任副主任，另外专门选配一位负责日常工作的常务副主任，8 个县区的分管领导作为成员，由管委会统筹管理实验区的规划制订、资金筹措和分配、项目生成和运作等，具体的项目实施由 8 个县区负责。向中央和省里争取政策、资金和项目统一由管委会出面，协调沟通，避免 8 个县区出现项目雷同、重复建设等现象。只有这样，实验区的打造才能有序推进，全面发展。据了解，《客家文化生态保护实验区规划纲要》已有此方案，希望能尽快落实到位。但此种统筹管理体制是否科学可行，还有待于实践来证明。

（二）如何处理"大客家"背景下彰显特色的问题。客家文化是灿烂的中华文化的组成部分，它是在客家族群经过五次南迁，将中原文化与沿途特别是闽粤赣边的土著以及少数民族文化不断碰撞融合之后形成和发展起来的，因此，它既具有很强的包容性，也同时具有一定的差异性。但无论赣南、闽西还是梅州，都是"大客家"范围，也就是说在客家文化的许多方面都是相同的、一致的，如客家精神、客家源流等。目前，梅州、赣南都已先于闽西设立了客家文化生态保护区，这就必然在不少方面已先走一步。在这种情况下，作为新获批的闽西客家文化生态保护实验区，只有在前人基础上，学习借鉴好的成熟的经验、举措、做法，结合自身情况，集思广益，拿出一套切实可行的规划和实施方案，使闽西客家文化生态保护实验区既有"大客家"的共同特点，又有闽西客家的独特之处，才能避免出现"千人一面"的现象，真正把客家文化（闽西）生态保护实验区办出特色、办出成效。在这方面，这些年龙岩市已大胆实践，因地制宜，让每个客家县区都彰显各自特色，重点打造一个县域特色文化品牌。如永定区抓住世界文化遗产客家土楼，做足客家"楼"文化；上杭县突出客家族谱、宗祠等特色，做深客家"根"文化；武平县发挥两岸客家保护神"定光古佛"优势，做大客家"佛"文化；长汀县依托"客家首府"的历史地位，做强"城"文化；连城县把握客家民俗丰富多彩、客家民居特色多多的特点，做好客家"旅"文化。这些都取得了明显成效。在正式列入客家文化生态保护区后，可以在原有基础上进一步完善改进，创新发展，取得更好的成效。据了解，客家文化生态保护主要以保护非物质文化遗产为主，以列入非物质文化遗产名录的项目优先，以项目带资金。这就要求列入实验区的县区必须进一步重视非物质文化遗产名录，已获批的要抓紧保护，同时，要进一步挖掘还未申报的非遗项目，抓紧申报，争取有更多的非遗项目获批，得到更好的传承和保护。

（三）如何解决资金保障的问题。文化的生态保护是一个庞大的系统工程，既需要大量的资金投入，如文物的维修保护，非物质文化遗产的保护传承，也需要持之不懈长期做下去。因此，没有一定的资金保障是无法实施或难以为继的。从现行体制看，列入实验区的 8 个县区，除了上杭县财政较宽裕外，其余 7 个县区财政都较拮据，想要拿出较大笔的资金投入到客家文化的生态保护显然是不大可能的。因此，客家文化的生态保护资金问题只能采取多方筹措、统一安排的办法：一方面，向上争取，请求国家和省级财政将客家文化生态保护资金列入每年的财政预算计划，作为文化传承工程的固定支出；文化和发改部门要对客家文化生态保护项目倾斜，予以专项支持。另一方面，龙岩市和三明市以及列入实验区的 8 个县区，都应从市县区财政中拨出专项资金，用于客家文化生态保护项目的实施，也可以将相关的资金捆绑使用，发挥更好的效益。再一方面，鼓励社会和民间资金介入，共同参与生态文化保护事业。如宗祠的保护维修，族谱的编修，都可鼓励姓氏联谊会主动参与，以民间筹资为主、政府适当补助的形式来完成。此外，还可考虑向海内外有识之士和乐善人士募捐，用于文化生态保护的专门项目的实施。

（四）如何与推动当地发展相结合的问题。对龙岩和三明市来说，设立客家文化（闽西）生态保护实验区无疑是一件大好事，既能让当地的客家文化得以整体性保护，更好地挖掘整理、宣传推广、传承发展，又能借助打好客家牌，提高当地的知名度，带动当地经济和社会发展。列入实验区的 8 个县区大都是经济欠发达县，如果能结合国家实施精准扶贫的计划，将亟须得到保护的客家文化项目向上申报，争取列入文化扶贫项目得到支持，就势必能通过项目的实施，带动当地文化产业的发展。连城县十几年来下大力气挖掘整理和传承宣传客家的民俗风情以及客家美食，作为重要的文化旅游资源，很好地推动了当地的旅游开发，带动了当地农民的就业，增加了农民收入，推进了奔小康的步伐，就是一个很好的例证。实践证明，只有将客家文化的生态保护和推动当地经济社会发展紧密结合起来，并在实施中取得明显成效，民众得到实惠，才能充分调动各级特别是客家民众参与客家文化保护的积极性，真正使客家文化得到整体的保护，才能确保客家文化的生态保护工程持之不懈抓下去。

（五）如何传承推广客家话的问题。客家话是客家文化的重要特征，也是客家民系区别于其他民系的显著标志，以至于曾经有人说"没有客家话，就没有客家人了"，也有学者把是否会讲客家话作为判断是否客家人的标准。客家民系在传承客家话方面也是十分重视的，自古就有"宁卖祖宗田，不忘祖宗言"的说法。在海外的客家人家庭里，二三代的子女虽然都全盘接受西方教育，但很多人都会讲一口流利的客家话，说明他们很重视家乡话的传承和推广。在客家文化的生态保护中，最重要的也应该是客家话的保护和传承。然而从目前情况看，客家话作为方言，并未列入非物质文化遗产名录，也并未作为保护的范畴。这对保护和传承客家文化是不利的。方言是文化认同的基础，是一种不可恢复的历史记忆，是一种不能再生的文化基因，也是中国传统文化的载体。特有的地域文化都是以方言为载体的。客家山歌肯定是用客家话唱的，假如不把客家话列入保护范畴，保护客家山歌又从何谈起呢？

从目前情况看，尽管对保护客家话的重要性和紧迫性都没有异议，但各个客家地区也都拿不出什么可行的有效的办法。这固然有重视程度和资金等多方面的原因，与没有统一的、规范的标准音也有很大关系。长期以来，海内外客家人都把梅县话作为客家话的标准音，中央人民广播电台的客家话节目也是用梅县话播音。而从实际情况看，客家地区范围很大，除了赣南、闽西、粤东三片主要聚集地外，还有广西、四川、湖南、陕西等地都有客家人聚集的地区。每个地方都有自己的客家方言，虽同属一个语种，有些也大致能沟通，但由于开发程度的不同，语言差别很大。以龙岩5个客家县区为例，长汀、上杭、武平3县和永定区的客家方言虽然有语调的不同，但基本可以沟通，交流也没有大的障碍；而连城县的客家方言就极为特殊，号称有34种方言，乡镇之间甚至村与村之间无法沟通，更不可能与其余4县区交流。所以，在目前这样一种情况下，如果一定要用梅县话来统一客家地区的方言，显然是不切实际的。最现实的做法只能是尊重历史和现实，要求每一个讲客家话的地方都必须重视保护和传承自己的母语，采取一些有效的措施，如举办客家话培训班、客家话演讲赛、客家歌曲征集及比赛等，有条件的地方还可开办客家电视或广播节目，让更多的客家民众尤其是青少年了解客家知识，学习客家话，特别是原汁原味的客家方言，让客家方言一代一代传承下去，使客家话能继续作为客家人交流联谊的重要工具。特别是在列入客家文化生态保护实验区的县区里，应该赋予一定的权限，允许基层和民众大胆尝试，大胆创新，只要是有利于客家话传承和推广的实践和探索，都要给予鼓励和支持。只有这样，才有可能真正促进客家话的传承推广，从而推动客家文化的生态保护。

此外，在无法列入国家级、省级非遗保护名录的情况下，先把客家话列入市县级非遗保护名录，也不失为一种可以操作的、好的保护措施。

（本文作者系福建省侨联干部）

# 建设客家文化(闽西)生态保护试验区之思考与建议

陈丽珍

三明市地处闽西北，是闽江、汀江、赣江三江源头地区，系闽粤赣边客家大本营的重要组成部分，所辖宁化、清流、明溪（归化）等12个县（市、区），有10个为客家县，客家人口近200万，是客家大市，重要的客家祖地。唐宋时期，中原战乱频仍，北方汉人为避战乱，纷纷南迁，来到闽粤赣边客家大本营地区，尤其是以宁化石壁为中心的三明地区，在这里，长期与当地土著融合、渗透。由于南迁汉人从人数、技术、文化上远远占优势，因此同化了当地土著，形成了根在中原的客家民系和客家文化。其中，宁化石壁客家祖地是世界1.2亿客属寻根谒祖的朝圣中心。三明是客家文化生成、存在和延续的核心区域，在这一方热土上，保存着极为丰富的客家文化资源，众多原生态的非物质文化遗产和物质文化遗产，它们相依相存，与人们的生产生活融为一体，体现了客家文化的多样性、完整性和独特性。[①] 三明有着极为丰厚的客家文化积淀。宋代大儒朱熹、杨时、罗从彦和清代"扬州八怪"之一的黄慎、书法大家伊秉绶等都出生在三明。三明还是重点革命老区，各县（市、区）全部是原中央苏区县或苏区范围县。抗战时期永安市作为国民党临时省会达7年半之久。三明客家特色文化丰富，有民间特色艺术数十种，永安大腔戏、泰宁默林戏、将乐竹纸制作技艺、大田板灯龙、宁化祖地祭祖大典等被列入国家非物质文化遗产保护名录，沙县肩膀戏、泰宁傩舞、宁化客家山歌、擂茶、清流五经魁等31个项目被列入省重点保护名录。客家文化、朱子文化、红土地文化、抗战文化等特色文化繁荣活跃。近年来，三明市对历史悠久、别具一格、丰富多彩的客家文化资源加快挖掘保护、开发利用，积极构成文化生态保护区的核心内容，以活态存在并传承的非物质文化遗产进行整体性保护，着力打造国家级客家文化生态保护实验区。[②]

因本人从事文化工作，建设客家文化生态保护实验区是我的主要任务，借此机会，根据自己工作实践中的一些体会，试图从建设客家文化生态保护区的重要性与必要性、

---

① 袁德俊2011年政协提案《关于加强客家文化生态保护和建设的建议》。

② 陈丽珍：《打响地方特色文化牌，促进明台交流新发展》，《世界客属第25届恳亲大会国际客家文化学术研讨会论文集》，福建教育出版社2012年版。

三明建设客家文化生态保护区所取得的成就、如何建设客家文化生态保护区等方面谈一点自己的思考与建议，以抛砖引玉，得到专家的指点。

**一、建设客家文化生态保护区的重要性与必要性，**

近年来，党中央、国务院高度重视文化遗产保护工作，《国家"十一五"时期文化发展规划纲要》明确提出了建立国家级的民族民间生态保护区，这是加强文化遗产保护工作的重要举措。三明市委、市政府也高度重视申报国家级客家文化生态保护实验区工作，把申报工作当作加快客家地域经济社会又好又快发展、造福客家人民群众的重要举措，扬优势、创特色、打品牌，举全市之力申报，取得成功。各级领导之所以这么重视，是因为建设客家文化生态保护区对保护好、传承好客家文化遗产十分重要和必要。文化部向福建下发《关于同意设立客家文化（闽西）生态保护实验区的复函》，同意设立客家文化（闽西）生态保护实验区。该实验区范围包括福建省三明市宁化、清流、明溪和龙岩市长汀县、上杭县、武平县、连城县、永定区。闽西成为继广东（梅州）、江西（赣南）之后获批的第三个国家级客家文化生态保护实验区。

（一）建设三明客家文化生态保护区，是传承、保护我市客家文化遗产资源的需要。

在三明客家祖地这片热土上，经过千百年所孕育形成的客家文化遗产资源，不仅内涵深刻，而且丰富多彩。无论是方言掌故、客家建筑、土堡牌楼、宗教信仰、民俗风情，还是山歌戏曲、节庆游艺、民间工艺等，无一不诠释着独特多样的客家文化风貌。[①] 三明市客家文化遗产资源丰富。辖区内有国家级历史文化名镇名村 7 个（宁化县石壁镇、尤溪洋中镇桂峰村、清流县赖坊村、泰宁县新桥乡大源村、三元区岩前镇忠山村、将乐县万全乡良地村、明溪县夏阳乡御帘村），中国传统村落 20 个，省级历史文化名镇名村 14 个，省级传统村落 51 个，三明市市级的历史文化名村（传统村落、红色文化村落）98 个；全国文化先进县 4 个（尤溪县、泰宁县、沙县、将乐县），省级文化先进县 2 个（将乐县、永安市）；中国民间文化艺术之乡 8 个（宁化县客家祖地习俗等），省级民间文化艺术之乡 12 个；全国重点文物保护单位 10 处 25 个点（三元万寿岩遗址、梅列正顺庙、泰宁尚书第建筑群、永安安贞堡、建宁红一方面军领导机关旧址、南山遗址、中村窑遗址、大田土堡群、玉井坊郑氏大厝、永安抗战旧址群），省级文物保护单位 77 处 97 个点，省级涉台文物 132 处、市（县）级文物保护单位 296 处；国家级非物质文化遗产保护名录 5 项（泰宁县梅林戏、永安大腔戏、将乐西山造纸技术、大田板灯龙、宁化客家石壁祭祖大典），省级非物质文化遗产保护名录 39 项。2010 年，在宁化县发现的"木活字"雕刻印刷技艺距今已有 800 年历史，经过初步调查，现存的木活字数量超过 30 万枚，此活态"木活字"印刷术，堪称是中国乃至世界印刷术的活化石，2011 年列入省级第四批非遗保护名录。2010 年 12 月，宁化县顺利通过联合国地名专家组评审，获得"千年古县"的认证。三明还被国务院台办授予"海峡两岸交流基地"称号，被中

---

① 刘晓迎：《关于建立客家文化生态保护区的构想》，三明学习网 2010 年 2 月 10 日。

国侨联授予"华侨国际文化交流基地"称号。

但是，随着经济发展和城市化进程的加快，客家传统文化传承的现实状况不能不令人担忧，客家传统文化创新面临的困难和挑战日益凸显。一是客家话出现断层危机。客家话既是维系客家民系的重要纽带，也是传承客家传统思想观念的重要载体。然而，随着经济社会的快速发展和人口流动的不断增加，原来同乡聚族而居的模式逐渐打破，不少客家年轻人和同学、同事或朋友交流往往说普通话，很少说客家话，有的甚至羞于说客家话，客家话正面临着走向衰落甚至面临断层的尴尬境地。二是当前进行社会主义新农村建设，追求整齐划一，忽视对客家村落环境风貌及优秀传统民居建筑的保护，往往未经充分论证，就乱拆乱建，导致许多土堡、围龙屋、宗祠等被拆毁，造成无法弥补的损失。三是客家风俗习在传承中变异。客家传统风俗是客家民系的血脉和基因。独特的客家人生礼俗、节日习俗、客家服饰、客家饮食、民间信仰等都是客家文化的具体体现。随着现代社会的不断进步，许多民俗活动正在失去它的本真性；一些非物质文化遗产项目传承人年事已高、后继乏人。因此，建设客家文化生态保护区，保护、传承、发展好三明客家文化遗产，让三明客家文化在经济社会发展中发挥出应有作用，已经成为我们当前刻不容缓的一项重要工作。

（二）建设三明客家文化生态保护区，打响三明客家祖地品牌的需要。

三明 2012 年承办第 25 届世界客属大会获得了巨大的成功，又于 2014 年举办了第 7 届海峡两岸客家高峰论坛，还举办了 22 届世界客属石壁祖地祭祖大典和 4 届石壁客家论坛。这些活动全面展示了三明经济社会发展成果和客家祖地源远流长的民俗风貌，为进一步弘扬客家文化、增进客属乡亲对祖地的认同感，为进一步提高三明知名度和影响力、加快建设开放三明幸福三明，构建了更好的平台，得到了各级领导、嘉宾和海内外客属乡亲的广泛好评。进一步发挥客家祖地优势，弘扬客家文化，扩大客家祖地品牌的影响，仍然是摆在我们面前重要的工作任务。建设客家文化生态保护区，进一步保护、传承、发展好三明丰富的客家文化遗产资源，对于巩固世客会成果，进一步彰显三明客家祖地客家文化资源优势，对于弘扬客家文化，扩大客家祖地品牌的影响，促进三明经济文化的发展，具有重要的意义。

（三）建设三明客家文化生态保护区，是加强两岸合作交流，促进祖国统一的需要。

中共中央总书记、国家主席、中央军委主席习近平在参观《复兴之路》展览时指出："实现中华民族伟大复兴，就是中华民族近代以来最伟大的梦想！"实现中华民族伟大复兴的重要目标之一就是实现祖国的统一。而客家文化，对于促进海峡两岸交流有着重要的作用。中共福建省委书记尤权在批示中也指出："客家文化源远流长，底蕴深厚，对于密切闽台交流合作，增进两岸民众认同，促进祖国统一大业，具有积极意义。"

台湾有不少客家人，其中不少姓氏与三明有宗亲、血缘关系。刘善群先生在《试论宁化石壁与客家世界密不可分的亲缘关系》一文中指出："据统计，宁化与台湾有亲缘关系的达 90 姓以上。加上三明其他县、市、区，三明有 100 多个姓氏与台湾有宗亲血缘关系，可说三明是大多数台湾客属的祖源地。"台湾陈运栋先生在《客家人》一书中写道："今日各地客家人的祖先，大部分都曾在石壁村经过。"厦门大学客家研究中心主任孔永松教授指出："三明客家人与诸多姓氏族人，曾是早期台湾的开发者，今日台湾不少姓氏与世居三明区域的各姓人民有密切的宗亲，血缘关系。"台湾《平阳之光》（巫氏宗亲总会十周年会刊）载："十七世祖仕猷公，字福谦，原居宁化乌材溪，因营潮郡生意，取道潮州府丰顺县汤坑南田都。病故后，其第三子念八郎肇基于此。再传十二世孙乃需，于清乾隆十二年迁台湾开基。"巫氏后裔现已遍及台北、彰化、桃园、新竹、高雄、南投、台中、苗栗、屏东等地，有2万余人，居台湾大姓第73位。马英九祖先入闽始祖居清流县南山下，其先祖是由福建经江西迁湖南的。连战先祖也是从大田魁城迁出的。① 正因为如此，建设客家文化生态保护区，进一步保护、传承、发展好三明丰富的客家文化遗产资源，以客家祖地品牌吸引更多的台湾客家乡亲到三明寻根祭祖，促进明台合作交流，进而促进祖国统一大业，具有重大意义。

**二、建设三明客家文化生态保护区取得的成就**

近年来，三明市以成功举办世界客属第25届恳亲大会、第7届海峡两岸客家高峰论坛、世界客属石壁祭祖大典为契机，发挥客家祖地和两个"交流基地"的品牌作用，进一步做好客家文化传承和发展工作，努力将三明市建设成为客家文化生态保护的示范基地、积极开展海内外客家文化交流，为建设和谐社会、生态文明和维护两岸关系和平发展做出积极贡献。

（一）全力抓好客家非物质文化遗产的保护。一是做好收集和整理工作。广泛收集整理客家民俗、民间工艺、口承文艺、人生礼仪等方面的内容，并以录像、摄影、录音等手段记录、保存非物质文化遗产。组织有关专业研究人员深入实地，用文字、照片、录像等方式，对三明市的客家民歌、民俗体育活动、民俗舞蹈等民族民间文化特别是客家民歌、山歌、故事、小说、书画、戏曲等文化遗产，进行收集、发掘、整理。积极开展非物质文化遗产普查工作，调查项目涵盖17个门类150个种类，共收集非遗线索18435个。如2007年10月以来，三明市结合第三次全国文物普查，实地调查了142个乡镇、1732个行政村、9000多个自然村，共调查登录不可移动文物点4729处，其中新发现文物点3826处，复查903处，新发现文物点位居全省第一。大田土堡群、尤溪县梅仙镇经通村古民居、清流赖坊古村落、宁化陈塘红军医院列入全国第三次文物普查重要新发现。通过文物普查，摸清了全市不可移动文物资源的"家底"，为今后三明市的文物保护与开发利用工作提供了依据。又如：通过普查，明溪县的民间文学、民间音乐、民间美术、民间手工技艺、生产商贸习俗、消费习俗、人生礼仪、岁令时节、民间信仰等10大类202项目，确定具有代表性的有：惠利夫人和五谷仙民间信仰、肉脯干制作工艺、盖洋牛会、御帝的宫廷"十二换"、胡坊茶花灯、"宝石、宝剑、宝扇"制作工艺、

---

① 郑树钰、廖允武：《三明客家祖地浅论》，客家祖地网2012年8月6日。

南山新华微雕技艺和大焦村的大地黄狮肥肥舞等。二是做好研究和宣传工作。由市客家联谊会牵头，开展三明客家史研究，重点做好客家源流即三明客家的形成、发展、分布、流向等几个方面工作，认真做好客家民俗风情的研究。通过广播、电视、报纸、网络等媒体开设介绍客家名人、民俗的专题、专栏，增加社会各界对客家文化的认识和了解，引起各级各部门、社会各界的关注和重视。三是做好保护和传承工作。通过设立代表作名录，命名市级非物质文化遗产名录及传承人等途径，使重要的非物质文化遗产得到有效保护，编辑出版了《守望与传承——三明非物质文化遗产名录》《精彩明溪》《惠利夫人传奇》《显盖紫云》等。组织开展客家文化艺术汇编、会演，举办客家剪纸艺术作品展，创作客家歌曲及文艺节目、文学作品，举办了全市首届客家山歌演唱比赛，选送《客家擂茶谣》参加首届海峡客家歌曲创作演唱大赛并获得十大金曲奖。2013 年，明溪县精微雕刻研习基地被评为"福建省特色文艺示范基地"。毛新华创作的 0.5 平方厘米内可雕刻出《般若波罗蜜多心经》268 个汉字并一尊佛像，堪称当今世上手工微型经文之最（2011 年连续四件作品申报世界之最、世界纪录成功）。

（二）积极做好客家文物的修缮和保护。一是加大客家文物遗产的保护力度。市县两级加大经费投入，对客家文物调查资料进行整理、汇总，建设文物数据库，公布文物普查成果。在"文化遗产日"宣传活动中通过新闻媒体介绍和集中展示三明市客家文物遗产的保护情况。三明市结合第三次全国文物普查，实地调查了 142 个乡镇、1791 个行政村、9000 多个自然村，共调查登录不可移动文物点 4729 处，其中新发现文物点 3826 处，复查 903 处，新发现文物点位居全省第一。大田土堡群、尤溪县梅仙镇经通村古民居、清流赖坊古村落、宁化陈塘红军医院列入全国第三次文物普查重要新发现。通过文物普查，摸清了全市不可移动文物资源的"家底"，为今后三明市的文物保护与开发利用工作提供了依据。二是积极申报国家级、省级文物保护单位。国家级第七批文物保护单位有 5 处；第八批省级文物保护单位有 26 处。三是搞好客家民居的修缮和保护工作。在宁化、清流、永安、明溪、泰宁、建宁、将乐、沙县、三元、梅列等县（市、区）选择一至两个客家古村落、古民居进行修缮。重点做好宁化石壁古民居、福建土堡、清流赖坊、三元忠山十八寨等古民居、古村落的修复、开发工作。积极推荐有代表性的客家村落申报国家级、省级历史文化名乡、名村。

（三）努力促进明台客家文化交流。充分利用台湾许多姓氏与世居三明区域的各姓人民密切的宗亲、血缘关系，以在台人员回明探亲访友、寻根谒祖为先导，促进文化、经济领域的广泛交流与合作。以大田"连氏龙井大宗祠""萧氏林铺大宗祠"和马氏入闽始祖开基地清流县赖坊乡南山村为重要媒介，积极开展以民俗宗亲文化为纽带进行的文化寻源活动。开发利用明台同根同源的文化资源，继续做好客家宗亲姓氏族谱的研究和保护工作，开展明台宗亲族谱文化交流活动，促进明台宗亲文化交流。2010 年，三明市携带 21 个姓氏的族谱赴台参加闽台宗亲交流暨姓氏族谱展，捐赠了清流的马氏族谱、大田的连氏族谱给台湾宗亲。2011 年 3 月，在清流县举办了赖坊南山马氏宗祠修复竣工暨省级文物保护单位揭碑揭牌典礼活动，邀请了世界马氏宗亲会台湾总会理事长马潮先生等海内外马氏宗亲代表出席。2015年，三明市客家民间艺术家和龙岩山歌剧团由省侨联组织，赴台深入台北、台中、苗栗、高雄等地，进行了为期8天的演出，在演出的同时，三明市客家民间艺术家广送双钩书法和剪纸作品，促进了海峡两岸的交流。同时，三明市还积极推动客家文化"四个一"的入岛交流。即：编辑一首反映客家人的歌，编导一部反映客家人的歌舞剧《千年客家》，拍摄一部反映客家人和客家祖地的电视剧《葛藤凹》，出版一本反映客家文化的书《石壁苍茫》，进一步展示客家民俗风情，加强客家文化宣传推荐力度，提升三明客家文化在海内外的知名度和影响力。此外，利用《三明侨报》与台湾、海外的关系，在三明成功举办了多年的台湾地区与马来西亚中小学生到三明夏令营、冬令营的活动，向他们展示了三明的丰富多彩的客家文化，取得了良好的交流效果。

（四）加快发展客家文化旅游产业。三明市推出了包括世界遗产探秘游、客家风情体验游、沙溪滨河休闲游、市区商务逍遥游等在内的四条精品旅游线路，挖掘客家文化内涵，进一步促进客家文化旅游的开展。重点完善宁化、建宁、泰宁、清流、明溪等客家县的全国红色旅游经典景区，以及福建土堡、万寿岩、泰宁尚书第、永安安贞堡和复兴堡（原国民党台湾党部所在地）等重点客家文物和涉台文物等保护单位，加快建设完善宁化石壁客家祖地、世界客属文化交流中心、海西（宁化）客家美食文化城、清流灵台山客家文化园、泰宁峨嵋峰慈航文化主题园、明溪南山古人类文化遗址公园、尤溪朱熹文化公园、沙县小吃城等重点客家文化旅游项目，推进尤溪桂峰村、清流赖坊村、泰宁大源村、宁化石壁村、三元忠山十八寨等国家级、省级历史文化名镇和名村的开发建设，有力促进三明客家祖地的文化旅游业发展。

（五）深入开展客家文化理论研究。近年来，三明市紧紧抓住客家祖地这个课题，组织专家学者深入开展理论研讨活动，在客家文化理论研究上进一步提升高度、拓展广度。先后举办了三届"宁化石壁与客家世界"大型国际客家文化学术研讨会，创办了《三明客家》《客家魂》《永安客家》等刊物，刊发客家信息、民情风俗、历史名人、姓氏源流等相关客家文章、资料和研究成果，发往海内外主要客属、侨属社团和客侨人士，进行宣传交流。《三明侨报》"客家专版"也刊出大量客家信息、文章、资料，发往海内外客、侨世界。结集出版了《三明与客家》《石壁与客家世界》《客家与石壁史论》《客家名贤杨时研究文集》《三明客家史略》《专家学者论石壁》《三明姓氏考略》《神秘的客家土堡》《客家花灯》《三明文化大观》《三明市非物质文化遗产图典》《清流客家》《将乐客家》《世界客属第25届恳亲大会国际客家文化学术研讨会论文集》《三明民俗》《沙县客家》《三明客家故事》《沙县客家故事》等学术论文集和专著70多部。

（六）推进客家文化基础设施工作。加快推进客家文化项目建设，全力打造客家祖地文化品牌，进一步优化客家文化建设硬环境。配合省客家联谊十大客家博物园馆建设项目，三明建成了三项：三明市客家博物馆、宁化客家文化园、清流灵台山客家文化园。同时，建设了将乐杨时文化园、沙县小吃城、尤溪朱子文化园、三明市紫阳书画院、三明市剪纸传习所、建宁中央苏区反"围剿"纪念馆、明溪惠利夫人文化纪念园、明溪南山古人类文化遗址公园、明溪御帘历史文化古村、明溪杨时故里展览馆、明溪县客家文化非物质遗产传习中心、明溪新华精微雕刻艺术培训基地等项目，有的项目经三明市委八届二次全体（扩大）会议审议通过，列入"三明市文化建设园区及重点项目"。

### 三、如何加强三明客家文化生态保护区工作，促进客家文化大发展

根据福建省 2016 年编制的《客家文化（闽西）生态保护实验区规划纲要》，2016年至 2030 年的 14 年间，三明还需要对客家文化生态进行更有力的保护。1998 年 2 月 15日，时任福建省委副书记习近平在宁化调研时说："客家祖地源远流长，要把它作为一篇大文章来做……"今后，三明市委、市政府应遵循习总书记当年的教导，在文化部及省文化厅的指导下，进一步加强领导，建立层级分明的保护机制及保障机制；应搞好规划，组织制订生态保护区中长期总体规划，对重点区域实施整体性保护，不断健全完善非物质文化遗产保护措施，提高三明地区客家文化生态的整体保护水平，促进三明市经济社会全面协调和可持续发展。

一是要科学认真地做好三明客家文化生态保护建设规划，同时要建立一个统筹协调、强力推进的工作机构。要在文化部及省文化厅的指导下，进一步加强领导，建立层级分明的保护机制及保障机制；搞好规划，组织制订生态保护区中长期总体规划，依据自身资源特色，从维护文化生态的真实性、完整性出发，在已有工作基础上规划建设一批重点文化项目。进一步确立客家文化生态保护区的保护范围、保护对象、保护目标。要通过制订规划，努力保持维护自然与文化生态传统的完整性。

建设三明客家文化生态保护区是一项系统而全新的工作，涉及面广，参与面大，除了有好的规划外，还要建立一个能遵循法规、科学决策、高度负责、强力推进的工作机构，全力抓好保护工作。要把客家文化生态保护工作作为建设和谐社会的重要内容，列入重要议事日程，纳入经济社会发展规划和城乡建设规划之中。加大投入，及时抢救濒临灭绝的文化生态。

二是要积极做好客家文物的修缮和保护。1. 继续对物质文化遗产需要保护的古建筑、历史街区、传统民居和历史古迹等进行调查、整理、建档，分门别类制定保护措施。如宁化石壁祖地是世界公认的客家祖地，是三明客家最重要的品牌，应把宁化石壁客家祖地项目工程作为重中之重来抓好。要坚持办好、办活石壁祭祖大典活动，打造集展示客家建筑、民俗、服饰、美食、文化、生产生活为一体的石壁客家民俗文化村，使客家祖地集祭祖朝圣、旅游观光、客家先民原生态生产生活体验、美食购物为一体，尽快申报创建成国家 4A 级旅游景点，使石壁成为拉动三明市旅游文化产业跨越发展的着力点和突破口。又如定光佛被誉为"客家保护神"，定光文化是客家文化的组成部分。定光文化主要牵涉到清流、武平与台湾。灵台山已建成世界最高的定光佛塑像。我们可以借此建成定光文化交流基地。积极开展两岸客家文化交流，推动两岸和平发展。

2. 加强非物质文化遗产保护。充分利用春节、元宵节、清明节、端午节、七夕、重阳节、冬至、除夕等节日，举行民俗活动，营造浓厚的节日气氛，修复节庆的文化要素，恢复传统节日文化的完整性，挖掘传统节日的文化内涵。重点抓好世界客属石壁祖地祭祖大典、客家山歌、客家文化论坛等文化交流重点项目，构建高水平的文化交流载体。开展两岸民间活动，密切明、台两地的地缘、亲缘、文缘关系。举行各种与文化遗产有关的客家山歌比赛、非物质文化遗产知识竞赛、旅游参观等活动，让全社会共同参与非物质文化遗产的保护和传承。要通过设立代表作名录、命名市级非物质文化遗产名录及传承人等途径，使重要的非物质文化遗产得到有效保护。同时，应组织有关专业研究人员深入实地，广泛收集发掘、整理客家民俗、民间工艺、客家山歌、故事谚语、书画戏曲、民间工艺、人生礼仪等方面的内容，并以录像、摄影、录音等手段记录、保存非物质文化遗产。3. 市县两级要加大经费投入，对客家文物调查资料进行整理、汇总，建设文物数据库，公布文物普查成果。在"文化遗产日"宣传活动中通过新闻媒体介绍和集中展示三明市客家文物遗产的保护情况。下一步要重点做好第一次全市可移动文物普查工作，挖掘、保护、利用客家文物。4. 搞好客家民居的修缮和保护工作。继续在宁化、清流、永安、明溪、泰宁、建宁、将乐、沙县、三元、梅列等县（市、区）选择一至两个客家古村落、古民居进行修缮。重点做好宁化石壁古民居、福建土堡、清流赖坊、三元忠山十八寨等古民居、古村落的修复、开发，积极推荐有代表性的客家村落申报国家级、省级历史文化名乡、名村。

三是要加强理论研究，促进两岸文化交流。要继续发挥石壁客家论坛平台和《三明客家》《三明侨报·客家版》的作用，通过加强理论研究，加深对文化生态保护规律的认识，把握文化生态的本质性，吃透客家文化内涵，从而不断提高保护的水平。同时要积极开展文化活动，促进海峡两岸文化交流，通过丰富多彩和喜闻乐见的活动，打造"海峡客家品牌"，以文化凝聚人心，以乡情联结台情，为做好对台工作，促进祖国统一大业作贡献。

四是要继续推进客家文化"一县一品牌、一县一园区、一县一实体"工作。推进三明华悦文化创意产业园、闽台（永安）文化创意产业园、泰宁丹霞文化产业园、清流客家祖山文化园、海西（宁化）客家文化城、福建（大田）高山茶文化创意产业园、将乐杨时文化园、沙县小吃文化城、尤溪朱子文化园等重点园区建设。在市区江滨路建设三明古玩收藏一条街，培育发展三明市古玩收藏市场，提高城市文化品位。不断提升具有客家特色的项目档次，完善基础设施建设，彰显客家大市的文化魅力。①

五是要加大建设客家文化生态保护区的宣传力度。要加大建设客家文化生态保护区及保护客家生态文化的典型事例的宣传，在宣传中要凸显政府在保护文化遗产中的主导作用和民间民众的主体作用；通过广播、电视、报纸、网络等媒体开设介绍客家名人、

---

① 三明市文广新局 2013 年 4 月 7 日《三明市客家文化生态保护工作的情况汇报》。

客家民俗的专题、专栏，增加社会各界对客家文化的认识和了解，引起各级各部门、社会各界的关注和重视，使全市上下形成保护文化遗产人人有责的思想共识。

　　总之，客家文化是三明客家祖地的主要文化之一，是中华传统文化不可缺少的重要组成部分。建设客家文化生态保护区是弘扬、发展客家文化的重要举措，有利于对以活态存在并传承的非物质文化遗产进行整体性保护，营造出一个有序的人文时空环境，使客家珍贵、濒危并具有历史、文化和科学价值的物质与非物质文化遗产及自然景观得到科学、合理、有效的保护，增强全球客家人的归属感和认同感，打造全世界客家人的共同精神家园。实验区的成功设立不是终点，而是三明客家文化保护传承的新起点。三明文化人将矢志不渝，继续前行。

　　（本文作者系三明市文化广电新闻出版局局长）

# 古村落与客家文化生态的整体性保护

## ——以东坑陈氏的村落文化为例

### 杨彦杰

客家人长期聚居于闽粤赣边山区。由于自然与历史环境的影响，客家地区保存了不少相对完整的古村落。这些古老村落是客家人祖祖辈辈赖以生存的"历史地区"。它们既是祖辈先人筚路蓝缕开拓出来的生产、生活场所，又是客家文化长期累积、保存、承续、发展的沃土，因而客家文化生态区建设离不开对古村落的保护。做好客家地区有代表性的古村落保护，对于建设客家文化（闽西）生态保护实验区意义重大。

客家古村落与当地宗族社会紧密相连。这种凝结着地方人文历史的村落文化，不仅呈现客家人繁衍、发展的时间脉络，而且与地方社会存在着长期互动，展现着客家地区某些带有区域性特征的民俗文化传统。它们是整体的，是一个相对完整的文化生态系统，通过对一个古村落的了解和分析，可以让我们更清楚认识保护古村落文化的历史价值及其意义。本文正是基于这些认识，拟以东坑陈氏的村落文化为例进行讨论。由于篇幅所限，本文探讨的重点是东坑陈氏的居住环境、历史渊源以及当地富有特色的民俗活动，并以此延伸对客家文化生态保护的认识。至于其他更详细的内容，不在此赘述。

### 一、东坑陈氏的居住环境与历史渊源

东坑是清流县余朋乡的一个行政村，其主村为陈氏所居，史称"东溪"，亦名"东坑"，为一个地处高山的单姓宗族聚居村落。

东坑村（指自然村，下同）距余朋乡政府大约6公里，与清流县城相距约38公里。北、东两面与余朋村交界，东南与蛟坑村为邻，南接沙芜乡，西连嵩口镇。该村海拔大约500米，四周山岭环绕。由于地处高山，与外界交往不便，过去村民外出赶圩，主要是到距离10公里的沙芜塘圩场。相对闭塞的居住环境，使得当地居民世代在此生息繁衍，保持了较为完整的宗族文化传统。

东坑村现有人口1100余人，除了两户其他姓氏外，其余都一律姓陈。在历史上，东坑陈氏拥有较多的山林和土地资源。据报道，在1942年，全村共拥有耕地面积5000多

亩，其中在外乡的 2000 多亩，在本村及附近的 3000 多亩，人均占有耕地达 6.3 亩。[①] 另外，还有山林面积 54000 多亩，木材积蓄量估计约 20 万立方米。

东坑陈氏来源于明溪，南宋末年始迁来开基。据当地人普遍的说法，其开基祖名叫文陆，字载鳌，又名二十郎。原居于归化县陈村（今明溪县湖坊镇伯亨村），后来迁往清流县余朋乡旧场村，再从旧场迁居东溪（今东坑）。[②] 当地居民传说，陈文陆迁来东坑开基之前，已经在旧场生活了十几年。有一次，他为了寻找耕牛来到东坑，无意中在一块大石头上过夜，发现该石在寒冷的夜晚还会微微发热，而且有鸡鸣犬吠之声隐约传出，于是他认定此地必将人丁兴旺，回家后就把妻儿家小都搬来了。[③] 如今，这块预示吉祥的大石头还保留在东坑村内，周围已盖满了房子，但当地村民尚能说出它的准确位置。

陈氏迁往东坑以后，早期人口发展并不快，至第五代几乎都是单传，第六代才出现 4 个兄弟，其中 3 个兄弟都分别外迁，仅留下老二念十在本地繁衍，生有 5 子，分为金、木、水、火、土五房。而后来金、火两房又外迁，仅留下水、木、土三房居住在东坑。

至明代中叶前后，东坑陈氏的人口繁衍明显加快。此时水房十一世共出现了 9 个男丁，其中 1 支外迁，5 支人口后来渐少，在本地发展起来的有壬恭、壬继、壬考 3 个房支，再加上原有的木房和土房，由此形成了清代东坑陈氏的"五屋"架构。作于乾隆四十年（1775）的《吾乡社公会康字第三班序》注云："通乡五屋者，土、木与水位也。而水位人烟盛众，又分为三屋井边、新屋、山下，合为五屋也。递年乡中地保亦照此轮焉。"[④] 这说明东坑陈氏的房派结构已经整体嵌入清朝的保甲体系。而上述资料所谓的井边、新屋、山下，即指壬继、壬恭、壬考 3 个房支的祖屋所在地。如今这"五屋"木房已经无人，土房在本地仅剩下 3 户，而新屋（壬恭派下）人口最多，达 140 多户，山下（壬考派下）80—90 户，井边（壬继派下）亦只有 3 户而已。新屋、山下两房合计占全村总人口的 90% 以上，成为陈氏宗族在本地发展的主力。

陈氏宗族经过数百年的发展，不仅形成了各派房支的基本架构，而且相继建立起大大小小的祠堂。东坑陈氏的祠堂总共有 9 座，除了明代初年由六世祖念十建立的始祖祠堂（称仰峰堂）外，在各房派之下还都建有数量不等的分祠。其中：属于土房的有祭祀十一世祖的显公祠、祭祀十五世祖世泉的敦睦堂；新屋的有祭祀十一世祖壬恭的思成堂、祭祀十八世祖应鹄的著存堂；山下的有祭祀十一世祖壬考的诒馨堂、祭祀十四世祖

---

① 王宜峻：《民国年间东坑的土地租佃考略》，孔灿生、陈佳清主编《东溪寻古》，清流县档案馆、余朋乡东坑村编印，1995 年，第 104 页。

② 又有一说，其开基祖是陈文陆的长子七郎公，即陈文陆开基旧场，七郎开基东坑。此说在康熙末年就已存在。参见杨彦杰：《东坑陈氏的宗族组织与神明崇拜》，陈志明、张小军、张展鸿编《传统与变迁——华南的认同和文化》，文津出版社 2000 年版。

③ 陈纯生、陈元昂：《开辟东坑的传说》，《东溪寻古》，第 10—11 页。

④ 乾隆四十年（1775）季春，《吾乡社公会康字第三班序》，手抄本。

默斋的致悫堂；井边的有祭祀十一世祖壬继的东山公祠。此外，在仰峰堂前面还有一座翠禧祠，据说它是代表七世五房的祖先，包括已经外迁的金、火两房，过去祠堂内供有一块神主牌，上面写着 40 人的名字。[①]

东坑陈氏除了分房和建立各个不同层次的祠堂外，在村内还建有多处神坛和庙宇，供奉神明包括民主尊王、关帝、文昌、五谷、泗洲菩萨、二十四诸天、定光古佛、三官大帝、欧阳真仙等。其中最为重要的是建于水口三元桥头的临水宫，供奉临水夫人；另外还有全村人都要祭祀的"姑婆"。这两尊神明在当地人看来都是女神。

**二、东坑陈氏富有特色的民俗活动**

东坑陈氏每年都要举行两次集体性祭祀活动，即正月十五上元节临水夫人圣诞、七月十五中元节庆贺"姑婆"千秋。这两次集体祭祀活动不仅规模大，而且历史悠久，至今仍延续不断。因此，东坑陈氏的女神崇拜特别重要，成为当地宗族文化的一大特色。

**（一）祭祀临水夫人**

陈氏祀奉临水夫人由来甚早。据当地居民传说，从其始祖迁来开基的时候就已经开始。当时陈文陆在水口如今建庙的地方开了一块荒地种植苎麻。有一天，他来到地里收苎麻，忽然发现麻丛中有一座铁铸香炉，高 1 尺许，直径 7 寸有余，上面还模糊刻着一些字迹，经仔细辨认乃古田县陈氏夫人庙中之物。于是，他就在那里建起了庙宇。[②] 庙宇建起来以后，陈氏子孙世世代代在此供奉夫人奶娘。明朝崇祯年间，该庙曾因失火而被烧毁，旋即重建；清嘉庆年间又一次被烧毁，当时陈氏第二十三世祖允治曾撰有《重建东溪临水宫记》一文，对此记载颇详。[③]

这座供奉夫人奶娘的庙宇就坐落在水口要害部位——三元桥头靠山一侧，相当古朴大方。屋顶飞檐斗拱，庙门上方悬挂着一块长方形匾额，上书"临水宫"三个大字，苍劲有力。入门即是正殿大厅，主神龛上供奉着陈林李三位夫人，其中陈氏夫人（即陈靖姑）在中间，塑像高大，两边还配有金童玉女；而林氏夫人和李氏夫人分祀左右，仅神牌而已。在主神龛两侧还供有附祀神，左边为地藏王菩萨，右边以前是土地，如今换上了"郑定光古佛"的神位。

陈氏族人将临水夫人视为自己的保护神。在庙内大厅的木柱上有一副对联写道："姐妹法授梨山一片婆心扶赤子，临水宫环颍水九重诰命受皇恩。"此联既强调了陈林李三位夫人梨山（闾山）学法以及"受皇恩""保赤子"的主要事迹和功能，又把临水宫与陈氏的"颍水"郡望巧妙地联系在一起。临水夫人姓陈名靖姑，而当地村民也姓陈，因此这副对联显示了陈氏族人对陈靖姑的特别情怀，在崇拜过程中深深寄托着犹如亲人的浓厚血缘情感。

---

① 陈允治等：《萃禧祠记》，载道光甲午年续修《东溪陈氏族谱》，卷首，木刻本。
② 陈允权：《临水宫的由来》，载《东溪寻古》，第 90—91 页。
③ 陈允治：《重建东溪临水宫记》，载道光甲午年续修《东溪陈氏族谱》，卷首。

陈氏每年正月都要举行大规模的祭祀活动，而筹备工作从上年的岁末就开始。据当地老人介绍以及古文书资料，以前东坑村分为六甲，每年各甲都要按照轮流顺序分别捡出两名头首。其中，一名称作福首，负责本年该甲的一切祭祀活动，另一名称为神首，主要由他致祭、宣读祭文。十二月二十五日，全村六名福首便要集中，选出总负责人（亦称福首）一名，并用捡勾的方式决定各甲值祭的先后次序。

陈氏从正月到六月一共有 6 场集体性的祭祀活动，其中正月的 4 场最为重要。各场依次由捡勾轮到的那一甲主持，以下根据 1949 年的资料列成一表以供参考：

| 时间 | 地点 | 祭祀神明 | 主持者 | 说明 |
|---|---|---|---|---|
| 正月初二 | 仰峰堂 | 三位夫人、民主尊王 | 一甲 | 福首先祭、神首后祭 |
| 正月十五 | 临水宫 | 三位夫人、民主尊王、三官大帝 | 二甲 | 福首先祭、神首后祭 |
| 正月十六 | 仰峰堂 | 民主尊王 | 三甲 | 神首祭 |
| 正月十七 | 临水宫 | 三位夫人 | 四甲 | 神首祭 |
| 三月初三 | 临水宫 | 三位夫人 | 五甲 | 神首祭 |
| 六月初六 | 临水宫 | 三位夫人 | 六甲 | 神首祭 |

正月祭祀临水夫人的活动是相当隆重、热烈的。从农历除夕开始，临水宫就一片繁忙。这天，要把宫内供奉的神明请出来，沐浴更衣，装扮一新；家家户户前来烧香、燃放鞭炮；宫内点起长明灯、长明烛。正月初一、初二日，人们抬着夫人以及供奉在仰峰堂内的新、老民主出来游行。游行队伍要绕遍全村，然后把神明都集中到仰峰堂里。正月初二日，正式在仰峰堂举行集体祭祀。初三日，全村又一次在仰峰堂前集中，举办"走游会"活动。

所谓"走游会"，实际上有点类似今天的接力跑比赛。当地村民说，东坑是"五马落槽"形，周围有五座山峰像五匹骏马一样朝着村子奔来，因此每年春正都要举行这种象征性的比赛以激发地气，使村子更加兴旺。比赛仍由六甲福首负责，每甲各出若干名队员，以铜锣为接力棒，按照指定的路线奔跑。村内共设有若干个接力点，每个点都有人在那里等候，看谁先跑到终点谁就获胜。

"走游会"结束以后，临水夫人即转为在六甲福首的家中轮流供奉，其余神明仍安奉在仰峰堂内。从初三到十二共有 10 天，由前五名的福首依次接迎，每个福首家中停留两天，十三日最后一天由第六甲福首迎祀，但只停留一夜，第二天（十四日）所有神明又都集中，继续在全村巡游。这次游行除了原有的三位夫人和新、老民主外，还加上三官大帝、弥勒佛等神像。游行队伍从仰峰堂出发，所到之处家家户户都出来迎接、上供，最后停留在临水宫内，准备为夫人奶娘祝寿。

正月十五是临水夫人诞辰，整个活动达到了高潮。这天临水宫内外都是人群，到处香烟缭绕，鞭炮声此起彼伏。集体的祭祀由事先排定的二甲主持，六名福首都到场行礼致祭。首先由神首宣读祭文，接着是总福首祭献。在集体祭祀活动结束后，村内各种神明会也纷纷上场，备办供品向临水夫人称觞上寿。

除了祝寿祭祀之外，这一天还举行"拨火"仪式。所谓拨火，是指将三位奶娘的香火互相拨动调和。仪式也是在三元桥举行，事先必须选择一位德高望重的老人出来当拨火公，同时还要有三名司仪，负责传递香火。拨火台就搭在三元桥头，正中摆放着陈氏夫人的大香炉，左边摆着林九夫人、右边摆着李三夫人的香炉。仪式开始时，先由拨火公宣读祭文，接着按照原定的程序拨动香火。① 拨火仪式结束火后，举行一次游行。随后，所有神明各归各位，供奉在它们原来的地方，正月十五祭祀临水夫人的活动即告结束。

（二）祭祀"姑婆"

陈氏从何时开始祭祀"姑婆"已难查考，但当地村民对有关"姑婆"的故事则津津乐道。据说"姑婆"姓陈，小时候就卖到灵地乡流水村（今属李家乡）当童养媳，十几岁就死去。后来有神仙度这个小孩，使之变得非常灵显，四方人常去祈求。东坑人得知这个消息后，认为她原来就是陈姓的人，按辈分可以称作姑婆，于是就派人到那里朝拜，并用香火把她接了回来。此后又用木头雕了一尊三个姑婆坐在一起的神像，把它供奉在仰峰堂里。陈氏族人的这个故事无法用文献来印证。不过，我们在灵地的调查中得知，当地人确实相当信奉"姑婆"，② 说明这种信仰的确是从灵地传过来的。

"姑婆"还有一个名字称作辟支古佛，这不论在灵地还是东坑都是一样的。如东坑村《七月十二祭姑婆祝文》云："谨以斋蔬京果，清酌之仪，致祭于福主天降辟支得道古佛姑婆神位前，伏而言曰。"③ 此即是一例。辟支古佛又称扣冰辟支古佛、扣冰辟支老佛、辟支佛等，原是唐朝末年的一个得道高僧，长期在闽北驻锡弘法。后唐天成三年（928）圆寂后，在闽北特别是崇安等地受到广泛崇拜，被奉若神明。④ 可见所谓"辟支得道古佛姑婆"原本是一个和尚，可是不知为何从闽北传到清流就变成了女性，而且被称作"姑婆"。这种称呼在东坑和灵地都存在，只是东坑的陈氏族人进一步把她认定为自己的女性祖先。

东坑陈氏不仅在仰峰堂供有"姑婆"神像（现改成神位），而且在萃禧祠作为祠堂之前，那里还建有一座"姑婆楼"。清道光十四年（1834）《萃禧祠记》附注云："萃禧祠者，通乡五房之祖而非特为祠而建者也。闻诸父老，初曰'姑婆楼'。盖为古佛灵威

---

① 《三元桥新正望五日拨火规条》，陈蕃西《遗迹杂录》二集，手抄本。

② 黄于万：《清流县灵地镇黄姓民俗》，杨彦杰主编《汀州府的宗族庙会与经济》，国际客家学会、海外华人研究社、法国远东学院，1998 年。

③ 《七月十二祭姑婆祝文》，手抄本。

④ 林国平、彭文字：《福建民间信仰》，福建人民出版社 1993 年版，第 310—316 页。

远播，每岁中元胜会，四方朝谒者云集于此为止宿之地，此兴建之始事也。"① 萃禧祠建于嘉庆五年（1800），按此推算，姑婆楼的存在大约不迟于明末或者清初。

陈氏祭祀"姑婆"每年从七月初九就开始。这一天，全村人开始吃斋，并派代表动身前往流水接"姑婆"。流水村距东坑 80—90 里，那里有一座"姑婆庵"，因此派去接的人必须日夜兼程。初十日在流水过一夜，十一日赶回东坑。以前去迎接时还要拖着两根用毛竹对剖而成的长竹鞭，头号竹鞭上写着"如有迎神衣冠不齐者打二十板"，二号竹鞭写什么当地老人已记不清了。

"姑婆"接回来后，从七月十二日起就开始举办祭祀活动，全村继续斋戒直至活动结束（一说至十六日开斋）。陈氏祭祀"姑婆"最主要的特征是约请戏班演戏，一共 5 天。我们在东坑村还发现了一张以前约请戏班订立契约的底稿，内容相当详备，抄录于下：

> 立定戏票字人，东溪乡陈念十公嗣孙〇〇、〇〇五屋叔侄等。缘因中元庆贺古佛姑婆千秋，神戏五部，今来定到林禽、和顺贵班演戏五部。当日言定：每部戏资小洋番银陆拾角正，并扛箱来往脚力杂项在内，外又帮内台油火小洋每部壹角。其戏自定之后，务要九门头齐全，不得糊涂抵色，如有糊涂抵色，每部扣戏资价银小洋贰拾角正。其戏七月十一日务要一齐到把，即晚开台唱演落却。十二日演正本，十三日演正本，十四日演正本，十五日不演戏，十六日演正本，十七日演正本。每日开台锣鼓三次，其戏资陆续支应，唱完之日一足付楚，不欠分厘。恐口无凭，立定神戏票字为照。
>
> 一批，每部都照把油四两、茶叶四两，又照。
>
> 一批，十一日落却帮米一升、柴一担、油四两、茶叶四两、盐四两；十五不演戏，照依十一落却帮贴，又照。

从这份契约的内容看，当时使用的是"小洋番银"，可见它订立于清末民初。而陈氏族人为了"庆贺古佛姑婆千秋"，从七月十二至十七日一共上演了 5 天的戏，其中七月十五日不演戏，作为祭祀祝寿之用。据当地老人说，上演的戏目一般没有什么规定，看所请戏班能演什么就点什么，但开始的第一场一定要演《郭子仪拜寿》。另外，十四日下午的戏是专门演给妇女看的，男人要看也只能当旁观者。

陈氏祭祀"姑婆"的演戏活动由"五屋"人轮流主持。轮到的那一房派，除了演戏费用之外，他们还必须负担其他开支，如供饭钱、挂纸钱、酒钱、香烛鞭炮等，显示陈氏七月的集体祭祀活动实际上是由轮值的房派全面负责的，具有很强的组织性和制度化传统。

---

① 《萃禧祠记》附注，载道光甲午年续修《东溪陈氏族谱》，卷首。

### 三、讨论与结论

东坑陈氏长期居住于山村，其保留下来的文化传统相对完整。他们的女神崇拜虽然只是一个宗族所有，但其来源以及显示出来的意义具有某些普遍性特征。

首先，从神明的来源看。东坑陈氏所崇拜的临水夫人陈靖姑来源于古田，这是在整个闽江流域具有相当影响力的女神，尤其在闽西北客家地区，有些地方的妈祖信仰其实也是从三位夫人的林氏转化来的。① 而陈氏所崇奉的"姑婆"，来源于清流县的另一个乡镇，其源头可以追溯到闽北崇安的辟支古佛。可见这两个在东坑最重要的神明，都是来自外地，显示当地客家文化受到闽北乃至整个闽江流域的强烈影响，哪怕一个高山小村也是如此。

其次，从神明的文化内涵看。东坑陈氏尽管崇拜的女神来自外地，但村民们在世代创造的传说故事中都把这两尊女神进一步"祖先化"了。陈靖姑由于陈姓，因此村民们更愿意把她当成与自己有血脉渊源的神明。而辟支古佛被冠上"姑婆"的称谓，陈氏族人进一步说她姓陈，是本宗族的一个女性祖先，这样就把神明与现实生活中的个人更紧密地联系在一起。

客家人对女性祖先怀有特别崇敬的情感，这是客家文化绝不可忽视的一个重要现象。清流黄姓有一位婆太，在世时就受到子孙的特别敬重，过世后族人仍然崇奉她，把她的一块肚皮供奉在祠堂里。② 在台湾，笔者走过许多客家村落，见到不少婆太的祖坟都特别大，而其他男性祖先的骨头则被集中放在宗族建造的纳骨塔里。③ 对女性祖先的特别崇拜自然有当地畲、汉互动的历史背景，④ 而这种传统转移到神明方面，也就形成对女神的特别重视。其实，东坑陈氏供奉的神明甚多，而在最重要的日子——上元节和中元节举行的两次集体祭祀活动都是女神，这样的安排绝非偶然，是客家人文特质的反映。

其三，从庙会的意义看。东坑陈氏这两次集体的祭祀活动，都与宗族的发展祈盼紧密相连。每年正月祭祀临水夫人，不仅规模大，内容丰富，而且活动的意向很明确，即在于提振地气，祈盼宗族兴旺发达。特别是每年正月初三的"走游会"，全村人分"六甲"（现改为六组）进行接力比赛，村民的说法是东坑为"五马落槽"形，接力奔跑可以激发"马"的活力，而且六组比赛全程分六棒，又"寓含'六六大顺'之意"。⑤ 这

---

① 如宁化城关的天后宫，其供奉的"妈祖"原来就是三位夫人中的林九夫人，由此演变而来。参见杨彦杰《从长汀、宁化城关庙会看闽西的妈祖信仰》，《客家》1997 年第 4 期。

② 黄于万：《清流县灵地镇黄姓民俗》，杨彦杰主编《汀州府的宗族庙会与经济》，国际客家学会、海外华人研究社、法国远东学院，1998 年。

③ 仅以台湾彰化县为例，据笔者田野调查，当地谢姓、江姓都有规模相当宏大的"开基婆太"的坟墓，并有民间故事流传，而男性祖先并没有如此显赫的地位。

④ 杨彦杰：《闽西畲族的女性崇拜及其意义》，《福建论坛（社会经济版）》2003 年第 6 期。

⑤ 陈克明：《东坑的"走游会"》，《东溪寻古》，第 76—77 页。

个活动与村民生活的村落环境紧密相关。活动在水口举行，不管从时间、地点，还是活动内容看，都彰显客家人传统生活中普遍重视的风水观念。同样，在中元节祭祀自己的"姑婆"，请她看戏，为她祝寿，对这位在异地他乡遇难成神的"女性祖先"，族人选择这样的时节祭祀她，也深含着对鬼神的敬畏和虔诚祈盼的心理。

总之，东坑陈氏的村落文化是闽西北客家地区宗族文化的一个具体展示，具有鲜明的特色。它与陈氏宗族千百年的发展息息相关，是历史的产物；同时又蕴含着客家人文精神的某些特质，与东坑陈氏所处的闽西北地区以及该村周边的自然人文环境紧密相连，是族群互动的产物。

古村落是普通百姓赖以生存的聚落空间。在千百年来历史演进的过程中，人们生于斯，长于斯，代代相传，在耳濡目染的日常中逐渐累积形成了人们的生活习惯、民俗传统、行为准则乃至思想情感。这些普通百姓的历史记忆和活态文化，连同他们熟悉的周边环境，形成一个整体。

一个有价值的古村落就是一座"文化生态博物馆"，因而也被称作"历史地区"。在文化生态保护中，"历史地区"是传统文化传承、表演的场所，是非物质文化遗产、物质文化遗产、自然遗产的聚集地，是一个不可分割的文化空间。在工业化、城镇化的浪潮中，这些能够幸存下来的客家古村落尤为珍贵，它们是不可再生的文化遗产资源，一旦这些"历史地区"消失，客家文化的历史记忆也就随之消散。客家文化生态保护，就是要对非物质文化遗产、物质文化遗产、自然遗产及其保存、生存的环境进行整体性保护。因此，在客家文化（闽西）生态保护实验区建设中，对有价值的客家古村落进行整体性保护显然是一项重要工作。目前当务之急，是对保存下来的古村落进行逐一调查和研究，挑选出具有重要价值的保护对象，进而制订规划。这是一项基础性工作，需要抓紧抓好。

（本文作者系福建社会科学院研究员）

# 简论客家文化的生境

廖开顺

继广东梅州和江西赣南设立国家级客家文化生态保护实验区之后，2017 年 1 月文化部同意设立客家文化（闽西）生态保护实验区，范围包括龙岩市的长汀县、上杭县、武平县、连城县、永定区和三明市的宁化县、清流县、明溪县。客家文化生态保护问题越来越引起国家的重视。"文化生境"是文化生态的条件与基础，客家文化的生态保护，首先要了解它的文化生境如何。为此，本文进行一些初步探讨。

## 一、生境与客家文化的自然生境

近几年，学术界在进行族群（民族）研究时，常常使用"生境"这一概念。生境本是自然科学的概念，指一个生命体的产生和生长所需要的自然条件，诸如土壤、空气、水分和营养之类，这是植物共性的生境，每种植物还需要特殊的生境，如水稻与小麦的生境不同。动物生命体也是一样，食肉动物与食草动物的生境既有共性，又有明显的个别性。

动植物的生境自然是"自然生境"，而将"生境"用于族群及其文化的时候，动植物这个主体换成了族群及其文化，把它当作一个生命体对待。它也需要生境，因此，这个生境就是"文化生境"。

"文化生境"不是与"自然生境"并列的概念。对"文化生境"应作这样的解读：第一，"文化生境"本应该写成"文化的生境"，"文化生境"是"文化的生境"之简写。"围绕着一个民族的外部环境——自然与社会环境，是一个纷繁复杂的物质与精神的随机组合。每一个民族要得以生存，就必须凭借其自成体系的文化，向这个随机组合体索取生存物质，寻求精神寄托，以换取生存延续和发展。于是原先没有系统的随机组合环境，经过文化的加工，使之形成了一个与该民族相应的有系统的人为外部环境。这个由特定文化加工并与特定文化相应的人为外部环境，就是该民族的生存生境"。① 这个"生存生境"即"文化生境"。对"文化生境"不能理解为这个生境本身完全是文化的。比如，客家文化的生境包括自然生境、经济生境、社会生境和人文生境，其中的自然生境本身并非文化。第二，"文化的生境"中的"文化"其实包括文化和族群两个方面，

---

① 杨庭硕、罗康隆：《西南与中原》，云南教育出版社 1992 年版。

这两个方面是不可分割的一体，一定的族群是一定的文化的主体，没有一定的文化就没有这个族群的形成，即使原始族群也有原始文化。比如，我们研究客家必然研究客家文化，而研究客家文化则必然研究客家族群。

对"文化生境"的概念理解以后，就可以讨论客家文化生境中的自然生境。

对于文化生境中的自然生境的研究，与自然科学研究生命体的一切生境因素不同，主要关注地理与环境，而对土壤、水分、空气、营养等自然生境因素一般不关注，所以又可以理解为文化地理和文化环境。地理是单一、静态的，环境包括地理，但比地理宽泛，具有动态性。比如客家先民迁徙的闽粤赣边地是一个地理概念，自古以来就存在，而客家先民进入这个地理以后它成为客家先民的环境，由原来的原住民环境转化为汉人移民与原住民融合的环境。

客家文化首先是一种地域文化，它生成于闽赣粤边地域，没有这个地域就没有客家文化。然而，客家文化又具有非地域性。它不以地域命名，这与闽南文化、闽北文化等地域文化不同。客家文化不以地域命名，一是因为它并非地域文化的全部，也不作为地域文化的代表，比如闽粤赣边的各客家地域除了客家文化以外还有其他地域性文化；二是因为客家文化跨地域，并且出现客家这个名称的时候它早就跨地域而存在。

既然客家文化具有地域性，就必然有客家文化生境中的自然生境，客家文化在闽赣粤边的原初自然生境中生成。这个原初生境的特点和作用：一是远离中原兵燹之灾，汉人移民得以栖居并与原住民融合，得以生存和人口繁衍，为客家民系的形成打下人口数量的基础。二是客家先民得到可以垦荒耕作、山居稻作的自然环境，并且利用水运条件和矿产资源发展手工业和商贸经济，打下客家民系形成的经济基础。在人口与经济两大条件具备的基础上，原初自然生境孕育了山居稻作的客家文化，客家文化的各个方面都具有山居稻作的特点。如，传统客家服饰的朴素和适应山区稻作的蓝、青和黑色等；客家饮食文化主要从稻米和山地旱粮中发生；客家民居早期的干栏式木楼和后来聚族而居的土楼、围龙屋等。在原初自然生境中产生客家风水文化，以稻作丰收、人安村宁为目的的多重民间信仰，与稻作相适应的民俗文化。在近乎蛮荒的原初自然生境中的垦殖和稻作生产，培育了不畏艰难的客家文化基本精神。在稻作生产中运用先进的耕作技术，兴修梯田和水利，改变刀耕火种的原始农业，体现了客家的科学精神。在稻作生产中的务实和集体协作等，培育了客家人文精神，最终形成"耕读传家"的客家人生范式。客家山歌、民间传说、茶文化、宗教文化、文化名人的诗词歌赋书画等都触发、产生于自然生境。客家的历史说明，"文化生态脱胎于自然生态，即是人类长期活动于自然地理环境的产物"。①

**二、客家文化的原初经济生境、社会生境和人文生境**

如前文所述，客家文化的文化生境包括自然生境、经济生境、社会生境和人文生

---

① 秦枫：《文化生态保护：自然·社会·政治之耦合》，《宜春学院学报》2011年第9期。

境。在客家文化的文化生境中，除了前文所述的"自然生境"以外，还有经济生境、社会生境和人文生境。

"文化生境"中的经济生境即经济环境，或曰经济基础，它与自然生境的关系密切，所以在前文论述自然生境时已经涉及经济。一定的经济基础决定一定的社会生境和人文生境。客家先民在原初的经济生境中，用先进的农耕和稻作改变了赣闽粤边刀耕火耨的原始农业。客家先民开垦稻田和山地，进行水利建设，种植经济作物，还发展手工业和采矿、冶炼、铸造业，商业贸易也在宋代兴起。稳定的居住，一定的衣食之安，人口的繁衍，离不开经济生境。

文化生境中的社会生境和人文生境联系密切，往往共同形成，它们对某种文化的生成和生存的影响更直接。如客家文化只可能形成于封建社会生境而不是原始文化生境。客家文化形成时期的原初社会生境与人文生境特点是：汉人移民成为闽粤赣居民主体，汉人移民与原住民融合，部分原住民同化为客家先民；客家先民在闽赣粤边重构中原封建宗法制社会；理学的教育和传播。客家一般聚宗族而居，所重构的封建宗法制社会制度与中原社会制度接轨，因而原初客家文化是封建文化性质。这是因为社会制度规定着文化的性质，社会制度的成熟也是社会生境的成熟。"文化成熟的基本要求和标志是：社会制度的创建；价值系统的奠定；文化模式的确立；文化大传统的形成"。[①] 宋明时期是中国强化封建宗族制度的时期，闽粤赣边客家社会的结构被重构为"村落—宗族—家庭"。建祠堂、推行祖训祖规等一系列宗法制的制度文化和伦理文化，成为客家文化的重要内容。崇文重教、大兴私学和县学、耕读传家、学而优则仕、慎终追远、家国一体、爱国爱乡等客家意识形态也随之产生。特别是理学融入客家文化并成为客家思想文化以后，客家文化最后成为中华汉族文化的一部分。从上述可见，社会生境和人文生境对客家文化的形成有直接作用。

### 三、从保护和重构生境而优化客家文化的生态

"生态"与"生境"一样，也是来自然科学的概念，二者含义相近但是有区别。可以通过一个自然科学案例来说明生境与生态的区别。如，某项目对特定的动植物进行生态评价是从生境切入的。"生境是动植物的个体或种群的天然栖息场所，也是个体或种群生存所需的食物、水、植被及其他资源的必要集合。这些资源包括生物有机体（部分为食物源），以及气候、水、土壤和植被条件，能满足生物体摄取食物、躲避天敌、繁衍后代的需要。国外的生态影响评价，大多是以物种或生境为基础进行的。由于每个物种与其生境密不可分，因此生境评价方法在生态影响评价中更具重要性"。[②] 由此可见，其一，生境是生态的条件和基础。它既是原生性的，如闽粤赣边可垦殖土地和水、气候

---

① 李宗桂：《文化成熟的基本要求和标志》，《学术月刊》1991 年第 3 期。
② 徐鹤、贾纯荣、朱坦、戴树桂：《生态影响评价中生境评价方法》，《城市环境与城市生态》1999 年第 6 期。

等条件，也是可以改变的，也就是我们常说的改造自然，如客家先民开梯田和兴修水利。其二，生境较为稳定，而生态具有动态性，是生境各因素的互动，也因为外力影响而造成生态平衡或者不平衡。总之，"生态侧重于环境的多元性、动态性、整体性、制衡性、消长性、综合性"。① 其三，生态是一种现象，而生境是现象的本质和生态产生的原因。

"文化生态是文化与环境、文化与文化之间相互作用的系统。其环境要素包括自然地理、生活方式、技术工具、经济形式、社会结构、教育体制、价值观念、意识形态、政策法规等，其中每个环境要素的变化都会影响到文化的变化。事物的普遍联系观点是文化生态学的基本哲学观点"。② 文化生态中的"生命体"指特定的文化，如客家文化。文化生态可以分为：第一，文化生成的生态。如客家文化生成在与之相适应的原初文化生境。第二，文化传承与传播的生态。自然经济和封建宗法制社会的生境利于客家文化的传承和传播，而现代工业社会则需要创造与之相适应的生境。第三，文化存在的生态。客家文化的存在，一是生态内因必须健全，如客家的聚居、客家话、客家精神、客家民俗、客家民间信仰等；二是自然、社会（包括政治）、人文等外在因素必须利于客家文化的存在。当代客家文化的危机就是外因引起内因变化，客家文化的内因因素逐渐消失。因此，要保护和重构生境，达到生态的协调。

对于客家自然生境，主要是保护问题。首先要全面保护自然环境，这与一切地域文化都需要保护自然生境是一致的，然而，对于客家文化的自然生境的保护，还有它的特殊性。比如，要发挥国家立项的客家文化生态保护实验区的自然生境保护的示范作用。当前的梅州、赣南和闽西三大客家文化生态保护实验区，包括闽赣粤客家大本营所有县份，在实验区建设中还应该有具体的各个小区域的实验区，要把这些实验区首先建设为示范区，发挥示范作用。此外，根据客家山区自然资源丰富的特点，要把各自然保护区、森林公园、客家古村作为自然生境的保护重点。随着工业化进程，原初自然生境在总体上必然缩小，而保护好这些重点区域就是维护原初自然生境，留下较为原初的自然生境可以触发客家的文化记忆。如果没有这些重点生境的存在，特别是客家文化生成的古村完全消失之后，后人对于客家文化只能像对于远古神话那样从文献里去了解。

在经济建设中，要构建既发展经济又利于客家文化生存的经济生境。在总体上要坚持科学发展观，将生态经济观落实为产业发展的生态化。这也需要发挥客家山区优势，突出重点。第一，将客家传统的生态农业引向现代生态农业。农业必将是客家地区长期的第一产业，对客家文化的经济生境的构建具有普遍而长期的作用。第二，大力发展现代林业。现代林业跨越第一、二、三产业，产业链条长，市场空间广泛。从客家文化的自然生境来看，"林业关系着生态安全、气候安全、淡水安全、物种安全、能源安全、

---

①　王玉德：《生态文化与文化生态的辨析》，《生态文化》2003 年第 1 期。

②　马建华：《文化生态保护的理念与方法》，《福建艺术》2011 年第 5 期。

粮食安全和社会就业与和谐稳定"。① 森林是客家的家园环境，是发展生态经济的基础。第三，推进文化创意产业和旅游业等相关产业的融合发展。这样可以在经济建设中传播和传承客家文化，强化客家文化认同。第四，在美丽乡村建设中，做到生产、生活、生态三位一体，真正达到中央所要求的美丽乡村的标准。那么，它不仅仅是客家栖居的美丽乡村，而且是客家人的精神皈依之所。

原初的客家宗法制社会生境已不复存在，人文生境也随之发生很大变化，需要重构新时代的客家文化的社会生境和人文生境。第一，在意识形态上找到客家优良文化与社会主义核心价值体系的契合点，推进客家文化认同和创新。这是一个普及性的、事业性的建构，要面向广大客家民众。他们既是客家文化的主体，也是客家文化生境的保护和建设者，只有把主体的积极性充分调动起来，才可能传承和发展客家文化。第二，重点保护客家原初社会生境和人文生境中遗留下来的物质文化遗产和非物质文化遗产。它们既是各自独立的文化遗产，与文化生境又构成网络关系。比如客家地方戏曲非物质文化遗产与客家古村落、古戏台、客家方言、客家宗教、客家民间信仰、客家民俗文化是一个网络的生态链，离开了这样的生境就无法传承，所以要从文化生境的视野来保护和传承。第三，维护有意义的民间信仰。民间信仰是客家民众心理深处的文化，也反映客家先民的原初智慧。其中最大的智慧是对人与大自然和谐关系的朴素认识。民间信仰也是聆听祖先的声音，虔诚的祖先崇拜和大自然崇拜让人产生敬畏心理，敬畏可以产生道德。"在一切民族中，虔敬是一切伦理的、经济的和民政的德行之母"。② 对于客家民间信仰可导可疏而不可堵，诚然，要"取其精华、去其糟粕"，这需要正确引导，而不是强加于民意、不可以用现代意识形态、科学观念等去取代民间信仰，是要从传承优良传统文化、建设生态文明的角度去对待民间信仰，找到民间信仰与现代文明的契合点，实现客家民间信仰的现代价值。第四，重构客家话生境。全面恢复使用客家话已无可能，但是客家话又是客家文化最重要的标志，因此，要在客家地区给客家方言留下一席之地。比如：在客家地区要有一定的客家话的广播电视节目；学校教育中给客家话留下教学的一课；提倡在客家家庭使用客家话和普通话双语；在客家文艺节目中尽量使用客家话。第五，重构客家艺术生境。"审美化生存是重建家园，实现美的生态文明的必经之路。这条道路的起点是艺术，无论文明以怎样的形态进行，世代的艺术家却一直在歌唱家园"。③ 艺术是"诗意地栖居"，虽然它只是一种美好的愿景，但是，要把它作为一个不断追寻的过程。第六，重视客家乡村社会团体组织建设。在客家的原初社会生境中，以祠堂为中心的宗族组织和族长、乡绅是客家文化的组织者和传播者。属于封建社会的宗族组织和乡绅已不复存在，而宗族、祠堂依然存在，可以用新的乡村宗亲社团组织发

---

① 编辑部语：《林业肩负着重大而特殊的历史使命》，《内蒙古林业》2008 年第 2 期。
② 维柯著、朱光潜译：《新科学》，商务印书馆 1997 年版，第 258 页。
③ 王茜：《生态文化的审美之维》，上海人民出版社 2007 年版，第 284 页。

挥其社会作用。如客家姓氏的联谊社团、研究组织都处于基层或接近基层，客家民众参与的兴趣大，发挥的作用也最直接，在修谱、祭祖、举办客家文化活动、社会救助等方面都发挥了政治组织所不能发挥的积极作用。它们起了重构客家文化的社会生境的重要作用。很多姓氏宗族组织跨越本村本乡，发展到海内外，对客家认同发挥了巨大作用。如宁化县客家第一大姓氏的张氏研究会，在 2016 年 10 月举办的第 22 届世界客家祭祖大典的海内外客属 4000 多人中，张氏宗亲多达 1018 人，其中来自美国旧金山、新加坡、中国港澳台 46 人，来自中国大陆 14 个省市区 363 人，来自本省 85 个市县区 609 人，而报名人数达 3000 多人。对于客家姓氏组织，宁化县按照法治化、制度化、民主化的原则进行管理，使之健康发展和良性运行，是客家文化社会生境重构的典范。

对客家文化的文化生境进行保护和重构，具备良好的文化生境，才能形成良好的客家文化生态。这种生境和生态中的客家文化便是生态文化。生态文化和文化生态也是很容易混淆的两个概念。广义的生态文化是"以生态价值观念、生态理论方法为指导形成的生态物质文化、生态精神文化、生态行为文化的总称。生态文化是一种人、自然、社会和谐一致、动态平衡的文化，是自然科学与社会科学的融合统一"。[①] 狭义的生态文化则是一种文化观念，是对以人为中心的世界观的修正，是人与自然和谐相处的世界观，它指导文化生境、文化生态的保护和优化性重构。因此，建设和保护的是文化生境，或称为建设和保护文化生态，而不是建设和保护生态文化。文化部批准的实验区的命名为文化生态保护实验区，而不是生态文化保护实验区，就说明文化生态与生态文化的逻辑关系。生态文化形成的逻辑是：以狭义的文化生态观念为指导——保护和建设（重构）文化生境——实现文化生态的平衡和优化——某种文化成为广义的生态文化。当然，在非学术界也不必使用"文化生境"这样难以理解的概念，而所流行和使用的"文化生态"即包含文化生境。总之，没有良好的文化生境就没有良好的文化生态，没有良好的文化生态也就没有生态文化。生境是本质、条件、基础，而生态是现象，生态文化是结果。

（本文作者系三明学院客家文化研究所教授，宁化县客家文化研究中心顾问）

---

① 李学江：《生态文化与文化生态论析》，《理论学刊》2004 年第 10 期。

# 客家文化符号视角下的闽西客家文化生态保护

## 徐维群

闽西客家文化是闽西客家人在生产生活过程中形成的独具特点的民系文化和特色鲜明的地域文化。建设国家级客家文化生态保护实验区，对客家文化生态进行整体性保护，对于促进文化、自然、社会、经济全面协调可持续发展，保护、传承客家文化，留住文脉和乡愁，具有深远意义。如何进行保护，是现实而重要的课题。闽西有着丰富的客家文化资源，客家文化符号是客家文化资源的核心形式。在文化生态形成发展过程中，文化符号是很好的承载体和中介，因此对闽西客家文化符号系统进行整理和研究，是客家文化生态保护的重要组成部分和有效途径。这一论题研究有利于变资源优势为品牌优势，加强特色文化品牌建设；有利于全面提升"文化龙岩"的形象、知名度和竞争力，促进客家文化产业的发展与繁荣，加强海峡两岸客家区域合作与交流。

**一、客家文化符号、客家文化生态的界定**

文化符号，特别是作为一种民族象征的文化符号，它本身积聚的是一个民族文化极强的内部凝聚力。由于文化符号有着独特的魅力，不管年代如何久远，人们对文化符号的关注总是倾注着激情。"中国文化传统是一个特别富于象征表现的文化传统。通过各种记号手段传达思想和感情，实际上是中国传统文化的一大特色，因此不妨说，用文字的和非文字的记号系统来表情传意，正是人类文明的基本现象，所以符号式思想在人类历史上是无处不在的"。① 中国人忘记不了中国字、筷子、算盘、长城、京剧等文化符号。那么，客家文化符号又是什么？

客家文化符号属于地方区域性的文化符号，代表了客家区域的核心文化，是得到客家群体认同的、积淀客家文化历史、反映客家文化特色的符号系统。客家文化符号形式上既包括静态的物质文化形式，表现为建筑文化、民居文化、饮食文化、服饰文化等，又包括动态的非物质文化形式，表现为民俗文化、民间工艺、民间文艺等，还有客家人的文献典籍、艺术珍品、规章建设、器物营造、民情风俗等。以上皆是能代表客家文化的意蕴和特质的文化符号形式。

---

① 李幼蒸：《历史符号学》，广西师范大学出版社2003年版，270页。

文化生态，是指由构成文化系统的诸内、外在要素及其相互作用所形成的生态关系，传统的积淀，厚重而丰富，涵盖生活方式、历史传统、风俗习惯、民间工艺等方面，还包括富于表征内容的聚落形式和建筑风格等。文化生态最重要的特点是具有不可再生性，许多历史文化遗产一旦毁损，传统风格一旦变异，人居环境一旦破坏，就难以恢复，因此文化生态如何实现平衡、得到保护是首要的问题。客家文化生态历经客家祖祖辈辈的辛劳，已有了自己独特的特点和系统结构。在这系统结构中，文化符号是这链条上的重要构件和精彩呈现。如果客家文化符号代表得以最好地保护，文化生态也能更好地保持原有的文化特质与本土味道，因此，客家文化符号保护是客家文化生态保护的重中之重，也是有效的切入点。

**二、文化符号视角下闽西客家文化生态的主要特点**

文化符号资源构成了文化生态的体系，闽西客家文化符号的特点决定了闽西客家文化生态的主要特色，因此首先需要了解和概括闽西客家文化生态的特色。

1. 源头性。闽西老汀州"八县"是客家祖地。长汀、宁化、上杭、武平、连城、清流、永定、明溪 8 县和新罗区与漳平市的总和，面积约 2.6 万平方千米，其中客家人口约 300 万。各地客家人族谱，几乎各姓都把历史上迁抵闽西的那位祖先奉为始祖或一世。据史料记载，曾定居石壁（或宁化其他地方）的客家祖先有 130 姓氏以上。

2. 多样性。闽西客家文化生态的多样性体现在社会生活的各个方面，包含了建筑、语言、饮食、服装、宗教、艺术等一系列原生和派生的符号。代表性的有土楼、汀江古城、闽西八大干、定光佛等。其文化符号的广度和深度，是闽西客家人在历史迁徙和开拓进取中的重要体现。保持客家文化的差异化和发扬其特色性，继而推进客家文化与其他区域间文化的互动交流和自由创造能力，以便使闽西客家文化符号得到更好的运用，这将对文化生态可持续发展必将产生深远而广阔的影响。

3. 复合性。闽西文化生态的复合性，是一种空间上横向传递交融和时间上纵向上升交替发展的过程，又是深刻历史渊源和厚重文化积淀的重要展现。每一个文化符号都有自己厚重的历史文化故事。以客家民居——土楼为例，它作为客家文化的重要结晶之一，并非横空出世，其出现首先必须有几个条件：强大的家庭凝聚力、相对安宁的生活环境、较为雄厚的物质基础。人类学家认为"文化的变异是适应性的变化"。当然，其传承的过程中发生了变异，这也正是每一种文化传播必然遇到的正常现象。所以，客家人在闽西南建造土楼，不仅适应了当地的自然地理特点，还是某种离散、流亡的人生经历与历史记忆在文化中的积淀和呈现。一个"土楼"符号牵连着移民史、家族史、民俗史等内容，是厚重复合的文化多元体。

4. 传播性。闽西客家文化生态通过客家文化符号传播性体现。文化生态不是为一个区域客家人独享的，而是作为一种重要的文化遗产财富，为全客家甚至全世界所共有的，文化符号在传播过程中才有价值，才会得到升华。诸如，被称为"中国古汉语活化石"的客家话、追溯根在中原的堂联、谱牒记述的一系列根文化，以及崇尚正义、爱国爱乡的精神、强烈的寻根意识，就很好地被客家人建构和彰显出来。"土楼"这张独特性的符号名片，更通过新旧媒体的广泛传播、文化旅游、文艺创作给世人带来震撼，突显文化原味性和本土性。土楼堪称"一种丰富的美，一种和谐，一种可持续"的文化符号典范，它的传播价值不容置疑。

**三、闽西客家文化生态中代表性的符号解读**

闽西的文化符号丰富多彩，不可能全部述之，但什么能成为它的代表性符号？代表性符号应该符合以下条件：独一无二、源头作用、大众认同。作为闽西客家祖地，有自己独特的文化符号，除了客家人共同的语言符号客家方言外，最具特色的世界物质文化遗产土楼、客家母亲河汀江、客家独特信仰定光佛及一些特殊民俗事象、美食文化等都可以成为客家祖地文化的代表性符号。

1. 客家文化生态的符号圈

客家文化符号可以看成由三种层次文化符号构成的同心圆文化。其最外层是物质文化符号，客家人生产活动等物质基础，客家文化的外在表现和对社会产生的影响的物化形态；中层是社会文化符号，包括宗族礼法、人际关系、礼仪习俗等社会规范；内层是精神文化符号，包括各种精神需求、意识心理和价值观念，这是客家文化的深层结构与核心。三者有机地结合，构成独具特色的客家文化体系。

客家物质文化符号，反映客家生产力水平，以物质文明成果为主的物质文化资源，包括：生产生活用具、富含历史文化意义的文物遗址，有地域特色的工艺产品和饮食、服饰文化，特色民居等。

客家精神文化符号，反映精神特质、思维方式和审美情趣、价值取向，如与民众生活方式习俗相关的非物质文化资源，包括民间工艺文化、民俗风情文化、文学艺术文化、宗教文化等。

客家社会文化符号，系物质与精神之间的综合文化资源，包括：客家人才资源，名士名家、非物质文化传承者；客家宗族文化，既有物质形式的宗祠、家庙，又有丰富的家训、族谱、族群理念；客家教育文化，指反映客家人重教观念又有各类教育名人名家和历史的旧址。

2. 闽西客家文化生态的符号品牌

龙岩市客家各县的历史资源特色，各有自己重点的特色文化符号品牌，以永定"土楼文化"、上杭"根文化"、武平"佛文化"、连城"俗文化"、长汀"城文化"为品牌特色。

永定世界文化遗产"客家土楼"如明珠闪烁。永定客家土楼千姿百态，类型繁多，2000 年土楼普查资料显示，共有 2 万多座（其中圆形土楼 362 座），遍布全县 24 个乡（镇）。永定客家土楼建造历史源远流长，它最早产生于宋元时期，经过明代的发展，至清代、民国达到成熟时期，并一直延续至中华人民共和国成立后。按外观区分，永定土楼大致可分为方形、圆形、府第式和其他形状，大型圆楼、方楼、五凤楼，宏伟壮观，最具特色，引人注目。永定境内各乡村都有土楼，少则三五座，多则几十座，甚至上百座。土楼的建筑年代有先有后，规模不一，形态各异，组成一个又一个多姿多彩的土楼群，列入世界文化遗产的永定客家土楼是其中的典型代表。

上杭县"根文化"深厚。上杭境内祠堂众多，著名的有李氏大宗祠、丘氏总祠、廖花祠、赖标祠、江万顷祠、游二三郎祠、包氏总祠、黄天禄祠等。据不完全统计，从明代至民国初年，闽粤赣地区客家姓氏仅在上杭城区就建有86个总祠和分祠。除古祠外，上杭境内还留存有众多姓氏的始祖墓，如张化孙陵园、丘三五郎墓、廖花墓、唐世贤墓。上杭博物馆收藏了最为齐全的客家族谱，成为客家乡亲寻根问祖、对接族谱的重要场地和中介。

连城民俗文化丰富声名远扬。以走古事和游大龙为代表的客家民俗文化（包括走古事、游大龙、烧炮、花灯、犁春牛、提线木偶戏、十番音乐、汉剧唱腔、连城拳等），使连城之"俗文化"美誉天下。

武平"佛文化"。定光佛是全球客家人的保护神。定光佛信仰自北宋初年发祥于武平县南安岩（即今狮岩），随着客家人的迁徙越传越远，逐步流布于闽、粤、赣、浙、川、桂等客家地区和部分非客家地区。

长汀"城文化"。古汀州为客家首府所在地。长汀历史悠久，人文鼎盛，是福建新石器文化发祥地之一。自唐代以来，长汀就是州、郡、路、府的所在地。作为古城有着许多珍贵的文化和文物古迹，全县现有200多处新石器遗址。在大量出土的石器和陶器中，西周的陶印拍、商周的陶尊、唐代的多角盖罐、宋代的陶谷仓等都属国家文物宝库中的珍品。客家风格的古建筑、古街区，足以印证历史文化名城厚重的文化底蕴，汀州试院、文庙、古城墙、店头街等都是古城文化的标志性符号。

3. 最具特色的闽西客家文化生态的代表性符号

能成为区域代表性文化符号应该符合几个特点：独一无二、源头性、认同性。不同区域有不同文化符号代表，那么闽西究竟哪些能成为文化符号代表呢？这些符号代表也正是文化生态保护中最需要关注、挖掘和传播的。

宁化石壁。福建宁化县城西17公里处的石壁镇石壁村称为客家祖地标志，有"北有大槐树，南有石壁村"之说。地处武夷山脉，客家祖先南迁的必经路上，这里是祖辈的"驿站""休息地""中转站"，也成了客家人魂牵梦绕的精神家园。宁化石壁客家公祠是世界客家人的总家庙，1995年落成后，每年都举办一届世界客属石壁祖地祭祖大典，并将每年10月定为"祭祖月"，至今已成功举办了多届。

土楼。世界文化遗产土楼，是闽西客家文化符号最突出的代表。客家土楼是世界上独一无二的山区大型夯土民居建筑，是生土建筑艺术杰作，它以历史悠久、种类繁多、规模宏大、结构奇巧、功能齐全、内涵丰富著称，土楼分方形和圆形两种，具有极高的历史、艺术和科学价值。每一座土楼，都是客家人的"大家族，小社会"。土楼内，居住在同一屋顶下的几十户几百人同祖同宗同血缘同家族，过着共门户、共厅堂、共楼梯、共庭院、共水井的和睦生活。聚族同楼而居的生活模式，典型地反映了客家人的传统家族伦理和家族的亲和力。楼内的客家人，住着层数相同、开间面积相等、无明显朝向差别、无贵贱等级之分的均等居室。平等聚居，反映了客家人融洽和睦的家风和平等团结的传统。

汀江。客家母亲河。汀江在宋、明、清时都称鄞江。据考，福建河流多由西向东入海，唯汀江独南，按八卦图示南方属丁，故名汀水，后改名汀江。汀江支流众多，流域大于 500 平方千米以上的支流有：濯田河、桃澜溪（又名小澜溪）、旧县河、黄潭河、永定河、金丰溪等 6 条，流经长汀、武平、连城、上杭、永定再到广东梅州，全都是纯客县，养育了几百万的客家人，说汀江为客家母亲河完全是实至名归。

闽西八大干。"闽西八大干"指闽西汀州老八县的土特产品，包括长汀的豆腐干、连城的地瓜干、上杭的萝卜干、永定菜干、武平的猪胆干、宁化的老鼠干、明溪的肉脯干、清流的笋干。"一方水土养一方人"，客家是汉民族大家庭中独特的支系，在饮食习俗、饮食象征、饮食心理等方面继承了部分中原饮食文化传统，但为了生存与发展的需要，受土著文化及自然地理环境的影响，入乡随俗，在饮食上做出相应的改变，形成独树一帜的饮食文化。客家饮食文化丰富多彩，但就符号的代表性而言，"闽西八大干"当仁不让能成为客家美食文化符号。"闽西八大干"是土特产品，承载独特的文化。闽西汀州八县客家人聚居于山高水冷地区，食物宜温热，忌寒凉，故多用煎炒，在使用香辣方面尤为突出，讲究鲜嫩、浓香、醇厚。闽西客家人喜欢制备豆腐干、咸菜、菜干、萝卜干等食物，这些食物耐吃耐留，适应闽西的环境。"闽西八大干"易于保存，是客家人为了适应迁徙需要而制作的，是移民的见证。

定光佛。定光佛是客家信仰文化符号代表，是客家人唯一属于本民系的独特信仰。武平岩前均庆寺是各地道场的祖地。定光佛庙宇现在已遍及闽西、闽北等地客家地区。定光佛是客家民众的人格神，传入两岸客家地区，信奉定光佛的信众有许多。概括而言，定光佛除蛟伏虎、疏通航道、祈雨救灾、为民请命、神通广大的传说故事四处流传。定光佛是客家人的保护神，展现客家人感恩、扬善等精神追求。

**四、客家文化符号在闽西客家文化生态保护中的作用机制**

客家文化生态是人类劳动与智慧的结晶，是人类在漫长的历史发展中世代相承的文化瑰宝。客家文化生态作为不可再生的珍贵资源，随着经济全球化趋势和现代化进程的加快，其文化生态环境正发生巨大变化，其生存环境受到严重威胁。如何做好客家文化生态保护的问题，是当务之急的理论与现实问题。

1. 客家文化生态保护受到挑战和冲击

客家文化生态在传承利用中遇见挑战和冲击。客家文化生态得到越来越充分的重视和利用，成为增强文化竞争力和文化软实力的着力重心，也是文化产业发展的重要文化资本，但在现代化、全球化、市场化、城镇化、信息化等社会经济文化环境变化中，文化生态生存的基础受到冲击，传承利用中显出弱势，受到严峻挑战，客家文化生态也不例外。

客家文化生态生存基础发生变化。现代化与全球化取代农耕文明、农耕时代，农耕文明背景下形成的文化事象与文化习惯渐渐隐入现代生活。全球化、产品模式化、消费模式化使不同群体的互动日益纳入共同体中，体现个性化、慢时光、费时费力的客家文化资源失去需要基础且日益走入淘汰格局。客家语言、客家艺能、客家民俗的保护都有这一困境，甚至客家话都在下一代培养中成为可有可无的沟通方式。

客家民众对客家文化生态的态度发生变化。城镇化、市场消费社会化改变乡村生活方式、消费方式、思维方式，改变人们对客家文化生态的态度。现代化导致人们生活情趣和消费方式的变化，城市化使城市的经济关系和生活方式广泛持续地向农村渗透。客家地区也发生这种变化，年轻人外出谋生打工，老年人、儿童留守村庄，许多长期传承的民情风俗因为缺少人手而放弃进行，或者年轻人没有参加的积极性，甚至不懂、不理解、不支持，客家工艺技能更是后继乏人。

客家民众保护意识淡薄，传承人断代，从事客家文化生态保护和利用的人才严重不足。客家文化资源在一些年轻人心中没有重要的位置，乡村文化的变迁也使人们不可能重视它存在的意义，客家文化生态的传承人一般年纪较大，传承方式是口传心授，这种文化的继承与扩散方式的持续性很容易受到外界因素如继承人和从业人才的影响。非物质文化在年轻人的眼中功利不大，吸引力不强，因此学习和传承的积极性受影响。

2. 客家文化符号在保护客家文化生态中的作用

"保护和传承文化生态必须依靠全民族的直觉和全社会的自觉，而实现全民族的直觉和全社会的自觉，需要有专家、学者的参与，共同做好普及提高认识工作，使大家真正深刻地认识到这些工作的重要意义"。[①] 如何做好客家文化生态保护是一项系统工程，的确是值得深思的问题。下面从文化符号的角度谈谈对客家文化生态保护的作用。

(1) 按文化符号分类，收集整理客家文化资源

客家文化生态丰富，大量的客家文化资源有待整理和收集。客家文化在客家先民代代传承中，散落于客家社会中，它存在于客家人的动态日常生活中，大到不同区域小到不同村庄都有独特的文化特色，虽然有相似之处却又有各类个性化的内容。由于它动态发展，既有传承中的，又有发展创新的形态，有保存完好的，也有缺失不完整的，既有存留于文本上的，也有保留在传承人的身上的技艺，整理和收集有较大的难度，必须费大力气进行收集整理。

客家文化生态的文化符号鲜明，可按文化符号规律进行收集整理，建议政府主持编纂《客家文化生态资源大全》，或建设客家文化资源符号库、文化符号网。可分闽西客家民俗、闽西客家语言文学艺术、闽西客家戏曲艺术、闽西客家工艺、闽西客家食品工艺、闽西客家竞技（客家体育）、闽西客家文献典籍等类别。编纂中注意体现符号特色，

---

① 李幼蒸：《历史符号学》，广西师范大学出版社 2003 年版，第 270 页。

图文音像并茂，记录客家文化生态类型的在地、继承人、活动方式等内容，有利于为政府保护决策提供参考，也为客家文化创意提供第一手资料。

（2）按文化符号规律，对客家文化资源进行分类保护和利用

文化符号文化的具体表现形式有"宣导"和"标志"两方面，包含着"能指"与"所指"，即显现的和隐藏的文化信息，因此客家文化生态资源从表现形式看可分为内隐性和外显性两个部分。比如艺能文化等资源属于外显性部分，民俗文化的深层次内涵则是内隐性的，一般通过载体或文化氛围表现出来。按文化符号规律，一方面要充分保护外显部分的内容，在文化旅游中充分展示客家文化符号标识，展示丰富多彩的民俗活动；另一方面，客家人的精神面貌、民系性格特色又包含于客家群体的动态和现实生活中，因此不要简单把这些作为表演形式，必须保护原生态的客家民众生活方式。同样地，在客家文化产业发展中，可以充分利用客家文化资源中显现的部分，客家艺术表演、民俗文化旅游、客家美食文化游、客家体育竞技表演、客家工艺展示都是很有经济价值和审美价值的文化产业种类，精神文化、信仰文化、民系文化等又需通过符号渗透到相关的客家文化创意产业中，加强客家文化产业的符号经济意识，把客家文化符号经济渗透于各产业链中，提高相关产业的文化含量，增强产业竞争力。

（3）加强客家文化生态保护和利用的宣传和教育

加强客家文化生态内涵的宣传和教育，认识文化符号的价值和意义，提高客家民众的保护意识，培养文化传承人和文化创意人才。

客家文化生态存在于客家社会生活中，但由于客家地区城镇化速度的加快，市场经济发展、外出务工的客家子弟增多，山村往城内搬迁成为主流，盖新楼放弃土楼聚族而居的现象也比较明显，对客家方言、客家建筑、客家艺能、客家风俗都显现淡漠的趋势，虽然各级政府的重视保护的力度在增强，但作为客家文化的传承者和使用者，参与性、主动性不足，必将影响文化的传承和利用，因此要加强客家文化生态价值和意义的宣传和教育，通过地方文化窗口、媒体等渠道，用群众喜闻乐见的方式进行宣传，提高客家民众对客家文化生态的认同，自觉保护和传承所属文化。注意引导他们不能急功近利，杀鸡取卵，而要保证文化生态可持续发展；城镇化更不能以破坏在地文化为代价，客家乡土文化依旧要成为新农村建设的主题。

对客家文化生态传承人可按不同种类传承人的特点和现状，一要给予传承人政策资金的支持与保护，二要加强下一代传承人的培养，以免失传。重视客家文化生态创意人才的培养，特别是抓好下一代客家文化的乡土教育，客家语言教育、客家体育教育、客家文艺教育、客家工艺教育进学校进课堂，鼓励创建客家文化特色学校，减少下一代对客家文化符号认识上的缺失，在地方院校培养客家文化高级人才。建构客家区域合作平台，在客家文化生态的传承利用中虽然不同客家区域各具特点，但也有许多共通之处，相似处会以文化符号为标的，比如客家方言、客家民系的文化性格，客家服饰、客家信仰；各地具备不同的文化符号，比如不同地方的民俗活动特色、不同地方的美食文化、

客家艺能技能。如果能立足于客家文化符号特色上建构合作平台，更容易达成共识，达到交流的目的，在资源保护经验上可以取长补短，在产业发展上合作共赢。

结语：在客家文化生态的保护和利用中，成功处无不突显文化符号的作用，以符号带动保护和利用，坚持保护中利用，利用中保护，不改变乡土，不放弃原味，不丢失传统，在这基础上去寻找文化产业的创新，文化产业才能可持续发展，才具有生命力和竞争力。

（本文作者系龙岩学院闽台客家研究院副院长、教授，龙岩市客家联谊会常务理事）

# 不忘初心　常怀敬畏　留住乡愁

## ——客家文化（闽西）生态保护实验区建设之思考

张佑周

### 一、引言

2017 年 1 月，国家文化部正式批准，同意设立国家级"客家文化（闽西）生态保护实验区"。至此，包括赣南、粤东、闽西在内的所谓"客家大本营"地区，都相继成为国家级客家文化生态保护实验区。客家文化作为客家祖地闽西（古汀州八属，包括今龙岩市属长汀、连城、上杭、武平、永定和三明市属宁化、清流、明溪共 8 个县、区）最具特色的区域文化，被纳入国家级文化生态保护范畴，其传承与运用将大有希望，大有可为，具有特别重要的意义。

### 二、文化生态不仅仅是绿水青山

什么是客家文化生态？龙岩市申报和建设客家文化生态保护区办公室副主任张胜本先生认为："文化生态是指由构成文化系统的诸多内、外在要素及其相互作用所形成的生态关系，或是文化与自然有机结合的复合体，包括城镇、村落、建筑、道路、田园、河流、山脉、草原、森林等自然风光，以及由人们的吃、穿、住、行、娱乐行为所构成的文化现象。传统的文化生态体现了人类与自然和谐相处的生活方式，记录人类丰富的历史文化信息，保存着各民族传统文化基因，是人类社会文明发展进步宝贵的文化遗产，具有民族性、历史传承性和不可再生的特点。"[1] 作为项目申报的主要负责人以及情有独钟的客家文化研究者，张胜本先生对文化生态的界定是准确的。而客家文化生态，则应指客家地区所特有的文化生态，其内涵是极其丰富的，并不仅仅指客家地区的绿水青山。

对于闽西的客家文化生态，笔者在拙著《闽西客家传统社会研究》中有一段也算精彩的描述："千百年来，闽西客家人热爱这一方美丽的山水，祖祖辈辈为建设宜人的家园洒下了辛勤的汗水。虽然这里山高水险，车马不通，常让人感到'山重水复疑无路'，但客家人在崇山峻岭中开出一条条曲折迂回的石砌小路，在千沟万壑中架起一座座或长或短的木桥、屋桥或石拱桥，常让人看到'柳暗花明又一村'；虽然这里山陡谷深，地

---

① 张胜本：《关于建设客家文化（闽西）生态保护实验区的思考》，《推进客家文化（闽西）生态保护实验区建设研讨会论文集》，2017 年 6 月，第 29—30 页。

少山多，随着人口增长经常出现饥荒状况，为了生存，客家人经常上山下河，接受大自然慷慨赐予的山蕨、竹笋、葛根、薯头和鱼虾、蛇鼠、獐兔之类野生动植物作为食物资源的补充，但客家人凭着客家先民从中原及长江中下游地区带来的先进的农耕技术，修陂筑圳，垦荒造田，经过一代又一代的努力，终于翻过一座又一座的高山，将层层梯田修到村村寨寨的半山坡，甚至修到山顶，在养育了一代又一代的客家人的同时，也完成了独具特色的梯田农耕文明建设，使闽西各地客家村寨山环水绕，稻菽飘香。虽然这里天无百日晴，地无三尺平，无雨溪水浅，有雨山洪发，但客家人凭着自己的聪明才智，就地取材，因地制宜，在大大小小自然村里建起颇具特色的小合院、大围屋、九厅十八井、圆土楼、方土楼、五凤楼……不一而足，作为客家人聚族而居的有力见证，它们或大或小，或圆或方，或高或低，或建在高坡，或屹立水边，为一个个小山村增添了亮丽的风景，向世人展示着客家文化的无穷魅力。在进入现代化之前，闽西客家人虽然不见富足，有的地方甚至仍见贫穷，但无论哪一个客家山村，总是山清水秀，风景优美，总是小桥流水、田园修竹与土楼掩映，尤其是每个自然村的水口和后山，总是林木葱郁，花果飘香，令人流连忘返，人与自然的和谐由此可见一斑。"[1]

闽西客家文化生态正是这样一种生态，绿水青山仅仅是其中之一。它还有曲折迂回的石砌山路，有一座座木桥、屋桥和石拱桥，有层层梯田，有小合院、九厅十八井、方圆土楼、五凤楼、有宗祠、寺庙、公王、伯公……一句话，虽然它也许没有了"古道、西风、瘦马"，却依然有"枯藤、老树、昏鸦。小桥、流水、人家"。[2]

闽西是客家祖地，是客家文化孕育生成的地方。这里保存的包括物质文化遗产（如永定土楼）和非物质文化遗产（如连城姑田游大龙）在内的客家文化遗产相当丰富，充分体现了闽西客家文化的多样性、独特性和完整性。

客家文化生态既有物质的，又有非物质的；既有自然的，又有人文的。它是一个宏大而复杂的系统，既有崇山峻岭、悬崖峭壁、山环水抱、绿树翠竹所形成的"一川远汇三溪水"，又有人们历经千百年艰难开拓、辛勤建设所形成的"千障深围四面城"[3]；既有诸如土楼、古桥、古街、古村落、宫观坛庙等有形的景观，又有这些有形景观所承载的丰富多彩的、无形的精神文化。比如客家土楼，它既是物质文明的载体，是实实在在的土木结构的庞然大物，又是精神文明的载体，是土楼客家人世世代代生活其中有苦有乐、有幸福也有痛苦甚至灾难的实实在在的家。客家土楼及土楼客家人在数百年的发展中逐步形成的生产生活方式、风俗习惯、民间信仰和文学艺术、文化教养等等构成了充

---

① 张佑周：《闽西客家传统社会研究》，四川民族出版社 2012 年版，第 51 页。

② （元）马致远：《天净沙·秋思》，朱东润主编《中国历代文学作品选》，下编第一册，上海古籍出版社 1980 年版，第 96 页。

③ （清）乾隆《汀州府志》卷三，《山川》。宋神宗元丰六年（1083）知临汀（即汀州）的陈轩有《汀州》诗二首，其二为："一川元汇三溪水，千峰深围四面城。花继蜡梅长不歇，鸟啼春谷半无名。"

满活力的客家土楼生态文化。这种生态文化，既存在于闽西客家祖地的绿水青山中，又不仅仅是绿水青山；既让人常怀敬畏，又让人心旷神怡。

### 三、要保护的也不仅仅是绿水青山

历经千年沧桑的闽西客家祖地依然青山常在，因为森林覆盖率长期保持在 75% 以上；闽西客家祖地也依然将绿水长流，因为随着人们环保意识的增强及环保项目的落实，水污染的防治将变成现实。然而，客家生态文化的保护不仅仅是绿水青山，它还有更多。

1000 多年前，为躲避战祸千里南迁，翻越武夷山进入宁化石壁进而在汀江流域崇山峻岭找到世外桃源的中原汉族移民也许做梦也没想到，他们从"永嘉之乱"至唐末五代历经数百年才找到的一方宝地，在今天居然离中原故地那么近，只要在龙岩、长汀、三明等地登上火车或动车，不用一天工夫就能到达中原；1000 多年前或者警觉地躲进岩窟或者大胆地张开双臂热情地迎接外来移民的闽西当地土著苗、瑶、峒、蛮、俚、僚、畲、山都、木客们也许做梦也没有想到，他们曾经"岩栖谷汲，如猱升鼠伏"[①] 的"山重复而险阻"[②] 的巍巍高山和深深峡谷，如今居然隧道相通，大桥飞渡，汽车奔驰，火车轰鸣；而千百年来在这片土地上筑陂开渠、伐木架桥、辟村建寨，将层层梯田开垦到半山坡甚至坡顶，以盘山石砌小路翻过座座高山，以越建越大、越建越高的九厅十八井、方圆大土楼容纳越来越庞大的家族的客家先祖们更是连做梦也未曾想到，他们所洒下的辛勤汗水，他们所创造的灿烂辉煌，如今大多将伴随着现代化的急促步伐而成为历史的遗产。曾经辉煌的永定土楼已经成为世界文化遗产的事实清楚地表明，在可以预见的将来，闽西客家地区的层层梯田，弯弯曲曲的盘山石路，五里一处的风雨飘摇的凉亭，摇摇欲坠的屋桥和坚固如初的石拱桥等等，必将或者像永定土楼那样被列入文化遗产名录加以保护，或者随着历史的脚步成为历史，或者随着自然的变迁回归自然……

这种历史的巨变显然证明着社会巨大的进步、巨大的发展，但同时也承受着难以避免的自然或人为的流失乃至淘汰。且不说闽西的山水由于现代化交通网络的形成和现代交通工具的方便快捷而顿失山重水复、柳暗花明、曲径通幽的情趣，也不说闽西地区的工业化转型、市场经济的繁荣和商品食品的充盈而使劳动力大量转移，人们走出山门走向城镇走向世界而远离了"采菊东篱""种豆南山""带月荷锄"[③] 的温馨，光是闽西客家传统宗族社会兴旺发达的标志、客家文化繁荣成熟的温床、曾经热闹喧嚣欢乐祥和的永定土楼，像埃及金字塔、北京故宫和中国万里长城一样被列入世界文化遗产名录加以保护，就不禁让人悲从中来——现代化进程可以让试图阻挡其步伐的高山低头，江河改

---

① （宋）刘克庄：《后村先生大全集》，卷 93。
② 《元统一志》卷 8，《汀州路·风俗形胜》。
③ （晋）陶渊明：《饮酒·其二》《归田园居·其三》，朱东润主编《中国历代文学作品选》，上编第二册，上海古籍出版社 1980 年版，第 335、328 页。

道，"天堑变通途"，① 人们的环保意识和生态需求也可以让荒山变绿，污水变清，天空变蓝，然而，即将被淘汰的土楼以及由方圆大土楼、九厅十八井等大型客家民居所组成的古村落里历经千年培育出来的客家文化之参天大树，还能保证其枝繁叶茂、万古长青吗？答案显然是不容乐观的。

**四、如何加强客家文化（闽西）保护实验区建设**

据文化部《关于加强国家级文化生态保护区建设的指导意见》，设立国家级文化生态保护区的条件是：1. 传统文化历史积淀丰富、存续状态良好，并为社会广泛认同；2. 非物质文化遗产资源丰富，分布较为集中，具有较高的历史、文化、科学价值和鲜明的区域特色、民族特色；3. 非物质文化遗产所存在的自然生态环境和人文生态环境良好；4. 当地群众文化认同与参与保护的自觉性较高；5. 当地人民政府重视文化生态保护区的建设工作，保护措施有力。

客家文化（闽西）生态保护实验区之所以能够获批，显然基本符合文化部《关于加强国家级文化生态保护区建设的指导意见》所提出的条件。然而，要真正完善保护实验区建设，还需各级政府、各有关部门和全体闽西客家人和非客家人做出更大的努力。

一是继续加强对自然生态环境的保护。

自然生态环境首先是绿水青山。闽西地区虽然整体上森林覆盖率较高，但也存在局部水土流失或少数地区的人为破坏现象。习近平同志一直非常关心闽西的山水，早在1999 年 11 月，时任福建省委副书记、代省长习近平就到长汀河田考察过水土保持工作。2001 年 10 月，时任福建省省长的他又到长汀调研水土流失治理工作，还亲自在河田世纪生态园为他捐种的香樟树培土浇水。习近平同志曾经指出："生态资源是福建最宝贵的资源，生态优势是福建最具竞争力的优势，生态文明建设应当是福建最花力气的建设。"② 如今，习近平捐种的香樟树已长成大树，长汀河田的水土流失区已披上绿装，闽西大地的山也更青了。

此外，经过多年的努力，闽西境内的汀江水系、九龙江水系和闽江水系也得到了很好的治理，各地的水也更绿了。

然而，除了绿水青山，自然生态环境其实还包括与人类和谐相处的野生生物资源，比如飞禽走兽、蛇蝎鱼虾、各类昆虫。虽然有些物类会对人们造成伤害，但如果不加以保护，也可能会造成生态失衡。如猛兽和毒蛇都会伤人，但没有它们，则会对人类造成更大的伤害。20 世纪 50 年代以前，闽西地区华南虎经常出现的时候，会糟蹋农作物的野猪较少，因为野猪是老虎的主食。后来华南虎几乎绝迹，野猪便成群结队糟蹋农家的水稻和地瓜等农作物了。而老鼠则是蟒蛇和眼镜蛇等毒蛇的食物，缺少蛇类的地方，往往鼠害横行。因此，保护好自然界野生生物物种，保持生态平衡，也是自然生态环境保

---

① 毛泽东：《水调歌头·游泳》，《毛泽东诗词集》，中央文献出版社 1996 年版，第 95 页。

② 阮锡桂、郑璜、张杰：《绿水青山就是金山银山》，《福建日报》2014 年 11 月 2 日。

护的重要内容。

二是加强对人文生态环境的保护。

人文生态环境指人创造的有利于自身生产、生活、起居、出行的环境，包括城镇、村落、田园、水陆交通以及学习、劳动环境，即包括精神追求和生产、创造物质财富的环境。

比如古村落。笔者曾在龙岩学院古村落田野调查培训班的讲座上指出，古村落必须具备两个要素：一是村落要有沧桑感，即村落有深厚的历史文化；二是村落里有传说故事。碑刻、碑记、牌匾都是厚重历史文化的见证。每个村落的风物都有故事，都是祖辈艰苦拓殖的印迹，这些传说故事就成为古村落不可或缺的景观。

古村落里的宗祠、寺庙、书院、古民居、古街、牌坊、歌台、老树、小桥流水、修竹田园、禽畜争欢、童稚悠然、山野对歌、土楼炊烟……都是值得保护的人文生态环境。而古村落里客家宗族的和谐聚居以及逢年过节独特的民俗文化活动等更是值得保护的绝佳的人文生态环境。

比如笔者老家永定下洋翁坑美村，是闽西客家地区千百个风景秀美的客家小山村之一。自从张化孙的第十四代裔孙张石辉在这里肇居开始，张氏族人已在这个村庄繁衍生息了400多年。虽然村子地处闽粤两省交界处，非常偏僻，历来有"水尾田"之称，但纵横村里的石砌小路向村子四周延伸，翻越环抱小村的重重山岭，几十里便可到达永定县著名的边贸集镇下洋镇或广东省大埔县老县城茶阳镇及其东边重镇漳溪镇（今西河镇）。因此，在进入现代化之前，翁坑美村不仅是联结多个名镇的交通要冲，而且其客家人文生态环境也是极佳的。

虽然翁坑美村没有富家大户像永定其他客家村落那样盖起又高又大的方圆大土楼而闻名遐迩，但是也有十几座方土楼像张氏宗祠一样背靠坤山，门迎艮水，错落有致地建在村西南山脚下。数百年来张氏族人按宗族房派聚族而居。因此，除了逢年过节村人络绎不绝地到宗祠或庙坛进行祭祖祀神活动之外，春节期间的赛锣鼓、元宵节的迎花灯、中秋节木偶戏"酬神"等民俗文化活动都让族人难以忘怀。

像翁坑美村那样的村落人文生态环境显然也是客家文化生态保护的重要内容。

三是对客家非物质文化遗产的重点保护。因为国家级文化生态保护区是以保护非物质文化遗产为核心的。

闽西客家非物质文化遗产（以下简称"非遗"）丰富多彩，不同类型的"非遗"应采取不同的保护方式。

首先是民俗文化类。

这类"非遗"有民俗文化活动作载体，如闽西客家元宵节庆、闽西客家春耕习俗、武平民俗绝技。这类"非遗"往往活动规模较大，活动内容丰富，活动过程及场面宏伟壮观，有如狂欢节，如连城姑田游大龙，连城罗坊走古事，长汀童坊、濯田等地的迎神"斗轿"。这类"非遗"的保护，需要"非遗"所在地的民众积极参与，需要培养众多的传承人。由于这类"非遗"活动花费巨大，有些项目显得难以为继，因此，有些项目的保护应该与旅游开发等相结合，使之成为文化创意产业。如游大龙和走古事等，如果能在旅游景区成为像张艺谋等开发的"印象刘三姐""印象大红袍"之类的文化创意项目，将可能产生一定的经济效益，使之能够存活下去，从而养育一批"非遗"项目。

其次是技艺类。

这类"非遗"往往有很高的技艺、技术要求，需要传承人代代相传，如客家土楼营造技艺、雕版印刷技艺、万应茶制作技艺、连城宣纸制作工艺、连城四堡锡器制作技艺。这类"非遗"项目有些仍有一定经济价值，如万应茶制作技艺、连城四堡锡器制作技艺，可以继续开发产品，打造品牌，拓宽销售渠道，则其保护、传承应该没有太大问题。但有些项目则因为其已经没有应用价值而难以为继。如客家土楼营造技艺、连城宣纸制作工艺。随着水泥、钢材等建筑材料的使用以及砖混、框架式建筑技术的引入，从20世纪末开始，客家地区已经没有人再建造土楼。除了老一辈工匠之外，土楼营造技艺已经没有人继续学习、传承。连城宣纸也已经停产。诸如此类的"非遗"项目已经进入博物馆。而且，随着传承人的老之将至，其技艺有可能失传。因此，这类"非遗"项目的保护非常困难，不但必须由政府部门将传承人养起来，而且必须创办项目传承基地和项目传承培训班，才能代代相传。

第三是艺术类。

这类"非遗"既有专业艺术，又有民间艺术。专业艺术类如闽西汉剧、上杭傀儡戏、连城提线木偶戏，民间艺术类如闽西客家十番音乐、长汀公嫲吹、永定客家山歌。由于现代影视艺术的冲击以及现代人艺术欣赏需求的改变等原因，这类"非遗"项目也大多成为明日黄花。如曾经有很高的艺术水准和很多的传统剧目，且有专门的剧院，卖座率也曾经很高的闽西汉剧，如今已经没有多少观众，各地专业汉剧团已经或者解体，或者改变为歌舞艺术团。少量仍然挂着汉剧团牌子的专业剧团如果不是政府部门拨出专门资金创办"非遗"传习中心，下达表演任务，则无法自排节目占领演艺市场。因此，这类"非遗"项目的保护需要政府扶持，尤其是如何办好"非遗"传习中心，需要认真研究，大力扶持。

第四是民间信俗类。

这类"非遗"与民间信仰密切相关，而且大多以民俗文化活动为载体，有些活动甚至表现为宗教与世俗活动、宗教文化与世俗文化的交融与混杂。如2011年被列入国家级"非遗"保护名录的宁化石壁客家祭祖习俗、2005年被列入国家级"非遗"保护名录的闽西客家元宵节庆和省级"非遗"项目闽西客家春耕习俗、田公元帅信俗。这些项目都是以民俗文化活动为载体的。

如宁化石壁客家祭祖习俗，其载体主要为从1995年11月18日在宁化石壁客家公祠落成之际开始举办，此后每年一届，至今已经举办22届的世界客属石壁祭祖大典。其仪式沿袭了中原古礼，结合石壁当地习俗，形成了可供观赏的礼仪，共有祭诞、仪仗、乐舞、主事、仪式等 5 项程序，包括出主、燃烛、设案、上香、跪叩、荐食、储食、初献、读祝、再献、三献、焚祭文、纳主、撤、馂等 15 项程式。石壁祭祖之所以每年都能吸引海内外成千上万的客家人参与而长盛不衰，主要原因是该活动建立在客家人对祖先的常怀敬畏、信仰崇拜和寻根溯源的基础之上，并以传统的祭祀礼仪，满足海内外客家游子念祖追宗和寻根谒祖的情结，显示了中华古国文明礼仪之邦的灿烂光华，很好地传承了客家传统文化。

石壁客家祭祖大典既庄严肃穆，为人们展示了古礼程式，使之得以代代传承，同时又为海内外客家人提供了寻根谒祖的契机和联络亲情凝聚亲情的纽带，其影响正不断扩大。

闽西客家春耕习俗中的许多活动是表现为宗教与世俗活动、宗教文化与世俗文化的交融与混杂的。如长汀童坊的闹春田，人们将当地神灵关公等从庙中抬出，巡游至一块已经耕好准备插秧的水田里，由数个年轻力壮的小伙子将神轿抬至水田里，来回推搡角力，被推倒在水田里的小伙即为输家，换人上阵再斗。如此来回许多回合，整块水田被搅得泥浆翻滚，上阵的小伙子全都浑身沾满泥浆。水田四周观战的人们欢呼雀跃、敲锣打鼓、鞭炮轰鸣、烟花竞放，整个村子沉醉在欢乐之中。

这种以狂欢的民俗活动为载体的民间信俗类"非遗"项目，内容丰富，形式多样，人们实在难以分清哪些是宗教活动，哪些是世俗文化活动；活动中乡人随意祭拜，人们也实在难以分清哪些该用佛教礼仪，哪些该用道教礼仪，抑或是儒教礼仪；活动中人们热情之空前高涨，乐此不疲，也实在难以分清人们到底是出于对宗教的虔诚，还是出于对庆典场面、庆典内容、庆典形式的喜爱或狂热。我们只能从这些活动中看到宗教活动与民间文艺活动、宗教文化和民间世俗文化的珠联璧合，水乳交融，一片欢乐祥和。而作为客家非物质文化遗产重要内容的客家民间信仰信俗文化，其保护与传承也应该是"非遗"保护的题中应有之义。

### 五、结语

客家文化是闽西最具特色的区域文化，是千百年来闽西客家人创造的精神财富，是祖先留下的宝贵文化遗产。然而，随着现代化进程的匆匆脚步，一些弥足珍贵的文化遗产及其赖以生存的环境正面临严峻的挑战，比如古村落及其自然生态和文化生态都面临被扬弃的危险。幸亏国家文化部适时批准同意设立国家级客家文化（闽西）生态保护区，使闽西客家文化保护传承迎来契机。闽西各级政府、有关部门及闽西地区广大客家人、非客家人，都应该不忘初心，常怀敬畏，积极参与客家文化（闽西）生态保护实验区的建设，保护好诸如古村落那样的客家文化生态以及诸如宁化石壁客家祭祖习俗、闽西客家元宵节庆那样的闽西客家"非遗"。留住乡愁，任重道远。

（本文作者系龙岩学院教授，福建省高校人文社科研究基地客家学研究中心主任，龙岩学院原人文与教育学院院长，闽台客家研究院原执行院长，龙岩市社科联副主席）

# 美丽乡村建设与客家文化生态保护

黄建华　　石佳能

党的十八大首次把生态文明建设作为党和国家现代化建设的重要内容。在 2013 年中央一号文件中，第一次提出建设美丽乡村的奋斗目标，其中，提出要进一步加强农村生态建设、环境保护和综合整治工作。农业部在有关 2013 年农业农村经济重点的计划中，也把建设美丽乡村、改善农村生态环境作为重点，指出美丽乡村建设是新农村建设的"升级版"，提出了美丽乡村的模式和"五位一体"总体布局，并提出把生态文明建设放在突出位置。为此，在客家美丽乡村建设中，要把客家文化生态保护摆在相当重要的位置上。

## 一、自然生态保护

"文化生态是文化与环境、文化与文化之间相互作用的系统。其环境要素包括自然地理、生活方式、技术工具、经济形式、社会结构、教育体制、价值观念、意识形态、政策法规等，其中每个环境要素的变化都会影响到文化的变化。事物的普遍联系观点是文化生态学的基本哲学"。[1] 可见，文化生态不仅仅是社会的，也包括自然生态。文化生存于自然和社会环境中，拥有一个良好的文化生态，是文化与自然、社会能够达到和谐共存、协调发展的至关重要条件。在工业化、现代化的进程中，首先受到破坏的是自然环境，客家地区也一样，为此，客家地区美丽乡村建设的文化生态保护，首先是自然生态保护。

多山多水是客家地区地理环境特点。客家缘水而居和依山而居，山居稻作是客家的生存模式，从而产生山水情怀，久之山水环境也成为客家文化生态的一部分。在长期的农耕文化时期，客家受到山区偏远的地理条件的限制，长期处于封闭状态，因而其生存生活的自然环境受外界影响较小，生态自然环境保护较完好，同时也为客家提供了创造客家特色文化的自然环境。1000 多年来，身居崇山峻岭中的客家主要以山地农业维持生计，依赖的是丰富的自然资源。在适应生存环境的条件下，创造了与自然环境和谐共存的生活生产方式，他们崇敬自然，热爱自然，让自然环境得以维持和发展，形成原生态的客家乡村。

---

① 马建华：《文化生态保护的理念与方法》，《福建艺术》2011 年第 5 期。

在工业化、现代化的进程中，客家地区的自然生态发生了明显的变化，自然生态开始走向失衡，人为破坏现象较为严重，特别是发展工业而产生的废水、废渣、废气等对自然环境的污染，过度使用化肥和农药造成的土壤和水环境的恶化，发展旅游业产生的白色垃圾污染等，都造成森林植被的被破坏和森林覆盖面积的不断减小，青山绿水的自然环境遭到破坏。为此，一定要把自然生态保护摆在客家文化生态保护的第一位。生态平衡的自然环境是客家赖以生存的物质基础，也是客家文化植根的土壤。相对于经济发达地区，目前客家地区整体上还具有自然环境的相对优势，处于可保护的历史关键时刻，要建设好客家自然生态家园。自然生态的失衡不仅仅影响经济的发展，也必然会带来客家文化的衰弱。问题在于，随着人类向自然的无限索取和自然本身的变化规律（如地球气温变化、物种的优胜劣汰等），原生态的山水环境必然不复存在，因此，工业化进程中的自然生态保护需要更多的科学与人文的共同思考，经济与文化的协调发展，传统的继承与时代的创新。这远比传统的一般性生态保护，诸如封山育林、禁止乱砍滥伐、林粮间作等复杂得多，要在建设美丽乡村的过程中，投入更多的科学技术、资金，充分利用国家对美丽乡村建设和生态文明建设的政策支持，进行现代化的自然生态保护和经济建设。

## 二、人文生态的维护和构建

广义的人文生态是一个复杂的系统概念。"人文生态是指某区域人口与其他各种物质的生产要素如自然环境、技术、资金等之间的组配关系，以及人们为实现和满足社会生活的各种需要而形成的彼此间的各种关系，即社会关系。"[①] 狭义的人文生态有别于自然生态，指与文化相关的社会环境生态和人们的文化心理。"人文生态是指以人本身为研究对象、以人文精神为主导的人文文化与其外部环境之间相互作用、相互影响而形成的生态系统"。[②] 客家传统文化是在特定的人文生态中形成的，这种人文生态，可以分为社会的和人们心理的两大层面。

客家文化人文生态的社会层面，有农耕社会的生产方式、生活方式，如客家的山居稻作、林粮间作、稻田与山塘养鱼、山地水利、客家古村的民居、聚宗族而居、客家服饰、饮食习俗。有客家传统的宗族制度，如祠堂、祖训族规。还有各类民俗与文化事象的社会环境，如土楼文化、节庆文化、客家山歌、婚俗文化、饮食文化、服饰文化。客家方言和艺术以及其他社会性的生态也是客家文化的人文生态的社会层面。它们既是显性的客家文化，又是文化生态——因为文化与文化之间的关系也是文化生态的关系。客家文化人文生态的心理层面，最重要的是客家族群认同。客家族群认同既有血缘、中原汉族族源认同，更有文化认同，如客家族谱对血缘的追溯，对爱国先祖的敬仰和祭祀等，这既是进行客家族群血缘、族源的教育，也是对客家文化的传递。民间信仰也是客

---

① 付晓华：《可持续发展的人文生态研究》，湖南农业大学 2008 年硕士学位论文，第 3 页。
② 卫丽红：《人文生态若干问题研究》，中共中央党校 2005 年硕士学位论文，第 16 页。

家人文生态的心理层面。

随着时代的变化，客家文化人文生态的社会层面发生了巨大的变化，人们的生产方式、生活方式和社会制度首先发生巨大的变化，继而影响民俗，再影响文化心理的变化。为此，对客家文化的人文生态，一是需要维护，这主要指文化心理层面的，比如，维护客家的族群认同，在吸收、融汇其他非客家文化的同时，保持客家文化的主要特征。二是需要构建，这主要指社会层面的文化生态。所谓构建，即"全方位、多角度、深层次建立某种事物"，它具有很强的主体性和主导性。由于客家文化的社会生态已经发生巨大的变化，与在客家传统社会自然形成的社会文化生态很不一样，因此需要构建，也就是重构客家文化的社会生态。对客家文化人文生态维护和构建的主体是客家地区的地方人民政府和社会各界，其中，地方人民政府应发挥主导作用。譬如，支持维护客家认同，传承客家优良文化传统；在客家地区为客家话保留一定的使用范围，如广播电台的广播、客家文艺节目尽量使用客家话，在学校开设一定的客家话课程；普及文化生态教育，推进客家文化保护意识；发挥村规民约对文化生态保护的积极作用；优化政治生态环境，进行有关客家文化保护的相关法规建设；引导客家民俗文化的文化创意，推陈出新。特别是建设好客家文化生态保护实验区。

概言之，对于客家文化的人文生态，既要维护传统，又要在重构中创新，实现新旧交替的与时俱进，适应文化发展的新陈代谢规律。譬如对于客家山歌和传统的客家戏曲这样的客家文化遗产，不能仅仅限于传统的演唱和演出，要把它作为新时代客家认同的文化资源进行创意，唤起客家群众和中小学学生的客家文化意识，这除了将它继续纳入群众文化活动和中小学音乐课堂以外，还要进行客家山歌和客家戏曲本身的创新，并且将它推入文化产业市场。要大力培养客家山歌和客家戏曲演出和创作人才，为他们提供成长的条件，培养他们、宣传他们，将演出活动纳入文化产业的构建之中。只有这样，客家文艺才能得到更好地生存和不断传承的文化生态。

### 三、经济发展与生态保护

客家地区尚处于工业化欠发达阶段，具有自然生态环境的相对优势，因此，要把发展生态经济作为客家文化生态保护的重点。生态经济是指能够满足我们的需求而又不会危及子孙后代满足其自身需求的前景的经济。为了达到这个目的，就必须实现将"生态学凌驾于经济学之上"，[①] 坚持生态经济观，坚持产业发展的生态化。"产业发展生态化是指，在宏观上以生态经济战略为指导调整产业布局和产业结构，在微观上给企业规定严格的有法律约束力的生态标准，从整体和局部两个方面规范产业行为，提高资源利用效率，减少环境污染，不断实现资源永续利用，使环境逐渐改善，经济持续发展的过

---

① ［美］莱斯特·R. 布朗：《生态经济：有利于地球的经济构想》，东方出版社2002年版，第78页。

程"。① 对于经济发展生态化，目前客家地区地方人民政府和乡村已经形成了正确的总体思路，如：走生态旅游和新型工业化道路，发展生态经济和循环经济，发展生态旅游经济，开展水源保护、重点工业污染源治理，水土流失防治、天然林保护、退耕还林，建设生态文明实验区。从美丽乡村建设的视野来看，美丽乡村建设是生产、生活、生态三位一体的系统工程，其中，生产和生活对生态的影响无时不存在，生态又对美丽乡村的形成、客家文化的保护产生影响，进而影响生产和人民生活。2014 年中央一号文件从完善国家粮食安全保障体系、强化农业支持保护制度、建立农业可持续发展长效机制、深化农村土地制度改革、构建新型农业经营体系、加快农村金融制度创新、健全城乡发展一体化体制机制、改善乡村治理机制等八个方面提出了推动农村改革的重点及方向，这为美丽乡村建设的经济建设指明了方向，提供了政策支撑。因此，客家地区的美丽乡村建设要在这些重点上夯实基础，解决发展农业和农村经济存在的很多实际问题，其中，生态保护必须是始终坚持的重要方向。农业部教育司司长唐珂在《关于建设美丽乡村的理论与实践》一文中指出："农业部'美丽乡村'创建目标体系，提出了美丽乡村建设的蓝图和框架。作为整个创建活动的核心，这一目标提出了'产业美''生态美''生活美''人文美'等基本内容，其中，'产业美'是美丽乡村的前提，'生活美'是美丽乡村的目的，'生态美'是美丽乡村的特征，'人文美'是美丽乡村的灵魂。"② 在经济欠发达的山区客家地区，粗放型经济是影响生态的最主要原因，为此，既要加快推进工业化进程，发展经济，解决人民温饱和小康问题，又要保护好生态。对于传统的农业，要向发展生态型、高效农业产业发展，建立农业产业链，促进农业、工业、流通业的经济联盟，提高农业产业效益。对于传统的林业，要向现代林业发展。"现代林业，就是科学发展的林业，就是以人为本、全面协调，可持续发展的林业，就是能够最大限度拓展林业多种功能，满足社会多样化需求的林业，就是通过构建完善的林业生态体系、发达的林业产业体系、繁荣的生态文化体系，全面提升林业的生态功能、经济功能、社会功能，充分发挥林业的生态效益、经济效益、社会效益"。③ 发展现代林业，在市场机制、林业科学技术、林业产业链、林业法制建设等方面都要进行产业建构，在政策、资金、人才、科技等方面要有可行的具体措施。还要大力文化产业、旅游产业，对客家特有的文化资源进行文化创意，与旅游业及其他相关产业相融合，激活文化资源，提高附加值，进行生态保护。总之，经济建设是美丽乡村建设的基础，必须走产业生态化途径，才有可能达到客家美丽乡村的产业美、生态美、生活美和人文美。

## 四、文明栖居与生态保护

客家美丽乡村建设的目的之一是文明栖居。文明栖居可以分为两大层次，一是现实

---

① 王松霈：《走向 21 世纪的生态经济管理》，中国环境科学出版社 1997 年版，第 356 页。
② 闪娜娜：《生态文明视域下美丽乡村建设研究》，河南农业大学 2015 年硕士学位论文，第 8 页。
③ 贾治邦：《林业肩负着重大而特殊的历史使命》，《内蒙古林业》2008 第 2 期。

中的文明栖居，二是心灵的栖居。它们也是美丽乡村的文化生态。

首先要解决现实中的文明栖居存在的主要问题。第一，改善和美化生活环境。突出的问题是解决乡村生活的住宅建设和基础设施建设，如供水排水系统、供电通信以及网络系统等问题。在美丽乡村的住宅建设中，既要让村民享受现代供水、供电、网络等公共设施，又要避免乡村住宅建设模式化，失去客家特色。如客家古村是最具有客家特色的地方，随着人们居住条件要求的提高，旅游业的发展，在客家古村必然要兴建新的民居和旅游设施。2015 年 1 月习近平主席在云南调研时强调，新农村建设务必要符合农村实际情况，遵循规律，体现特点，注重乡土味道，保留乡村原有的风貌。新建客家民居和其他设施要保持客家风格，对于具有旅游价值的客家古村，新建民居要尽量融入客家文化元素，像客家前人一样为后人留下旅游景观资源。第二，建立乡村的现代化公共服务体系，包括医疗卫生服务、公共文化服务体系等。第三，加强村一级的民主管理。在美丽乡村建设中，客家群众是美丽乡村的主人，处理好政府引导和群众为主体的关系。"政府的主要作用是编规划、给资金、建机制、搞服务，不能包办代替，不能千篇一律，不能强迫命令，更不能加重农民负担。要探索建立政府引导、专家论证、村民民主议事、上下结合的美丽乡村建设决策机制"。① 第四，发扬客家文明栖居传统，传承良好的文明居住生活习惯。历史上，客家重视乡村环境保护，积极参与公益事业，热心互相帮助等。在新的时代，不但要继续发扬这些优良传统，更要在讲究文明卫生、村容整洁、乡风文明，村民文化素质不断提高等方面有新的面貌。尤其是在人与人关系的社会生态上，村干部要乐于奉献，村民要诚实劳动，人与人之间相互信任、友善，互助友好，建立起新时代的客家文明之风，共同营造幸福美满的生活氛围，共同建设美丽乡村家园。

美丽乡村文明栖居的深层次是心灵的栖居。这需要具有热爱客家、热爱自己家园的情怀。习近平主席在多次重要讲话中提到"要记得住乡愁"。客家人的"乡愁"既是物质的，如，记得住缺吃少穿年代的困难生活，激发建设家园，奔小康和对幸福生活的追求，又是精神的乡愁，如青山绿水的环境被破坏，人与自然关系的逐渐对立，人与人关系的疏离等等。它们其实就是客家传统的天人和谐的栖居在现代化进程中日渐消逝的乡愁。记得住乡愁，首先就要强化客家文化认同，懂得在新的时代自己的家园应该是怎样的美丽乡村，有怎样的客家文化，怎样去维护和保护它的生态。比如，传统客家周边都有茂密的森林，其中有向往神性的风水林，有象征宗族凝聚的祠堂等，它们是客家心灵的寄托，也是一种文化生态。如果不复存在，客家文化就失去依托。为此，对于客家文化的生态维护或重构，要维护一定的民间信仰。民间信仰包括祖先崇拜、神灵崇拜、岁时祭祀、农业祈仪等。其中自然遗留原始社会和封建社会时期形成的糟粕。但是，民间信仰是从古远的时代或者民族发生重大历史和文化变迁时代所创立的、深深扎根在民族

---

① 王卫星：《美丽乡村建设：现状与对策》，《华中师范大学学报（人文社会科学版）》2014 年第 1 期。

心理深处的精神支柱。客家民间信仰既有对中原神的信仰，更有迁徙闽赣粤交界地区以后，为了稻作风调雨顺、人们平安无灾而重新造出的人神，如定光佛信仰等。此外，还有客家心理最深层的原始信仰，如对大自然的崇拜、风水信仰。要看到民间信仰的"神性"的价值。海德格尔认为诗意地栖居需要仰望"神性"，按照"神性"来测度自身。客家自古以来就有一种"神性"的仰望与"神性"的测度，他们的"神"就是天地自然，"神性的测度"则是依法自然。家园不仅是一块自然和社会的地方，而且是人与人、人与神（大自然）共居的地方。在客家地区，要充分重视民间信仰对于心灵栖居的积极作用。如客家先民的民间信仰反映客家先民对人与大自然和谐的朴素认识，因而崇拜一切自然物，也保护一切自然物，对生态维护发挥了极其重要的作用。民间信仰也是聆听祖先和大自然的声音，让人产生对大自然的敬畏感，敬畏可以产生道德，从而自觉地保护生态，也就是对于大自然的伦理文化。总之，"民间信仰对建设社会主义精神文明有重要影响。健康的民间信仰保存了大量民族精神和文化传统，可作为社会主义精神文明建设的宝贵资源，在精神文明建设中发挥积极作用；消极的民间信仰存有大量封建迷信的内容，严重制约着精神文明建设。因此，只有加强对民间信仰的积极引导，做好保留其精华、剔除其糟粕的工作，才能使民间信仰在社会主义精神文明建设中发挥积极作用"。[①] 对于心灵的栖居，还要保护、传承和创新客家艺术。客家艺术更是一种栖居中的文化，有着人与自然、人与人、人的心性的和谐内涵。在客家美丽乡村建设中，客家艺术是心灵栖居的家园，要与物质的美丽乡村建设一起维护、构建和创新客家艺术。

（本文作者黄建华系湖南怀化亿地利家纺公司总经理；石佳能系湖南怀化市民族宗教委调研员，湖南省非物质文化遗产研究基地研究员，中南民族大学客座教授）

---

① 张鸿石：《论传统民间信仰与社会主义精神文明建设》，《学术交流》2003 年第 3 期。

# 借鉴与创新

## ——关于客家文化（闽西）生态保护实验区建设的若干建议

### 戎章榕

2017 年初，对于福建省的客家人无疑是一个重要的利好，文化部向福建省复函，同意设立客家文化（闽西）生态保护实验区。该实验区范围包括福建省龙岩市长汀县、上杭县、武平县、连城县、永定区和三明市宁化县、清流县、明溪县。保护区面积 1.94 万平方公里，人口 292.1 万人。这是继广东和江西后设立的第三个国家级客家文化生态保护实验区，此前，文化部分别于 2010 年和 2013 年设立了客家文化（梅州）生态保护实验区和客家文化（赣南）生态保护实验区。

为了贯彻 2005 年 12 月印发的《国务院关于加强文化遗产保护的通知》的要求，对文化遗产丰富且传统文化生态保持较完整的区域，要有计划地进行动态的整体性保护。在 2006 年出台的《国家"十一五"时期文化发展规划纲要》中，明确提出在"十一五"期间（2006—2010）建立 10 个民族民间文化生态保护区。

幸运的是，"闽南文化生态保护实验区"作为首个国家级文化生态保护区，于 2007 年 6 月 5 日批复。也就是说，在 10 年之后，福建省又有了第二个国家级文化生态保护区。

据了解，从 2009 年起，福建省及龙岩市、三明市以建设客家文化生态保护区为重要抓手，全面启动创建国家级客家文化（闽西）生态保护实验区工作，起草编制了《客家文化（闽西）生态保护区规划纲要》，并于 2010 年 6 月上报国家文化部。

申报不易，保护好更难。

文化生态保护是一项新的尝试，其关键词是"生态"，这是从自然生态接引而来的概念。如果没有生态，保护区的意义就不存在；如果不划定一定的区域，文化生态就得不到整体性保护。保护区特别强调生态环境的修复，保护非物质文化遗产赖以存活的原生环境。"共同抢救、共同保护、共同利用、共同发展"，在实践和理论研究中，逐步探索出符合客家文化生态规律的保护方式和方法。

为什么叫"实验区"？因为建立客家文化生态保护是带有实验性质的，需要一边探索一边总结经验，并将其经验推广，待日后条件成熟时正式命名为"文化生态保护区"。

客家文化（闽西）生态保护实验区是在闽南文化生态保护实验区建设 10 年的基础上设立的，闽南无疑能够为其提供借鉴。何况，同类型的客家文化（梅州）生态保护实验区和客家文化（赣南）生态保护实验区已先行一步，能为后来者避免走弯路提供借鉴。但要发挥后发优势，后来者居上，还需要在借鉴的前提下有所创新。创新是文化活力的标志。文化生态保护虽然侧重于实践，但需要理论创新的引领。10 年来观念也在不断更新。"工欲善其事，必先利其器"。因此，在理念上与时俱进同样不可偏废。

为此，笔者着重从借鉴和创新两个维度，对客家文化（闽西）生态保护实验区提出个人的一孔之见。

一

规划先行。2007 年 3 月，文化部在厦门召开第一次文化生态保护区工作会议。4 月，福建省文化厅成立《闽南文化生态保护区规划纲要》起草小组。5 月，文化部在泉州召开讨论规划纲要初稿研讨会。闽南文化生态保护实验区批复后，省文化厅随即印发《闽南文化生态保护区规划纲要》，并要求厦、漳、泉三市根据规划纲要分别制定出实施方案。2008 年 3 月，文化部在泉州召开工作会议，要求对《闽南文化生态保护区规划纲要》作补充修改，做成规划。福建省人民政府 2014 年 5 月出台《闽南文化生态保护区总体规划》，确定了闽南文化生态保护区的建设目标：建立一套科学化、规范化、法制化、网络化的文化生态保护体制和运行机制。致力探索建设一个"非物质文化遗产和物质文化遗产相依存，并与人们的生产生活密切相关，与自然环境、经济环境、社会环境和谐共处协调发展"的保护区。

规划应当摆在文化生态保护工作的第一位。2011 年，文化部办公厅印发《关于加强国家级文化生态保护区总体规划编制工作的通知》，要求每个国家级文化生态保护实验区都要编制一份总体规划，并以此为引领开展生态保护区建设。基于整体性保护原则，客家文化（闽西）生态保护实验区规划应当在所属的 8 个县区进行统一规划，整体推进，同时找准各自特点，形成特色。还要尽可能与先期批复的客家文化（梅州）生态保护实验区和客家文化（赣南）生态保护实验区的规划相衔接，进而形成大陆客家文化生态圈。

加强宣传。闽南文化生态保护 10 年来高度重视宣传，主要呈现以下几个特点：一是借助报刊、广播电视，而且创办"闽南文化生态保护区"网站，还运用博物馆、普及读物、文化进校园等多种形式，把形成舆论氛围和发动群众共同参与结合起来，把政府主导和激发民间积极性结合起来。二是借助民间群团、宗亲会等组织的力量，把热爱闽南文化、研究闽南文化、传播闽南文化的海内外各界人士凝聚起来，形成保护闽南文化生态的合力。

客家文化（闽西）生态保护实验区中的公民文化自觉，是建设保护区最基本的思想保证。在全面、深入、细致地做好宣传普及工作的同时，应当跟上时代的变迁，着眼媒体生态的新变化，多在新媒体上发力，创作出为群众喜闻乐见的传播内容，以增强普通民众的文化认同和自觉意识，营造良好的文化生态保护的社会氛围。客家文化是中华文化的重要组成部分，几百年来一直是海内外客家人后裔建设家园、自强不息的精神支柱。据不完全统计，现在的客家民系有 1.2 亿，其中 2000 多万人在海外，分布于亚洲、欧洲、非洲、美洲、大洋洲 100 多个国家和地区，以海上丝绸之路重要地区的东南亚各国为数最多。"有海水处即有华人，有华人处即有客家"，这绝非虚言。在客家文化的宣传普及方面，不仅要走出区外、省外，加强对台文化宣传，更要走出国门，主动融入"一带一路"建设，向世人传播中华民族的优秀传统文化，使"天下客家是一家"的理念深入人心。

群众参与。2007 年 6 月，文化部正式批复成立"闽南文化生态保护实验区"，同年 7 月，福建省人民政府就下发文件成立实验区工作领导小组。随后所属市县均成立由宣传部部长或副市长（副县长）牵头的领导小组。闽南文化生态保护最大的成就不是领导架构的健全，而是社会各界的积极参与。比如，厦门市印发《公民文化手册》、设置"非遗"传习点、举办论坛，泉州开展"闽南文化生态保护宣传月"、文化遗产征文、摄影大赛、闽南民间舞蹈大赛等；在语言环境修复上，组织《闽南方言与文化》乡土教材进校园、在广播电视开办方言栏目等；在民俗环境修复的案例有：东山关帝文化节、三平祖师文化节、海沧青礁保生文化节、湖里仙岳山福德文化节等。用接地气的形式，吸引更多人的参与。

组织保障固然需要，但扩大社会参与面更为重要。为此，客家文化（闽西）生态保护实验区建设要深化"文化复兴和软实力崛起的主体是社会，而不是政府"的认识，重点放在人的身上。人创造了文化，文化塑造了人。人既是文化物种，又是文化物种生存的环境。优化文化生态，首要的是提高人的文化自觉和文化自信。不仅要保护传统口头传说、表演艺术、手工技艺、民俗活动、礼仪、节庆等非物质文化遗产，还要保护古建筑、历史街区、乡镇古居民、历史遗迹、文物等物质文化遗产。做到应保尽保，保护到位，与人们的生产生活相融合。同时与文化遗产相关的自然环境、文化生态环境也应得到保护，努力使生态保护区真正做到"遗产丰富、氛围浓厚、特色鲜明、民众受益"。

## 二

深化认识。设立文化生态保护区是将民族民间文化遗产原状地保存在其所属区域及环境中，使之成为"活文化"，这标志着中国文化遗产保护开始进入整体、活态保护的新阶段，同时也表明了认识上的新进步。但在文化生态保护区建设上，需要理顺三个基本问题：为什么要开展文化生态保护？文化生态保护做什么？怎么做？只有不断深化这三个基本问题的认识，建设共同的精神家园才能常做常新。

党的十八大以来，以习近平为核心的党中央提出来一系列治国理政的新理念、新思想、新战略，尤其对弘扬中华优秀传统文化高度重视，中共中央办公厅、国务院办公厅 2017 年初印发的《关于实施中华优秀传统文化传承发展工程的意见》，首次以中央文件的形式专题阐述中华优秀传统文化传承发展工作，为我们建设文化生态保护区提供了政策依据。习近平总书记指出："我们从哪里来？我们走向何方？中国到了今天，我无时无刻不提醒自己，要有这样一种历史感。……中国有坚定的道路自信、理论自信、制度自信，其本质是建立在 5000 多年文明传承基础上的文化自信。"客家人崇尚的是慎终追远、勿忘根本。客家文化代表了中国传统文化中最具典型意义的文化类型，是中华民族不可多得的优秀文化基因。因而，客家文化生态保护区保护的是中国传统文化中最具典型意义的文化类型，赓续的是中华民族不可多得的优秀文化基因。

平台建设。这些年来，在省委、省政府重视下，福建省客家联谊会牵头，平台建设在客家原乡故土上取得了长足的进步。其中祖地文化生态保护与建设的"十个项目"、九个客家博物馆以"各具特色、壮观大方"，在保护区的长汀、宁化、永定、上杭、武平、连城、清流县矗立，成为展示和研究客家文化的重要平台，也成为弘扬客家文化、沟通两岸文化联系、加强世界客属的重要载体。

确立了客家文化（闽西）生态保护实验区后，肯定需要进一步加强平台建设。不是为了保护而保护，也不是为了建设而建设，而应在保护的基础上，贯彻创新、协调、绿色、开放、共享发展理念，更好地服务于客家经济社会文化发展的需要。要将文化生态保护区视为一个整体进行保护，就需要按内在联系、辩证统一的原则来践行五大发展理念。把文化生态保护与客家经济社会发展统筹协调起来，和谐共生，共同发展。因此，保护不是束之高阁，原封不动，更不是盲目开发，破坏生态。客家文化生态应当根据客家 8 个县区的特点，共同保护、共同开发、共享收益。

融合发展。生态保护实验区设立的初始阶段，就提出了"四个结合"的理念，即物质文化遗产与非物质文化遗产的保护相结合，文化生态保护与自然生态保护相结合，文化生态保护区建设与新农村建设相结合，文化生态保护区建设与对台文化交流合作相结合。应当说，这"四个结合"的理念业已取得实效，见人见物见生活。

当今的时代是个融合发展的时代，只有融合才能更好发展。经国务院批准，从 2017 年起，每年 6 月第二个星期六设立为"文化和自然遗产日"。也就是说，实行 11 年的中国"文化遗产日"，将正式更名。这是外延的扩大，更是内涵的深化；是历经多年的非遗保护认识的升华，更是适应时代融合发展的需要。遗产保护是不能把文化与自然截然分开，文化生态保护更需要在融合上着力。既要守好生态这条"生命线"，还要"寻找文化的力量、挖掘文化的价值"，将客家历史文化中的"散珠碎玉"串成"葡萄串"，做好生态、文化、旅游相融的大文章，才能更好地展示了客家文化的多样性、独特性和完整性。

总之，客家文化（闽西）生态保护实验区是一项全新的工程，也是一项系统复杂的文化工程，任重道远，需要一代代客家人为之不懈努力。客家文化生态保护，要传承，也要发展；要弘扬，还要宣传；要借鉴，更要创新。

（本文作者系福建省政协研究室综合处原处长，主任编辑）

# 组织社会学视野下的
# 客家村落文化保护与传承问题探究
## ——基于福建省芷溪村"乡愁堂"协会组织的个案研究

应超群

### 一、问题的提出

20 世纪 80 年代初，随着人民公社制在中国乡村社会的逐步退出，乡村社会的活力得以重新激发，乡村居民生活物质水平得到极大的改善，各种民俗文化活动在乡村社会逐步兴盛起来，村落文化的保护与传承也得到普通村民的重视并得以实践。然而近年来，随着整个国家财富总量的不断激增，在急遽城市化进程，国家计划生育政策，文化生活的多元化、便捷化等因素的综合作用下，乡村社会反而面临着严峻的现代性困境难题——村落的空心化、经济的凋敝、人口的萎缩，特别是青壮年人口流失和乡村老人养老问题等。村落文化的保护与传承受到严重忽略。"乡愁"文章每每见于报刊，也有学者直指乡村的社会问题，例如熊培云的《一个村庄里的中国》，梁鸿的《中国在梁庄》《出梁庄记》。

本文以福建省客家村落芷溪村"乡愁堂"协会组织为研究的个案，通过田野调查的方式来探究乡村社会文化保护与传承问题——乡村社会是否有力量完成自我村落文化保护与传承？哪些力量组成了其文化保护与传承的主体？这些人身上存在着什么样的生命印迹促使其参与其中？哪些因素唤醒了乡民的"文化自觉"意识？本文着重探究新时期现代通信工具、微信 APP 等网络工具在乡村社会文化保护与传承中的社会联结作用，从而摸索出新时期客家乡村社会文化保护与传承的运作逻辑与演变路径。

### 二、田野点及调查情况介绍

芷溪位于福建省连城县南部，面积 10.8 平方千米，全境辖芷红、芷溪、芷星、芷民、芷联、坪头 6 个行政村，农业人口 2994 户 11930 余人。319 国道、龙长高速公路傍村而过，交通十分便捷。1985 年，省考古队考古发现，芷溪自新石器时期便有先民居住，大规模开辟于宋代，居民由中原迁徙而来，开初以邱、华二姓人口最多，有"邱三千华八百"之称。现聚居黄、杨、邱、华 4 姓，以黄杨两姓居多，占人口 80%，是连城南部最大村落。

笔者此次田野调查地点在福建省龙岩市连城县庙前镇芷溪村，共计历时 30 天，2017年 1 月 11 日至 2 月 9 日。在进入田野调查点之前，笔者已于 2016 年 8 月到此村进行了初步的田野考察，获悉了芷溪村的一些情况，也收集了部分田野材料，在和导师商议后，决定于2017年初再进行深入的田野调查工作。之所以选择这个时间点进入田野，主要出于以下几点考虑：一、这时期是中国社会的传统新年节日，也是国家法定的节假日，整个社会处于"休假"阶段，外出者也会返回家乡过春节，在此时期调查可以尽可能多地接触到村落的人物故事，了解其村落社会关系，完成整体面貌认知的构建；二、此时也是一年中观察村落社会民俗信仰活动最佳的时间点，在芷溪村春节会有寺庙祭拜的活动、正月的家族祭祀活动、正月初一到十一出花灯的习俗，还有近年开始设立的民俗文化节等，便于通过这些公共事件窗口来融入其村落社会，达成对其村落社会深入观测的目标；三、在农历年年底，中国社会的村落基层自治组织村委会有密集的工作总结会议和村务"结尾"工作，同样在中国最基层的政府组织镇政府也有着类似工作，在此阶段进入田野，能较集中地观察乡村社会的地方政府组织活动和乡村社会自治情况；四、笔者的硕士论文刚刚完成初步开题，此前已经进行了部分选题的文献梳理工作，需要通过此次田野考察，触发自我的问题意识，以问题构建起文章的分析框架和深入的探讨。

### 三、村落文化保护与传承现状

在详细展开论述前，笔者认为有以下几个关键时间点需要做个交代。

第一，2001年，原县政协罗士卿主席、黄振福副主席，带领县委宣传部、文化局、政协文史办和部分政协委员前来芷溪古民居、古宗祠进行考察、调查，召集有识之士、离退休人员座谈。在座谈会上，罗士卿主席对芷溪古宗祠、古民居的修复、保护、文物管理、环境卫生等方面提出了中肯的建议。他主持编写了《芷溪古宗祠文化初探》一书，大力宣传芷溪宗祠文化。

第二，2003年1月芷溪被福建省批准为省级历史文化名村。

第三，2008年2月，厦门大学闽台建筑文化研究所戴志坚教授带领24人来芷溪测绘，形成"芷溪古村落保护与发展规划"文本。此后，镇政府成立了"芷溪申报国家级历史文化名村筹备处"和"芷溪历史文化名村管理委员会"。

第四，2008年12月26—29日在北京举行的2008年亚太华人经济年会暨第三届中国国际循环经济高峰论坛上，芷溪入选"国际生态环境和谐（美）村镇100强"。

第五，2010年7月22日，芷溪被中华人民共和国住房和城乡建设部和国家文物局授予"中国历史文化名村"。

第六，2011年7月26日成立了芷溪中国历史文化名村保护协会。

第七，2012年12月17日，住房和城乡建设部等部门组织开展了全国第一次传统村落摸底调查，在各地初步评价推荐的基础上，经传统村落保护和发展专家委员会评审认定并公示，福建省连城县芷溪村被列入第一批中国传统村落名录。

一系列的时间节点发生的事件，对芷溪村落文化的保护与传承有着直接的影响，其成为一个个"社会话题"进入村落居民日常生活中，唤醒了村民的"文化自觉"意识，也为芷溪"乡愁堂"的成立孕育了社会存在的"空间价值"。

以下笔者将芷溪村落文化保护与传承现状，按主题模块进行论述。

一个聚落的形成往往有着复杂的历史社会因素，特别是有着悠久历史文化传统的古村落，往往有着大量的故事题材待来者挖掘、探究。根据人类学家泰勒（E. B. Tylor）所下定义，文化是"一团复合物，包含知识、信仰、艺术、道德、法律风俗以及其他凡人类因为社会的成员而获得的能力及习惯"。人们聚居在一起，共同生产、生活，形成了丰富多彩的具有鲜明特色的村落文化，构成一个系统，成为一套结构的组合，以使之动态地运行，获得强大的经久不衰的生命力。① 李银河对村落文化的理解是：村落文化不是抽象的概括，而是一种切实存在的社会群体及其所拥有的文化形式，另外，村落文化概念是以村落内部信息共享为主要特征。村落文化的其他主要特征被概括为：第一，村落的规模以一般人相互熟知的极限为其极限。第二，村落成员的流动性不大，为村民相互熟悉提供了可能。第三，村落中的人有相互竞争的倾向。村落中有若干成功与失败的指标，人们总是竭力在这方面超过村内的其他成员，获得较高的评价。第四，村落中的成员在生活的各个方面有趋同的压力，村落文化是一个从众行为的典型环境。②

本文主要根据芷溪村落自身的内在特征，将芷溪村落文化大致分为以下三大类。

（一）芷溪古建筑文化

芷溪的古建筑文化，主要包括古宗祠和古民居两大部分，其村落的建筑布局又和传统的"风水"学说密切相关。第三次全国文物普查中发现的芷溪明清古宗祠古民居，具有重大历史、文化、艺术和科学价值。保存较完好的古宗祠有74座，面积达35390平方米；古民居139座，面积19万平方米，其中"九厅十八井"8座。其规模宏伟壮观，建筑雍容典雅，雕梁画栋、飞檐斗拱、花窗屏墙、月池花苑、雕刻字画等无不精美绝伦。有6条1000余米深巷，3条古街。一条49道弯的水圳，从村头到村尾约3000米，终年水流不息，有消防、灌溉、泄洪、抗旱、生活用水等功能，称为芷溪的"命脉水"。2002年澄川公祠、集鳣堂、黄氏家庙、翠畴公祠、杨辉公祠和龟山公祠被列为县级文物保护单位，2009年提升为省级文物保护单位。笔者在芷溪古村中转了不知多少次，每每被村落的古巷绕得晕头转向。自20世纪80年代末期起，芷溪的古民居不断遭到严重毁坏，村民为改善自身居住的条件，拆掉了老房盖起了新房，也有的在村的外围建立新房，因此古宗祠、古民居得不到很好的维护，渐显衰败。

（二）芷溪宗族文化

芷溪是多姓氏的宗族村落，主要有黄、杨、邱、华四大姓氏，现分散于芷溪、芷红、芷星、芷民、坪头、芷联6个行政村。他们在村民住房和土地、山地归属问题上交

---

① 尉迟从泰：《中原传统自然村落的分类》，《南通师范学院学报（哲学社会科学版）》2004年第12期。

② 李银河：《生育与村落文化》，文化艺术出版社2003年版，第63—67页。

错相杂，特别在涉及老房子的归属权上，错综复杂，有着紧密的社会联结。芷溪黄、杨、邱、华四姓，多为元末明初迁徙而至，迄今已繁衍 600 多年，现有人口 1 万多人。各姓氏人口增长多寡不一，今除华姓人口较少外，其他三姓都繁衍千人以上。

笔者此次进入田野，主要收集到以下文献资料，对于笔者了解芷溪的宗族文化发挥了关键作用。主要有：政协连城县委员会 2003 年 5 月编辑完成的《福建·连城：芷溪古宗祠文化初探》、政协连城县委员会历史与学习宣传委员会 2015 年编辑完成的连城文史资料第 42 辑《中国历史文化名村芷溪》。据笔者此次调查，芷溪黄、杨、邱三姓现均有自己的家族理事会组织——黄氏家族的芷溪庚福公理事会、芷溪杨氏家族理事会与阁康邱氏家族理事会，理事会现今主要负责家族日常的祭祀、修祠堂、修族谱等事情。

芷溪宗族文化主要体现于其后裔敬奉先祖，为祖宗建祠堂，置图修谱，代代相承。如黄姓从开基祖到 17 代，都建有祠堂，黄姓先后建祠堂 41 座。其次杨姓，先后建有 23 座。邱姓也先后建祠 10 座。全芷溪共有祠堂 74 座。直至现今，芷溪村民仍重视祠堂、祖坟的修缮，族谱也得以重新编撰：芷溪杨氏族谱编委会 2007 年春月编辑完成《弘农堂：芷溪杨氏族谱》；福建省连城县芷溪黄氏族谱编修理事会 2005 年编辑完成《芷溪黄氏族谱》；2004 年 9 月编辑完成《福建龙岩连城庙前阁康村：邱氏丙一郎公世系谱》。这些笔者也收集到了。宗族文化很重要的组成部分，即"祖先祭祀仪式"，在芷溪有春、秋两祭的习俗。过去祖宗有尝田的有米板——人丁板和上坟板分给裔孙，在粮食紧缺时，尽可炒来饱餐一顿。现在没有祖产的则由裔孙凑钱组织基金会，或临时捐凑，以便给祖宗扫墓。祖宗扫墓按年例规定日期，裔孙可以出一些钱，在祠堂里参与聚餐。笔者进入芷溪感觉到的最明显的村落景观便是，村中遍布古宗祠、古民居，且宗祠、民居与祖先的墓地在村落并存，家家户户的正堂中皆有先祖的神龛，在春节期间，祠堂、家家户户都挂上先祖的画像，有很多老画像，也有很多新画像，为去世的先人制作画像这一传统在芷溪村得到良好的延续。许烺光在其著作《祖荫下：中国乡村的亲属，人格与社会流动》中写道，家中人死后有个去处——墓地、家中的神龛以及宗族的祠堂。死者的尸体葬在了墓地，而他们的灵魂却欲留在家庭的神龛上和宗族的祠堂里。[①] 在芷溪的村落中，很明显有着类似"传统的幽灵"，一直延续在村民的社会想象中。

在芷溪的宗族文化传承过程中重要的环节莫过于对教育的重视。芷溪曾有桃源山、仙嵩崇、琢玉山房、蹑云山房、北溪草堂、种石山房等 28 座书院（私塾）。芷溪人文蔚起。清代有文武进士 21 人，举人、秀才、贡生上百人。曾出过进士护理两江总督杨簧，清钦赐翰林院检讨黄肇衍，文进士黄位斗，武进士杨彪，清代举人内阁中书加光禄寺署正衔杨伯元，清代武举邱在陆，武魁邱作训。还有清代获朝廷旌表孝子的邱子美，"百万公"杨云岩、杨峻亭、杨西林、黄荆山、黄澄川。近代与周恩来、邓小平等人一起赴法

---

① 许烺光：《祖荫下：中国乡村的亲属，人格与社会流动》，（台湾）南天书局有限公司 2001 年版，第 34 页。

留学的黄永源、黄翼深、黄鸣谦，留日追随孙中山参加北伐战争的团长黄海，民国海军上将杨树庄及其"海军世家"中将 3 人、少将 13 人、准将 1 人，原国民党第八汽车兵团团长黄宗元少将，还有老红军杨彩衡，祖籍在芷溪的杨成武上将及其"将军之家"中将 1 人、少将 2 人，全国政协原副主席杨汝岱等名人先贤。民国和苏维埃时期，先后建立多所新式小学和工农子弟学校。1935 年创办正规小学，1937 年建胡文虎校舍。中华人民共和国成立后，又先后创办了小学多所。抗日战争时期，省立龙溪高级工业职业学校迁到芷溪办学。1943 年乡贤黄祖居、黄曦、黄际南、官一鸣、江含西、江吉士等人，创办连城县第二所中学（连城二中，张福滨为首任校长，校址在芷溪水尾孔怀堂）。直到现今，芷溪村落中还延传着重视教育的家族文化，芷溪设有 1 所中学（连南中学，杨成武将军于 1991 年 2 月题写校名）、1 所小学、1 所中心幼儿园。

（三）芷溪民俗信仰文化

1. 民俗活动

芷溪民俗文化独具特色，农历正月有出游花灯、红龙缠柱、犁春牛、十番音乐[①]、走古事、闽西汉剧演出等。此外，还有"正月十一"庙会、"三月扛菩萨"庙会和"四月八"庙会。笔者大体介绍一下几项民俗活动。

一是年俗活动。年节正月初一，在除夕晚上 11 点钟子时后，便开始迎接财神和喜神，用果品在自家大门外或天井里摆香案敬奉天地，在厅堂肖像面前敬奉祖宗，整村鞭炮声不断。这叫"开门"，接一年好运的到来。一早除要向祖宗烧香跪拜外，还要向长辈拜年，互相祝福，并到同祖的亲房家去拜像。祠堂里还有上新丁、上功名活动以及敲打锣鼓到庵庙里去拜菩萨。大人、小孩都穿上新衣服，各家的门上和柱上都贴着鲜红的春联，呈现一番新气象。晚上开始出花灯（正月出花灯为黄杨两姓八年一轮，背园杨姓、阁康丘姓，华屋、丘坑、人路背、店背四村，为四年一轮），但只到村头的安民庵和水昆的天后宫去奉神。

还有一种习俗，是初一和初三不能煮生米，说是五谷生日，所以这两天的饭都要在前天晚上煮好。此后数天亲戚来往，祠堂拜图，晚上出花灯，新女婿上门也多在这几天选合适日子举行。到了初七出花灯的便要备"三牲"（即鸡、猪肉、鱼），打起锣鼓到各庵庙神埕去奉神，名为"杀斋"。此后便要吃斋，直到十二日花灯游毕回屋后才吃荤。初九开始花灯便要游四方，按规定的路线周游全村，花灯经过的路线上都不能卖猪肉，屠桌要搬到偏僻处去，数百年来如此，大家都自觉遵守。

正月十一为芷溪人的庙会日，在安民庵建醮，游菩萨、演戏、装古事、放电影，亲戚来往很热闹，花灯游四方也到此晚止。十二晚花灯要到自己亲戚朋友及乡绅家去"回礼"，路线可自己取便，没有规定。初九至十二一定要出花灯，其他日可随意。十五虽是全国通行的元宵节，但芷溪并没有什么活动的。在大年时挂在厅堂或祖祠供奉的祖宗

---

① 闽西客家十番音乐入选国家第一批、省级第一批非物质文化遗产名录。

像到此日便可取下，太阳晾晒后收起。正月二十，过去私塾都规定在这天开学，也有人做米板吃，有一句俗语说"有食没食，食到正月二十"。

二是立春民俗。当地说这才是一年的第一天，比年初一还更重要。立春日各年不同，但按通书规定，总在十二月十五到正月十五的某一天，这是一年二十四节气的第一个，通书上几点几分几秒都记载得很清楚。各家都准备好菜花萝卜缠上红纸放在门口或天井的桌子上接春。时辰一到大家便迎春接福，用糖果、豆腐、年糕等奉神，全乡花炮连天，热闹异常。晚上则举行犁春牛活动，化装成农民春耕模样，敲锣打鼓，满乡游，预祝一年农事顺利，田园大熟，深含农村的文化风趣。

三是芷溪花灯。芷溪花灯历史悠久。清康熙年间杨姓十六世杨显桂，字窦仙，号燕山，在康熙四十三年（1704）由太学生入京考授州同（州同、州判均为知州佐官，分管一州钱粮、水利、海防诸务），任职苏州，娶苏州女子吴二姑为二房。《芷溪杨氏族谱》载：吴二姑，生于康熙二十三年（1684），卒于乾隆四十二年（1777）。杨燕山卸职后携吴二姑回到芷溪。吴二姑思乡心切，尤喜苏州精美绝伦的花灯，便将花灯制作技艺传入芷溪，替换了之前较为粗陋的灯笼，并渐渐形成出灯的仪式和定例，迄今已有300多年的历史。芷溪花灯以宫灯为主灯，配以花篮灯、牡丹灯、凤鸾灯、鳌鱼灯，共有99盏灯，再画上字画或装饰罗汉、古装人物等。点灯用特制琉璃杯装蒸过的棕油和煮晒精选的灯芯。点上火时，色彩斑斓，美轮美奂，被称为"纸包火"。每年正月，芷溪按姓氏轮流出花灯，花灯由各自房屋抬出，配以苏州锣鼓和十番乐队，走街入巷，前呼后拥，在夜晚形成一道精美的火树长龙，花团锦簇，琳琅满目，美不胜收。芷溪花灯的制作有着复杂的工艺。据笔者调查得知，"芷溪花灯"已和"姑田游大龙""罗坊走古事""新泉烧炮"集体打包，以"闽西客家元宵节庆"的名义入选省级第一批、国家第二批非物质文化遗产名录。芷溪现有的花灯制作人主要有4家，笔者主要跟踪、访谈一位叫黄世平的花灯制作匠人。

四是芷溪三月扛菩萨。在三月初还有一次全乡建醮、游菩萨活动，叫"扛大菩萨"，以保田禾大熟，一年丰收。"扛大菩萨"的日期，大体定在农历三月上旬，具体日期在正月十一便定下来，公告在大街上，使众人周知。因祖宗春季扫墓也在此时，一般不与大祖宗扫墓相碰。要斋戒三天，大家都很诚心，连屠户也很遵守，三天内不敢卖猪肉。"扛大菩萨"，并不是菩萨大，而是形容这一盛会的隆重意义。这是以五谷真仙为主神。过去有规定，每8年一次，要派人到清流大丰山去拨五谷真仙的香火，回来时乡里人要到十多里外的大垄坪去迎接，那是很热闹的。乡里人擎球子，擎大旗，敲锣打鼓扛神铳，有时球子有数百个，锣鼓数十盘，大旗数十面，神铳100多把，在新泉街上过时，神铳全放，冲击波让人家酒缸里的酒都荡漾起来。回到安民庵后，当晚便在安民庵建醮。"扛大菩萨"每年都举行，在20世纪90年代还去过大丰山拨香火。过去规定：负责执事是由出花灯值案的各姓轮值的，开始时人口是"邱三千，华八百，黄杨合起不满百"。所以便规定：黄杨两姓各8年轮一次，其他则4年一次。即背园——阁坑——邱坑、华屋、大路背、店背——黄姓——背园——阁坑——邱坑、华屋、大路背、店背——杨姓——背园……后来经过数百年的变化，黄杨两姓人多了，其他三姓人少了，因此，轮到人少的值案时，用人和经费都感到困难，经20世纪90年代全乡议决组织"芷溪文明活动协会"，此后，不论轮到谁值年，活动都由全乡统一负责操办。

五是黄杨两姓的"四月八"庙会。四月八，也叫龙华胜会。这是由黄杨两大姓各一年轮做的。历史上两姓争斗多年，后来和解了，便取佛教《解结经》之义，"解了冤，灭了罪，愿见登来龙华会"，定四月初八阿弥陀佛诞辰为"龙华胜会"，在各自的宗祠建醮、游菩萨、吊傀儡、放电影等，人客往来也很热闹。

| 时间（农历） | | 节日名称 | 时间（农历） | | 节日名称 |
|---|---|---|---|---|---|
| 一月 | 一日 | 迎接财神和喜神；敬奉天地；敬奉祖宗 | 七月 | 十四日 | 中元节 |
| | 十一日 | 芷溪庙会日 | | 十五日 | 盂兰会 |
| 二月 | 二日 | 百花生日 | 八月 | 一日 | 秋祭 |
| 三月 | 清明 | | | 十五日 | 中秋节 |
| 四月 | 八日 | 龙华胜会 | 九月 | 八日 | 重阳节，尾节 |
| 五月 | 五日 | 端午节，女姑节 | 十月 | | |
| 六月 | | 食新 | 十一月 | | 冬至，称"过冬年"或"过小年" |
| | 六日 | 狗洗浴 | 十二月 | 二十三日 | 祭奉灶君；谢太岁 |
| | | | | 二十五日 | 年架 |
| | | | | 三十日 | 除夕 |

表1　芷溪习俗年表

2．宗教信仰

芷溪的民众信仰佛教、妈祖、定光佛、洪福公王和金精公王等，建有庵庙7座。著名的有"安民庵"、仙高崇的"白云寺"、桃源山的"鹿苑寺"、大乘经寺、念佛堂、天后宫、关帝庙、阁坑庵。笔者了解到，在芷溪，上了年纪的妇女，信仰尤为虔诚，且部分为皈依佛教的三宝弟子，在家中供奉佛像，每逢初一、十五或佛诞日会去寺庙和家中祭拜，且当日素食。以笔者的房东的妈妈为例，老阿姨年近九十高寿，家中三楼有个小佛堂，老阿姨每日早起就会在佛堂烧香祭拜，初一、十五尤其慎重，还要吃素。因为年纪原因，老阿姨只在家中进行日常祭拜的活动。

香火最旺盛的莫过于村中的安民庵和水口的妈祖庙，初一、十五前往进香者络绎不绝。每逢芷溪重大"喜事"，如正月十一庙会、四月八庙会、三月扛菩萨，还有佛祖、某菩萨的诞辰，都要设坛诵经、树幡、打醮，有时要演戏、放电影。

民国年间，基督教和天主教传入芷溪，建有教堂四处，信众也不少，至今有遗址一处。近年来，入教的也有百十人，距离芷溪6千米的隔壁新泉镇设有教堂，芷溪教徒便在此聚会。

3. 民间传说

芷溪有着丰富的民间传说文化。笔者主要介绍其中两项，即"三奇传说"和芷溪妈祖文化史话。

"三奇传说"。"三奇"所指的是："一奇"——黄氏家庙自建成以来从无蚊蚋和蛛丝。黄氏家庙为芷溪黄姓始祖庚福公的祠堂，坐落茶山口，始建于清顺治十三年（1656），到康熙三十一年（1692）基本建成，嘉庆三年（1798）重修。规模宏伟，宽敞庄严，迄今已300多年，庙貌仍新，且从无蚊蚋蛛丝，冬暖夏凉，气候宜人。除大门出入外，四周有围墙关栏，墙内占地面积3亩余。大厅后墙内高地草坪有石竹，厅前宇坪，左有花圃，前有莲池，宛如一座花园。现为芷溪离退休职工活动站。"二奇"——杨辉公祠前门坪为宰牛场，但祠内从无腥臭。杨辉公祠坐落街市旁，厅门前为石坪，前有一半圆形池塘。池塘弧形处原有面向祠堂的十多间店铺，1929年被毁，1930年苏维埃政府成立后，新建24间店面。屠户宰牛都在杨辉公祠前石坪上，连牛皮也在此晒，数百年来一直如此，但祠内从无腥臭味，这也是个谜。现池塘已填平，连石坪一起建为市场。"三奇"——滚冷井传奇。滚冷井在阁坑村边北面，井为一天然石窟，与平常水井一样，究竟出于何时，无从可考。相传井水清澈，总是那么满，春秋不变，水旱不知。传说鸭子放下去，会从新泉的车马石出来，或从矾头出来，不可思议。距井旁数丈的石壁上有"天书"，字体无人能识。传说能解此"天书"的人，能得一罐金和一罐银，说得神乎其神。20世纪农业合作化时，在距井30多米上方挖了一水库，并且养鱼，井水便发生变化。现"天书"的石壁上已长满青苔杂草，不知何人能解此谜。

芷溪妈祖文化史话。传说，清乾隆三十二年（1767），芷溪杨姓第二代杨明安（峻亭公）在福州做木材出口生意，有一次到湄州妈祖庙去进香，在谈话间住持知道他是做木材生意的大老板，便向他提出要求，选择最好的樟木为妈祖雕刻身像。杨明安欣然应允，同时要求住持多雕一尊，以便带回家乡奉祀，住持也一口答应。不久身像雕好，涂了金粉，妈祖端坐在莲座上，双手持胡笏紧贴胸前，肃穆而慈祥，有1米多高。同时雕好的千里眼顺风耳和海龙王，有50厘米高。杨明安即邀同乡黄永民把四尊神像带回芷溪，一路跋山涉水，很是辛劳。当神像带到芷溪水口时，一行人觉脚步难行，便放下休息。歇了许久还觉得难以起步，便悟到是否妈祖要在此地落脚，于是临时做筶，向妈祖祷告：如欲在此地建宫安祀，便连出三圣筶。结果祷了三次，三次都出圣筶。以后即请地师察看，认为此处是狮象把水口、五珠落盘的一块风水宝地。于是发动芷溪黄杨邱华四姓善众，踊跃捐助，在水口建起了天后宫，将妈祖等四尊神像立坛奉祀。

小结：通过本段对芷溪客家古村历时性与共时性的描述，希冀从多角度来认识古村的历史人文环境。地方的社会知识往往借助不同的方式：传统的仪式、日常的交往活动、话语等，延续地方社会中的"社会记忆"，且将借助新的形式来演绎不同村落社会的日常故事，例如本文案例芷溪"乡愁堂"的呈现模式。

### 四、芷溪村"乡愁堂"协会组织的文化保护与传承的模式分析

本文介绍 M 村的"乡愁堂"协会组织的主人公，由芷溪村落中的一群 90 后青年群体组成，他们相聚一起，叙述着家乡的乡愁之旅，尽个体之所能共同挖掘、传承家乡的村落文化。尽管每个主人公身上有着不同身份、印迹，有着不同的家庭背景、教育背景和人生阅历等，但因"乡愁"两字，紧紧地拴住了每个人，相聚"乡愁堂"，砥砺前行。

何为芷溪"乡愁堂"？在与黄晓峰的访谈中得知，芷溪"乡愁堂"这名称是 2016 年国庆节时才正式更改的，并且刻有自己的印章和活动时使用的标牌，2016 年国庆节也正是芷溪村落居民自发组织起的"首届芷溪民俗文化节"的活动开端，在此次活动中芷溪"乡愁堂"发挥了关键性作用，既是组织方之一，也是活动参与的主体。在此次活动之前，芷溪"乡愁堂"曾用过"芷溪青年组织""芷溪自发团体"名称来组织人员、对外宣传并进行交流活动。

从其"芷溪乡愁堂"公众号上关于"芷溪乡愁堂"的介绍可以获知，芷溪"乡愁堂"协会的成立，本非无源之水，村落文化保护与传承的现状既是孕育的土壤，也是其协会组成的直接因素。

本文的主要访谈人是组建"乡愁堂"的关键人物黄晓峰，他在"乡愁堂"的活动组织、对外联络等方面发挥了重要作用，被其成员小伙伴称为"会长"，特别在对外人介绍时，大家喜欢如此介绍他，笔者本人就经历好几次，后来与之渐渐熟悉了，知道平时相互间大家就称其名晓峰。

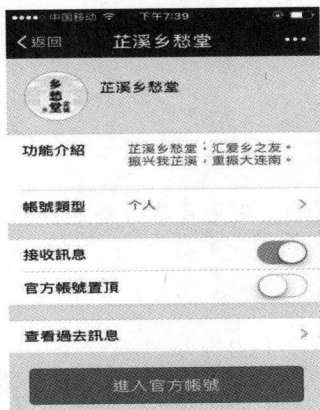

图 1　微信公众号截图

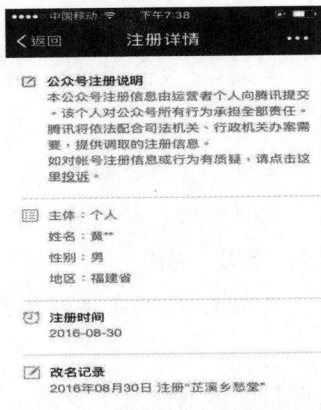

图 2　微信公众号截图

黄晓峰个人简介：男，生于 1994 年，毕业于连城三中，高中文化，毕业后一直在家乡从事农业生产，平时也在乡间的圩市经营着小买卖，近年在家乡种植了几亩百香果，批发零售，也在网上出售。

"乡愁堂"的大部分成员，平时主要在外地，忙于各自的学习和工作，因此相聚主要集中在年节时期，特别是春节这段时间，平日相互之间的联系、沟通借助现代信息工具完成。平时成员间联系的方式是"芷溪乡愁堂"微信群；其重要的平台是"芷溪乡愁堂"微信公众号（如图1、图2）。

"芷溪乡愁堂"微信公众号2016年8月30日注册后，于当年9月5日刊发《关于芷溪乡愁堂第一届全体会议内容公告草案（一）》。公众号上还创办了《乡愁文稿》期刊，截至2017年1月15日，共计发行6期，主要介绍其芷溪村的历史人文概况，撰稿人主要是芷溪村的村民。

### 《乡愁文稿》自我简介

《乡愁文稿》是由"芷溪乡愁堂"主办的，为了宣传我们的家乡——国家级历史文化名村"芷溪"而打造的自媒体微刊平台。

"芷溪乡愁堂"致力于传承和弘扬芷溪特色乡土文化，传承及弘扬芷溪历代先贤敬宗睦祖、厚德自强、开拓进取、爱国爱乡的精神品质！我们希望文化与精神的力量能助力家乡的振兴与发展。

我们推出《乡愁文稿》是为了给芷溪人民、在外芷溪游子以及关心芷溪发展的社会热心人士提供一个抒发乡土情怀、相互交流、了解芷溪的微信公众平台。总之，一切为了家乡更美好！

宗旨：汇芷溪子弟之情思

抒芷溪游子之乡愁

收稿范围：与"芷溪、芷溪人"有关的诗词、文赋、音乐、影像、书画等文艺作品或资料（含"史料"），欢迎大家投稿、分享。

主编：《乡愁文稿》编辑室

主笔：赢良

主办：芷溪乡愁堂

发布时间：每月第二个星期六（或星期日）及每月第四个星期六（或星期日），每月二期。

发布平台："芷溪乡愁堂"公众号

从以上材料，深入探究"乡愁堂"协会文化保护与传承的模式，大致有以下几点。

（一）青年精英人物的推动作用，完成自身的力量的凝聚

在村落社会中，精英群体左右着乡村社会的发展，从古时的士绅、乡贤到如今重新

崛起的乡村社会精英，无不对地方社会起着关键性主导影响。李猛的《从士绅到地方精英》（1995）论述了中国社会研究怎样完成了"士绅"到"地方精英"概念转变的过程，地方精英理论不仅有助于理解过去，还可以帮助我们思考现在。"精英"一词在当代中国研究中已广泛使用，用地方精英"代替"士绅，并不意味着解决黄宗智所谈的中国研究的范式危机的全部问题，却可以较好地处理精英活动与"市民社会"或"公共领域"关系的问题。从徐勇、贺雪峰等众多学者根据其对中国乡村实地调研而获得的研究成果，可知乡村精英在中国乡村社会居于重要地位，且是乡村治理关键所在。在芷溪"乡愁堂"的组建中，黄晓峰、黄晓玲、黄智炜等人便起了关键性作用，特别是黄晓峰更是其中的核心人物，从最初的人员招募、活动组织、各方面关系的协调到如今的大小事务，都是他具体负责。笔者正式进入田野前，便在县城和地方的朋友的聚会中听闻芷溪"乡愁堂"和黄晓峰之名，且得到黄晓峰的微信联系方式，足见其在芷溪乡村的社会影响力。因此，笔者进入芷溪，便主动联系了黄晓峰并与其相识，参与芷溪"乡愁堂"的一系列活动。笔者观察到芷溪"乡愁堂"的大部分事务都在黄晓峰家里处理，活动前的商议、活动前的出发集合点、活动物品的寄存或者活动后的休息处，都在黄晓峰家，且黄晓峰负责了对所有成员的联络、安排工作。另外要介绍的便是芷溪"乡愁堂"财务负责人黄晓玲，在读大学生，也是民俗表演舞龙的重要成员；黄智炜，在读大学生，"芷溪乡愁堂"微信公众号的主要撰稿人、编辑。正是这些青年精英，直接推动了芷溪"乡愁堂"从无到有逐步发展的历程，并以社团组织的力量积极地挖掘、守护、传承芷溪村落的地方文化。

（二）以协会组织的方式积极组织、参与村落的民俗活动

现今中国村落里不乏各种社会组织，在芷溪村落中就有各个姓氏家族理事会、负责各个寺庙日常管理的寺庙理事会、芷溪志愿者协会、芷溪书法协会、芷溪国家历史文化名村保护协会等。具体去研究其芷溪"乡愁堂"时，你就会惊讶于其协会组织的规范化，犹如现代公司组织模式，这当然和其成员的个人成长背景密切相关。一群90后青年，有着良好的现代教育，且有很多正就读大学，在成立、组织一个协会时必然会模仿现代的社会组织。芷溪"乡愁堂"从发起之初，便积极地推动、组织了芷溪的民俗活动。2015年立春以"芷溪青年组织"的名义成功举办了犁春牛活动，紧接着又成功举办了红龙缠柱、划旱船、财神到、状元回乡、天官赐福、金猴送福、鲤鱼跃龙门、活佛济公、八仙踩街、大头戏狮等一系列活动。正是由于这一系列活动，芷溪"乡愁堂"从分散的个体逐步走向有凝聚力的社会组织。从2016年初的犁春牛起，又从"芷溪青年组织"改为"芷溪青年自发团体"，直到2016年国庆节在开展"中国历史文化名村——芷溪首届客家民俗文化节"的活动时，才正式改为现今的芷溪"乡愁堂"的称号。笔者参与了其组织的日常活动，例如2017年农历正月初一、正月十一举办的"2017芷溪花灯民俗文化节"，正月的村落舞龙活动，立春的犁春牛活动，所到之处无不感受到村民对活动的喜爱和支持。按芷溪的地方风俗，活动队伍到家门口时村民便燃放烟火、鞭炮相

迎送，有时就直接请回家中走一圈。通过一系列活动，芷溪"乡愁堂"获得村民认可、支持，其团队活动的组织、协调能力得到锻炼，产生内部凝聚力。

（三）善于借助现代网络工具，完成协会组织的宣传和村落文化的保护与宣传

近年来，随着网络技术的普及和资费的下降，网络及网络工具的运用在乡村社会中日益普及，特别是智能手机几乎人手一个，对乡村社会的日常生活产生了不小影响。笔者刚进入芷溪，便察觉到了它的深刻影响，在芷溪村落中有着各种类型的微信朋友圈，其中便有专门为"2017芷溪花灯民俗文化节"建立的群组，建群人便是活动组织方的主要负责人黄广焱，几乎很快就加满了群组人数上限500人，活动的信息、活动的募捐在群里进行着广泛的交流。随着笔者的深入，发现了越来越多的为不同私人活动、公共活动设立的微信群，笔者就加入了"连南志愿者""芷溪乡愁堂""2017芷溪花灯民俗文化节交流群"等微信群。芷溪"乡愁堂"便是其中的佼佼者。针对以上现象，笔者不得不思考，在乡村社会的公共性问题上，乡村社会能否以互联网为平台打破原有的社会联结网络，重塑乡村社会公共性？这有待进一步的深入调查、研究。

五、结语

"乡村社会的文化保护与传承问题探究"是一个很宽泛的选题，本文借助对客家村落芷溪村的调查，试图以此回应客家村落文化保护与传承的问题：客家社会在地域文化上的优势因素能否转化为推动其自身文化传承的内在动力机制或模式。本文是笔者在初步调查研究基础上完成的阶段性成果，仍有很多问题有待深挖和继续研究。借助对芷溪"乡愁堂"案例的分析，可以看到村落社会蕴含的文化。在一部分村落精英的组织下，借助新的组织模式可以促进村落公共性的生成，特别是在当下中国社会，传统文化的保护与传承，将有利于重塑村落社会的凝聚力。笔者将借助现有的材料继续探索，以期弥补现有研究的不足。

参考文献：

［1］梁漱溟：《乡村建设理论》，商务印书馆2015年版。

［2］贺雪峰：《新乡土中国》，北京大学出版社2013年版。

［3］费孝通：《乡土中国·生育制度·乡土重建》，商务印书馆2011年版。

［4］哈贝马斯著、曹卫东等译：《公共领域的结构转型》，上海学林出版社1999年版。

［5］王铭铭：《社会人类学与中国研究》，广西师范大学出版社2005年版。

（本文作者系赣南师范大学科技学院助教）

# 宁化客家文化生态的保护和发展

## 刘善群

文化部批准了闽西客家文化生态保护试验区。宁化是闽西的一部分，且是客家文化的核心区之一，因为宁化处于闽西的北端，是赣南、闽北、闽西的地理节点。北方南迁汉人，大多取宁都、石城进入宁化，另一部分是由赣东南经建宁进入宁化。宁化的客家人在南宋后大量迁往闽西南部，又经闽西南部迁往粤东。宁化成了客家人的输送基地，自然也是文化输送基地。宁化石壁被定位为客家摇篮、客家祖地便是由此而来。作为闽西客家文化的核心区，实施客家文化生态保护已凸显其重要地位。本文就此议题，谈个人的认识。

### 一、宁化客家文化资源

作为"客家摇篮"的宁化，其客家文化内涵，主要体现在以下诸方面：1. 客家方言的摇篮地。2. 培育了自强不息的客家精神。3. 传承中原建筑文化，聚族而居，保卫家园。4. 较早开启重文兴教之风。5. 孕育了客家早期民俗文化。6. 凝聚了客家血缘文化。

宁化客家文化有其早期性、独特性、完整性。它是宁化客家文化遗产的主要特点，也是客家文化生态的突出表现，是保护的重点对象。

### 二、宁化客家文化的发掘和保护

为了加强宁化客家文化的发掘和保护，宁化县人民政府先后成立了宁化县客家研究会（1991年）、宁化石壁客家宗亲联谊会（1992年）、客家工作办公室（2009年）、宁化县客家研究中心（2009年）等工作机构，将客家文化工作纳入在县委、县政府统一领导下，有关部门积极配合，有组织地进行发掘和保护工作。20多年来，在县志办公室开展大量文化资料收集工作的基础上，不断深入进行全方位的文化资源挖掘工作。

进行族谱普查和收集，摸清了宁化历代修撰族谱情况，收集了60多姓2000多部族谱，在这一基础上，编撰并出版《宁化客家姓氏》（余保云）、《姓氏源流》（余兆廷）。

进行姓氏祠堂普查，查清了全县祠堂总数和建祠时间，编撰出版《宁化祠堂大观》（张恩庭）。

进行宁化客家民间习俗的普查、收集工作，编辑出版《宁化客家民俗》（李根水、罗华荣）、《民间传说》（谢启光）、《宁化掌故》（余保云）。

进行历史人物普查和资料收集，编撰出版《宁化客家人物》（张恩庭）。

进行客家饮食的调查、收集，编撰出版《宁化客家美食》（连允东）。

进行民间音乐普查收集，编辑出版《宁化民间音乐》（王建和、张标发）、《宁化排子锣鼓》（宁化文体局）。

进行全面的田野调查，编撰出版《宁化的宗族、经济与民俗》上下集（杨彦杰主编）。

进行文化研究，出版《宁化客家文化大观》（刘善群、吴来林）。

进行族谱祠堂研究，出版《宁化（石壁）客家祠堂》（吴来林）。

进行宁化客家史的全面调查研究，编著出版《客家与宁化石壁》（刘善群）、《客家与石壁史论》（刘善群）、《宁化史稿》（刘善群）。

对石壁进行全面调查，编著出版《宁化石壁客家祖地》（陈国强等）、《石壁客家述论》（廖开顺等）。

还出版了《黄慎书画集》《伊秉绶书法大观》《驿站》《世族春秋》《石壁调查》《无名英雄祭》《石壁苍茫》《宁化历代诗文选》《客家礼俗》《石壁之光》《论石壁》《客家壮歌》。

先后举行三届"宁化石壁与客家世界"国际性学术研讨会和四届"石壁客家论坛"，编辑出版论文集7部。

编辑出版《宁化客家研究》和《客家魂》杂志。

协助摄制电视片十余部和32集电视连续剧《大南迁》、电影《葛藤凹》《我的军号》等。

20多年来宁化学人经过长时间不断调查研究，编辑出版书刊共70多部，近千万字。

对宁化历史文化遗址、祠堂、墓地、桥梁、古民居等56处进行挂牌保护，其中属省级文物保护单位的有13处。

宁化县获得文化部第一批中国民间文化艺术之乡称号。宁化县石壁客家祭祖习俗列入国家非物质文化遗产名录。宁化县石壁镇获批国家"历史文化名镇"称号。

列入省非物质文化遗产名录的有：宁化客家山歌、宁化夏坊古游傩、木活字印刷术、客家擂茶制作工艺、安远伏虎禅师信俗。

曹坊乡下曹村获省古民居称号，宁化下沙畲族村入选"中国少数民族特色村寨"。

宁化县客家文化的发掘、保护是全方位的、深层次的。通过挖掘、整理、展示，有效地保护、宣传、传承了宁化客家文化的原生态，宣传了宁化及其石壁，丰富了客家历史，对客家学建构起了重要作用。

**三、宁化客家文化的开发**

宁化客家文化在全面挖掘、保护的基础上，得到了初步开发。

（一）搭建平台，促进客家寻根运动。

为满足海内外客家人士寻根拜祖的需要，1992年县人民政府斥资兴建石壁客家公祠。公祠于 1995 年 10 月竣工，举行了公祠落成和首届世界客家人的祭祖大典。每年举行一次国际性的祭祖活动。20 多年坚持下来，累计前来参加祭祖大典、寻根谒祖的有世界五大洲的 40 多个国家和地区 50 多万人次。2010 年，以客家公祠为核心，扩建为客家祖地文化园，其中建筑面积扩大至 12 万多平方米的祭祀区，集寻根谒祖、文化观光为一体，修建了气势恢宏的祭祀大殿，容纳万人的祭祀广场、先贤亭、寻根道、姓氏碑、客家史诗铜道，等等。

兴建世界客家文化交流中心。为发挥世界客家祖地优势，县人民政府投资 1.5 亿元，在县城风景优美的繁华地段兴建世界客家文化交流中心，用地 7.8 万平方米，建筑占地面积 4 万平方米，建起了一座四水归堂、大气辉煌的方形建筑，具备会议、表演、展览、接待、商务、办公等多功能，设有"石壁客家论坛"工作室和论坛大厅、客家图书馆、族谱馆、联谊馆等。这一座具有时代性、地域性、文化性的标志建筑体，为打造宁化客家历史名城，加强闽台及世界客家文化交流，开展群众文化活动，满足广大群众精神需要提供了重要阵地。

兴建占地 640 多亩的客家美食城，总体设计为"一轴一带六心"：客家文化轴、江滨休闲绿化景观带、客家美食文化核心区、思源客家民俗展演核心区、慈恩宝塔核心区、擂茶文化书画广场核心区、客家雕像核心区和客家旅游度假核心区。是一处容量硕大的客家文化大观园。

兴建客家祖地博物馆，该馆建筑面积 9 万多平方米，收藏、展示丰富的宁化客家历史文化，是一处保存历史文化记忆的硕大建筑。

建设翠江畔十里客家民俗文化长廊。等等。

客家文化平台的建设，展示了客家历史文化的方方面面，它生动地体现了宁化客家历史文化的早期性、独特性、完整性，通过展示，保留了文化历史风貌和历史记忆，触发人们对客家精神的记忆，对血缘寻根、文化寻根和精神凝聚，有着十分重要而深远的意义。它传承、弘扬了客家文化和客家精神，对客家历史文化的生态的保护、传承和发扬光大起着十分重要的作用。

（二）政府扶持，推动文化产业发展。

经过 20 多年的努力，宁化人以客家身份为豪，出现了各行各业争相打客家牌的景象。电视连续剧《大南迁》在开拍不久，"葛藤凹饭店"便问世。在推动文化产业上，较为突出的是客家饮食文化。为了打好宁化客家小吃品牌，2012 年初，县委、县政府决定把发展宁化客家小吃作为一个提升本县农村劳动力价值、促进农民增收、提升本地旅游竞争力的产业来抓，确定了打造宁化客家小吃品牌的战略，成立了客家小吃领导小组和办公室，建立培训中心，组织专门培训，出台了优惠政策。几年来，真抓实干，开展免费培训、免费咨询指导，按统一规范标准免费赠送一套统一标志餐具，对有贷款要求的普通店提供 5 万元以内的两年贴息贷款，标准店提供 5 万元至 8 万元的两年贴息贷款，建立原材料供应中心，对客家小吃主要原材料进行统一配送。通过宣传组织，举办小吃节、推介会，开展技艺比赛等活动，把宁化小吃文化产业不断做大做好做出特色，做出了一支初具规模的小吃文化产业。截至 2016 年 12 月，举办培训班 162 期，培训 8956 人次，已开小吃店 3493 家，评上福建省名小吃 61 种，其中评为中华名小吃 15 种。

通过运作，使不少原来只是家庭饮用的小吃，登上大雅之堂。如擂茶，原来只作为家庭饮食，现在成了知名商品，擂茶店城乡处处都是，有的餐馆、饭店把擂茶作为品牌吸引顾客。20 世纪 90 年代，外地来的客家人想吃擂茶，没地方找，如今抬头便是。还有如松丸子、煮粉皮、煮黄粿等十几种，原来也只是家庭饮食，现在都成了名小吃。有的原来是季节性的，现在一年四季都有。如米包子，原来只是早春第一茬韭菜出来才有，而很快就消失了，烧卖要深秋芋子生产后才有，现在米包子、烧卖成了菜馆中长年必备的品种。

宁化小吃如今成了一项初具规模的文化产业，使许多农民转变为商人，富裕起来，扩大了城镇居民的就业范围，在宁化第三产业中异军突起，带动了文化产业的发展。

**四、客家文化生态保护的对策**

2017 年年初，中共中央办公厅、国务院办公厅印发了《关于实施中华优秀传统文化的传承发展工程的意见》（下简称《意见》），并发出通知，要求各地各部门结合实际认真贯彻落实。《意见》从重要意义和总体要求、主要内容、重要任务以及组织实施和保障措施四大方面提出了 18 条意见。《意见》中提到，文化是民族的血脉，是人民的精神家园。

宁化的客家文化生态保护做了大量工作，取得显著成绩，但也存在不少问题。如许多传统民间技艺濒临失传；许多民俗活动正在失去它的本真性；一些非物质文化遗产项目传承人年事已高，后继乏人，特别是缺乏群体传承人，作为非物质文化遗产载体的文化空间如古村落、古寺庙、古遗址、古桥梁等陷入颓败的困境，有的进行维修后，失去了原来风貌；民间音乐、戏曲传唱范围越来越小，甚至濒临失传；客家语言的传承也出现危机。总之，文化的生态保护刻不容缓。

文化是民族的血脉，客家文化便是客家民系的血脉。作为客家摇篮、客家祖地的宁化，对客家文化的生态保护更加义不容辞，更加刻不容缓。下面提出加强宁化客家生态保护的对策。

（一）提高全民对文化的保护意识。

宁化客家摇篮、客家祖地如果失去文化的原真性，只能留下历史记忆，而失去"摇篮""祖地"的现实性，不仅对宁化，甚至对整个客家民系的影响，都是重大的，将危及民系的永恒性。所以，宁化对客家文化生态的保护的责任特别重大，必须义不容辞地担当起这一历史责任。同时对文化生态的保护，不仅仅是对历史负责，同时也是对现实负责。文化是一笔发展社会经济的重要资源，也是一笔无可估量的资产，缺乏文化的经济则缺乏生命力，缺乏灵魂。有效开发文化资源，是持续发展经济必不可少的。只有从领导层到普通群众都认识文化保护的重要性，形成全民动员，有组织地实施有效保护，方能不负历史、不负祖先、不负当今，并有效地促进社会经济的发展。要制订一个全面可行的保护实施方案，有计划有步骤地进行，确保计划的落实。

（二）加强全民教育。《意见》中专门提到要"贯穿国民教育始终"，把中华优秀传统文化全方位融入教育领域。首先要让群众认识什么是客家文化。这需要从中小学抓起。宁化已经编出不同版本的客家文化简明读本和乡土教材，这些读本、教材要让中小学生读到、读熟，可以搞知识问答比赛。学校可安排客家山歌教学和演唱，把客家文化的元素做足，如采用壁画、"魔方"民谚、实物展示、黑板报等生动活泼的多样形式，使整个校园都充满文化氛围。宁化有的小学已经这样做了，但不普遍，要抓普及。

乡村也可以采纳多样化的生动形式，结合美丽乡村建设，搞好文化室和图书室，展示农耕文化，利用休闲场所进行文化布置。如"魔方"民谚是一种很好形式，把各种正能量的民谚书写在每个方格中，让大人小孩都能学到民谚中的祖训、家教，又能识字，能读到方言土语，是一种多功能的形式。宁化石壁杨边村树立了典范，各地可以仿效。

（三）进一步做好文物普查工作，摸清文物家底。特别是老族谱、古建筑、古村落、古道、古遗址等，要进行保护、修缮、修复。古墓葬、古桥梁、古庙宇、古祠堂、古居民，不少属于抢救性的，拖不得。拖便将失去。

（四）大力进行文化利用和文化开发。《意见》中提出"坚持创造性转化、创新性发展"，转化、发展，是更好地保护。在转化、发展中，提倡本真性，从思想内涵、价值理念、审美情趣等各方面增强文化的原生态和竞争力。凸显新、奇、特、异各个方面，绝不要落套、同质化。宁化现已搭建了几个很好的文化平台，要充分利用文化平台，做好文化产业。

1. 以血缘为纽带，做好祖先崇拜文化产业。以血缘凝聚起来的客家祖地是全世界客家人心中的圣地，是血缘寻根和文化寻根的目的地。在做好每年一届世界客家人祭祖大典的同时，进一步做好常年性和季节性的寻根、观光、旅游的宣传工作、组织工作。对策是：一要进一步做好祭祖大典文化内涵的提升，让来者在精神、物质各方面有所获；二是要加快客家祖地文化园第二期建设，扩大客家寻根的范围和内涵，让寻根观光者来了，有一天时间的丰富、精彩的活动，让人流连忘返。

2. 发挥世界客属文化交流中心的作用。体量硕大的中心大楼不能只是用来办公和举行行政会议，要名副其实地成为世界客家文化交流中心。其对策是引入各种会议、民俗风情展、文艺表演、影像展、书画展、论坛、研讨会以及文化商务等文化活动，既为中心经济创收，又使它真正成为文化宣传、交流中心。

3. 客家美食城文化配套建设要加快完成，切实按照原规划设计，让客家美食城真正成为综合性的文化城，成为集观、食、游、购、宿等文化展示、体验、娱乐为一体的大观园。

4. 搞好乡村文化产业，在抓好美丽乡村建设的同时，做好普遍性的文化设施建设和文化旅游产品生产。守住乡村的"魂"，搞出特色，活跃农村文化活动以及各种传统节日的民俗活动。国家五部委《关于运用传统节日弘扬民族文化的优秀传统的意见》指出，中国传统节日，凝结着中华民族的民族精神和民族情感，承载着中华民族的文化血脉和思想精华，是维系国家统一、民族团结和社会和谐的重要精神纽带，是建设社会主义先进文化的宝贵资源。面对构建社会主义和谐社会的战略任务，面对人民群众日益增长的精神文化需求，面对世界范围内各种思想文化的相互激荡，充分运用民族传统节日，大力弘扬民族文化的优秀传统，对于推动形成团结互助、融洽相处的人际关系和平等友爱、温馨和谐的社会环境，对于进一步增强中华民族的凝聚力和认同感、推动祖国统一和民族振兴，对于不断发展壮大中华文化、维护国家文化利益和文化安全，具有重要意义。

5. 做好非物质文化遗产项目的传承和发展。非物质文化遗产项目，是一地方文化的"骨干"，把这些项目传承好，能带动文化全面传承。列入国家、省级的项目不多，作为一个县，我们不能抓了"西瓜"而丢掉"芝麻"。一个县的"非遗"，县一级行政机构可以进行遴选，列上项目，指定传承带头人，如此不易流失。对传承人，要注意其"接班性"，也就是传承人需要培养，老中青结合，形成群体，才能永续传承。

（本文作者系宁化县客家研究中心名誉主任）

# 关于新农村和城镇化建设中
# 如何保护客家传统村落的思考

葛白水

"望得见山，看得见水，记得住乡愁"，习近平总书记充满诗意的话语，道出了无数中国人对传统村落呈现的田园生活的眷恋。但随着城镇化和新农村建设进程的加速发展，处于边远山区的一些传统村落正处于消失的边缘。这些传统村落和谐的人居环境、天人合一的哲学思想以及所传达的文化意义都在现代农村建设中或城镇化的冲击下面临破坏和异化；在传统农业社会、经济格局下形成的和谐的社会结构和人际关系在现代经济关系的影响下逐步丧失和瓦解；在传统客家文化主导下经过数百年的发展而形成的完整的村落空间形态也在土地价值的刺激下产生混乱和无序。所有这些都将是传统村落急需解决的现实问题。本文以客家特色传统村寨为切入点，分析传统乡村聚落在新农村建设中或向城镇化演变的过程中公共空间存在的问题与困难，以一孔之见提出保护、改造、开发和利用的具体方法和策略。

## 一、美学丰富精致的客家特色建筑

对现代人而言，乡村承载了很大一部分乡愁。传统村落是乡村历史、文化、自然遗产的"活化石"和"博物馆"。几千年来，村落不仅是农业文明最直接的活态存在，更是一部部鲜活的、续写中华客家文明史的"活史书"。通过一个小小村落，中华客家培育形成了家国文化的秩序观念，构建形成中国社会最基层的伦理与道德体系，并代代传承久远悠长的客家历史。从根本上说，传统村落是中华文明的"基因库"，是中华客家的精神家园。时至今日，散布在中国大地上的传统村落，仍然是一个个具有活力并传承文化和发挥功能的社会有机体，生生不息、薪火相传。

建筑是凝固的音乐、无言的诗、无声的歌，是绵亘在历史和现实之间的桥梁，是历史文化最恰当的物化形式。客家的古村落建筑均讲究恃险而建，深居山区腹地，为外界所难进入。对于饱尝战争之苦的客家先民来说，选择一个安稳的生活环境是他们的首要渴求。因而，在建筑房屋时他们首先考虑到的是安全问题，建造坚固的围墙来抵御外敌入侵，"五凤楼""围垄屋"和"土楼"三种房屋最具代表性。"五凤楼"是三堂两横，层数逐渐增高，前低后高，似展翅欲飞的腾跃之势。"围垄屋"是厅堂与横屋为方形或长方形组合体，两侧及后面以圆形成列的围屋。"土楼"是以厚土垒墙体成圆形或方形，沿内墙周建屋，将堂屋横屋连成一体而成。其他客家古村落房屋类型也大体是典型的传统天井式"围合屋"，墙体高大雄浑，亦具有很强的防御性功能。

客家古村落在追求和谐的自然环境的同时，还追求一种建筑布局的合理性。方形围楼、圆形围楼、半月形围楼、椭圆形围楼、八角形围楼、围龙式围屋、四角楼及其他角楼、堂横式围屋、杠式围楼、城堡式围楼、碉楼、中西合璧式围楼、自由式围屋，等等。客家"围龙屋"以"一进三厅二厢一围"为基本的结构，其他无论是二围、三围还是多围，都是在这基础上增添扩建而成的。客家民居与其他地区的汉族民居建筑一样有共同特点：都是坐北朝南，注重内采光；以木梁承重，以砖、石、土砌护墙；以堂屋为中心，以雕梁画栋和装饰屋顶、檐口见长。

村内的房屋格局，以宗祠为中心，聚族而居，高低错落又尊卑有序，宗教、文化、商业、交通、防卫等其他附属建筑服从于村落的整体要求，形成支脉清晰、纵横交错的有机组合。而建筑本身精美与素朴的造型，色彩与整体的形象，则来自自信而独特的美学意念。布局简洁，造型精美，大多为砖木结构，整体端庄素雅。

那些附着在牌坊、石狮、石鼓、抱鼓石、角兽、脊饰、门罩、梁柱、瓜柱、垂柱、叉手、斗拱、隔扇、檐栏、挂落、栏杆之处的砖、石、木"三雕"艺术，准确、传神，浸透着古人的意念和制作过程中的悟觉。木雕多用浮雕、圆雕、透雕，辅之浅刻，巧作雕刻龙凤麒麟、松鹤喜鹊、人物戏文、四时花卉等图案，赋予建筑美感和舒适感。砖雕主要运用在住宅大门的门楣、门罩、墙面等处。其题材与木雕一样，也是极其广泛与丰富的，包括花鸟动物、神话传说、戏曲场景、民间故事、民俗风情等，艺术风格古拙素朴，刀法刚劲洗练，气势恢宏厚实，注重整体的艺术效果。石材多为就地取材，以当地产的辉绿岩为主，用于住宅和其他建筑的基座、栏板、柱头，大门的门框、门楣、门槛及门外的抱鼓石、旗杆等。雕琢主要运用浮雕、透雕、立体雕等技巧，由于受到了材料的限制，区别运用，手法纯熟，表现出一种古拙朴实的风格。

客家特色房屋建筑的外形和内部结构，都呈现出恰到好处的比例关系和分层次有序变化的对称，具有静中见动、动中趋向统一的灵巧多变的均衡感，这种求动态、多层次、高水平的对称均衡，把古村落推上了美的典型形态，显示出超拔、风雅和流畅的形体风格。

它有别致的形式和风格，强调极致的审美感受。古村落具有别致的形式美和丰富多彩的审美个性。外形多样，有单吊、双吊、两层吊等多种形式。即使同一类型的古村落，也都各有特色，风格别致。从宏观上看，古村落是长方形和三角形的组合，这种几何形体稳定而庄重，给人一种静而刚的感觉，"静"表现了一种典雅灵秀之美，"刚"表现一种挺拔健劲之美。其内部构架，无论梁、柱、枋、檩，它们之间都是互为垂直相交的，构成了一个在三维空间上相互垂直的体系。

它有流动的视觉效果，营造了古典的浪漫情调。古村落的外部造型从纵向看，形成了"占天不占地""天平地不平"的剖面，这些剖面的形成多是采用架空、悬挑、掉层、叠落等手法进行处理，使建筑本身毫无生涩呆滞的痕迹。此外，客家古村落从整体布局看，可称为不规则弹性组群，房屋布局自由灵活。有的依山顺势，层叠而上；有的绕弯溜脊，错落有致；有的背山占崖，居高临下；有的沿沟环谷，生动活泼；有的雄居山巅，气势壮观。这与我国园林建筑中的"借景"手法有异曲同工之妙。更有建筑技术与艺术美结合呈现非凡的古朴典范。这主要体现在实用性、地区性、技术性三个方面。从实用性说，客家古村落作为客家物质文化的标志，不但充分满足了人们物质生活的需要，而且满足了人们精神生活的需求；从地区性说，古村落以它别致、优美的形式和艺术特色点缀所在的自然环境，不但起到了画龙点睛的作用，而且通过互相映衬、烘托和照应，使整个客家山寨的景物向美的境界升华。

总的特点是：依山就势，随形生变，层楼叠院，错落有致，气势宏伟，功能齐备，基本上继承了我国西周时即已形成的前堂后寝的庭院风格，再加匠心独运的砖雕、木雕、石雕，装饰典雅，内涵丰富，实用而又美观，兼融南北情调，具有很高的文化品位。

客家传统村落是客家人生产、生活的聚居地形式之一，承载了客家数千年历史文化。研究客家传统村落的生态性不仅是对其客家文化、技艺和非物质文化遗产的传承，也为如何在建设发展中保存其生态性打下基础。

## 二、传统村落保护利用工作存在的主要问题和困难

加大对古村落、古民居和客家特色村寨、民居的保护传承已迫在眉睫。

1. 古民居和客家特色建筑拆旧建新速度加快。随着农村经济的发展，农民收入的增加，新农村建设的推进和农民现代生活意识的增强，农民在原地拆旧房建新房比较普遍。古民居和客家特色建筑多为石木、土木或纯木结构，空间相对狭小，采光不够明亮。新建民居多选择建砖混钢筋水泥结构的"小洋房"，这种被农民视为现代文明生活标志的二三层的小洋房，其卫生、采光、节约土地等方面的优越性确实多一些。仅老百姓拆旧建新，每年就有数以千计的古民居和特色民居遭到拆毁。

2. 古民居和客家特色建筑自然性衰败加速。古民居和客家特色建筑的木质或土（石、砖）木结构，极易在风、水、气、阳光等因素作用下自然老化，出现风雨剥蚀、木质槽凹陷、虫啃鼠咬、墙体坍塌等衰败景象，要保护维修，有的比盖一栋新房子成本还高。

3. 保障机制不够有力。缺少统一领导，保护利用工作由建设、文化、农办这三个主要部门各负其责，各项工作难以统筹推进。同时保护资金不足，尚未设立传统村落保护专项资金，每年不多的文物保护经费难以满足需求。土地指标稀缺和一户一宅政策，导致农民建房只能拆旧建新，很多老宅因此被毁。究其原因，除了认识局限外，多数是这些年当地经济发展和扶贫攻坚的任务繁重，各级领导一时还顾不上这些；加上老百姓改善居住条件的要求迫切，政府缺乏必要的引导扶持措施；保护传承又需要大量资金投入，短期内很难带来回报和收益。这些因素客观上造成了一批古村落、古民居和客家特色村寨、民居的维护乏力和破旧衰败。

4. 政策、规划尚不完善。一是缺少统一规划，传统村落保护各项工作缺少规划依

据，很多传统建筑因缺少规划保护而被拆除。二是保护制度不够完善，尚未出台传统村落保护办法，保护工作只能按照上级制度、文件执行，不够具体细化和系统化。三是权益流转政策不明确，传统村落中的建筑由于土地性质制约，产权流转困难，社会资本难以进入。

5. 保护理念比较落后。以往较长一段时间都将工作重心放在经济建设方面，缺乏对历史文化资源的保护意识和理念；有些地方把新农村建设片面理解为新村建设，盲目拆旧建新。不少群众也认为历史文化资源保护是政府的事情，缺少保护传承的主动性和积极性，很多民俗文化、民间艺术已经消失或面临马上消失的危险。

6. 专业人员严重不足。一是文博工作人员数量太少，中高级人才更是缺乏，人员老化现象也比较严重。二是行政执法力量薄弱，没有建立专门的执法队伍。三是传统工匠或年事已高或转行，传统手工技艺后继无人，面临失传危险。

7. 传统村落保护法规、管理体制、政策制度有待完善。传统村落保护在我国兴起较晚，长期以来存在"萎缩性管理"和"多头管理"的弊端；传统村落保护法规、制度建设相对滞后，至今对传统村落的概念、保护范围与要求尚无法规。新农村建设存在"危房改造"（鼓励新建）的补贴政策缺陷（如客家每年都有 10—20 户的"危房改造"指标，政府对每户均有 7000—12000 元的政策性补贴），还有农村乡土建筑产权不清等，都给传统村落保护带来诸多障碍和较多困难。

8. 传统村落范围广、乡土建筑多、保护资金及技术力量十分缺乏。传统村落保护范围既包括物质与非物质文化遗产，又包含自然生态环境景观，再加上各地情况差别很大，保护对象较为复杂且有交叉。尤其是乡土建筑数量多，维修规模大、费用高，地方财政投入普遍不足，单凭原住民或村镇财力难以全部承担，资金匮乏是制约保护利用的关键难题。还有传统村落保护利用的研究滞后、专业人才匮乏、泥木工技匠奇缺等问题，都是制约传统村落保护利用的重要原因。

9. 新农村建设中"求新求洋"与"旧村改造"决策误导的"建设性破坏"。在新农村建设中，有的地方不考虑传统村落文化遗产的保护传承，简单地提出"旧村改造"口号。有的地方把新农村建设变成"新村庄建设"，盲目高起点、高标准，大搞整齐划一的高层住宅模式；有的"贪大求洋，新建小洋楼"，把一些依山傍水、古朴宁静的村落推倒重新规划，建设一排排整齐划一的"洋别墅"，使传统村落格局风貌和乡土建筑遭受"毁灭性破坏"。

10. 急功近利追求政绩及形象工程误区导致的"建设性破坏"。有的地方为追求政绩而急功近利，急于搞"千村一面"的形象工程，随意推倒重建或盲目大拆大建，甚至按照城市模式大搞"村庄建设城镇化"。有的大搞村容整治，修建马路，使一些乡土建筑原有的生态环境、历史风貌格局被肢解、破坏，甚至建筑本体也难逃被拆毁或迁移的命运；有的进行"花架子"建设，在修缮整治中将古建筑的墙体粉刷一新，真文物硬生生被修成了假文物。

客家传统村落具有丰富的历史文化内涵，保留了大量的物质遗产，具有重要的保护价值和意义。但作为承载村民生产生活的村落，也时刻在经受村民社会活动对其的干预，面临着物质实体状态变化更快的威胁。因此，对于客家的历史文化遗产的保护应采用动态的保护观念，在严格保护的前提下，进行适度的改造、开发和利用，这样才能促进村落的保护和可持续发展，达到传承和延续传统村落历史文化的根本目的。

传统村落不仅是由多个不同时期的建筑组合在一起的混合体，而且是环境、建筑、人的和谐统一。它在空间上是一个整体形态，具有整体的风格和意象。因此，客家的历史文化保护并不是仅仅保护某一栋建筑或遗址，而应是对村落整体风貌的保护。首先是村落格局和村落形态的保护。客家的村落格局和形态是几百年来自然环境、文化观念、经济水平共同作用的结果，充分反映了客家的历史文化特征。在新农村建设和城镇化的过程中，由于宗族制度的瓦解和政府乡村管理的缺失，客家村落格局和形态受到了严重的影响和改变。因此，对于村落格局和形态的保护具有重要的意义。笔者就如何在新农村和城镇化建设中保护传统村落提出以下几点建议。

1. 加强组织领导，强化要素保障。一是健全组织机构。尽快成立传统村落保护利用工作领导小组，领导小组下设办公室，作为常设机构，充实专职工作人员，保障办公经费，可独立办公，也可与主要职能部门合署办公。二是出台保护办法。根据国家和省有关法规、政策，结合本地实际，抓紧出台《传统村落和历史建筑保护办法》，为保护利用工作提供政策依据，促进传统村落的有效和可持续保护。三是加大资金投入。建议财政设立传统村落保护专项资金，并根据财政收入情况逐年加大投入。整合农办、建设、文化、旅游、国土等部门的扶持项目，统筹争取利用上级资金，提升资金使用的针对性和有效性。四是保障保护用地。对传统村落建设用地给予尽可能倾斜和保障，省、市县里对历史文化名村下达的建设用地指标必须在该村使用。适当放宽宅基地和拆旧建新政策，探索传统建筑保留办法。五是组建专家团队。传统村落保护利用是一项专业性很强的工作，建议成立传统村落保护利用工作专家委员会，负责传统村落评定、规划评审、项目审查、技术指导等工作，提高保护利用工作的科学性。应注意对不同传统村落有区别地制订不同的《传统村落保护利用规划》。首先要对一些古民居分布较多、乡土建筑价值较高、自然生态环境较好的传统村落，单独编制保护规划和控制性详细规划，实施原真性保护，做到先规划再建设。其次要对一些规模较小、乡土建筑价值不高的传统村落，坚持文化和自然遗产保护优先，处理好改善村民生活居住环境与保护乡土建筑的关系，结合村庄整治、农居改造、灾害避险、农家乐休闲旅游等编制工程建设规划，统筹推进传统村落的保护与发展。

2. 抓好修缮维护，做好传承利用。一是明确修缮维护要求。制定传统建筑修缮修复技术指导原则，对建筑材料、工艺要求、施工流程、传统工匠认定等进行规范。引进从事传统建筑修缮修复的专业技术人才，挖掘、保护、培养传统工匠。二是抓紧开展修缮维护工作。由市里成立的专家委员会确定需要修缮的传统村落和传统建筑名单，并全程参与修缮方案制定、修缮过程监督和项目验收。对列入保护的村落和传统建筑，要组建执法队伍，加强巡查，做好日常维护保养。三是做好文化内涵挖掘和传承。进一步挖掘、抢救、整理、研究传统村落中的非物质文化遗产，既作为遗产来保护，又作为资源来利用，体现传统村落的文化魅力，发挥文化价值。鼓励传统文化进课堂，进一步加强非物质文化遗产的传承。四是加强业态培育。充分利用传统村落自身的历史文化积淀和秀丽的自然山水风光，发展文化休闲旅游，形成传统村落保护利用的良性循环。对于保存较好、区域集中的传统村落群，可结合周边环境，打造摄影、写生基地，吸引高校、文化界等高端人士聚集，提升全市文化旅游品位和知名度。

3. 加强政策支持力度，加大保护管理资金投入。各级政府要将传统村落保护列入财政预算，地方政府要加强政策支持力度，多种方式筹集保护管理资金。各级政府应加大投入力度，将传统村落保护纳入本级财政预算。一是省、市级政府应确定与城市维护费一样的一定比例的传统村落保护费，逐年加大保护维修资金的投入。二是县级政府应将传统村落保护经费纳入本级财政预算，并随地方财政收入的增长而同步增加，以确保传统村落乡土建筑等重点文化遗产保护经费的投入。三是地方财政应将传统村镇出让土地所得部分返还传统村镇用作保护，市级财政也可以考虑在土地出让收益中提取适当比例，建立传统村镇保护利用发展基金，用于支持重点扶持项目。建议将国家级、省级历史文化名镇、名村纳入生态保护补偿范围。四是应采取多层次、多种方式筹集传统村落保护利用基金。可以采取市场化运作方式。由政府牵头，理顺关系，通过土地、房屋产权的置换或租赁等方式，鼓励、吸纳多种资本参与传统村落乡土建筑的保护与开发。同时建立政府奖励制度，对传统村落、乡土建筑保护的优秀项目和有突出贡献的个人给予奖励，发挥财政资金的引导促进作用。建立"传统村落保护基金会"，向社会、企业募集资金用于传统村落的保护利用，加大传统村落的保护开发力度。旅游企业要拿出一定资金适当返还为保护经费，形成"以名镇名村旅游收入来保养名镇名村"的良性运作机制。五是可采取旅游公司注资，村集体和民居住户入股，市场化运作的方式，筹措维护改造和保护资金，通过产业化经营赚取收益，使古村落古民居的居住者尝到保护增值的甜头。将保护古村落、古民居和客家特色村寨、民居与开发旅游产业，开展传统的民俗文化活动，搞好非物质文化遗产保护结合起来，能为保护传承民俗文化注入持久的活力。

4. 边保护边开发，进行合理的旅游开发。对于获得"荆楚最美乡村"和"中国乡村旅游模范村"称号的客家传统古村落，合理发展旅游业是村落历史文化保护和可持续发展的较好途径。其原因有三个方面：一是通过旅游业的开发，发展村落多元经济，拓宽村民就业范围，使集体和个人获得经济效益，从而刺激村民对于历史文化遗产的保护意识和热情并弥补保护经费的不足；二是将客家历史文化资源放置在公众视野之下，通过公共舆论的监督，避免对于历史文化遗产的破坏性建设；三是旅游业与工业相比，对传统村落的破坏性和干扰度最低，为村落的可持续发展提供了良好的基础。应对客家现存的历史文化遗产进行价值评估，挖掘其文化内涵，确立旅游开发策略，通过村落旅游规划的制订，合理规划村落环境容量、旅游线路、景点分布，丰富游览内容。

5. 调动农民积极性，尊重村民自治的权利。传统村落保护利用必须以民为本，调动农民积极性，尊重村民自治的权利，让开发成果惠及全体村民、社会共享。一是传统村落保护利用必须依靠农民，调动农民积极性，尊重村民自治的权利。传统村落保护利用要调动农民积极性。广大农民是传统村落保护的重要力量，要加大宣传力度，使农民群众认识到保护传统村落的意义以及与其切身利益的关系，引导和鼓励全体村民参与传统村落保护与利用。保护利用要尊重村民自治的权利。地方政府应充分尊重原住民的知情权、自治权、参与经营权、决策权和监督权，不应以各种形式取代村民权利的行使，尤其不能一味想着开发和旅游，把传统村落变成纯粹的赚钱工具。二是传统村落保护利用要尊重村民自治的权利，应将保护利用要写入村民公约，要让开发成果惠及村民，全民共享。这是传统村落有效保护的重要前提和基本保障。既有助于约束村民无序的建设行为，提高村民热爱遗产、自我保护的意识，又有助于村民积极整治乡村环境，开发自然生态景观，利用乡土建筑及其非物质文化遗产优势，实现传统村落保护与发展双赢的新路。发展旅游不能全部迁走村民，要禁止大拆大建；也不能采用全封闭博物馆式的保护，要保存维护好村落自然文化生态和宽松安静的人居环境，避免干扰破坏村民的传统习俗和生活秩序；要让保护利用成果惠及全体村民，实现社会共享。三是传统村落保护要注重村民经济和文化利益。把注重增加村民的经济利益和尊重维护村民习俗的文化权益作为保护利用的出发点和落脚点，确保村民在保护开发中获取收益，让开发利用成果惠及全体村民，社会共享。四是要提高村民的文化自信、自爱意识。传统村落保护必须调动农民积极性，鼓励村民自保和约束村民无序和盲目建设行为；传统村落利用必须以维护村民经济利益和文化权益作为保护利用的出发点和落脚点。

习近平总书记指出："博大精深的中华优秀传统文化是我们在世界文化激荡中站稳脚跟的根基。"今天，必须从树立文化自信的高度认识传统村落保护工作，从中继承中华客家的优秀传统和文化，进一步增强文化软实力，为发展贡献强大的精神动力和智力支撑。

传统村落都是在漫长的历史时期逐渐形成的，它的村落格局、空间形态以及所承载的价值观念和生活方式都与同一时期的社会观念、政策制度、经济结构具有统一的对应性。因此，对于传统村落的更新也是一个复杂的、动态的过程。本文以客家为研究案例，仅从传统村落形态层面的公共空间进行分析和研究，提出客家保护与开发的策略与途径。由于鄂、湘、贵、川等地客家众多，其客家风的建筑风格多样，各具特色，制度政策和经济结构具有较高的相似性，对于客家在新农村和城镇化建设的演变过程所面临的问题进行研究并提出解决的办法，对于客家众多传统村落来说具有一定的普遍性意义。

（本文作者系湖北省五峰县采花广电中心主任）

# 留住客家人远去的记忆

## ——浅析三明市非物质文化遗产保护与传承

### 王秀明

三明在历史上是客家先民南迁的重要地域，是客家人形成并繁衍生息的重要居住地，客家文化底蕴深厚，全市 12 个县（市、区）中有 10 个县（市、区）是客家县，尤溪和大田也有部分客家乡镇、客家村。在唐宋期间，三明各县市成为大批中原汉人躲避战乱和灾荒而辗转南迁的重要聚居地，为孕育客家民系、形成客家文化做出了重大贡献，成为客家祖地之一。尤其宁化石壁客家祖地，在客家史上具有十分重要的地位和作用。

非物质文化遗产是客家文化的重要内容之一。三明客家文化遗产密集丰富、存续状态良好，具有较高的历史、文学、艺术、科学价值，三明还是原中央苏区的重要组成部分，留存着丰富的红色文化。三明各级党委政府重视非物质文化遗产保护，将非物质文化遗产保护纳入经济和社会发展规划，取得了阶段性成果。但是，随着全球化、现代化趋势的增强，经济和社会的快速发展与变迁，非物质文化遗产所赖以保存的环境也日益受到现代生活的冲击，一些依靠口传身授的非物质文化遗产逐渐消失。2017 年 1 月，三明、龙岩获文化部批准设立客家文化（闽西）生态保护实验区，成为继广东（梅州）、江西（赣南）之后获批的第三个国家级客家文化生态保护实验区。本文试图从加强非物质文化遗产保护的重要性与必要性、三明客家非物质文化遗产工作成效等方面谈一些自己的思考与建议。

### 一、三明客家非物质文化遗产的主要表现形式和特征

（一）表现形式

非物质文化遗产是三明客家文化的主要表现形式，展现出浓厚的客家文化底蕴和鲜明的地域色彩。

1. 客家语言、文学。客家方言在南宋时期便初步定型。其语音词汇在继承古汉语的基础上，发生了有规律的变化，保留了较多的两宋词汇音韵成分，是研究古代汉语的"活化石"。客家语言与民间文学息息相关。客家民间文学有传说、故事、笑话、童谣、谚语、楹联等，这些文学反映了客家人的生活智慧、理想追求，浓缩了百姓为人处世的道德准则和价值观念，特别是劝学劝善的内容渗透到各类民间文学之中。

2. 宗族文化。客家极为重视敬奉先祖，和睦宗族。客家地区保存有完善的族谱、

宗祠、祖墓、祖图，非常重视修谱、祭祖等习俗。其族谱、宗祠楹联中，保存着丰富的家训、家规文化。石壁世界客家公祭为代表的祭祖仪式，千家万户的家庭祭拜祖先、祭墓活动，这些都构成客家宗族文化生态，成为中国保留宗族文化较完整、活动兴盛的地方之一。

3. 民间信俗。宁化伏虎禅师、清流定光佛、明溪惠利夫人、三明谢佑等民间信仰，各村落的灶君、公王崇拜，还有动物崇拜、植物崇拜、雷公、月姑、水神等自然崇拜，以及众多的人格神、行业神，还有"上刀山，下火海"等民俗绝技，构成多层次、多样化的客家信俗。

4. 岁时民俗。客家有着最火热最古朴最盛大的节庆活动，尤以元宵节庆为盛，如清流赖坊狮龙会、温郊地滚龙灯等遐迩闻名。这些元宵节庆与作大福、百壶宴、迎公太、游大粽等民俗活动，闹春田、犁春牛、保苗祭等生产习俗，共同构成丰富多彩的客家岁时民俗活动。

5. 传统建筑。清流赖坊古村落等，与传统村镇规划、土楼营造技艺、传统建筑营造技艺等构成了独特而丰富的客家建筑文化。每一座建筑，都是一部客家人的家族史、生活史，体现客家人的家庭伦理以及"小家庭、大社会"的和谐生活。

6. 传统印刷、造纸。宁化保留着与族谱印刷相结合的木活字印刷技术。活字印刷术、玉扣纸制作等，共同见证了中国印刷术、造纸术的两大发明，也体现客家人崇文重教的社会风气与耕读传家的生产生活方式。

7. 传统表演艺术。客家保留了源于明代的高腔木偶戏、乱弹木偶戏，源于清代的汉剧、宁化祁剧，还有道教觋戏民间小戏；保留了客家山歌、客家十番等传统音乐；保留了舞龙灯、五经魁、游傩等传统舞蹈……各种戏剧、音乐、舞蹈形态竞相绽放。它们深深扎根于民俗的土壤，活跃在民众的生活之中，为民众喜闻乐见。

8. 传统饮食。闽西有著名的"八大干"，即富有闽西风味特色的八种干制食品，包括连城地瓜干、武平猪胆干、明溪肉脯干、宁化老鼠干、上杭萝卜干、永定菜干、清流笋干及长汀豆腐干，还有糍粑、芋子包、米浆粿等种类丰富的食品，以及擂茶、米酒等，都体现了山地饮食文化特色。

（二）主要特征

三明客家文化是儒家文化、山地文化、移民文化的互动融合，传承并发展了中华民族优秀传统文化，形成慎终追远、崇文重教、耕读传家、忠孝廉节等文化特点，造就了开拓进取、吃苦耐劳、团结奋斗、爱国爱乡的客家精神，这些都是传统文化和民族精神的体现，与我们今天大力弘扬的社会主义核心价值观一脉相承。主要有以下六个特征。

1. 山地经济是客家文化的经济基础。闽西地形为封闭的丘陵山地。闽西客家的自然、图腾崇拜等一些民间奇特民俗，土楼、土堡的防御功能及聚族而居的村落布局，擂茶及"八大干"等饮食文化，山歌、采茶戏等民间文学艺术，以及茶、烟叶、茶油等农耕经济，竹木及其产品的林业经济，无不打上人与自然环境互动的深刻印记。"八大干"

食品制作、客家酿酒、玉扣纸制作、烟叶种植等，至今仍然是闽西重要的经济增长点。

2．儒家（理学）思想是客家文化体系的精神内核。儒家（理学）思想实际上与客家文化一样经历了由北至南的传承过程，首先由将乐的杨时将北方的洛学传播到南方，并由沙县罗从彦、南平李侗承上启下，后由尤溪朱熹集大成，成为统治中国思想界数百年的理学。理学四贤就有三位出生在三明。家国一体是理学文化在客家文化中的具体表现。客家每个姓氏的族谱，都记载着自己的祖先来自中原，是中华民族的后裔。根在祖地、魂系中华是客家文化的精神内核。客家祠堂、族谱上无不写着"忠孝廉节""仁义礼智信"等理学思想的家训，时时提醒人们要遵行儒家伦理道德。

3．崇文重教、耕读传家是客家文化的重要内容。崇文重教、耕读传家是建立在农耕经济基础之上，经过理学的传播、宗族社会的发展而逐步形成的。在封闭的山区环境中，读书出仕是客家人唯一的出路。客家的劝学渗透到童谣、故事、传说、民谚、民谣、戏曲、游戏、楹联、匾额、堂号、祭祀等社会生活的方方面面。客家人集宗族之力设立书院培养本族学子，中举之家可以在祠堂前立石旗杆以示激励。宗族的助学、劝学培养了大批的精英，推进社会崇文重教之风，提高了社会文明程度，从而使偏僻的山区成为"衣冠文物""礼乐诗书"之地。

4．"和合"观念是客家文化的主要审美取向。闽西客家的文学艺术、建筑艺术、民俗游艺等虽有不同的表现形式，但"和合"是其共同的审美取向。客家山歌曲调清新质朴，优美流畅，其中爱情歌是男女情感的宣泄，但"发乎情，止乎礼"，"乐而不淫，哀而不伤"，体现"中和"的传统美学。公嫲吹以公吹与嫲（母）吹的唢呐组合对吹形式，模仿男女生产生活的情景，所表现的不仅是音乐的"阴阳和合"，也是社会生活和谐的表现。民间游艺如游大龙、走古事等，把感恩天地祖先、祈求国泰民安等美好心愿，用充满原始生命力的呐喊、奔放热烈的形式表现出来，天地人神浑然一体完全融化在盛大的场面之中，而支撑这种大型民俗活动年年持续不断举行的是客家的"群和"精神。土楼、土堡往往"枕山、环水、面屏"而建，则创造了"天人合一"的生态环境。客家人以"和合"的审美形态处理人与自然、人与社会的诸种复杂关系，实现了人的审美愉悦和道德诉求。

5．坚毅果敢的品质与忠义观念熔铸成客家人爱国精神和民族气节。山峻水激的地理环境以及客家先民漂泊转徙的磨难，锤炼出客家人坚韧不拔、坚毅果敢的意志品质。当这种性格与忠义思想、国家观念相结合时，就会产生勇于为之抛头颅、洒热血的忠烈之士。历史上一批又一批客家先贤在国家、民族危难关头挺身而出，为之不懈奋斗甚至献出生命，表现出巨大的爱国热情和崇高的民族气节。

6．传统守成和开放进取构成客家文化相辅相成的两面。客家文化是农耕文化、山地文化，在一定程度上具有保守的一面，表现为客家人重视耕读、崇拜祖先、安土重迁等方面；另一方面，客家文化在对中原传统文化的承袭与异地新质文化的借鉴中，形成了开放吸纳的特点。这种相辅相成的人文性格使得客家人在迁徙中保留了自己的文化特色而又不断发展，使得客家文化从封闭的土楼、偏僻的山区走向大海，从而将客家文化、中华文化传播到世界各地。

**二、加强客家非物质文化遗产保护的重要性与必要性**

（一）非物质文化遗产是珍贵的、具有重要的文化信息资源，也是历史的真实见证。

保护和利用好非物质文化遗产，对于实现可持续的经济、文化全面协调发展意义重大。随着全球化趋势的加强和现代化进程的加快，非物质文化遗产的生存状况受到了比较大的冲击，所以加强非物质文化遗产的保护已经刻不容缓。非物质文化遗产是各族人民世代相承、与群众生活密切相关的各种传统文化表现形式和文化空间。非物质文化遗产既是历史发展的见证，又是珍贵的、具有重要价值的文化资源。各族人民在长期生产生活实践中创造的丰富多彩的非物质文化遗产，是中华民族智慧与文明的结晶，是联结民族情感的纽带和维系国家统一的基础。保护和利用好非物质文化遗产，对落实科学发展观，实现经济社会的全面、协调、可持续发展具有重要意义。

（二）非物质文化遗产所蕴含的客家人特有的精神价值、思维方式、想象力和文化意识，是维护文化身份的基本依据。非物质文化遗产是人类民族民间传统文化的宝贵资源，是人类几千年来劳动和智慧的结晶，对人类的生存和发展具有独特的意义。随着现代化进程的加快，文化生态发生了巨大变化，非物质文化遗产受到越来越大的冲击，一些依靠口授和行为传承的文化遗产正在不断消失，许多传统技艺濒临消亡，大量有历史、文化价值的珍贵实物与资料遭到毁弃或流散境外，随意滥用、过度开发非物质文化遗产的现象时有发生。加强非物质文化遗产的保护已经刻不容缓。由于非物质文化遗产不具有实物形态，在识别、保护方面都有一定的难度，同时又由于非物质文化遗产活态传承的特性，也使其在历史变革与时代冲击时比有形文物更加脆弱，比有形文物更容易消逝。正是因为非物质文化遗产在保护上的这种困难性和其本身的这种脆弱性，对它的保护和传承才显得更加迫切。

**三、三明客家非物质文化遗产工作成效**

（一）建立非物质文化遗产档案及相关数据库

2009 年 6 月底，三明市全面完成全市非物质文化遗产普查工作，基本摸清全市非物质文化遗产家底，开展非物质文化遗产相关资料的收集整理工作，对三明市非物质文化遗产的文字、图片、音像等资料数据进行更新补充。2013 年以来，市非遗保护中心组织开展客家非物质文化遗产相关资料收集工作，收集整理了三明市各县（市、区）非物质文化遗产名录项目文字、图片资料，编辑出版全市非遗图典——《守望与传承》，充分展示了三明市丰富的非物质文化遗产资源。建立地方非遗特色数据库，完成 66 张非遗光盘视频资料的上传、展示工作。

（二）大力开展保护、传承活动

1. 积极组织开展非物质文化遗产代表性项目申报工作。经过努力的挖掘、整理、申报，目前，三明市有永安大腔戏、泰宁梅林戏、大田板灯龙、将乐竹纸制作技艺、宁化石壁客家祖地祭祖习俗 5 个项目列入国家级非物质文化遗产名录；有泰宁大源傩舞、永安大腔戏、泰宁梅林戏、沙县肩膀戏、将乐民间龙池古砚制作工艺、将乐西山造纸技术、宁化客家山歌等 39 个项目列入省级非物质文化遗产名录；有将乐食闹音乐、宁化客家山歌、泰宁大源傩舞、沙县肩头棚等 79 个列入市级非物质文化遗产名录。积极争取国家、省、市非物质文化遗产保护专项资金，已争取到市级以上补助资金 1000 多万元。

2. 开展一系列的传承、保护活动。自 2010 年 6 月 12 日举办三明市首届"非遗节"以来，坚持在每年的全国文化遗产日开展一系列的非遗展演展示活动。2012 年 6 月，分别与三明市各县（市、区）的 8 个社区和 8 所学校签订了长期合作共建协议，将三明市非物质文化遗产保护工作延伸到了社区和校园当中，让更多的居民和学生加入非物质文化遗产保护的行列。2013 年举办三明龙舟文化——市区《龙船歌》研讨会，省、市各级领导及近百名专家学者、新闻媒体出席了研讨会。同时，在三明广场举办了以"人人都是文化遗产的主人"为主题的"非物质文化遗产保护成果图片展"，展出福建省及三明市非物质文化遗产图片上百幅，派发"文化遗产日"小知识的宣传单 500 多份。2015 年开展以"保护成果 全民共享"为主题的第十个"文化遗产日"系列宣传活动，邀请了梅列区洋溪舞龙、三元大旺鼓、尤溪稻草龙、尤溪小腔戏等进行展示；同时举办"忘不了的乡愁"三明市古村落古民居摄影展。2016 年以"加强文化遗产保护，振兴传统工艺"为主题，与福建省文化厅联合举办的"三明非遗进福州三坊七巷"系列活动，分为：三明非遗展演、三明非遗精品展、三明传统小吃制作技艺展三大主题展示。全市有 33 支非遗团队参与展演展示，人员达 300 多人，取得了较好的社会反响。

（三）认定非物质文化遗产代表性传承人，支持其开展传承、传播活动

在非物质文化遗产的传承发展过程中，传承人的地位是十分重要的。民俗表演多是由这些传承人和当地居民共同参与的，传承人对民俗表演活动的意义是毋庸置疑。三明市积极组织开展非物质文化遗产传承人的申报工作，各级非物质文化遗产传承人的申报程序严格按照相关标准、程序。三明市对国家级、省级、市级非遗传承人每年度分别给予 3000 元、2000 元、1000 元的补助。目前，全市共有黎秀珍（泰宁梅林戏）、熊德钦（永安大腔戏）、邢承榜（永安大腔戏）3 个国家级传承人，22 个省级传承人。为有效鼓励和支持非物质文化遗产项目代表性传承人开展传承、传播活动，三明市不定期在市非物质文化遗产博览苑开展非遗展演活动，为非遗项目和非遗代表性传承人提供展示交流舞台，进一步弘扬、保护、传承三明市的非物质文化遗产。

（四）设立非物质文化遗产展示传承场所

为保护、展示、传承这些优秀的文化遗产，将原市博物馆改建为市非物质文化遗产博览苑，并向市民免费开放。2014 年三明市非物质文化遗产博览苑落成揭牌。三明市非物质文化遗产博览苑将通过文字、图像、实物展示三明市的传统艺术、地方民俗、人文典故、地域风情等非物质文化遗产。同时，采取"一月一县一轮展"的形式，12 个县

（市、区）轮流展示地方优秀非遗项目，每周末开展非遗展演活动，充分展示三明市的非遗项目资源。2014—2016 年，共开展非物质文化遗产宣传展示活动 50 多场。

**四、推进非物质文化遗产保护传承的建议**

（一）着力做好非遗保护传承发展顶层设计工作。认真落实《中华人民共和国非物质文化遗产法》《福建省非物质文化遗产条例》，创造条件出台《三明市非物质文化遗产保护管理办法》。要加强"十三五"非遗保护规划编制工作，制订切实可行的长远和近期发展计划，进一步提高保护工作的科学性。要加大非遗保护资金的投入，设立专项资金并列入本级财政预算，并按财政年度收入比例逐年调整增幅。要进一步加强和完善文化遗产保护管理机构和培训机构建设，培育覆盖全社会的志愿者队伍。

（二）强化各项政策扶持。要充分利用国家加大对文化遗产保护力度的契机，千方百计向上争取更多政策和资金支持。鼓励、吸纳企业介入非物质文化遗产保护，拓宽资金来源渠道，帮助政府解决非物质文化遗产保护的经费不足问题。要把部分传统工艺项目的生产标准制定工作摆上重要议事日程，对已经制定行业标准的非遗项目要进一步强化行政监管和行业自律。要加强对政府性资金非遗保护项目在实施过程中的监督和评估，着力纠正和解决有法不依、监管不严、保护责任不落实、专项资金不到位等问题。

（三）进一步加强宣传教育，搭建非遗展示平台。充分利用国家"文化遗产日"和中华民族传统节日，大力开展非物质文化遗产宣传展示活动，促进非物质文化遗产的传播，营造保护非遗的良好氛围。经常组织论坛、讲座等活动，全面开展对社会公众的非物质文化遗产普及教育，强化非遗博览苑的展陈功能，推进非物质文化遗产项目进课堂、进教材、进校园。开发非遗数据库管理软件，探索建立三明市非物质文化遗产数字博物馆。提升完善三明市非物质文化遗产博览苑，集中展示三明市非遗资源和非遗保护成果。

（四）大力培养非遗传承人队伍。要支持和推进多元、多层次的生产性示范基地和传习基地建设，结合民间文化艺术之乡、特色小镇等，为非遗项目传承人生产、展示和带徒授艺创造良好的环境和平台。要因地制宜、因项目制宜地办好各类非遗技艺人才培训班和专业学校，为三明市非遗生产性保护的可持续发展培养特色人才。加强对专业人才和民间文化传承人的教育培训，引导民间艺术社团组织，开展非遗保护传承的研究和实践。

（五）促进非遗保护与产业发展深度融合。进一步做大做强文化产业园，推动传统工艺企业集聚发展。推动现代艺术与传统工艺的结合，开发更多符合地域特色、适合市场需求的旅游产品、旅游纪念品。借鉴西安大唐西市丝绸之路风情街、成都锦里和宽窄巷等成熟经验，结合三明市非物质文化遗产所在的文化空间，探索建设非物质文化遗产历史街区、生态村落、主题公园等。坚持保护为主、合理利用的原则，在保持非物质文化遗产本真性的基础上，组织非物质文化遗产项目进入旅游景区，提升旅游的文化内涵。

**参考文献:**

[1] 2016 年福建省文化厅《客家文化（闽西）生态保护实验区规划纲要》。

[2] 蔡利:《留住客家人远去的记忆——浅析梅县非物质文化遗产保护与传承》,《神州民俗》2011 年总第 164 期。

[3] 石晓春:《浅析非物质文化遗产保护重要性和紧迫性》,《西江月》2014 年。

（本文作者系三明市文广新局社文艺术科副科长）

# 宁化石壁与
# 客家历史文化关系之研究

# 闽西客家区道教文化传统与历史变迁

## ——从宁化道教传说说起

### 蔡登秋

道教是中国本土宗教，以我国古代社会的鬼神崇拜为基础，以神仙存在、神仙可求论并主张用方术修持追求长生不死、登仙享乐和用祭醮仪祈福免灾为主要内容，兼吸收了道家、阴阳五行等学说而形成一种宗教。石壁有北香炉峰和东华山，修有道观和寺庙而著称于宁化，为宁化主要信仰名山。根据记载："升仙台，在宁化县西四十公里，亦名'香炉峰'。旧传：隋义宁年间（617—618），有刘、熊二道士修炼其间，白日飞升，乡人创为'升仙台'，刻二像于石壁，祈祷应验。今废而像存。"① 可见隋代时道教已传入宁化县，并且有一定规模的信众。论者普遍认为明清时期客家区的道教整体式微，但从道教文化传承整体分析，其实并非式微，而是一种变迁中的转化，即以民间化形式流传下去。

### 一、道教的思想源头及其得道升仙的终极意义

道教的观念最早来源于对神仙的追求。"神仙"的基本含义与"不死"和"升天"相关，是人关于生与死形而上的思考。道教的理论基础是黄老思想，并对之神学化，其中对老子神化，他的《道德经》也逐步被解释成道教经典，由哲学变为神学。

道教的终极目标是修道成仙，同时也是一种存在形式，因此民间凡著名的道士，或者成为一方崇拜的对象，他们必然有一段得道升仙的佳话。纵观宁化及周边的客家地区，只要是道教流行的地区，都不匮乏得道升仙的传说。

据传，刘、熊均为石壁人，以屠宰为业。一日，到石壁圩卖肉，肚饥借店家锅灶煮肉。此时见一道人，道："两位且慢，让吾先煮豆腐。"刘、熊二人将猪肉放入锅内，戏言："师傅请吾吃斋，吾请师傅吃荤。"道人拣稻草放入锅内，倒水一勺，猪肉、豆腐各分一边。道人把自己的一脚伸进灶塘当柴烧，只见锅里半边冷水半边开，豆腐滚滚翻腾，猪肉无一丝热气。道人煮熟豆腐吃罢出店门走后，刘、熊二人惊异，见屠案少了一只案脚，始知遇上神仙。刘、熊二人追随仙人三载不得见，仍不灰心，终于感动道人，

---

① （宋）胡太初、赵与沐：《临汀志》，长汀县地方志编纂委员会整理，福建人民出版社 1990 年版，第 114 页。

在香炉峰水月崖前，被收为徒。道人笑道："只要心诚志坚，屠夫可成神仙。"刘、熊二人凡身俗体留于水月崖下，后人便于此建升仙台，绘其像奉祀至今。

由此传说观之，凡有道人，都有得道成仙的这一情节。安乐乡谢坊村福林寺内侧供有吴仙（吴文清）的文清宫，宫内有碑记载吴文清升仙史迹。① 吴文清成仙传说与清流道仙伍总管有关，吴文清成仙之前，乃一位柴人，因送柴给道仙伍总管，需路过南极山，受狐妖的媚惑，差些丧命，在得道仙人伍总管帮助下，得道成仙，后随从伍总管在南极山白云洞修炼。今天的龙津镇还城南村南极山土地亭、汀州亭、白云洞、吴仙庙、神农圣帝庙、观音堂、大雄宝殿等，是清流县古八景之一。又有唐代清流大丰山欧阳大一和宋代刘氏得道升仙的传说。这些传说透露一个信息：闽西客家地区历史上道教盛行。

不难分析，道家思想主张人与自然的和谐统一，道教把道家思想神学化以后，在追求长生不老、人命不死的过程中，创造出神格化的仙人。从秦汉时期的黄老道术追求长生不老的生命观，上升为天与神的境界，从人格上升为神格，如玉皇大帝、八仙、李天王等大仙，都是从人间脱胎而来。所以，道教流传的地区，自然存在大量的得道成仙的例子，这无非提供一个每一位俗民皆可成仙的可能性范例，由此加强道教社会存在的吸引力，强化民众现实生活的精神寄托，体现道教对生命注解终极关怀的思想境界。

**二、道教自魏晋至宋明的繁荣**

东汉末年，朝廷统治黑暗，横征暴敛，豪强兼并土地，水旱频繁，疫病流行，百姓沦为流民，张角在这样的背景下创立了太平道。东汉末年，太平道失落以后，出现了五斗米道，为张陵所创，尊崇黄帝和老子，奉老子的《五千文》为教派经典，入教者必须交纳五斗米而得名。五斗米教又叫天师道，因为教徒们尊张陵为天师，后来天师这个称号一直被张陵的子孙世袭，所以五斗米教也叫天师道。天师道由张陵之孙张鲁所继承，并割汉中30多年，后来张鲁降服曹操。到了晋朝，张鲁的第四子张盛徙江西龙虎山。江西龙虎山成为全国重要的道教宗庭之一。魏晋南北朝是道教的第二次勃兴的时期，道教获得了全面的改革和发展。曹操降服张鲁后，对方士们进行了制约的政策，但曹操内心却向往神仙之道，谋求养生方术。曹操平汉中后，五斗道的教徒被迫北迁魏地，组织体系被打破，祭酒徒众分散各地，向北方民间传播开来。到了西晋末、东晋初年，五斗米道在江南开始盛行。

在东晋时期，道教除理论上建树以外，还向义理化的道路演进，出现了上清、灵宝、三皇经系。上清经系是道教经箓派的主流，为杨羲、许谧等所创制，用扶乩的手法假托"众真降嗳"，写出了大量经书，其代表性的经典有《上清大洞真经》。道教经箓派的另一支系是灵宝经系，其核心是《元始无量度人经》，主要内容是宣扬"仙道贵生，无量度人"，尊崇元始天尊为至高无上之神，强调人可修斋念经，得道升仙。道教经箓

---

① 刘善群、吴来林编著：《宁化客家传统文化大观》，中国文化出版社2012年版，第164页。

派还有一个支系是三皇经系，宣扬"劾召鬼神"的符图及存思神仙"真形"之术。这三个经系到了南朝刘宋时期，均由陆修静汇聚成一个流派。到了梁朝，又经陶弘景的发挥，终就形成了经箓派，到唐代时成为丹鼎派和符箓派之外的一个大宗派。葛洪（283—363）是东晋著名道教的理论家、医学家和炼丹家。他的著作《抱朴子》在道家理论体系中具有重要的地位，在思想理论上塑造了"元始天王"至尊之神，提出"我命在我不在天"的哲学命题，积极地自我修炼，以求寿命延长，从而把玄学和道教融为一体，将方术与神学纳为一体，形成了道教神仙理论体系。道教经北魏寇谦之（365—448）的改革，最终成为国教。南朝陶弘景（456—536），是一清派另一代表人物，道教著名的理论家，他开创的道教茅山宗，代表作《真诰》《真灵位业图》，为道教神仙谱系的系统化奠定了基础，是道教发展史上不可替代的人物。道教在唐代建立起了相当系统化的道教哲学体系，出现了成玄英、司马承祯、吴均三位著名的道教学者。成玄英提出"重玄之道"，即为：常无，欲以观其妙；常有，欲以观其微。此两者同出而异名，同谓之玄，玄之又玄，众妙之门。提出以体悟"玄之又玄"之道为核心，以"静养"为本的成仙要诀。司马承祯也提出了不同凡响的修炼成仙的理论，即五道"渐门"："斋戒""安处""存想""坐忘"和"神解"，这一理论记述于《天隐子》一书之中。吴均也强调成仙之道在于修炼，修道在于精、气、神三个方面，只有"守静去躁"，"养神修身"，才能"与道为一"，"长生不死"。总体而言，三家思想就是成仙之道在于"守静去欲"。

自南北朝以来，魏武帝崇道抑佛，梁武帝尊佛崇道，周武帝毁佛抑道，隋文帝先佛后道，唐初是崇道抑佛。武则天是先佛后道，唐玄宗崇道抑佛。唐玄宗和唐武宗是我国历史上有名的崇奉道教的唐代两位皇帝。在他们近半个多世纪的统治中，自始至终崇奉道教，从而把道教推向全面发展的繁荣时期。继唐以后，宋代是中国道教的又一个繁荣时期。宋朝帝王宋真宗和宋徽宗是道教狂热的追求者，之前五代时期著名道士陈抟，是一位有道家大思想家，他创造了《太极图》《先天图》《无极图》《易龙图》，拓开宋代易学的先河，为后世理学的建立起到重要的作用。他的先天易学和内丹修炼为宋代道教内丹派的形成奠定了理论基础。宋金分据时期，金大定七年（1167），王重阳创立儒、释、道兼容的全真道，后高徒丘处机把全真道发扬光大，风靡北方。全真道不讲方术、符咒丹铅和斋醮祈禳，而是重清静自然，淡泊无欲。全真道吸取了佛教禅宗的思想，明心见性，顿悟成佛；吸收了禅宗的"打坐""参究""机锋""圆相"等修炼方法。除全真道以外，肖抱珍创立了太一道和刘德仁创立的真大道教，真大道教在第五祖郦希诚的领导下，得到了空前的发展，风靡长江以北的广大地区。元代初年，天师道龙虎山天师世系受封为"正一教主"，并改称天师道为正一道，由张宗演统领三山（阁皂山、龙虎山、茅山）符箓。元统治者控制和利用正一道来安定江南，正一道受到了元统治者的扶持，故而正一道得以兴盛；同时也正因为张宗演、张留孙、吴全节等龙虎山教系人物受到元统治者的宠信和扶植，龙虎山正一道得以统领江南三山道教，而成为道教正统，在民间流传更加兴盛。

由于江西龙虎山与闽西客家区近邻，客家区必然受到道教文化的影响，明以前客家区道教盛行也不在话下，自然存在大量的得道成仙的传说。客家民系形成于晋唐至宋元之际，北方汉民南迁，特别是宋代文化中心南移，道教文化本已流行于此，此时就更上一层楼了。更应该指出的是，两宋时期是我国造神一个黄金时代。福建大多数民间俗神都在此时创造出来，客家区的道教仙人，其实也是地方俗神，也是这一时期创造出来。宁化石壁是客家民系衍生、聚居和迁出最重要的祖庭，以道观建筑为例，可显示此处早期道教文化的繁荣。据李世熊《宁化县志》载，远在隋义宁年间（617—618）就有刘、熊道士在石碧升仙台修炼、白日飞升的传说，有专供道徒常住的道观。最早的道观是在县城的凝真观，建于后唐天成年间（926—929），历宋、元、明、清而未间断。香炉峰和东华仙早期也建有道观，后来由于佛教的渗入、盛行和道教的式微，这些道观变成佛教寺庙。清流的大丰山是著名的道教名山，欧阳真仙原名欧阳大一，字世清，清流县东华乡下窠村人。16岁上大丰山学道，20多年潜心修炼，终于在大丰山顺真道院修道成仙。因普济众生，济人无数，被宋朝皇帝敕封为"通灵妙应真君"，即欧阳真仙。每年信众自永安、连城、宁化、长汀、明溪、将乐等地前来朝拜，祈求欧阳真仙保佑风调雨顺、五谷丰登。每年除夕夜，清流灵地、赖坊、邓家等地虔诚信众都要上大丰山为欧阳真仙守岁。由此可见，客家区民众对道教的尊崇和道教本身的魅力，也显示出这里道教的繁荣时期也基本上与他处同一个步调。

**三、客家区道教式微的历史背景**

道教经历了1000多年的发展，明代统治者和唐宋以来的历代统治者一样，在他们夺取政权和巩固政权的过程中，都曾利用道教为他们服务。因而在明中叶以前，道教仍继续处于兴盛时期，到嘉靖（1522—1565）年间达到高潮。明成祖朱棣，制授其弟张宇清为"正一嗣教清虚冲素光祖演道大真人"，领道教事。缮钱修葺龙虎山上清宫，敕建真懿观。朱棣特别尊奉玄武神，在武当山营建宫观供奉，从永乐十年到十六年（1412—1418），修造了玄天玉虚宫、太玄紫霄宫、兴圣五龙宫、大圣南岩宫。此后，明朝的历代统治者们一直奉行三教并用和对道教的优宠政策。关于道书的修纂方面，于正统九年至正统十年（1444—1445），共整理《正统道藏》5305卷。明世宗朱厚熜曾命所司印道藏480函，又敕张国祥编印《续道藏》180卷，称为《万历续道藏》。入清以后，由于清代统治者素无道教信仰，便逐步采取种种限制措施，从而加速了道教衰落的进程。清初顺治、康熙、雍正三朝，从笼络汉人的需要出发，对道教仍沿明例加以保护，到乾隆时期，一再加以贬抑。

就道教本身而言，道教在政界和广大民众中的声望降低，教团组织日益分散缩小，宫观日趋破败。理论教义在长期发展变革中已臻于成熟，明清道教思想家很难突破前人理论体系做出更大的革新之举，道教成仙一事的难成及传统道教学说在表达上的晦涩，抑制了人们对其信仰的热情,阻碍了其传播的力度。[①] 道教在上层地位日趋衰落的同时,民间通俗形式的道教仍很活跃。故而,有论者认为:宁化本地居民,真正信仰道教的历来甚少,所设道观为数不多,且很少有道士常住。至清末,境内已不见受戒道士存在,民间建醮都由以祖传巫术为业的觋者替代。因此,自民国始,宁化便不复有道教的团体组织。但作为民间信仰形态的信仰对象依然存在,如香炉峰仍有伍仙祖师的信仰对象,大丰山的道教香火仍具有巨大的影响力。

### 四、走向民间化的道教信仰礼仪形式

道教的礼仪很多,不同教派在内容和形式上存在一定的差别。闽西客家区道教礼仪形式与其他地区区别不大,总体而言,有以下几个方面是一致的。

（一）斋醮礼仪

斋,古代祭祀祈祷前,祭祀者沐浴更衣,不食荤酒,不居内寝,以示祭者庄重诚心。其程序有三:一设供斋,二节食斋,三心斋。其目的是为了达到与神灵沟通。不同道派的斋法,名目繁多,特别是两晋南北朝以后,经上清、灵宝派道士的推演,更是方式杂出。道教修斋,必须虔诚整肃,启圣祈真,焚香燃灯。修斋是道教一道场法事首先要做的礼仪。

醮,来源于我国古代社会的坛祭,为古代礼仪。《说文》曰:其一为冠娶;二为祭祀。道教继承并发展了醮的祭祀一面,借此法以与神灵相交感。道教坛醮是教徒宗教活动的主要内容,也是道士的一种谋生手段,通过做法事,谋取一定的报酬。"醮"有"醮法",指斋醮法事的程式、礼仪等规矩。

"斋醮科仪",一般有阳事与阴事之分,也就是有清醮与幽醮之分。清醮有祈福谢恩、却病延寿、祝国迎祥、祈晴祷雨、解厄禳灾、祝寿庆贺等,属于太平醮之类的法事;幽醮有摄招亡魂、沐浴度桥、破狱破湖、炼度施食等,属于济幽度亡斋醮之类的法事。举行斋醮科仪,其步骤为建坛、设置用品、涌经拜忏、踏罡步斗、掐诀念咒等。道教醮坛之上,讲究一定规矩,谓之威仪。不同教派,各自的套路不同。

（二）戒律

戒律是道教的道德规范,行为准则。通过戒律,对教徒的宗教活动和道德行为进行规范,以使务道者和奉道者清净心身,精进修行。道教正式的戒条,是两晋南北朝上清、灵宝及新天师道等道派创制出来的,以维护封建社会的伦理道德。如三戒,即"皈依戒":一为皈身戒,皈身于"太上无极大道";二为皈神戒,信奉"三十六部尊经";三为皈命戒,听从"玄中大法师"。又如五戒是:一、不得杀生;二、不得荤酒;三、不得口是心非;四、不得偷盗;五、不得邪淫。还有八戒、十戒、二十七戒、三十八戒等。

清规,对道士违反戒律进行惩罚的条例,有罚跪、责杖、驱逐,甚至于处死。其实

---

① 李艳:《明清道教与戏曲研究》,博士论文,2004 年,第 9 页。

这些清规在许多客家族谱中大量记载。如石壁张氏家规："子孙违犯教令者，杖一百。有别项忤逆重情，又当分别问拟斩绞。""子孙供养有缺者，杖一百。""子孙将祖父坟茔前列成行树林及坟旁散树高大株棵私自砍卖者。一株至五株，杖一百，枷号一个月；六株至十株，杖一百，枷号两个月；十一株至二十株，杖一百，徒三年。""强盗已行而不得财，杖一百，徒三千里；得财者，无分首从，皆斩。窃盗已行而不得财，答五十；得财者，计赃论罪，初犯者刺背，再犯得徒罪刺面，三犯及满贯拟绞。不能禁约之父兄，亦均罪有应得。"[①] 这些都是对客家子弟违反戒律的一种责罚。

（三）符箓术

符箓是符和箓的合称。符指书写于黄色纸、帛上的笔画屈曲、似字非字、似图非图的符号、图形；箓指记录于诸符间的天神名讳秘文，一般也书写于黄色纸、帛上。道教认为符箓是天神的文字，是传达天神意旨的符信，用它可以召神劾鬼，降妖镇魔，治病除灾。画符的步骤是：焚香请神、念敕水咒、念敕纸咒、念敕墨咒、念敕笔咒，然后持笔书符，一边持咒，后下符胆，书毕，念敕印咒，盖下符印，再催念敕符咒，最后掷"筊"求准，若准（圣筊）则此符有灵可使用。

（四）客家人道教礼仪

客家人对道教的承传主要体现在民间化形式上。例如，客家打醮"保禾苗"的主持都是道士，"是日由案首负责事先请好 8 名道士，在庙内打醮。……打醮道士也手持法器，主士（道士中的为首者。道术较高，醮词熟练，法器敲打、整个醮事程序清楚，有驾驭全盘的能力，且年龄较长，在道教中阅历较深）身披道衣，敲锣、打鼓、吹奏唢呐等跟随游村……"由此可见，客家人对佛道的信仰并不是站在对佛道基本教义的理解基础上，而是基于功利对佛道的内涵的模糊混沌的信仰。另一种解释是："因为'保禾苗'是要驱妖除怪，必须杀生除孽，不能心慈手软，尤其是按照'神齐将不齐'的规律，既要依仗佛祖的法力，也要依仗得道法师的（荤神降魔除妖之功力），以'打醮'毕其功于一役。"[②] 此地，作为道教传承与传播者的职业化道士已不复存在，民间非职业化道士依然活跃，他们往往以半农半道的生活方式出现，即农忙时是农民，下地干活，农闲时或特殊日子里充当道士身份，宁化本地称为"师公"，为百姓打醮驱邪，禳解灾厄。所以，道教在宁化地区或者其他地区确实已走向式微。其实道教的礼仪还流行在民间，始终影响着百姓的生活。

中国宗教信仰是建立在三教交融的基础上，即儒、释、道的交融，其实儒家的积极入世的思想还不是真正意义上的宗教，只是具有宗教的功能和宗教色彩而已。由于中国长期的儒家思想的统治，佛道二教只是中国人信仰领域中的补充部分。由于中国传统文化有很强的交融性和吸纳性特征，中国的佛道在民间意识形态中存在的方式基本上是处

---

① 福建省宁化县四修《张分君政总谱》编委会编：《张分君政总谱》，第 606—611 页。
② 杨彦杰主编：《闽西北的民俗宗教与社会》，国际客家学会，第 219 页。

于相互交织和相互弥补的状态，民间在实用的现实需求中，往往取其之长，弃其之短，客家人亦不例外。

（本文作者系三明学院客家文化研究所所长，教授）

# 与时偕行，打造石壁客家文化新高地

杨海中　任崇岳

## 一、新时期宁化客家文化发展的三个阶段

改革开放以来，宁化客家文化研究与客家文化建设从石壁切入，已走过了不平凡的30多年，取得了举世瞩目的成绩。从宏观上来说，30多年来的历程，可大致分为三个阶段：初创起步阶段、快速发展阶段和整合提高阶段。

1. 初创阶段（大致从20世纪80年代初至1992年）

其间，以县志办主任刘善群先生为代表的研究力量，从调查收集资料入手，从研究石壁客家史切入，通过对上千万资料的爬梳、归纳与研究，认为石壁在客家民系形成过程中有着特殊的地位与作用，它不仅是客家形成之摇篮，也是客家再行播迁之中心，海内外100多个客家姓氏之家谱明确记载其先人曾居留石壁，说明宁化是名副其实的客家祖地。如果说1984年刘善群先生的《略从姓氏流迁话石壁》标志着宁化客家研究正式起步、1987年他的《客家第二祖籍——宁化石壁》标志着宁化客家研究迈出了坚实步伐的话，那么，1992年成书的《宁化县志》则是这一阶段研究成果的集大成之作。

1991年3月，宁化县成立了客家研究会，标志着有计划、有组织的研究开始步入正轨。关于研究会的宗旨，章程明确规定："主要从史学和社会人文科学的角度，研究客家的历史和现状，研究宁化及石碧在客家文化中的地位和作用，研究石碧的地理、语言、民俗、文化、经济、科技和著名人物等等，通过研究和宣传，丰富客家史的宝库，为弘扬中华民族的优秀精神，为促进宁化的旅游事业，振兴宁化经济，为加速四化建设，促进祖国的统一大业，做出贡献。"刘善群先生被推举为首任会长。客家文化研究与客家文化建设被逐步纳入了官方县域发展规划之中。

2. 快速发展阶段（大致从1993年到2012年）

早在1990年12月，刘善群先生就上书宁化县委、县政府，建议将客家文化研究与建设纳入全县规划。他在《开发客家祖地的设想和建议》中明确提出，组织力量加强客家文化研究，在石壁兴建客家公祠，通过开发石壁促进宁化发展。

宁化县委、县政府对刘善群先生的建议非常重视，组织有关部门与专家进行了论证，决定以政府投资为主、以企业单位和客家乡贤赞助为辅，在石壁兴建客家公祠，并于1992年11月举行了奠基仪式。1995年客家公祠落成，1995年11月28日举行了"石

壁客家公祠落成暨'95 世界客属石壁祖地祭祖大典",标志着宁化客家文化研究与建设迈上了一个新的台阶。从此,世界客家人祭祖有了理想的平台、遵循的规范,同时也有了心灵的归宿。

为架起客家研究者与宁化联系的桥梁,1996 年 8 月,宁化客家文化研究会还创办了内部刊物——年刊《客家魂》。

进入快速发展的另一个标志是加大了客家文化研究的力度。1997 年 10 月 14—15日,2000 年 11 月 17—18 日、2009 年 10 月 16—17 日,先后举办了三次"宁化石壁与客家世界"研讨会,海内外 300 多位专家学者与会,会后出版了《石壁与客家世界》论文集三部,收入论文 166 篇,达 170 多万字。

其间,由于研究的深入,视野的拓宽,新的研究成果不断面世,其中主要有:《客家礼俗》(1995 年)、《宁化石壁新考》(1996 年)、《客家与宁化石壁》(2000 年)、"客家祖地石壁丛书"(含《客家与宁化石壁》《宁化客家姓氏源流》《宁化掌故》《宁化客家民俗》《宁化客家人物》《宁化客家民间音乐》《宁化民间传说》和《宁化风光》,2000 年)、《客家与石壁史论》(2007 年)、《客家祖地阐释》(2008 年)、《石壁客家述论》(2012 年)、《宁化客家传统文化大观》(2012 年)等。

在诸多论著中,尤值得一提的是《石壁客家述论》。该书作者廖开顺、刘善群、蔡登秋在综合以往石壁客家研究的基础上,采用了大量的田野调查及客家族谱等文献资料,对客家先民在赣闽粤边的集聚、石壁客家方言、石壁客家的经济生活、习惯制度与伦理文化、宗族与客家血缘渊源、石壁客家与台湾及海外客家的渊源关系以及石壁客家民间习俗、民间信仰、民间游艺、民间音乐歌舞等进行了全面、系统的分析,从而论述了石壁客家文化在客家民系形成中的地位与作用,具有很高的学术性。该书还从实际出发,在客家民系形成过程中,注重对姓氏血缘的追溯研究,对一些人否认血缘,认为"客家只是一个文化概念""石壁只是一个虚幻的文化符号"等片面观点进行了批评,指出:客家的文化本质不容否定,它是客家民系得以存在的最重要原因;客家族群认同中的寻根,不单是姓氏血缘寻根,更是文化寻根,但这个根是"中华文化",其中也包括血缘文化,而不是一些人笔下狭义的所谓"客家文化"。

3. 整合提高阶段(大致始于 2013 年)

2012 年 11 月 20—22 日,第 25 届世界客属恳亲大会三明市召开。其间,来自 30 多个国家和地区、215 个客属社团的 3100 多名海内外客属乡亲代表在石壁参加了第 18 届石壁客家祭祖大典,在全球第一座客家人的总家庙"客家公祠"祭祀客家先祖。这是宁化石壁祭祖大典举办以来最盛大、最隆重、海外客家社团参加最多的一次盛会,标志着石壁的影响力达到了一个新高度,也预示着宁化客家文化研究与建设进入了一个新的时期。

"宁化石壁与客家世界"学术研讨会始于 1997 年秋,3 年后的 2000 年 11 月举办了第二届,又过了 9 年,举办了第三届。对如何搞好宁化石壁客家文化研究,宁化的同志曾有过多次讨论与争论。为保证客家文化研究的可持续发展，在广泛听取各方面的意见之后，县委县政府决定将"宁化石壁与客家世界"学术研讨会易名为"石壁客家论坛"并每年举办一次。

2013年10月15日首届"石壁客家论坛"在宁化召开，同时成立了"石壁客家论坛"组委会常设机构。常设机构的成立，标志着宁化客家研究有重大提升，并步入了新常态。

由于组织上得到了保证，"石壁客家论坛"以规范化的新面貌登上了研究的舞台。所谓"新面貌"，一是指导方针明确，面向高端，长期举办；二是时间固定，每年10月中旬与祭祖大典同时进行；三是每届突出一个主题，不断深化专题研究；四是坚持百家争鸣，成果公开出版。

一年一度的"石壁客家论坛"至2016年已连续举办了4届，实践证明组委会制定的方针是正确的，切合实际而且卓有成效。学术乃天下公器，贵在坚持，更贵在创新。宁化由于上下努力，团结一致，组织能力与研究水平不断提高，客家文化研究与客家文化建设都取得了举世瞩目的成就，已成为全国客家县名副其实的排头兵。

为适应研究与联谊的需要，《客家魂》决定自2017年起，由年刊改为半年刊。

**二、进一步打造石壁客家文化新高地**

经过30多年的努力，作为"客家祖地"和"客家摇篮"，宁化石壁在世界各地客家人心中享有崇高地位。充分利石壁拥有客家历史文化的丰富资源及目前的诸多优势，进一步打造石壁客家文化高地，不仅是当前工作的必须，而且是历史赋予给我们这一代人的新使命，责无旁贷。

1. 打造客家归宗祭祖新高地

祭祖文化是中国礼文化的重要组成部分。《左传·成公十三年》曰："国之大事，在祀与戎。"这表明，在西周时祀礼与军礼特别重要，被认为是"国之大事"。孔子也说："慎终追远，民德归厚矣。"（《论语·学而》）意为只要做到认真办理父母的葬礼，同时不忘先祖之德，民众的道德品质自然就会是非常淳朴的。由此可知，祭祀先祖，不只是一种仪式，而是一个学习与实践礼仪的载体，它蕴含着深远的道德、理想诉求与现实的思想教育。

一年一度的石壁客属祭祖大典共有九大仪程，这就是：迎祭旗、献花篮、晋香、献帛、献爵、读祭文、诵《祖训》、献乐舞、祈福发彩。石壁客家祭祖习俗已列入第三批国家级非物质文化遗产名录，在海内外产生了重大影响，为各地客家公祭提供了范式。

为了扩大石壁客属祭祖活动的影响，进一步提高其知名度，目前应积极推进两项工作。

一是提高祭祖的规格。建议由现在的三明市客家联谊会、宁化石壁客家宗亲联谊会等主办加以升级，由纯民间性提升为官方与民间合办。如能由国家侨联、省政协、省侨联等主办，三明市客家联谊会与宁化石壁客家宗亲联谊会承办，其影响力将会大大提升。

二是扩大服务项目与服务范围。除了每年10月世界性公祭外，建议增加春秋两祭，在清明节和农历十月初一前后，设"祭祖双周"，每次半个月左右。届时，将九项仪程适当简化，由经过训练的专职司礼生，身着古装，对海内外前来祭祖者提供服务。祭祀礼仪、供品可划分为若干等级，根据客人的需要（供品、炷香的大小、多寡）进行有偿服务。祭礼结束时，将即时所录光盘（牒）相赠。要将这种服务常态化，只要客人有求，均能即时提供司仪等服务。

2. 打造客家文化观光新高地

石壁旅游产品经过近5年的整合，质量已有很大提高。2014年3月，石壁入选第六批中国历史文化名镇。目前最重要的是要提高石壁旅游观光的文化含量，其最为理想的目标是使观光者通过身临其境的耳闻目睹，能够体悟到当年客家先人的生活景况与追求。

作为客家祖地，石壁最令客属及研究者留意的首先是其人文景观。如在姓氏文化方面，经过维修后的刘氏家庙、黄氏宗祠和张氏宗祠以及岭南李姓始祖火德公的出生地——李家坪，均具有感人的吸引力。其次是与客家有关历史遗存。北方汉人筚路蓝缕来到石壁，当年所过关隘，所建寨堡，所走过的崎岖小径，传说中客家先民避乱聚居地葛藤坑及传统的客家民居如陈塘村的"修齐堂"，江头村的"三峰拱秀"宅等，都蕴含着许多客家人难忘的乡愁。

如何留住乡愁，让观光者通过"重走一段迁徙路"的耳闻目睹，感受南迁汉人选择石壁的用心，这是打造石壁观光高地应达到的文化要求。

让观光者及祭祖归宗的客人爬上位于石壁镇西北与江西石城交界的占岭隘口，一面可以看到位于福建一侧的片云亭，一面可以看到不远处位于江西石城一侧的介福亭，使其由此联想到客家先人由武夷山东南麓东出江西，来到闽西"客家祖地"石壁的全过程，就会大提高游览寻根的思亲效果。

让观光者登上位于石壁村北的香炉峰的升仙台，俯瞰群山环抱百里平川中的石壁，欣赏客家摇篮肥美沃野的全景，也一定会使他们体会到当年客家先人经过披荆斩棘的千里跋涉后，需要休养生息而选择石壁作为落脚处的初衷。

3. 打造客家文化研究与建设新高地

作为一个县，30多年来，宁化在客家文化研究及建设方面，其重视程度、研究深度、投资力度均走在了许多纯客家县的前列。在诸多成就中，有两项十分突出。一是已经培养造就了一支有较高研究能力与组织能力的人才队伍，积累了丰富的宝贵经验。二是兴建了一批文化设施，为进一步提高研究水平、加强和扩大文化交流提供了有力的物质保证与基础支撑。

但同时我们也应看到，在客家文化研究方面，宁化也存在一些赶不上形势发展的薄弱环节，亟须重视和解决。

一是提高研究人员的素质。要全面提高研究人员的素质，除了提高其思想觉悟、道德水准外，重心是提高其学养。可挑选三五位年轻的学术骨干，根据不同的研究内容，每年分别送一两位到有关科研院所进行专业培训，从而不仅使他们了解客家学术前沿状况，而且使其学术根底更加扎实。二是制订长远的科研规划，与科研究院所合作，进一步搞好田野调查，从社会学、人类学、民俗学、历史学、文艺学等角度切入，通过各种事象的采集与记录，对石壁客家遗存与他处客家文化进行比较研究。三是深入进行专题研究。"石壁客家论坛"既求规模，更重质量。求规模，重在吸引一批中青年研究人员参与，使其可持续发展；求质量，重在引进一些高端专家参与，以求在理论上有所创新与突破。四是加强资料文献建设。这些年来，梅州、赣州、泉州和一些客家县的文化部门及个人，在客家档案、客家族谱、客家文物等的收集与馆藏方面取得了很大成绩，形成了独具特色的优势。作为客家祖地，宁化虽然在这方面也很重视，但尚未形成规模与独特的优势，这从一定意义上说，影响了研究的深入与提高。五是加强客家文化设施的管理，扩大与提高其服务水平。文化设施重建设轻管理的现象在宁化也不同程度地存在，其主要表现是缺乏专人管理，服务思想不到位，服务措施不规范，不少基层工作人员有混日子现象。应在加强思想教育的同时，进行业务培训，在适当增加其收入的同时，加强正向引导，加大落实责任目标管理的奖惩力度。

### 4. 打造客家文化产业新高地

包括文化创意产业在内的客家文化产业是构筑客家文化高地的重要支撑。1995年客家公祠落成之后，随着一年一度的祭祖大典的举办，不少与之配套的设施兴建，尤其客家商业街区的建成，使石壁常年成了人流与物流中心，为客家文化产业的发展提供了新的发展空间。

打造宁化客家文化产业要从宁化实际出发，要凸显石壁特色。在这方面，刘善群先生创作脚本的32集电视连续剧《大南迁》与电影《葛藤凹》为人们提供了经验与借鉴。

发展宁化客家文化产业，建议注重做好以下几项工作。一是着力培育骨干文化企业。采取大、小结合的形式，结合石壁客家民俗、客家谚语、客家山歌、客家戏曲等，鼓励创作生产符合客家消费者需求、具有高品质和一定附加值的产品。要鼓励有条件的单位和个人通过实施"文化+"工程，推动"文化+科技""文化+旅游""文化+贸易""文化+金融"等多元融合，创作和生产个性化、分众化、多样化的产品和服务形式，从而放大文化的"溢出"效应。二是突出项目带动。可集中财力人力，以电视连续剧《大南迁》与电影《葛藤凹》内容为借鉴，创作大型歌舞剧《客家魂》，将客家人熟悉的采茶、山歌等融入现代表现艺术形式之中，从而将石壁作为"客家祖地""客家摇篮"的历史加以艺术地呈现。经过三至五年的打磨，再将其推到全国及海外，力争使其成为全国性的客家艺术精品和代表作。

### 5. 打造精神文明建设新高地

先进文化建设的最终目的在于以文化人，以文育人。石壁作为"客家摇篮"和"再迁中心"，曾培育和输送了无数优秀的客家人到异乡他国，并以其高尚的情操、优良的品德，辉煌的业绩为所在地的开发、发展、繁荣做出了无私的奉献。今天，生活在这里的石壁人，应以特有的崭新精神面貌向世人展示：客家原乡的后人风采依旧而无愧于先祖，无愧于热土。

加强石壁精神文明建设，一是要加强核心价值观的教育与宣传。要把社会主义核心价值观宣传教育普及到全社会，从小学、中学到社区、村组及各商业网点，结合法治教育、诚信教育，使人人知荣辱、明是非、懂礼貌、守规矩。要加大社会主义核心价值观宣传普及力度，利用公益广告、文化室、文化墙等各种载体，做到全方位覆盖，使核心价值观的 24 字处处有、天天见。二是通过树立榜样、弘扬正气，推进文明乡风建设。三是要加强专项治理，针对环境污染、假冒伪劣、欺行霸市、交通混乱等现象，加强监管和处置力度，通过建立长效机制，及时协调解决重点、热点问题。四是在宣传客家坚韧不拔、无私硬项、崇本思源、崇文重教等优良传统的同时，大力宣传新时期客家人爱国爱乡、勇于开拓、包容开放、改革创新、守法厚德等精神，通过表彰先进，努力培育具有时代风貌的"石壁人"和新型的"石壁精神"。

### 三、打造客家文化高地的基础是坚持文化自信

党的十八大以来，中共中央总书记习近平同志在多种重要场合、重要会议上强调继承和弘扬中华优秀传统文化。他指出：中华文化源远流长，积淀着中华民族最深层的精神追求，代表着中华民族独特的精神标识，为中华民族生生不息、发展壮大提供了丰厚滋养，体现了中国人几千年来积累的知识智慧和理性思辨，既需要薪火相传、代代守护，也需要与时俱进、推陈出新。他说："不忘本来才能开辟未来，善于继承才能更好创新。"

深入研究客家历史文化，打造新的客家文化高地，这既是新时期社会主义文化建设的需要，也是历史发展的必然。习近平同志在纪念建党 95 周年时指出，加强社会主义先进文化建设，必须牢固树立"理论自信、道路自信、制度自信、文化自信"，并强调"文化自信是更基础更广泛更深厚的自信"。"四个自信"十分简明，它是中国共产党几十年奋斗经验的结晶，是指引新时期各项工作继续前进的不尽动力。

文化是一种特殊的生产力，是一个国家软实力的重要表现，文化可以立世，文化可以兴邦。一个民族，一个国家如果硬实力不行，可能在遭遇战中一触即溃，但如果软实力不行，可能就会不战而败。我们坚持文化自信，就是要坚持继承与弘扬优秀的传统文化、革命文化与社会主义先进文化，在此基础加以创新，从而实现中华文化的复兴，建立起坚不可摧的民族精神家园。

宁化客家文化研究与客家文化建设虽然已经取得了很大成绩，但离中央的要求与人民的需要还有很大差距。因此，必须继续解放思想，以党的十八大以来的治国理政新理念为引领，进一步提高认识，与时俱进，才能在理论上有所创新，在实践上有所发明。只要我们头脑保持清醒，工作上勤勉奋发，对客家传统文化坚持"创造性转化、创新性

发展",就一定能够在打造宁化客家文化新高地的追求中,不断进步,不断取得新的成绩。

　　(本文作者杨海中系河南省社会科学院副研究员,任崇岳系河南省社会科学院研究员)

# 再议 "石壁学说"

## 罗世升

### 一、客家祖地的定位之作

在 2013 年首届石壁客家论坛上，笔者与同人雷风行先生分别著文《"石壁学说"浅议》和《石壁定位：从"客家祖地"转为"客家圣地"的抉择》。作为同是铁道部的职员，我们曾为争取修建宁化铁路而奔走呼号。值得庆幸的是，当下正在修建由建宁到连城经过宁化连接"向莆"和"赣龙"的铁路。铁路建成后，宁化东达龙岩，西达赣州，南达梅州，北可通北京，宁化石壁将是四通八达的客家中心了。

在《首届石壁客家论坛论文集》中，看到龙岩学者张佑周教授著文《历史选择了石壁——再论石壁在客家民系形成过程中的历史地位》。他认真论证了《宁化石壁村考》中罗香林教授的重要结论：客家先民与宁化石壁发生居处关系，"盖亦时势与地理使然也"。对《宁化石壁村考》一文的解读，中国社科院近代史所研究员韩信夫在《客家祖地的定位之作》中指出："如同罗香林教授以其《客家研究导论》和《客家源流考》两部皇皇大著奠定了客家学的基石一样，罗香林教授撰写的《宁化石壁村考》一文则奠定了宁化石壁客家祖地的地位。"

2000 年在龙岩市举行第 16 届世客会主席团会议，新加坡南洋客属总会提案，称赞罗香林研究的客家学说对世界客家事业的发展做出了重大贡献，要求以世客会大会决议的形式，来表彰客家研究泰斗罗香林的成就和贡献。

宁化县的石壁客家研究，捍卫和巩固了罗香林的学术成就，且更辉煌。不仅是纯粹的学术研究，而且成功地构筑了代表客家文明象征的圣殿，催生了独一无二的世界性的石壁客家公祠，确立起宁化石壁客家祖地的神圣地位。自 1995 年客家公祠建竣以来，每年在这里举行世界客属祭祖的盛典，迄今已经 23 届。

罗香林当时查阅参考李氏《宁化县志》，成就了 1947 年发表的《宁化石壁村考》和 1951 年发表的《客家源流考》。罗香林学说成为后来众多学者论著引述的经典。

### 二、树立"石壁学说"

同人雷风行先生论述石壁的定位，认为有必要把石壁提升为"客家圣地"。我很赞赏其引用孔子的话"名不正则言不顺，言不顺则事不成"开篇。我们都用较大篇幅引述前人的石壁研究成果，论述名正言顺准则的诸多观点，印证确立"客家圣地"和"石壁学说"的必要性。

福建省客家研究联谊会原会长、现任客家研究院院长林开钦的力作《论汉族客家民系》及《客家简明读本》，是当代客家研究主流的代表作。他指出客家研究的主导思想是增强民族凝聚力，促进民族团结，为实现中华民族伟大复兴的"中国梦"而共同进步。主张"大客家研究"，提出"福建省是重要的客家祖地"，"闽粤赣边是全球客属同胞的祖籍地"。此主张避免了不必要的纷争，加强了客家地区的团结，得到各方的高度评价，成为客家学理论研究的又一里程碑。因此，客家祖地多元化的定位抉择和提升石壁客家研究，就显得更为突出和必需。

过去的"石壁说"，并非就石壁说石壁，而是置石壁于整个客家史中。从客家史中，抽绎石壁内涵，正如宁化学者刘善群论述的："客家史是中华民族史的一部分，也是汉族史的一部分；石壁史是客家史的一部分，也是汉族史的一部分。"他传承和捍卫了罗香林学说的成果。宁化石壁具有厚重的客家文化历史底蕴；石壁客家公祠内的客家始祖神坛，担负宁化石壁客家圣地的历史使命，需要"石壁学说"做出更大贡献。

"石壁学说"，应是全面而系统的"石壁说"理论体系，是石壁客家祖地和石壁客家圣地的理论基础和依据，是"客家学"的重要组成部分。该理论体系涉及石壁在中国客家民系史、中华汉族移民史上的地位和在闽粤赣客家大本营各个地区不同历史时期发挥的重要作用；从历史学、社会学、人类学、民族学和民俗学等学科角度，阐述在客家祖地多元化中石壁的特殊地位，以更为广阔领域来夯实与升华石壁研究，成就石壁客家研究体系，为客家学的建设添砖加瓦。

**三、石壁客家研究的创造性发展**

宁化以"宁化石壁与客家世界"为题，分别于1997年、2000年和2009年举行三届国际学术研讨会。海内外专家学者200多人次参加研讨，正式出版论文集3册，近200篇，170万字。论文从多角度、多层面论证了宁化石壁与客家世界的重要关系；2013年开辟首届石壁客家论坛，迄今举办5届。3届国际学术研讨会和5届石壁客家论坛，都是铸造"石壁学说"的重要组成部分。

宁化本地学者编著书、刊40多种，达千万言。如：

张恩庭、刘善群、张仁藩编辑，在1993年出版的《石壁之光》；

陈国强、张恩庭、刘善群在1997年出版的《宁化石壁客家祖地》；

张恩庭、刘善群主编，在2000年出版的《客家祖地石壁丛书》；

余保云摘编，2003年出版的《论石壁》；

［法］劳格文主编的"客家祖地石壁丛书"之《宁化县的宗族、经济与民俗》，由杨彦杰编辑，2005年出版；

刘善群的专著《客家与石壁史论》，2007年出版；

余保云在2011年出版的《宁化客家姓氏》；

廖开顺、刘善群、蔡登秋合著，2012年出版的《石壁客家述论》；

刘善群、吴来林合著，2012 年出版的《宁化客家传统文化大观》；

张恩庭在 2012 年出版的《客家祠堂大观》；

……

这些都是"石壁研究"的综合性学术成果。

大凡一种学术理论的研究，得到广泛认同，都要经过一定的过程和时间。"石壁研究"历时 100 多年，特别近 30 年间，成为亮点。无论研究群体、研究范围、深度还是关注度都史无前例。究其成因，一是改革开放以来"客家热"的推动；二是石壁在客家历史上的重要地位；三是宁化县对客家事业的运作力度以及各方对它的有力支持。

可以看出"客家热"在持续升温，整个客家世界对客家文化的关注进入了一个新的阶段。人们更深入地了解客家文化的当下价值，对客家文化的传承普及、创造性转化、创造性发展有了更强烈的兴趣。在一个经济条件相对富裕，社会环境相对宽松，告别了民族悲情及屈辱感的大背景下，我们开始认识到"具体"的传统文化对我们日常生活和价值选择的意义。客家文化的社会影响力日益境强。一方面是我们的社会获得新的"文化自信"的表征，客家文化的主流无疑是正面的。另一方面也是增强对自身文化的认识和理解，凝聚共识，从而在社会变革和全球化冲击中保持定力的内在需要。

宁化石壁是闻名遐迩的客家祖地，是汉族客家民系和客家文化的发祥地，是全球客家人寻根谒祖穆宗的圣地。悠久丰富的客家祖地历史文化，是千年古县宁化一个独特宝贵的资源。发挥宁化石壁客家祖地的示范作用，推进客家事业繁荣发展，弘扬客家文化，发扬客家精神，一直是石壁客家研究的主线。因而，遵循石壁客家论坛的宗旨初心，传承和创新发展石壁客家研究，具有重要意义。

石壁研究正在不断地推进，"石壁学说"将日臻成熟。提出更高要求，作为宁化石壁客家研究的努力方向，既必要，也具有充分条件和基础。

（本文作者系北京宁化客家联谊会名誉会长、北京福建企业总商会顾问）

# 石壁客家祖地对客家文化传承的贡献

## 陶 谦

宁化石壁是当之无愧的世界客家祖地，在客家民系的形成和播迁、保存早期的客家文化和血缘脉络、传承客家孝亲文化、以世界客家公祠和世界客属祭祖大典凝聚世界客家等方面，对传承客家文化做出了卓越贡献。

**一、繁衍客家，播迁海内外**

宁化石壁是闽赣边中原移民最大的聚散地。它位于武夷山脉东麓，有可以阻隔兵灾的特殊地理位置，有优越的自然环境，肥美且广阔的热土，更有相对安宁的社会环境，使它成为饱受战乱之苦的中原移民理想的栖息地和聚散处。专家指出："唐末黄巢农民战争在江西、福建激战，唯独宁化石壁处于赣闽两省夹缝之中，兵革不侵，是避难的宁静乐土。长江下游鄱阳湖区的客家先民，便沿赣江南下，经赣州石城武夷山隘口来到宁化避难。经过 400 年的安定生活，宁化全县的居民由唐天宝年间（742）约 5000 人，至宋宝祐年间（1253—1259）增至 11 万以上。"[1] 据宁化客家研究专家刘善群先生考证，仅唐代至南宋期间迁入宁化或石壁定居的中原难民就达 192 姓。

北方汉人移民大量涌入石壁一带地区，汉人移民使用先进的耕作技术，改变了原住民刀耕火耨和野外狩猎的原始生产方式，开创了客家山居稻作的生产和生活方式，之后发展陶瓷、造纸等手工业。宁化生产力的发展，一是繁衍人口这个生产力主体，二是经济得到迅速发展，为客家民系的形成打下人口和物质基础。南宋之后客家人从石壁向各地播迁，据考证，外迁的达 147 姓。[2] 客家先民从中原而来，播迁各地，播迁的不仅仅是人口，同时是客家文化的播迁。历经数百年，从宁化播迁的客家人在各地繁衍后代，传承客家文化，所以说宁化石壁是当之无愧的世界客家祖地。

**二、保留较多的古汉语和早期的客家文化遗迹**

客家话是客家最重要的标志。客家先民来自中原，客家话带着不少中原古音。郑州大学崔灿教授指出："（客家方言）清声母送气音，来源于古代中原的雅音，即由北方的

---

① 韩信夫：《关于客家祖地宁化石壁的再认识》，《石壁与客家》，中国华侨出版社 2000 年版，第 119 页。

② 刘善群：《客家与石壁史论》，方志出版社 2007 年版，第 264 页。

汉语中的古浊塞音和浊塞擦音声母清化以后变成的"，"客家人虽辗转迁徙，但一直都把这些中原古音带到赣、闽、粤各地，保留至今"。① 在长期的辗转迁徙中，客家话里的中原古汉语的语音和词汇不可避免会发生很多变异甚至消逝。可是，在宁化石壁仍客家话中，保留着古"入声"字就有 200 个以上。更有很多词语至今仍保留着古汉语色彩。如上古的词语：樵（柴）、塍（田埂）、猪膏油（猪油）、禾（稻谷）、镬（铁锅）、索（绳子）、腹（肚子）、斫（砍）、食（吃）、行（走）、赴（到某地去）、嬉（玩耍）、醮地（扫墓）、欢喜（高兴）等。还有很多中古词语，如后生仔（年轻人）、徛（站立）、秆（稻草）、消得（受得，能接受）、晏（晚，迟）等。②

文化遗产是客家文化的根基，宁化石壁处于客家民系形成和发展历史的上游，因而保留很多客家早期的文化遗产。至今宁化石壁仍保存有客家先民进入石壁古道上的片云亭，有古桥梁溪背屋桥、温孙廊桥、赤卫古桥、高潭桥、维藩桥等。宁化的大型民居如泉上土堡、延祥土堡、社背村土楼等也是客家早期的民居，虽然遗存较少，但是遗址和遗迹犹存。还有客家服饰如虎头童鞋、绣花鞋、肚兜、线网衫等。有手工造纸、土窑烧碗工艺等遗迹。宁化的饮食文化具有客家先民喜欢原汁原味特点，其中的宁化客家擂茶列入福建省非物质文化遗产。宁化客家山歌也列入福建省非物质文化遗产。客家民俗文化的根基是周礼，宁化客家民俗至今有周代遗风。如，传统婚、丧、节庆礼俗，从中可以看到《周礼》《仪礼》和《礼记》中的礼制痕迹。

### 三、保留海内外客家的血缘依据

宁化保留大量的客家族谱和祠堂，它们是海内外客家血缘脉络的依据，也是寻根谒祖的目的。丘权政教授在《客家的源流与文化研究》中说："客家文化与中原文化是一脉相承的。在承传中原文化传统中，客家人逐渐形成了自己的文化形态，其典型表现之一就是保持了古代中原的以血缘为纽带的宗法式文化形态。客家先民及其后裔举族自中原渐次南迁，抵定居地后，仍举族聚居在一个自然村落。"

从 20 世纪 80 年代中期开始，宁化客家研究人员就大量收集、研究谱牒。特别是宁化县原客家研究会副会长余保云长期全力投入谱牒搜集和研究，撰写《宁化客家姓氏简介》，简介 162 姓的源流。他梳理出与宁化有渊源关系的 174 姓的源流，写出 60 多万字的《宁化客家姓氏》，这部篇幅大、资料丰富的姓氏资料书，也是一部客家姓氏资料宝典，对客家寻根有很大的价值。

从宁化客家谱牒研究而得出石壁是世界客家祖地的结论，与其他客家地区、客家研究专家所得出的结果相符合。如世界客都梅县的客家大多来自宁化石壁。清末民初黄遵宪之弟黄遵楷在《先兄公度事实述略》一文中说："嘉应一属，所自来者，皆处于汀州

---

① 刘善群：《客家与石壁史论》，方志出版社 2007 年版，第 280 页。
② 参见廖开顺等：《石壁客家述论》，河南人民出版社 2012 年版，第 117—118 页。

宁化石壁，征诸各姓，如出一辙。"① 1912 年，在广东传教多年的英国传教士艮贝尔在《客家源流与迁移》一书中写道："岭东之客家，十有八九皆称其祖先系来自福建省汀州府宁化县石壁村者。"② 1947 年 9 月，客家学奠基人罗香林先生在《宁化石壁村考》一文中说："惟黄巢变乱与石壁及其与客家迁移之关系，则尚未提述，不无遗憾"，"广东各姓谱乘，多载其上世以避黄巢之乱，曾寄居宁化石壁村葛藤坑，因而转徙各地。此与客家源流关系颇巨"。③ 广东省梅州市客家联谊会和方志办 1989 年编写《客家姓氏渊源》（第一集），"收集了 34 姓，其中载明由宁化迁出的 18 姓，占 50%"。④ "1994 年由广东人民出版社出版的《梅县·人口志》记载，以 1989 年人口普查统计，人口总数为第一至二十四位的姓氏中，同宁化或石壁有渊源关系的有 18 姓，占 24 姓的 75%"，"据 1992 年出版的《蕉岭县志》记载：按清中期统计资料，镇平县（即今蕉岭县）有 40 多个姓，其中 16 个姓氏明确记载，从福建宁化石壁辗转迁徙而来，占当时镇平姓氏的 40% 左右"。⑤ 台湾客家学者陈运栋先生在《客家人》一书中说："今日各地客家人的祖先，大部分都曾在石壁村住过"，"梅县各姓大多数由宁化迁去"，"岭东之客家来自石壁村"。⑥

## 四、传承中华孝亲文化

孝亲文化是中国传统文化的重要内容，是中华文明传承的一个重要纽带。孝亲文化起源于以血缘为基础的自然亲情、尊祖祭祖的宗教情怀和氏族养老尊老的古老传统。西周之后，随着儒家文化的兴起，孔子用"仁"来诠释最高的道德原则、标准和境界，并形成了以孝、悌、忠、恕、礼、义、信等为内容，以"仁"为核心，以"爱人"为基本含义的伦理思想结构，孝悌则是"仁"的基础。孔子提出"入则孝，出则悌，谨而言，泛爱众，而亲仁"的要求。客家继承了儒家孝亲文化，至今在宁化保存这一优良传统，体现在祠堂文化中。

客家祠堂是客家宗族文化的活化石，也是海内外客家寻根谒祖最重要的场所。宁化保存并还使用着大批的客家宗族祠堂，大型的祠堂有巫氏祠堂、张氏宗祠、黄氏宗祠、童氏宗祠、温氏宗祠、刘氏宗祠、曹氏宗祠、宁氏宗祠、伊氏宗祠、聂氏宗祠、罗氏宗祠、涂氏宗祠等。还有很多客家先贤和名人墓地，如罗令纪墓、黄慎墓、伊秉绶墓、郑文宝墓等。

修族谱、定族规、建祠堂等表达了客家人对儒家崇先报本的继承和发扬。在客家原乡的中原，家谱族规已不多见，其中虽有长年战乱之历史原因，但更重要的是传承观念的淡化和荒废，这实在是有点可悲了。而在宁化客家谱牒或族规中，都将儒家文化的

---

① 刘善群：《客家与石壁史论》，方志出版社 2007 年版，第 265 页。
② 转引自刘善群：《宁化史稿》，福建教育出版社 2014 年版，第 164 页。
③ 转引自张恩庭：《石壁客家光彩》，香港中华文化出版社 2015 年版，第 92 页。
④ 转引自刘善群：《宁化史稿》，福建教育出版社 2014 年版，第 156 页。
⑤ 转引自刘善群：《宁化史稿》，福建教育出版社 2014 年版，第 156 页。
⑥ 转引自张恩庭：《石壁客家光彩》，香港中华文化出版社 2015 年版，第 93 页。

"孝"作为主要内容。如康熙乙末年所修《郑氏二修族谱·序》曰："人之有祖，如本之有本、水之有源也。然非谱牒以示后，孰知本源之所自哉？宋濂云：'三世不修谱，等之不孝'……是谱之作也，以教孝也。孝莫大于尊祖，尊祖莫大于敬宗，敬宗莫大于合族。"

祖训家规是客家祠堂文化的重要内涵之一，也是中华传统文化的重要组成部分。然而，由于各种原因，这种民风在客家原乡的中原地区已鲜为人见。但作者在研读客家文献中发现，在宁化，客家祖训、家规不仅没有销声匿迹，反而在各种姓氏的谱牒中，都有祖训、家规的节章，并且随着时代的发展，多有修订的新祖训和家规出现。例如，宁化《张氏族谱》曾修订十余次，以便使家规、祖训更适应时代的需要，更能贴近教育之需求，更具体、明了。如《张氏族谱》十三版修订本设有族规十二，即要善事父母、友爱兄弟、和睦宗教、勤业俭用、读书明理、广积尝产、尊贤尚齿、勉学育才、悯孤恤寡、软房植祭、设立学田、息怒戒讼。族禁三条，即禁乱伦渎义、鬻身奴隶、侵卖坟产。族约四条，即：祖庙为礼法之地，尊卑上下，秩然有序；仲春祭祖，仲秋祭祢，冬至祭始祖，寒食扫墓，凡求阴求阳，于室于堂，各有所事也；族谱分给，各有字号，所以防遗失也；祠宇坟墓，祖宗栖神存魄之所，当修理整饬。十四版修订本族规就简化为六点，即：一是孝顺父母，和睦宗族；二是敬老尊贤，勤业俭朴；三是开拓进取，发奋攻读；四是兄友弟恭，文明风度；五是遵纪守法，谨防失足；六是悯孤恤寡，慷慨资助。族禁简化为十条，另外，族约也改为四条。类似《张氏族谍》对族训、家规家约家禁的重新修订在宁化许多姓氏中也都存在，正说明客家在传承中华传统文化之时，又对旧有文化有所创新和发展，这进一步说明客家文化传承的与时俱进。

**五、建公祠办祭祖大典传承客家文化**

石壁客家公祠于1992年11月18日破土动工，于1995年10月16日顺利竣工，历时三年。宁化石壁客家公祠占地74500平方米，地处石壁村口的土楼山上，坐北朝南，北面有武夷山脉的层层山峦为屏障，宛如巨龙，逶迤而至，表示客家源自中原自北而来根基稳固。前方、左、右侧群山环抱，山山相接，脉脉相连。中间为一片大盆地，石壁溪自西向东川流而过，山水交汇。晴日，站在公祠门前，极目远望，天高云淡，视野开阔。盆地中座座矮山如众多子孙万仪来朝，示意客家兴旺发达，事业兴旺。坐落于宁化县石壁村土楼山上，后倚武夷山，前瞰盆地，近山匀称，远山环抱。[①] 石壁客家公祠的设立，是宁化县人民政府顺民意、合客家心的壮举，也是宁化石壁对传承客家文化的贡献。如，1995年11月28日，宁化石壁建成石壁世界客家公祠，举行世界客属祭祖大典，五大洲16个国家和地区的216个单位和个人表示热烈祝贺，其中台湾17个客属组织参加了盛会。1998年10月16日宁化举行第四届世界客属石壁祭祖大典，台湾世界客属总会顾问叶英超先生代表该会第四次来祖地朝圣。他对记者说："在台湾目前400多

---

① 廖开顺、刘善群、蔡登秋等：《石壁客家述论》，河南人民出版社2012年版，第117—118页。

万客家人，我要不断发动他们前来寻根、祭祖、观光、考察，如果 400 多万客家人工作做好了，这本身就是一种伟大贡献。通过长期努力坚持做下去，一定有利于促进和推动海峡两岸的和平统一，有利于促进祖国的经济发展和社会进步。"2010 年 10 月，中国国民党荣誉主席吴伯雄为石壁祭祀广场祭祖大殿题署"怀祖殿"牌匾，2014 年 7 月又为宁化"客家祖地博物馆"题书馆名。至 2016 年，已经连续举办世界客属石壁祖地祭祖大典 22 届，累计前来参加祭祖大典、寻根谒祖的有世界五大洲的 40 多个国家和地区，50 多万人次。

2012 年 11 月，宁化县传承客家文化的又一特大型建筑世界客属文化交流中心建成。坐落在县城风景优美的地段，用地面积 7.8 万平方米，建筑占地面积 4 万平方米，有大中小型会议、表演、展览、接待、商务、办公等多种功能，设有"石壁客家论坛"工作室和论坛大厅，有客家图书馆、族谱馆、联谊馆等，可以适应世界性的文化交流活动需要。2013 年 6 月，宁化石壁被中共中央台办、国务院台办列为"海峡两岸交流基地"。

1998 年 2 月 15 日，时任中共福建省委副书记的习近平同志在考察石壁客家祖地时指出：要弘扬客家精神，发掘乡土文化，建设有中国特色的社会主义精神文明。他还说：客家祖地源远流长，要把它作为一篇文章来做。按照习近平同志的指示，石壁世界客家祖地为客家文化的保护、传承和发展不断做出新的贡献。

（本文作者系《黄河科技大学学报》编审、中国河洛文化研究会理事、中国故都学会会员）

# 从宁化石壁到台湾——客家家族的分合

吴炀和

## 一、前言

宁化石壁作为客家祖地，在客家族群转移史上具有关键性的承先启后的地位。

笔者搜集的台湾南部客家族谱显示，不论是在唐末"黄巢之乱"，还是宋元争战之际，宁化石壁都是客家先民迁徙过程中的关键中转之地。综观通行的客家人五次移徙之说，其因不外躲避战乱，寻求较好的经济生活与生存环境。清代客家人迁徙台湾，明显是由于经济因素；客家人居住的赣南、闽西北、粤东北地区大多为山脉绵亘之地，耕地缺乏，粮食不足，导致清初内地客家人大量迁台。

人口迁移的推拉理论（Push – Pull Theory），最常被用来解释移民发生的原因。"推"的力量，即推动移民离开家乡的力量；"拉"的力量，即吸引移民移入的力量。清朝之后，客家人大量迁徙台湾，此后逐渐集中于台湾北部桃竹苗一带及南部高屏溪以东。此后台地的客家人仍因经济等因素在台湾岛内外流动。

笔者曾在台湾南部地区长期观察，绝大多数客家族谱记载家族迁徙过程，宁化石壁都是同一转徙点，而后经过分合，又在台湾的某一个点上会合。本文以台湾南部的客家家族作为探讨主轴，并以戴姓家族为例，说明客家族群分枝散叶、聚散离合的过程。

## 二、宁化石壁与台湾南部几个客家家族

以下是笔者在台湾南部搜集到的几部客家族谱，说明其祖先迁徙来台过程。

屏东县竹田乡《李氏家谱沿革》记载：宋末，李珠南迁福建宁化县石壁村→四子李火德（1世祖）迁福建上杭胜运里丰郎冈→8世祖李仁享移居广东梅县嘉应州镇平湖丘墩→18世祖李瑞沐（来台祖）迁居台湾屏东县竹田乡。

屏东县屏东市《广东省大埔县三河城张氏族谱》张兆堂（建梅公派下19世）：

宋，117世张端迁福建宁化县石壁乡始祖→122世张化孙迁上杭→123世张彼云迁武平→125世张小八郎迁广东镇平（今神冈乡）→明宣德年间张建梅迁梅县丙村对坑自立1世（开基祖）→7世张九贞明万历年间迁广东省大埔县三河坝→19世张兆堂（1946年迁台）。

屏东县南州《戴姓二礼堂来台祖华元公派下之族谱》记载：唐初，57世祖戴安桂

迁福建乐平，入闽始祖→宋末，74世祖张姓移居汀州府宁化县石壁乡杏花村→元，75世祖戴澄逊迁回彰浦→76世祖戴玉麟与子戴荣钟迁广东嘉应州镇平三圳墟黄泥堀（招福乡）自立1世（镇平始祖）→13世戴华元迁台新竹县崩坎（今新竹县横山乡大平地、来台开基始祖）→17世戴洪广、戴洪增、戴阿辉，18世戴泰山、戴荣光先后南迁屏东县南之乡万华村。

屏东县南州乡《谯国戴氏镇平开基始祖讳玉麟公派下族谱》记载：唐初，57世祖戴安桂迁福建乐平，入闽始祖→宋末，74世祖张姓移居汀州府宁化县石壁乡杏花村→元，75世祖戴澄逊迁回彰浦→76世祖戴玉麟与子戴荣钟迁广东嘉应州镇平三圳墟黄泥堀（招福乡）自立1世（镇平始祖）→15世戴南珠迁台定居新竹湖口（渡台始祖）→18世戴国金、戴国栋南迁屏东县南之乡万华村。

屏东县南州乡《渡台始祖鹏利公男广就公派系——吕氏族谱》记载：传闻福建宁化石壁村→始祖吕受祉迁揭阳蓝都十图塘湖落→2世祖吕五美迁揭阳九图葫芦坑→13世吕鹏利乾隆年间渡台迁居新竹竹东→16世吕增昌迁屏东县南州乡万华村。

屏东县竹田乡《屏东全台宗圣公祠六大户派下曾氏族谱》记载：宋末，53世曾裕振（宁化始祖）→避元军2世曾天秩（迁梅县半途亡故）之弟妻子迁居梅县嵩山尾→清乾隆年间曾裕振后裔迁台高屏二县，分九领户、西山户、南山户、端塘户、黄坑户。

屏东县高树乡《屏东县高树乡凤岭永过公系刘氏族谱》记载：唐末，31世刘祥（宁化开基祖），避"黄巢之乱"，迁居福建汀州府宁化县石壁洞葛藤凹→21世（自兴宁开基起算）刘开七（兴宁开基祖）→6世（自兴宁开基起算）刘永通（凤岭开基祖）宁化石壁生，迁梅县凤岭→11世（自凤岭开基起算）刘永亮（来台祖）迁台南炎树新庄子。

屏东县万峦乡刘水来编《客家人—万峦五沟水刘氏—祖先与吾》记载：唐末，122代刘翔（宁化开基祖），避"黄巢之乱"，迁居福建汀州府宁化县石壁洞→137代刘开七（住程乡县龙牙村）→142代1世刘千二郎住平远九岭社八轮车油坑乡坪尾→148代7世刘应兴住嘉应州镇平县八轮车（梅县招福乡三圳墟）→153代13世刘伟芳（来台开基祖）屏东县万峦乡五沟水。

以上仅摘录几部台湾南部六堆客家聚落族谱数据，相关数据均有"宁化县石壁洞"的共同记载，石壁是台湾南部六堆客家开枝散叶之起点。

### 三、同源异途——开基祖与来台祖

台湾地区的客家人重视家族传承，虽累次迁徙，多数客家家族仍保有定期修缮族谱之惯例，修谱也让散居各地的宗族重新联结。台湾六堆客家族谱多记载家族源流、迁徙、谱系等内容，因修谱过程须经多方考订、调查，故信而有征；族谱也成为探索客家家族源流的重要文本。

台湾客家通称大陆迁出地始祖为"开基祖"。来台始祖为"来台祖"。不论是"开基祖"还是"来台祖"，均说明客家人对于自我根源的认同与重视。以下以戴氏《二礼堂》《谯国堂》族谱为据，探讨 20 世纪初台湾北部新竹，分居湖口、横山的两支戴氏家族南迁屏东县南州乡垦殖形成聚落的过程，探讨一个客家家族的祖地源流及在台湾岛内的迁徙分合过程，建构家族历史与塑造家族记忆的努力与实践过程。

屏东县南州乡大埔小区为 20 世纪初从新竹县南迁的客家人形成的小聚落，目前有34 户，户籍人口约 260 人，共有戴、林、方、张、彭、古、杜、卢、吕、庄等姓，戴为大姓共 18 户，各姓亦多为戴氏亲戚或同乡。戴氏家族有两个迁出地，分别为新竹县湖口乡羊喜窝及横山乡沙坑。初垦大埔小区之戴贤冉、戴金、戴栋等人源自新竹湖口戴南珠派下，其来台祖为 15 世戴南珠。戴洪源、戴洪广兄弟源自横山戴华元派下，来台祖为 13 世戴华元，两支戴氏家族同源自广东省嘉应州镇平县（蕉岭）三圳墟黄泥堀（招福乡）。

据屏东县南州戴华元派下《戴氏二礼堂来台祖华元公派下之族谱》记载，戴氏源于河南陈留，周武王封微子启于宋（今河南省民权县，含陈留、商丘）称谯郡侯，有一宋戴公者，其子孙以王父谥"戴"为姓。唐初，57 世祖戴安桂迁福建乐平，入闽始祖；宋末，74 世祖张姓移居汀州府宁化县石壁乡杏花村；元代，75 世祖戴澄逊迁回彰浦；76 世祖戴玉麟与子戴荣钟迁广东嘉应州镇平三圳墟黄泥堀（招福乡）自立 1 世（镇平始祖）；13 世戴华元迁台新竹县崩坎（今新竹县横山乡大平地、来台开基始祖）；17 世戴洪广、戴洪增、戴阿辉，18 世戴泰山、戴荣光先后南迁屏东县南之乡万华村。[1]

参照屏东县南州戴南珠派下《谯国戴氏镇平开基始祖讳玉麟公派下族谱》与前述《问礼堂》族谱，戴南珠与戴华元两支有共同的始祖源流，同源自戴氏 76 世祖戴玉麟与子戴荣钟（开基祖）；15 世戴南珠迁台定居新竹湖口（来台祖）；18 世戴国金、戴国栋南迁屏东县南之乡万华村。[2] 戴南珠及戴华元均为广东省镇平县（蕉岭县）三圳墟黄泥堀（招福乡）镇平开基祖戴玉麟派下，追根溯源，戴南珠与戴华元之五世祖为兄弟关系，此后陆续分衍。

戴南珠与戴华元迁台，均因原乡经济问题。据《光绪嘉应州志》记载："嘉应无平原广陌，其田多在山谷间，高者恒苦旱，下者恒苦涝……山土松浮，骤雨倾注，众山浊流汹涌而出，顷刻溪流泛溢冲溃堤工，雨止即涸略旱而涓滴无存，故山坑之田多被山水冲坏为河为沙碛，至不可复垦。"[3] 又《镇平县图志》记载："田少山多，人稠地狭，虽有健耜肥牛，苦无可耕之地，群趋台湾垦辟成家。"[4] 根据清嘉庆二十五年（1820）统计数据显示，当时嘉应州人数有 1314050 口，土地 1208724 亩，人均不足 1 亩。[5] 这样面积

① 戴荣治编撰：《戴氏二礼堂来台祖华元公派下之族谱》，1999 年，自刊。
② 戴荣碧编撰：《谯国戴氏镇平开基始祖讳玉麟公派下族谱》，1975 年，自刊。
③ （清）吴宗焯修、温仲和纂《广东省嘉应州志》，中国方志丛书第 117 号，成文出版社 1968 年版，第 66 页。
④ 转引自台湾省文献委员会：《台湾省通志·人民志人口篇》，第二册，第 99 页。
⑤ 王东：《客家学导论》，上海人民出版社 1996 年版，第 160 页。

的耕地生产力，很难维持一个人的温饱。土瘠民贫、生产不足，形成向外迁徙的推力。

初垦大埔小区之戴贤冉、戴金、戴栋等人为新竹湖口戴南珠派下第 9 房，来台祖为 15 世戴南珠。戴洪源、戴洪广兄弟源自横山戴华元派下，来台祖为 13 世戴华元。根据《醮国戴氏镇平开基始祖讳玉麟公派下族谱》记载，戴南珠及戴华元二人来台时间约为清乾隆晚年，此后三圳墟黄泥堀戴氏族人，13 世元字辈有 14 房来台，14 世瑞字辈、志字辈有 18 房来台，15 世传字辈、有字辈、南字辈有 13 房来台，来台地点分布在桃园、新竹、苗栗、台中东势、屏东等地。

戴南珠及戴华元也是这波移民浪潮中的一部分。这时期来台的客家人多属佃耕维生的农业人口，来台之后亦逐耕地而居，最后分别在金新竹县湖口、横山找到垦殖、定居之处。

（一）新竹湖口戴南珠派下

初垦屏东县南州乡大埔小区之戴贤冉、戴金、戴栋等人源自新竹湖口戴南珠派下，来台祖为 15 世戴南珠。根据《谯国戴氏镇平开基始祖讳玉麟公派下族谱》记载："南珠公于乾隆五十三年（1788）随同乡亲从广东省镇平县三圳墟黄泥堀来台，时年 24 岁，单身渡台即从台南安平港上陆，欲在该地谋生，因系闽人多粤人少不便立足，转至新竹湖口，先寄身于大竹围戴氏宗亲，后定居湖口今之祖堂。"① 根据族谱记载，因蕉岭几年大旱，家庭中青壮、有生产能力的人，被迫出外谋生，戴南珠单身跟随族人到台湾讨生活。戴南珠"在台南安平港上岸"，因"闽人多粤人少不便立足"，透露了当时的闽客关系的不和谐与互斥。

台湾闽客间的大规模冲突始于康熙六十年（1721）朱一贵事变，根据《重修福建台湾府志》记载："南路淡水 23 庄，皆粤民垦耕。辛丑变后，客民（闽人呼粤人曰客仔）与闽人不相和谐。"②闽粤省籍、语言差异，故沟通困难，因此同族而聚，实属自然。闽客不和谐，使得初上岸的戴南珠需找个安全的落脚点。

戴南珠跟着族亲到台湾，在草莱初辟的时代族亲关系自然是人生地不熟的抵台者的较佳选择或唯一选择。当时"台湾初开于南部台湾一带地方，至康熙末年、雍正年间，地已开尽，但尚可向北部及下淡水溪南方发展"，③ 戴南珠遂北上至新竹竹湖口开垦。"先寄身于大竹围戴氏宗亲，后定居湖口今之祖堂"。

台湾北部地区开发较慢，根据陈运栋先生《客家人》一书所述："湖口地区位于新竹县的北部，东南及北端为桃园县杨梅镇。为一丘陵地带，客家人开发新埔地区后，此地随之被开垦，大约为乾隆五十九年（1794）以后的事，嘉庆、道光年间大盛。此地客

---

① 根据《戴氏二礼堂来台祖华元公派下之族谱》。戴南珠生于乾隆二十九年（1764），卒于道光十五年（1835），享年 73 岁；其时祖妣 51 岁，长子星魁公 33 岁，次子式魁公 31 岁，三子华魁公 28 岁，长孙统发公 8 岁，尾子子宝魁公 9 岁。

② 《重修福建台湾府志》卷十九《祥异、丛谈、外岛附》，第 449 页。

③ 戴炎辉：《清代台湾的乡治》，联经出版社 1998 年版，第 299 页。

家人原籍大多来自惠州府所属的陆丰县及嘉应州的镇平县；属戴、罗、傅、陈、徐、彭、叶、黄等各姓人士。"① 另据洪敏麟研究：湖口乡位于新竹县之西北部，在新竹市之东北方，北与桃园之杨梅镇毗邻。湖口旧称"大湖口"，因台俗山间、盆地洼地之小者称"窝"（客），较大者为"湖"（闽、客），湖口一带适当头湖、三湖、四湖及羊喜窝、南窝、北窝、粪箕窝之口位置，故得称。民国九年（1920）改称"湖口"。②

戴南珠于乾隆五十三年（1788）来台后寄身于大竹围戴氏宗亲，最后至湖口定居。新竹县湖口乡约于乾隆五十九年（1794）招垦，戴南珠属早期入垦湖口者。③ 湖口乡羊喜窝据说即为其开垦。④ 戴南珠移垦台湾，"38岁时娶妣范氏16岁，共生子10人女1人计11人。戴星魁兄弟10人为10房，在范氏逝世后10年分家，各房均承遗产数十甲土地。戴星魁公兄弟10人同心协力，专于土地开拓，创造业产，在湖口地区拥有田林数百甲之外，宜兰板桥地方亦有田园百余甲，后来管业上发生困难放弃"。戴南珠开垦得法，拥有大片土地，虽宜兰土地因泉漳械斗为免波及放弃，板桥因收租困难而放弃。⑤ 湖口尚有大片土地，因此到第二代已成地方大富。同治元年（1862）台湾发生"戴潮春之乱"，戴南珠之子组义军协助清廷平乱，事后三子"华魁公为人才干被人钦慕亦经政府任命为湖口区第一任总理，星魁、式魁、昌魁、宝魁四公呼应官兵参加义民军灭匪之

① 陈运栋：《客家人》，东门出版社1992年版，第109—110页。

② 湖口乡于光绪十三年（1887），属台北县新竹支厅竹北二堡辖管。光绪二十三年（1897），改为新竹县新埔辨务置竹北三堡。光绪二十七年（1901），改隶新竹厅新埔支厅竹北二堡。日据后期1920年实施地方官制大改革，本乡改属新竹州新竹郡湖口庄；光复后1945年底改为新竹县新竹区湖口乡。旋于1950年底废除区置，改隶新竹县湖口乡。参阅洪敏麟：《台湾旧地名之沿革》（第二册），台湾省文献委员会，1999年，第180—188页。

③ 湖口当时仍属少数民族居住地，今尚流传开垦时"屙屎吓番"故事，相同故事亦发生在开垦苗栗的狮潭的黄南球身上。因汉人不断侵入少数民族住地，自然引发双方的冲突，故事的真实性已无可考，但也突显初垦时的辛苦和危险。类似的故事应是客家人开垦山地，导致和少数民族冲突的共同族群记忆。参阅戴国焜编《戴拾和祖堂年刊26期》，戴拾和祖堂管理委员会，2005年，第19—22页。

④ 羊喜窝，在今新竹县湖口乡羊湖口窝村。在湖口街区东南东方约4.2公里处，位于新庄子溪上源，支流羊喜窝溪店仔湖台地内的谷地中，海拔160—180米间。地名昔作羊矢窝，其由来可能入垦之初，该坑谷内为羊栖息之地，"矢"与"屎"同音，"喜"为其雅化，"窝"乃山间小盆地。相传这一带在乾隆年间有客籍嘉应州饶平县民户戴南珠所入垦，为水稻茶叶产地。羊喜窝光复后曾设祥喜村，1974年并入湖口村。参阅戴协焜编：《戴拾和祖堂年刊26期》，戴拾和祖堂管理委员会，2005年，第185页。

⑤ 有关戴氏家族入垦宜兰，并无文字记录，但在台湾文献丛刊《东槎纪略》卷3《葛玛兰原始》中提及嘉庆初年，彰、泉、粤人共同入垦宜兰；嘉庆四十五年（1799）粤、泉人因为分地的问题发生械斗，后经彰人协调平息，此后三籍人士因利害问题，时起纷争发生械斗事件，戴南珠或许就因不堪械斗时起，放弃宜兰的垦地。根据台湾文献丛刊《淡水厅志》卷15《祥异考兵燹门》，第363—364页，从道光十四年（1834）开始，台北地区持续有闽粤械斗事件发生。

役，均告平靖，均获奖军功五品"。① 家族声势到了最高点。

创业维艰守成不易，戴南珠第 3 代"发"字辈，② 因多人染上吸食鸦片恶习，卖掉大片祖产，家道中落，人口与土地的矛盾出现，生存压力日增。戴南珠于乾隆五十三年（1788）单身渡台，16 世已有男丁 10 人，17 世男丁 38 人，18 世男丁 82 人，19 世男丁 189 人，妇女、幼童不含在内。数代间人口增长急遽，耕地未相应增加，导致生存压力大增，因此迁移势在必行。戴南珠派下 17、18 世时，宗族人口大量外移台湾各地。耕地不足、生活困难，是多数人面对的生活现实，而南州乡大埔小区，是戴南珠派下移垦的众多地点之一。③

受到生存压力，湖口戴南珠派下之戴贤冉于日据 1914 年南迁开垦。彼时 1912 年台湾南北纵贯线铁路屏东线完工通车，戴氏家族就如当时众多北部桃竹苗客家人一样，沿着南北开通的铁路南下。南州大埔小区的戴南珠派下，15 世戴南珠从台南上岸，随后移居湖口，18 世移居屏东县南州，到了 20 世又开始移居台湾各地。

（二）新竹横山戴华元派下

初垦大埔小区之戴洪源、戴洪广兄弟源自新竹横山戴华元派下。戴华元为镇平戴玉麟派下 13 世，据《戴氏二礼堂来台祖华元公派下之族谱》记载："13 世祖华元公时年 20 余岁，只身漂洋过海东渡台湾开基建业，是为来台开基始祖，华元公淡水登陆，肇基台北新庄，稼穑为业。"④ 戴华元来台上岸的地点是台北淡水，时间约在乾隆三十七年（1772）之后，从淡水河口登岸者多沿淡水河上溯至今台北县新庄镇附近开垦。乾隆五十一年（1786）林塽文事变发生后，戴华元曾组织义民军与之对抗，根据《钦定平定台湾纪略》记载："派拨石头街庄广东义民徐勤佳、戴华元等督率义民 700 名；三角涌庄龚东、陈海、陈谁、李恍等督率义民 700 名，合攻柏仔林，分头杀贼，贼巢尽行烧毁。"⑤ 事平后，乾隆五十三年（1788）清政府钦赐戴华元六品军功顶戴衔，现其新竹横

---

① 参阅戴协焜编：《戴拾和祖堂年刊 26 期》，戴拾和祖堂管理委员会，2005 年。戴南珠育 10 男 1 女，共十大房，称"戴拾和"。次子戴朝清任大湖口总理（竹北二保大湖口庄总理），10 兄弟参与平定戴潮春乱事，事平后，获颁军功五品衔 4 人、蓝顶花翎 1 人、监生 1 人、从九品 4 人。

② 戴南珠派下辈分排序为：南、魁、发、贤、文、国、家、呈、栋、梁。

③ 戴南珠后代分布在基隆、台北、三重、永和、五股、土城、树林、新庄、桃园、中坜、杨梅、湖口、新丰、新埔、竹北、苗栗、公馆、大湖、卓兰、后里、水里、中寮、国姓、台南、高雄、屏东、新埤、南州、太麻里、台东、凤林、玉里、花莲等地。几乎已分布在台湾所有客家地区。参阅戴协焜编：《戴拾和祖堂年刊 26 期》，戴拾和祖堂管理委员会，2005 年，第 140 页。

④ 乾隆五十三年（1788）戴华元受封军功六品职时年 36 岁，则估算其应该出生于乾隆十七年（1752）前后；20 余岁来台，则来台时间应在乾隆三十七年（1772）之后，属于乾隆中晚年来台之客家人。戴南珠生于乾隆二十九年（1764），乾隆五十三年（1788）来台，两人年纪相差近 50 岁，因此并非同一时期来台。戴荣治编撰：《戴氏二礼堂来台祖华元公派下之族谱》，1999 年，自刊，第 3—5 页。

⑤ 台湾文献丛刊《钦定平定台湾纪略》卷二，第 120 页。

山祖堂尚存清廷颁给之札付。[①] 戴华元以稼穑为业，虽有资格遇缺补用，并无补用之纪录。其后戴华元因"因难忍异族歧视，寡不敌众，忍痛迁至新竹县崩坎（今之新竹县横山乡大平地）地居开垦"。17 世戴洪涣口传："华元公落脚台北新庄时，其邻居两家因事相争。华元公心存好心就去当和事佬。未调成，那双方争到官府，同是该族的官员斥道：'你们俩是同族，应该和好，今你们反而相争要异族调停，你们应该合作，对付异族才对呀！'此后华元公就屡受不公平的对待，只好忍痛再迁至崩坎。"[②] 族谱中并未详述戴华元遭遇何种不平等待遇，其时新庄地区闽大粤小，闽粤间的族群矛盾相信是有的。戴华元放弃新庄的，远赴横山偏远山区开垦，则其所受之压力可见。

新竹县横山乡位于新竹县东侧山区，据洪敏麟陈述："横山乡位于新竹县之略中央，在头前溪上游油罗溪、上坪溪流域。境内山丘崎岖，东南部地势尤高，有帽盆山、大山、背山、尖笔山等山岭重叠，平地较少。横山之乡名，因有大山背山横亘，故得名。乡域昔为泰雅人及赛夏人栖息游猎之地。从乾隆初叶起，有广东省镇平县戴华元，梅县温恭信，镇平县张文旺、张文燕等垦户来垦。"[③] 依戴华元迁台时间，最早也是在乾隆晚年后方至横山崩坎开垦，或许晚至嘉庆年间；洪敏麟"乾隆初叶"之说法，与事实并不相符。横山崩坎即横山大平地，全区多丘陵，约占全面积七成，山多田少，土地浇薄，谋生不易，大平地附近亦绝少平地。根据刘还月研究："新竹客庄地区，在凤山溪北侧、湖口台地、飞凤台地及竹东台地北部，母质为砾石质，砂质或红色黏土，砾石多属砂岩、页岩及鹅卵石，为红棕壤地质。……有机质含量少，呈强酸性至中酸性反应……一般地力低下，作物生长不良。……大部分为茶园、柑橘园，或其他旱作。"[④]

横山地区土壤贫瘠，农作物生产量亦有限。据统计：戴氏 13 世戴华元于横山开基，14 世男丁 5 人，15 世男丁 9 人，16 世男丁 24 人，到清末民初，大约百年时间，人口已从初垦之单身，增加到 17 世男丁 69 人，生活压力可见；18 世男丁更高达 191 人（不含妇女、小孩），人口大量增加，土地生产已无法满足族人生活，迫于生活因素，16 世也开始外移。16 世戴福昌于 1890 年由大平地迁至竹东小地名围墙下。17 世戴洪源、戴洪财、戴洪广、戴洪进、戴洪章等于 1911 年迁大肚村。戴洪广于 1919 年 5 月迁至现在之

---

① 札付是清代下行文书之一，使用于不相统属的上下级文武衙门之间。此外，清制巡捕营左右翼总兵以下、各省提督以下至把总、卫所官、门千总等武职官员赴任，由兵部发给札付，任满咨兵部截角缴销。凡来台任职武官均需自兵部领得札付始可渡海来台就任，亦可释为任官的凭证。参阅许雪姬撰，李鹏年等编，《清代六部成语词典》，远流事业出版社 1994 年版。

② 戴荣治编撰：《戴氏二礼堂来台祖华元公派下之族谱》，1999 年，自刊，第 5 页。

③ 横山乡在清末光绪十三年（1887）属台北府新竹县竹堑堡；日据前期光绪二十一年（1895）改属台北县新竹支厅竹北一堡。光绪二十三年（1897）改隶新竹县树杞林辨务署竹北一堡管辖。光绪二十七年（1901）改属新竹厅树杞林支厅竹北一堡。至日据后期 1920 年实施地方官制大改革，本乡隶新竹州竹东郡横山庄；光复后 1945 年底改为新竹县竹东区横山乡。1950 年底撤废区署，隶新竹县横山乡。

④ 刘还月：《台湾客家族群史·移垦篇（上）》，台湾省文献会，2001 年，第 221—223 页。

屏东县南州乡大埔开基，其后族亲陆续南下；1920 年 17 世戴洪增，1929 年 18 世戴荣明；1929 年 18 世戴洪辉；1930 年 17 世祖戴阿清、戴阿端；1937 年 18 世戴荣光；1946年 17 世戴阿美；1950 年 18 世戴荣轩是最后的南迁者，家族南迁持续超过 30 年。

1911 年，戴华元派下南下开垦时，台三线公路修筑完成，且已有新竹至竹东、九赞头到八十份及沙坑的轻便车，交通已算方便。南下垦殖者至新竹搭乘火车南下高雄，高雄换搭屏东线火车到溪州站（南州）下车，再沿者铁轨往南走 1 公里即可到达大埔。① 起初身份是佃农，直到 1953 年实施"耕者有其田政策"取得土地所有权后，家族方在此地筑屋、定居。

南州乡大埔小区戴华元派下，从 13 世戴华元迁台，移居横山定居后到了 17、18 世，又因生存问题移居台湾台北、泰山、湖口、八德、横山、竹东、观音、中坜、杨梅、关西、北埔、凤山、坎顶、南州、竹田、东港、花莲等地。② 南州乡只是众多迁居地中的一个偶然。

## 四、结论

日久他乡是故乡。台湾屏东县南州乡大埔小区戴家源自台湾新竹湖口、新竹横山两支，家谱记载从石壁到蕉岭开基，再从粤地开基分别迁往台湾，分处两地，却因经济因素在岛内向南迁徙，戴氏家族几经分之，却又在台湾南部聚合。

20 世纪初，台湾新竹湖口、横山两支戴氏家族因经济等因素被迫迁移，当时有利迁徙的外部条件，如台湾西部铁路完工提供便利运输；河川整治后大量待开垦的河床地、溪埔地，提供开垦者足够的土地。迁入南州之戴氏家族因宗族观念，族亲聚居。后到者多先寄籍于先到族亲的住所落脚，稳定后再行迁出。部分北部戴氏家族的外性姻亲邻友，也通过亲缘关系，迁入南州大埔小区。戴氏家族迁徙过程，族群、血缘是移民凝聚的重要力量。

20 世纪后的家族迁徙，漫长而持续性。南迁戴氏家族，定居一段时间后，或因人口增加，或因经济因素，或因就业就学环境，持续性地迁徙。迁徙是一个常态性的活动，人口永远处于流动状态之中。尤其是 20 世纪中叶后，因工商业发展，迁居南州的 19 世、20 世子孙，因就业、就学、婚姻等因素，频繁迁居各地甚至外国，代间频繁的迁徙说明客家家族已经快速变迁，家族力量是否得以持续凝聚，已是许多家族内在共同的问题。

**参考文献：**

[1] 台湾银行经济研究室编辑：《钦定平定台湾纪略》，台湾文献馆 1997 年版。

---

① 日本人在日据时期即已整修中坜至丰原的中丰公路，为北部内线的交通孔道，即目前的台 3 线公路，此条路线沿者关西、到达九赞头到竹东，对位处横山山区的崩坎居民，发挥交通运输功能。唐富藏编纂《重修台湾省通志》卷四《经济志交通篇》第一册，1993 年，第 61 页。
② 戴荣治编撰：《戴氏二礼堂来台祖华元公派下之族谱》，1999 年，自刊，第 4 页。

［2］（清）吴宗焯修、温仲和纂：《广东省嘉应州志》，成文出版社 1968 年版。

［3］王东：《客家学导论》，上海人民出版社 1996 年版。

［4］洪敏麟：《台湾旧地名之沿革》第二册，台湾省文献委员会，1999 年。

［5］许雪姬撰、李鹏年等编：《清代六部成语词典》，远流事业出版社 1994 年版。

［6］唐富藏编纂：《重修台湾省通志》卷四《经济志交通篇》第一册，1993 年。

［7］陈运栋：《客家人》，东门出版社 1992 年版。

［8］刘还月：《台湾客家族群史·移垦篇（上）》，台湾省文献委员会，2001 年。

［9］戴炎辉：《清代台湾的乡治》，联经出版社 1998 年版。

［10］戴荣治编撰：《戴氏二礼堂来台祖华元公派下之族谱》，1999 年，自刊。

［11］戴荣碧编撰：《谯国戴氏镇平开基始祖讳玉麟公派下族谱》，1975 年，自刊。

［12］戴国焜编：《戴拾和祖堂年刊 26 期》，新竹：戴拾和祖堂管理委员会，2005 年。

（本文作者系台湾东华大学民间文学所博士，台湾美和科技大学通识教育中心主任）

# 石壁祭祖与族缘联盟关系研究

## 张勇华

在当代的客家研究中，最早将闽西作为客家迁徙的中转站进行讨论的学者来自海外。台湾陈运栋先生于早在 20 世纪 70 年代就在其著作《客家人》中对石壁在客家迁徙中的地位做了如下描述："今日客家的祖先大部分在石壁住过"，"梅州人之八九均经宁化县迁来"，"岭东之客家来自石壁村"。① 日本学者中川学等也在此时参与罗氏学术的讨论。② 在海外学术的推动与地方政府的主导下，客家族群领袖于 20 世纪 90 年代在闽西石壁兴建起客家祖地，吸引海内外的客家同姓族人前往祭祀客家本姓始祖，表达出对客家同姓之源、祖先移居石壁的认同，因为有政府的参与，使得这一特殊的同姓个人联宗现象具有了政治上的认同。

### 一、客家百氏祠堂

20 世纪 80 年代以来，随着海内外寻根热的兴起，"海内外的一些姓氏派员带着族谱前来寻根觅祖，但时过境迁，有的姓氏找不到同宗的族人，也找不到原来记载的地址"。③ 这些海外宗亲带着族谱前来宁化的记载未必真实，但回到内地寻找不到祖源地可能是真实的。宁化县计有 144 个姓氏，62 姓还保有 226 个祠堂，各姓拥有祠堂情况是：张姓 49 个，巫姓 16 个，李姓 12 个，王、邱各 11 个，曾、吴各 9 个，罗、廖、黄各 6 个，谢、马、陈、杨、刘、上官各 4 个，伊、伍、温、郑、徐各 3 个，俞、雷、夏、邓、曹、范、傅各 2 个。阮、虞、朱、孙、丁、童、林、聂、涂、凌、连、池、何、危、毛、宁、封、腾、万、杜、萧、黎、谌、熊、江、方、邹、彭、赖、冯、柳各 1 个。作为最具客家象征意义的石壁，共留有 12 姓的 25 个祠堂，其中张姓 14 个，巫、吴、廖、谢、马、陈、刘、徐、雷、虞、朱各 1 个。④

以上姓氏目前还居住在石壁，有多少已经完全移居他处无法统计到，有可能回来找不到祖源地或无法祭祖，至少还有 82 个姓未能提供祠堂祭祖，因此"如何让外来寻根

---

① 陈运栋：《客家人》，联亚出版社 1980 年版。

② ［日］河合洋尚主编：《日本客家研究的视角与方法——百年的轨迹》，社会科学文献出版社 2013 年版，第 38—40 页。

③ 张恩庭主编：《石壁客家纪事》，中国文化出版社 2011 年版，第 93—94 页。

④ 张恩庭主编：《石壁客家纪事》，中国文化出版社 2011 年版，第 144—150 页。

者焚香、叩头……在石壁兴建'众家祠堂'的理念油然而生"。① 这个所谓的"众家祠堂",就是将不同的姓氏祖先集中在一个祠堂供奉,即后来成为闽西客家祖地核心场所的"客家公祠"（如图1）,成为当今海内外宗亲前来祭祖的场所。

图1　石壁客家公祠

　　笔者为讨论问题的方便,将之称为"客家百氏祠堂"。它可同时容纳300多人同时祭祖,目前已经供奉了151个客家姓氏祖先牌位,中间还有客家总始祖神位,牌位如图2。

图2　客家百氏祠堂祖先牌位

客家百氏的排列情况具体如表1。

---

　　① 张恩庭主编:《石壁客家纪事》,中国文化出版社2011年版,第94页。

表1　客家百氏祠堂供奉情况表

| 客家百氏祖先牌位 | 总牌位 | 客家百氏祖先牌位 |
|---|---|---|
| 詹翁俞萧邹古赖汤侯崔廖田阎卢邓唐郭吴王 | 客<br>家<br>始<br>祖 | 李周何韩严苏叶汪谭白顾钱贺甘危幸饶涂阙 |
| 裴谌施阳庄蓝文黎孟毛熊姜潘蔡傅于罗孙刘 | | 张徐马冯许蒋余任邹康邵尹龚包池卓洪童管 |
| 缪温骆房阮伍刁常万秦陆方戴丁曾韦宋朱杨 | | 陈胡梁董沈贾杜范金邱龙易卜邢阴练官游腾 |
| 聂虞袁柯巫伊贝乔雷史孔姚钟薛吕曹谢林黄 | | 赵高郑程彭魏夏石郝江段武官华连柳莫简 |

注：表中资料依据石壁宗亲联谊会于1999年编纂的《客家祖地宁化石壁》整理而成。

表中151个客家百氏祖先牌位于1995年落成时升座，并已经超过了宁化现有的144个姓氏。据石壁客家宗亲联谊会的介绍，随着海内外宗亲前来的增多，目前供奉的客家姓氏还在增加中。为了提供一个"真实"的客家祖先，宁化石壁客家宗亲联谊会整理出128个姓173个祖先的名字。

**二、客家百氏祠堂的祭祀**

自1995年建成这个客家百氏祠堂以来，海内外客家宗亲陆续前来寻根祭祀，每年统一举行祭祀大典。到2010年为止，已经连续举办了16届祭祖大典，接待了中国大陆19个省、直辖市、自治区和境外30个国家与地区的客家人50多万人次。[①] 首先看境外客家宗亲祭祀专场（如表2）。

表2　境外客家宗亲与祭祀情况表

| 年份 | 境外宗亲来源地 | 姓　氏 | 人数 |
|---|---|---|---|
| 1995 | 新加坡 马来西亚 泰国 香港地区 台湾地区 | 曾刘黄姚陈管朱萧李黎林彭 | 142 |
| 1996 | 美国 法国 缅甸 马来西亚 香港地区 | 曹刘杨黄郭姚张钟黎 | 400 |
| 1997 | 马来西亚 香港地区 新加坡 法国 台湾地区 泰国 | 姚彭黄周刘罗张钟黎 | 441 |
| 1998 | 马来西亚 法国 新加坡 泰国 越南 台湾地区 香港地区 | 姚李何谢詹叶贾 | 126 |
| 1999 | 马来西亚 新加坡 台湾地区 | 姚钟张郑黄 | 116 |
| 2000 | 法国 马来西亚 英国 印尼 日本 澳大利亚 缅甸 美国 香港地区 台湾地区 | 刘姚蓝叶张陈李江吴管温邓陈 | 612 |
| 2001 | 马来西亚 新加坡 法国 台湾地区 香港地区 | 姚温邝范张 | 100 |

---

① 张恩庭主编：《石壁客家纪事》，中国文化出版社2011年版，第95页。

| 年份 | 境外宗亲来源地 | 姓　氏 | 人数 |
|---|---|---|---|
| 2002 | 马来西亚 香港地区 台湾地区 | 黄李刘陈蓝罗何温廖林 | 190 |
| 2003 | 马来西亚 | 杨钱 | 59 |
| 2004 | 马来西亚 泰国 加拿大 美国 毛里求斯 文莱 澳大利亚 印尼 台湾地区 | 吴姚蓝蔡周苏张董黄古刘查曾杜陈温 | 445 |
| 2005 | 马来西亚 新加坡 加拿大 台湾地区 香港地区 | 何蓝姚李曾邓张俞 | 332 |
| 2006 | 新加坡 马来西亚 台湾地区 香港地区 | 刘饶姚萧李叶钟张 | 122 |
| 2007 | 马来西亚 新加坡 台湾地区 英国 泰国 | 姚邱朱黄蓝何杨李江邓董范简汪 | 228 |
| 2008 | 泰国 马来西亚 香港地区 | 赖姚 | 2000 |
| 2009 | 马来西亚 印尼 加拿大 香港地区 台湾地区 | 黄姚邓李彭张吴董温卢刘梁 | 500 |
| 2010 | 马来西亚 新加坡 台湾地区 香港地区 | 姚朱胡伍温卢李刘江董黄彭戴 | 175 |

注：上述资料根据张恩庭编著的《石壁客家纪事》（2011 年）和 2013 年 8 月份的访谈整理而成。

在客家公祠举行联宗祭祖时仪式如下：

鸣炮开堂

擂鼓

鸣金

奏乐

主祭生就位，陪祭生皆就位

整冠、鞠躬

主祭生向神位前敬祖，安位、安杯、安筷、献牲、献帛、鞠躬，平声复位。鞠躬、拜揖、叩首、再叩首，兴；鞠躬、拜揖、叩首、五叩首、六叩首，兴；鞠躬、拜揖、叩首、八叩首、九叩首、兴。

主祭生到香案前上香，鞠躬、拜揖、叩首，初上香、二上香、三上香、叩首，兴。鞠躬、平声复位。鞠躬、拜揖、叩首、再叩首、三叩首，兴；鞠躬、拜揖、叩首、五叩首、六叩首，兴；鞠躬、拜揖、叩首、八叩首、九叩首、兴。

主祭生到神位前献酒，鞠躬、拜揖、初献酒、二献酒、俯依举杯、息乐，读祭文、三献酒，叩首，兴。鞠躬，平声复位。鞠躬、拜揖、叩首、再叩首、三叩首，兴；鞠躬、拜揖、叩首、五叩首、六叩首，兴；鞠躬、拜揖、叩首、八叩首、九叩首、兴。

焚烧祭文　一鞠躬、二鞠躬、三鞠躬

奏乐

礼毕退班①

海内外宗亲祭祀团与历届祭祖大典主办情况如表3。

表3　海内外客家宗亲祭祀团主办简况表

| 祭祀日期 | 届次 | 海内外祭祀团 | 主祭生 | 主办方 |
|---|---|---|---|---|
| 1995.11.28 | 1 | 8 | 姚美良 | 宁化县人民政府 |
| 1996.10.16 | 2 | 12 | 姚美良 | 宁化县人民政府 |
| 1997.10.16 | 3 | 12 | 姚美良 | 宁化县人民政府 |
| 1998.10.16 | 4 | 8 | 姚美良 | 宁化县人民政府 |
| 1999.10.16 | 5 | 6 | 姚森良 | 宁化县人民政府 |
| 2000.11.22 | 6 | 20 | 姚森良 | 宁化县人民政府 |
| 2001.10.18 | 7 | 5 | 姚森良 | 宁化县人民政府 |
| 2002.10.16 | 8 | 11 | 姚森良 | 宁化县人民政府 |
| 2003.10.23 | 9 | 2 | 姚森良 | 宁化县人民政府 |
| 2004.11.22 | 10 | 15 | 吴德芳 | 宁化县人民政府 |
| 2005.11.15 | 11 | 5 | 姚森良 | 马来西亚客家公会联合会 |
| 2006.11.20 | 12 | 9 | 何侨生 | 新加坡南洋客属总会 |
| 2007.11.15 | 13 | 6 | 何炳彪 | 新加坡茶阳会馆 |
| 2008.11.12 | 14 | 5 | 赖锦廷 | 泰国客家公会 |
| 2009.10.16 | 15 | 13 | 黄石华 | 三明市人民政府 |
| 2010.12.2 | 16 | 17 | 伍世文 | 三明市人民政府 |

注：根据《石壁客家纪事》中历届祭祖大典情况进行的整理，表中日期为公历。

表中的主祭生姚美良为中国政协委员、香港南源永芳集团有限公司董事长，姚森良为马来西亚居銮客家公会会长，吴德芳为马来西亚公会联合会会长，何侨生为新加坡南洋客属总会会长，何炳彪为新加坡茶阳会馆总务主任，赖锦廷为泰国华侨领袖，黄石华为香港崇正总会会长，伍世文为旅台侨领。在这些族群领袖的带领下，海内外的客属团体、企业、个人等共捐资919.4万元，带动了祖地的教育、卫生、企业等方面的发展。②

---

① 福建省宁化石壁客家宗亲联谊会等编印：《客家祖地宁化石壁》，1999年，第66页。

② 张恩庭主编：《石壁客家纪事》，中国文化出版社2011年版，第170—177页。

上述祭祀由族群领袖组织，由闽西当地政府和海外客家社团主办，通过个人联合祭祖的形式与捐资帮扶石壁的方式来表达对石壁祖地的认同。

上述的祭祀都是在公祭日完成，同时还有同姓的专场祭祀。如 1999 年 10 月 25 日，闽、粤、赣三省 12 县的罗氏宗亲 57 人前来祭祖；2007 年 10 月 5 日，四川省巫氏宗亲团 46 人前来祭祖；2008 年 5 月 15 日，广东梁氏宗亲到客家祖地寻根问祖，"认定他们一支是从宁化石壁迁广东繁衍的，表示今后不忘祖，不忘根，常祭祖"；2002 年 10 月 4 日巫罗俊诞辰 1420 周年纪念中，有来自中国、澳大利亚、新西兰、英国的巫氏宗亲 356 人，共同祭祀了这位隋朝进入宁化的客家祖先。[①]

百氏祠堂每年的祭祀大典上都有不同姓氏群体进行祭祖，每年来祭祖的人都有所变化。其中的一个大前提是只要认同自己是客家人就具有来祭祖的资格，同时各个姓氏都可以组合在一起祭祖。参与祭拜的人虽然素昧平生，但是都能够找到与自己对应的本姓祖先进行祭拜，并遵循着"客家""同姓"这两个基本原则。这种祭祀场面庞大，但祭祀对象清晰可找。另外，专场祭祀更能说明同姓祭祀本祖的特点。

### 三、个人联宗与共祖祭祀

在石壁客家公祠中进行的联宗祭祀是客家同姓个人联宗祭祀的典型代表，同时这种个人联宗祭祀并非只发生在这里，还可以在客家公祠之外祭祀。如赖氏祖先于三国末期进入赣南宁都，早于罗香林所指的"东晋至隋唐"的第一时期，他们也自称是迁入客家聚居区的第一姓。赖氏子孙于 2007 年对南迁始祖举行祭祀，其参与祭祀的宗亲分别是广东的泰重公派、泰安公派、南雄市、和得公派 4 个代表团，赣南的 18 个县市代表团。客家赖氏联谊会代表团，动用了 49 部车辆。在祭祀中还将赖氏发展的情况写进了祭祖祝文中："窃思忠诚公在一千七百年前，由中原颍川南迁到揭阳县桴源，带来中原文化，与当地土著文化融为客家文化，使赖氏在南方生存发展。忠诚公乃客家赖氏始祖也。列宝公西晋永兴年元年仕浙，首次开拓客家赖氏新境。遇公东晋隆安二年冬，奏改松阳为郡，使客家赖氏新添郡望。……客家赖氏已播迁南方各省乃至海内外，形成一支优秀民系，为中华民族的文明与世界文明，做出了积极贡献。"[②] 当然，其中有以宗族团体的形式参与，也有以个人的姓氏参与。但不管哪个形式，都透露出"客家""同姓"参与联合祭祀的两个基本原则。

客家祭祀还可以分为常态化与非常态化祭祀。常态化祭祀就是在族群领袖的运作下，以农历为准设定了九月初五设定为公祭日，初六至月底为公祭月，以公历为准设定了 10 月 16 日为"世界客属石壁祭祀地祭祖大典日"，公历 10 月 8 日至 11 月 8 日为祭祖月。非常态化的祭祀是，个人无论在什么时候来祭祀都不受上述设定的时间限制，也不必一定要到客家公祠进行，在本地的客家开基祖坟前祭祀即可。

---

① 根据《石壁客家纪事》记载整理。
② 赖观扬主编：《客家赖氏联修族谱》，2008 年，第 890 页。

不论是常态化还是非常态化的祭祀，不论是在客家百氏祠堂中祭祀的祖先还是在其他客家聚居区进行祭拜的祖先，或许会遭到质疑的地方是祖先的虚构性，关于这点，已经有学者做出了回应。该学者根据《仪礼·丧服经传》中"尊者尊统上，卑者尊统下"认为，"祭祀者身份越高，所祭祀祖先就可距己越远，就能包含某种虚拟的成分。"因此，"即便是在正统的宗族祭祀理论中，也并非完全不存在这类虚拟祖先的因素"。① 虽然说来客家百氏祠堂祭祀的祭祀者身份谈不上都很高，但被祭拜的祖先被赋予了"客家始祖"的身份，并作为首批南迁的代表。在客家族群意识高涨的当代，其祖先自然要被神圣化，以便符合当下祭拜者的心理需求。在客家百氏祠堂旁建的"客家之路""牌坊"都是对客家祖先的颂扬，这可以起到团结同姓族人、个人的作用，目前常态化与非常态化的联宗祭祀就是例证。

**四、客家百氏祠堂相关问题**

关于联宗祠的地缘性功能问题。明清以来，无论是同姓联宗祠还是异姓联宗祠堂，通常都由具有地缘关系的宗族联合兴建，与地方政府并无关联，有时会遭到政府的压制。"联宗祠一类组织都不是通过政府的奖励而形成的。甚至在大多数情况下，联宗和联宗祠都会受到政府的压制"，原因是"联宗所形成的地缘性同姓网络，在一定条件下，可能会给封建官僚政治体制带来某些不利的影响"。② 当代闽西出现的百氏联宗祠堂，是在地方政府的主导下，由海内外客家社团与个人等捐资兴建，对客家宗族、族人、个人起到了团结作用，也带动了当地事业的发展。

关于联宗祠的祭祀权问题。一般来说，基于参加联宗自愿的一般性原则，联宗祠是参与筹建的人才被认为具有资格来祭拜祖先，其供奉的祖先也是根据参与联宗的情况确定的，因此未参与筹建的人通常不愿或不便来祭拜，因而也可以认为具有一定的闭合性。来客家百氏祠堂祭祀的人至少认同自己是客家人，前来祭祀者能够找到与己对应的姓氏祖先，因为供奉的姓氏祖先可以随着前来祭拜姓氏的增多而增加，因而具有一定的开放性。

关于联宗祠祭祀者的参与形式问题。从祭祀本姓祖先的角度来看，具有同姓联宗祠的特点，但是，这种同姓联宗祠也只能认为是同姓个人联宗祭祀的场所，因为同姓祭祀者并不是以同姓宗族的单位参与，而是以同姓个人的身份参与。从多姓祭拜于一祠的角度来看，不具有异姓联宗祠的特点。异姓联宗祠所供奉的祖先，是祭拜者相互之间具有某种约定的祖先互认，因此被供奉的祖先为祭拜者所认同。百氏祖先虽同在一祠堂享受祭拜，都是南迁的代表，但所供奉的祖先并不为所有祭拜者所认同，只为本姓后裔所认同，因此不具有异姓联宗祠的特点。之所以出现这种以同姓个人联宗祭祀为单位，统合百氏个人联宗祭祀于一祠，是基于客家移民的历史基础，百氏宗族对客家身份的认同。

---

① 钱杭：《关于同姓联宗组织的地缘性质》，《史林》1998 年第 3 期。
② 钱杭：《关于同姓联宗组织的地缘性质》，《史林》1998 年第 3 期。

地方政府参与的政治性问题。闽西的客家公祠建设，是以地方政府为主导联合筹建的，体现出一定的政治目的。"通常称为'族群的'认同类型会受到政治目的操纵而改变。这是因为人们在不同情境可能运用不同认同，因此，形成社会认同的过程是一个'商榷'的过程"。[①] 海内外客家的领袖们是与地方政府商量的代表，族群领袖是为维持族群认同的需要，地方政府是出于引资的需要，因此出现了相互合作的局面。

族群的原生论认为，族籍一般是根据人们的出身来推定的，族群构建在人们对于他们具有共同世系或起源的信念上，人们大都仅挑选那些能够反映其世系和起源的文化特质来做自己的族界标志。[②] 闽西百氏祠堂正是利用了石壁在族群认同中的地位，才能够统合百氏于一祠进行祭祀。百氏联宗祠的背景是客家百氏，客家百氏就是族群性背景，百氏联宗祠具有族群性背景。

**五、结语**

在客家身份认同的背景下，地方政府构建了一个客家族群认同的祭祖平台，加上族群精英的推动，逐渐形成了石壁祭祖的两种基本类型，一种是前来祭祀客家姓氏祖先，另一种是前来祭祀客家祖先。前一种祭祖以某姓作为联结纽带，姓氏成员组团前来，或个人前来，后一种祭祖以客家身份作为前提，或单姓前来，或联合多姓前来。以某姓作为纽带的祭祖建立在一定的血缘基础上的姓氏祖先认同，以客家身份作为前提的祭祖建立在族群认同意识的基础上。两种祭祖的最大公约数就是客家身份认同，在此新客家运动中，形成了在以石壁为核心、以赣闽粤边区客家聚居为大本营的基础，凝聚海内外客家人前来祭祖，最终形成了同姓联宗、异姓联宗相互交织在一起的族缘联盟。

（本文作者系历史学博士，赣南医学院讲师）

---

① 庄孔韶主编：《人类学概论》，中国人民大学出版社 2006 年版，第 311 页。
② 庄孔韶主编：《人类学通论》，山西教育出版社 2013 年版，第 346 页。

# 石壁祭祖习俗
# 在弘扬中华传统祭祀文化中的地位与作用

## 刘秀梅

### 一、祭祀文化的由来

民以食为天，礼以孝为先。在人类历史的长河中，中华民族的祖先用劳动和智慧创造了星河璀璨的华夏文化，中国的传统文化是中华民族人文精神的积淀，是我们的民族之根、民族之魂。中华传统文化博大精深，具有长久的生命力。时至今日，我们依然可以从中汲取智慧和精神力量。

浩瀚精深的中国文化当中，祭祀文化是其中非常重要的一环。我们讲到儒家文化，有人就觉得它们就是阐述怎么治国理家，其实这还不是最主要的方面，最主要的是祭祀天地，祭祀山川河流，祭祀祖先，祭祀神众。过去的儒家文化中，祭祀是放在第一位的。无论是公祭"人文始祖"黄帝、炎帝，还是民祭已逝的亲人、祖先，无论是国家祀典，还是民间扫墓，都是郑重地对先人、先祖送上追念和敬意。这种神圣的生命交流仪式，年年轮回，代代传承，构成了人们顽强生存和追求幸福的重要动力，传承了中华文明的祭祀文化，抒发了人们尊祖敬宗、慎终追远、继志述事的道德情怀。

### （一）祭祀的溯源

祭祀，在古汉语中称"祭"或"祀"。"祭"字，《说文解字》释为："祭，祀也。从示，以手持肉。""祭"是象形文字，按照清《康熙字典》的解释，这个象形字表现的是双手举起（又），手持肉食（月），而中间有一个桌台（示），这样，"祭祀"就是人以手持肉来献祭鬼神或祖先的意思。从《说文》示部汉字字义来看，凡"示"部基本上都与神和祖有关。以此推理，"祭祀"就是指活人用手持肉，奉于天地先人，沟通天人之界，做宗教仪式的献礼，以期得到神启与护佑。

祭祀的产生与人类早期对自然界感到神秘与恐惧有关。风雨雷电、日月星辰、山石树木、飞禽走兽等，都被远古人类认为是有神灵主宰，"万物有灵"的观念也由此产生，人类感激神灵，但也对他们心存敬畏，而古代先民们又相信人死后具有灵魂，灵魂能与生者在梦中交流，并可以作祟于生者，使其生病或遭灾，这种敬畏众神的心理便是祭祀行为产生的重要原因。在中国古代传说中的黄帝时代，人们已经具有较为盛行的灵魂和鬼神观念，并且产生了大规模的祭祀活动，从甲骨文和青铜器铭文里都能找到其相关记载。中国是文明古国，传统的祭祀活动非常丰富。人们相信，宗教祭祀能保证猎物的捕获、季节的正常变化甚至庄稼的丰收。这种基于原始信仰的祭祀活动，一旦习以成俗，便成了传统节日的雏形。值得注意的是，在宗教祭祀色彩较浓的中国节日里，往往融合着较多的神话传说，因而显得更丰富多彩和颇有人情味。另外祭祀活动作为一个文化载体，有非常明显的地方性、群众性、普遍性和传播性的特征。

（二）民间祭祀活动

常见的民间传统祭祀活动有清明节的祭祖，端午节的龙舟祭，上元给祖坟上灯，中元给祖人化袱，"春节"祭祀祈福，农村各地还有祭龙王、祭土地神、祭灶神、祭财神等活动，还有各地寺、庙、祠、观的各种祭祀活动，其意都是为了祈祷平安，保佑一方，以求风调雨顺，消灾灭病。另外还有木匠祭鲁班，铁匠祭老君，毡匠祭阴仙，商贾祭财神，另外油坊、醋坊、染坊、皮匠、鞋匠、挂面匠等都各祭有主。在不同的地区、季节、时间、民族，又都会产生各自所需的祭祀文化。中国社科院民俗学专家施爱东认为，清明节不仅是人们祭奠祖先、缅怀先人的节日，也是中华民族认祖归宗的纽带，更是一个远足踏青、亲近自然、催护新生的春季仪式。清明节是几乎所有春季节日的综合与升华，与其他传统大节不一样，清明节是融合了"节气"与"节俗"的综合节日，也就因此具有了更加丰富的文化内涵。清明从节气上看，正排在春分之后，此时天气回暖，到处生机勃勃，人们远足踏青，亲近自然，可谓顺应天时，有助于吸纳大自然纯阳之气，驱散积郁寒气和抑郁心情，有益于身心健康。

（三）祭祀的场所

早期的祭祀没有固定的场所，随时随地均可祭献。随着祭祀规范化，逐步出现了固定的场所。祭祀场所主要有：

1．平地：只把一块平地扫除干净即可祭祀，古人称之为"墠"。

2．坛：在地面砌成一个高高的平台或建筑物，又称"祭坛"，首都的天坛、地坛就是明清皇帝祭祀的场所。

3．平坑：就是在地上挖一个大平坑作祭坛，古人称"坎"。

4．宫庙：在坛或墠的基础上又筑墙盖屋，即成为宫；宫中陈列上祭祀对象以后，就成为"庙"。

5．坟墓：在埋葬祖先的地方祭祀是较原始朴素的方法，它多用于祭祀祖先神灵。古人认为，到坟场墓地祭祀，能让祖先神灵最先感知到。

6．网祭：是一种现代文明的祭祀方式，即在网络上建一个逝者的纪念堂，让有意愿人士祭奠。

（四）祭品的种类及处理方式

人们既然对神灵有所祈求，祭祀时就会拿出最好的东西祭献。为了尊崇不同的神灵，祭祀方式也是多种多样，可以跪拜叩头，可以焚香燃纸，但对神灵来说最隆重的祭祀方式还是献上祭品。祭品多种多样，主要有以下几种。

1．食物：民以食为天，神亦如此。最初祭祀以献食为主。《礼记·礼运》称："夫礼之初，始诸饮食。"研究文字的起源，就会发现表示祭祀意义的字都与饮食有关，在诸多献食中，又以肉食为代表，这不能不看出祭祀者的虔诚和勍力。孟子理想生活是到70岁上能吃上肉为主要标准。孔子的弟子拜师的最好礼物也不过是两束干肉，可见古代肉食的难得。正因为如此，肉食一直是祭祀献给神灵最主要最有分量的祭品。

2. 玉帛：衣着饰物是人类的宝贝，给神的祭品中少不了玉帛。

3. 人牲：以鲜活的人做祭品，后世称"人祭"。一些宗教信徒认为人牲是神灵最喜欢的祭礼。这是宗教史上黑暗的一页，此劣习多出现于秦汉以前的帝王侯爵及贵族的葬礼与祭礼中。

4. 血：把猪（或其他禽畜）宰杀时的血滴洒在地上。是一种特殊的祭品。比如农村为防鸡瘟，在鸡窝旁滴上一些鸡血。

（五）祭品的处理方式

1. 燔烧：祭天神或世上一切神灵。

2. 灌注：祭地神。

3. 瘗埋：祭山神和地神。

4. 沉没：祭水神。

5. 悬投：祭山神。

**二、石壁祭祖习俗**

1. 宁化石壁是客家民俗文化的发祥地，最原始的客家话从这里形成，最古老的客家民间艺术、山歌、戏曲从这里推出和流传，最古朴的客家服饰从这里产生，最早的客家礼俗从这里形成与延续。宁化及其石壁方言，保存着中原许多古汉语的成分，同时在音系、词汇、语法等方面，又发生了变化，而成为一种新语系——客家话。客家话随着客家先民的流迁而不断演变，但现代的客家话的浊母清化是在石壁形成的，宁化及其石壁方言成为客家话的源头。宁化客家民间艺术异彩纷呈，这里可寻觅到中原文化的古老痕迹，又颇具客家特色。尤其是久盛不衰的客家民歌山歌，诸如"曲棚""道士音乐"，都为客家人所喜闻乐见，都是石壁传统文化的瑰宝。客家音乐内容丰富，有怀古歌、劝世歌、情歌、革命山歌等。现今石壁一带的村村寨寨，仍活跃着为数众多的民间歌手，从老人到娃娃，都能即兴而发，唱上几曲地道的客家山歌，而这些客家民歌山歌，在祭祀中也时有出现，客家乡亲把自己对诸神、祖先的尊敬、祈求、缅怀、追思，通过多节歌谣反复吟唱的形式倾情表达。

宁化客家服饰保持了中原宽博的服饰特点，但也融入了当地以短窄为上的服饰特点。过去女人多梳髻子（船形）以五件金、银簪子插牢，并穿"掩腹子"（围裙），上部有绣花或桃花图案，脚穿绣花鞋，中老年人的绣花鞋多为蓝、绿色。小孩则有"绣花肚兜"戴鱼尾帽、凉圈子或狗头帽，上面都有绣花，身佩"包袱子"，项挂长命锁或玉佩；男人过去多系腰带和"荷包"。宁化客家礼俗继承了中原汉民族的传统，又与南方山区的特殊环境相适应，如重孝悌、讲仁义、重教育、讲卫生、重节俭、讲礼仪，而在祭祀过程中也多穿佩颇有宁化客家风的服饰而进行，为祭祀场面增添不少古拙苍远的客家地域风情。

2. 客家是一个具有显著特征的汉族分支族群，也是汉族在世界上分布范围广阔、影响深远的民系之一。宁化是客家摇篮，自东汉开始，已有中原汉人入境定居。唐朝末年，黄巢农民起义军南下，当时由中原迁居到鄱阳湖附近等地的客家人为避战乱，又向赣、闽、粤三省的结合部迁移，并大多数进入宁化，而且主要聚居在石壁，后来他们以宁化为基点，向外拓殖。特别是由于宋室南迁，战争不断，盗寇四起，灾祸频仍，且兼石碧田地有限、聚居过密等原因，他们或整个家族或其中一部分陆续迁往长汀、上杭、广东嘉应州（现梅州市）一带，自明清后甚至侨居到世界五大洲70多个国家和地区，总人数达5000万以上。台湾学者陈运栋在《客家人》一书中说："今日各地客家人的祖先，大部分都曾经在石壁村住过。"[1] 1912年英国教士艮贝尔氏在《客家源流与迁移》一书中也说："岭东之客家，十有八九皆称其祖先多来自福建汀州府宁化县石壁村者。"黄遵楷所撰的《先兄公度事实述略》则说："嘉应一属，所自来者，皆出于汀州之宁化石壁，征诸各姓，如出一辙。"客家先民进入宁化定居繁衍的最盛期，正是客家民系形成时期（即唐末至北宋），自宁化迁播各地的客家被称为正宗客家。因此，石壁被称为"客家摇篮""客家的第二祖地"（《宁化县志》）。随着石壁客家先民的迁播各地乃至海外，石壁客家祭祖习俗也在这些地区流传开来，并且广泛影响和不同程度地改变了当地原住民的祭祖习俗。

3. 宁化石壁客家祭祖习俗2008年6月入选福建省第三批非物质文化遗产名录，2011年被列入国家级非物质文化遗产名录。石壁客家祖地的祭祖活动，是建立在客家人对祖先的崇拜和寻根求源的基础上的，保留传承了我们中华民族许多古老传统的祭祀礼仪。千百年来，石壁客家人按照传统的祭祀习俗祭拜祖先，早期由个体家庭在每年清明节和农历八月初一祭拜，逐步发展到同宗族建祠堂、设神位祭拜，如今延伸到海内外客家子民到客家祖地祭祖，并最终约定以每年的10月为祭祖月，举行声势浩大与程序严谨的公祭仪式，祭祖仪式严格承袭一整套中原古礼：出主、燃烛、设案、上香、跪叩、荐食、储食、初献、读祝、再献、三献、焚祭文、纳主、撤、馔等15项程式。结合当地习俗，形成可供观赏之礼仪，比如在焚帛烧钱纸时，主祭要在神前献上一杯酒，然后由礼生送至焚帛处，将酒醮在上面，以示祭者献上钱帛之虔诚。在祭祀的过程中，几次鸣锣击鼓或弦乐伴奏，为祭礼增添热烈气氛。祭礼结束后，将猪肉、羊肉等祭品分给参祭代表。也有将祭品用于宴请参祭人员，只给少数的行祭人员与乡绅、长老等发点祭品。祭祖大典现场还会穿插丰富多样的客家民俗表演活动，如木活字展示、船灯舞、牌子锣鼓、客家夜迎亲、板凳龙、布龙、关刀灯、马灯舞等，这些民俗表演活动，包括历史、民居、服饰、民间文艺等诸多民风民俗，不仅保留了古老汉民族固有的优秀文化传

---

① 陈运栋：《客家人》，台湾联亚出版社1980年版，第8—9页。

统，还吸收了畲族等少数民族和当今客家生活的优秀文化和风俗，自然纯朴，风格古朴，独具特色。一年一度的世界客属石壁祖地祭祖大典，来自海内外客家乡亲身穿黄马褂，在古装仪仗队的引导下，沿着"客家之路"，依次来到客家公祠前，三通鼓响后，客家乡亲虔诚地拈香顶礼膜拜，表达对祖先的孝敬之意和怀念之情。在祭祖仪式尾声，身着古装的司仪将意含"发财、发彩"的五色彩米抛向空中，广场上的来宾及客属后裔纷纷掀起衣角、脱下帽子，抢米"抢福"。

4. 自 1995 年起，一年一度的世界客属石壁祖地祭祖大典，是当地最隆重的祭祖仪式。在海内外客家贤达、各界宾朋的热心支持和积极参与下，该大典已连续成功举办了22 届，吸引了世界各地 100 多万客家乡亲到石壁寻根谒祖、走亲访友，已经成为海内外客家乡亲畅叙乡情、敦睦乡谊的重要载体，成为推进客家文化交流、经贸合作的重要桥梁，成为扩大对外开放、增强对外影响的重要平台。在第 20 届祭祖大典上，马来西亚居銮客家公会会长姚森良代表客属社团代表致辞。他说，20 年来，石壁祖地祭祖大典已成为增进世界客属间情谊的坚固桥梁，成为慰藉世界客属、怀念先祖之情的温馨家园。这次回到了翘首远盼的石壁，回到了魂牵梦萦的祖地，心中无限激动与感慨。此次祭祖大典有 4000 多名海内外客属乡贤共祭先祖，14 个海外社团的客属后裔专程来到石壁村，他们中有年逾古稀的老人，有风华正茂的青年，绝大多数人都是第一次回到祖地。看到祭祖大典的隆重场面，第一次参加祭典的台湾台中市赖罗傅宗亲会理事长赖大同很受感动。他表示，回去后要告诉宗亲，我们的根在这里，并且要一代传一代地维系下去。

文化是民族的血脉和灵魂，古往今来，一个国家、一个民族的强盛总是以文化兴盛为支撑的。中华民族历经磨难仍巍然屹立于世界民族之林，中华文明历经 5000 年仍具有旺盛生命力，其重要原因就在于拥有博大精深的优秀文化，而客家文化正是这个优秀文化的一个突出组成部分。客家文化是凝聚团结全球客家人的一条亲情纽带、一个精神家园，而石壁客家传统祭祀文化是中华优秀传统文化中最广博深厚、最具特色与影响的文化软实力的代表之一。

### 三、将石壁祭祖习俗传统文化发扬光大之意义

中华民族文化源远流长，内容十分丰富，与世界各国的民族文化相比有着不同的特点。古往今来，远离家乡的海内外华人无论路途多么遥远，都必须回家过年，向长辈尽孝道，向平辈示亲情，向晚辈表爱心，阖家团聚、吃年夜饭、守岁、拜年、祭祖等习俗，尽显亲情。如今，有些人对中国传统文化的情感已变得越来越淡薄，如何将传统文化发扬光大，包括石壁祭祖习俗传统文化，使我们的中华优秀传统文化代代传承，这是值得我们每个人思考的议题。

中国的传统祭祀文化也是一种孝道文化，是孝敬、尊重自己历代的祖先的具体体现，这是中国文化的重要的一个现象。特别是在新的社会历史条件下，继承中华民族的优良传统，努力将"祭祖拜宗，慎终追远"的文化情怀、精神内涵、民族特性发扬光大，关注、保护和宣扬那些强调人与自然、人与人和谐相处的文化生态，包含挖掘传承

石壁祭祖习俗，继而推进弘扬中华传统祭祀文化，需要更多人的重视与努力，更多境内外社会组织与团体的关心与参与，通过节俗、风俗、习俗的传承，凝聚民族精神，传承石壁祭祖习俗等展示中华文明的祭祀文化，抒发人们尊祖敬宗、继志述事的道德情怀，进一步激扬人们尊祖敬宗、继志述事的道德情怀，探究弘扬其深厚的文化内涵，对维系民族感情的重要根脉、传承优秀传统文化，凝聚起全球客家人乃至各界各方的心智与力量，一起为实现中华民族伟大复兴的中国梦、实现"两个一百年"的宏伟目标，无疑具有十分重大的现实意义与深远的历史意义。

（本文作者系福建省民协会员、漳平民协副主席，漳平市图书馆图书资料馆员）

# 唐宋时期汀州与宁化开发问题再探：
# 对"黄连洞蛮二万"史料的质疑

张正田

## 一、前言

汉人南向开发与汉文化南传，一直是我国史上研究大事之一，其中客家民系往南迁移与客家文化的形成，也是学界关注焦点之一。宋元明清之际古汀州府乃至汀江流域的开发，正是闽粤赣交界客家地区作为区域史研究时的次区域历史考论焦点之一，学界也有不少专于此之论著，[①] 对汉人南迁客家大本营之一的古汀州府八县地区研究甚深。但对"唐宋之际"[②] 时客家先民在古汀州乃至宁化开发的相关历史，似还有再讨论空间。笔者曾经写一篇文章探讨唐宋之际时期古汀州与汀江流域的开发问题，[③] 初步得到以下结论：（一）唐代初设汀州时将州城设于距今上杭县城以北 12 里，其附郭县出名新罗县或杂罗县，最后却如史载"其地瘴，居民多死"，[④] 该城也荒废，甚至在史籍中留下该县县令遇鬼传说，显示当时朝廷对闽西开发空间布局过于大胆，因为唐代时赣州（当时称为虔州）[⑤] 比较早开发，当时朝廷欲让移民南下的汉人客家先民把这个新设州城当作开垦的桥头堡，大胆地向东南蛮荒深入，但是汉人客家先民遇瘴气、水土不服而死伤甚惨，造成后来城废，州城北移到今长汀县，长汀成为汀州州城才自此确立。（二）原先位于上杭北 12 里的新罗县则往较早开发的闽南地区移置，不久这个新罗县又改名为龙岩县，即今龙岩市新罗区，龙岩县后来又改隶属于地望较接近的漳州所管辖。（三）这期间唐朝又将沙溪流域的沙县一度改隶汀州管辖，当时的沙县辖区应该还包含今日的南

---

① 林开钦：《关于汉族客家民系》，《政协天地》2012 年第 10 期。周雪香：《明清闽粤边客家地区的社会经济变迁》，福建人民出版社 2007 年版。邹春生：《文化传播与族群整合：宋明时期赣闽粤边区的儒学实践与客家族群的形成》，中国社会科学出版社 2015 年版。靳阳春：《宋元时期汀州区域开发与客家民系形成》，中国社会科学出版社 2015 年版。蔡驎；《流动的客家：客家的族群认同与民族认同》，上海人民出版社 2016 年版……论著繁多，兹不一一举例。

② 或有言"唐宋变迁""唐宋变革"者。

③ 张正田：《唐宋之际汀州辖区变动与汀江流域开发关系》，《第八届"区域史地"暨应用史学学术研讨会会议论文集》，第 117—138 页。此文并投稿《唐史论丛》（CSSCI 集刊），已获得该刊同意刊登。

④ （北宋）乐史：《太平寰宇记》，卷 102，三，文海出版社 1993 年版，第 19 页。

⑤ 以下为今人阅读之便，统一用今名赣州称之，不再用当时之名虔州。

平市区、三明市区以及永安市一带，直到五代十国时，沙县才改隶新成立的南剑州管辖。唐代为何有这种"将沙县改隶汀州"之空间安排？主要是因为当时"沙溪—九龙江"交通线，是当时已改为长汀县后的汀州最主要的通往中原道路之一，所以朝廷将当时沙县改隶汀州管辖以便控制这条交通要道。（四）自五代十国沙县改隶新成立后的南剑州后，从宋代到清朝灭亡前，汀州的空间辖区只剩下汀江流域，千年间未有大的变动，汀州勠力开发汀江流域。汀州在北宋时增设武平与上杭两县，南宋时又增设莲城县（今连城），在闽西的汀江流域五县中，只剩永定县是迟至明代才设，可见汀江流域大幅开发是在唐宋时期。至于宁化县一带也是宋代才分设清流县，至于归化县也就是今明溪县也是迟至明代才设立。

**二、"黄连洞蛮"少数民族人数高达"二万"？**

关于唐宋之际宁化县一带的汉人客家先民开发问题，有比较令人心生疑窦的一条史料。《资治通鉴》记载唐乾宁元年（894）时说：

> 黄连洞蛮二万围汀州，福建观察使王潮遣其将李承勋将万人击之；蛮解去，承勋追击之，至浆水口，破之。[1]

宁化县开发很早，它早在唐乾封二年（667）就已设黄连镇，唐开元十三年（725）升为黄连县，这时候连汀州都还没设立，[2] 到了唐天宝元年（742）改黄连县为宁化县。何以在长达一百五六十年后，宁化县这里还有少数民族人数两万人？

检视汀州的开发过程，可从《旧唐书》等史籍知道，当时汀州是"开山洞所置"，所以一开始约在公元736年设汀州前后，汀州各县当地可能难免仍有少数民族存在。可是从当时朝廷开发闽西的空间布局不断改变，可知朝廷很努力地尝试寻找汀州更合理的统辖空间，以便新移民的汉人客家先民能更适当地移民开垦闽西。前已述，当时的赣州已是汉人开发后的新天地，朝廷想以赣州各县为基础，往东越过武夷山脉以东不远处设新州与新县，除了原有黄连县即宁化县外，长汀县与最早的州治所在之新罗县（距今上杭以北12里的"旧新罗县"）以及整个汀州，都是这种思维的空间政区产物。

可惜"旧新罗县"位置确实太东进也太深入蛮荒，所以史载"其地瘴，居民多死"，会水土不服而死的应该不可能是当地少数民族而是新移民闽西的汉人，这条史料倒是确实提供了当时最早汀州州治所在的"旧新罗县"居民，绝大多数是外来的汉人移民证据。武夷山东麓不远处的宁化与长汀县，距离汉人已开垦的赣州不远，汉人移民更可能

---

① （北宋）司马光：《资治通鉴》，第259卷，昭宗乾宁元年（894）十二月条，台湾商务印书馆1983年版，第8459页。

② 蔡驎《流动的客家：客家的族群认同与民族认同》第164页，载汀州始设年依不同史料有732、733、736年之不同说法，在本文宋宋之际数百年历史脉络下，似是小问题，非本文问题主轴所在，本文暂依《新、旧唐书·地志》以736年为准。

会从赣州越过武夷山不断源源而来定居在这两县，成为汉人的客家先民。如此，从 8 世纪 30 年代唐朝设立汀州以降，到 9 世纪末的 894 年"黄连洞蛮围汀州"事件时，武夷山东麓不远处的宁化与长汀两个彼此相邻之邻县，理论上应该已经汉人居多，少数民族逐渐在减少或融合入汉人的民族大家庭中才较合理，所以在长达一百五六十年后，宁化竟还有多达两万名少数民族起事，甚不合理。

况且据前人研究成果，自从汀州州城搬到长汀后，汀州对外交通，尤其对中原地区的主要交通路线之一，即是由州城长汀再经宁化再经沙县，则可东北至福州或西北至江南西道而往中原，① 所以"长汀—宁化—沙县"是一条交通要道，宁化居在其中，来往的交通人士、商旅、官宦，应当多为汉人，理论上应该也会将汉语与汉文化变成在这条交通沿线上的优势语言与文化，宁化不太可能居身事外。也似乎因此，介于江西与福建的宁化石壁，因为其交通要冲，成了客家移民闽西时共同的历史记忆。

所以从 8 世纪 30 年代到 9 世纪末的 894 年，长达一百五六十年当中，汉人移民与中古汉语中的早期原始客家方言，便当源源不绝注入宁化县当中，即令当地原有的少数民族，在这一百五六十年间，逐渐融入汉人文化生活圈当中，成了"编户齐民"。即便 894 年可能确实有约两万宁化县人民起事包围汀州府城的事件发生过，但这些人是少数民族居多还是汉人居多，这其实颇值质疑。

**三、是"谁"书写，"谁"围汀州？**

有关汀州与宁化的史料，从中晚唐到宋初就这么寥寥数条，以上的质疑，系属没有新出土史料状况下，就史料本身之外的"外部合理性"，推论并质疑了这么唯一一条"二万黄连洞蛮围汀州"史料，亦即关于唐末宁化县民民族成分的问题。若以史料本身而言，在没有外的史料出土证明之前，诚是苦于没有另外史料可以驳倒之，则以上这质疑似乎系属"天问"。但是，似乎可以就另外角度再检视这条"二万黄连人围汀州"史料，那就是当时是"谁"书写了 894 年这个事件，来反思这条史料为何会出现的可能性。

这里不妨跳脱 894 年，检视整个宏观的客家移民历史，可以发现历史上客家人虽移民千年，四海为家，客而家焉，但是难免受到同样邻近是汉人族群的"非议"与"诬蔑"。这方面史料多见于明清时期的由"外人"书写"客家人"的地方志。譬如台湾学者有本书《从"盗区"到"政区"之间》，② 虽然成功地还原了历史上对客家人贡献良多的"准省级"行政区"赣南巡抚"之历史功能与全貌，但是也不免由于当时方志对客家人的诬蔑称谓"盗"，而将书名取为此。台湾又另有学者发现清代台湾南部客家人的

---

① 靳阳春：《宋元时期汀州区域开发与客家民系形成》，中国社会科学出版社 2015 年版。
② 唐立宗：《从"盗区"到"政区"之间：明代闽粤赣湘交界的秩序变动与地方行政演化》，台湾大学出版委员会，2002 年。

"被书写"，往往掌握于台湾与福建闽南人的手中，所以往往多诬蔑台湾南部客家人之记录。① 远的不说，清晚期到民国时期，客家人往两广移民时，在当地方志上，常被诬蔑为"匪""贼"，甚至将客家写为"猺家"，说客家人不是汉人，甚至在教科书上写"客家非粤种、非汉种"，以此来诬蔑客家人。

所以，《资治通鉴》上的这条"黄连洞蛮二万围汀州"史料，会不会有这方面的问题呢？众所周知，司马光修《资治通鉴》，博采众书也考证严谨，应当不会犯了誊错修错的文字错误。但是，这条史料是怎么来的呢？

当时是北方"固始集团"的王潮派人来平定这些"不听话"、胆敢擅自包围汀州府城的宁化县起义人民，这件事情理当被当时王家与后来的闽国政权所书写，而依据复旦周振鹤与游汝杰《方言与中国文化》一书之考证，唐两宋时期当时汉语也分别有许多方言，至少有秦、河朔、中原、蜀、吴、赣、湘、闽、客家、粤等10种之多，② 所以大家用共通的中古汉语在沟通，但有没有可能是南下未久的河南人王潮之固始集团（应该口操当时中原方言），在书写口操"原始客家"汉语方言的两万宁化县汉人起事事件时，刻意将他们诬蔑为"黄连洞蛮"，而这些地方史料，后又被辑录进《资治通鉴》中呢？考查明清客家被诬蔑的历史，似乎不排除这可能性。

四、结论

关注这条"二万黄连人围汀州"史料问题，背后有个更终极的历史问题意义，即唐代江西赣州开发发展后，汉人人口自然会想往当时汉人人烟尚少的闽西进行移民，而唐代国家也愿意配合这社会趋势，设立汀州与宁化县的前身黄连县以及各个新县，甚至唐朝廷还加强汉人移民力度，在当时还是蛮荒的"上杭北十二里"设旧的新罗县，并将汀州最早州城放在这里。然而当这座城的汉人因水土不服的瘴气致使移民政策失败后，州城迁回长汀，也使得"长汀—宁化—沙县"成为新州城通往中原的重要交通要道之一，宁化身处交通要道，汉文化与汉人应该是源源不绝地移民开发于这条交通在线，这甚至可能也是"宁化石壁客家移民传说"的起源原因之一。

所以，汀州设州后的100多年，宁化似乎不太可能还会出现"两万黄洞蛮"起义后包围州城，当时包围州城的起事人民应该还是汉人居多，而且应该很可能是客家先民。至于起事的动机，限于史料暂不能多谈，也非本文主旨。但因为这两万宁化人起事后，被北方河南新移民南下的固始集团王潮派军率兵所平定，很可能在王潮等人眼中，这些起事的农民都是"不听话"的人民，所以被后来的王家与闽国政权诬蔑为"蛮"，这才是这条有问题史料的根源。

① 李文良：《清代南台湾的移垦与客家社会（1680—1790）》，台湾大学出版中心2011年版。
② 周振鹤、游汝杰：《方言与中国文化》，南天书局1990年版，第269页。

**参考文献：**

[1]（北宋）乐史：《太平寰宇记》，文海出版社 1993 年版。

[2]（北宋）司马光：《资治通鉴》，台湾商务印书馆 1983 年版。

[3] 蔡骅：《流动的客家：客家的族群认同与民族认同》，上海人民出版社 2016 年版。

[4] 靳阳春：《宋元时期汀州区域开发与客家民系形成》，中国社会科学出版社 2015 年版。

[5] 林开钦：《关于汉族客家民系》，《政协天地》2012 年第 10 期。

[6] 张正田：《唐宋之际汀州辖区变动与汀江流域开发关系》，《第八届"区域史地"暨应用史学学术研讨会会议论文集》，第 117—138 页。

[7] 周雪香：《明清闽粤边客家地区的社会经济变迁》，福建人民出版社 2007 年版。

[8] 周振鹤、游汝杰：《方言与中国文化》，南天书局 1990 年版。

[9] 邹春生：《文化传播与族群整合：宋明时期赣闽粤边区的儒学实践与客家族群的形成》，中国社会科学出版社 2015 年版。

（本文作者系龙岩学院闽台客家研究院副研究员，台湾政治大学历史学博士）

# 石壁现象与客家人精神家园关系探究

## 蔡 慧

对于移民群体来说，大多存在相应的移民传说地，如广府人的传说地为南雄的珠玑巷，福佬人的传说地为河南光州固始，北方汉人的传说地为山西洪洞大槐树，客家的传说地为福建宁化的石壁村。其中大槐树与石壁村广为流传，民谚曰："北有大槐树，南有石壁村。"意思是：北方汉人的祖根系于山西洪洞大槐树，南方客家人的祖根系于福建宁化石壁村。在客家人的谱牒中，可以发现大量关于石壁的记载。刘善群在梳理秦汉、两晋、唐宋时期的客家先民南迁史时，在每个分期都能够找到石壁的族谱资料记载。① 无论祖先来自甘肃、陕西、山西、山东、河南、湖北、湖南、江苏、浙江还是福建沿海任何一个地区，族谱上往往记载其祖宗先迁到福建宁化石壁开基，然后再分迁各省各地发展。② 这种群体记忆影响着一个族群的现实体验，也影响着自身的历史重塑。即使明智如历史学家，也要受到历史记忆和现实理解的影响。"人们的历史记忆，受到其对'当代'理解的影响，而其对'当代'的理解，又受制于其历史的记忆，这是一种具有内在和谐性却难以用逻辑语言表达的复杂的动态。在这样的过程中，精英阶层以文字形式塑造并保留其历史记忆的工作，对后来的研究者来说，具有特别值得注意的价值"。③

### 一、客家移民与石壁中转

宁化位于武夷山东麓，福建西隅，与江西省石城、广昌等县相邻，边界长达百余公里。石壁位于宁化西部，早在唐初时称玉屏，四周有雄伟的武夷山自南而北为屏障，四周皆山，中间为广阔的盆地，山涧密布，水草丰盛，盛林茂盛，犹如一道天然的绿色屏障。④ "石壁一带，包括淮土、方田、济村的一部分，地势开阔平坦，又当闽赣交通要道，早在唐宋客家大迁徙时，就成了客家入闽的落脚点，经济繁荣，人丁兴旺，所以西

---

① 刘善群：《客家与宁化石壁》，中国华侨出版社 2000 年版，第 4—21 页。

② 谢重光：《乡土中国——闽西客家》，生活·读书·新知三联书店 2002 年版，第 17 页。

③ 陈春声：《乡村故事与"客家"历史记忆的重新塑造——以〈明季岭东山记砦记〉的研究为中心》，宋德剑主编《地域族群与客家文化研究》，华南理工大学出版社 2008 年版，第 2 页。

④ 余保云：《宁化掌故》，中国华侨出版社 2000 年版，第 25 页。

乡人口稠密有其历史渊源"。①

　　石壁的移民来自多方位，黄河流域、江淮流域都有人口进入，然后又从石壁移民到广东、台湾等地，这种移民历史现象主要反映在族谱上（如表1）。

表1　石壁人口聚散地

| 姓氏 | 迁出时间 | 迁出者 | 迁出地 | 迁入地 | 外迁时间 | 外迁者 | 外迁地 | 资料来源 |
|---|---|---|---|---|---|---|---|---|
| 邓 | 西晋 | 不详 | 山西滔分 | 宁化石碧 | 宋代 | 志素 | 梅县 | 梅县《邓氏族谱》 |
| 邱 | 东晋 | 三五郎 | 河南 | 宁化石碧 | 不详 | 伯七郎 | 上杭 | 梅县《邱氏族谱》 |
| 钟 | 晋代 | 钟朝 | 江西兴国 | 宁化石碧 | 不详 | 不详 | 长汀广东 | 蕉岭《钟氏族谱》 |
| 李 | 北朝 | 李孟 | 河南汴梁 | 宁化石碧 | 南宋 | 火德 | 上杭 | 梅县《李氏族谱》 |
| 巫 | 南齐 | 德益 | 江西建昌 | 济村巫家湖 | 宋高宗年间 | 显章 | 清流 | 济村《巫氏族谱》 |
| 罗 | 唐乾封元年(666) | 景新 | 江西吉丰 | 石壁葛藤村 | 宋末元初 | 千九郎 | 兴宁 | 宁化《罗氏族谱》 |
| 陈 | 唐 | 陈苏 | 福建南剑州 | 宁化石碧坑 | 不详 | 魁公后裔 | 闽南广东台湾 | 宁化横锁《陈氏族谱》 |
| 刘 | 唐 | 天锡 | 河南洛阳 | 宁化石碧 | 南宋 | 开七 | 潮州梅县 | 梅县《刘氏族谱》 |
| 杨 | 唐 | 圣郎 | 福建延平 | 石碧杨家 | 南宋 | 不详 | 将乐广东台湾 | 禾口杨边《杨氏族谱》 |
| 官 | 唐 | 官膺 | 山西解县 | 宁化石碧 | 元代 | 耀、濯、擢 | 大埔诏安海丰 | 台东《官氏族谱》 |
| 薛 | 唐 | 不详 | 不详 | 宁化石碧乡 | 元代 | 信 | 平远 | 《崇正同人系谱》 |
| 甘 | 唐 | 不详 | 不详 | 石壁乡葛藤保 | 不详 | 仙一郎 | 五华陆丰 | 五华《甘氏族谱》 |
| 江 | 唐 | 孟德 | 江西饶州 | 宁化石壁 | 不详 | 不详 | 永定上杭潮州 | 《淮阳江氏本源》 |

---

　　① 刘善群主编：《宁化县志》，福建人民出版社1992年版，第134页。

| 姓氏 | 迁出时间 | 迁出者 | 迁出地 | 迁入地 | 外迁时间 | 外迁者 | 外迁地 | 资料来源 |
|---|---|---|---|---|---|---|---|---|
| 赖 | 唐武德五年(622) | 赖桂 | 浙江松阳 | 宁化曹坊 | 不详 | 不详 | 不详 | 曹坊《赖氏族谱》 |
| 高 | 唐末 | 不详 | 不详 | 宁化淮土 | 五代 | 不详 | 石城 | 《石城县志》 |
| 谢 | 后梁 | 文乐 | 福建邵武 | 宁化石碧 | 不详 | 不详 | 不详 | 梅县《谢氏族谱》 |
| 何 | 后梁 | 大郎 | 不详 | 宁化石碧 | 后唐 | 不详 | 武平 | 梅县《何氏谱》 |
| 张 | 五代 | 张虎 | 江苏姑苏 | 宁化石壁 | 不详 | 不详 | 不详 | 宁化《张氏重修族谱》 |
| 吴 | 后唐同光元年(923) | 吴伯 | 福建延平 | 淮土吴陂 | 不详 | 不详 | 不详 | 淮土《吴氏族谱》 |
| 邱 | 北宋 | 三郎 | 河南固始 | 宁化石壁乡 | 南宋 | 不详 | 闽西广东海南 | 台湾北浦《邱氏族谱》 |
| 傅 | 北宋 | 先世一郎 | 福建建宁 | 宁化石碧 | 不详 | 念六郎 | 上杭广东 | 上杭蛟洋《傅氏族谱》 |
| 曾 | 北宋 | 纡惇 | 江西南丰 | 宁化石碧 | 宋末元初 | 不详 | 长乐 | 兴宁《曾氏族谱》 |
| 魏 | 北宋 | 兆卿 | 江西广昌 | 宁化石碧村 | 不详 | 不详 | 长汀上杭广东 | 五华《魏氏谱》 |
| 廖 | 北宋嘉祐二年(1057) | 达郎 | 江西宁都 | 宁化济村 | 不详 | 不详 | 不详 | 济村《廖氏族谱》 |
| 周 | 北宋 | 不详 | 河南汝南 | 宁化石碧 | 不详 | 忠桂 | 永定晋江 | 汝南《周氏族谱》 |
| 卢 | 南宋 | 处信 | 江西赣州 | 宁化石碧 | 南宋 | 天佑千四郎 | 永定梅县 | 梅县《卢氏族谱》 |
| 林 | 南宋 | 世荣 | 不详 | 宁化石碧 | 南宋 | 评事 | 大埔 | 蕉岭《林氏族谱》 |
| 汤 | 南宋 | 庆可 | 浙江萧山 | 宁化石碧 | 明代 | 益隆 | 上杭武平蕉岭 | 蕉岭《汤氏族谱》 |

| 姓氏 | 迁出时间 | 迁出者 | 迁出地 | 迁入地 | 外迁时间 | 外迁者 | 外迁地 | 资料来源 |
|---|---|---|---|---|---|---|---|---|
| 王 | 南宋 | 千三 | 福建建宁 | 宁化淮土 | 明嘉靖 | 十八郎 | 淮土大王坊 | 淮土《王氏族谱》 |
| 徐 | 南宋景定元年(1260) | 洪郎 | 江西石城 | 宁化济村 | 不详 | 不详 | 不详 | 徐家庄《徐是族谱》 |
| 梁 | 宋代 | 孟坚 | 不详 | 宁化石碧乡 | 南宋 | 永年 | 梅州潮州程乡 | 台湾中砺方《梁氏族谱》 |
| 萧 | 宋代 | 萧轩 | 安徽太和 | 石碧葛藤垇 | 宋代 | 不详 | 梅县 | 《崇正同人系谱》 |
| 赖 | 宋代 | 不详 | 山西虞州 | 宁化石碧城 | 明代 | 不详 | 平和 | 台北《西城赖氏族谱》 |
| 陈 | 宋代 | 魁公 | 湖北宜都 | 宁化石碧乡 | 不详 | 魁公后裔 | 闽南广东台湾 | 《崇正同人系谱》 |
| 廖 | 宋代 | 四十一郎 | 江西宁都 | 宁化石碧 | 不详 | 千十郎思敏宗国等 | 南靖兴宁安溪 | 香港上水《廖氏族谱》 |
| 曹 | 宋代 | 明贵 | 山东曹州 | 宁化石碧 | 不详 | 法录 | 嘉应州 | 曹坊《曹氏族谱》 |
| 郭 | 宋代 | 福安 | 福建龙岩 | 宁化石碧 | 南宋 | 天锡 | 上杭大埔 | 大浦《郭氏族谱》 |
| 黄 | 宋代 | 黄化 | 福建邵武 | 宁化石碧 | 南宋 | 十伯僚 | 惠州梅州 | 梅州《江夏黄氏渊源》 |
| 蓝 | 宋代 | 万一郎 | 福建建宁 | 宁化石碧 | 宋代 | 和二郎 | 漳州梅县 | 五华《蓝氏族谱》 |
| 谢 | 宋代 | 开书 | 浙江始宁 | 宁化石碧 | 不详 | 逢春 | 大埔 | 梅县《谢氏族谱》 |
| 戴 | 宋末 | 戴杏 | 江西乐平 | 宁化石碧乡 | 元代 | 澄逊 | 漳浦广东 | 台湾《玉麟公派下族谱》 |
| 刘 | 元末 | 汉卿 | 江西石城 | 宁化淮土 | 不详 | 不详 | 不详 | 淮土《刘氏族谱》 |
| 毛 | 明代 | 毛槐 | 宁都东山坝 | 石壁禾口 | 明代 | 志武 | 宁化淮土乡 | 河龙《毛氏族谱》 |

注：本表根据宁化县志办 1985 年制作的《宁化县部分姓氏流迁登记表》整理而成，该表收入 1992 年编纂的《宁化县志》。

从上表可以知道，进入石壁的人口的主要时段为两宋时期。到了元明清三朝，进入的人口开始减少。该迁入特征与宁化县的人口变化特点基本符合。唐天宝元年（742）人口约为5000人，宋元丰三年（1080）人口约为15000人，宝祐年间（1253—1259）为11万以上，此后人口开始下降，明代3—4万人，清代2—4万人。①而石壁外迁的人口，可从其他资料的记载和研究得到支持，比如罗香林对《崇正同人系谱》中的氏族资料进行了一个统计，发现有刘、罗、李、张、何、邱、吴、廖、薛、洪、钟11个姓氏经过石壁，在《上杭县志》中也发现有丘、江、朱、伍、官、陈、袁、范、张、黄、曾、詹、谢、严、罗、龚17姓途经石壁进入上杭。②民国时期，英国传教士艮贝尔在粤东考察客家人的来源时提到："岭东之客家，十有八九皆称其祖先来自福建汀州府宁化石壁者。"黄遵楷提到："嘉应一属，所自来者，皆出自于汀州之宁化石壁，征诸各姓，如出一辙。"③台湾学者陈运栋提到客家人与石壁的关系："今日各地客家人的祖先，大部分都曾经在石壁村住过。"④

## 二、石壁开发与客家祖先记忆

客家聚居区的偏安，只是对于国家兵患、灾荒等而言。事实上，客家聚居区并非完全是清静之地，其集有聚居与防御功能的赣南围屋、闽西土楼、粤东北围龙屋即是例证。外来移民进入石壁之后，需要边生产边防御，关于这种记载最早可追溯到隋末唐初的移民垦荒。巫罗俊生于隋开皇二年（582），"避乱至山东兖州、福建南剑州。"隋大业年间（605—617）迁至黄连。"巫率众在黄连西部辖地垦荒种地"，"开山伐木于吴"，"唐贞观三年（629），巫到皇帝行营上疏，奏称黄连地广人多，可授田定税。朝廷嘉纳此举，授于一职，令其剪荒自效"。唐乾封二年（667），黄连正式设镇。在拓荒的过程中和村民一起防御土寇："筑城堡、建土寨，防御土寇，境内人民安居乐业，巫成为黄连的首领。"⑤复因居民罗令纪之请，因升黄连镇为县。开元二十六年（738年），开山峒，置汀州于新罗城，领县三，割黄连以属之，并长汀、龙岩而三也。天宝元年（742），更黄连县曰宁化县。⑥

宋元之际，是移民的继续，也是族群矛盾的继续。据族谱记载，石壁张瑞祯为南宋嘉定间进士，宝祐六年（1258），元军围攻鄂州。"挂冠避寇，居我宁化千家围。历有年，所瑞祯之弟世郎宰，江西吉安府安福县。寇变路梗，难以还苏，遂止于其所治迨。

---

① 刘善群主编：《宁化县志》，福建人民出版社1992年版，第130页。

② 罗香林：《客家史料汇编》，南天书局1992年版，第378—380页。

③ 刘善群主编：《宁化县志》，福建人民出版社1992年版，第21页。

④ 陈运栋：《客家人》，联亚出版社1980年版，第8—9页。

⑤ 李升宝：《清流县志》，中华书局1994年版，第734页。

⑥ 刘善群主编：《宁化史稿》，福建教育出版社2014年版，第37页。

后其孙希承，慕伯祖父林泉之乐，亦从居于吾宁陂下乡"。① 这仅是族谱所载，在石壁村民的记忆中是一次大开发，"张瑞祯等上千户逃亡者在石壁村北高山之巅开辟居所，被当地人称作千家围，张瑞祯子孙后迁到溪背村开基"。② 千家围位于石壁村北部，地理位置险要，至元朝末年，清流人陈友定曾在此屯兵。③

在唐宋移民拓荒、开发石壁的过程中，石壁的名称也出现数次变化，这个变化隐含了发展中的矛盾。石壁唐初称之为玉屏，唐中叶时，"玉屏坑与邻近的禾口、江口、溪子口三个村庄毗邻，在唐代中叶，这三个村的村民曾流传了'三口食玉屏'的顺口溜，多次发动村民侵扰玉屏坑，但每次均被玉屏坑的村民所力挫。……玉屏坑的村民为表示反侵扰、抗蚕食、拒吞并的决心，随改玉屏坑为石壁坑"。唐末五代，石壁坑的后人又将石壁的"璧"改为"壁"，宋代时，又把"壁"改为碧绿的"碧"。④ 这些故事在石壁广为流传，透过这些故事可以看出石壁发展中的一些态势。唐中叶，玉屏坑改为石壁坑，是玉屏开发已经超越邻村，于是产生移民定居后的土客矛盾。唐末五代，石璧改为石壁，是把含玉的璧已经基本改造为可耕种的土地，所以有"壁"的出现。到宋代，从可耕种的地变为了青山绿水，所以又改为石碧，显示其一片生机。因此，石壁的地名的变化在一定程度上反映出客家对当地开发的程度，也反映出客家与土著的矛盾。

明清两朝，宁化县的聚族而居的格局已经形成。据刘善群的研究，明崇祯年间，全县农村 11 个里中，有 261 个村，而以姓命名者有 133 个村，占一半多。⑤ 聚居在石壁的张氏逐渐发展为大姓，并控制了当地资源。明代后期，石壁已经开设了禾口圩市，在禾口圩界的问题上出现了利益冲突。万历年间开圩市，上下祠矛盾由黎氏出面调和。清代雍正年间，上下祠构讼成隙。⑥ 乾隆年间，上下市"逐渐竞耗"，使得上市"祀产微薄"。⑦

民国时期，石壁贸易兴盛发达，禾口圩市拓宽的空间已经受到限制，因此另设圩市成为一场新的矛盾焦点。下祠极力主张另辟新街，替换老街，得到了新兴商人的大力支持，也同时遭到了以上祠为代表的商家反对。一场圩市之争引发血案，最后汀州府出面调停解决，最后达成新圩逢九、老圩逢四的协议。⑧

石壁在解决族群矛盾的方法上，除了进行发展生产、贸易、武斗、争讼来解决外，

---

① 张恩庭主修：石壁《追远堂张氏族谱》，"历届序言"，1994 年。

② 余保云：《宁化掌故》，中国华侨出版社 2000 年版，第 28 页。

③ 李升宝：《清流县志》，中华书局 1994 年版，第 736 页。

④ 余保云：《宁化掌故》，中国华侨出版社 2000 年版，第 25 页。

⑤ 刘善群：《客家与宁化石壁》，中国华侨出版社 2000 年版，第 181 页。

⑥ 张桢主修：石壁上市《清河郡张氏十修族谱》卷一，《禾口圩记》，《清河郡四郎公裔孙三房平资买千家围各处山场叙》，1991 年。

⑦ 张桢主修：石壁上市《清河郡张氏十修族谱》卷一，《九秀祖太祀产》，1991 年。

⑧ 罗华荣：《石壁传统社会调查》，杨彦杰主编《宁化县的宗族、经济与民俗》，国际客家学会、法国远东学院、海外华人研究中心，2005 年，第 535—538 页。

还注重将一些儒家观念编入一些故事中，希望由此达到教化、和解的目的。比如石壁葛藤坑的传说："在昔，黄巢造反，隔山摇剑，动辄杀人；时有贤妇，挈男孩二人，出外逃难，路遇黄巢。巢怪其负年长者于背，而反携幼者以并行，因叩其故；妇人不知所遇即黄巢也，对曰：闻黄巢造反，到处杀人，且夕且至；长者先兄遗孤，父母双亡，惧为贼人所获，至断血食，故负于背；幼者固吾生子，不敢置侄而负之，故携行也。巢嘉其德，因慰之曰：毋恐！巢等邪乱，惧葛藤，速归家，取葛藤悬门首，巢兵至，不厮杀矣。妇人归，急于所居山坑径口，盛挂葛藤，巢兵过，皆以巢曾命勿杀悬葛藤者，悉不敢入，一坑男女，因不得死。后人遂称其地曰葛藤坑，今日各地客家，其先，皆葛藤坑居民。"[1] 这则故事被罗香林认为是无稽之谈，同时也被其解读为客家是"皆几经自然淘汰与选择诸作用之'强者''适者''优胜者'耳"。

在《宁化史稿》中收录了几个不同版本的葛藤坑传说，都是大同小异，从不同方面作了解读。但这个小异，笔者在这里补充一点，妇女所背的孩子另一说为朋友所托，悬挂葛藤是在逃难过程中一路悬挂。事实上，葛藤是一种喜温暖湿润的藤本植物，多长在斜坡、丘陵边上，以及沙土、潮湿的水源旁边，耐寒、抗旱，在东南、西南普遍生长。葛藤是一种充饥的食物，每年的3—5月份嫩叶可做菜羹，秋冬季节，葛根淀粉可用来做各种食品。"葛藤不仅仅具有象征意义，而且始终是所有逃难者，或在大灾荒中，唯一的、最后的充饥的野生'口粮'"。[2] 葛藤花能够消炎去肿，是一种疗伤的易得药物，在逃难路上唾手可得。五华县有挂葛藤保平安的习俗，"每逢端午节，人们都要采葛藤或艾条代藤挂在门户上，以保全家平安"。[3] 这则故事还体现出了一些基本的儒家五常观。妇女为先兄"留血食"，是要求兄长必须有后，是一种"礼"的观念，这种观念与定居在葛藤坑比较相符。妇女背负的孩子为朋友所托的说法，是陌生人际关系必须要建立一种"信"的观念，这样，在逃难的过程中才能够幸存下来。能够保存很多人不杀，悬挂葛藤以避免杀身之祸，是一种朴素的"智"。黄巢不杀妇女与村民，被村妇的行为感化，反映的是对一种失序的社会希望被"仁""义"所规范。

因此，葛藤坑的传说大致反映了一个从移民到定居的过程，也是从一个开始涣散的族群关系到一个逐渐团结的族群关系的过程，故事的建构者们将"仁义礼智信"的五常观念巧妙地融合在故事中，希望可以用来化解族群矛盾并且能使族群团结一致。

**三、当代客家族谱与精神家园认同**

有学者认为客家普遍溯源石壁，这与史实不符，却包含着复杂而深刻的文化意蕴，可称之为"石壁现象"，它曲折地反映了客家民系形成过程中，移民与土著之间的矛盾、斗争和融合、同化。结果是强势文化在斗争和同化过程中起了主导作用，其中关键的因

---

①  罗香林：《客家研究导论》，2003 年，第 82—83 页。
②  谭元亨：《客家文化史》，华南理工大学出版社 2009 年版，第 116 页。
③  五华县政协文史研究室编：《五华文化志》，2005 年，第 264 页。

素是一元论的民族起源观点和根深蒂固的中原正统观念。① 这些曲折的移民融合过程，也被认为是客家创世纪的一个过程，其重要的节点就是葛藤坑的传说，"而葛藤坑，在此则有一个不同寻常的意义：客家人在此得到最后的拯救，其意义不亚于耶稣死后三日的复活"。② 每一个族群都有族群起源的神话，用以区分本族群与其他族群，并赋予族群成员独特社会认同的共享的历史经历，构成族群起源神话。③ 宁化石壁葛藤坑的传说正是客家族群的重要特质，从而区分有南雄珠玑巷传说的广府人，区分有洪洞大槐树传说的华北汉人。因此，沉淀了葛藤凹传说的石壁成为客家族群的历史家园。

从族群的神话起源来理解石壁，或许能更好地解释当代的客家联修谱为什么会将石壁强调为途经之地的行为。"目前各姓氏可以确定为客家人的所编族谱，大多数均提到本宗支的先祖曾卜居福建宁化，甚而更具体说住在宁化石壁。因而客家人往往把入闽，甚而提到迁居石壁那一代先祖即奉为本宗支的始祖。"④ 这个观点来源于一位粤东刘氏族谱编修人员，它代表了当代客家族谱编修的一种石壁情结。

石壁作为可追溯的途经地出现在联修谱上，同时作为其历史的家园不断追溯。他们总会提供一些文献依据证明其祖先经过了石壁，或者直接记录某祖先在石壁（或宁化）定居，后转迁到现居住地，在其描述的过程中既认真又富于情感色彩。以下将列举数例证明。

兴宁市《孙氏族谱》引《兴宁县志》："……赣闽粤开基祖孙䅿原居汴梁陈州，唐僖宗时被选为百将，领兵于闽粤赣各地，屯兵江西虔化（今宁都县）。中和四年（884）乱平，封东平侯，定居于虔化。五世宣教迁福建宁化石壁，七世建邦迁浙江余姚。明永乐年间十四世伯传携四子迁广东兴宁东厢章峰堡，后携诸子返浙，仅第四子契全留居，为兴宁开基祖。"县志的记载，已经证明了祖先与石壁的关系，因此作为本次修谱的依据："这次族谱编委会的主编昌权叔，派人前往兴宁县府联系《章峰堡孙氏族谱》原件，准备影印载入，作为谱牒史料。可惜尚未找到。但县志的载述，可见我们兴宁的开基祖是契全公。其溯源直接或间接皆与福建宁化石壁村来历有关。"⑤

兴宁市《客家刘氏宗谱》：开七公，生于南宋孝宗朝淳熙七年（1180）庚子前后，为唐末迁闽中代始祖祥公之十五代孙，又是广东客家梅、潮、循（今惠州）肇基大始祖。原籍福建汀州府宁化县石壁洞水口葛藤村，公迁入宁化县城。⑥

丰顺县《朱氏族谱》引《中华姓氏通书·朱姓》、《粤桂朱氏源流》整理：我们丰顺肇基祖——丰山万五公，是朱熹第11代孙，原籍福建汀州宁化县石壁村，宋末元初，

---

① 谢重光：《客籍普遍溯源于宁化石壁的文化意蕴》，《汕头大学学报》1999年第1期。
② 谭元亨：《客家圣典：一个大迁徙民系的文化史》，广东高等教育出版社2012年版，第42页。
③ 庄孔韶主编：《人类学概论》，中国人民大学出版社2006年版，第309页。
④ 刘佑育：《探讨客家刘氏族谱的编纂历史和现状》，QQ空间日记，2015年11月23日。
⑤ 孙昌权主编：《孙氏族谱》，1995年，第9页。
⑥ 刘选仁主编：《客家刘氏宗谱》，2014年，第196页。

为避战祸，迁来潮州府金山下仙坊巷，公元 1406 年前后，才由潮州移居海阳之丰政都拔溪（丰顺县黄金镇清溪村）。①

五华县《客家邓氏族谱》：佐公后裔九十四世祖志斋公，自闽西宁化县禾口都石壁村于南宋宁宗庆元五年（1199）己未岁迁粤之东梅州松口堡开基。②

平远县《黄氏族谱》引石壁村黄氏碑文录："唐时已有黄氏籍居宁化。景升自宁化移居广东程乡。景升之子僚进士及第，嘉应州城里黄氏祠奉黄僚为祖。宋初一百一十九世峭山，官平章阁直学士兼刑部尚书，娶三妻生二十一子，分衍各地。其中有化由邵武迁居宁化石壁村。"③

平远县《韩氏族谱》引兴宁叶塘大韩屋族谱，将韩先将军确定为程乡始祖和一世祖："我程乡之韩实出自昌黎系。昌黎至十五世祖胐公因安史之乱自昌黎棘城县携家避地徙居深州之博野，为相韩系始祖第十六世，讳先因建炎之难，护驾南渡至越，由越入闽，家眷居宁化石壁村，本人转战闽粤，被封为粤海将军。"④

连平县《刘氏族谱》引《石龙刘氏族谱》：唐僖宗年间，天下乱变，黄巾军农民起义，客家人第二次南迁，我 120 世祖祥公祖孙三代一起避难，受尽颠沛流离之苦，南徙到福建宁化县石壁洞，后随着形势变化，几代人又在闽、赣间迁回转徙。……御龙氏后裔我 141 世祖福保公慧眼识神龙，寻得石龙这块祥龙卧藏了千万年的向阳热土。⑤

梅县《梅县朱氏族谱》引《中华姓氏通书》等资料：我们终于进一步查明，居住在梅县范围内朱氏苗裔都是由福建辗转迁来徙梅。一部分是文公后裔，友龙公元末明初由福建建阳经宁化到江西吉安，再迁移至兴宁，而播迁至今畲坑、水车、径义、梅南、瑶上等地开基立业……一部分是定诚公的裔孙，以元益公为始祖，元末明初，由福建莆田、经宁化，而至梅县丙村小河唇通洲坝开基立业。⑥

梅县《梅县畲江李氏族谱》首次编修，无旧谱可循，参照五华、兴宁李氏族谱资料，将祖辈在畲江落基，不论来自何方，不分房系，姓李可列入《畲江李氏族谱》，尊李火德为祖。"他出生在宁化石壁。父亲李珠宋朝付榜职务，是官家子弟，知书识礼的人，任过宁化县文学教谕，因宋兵乱，携妻伍氏从宁化石壁搬迁到上杭稔田乡丰郎村开基"。⑦

宁化县《曹氏族谱》：古时谯郡有我曹氏淑良公，传至 13 世振荣公，约在北宋徽宗年间（1100 年）辗转南迁至今福建省宁化县石壁乡定居，是我族在闽粤赣各支系

① 朱柳湘主编：《朱氏族谱》，1996 年，第 24 页。
② 邓华东主修：《客家邓氏族谱》，1993 年，第 201 页。
③ 黄远屏主修：《黄氏族谱》，2004 年，第 21—22 页。
④ 韩冠珍主编：《韩氏族谱》，2002 年，第 17 页。
⑤ 刘禄源主编：《刘氏族谱》，1999 年，第 76 页。
⑥ 朱明主编：《梅县朱氏族谱》，1998 年，第 16—17 页。
⑦ 李佛佑主编：《梅县畲江李氏族谱》，2001 年，第 24、114、130、522 页。

的先祖。[①]

于都《谢氏族谱》:(缵公四十一世)副中,号廷,宋亡人福建宁化县。[②]

赣县《钟氏志》:八十三世钟贤,字节公,号希贤,简三子,生于东晋孝武帝太元二十年(395)五月初五,晋末任扬州都督,智勇双全。渡江后在江西宁都州竹坝斜立家,为入赣始祖。不久奉诏入闽,任建州黄连令,携家带子朝,居宁化石壁村,故也为入闽始祖。[③] 黄连在唐乾封二年(667)才设镇,因此谱中提到晋末任黄连令,是为编谱者的一种历史构造。

## 四、结语

作为当代客家谱,编谱者深受族谱的历史描述和当代客家族群源流、观点的影响,这种复杂的互动过程让编修者把自己的族谱编成一个客家姓氏谱,让自己的姓氏群体具有了客家群体的符号。综合观察客家姓氏谱中自我书写的历史,可将其解读为客家族群自我形象的塑造,并且使得各客家姓氏谱具有了高度内在的一致性,族群历史的"共同性"又进了一步,其族群的团结感、归属感又得到了增强。而石壁在这一族群历史的"共同性"中起了独特的作用,石壁由此成为客家人共同的精神家园。

(本文作者系历史学硕士,赣南师范大学讲师)

---

① 宁化客家研究会编:《曹氏族谱:法广公平远支系》,2003年,第1页。

② 谢义荣主编:《中华谢氏宗谱·江西于都卷》,2013年,第154页。

③ 钟名梁主编:《赣县钟氏志》,2009年,第80页。

# 石壁客家公祠祭祀礼仪的教化意义

裴耀松

  石壁客家公祠祭祖大典的祭祀礼仪、内在礼法、内有含义，从形式到内容都有教化意义。祭祀礼仪体现了客家人的血脉延续，公祠成为客家人的精神家园。作为列入国家非物质文化遗产的石壁祭祖习俗，是中华优秀传统文化之一。千百年来，在客家祖地这块沃土孕育滋养下，形成和积淀的丰富祭祖文化，在新时期开始彰显出礼仪文化的时代价值。"承接传统习俗，符合现代文明要求的社会礼仪，服装服饰、文明用语规范，建立健全各类公共场所和网络公共空间的礼仪、礼节、礼貌规范，推动形成良好的言行举止和礼让宽容的社会风尚"。[①]石壁客家公祠祭祖大典，作为大型的公祭活动（每年10月16日），自1995年举办首届，至今已累计举办22届，祭祀礼仪本着传承与创新并举的原则，已形成示范效应。因为立足尊宗睦族、诚敬谦让、和众修身的宣传、践行，对推动客家人良好的风尚起到积极作用。

  作为我国传统社会主流文化形态之一的祭祀礼仪，其源出自祠堂文化。上至朝廷下至民间，不因朝代的更迭而变化，对祭祀礼仪始终坚守，故有"文明古国，礼仪之邦"美誉。《礼仪·祭统》云："祭者，所以追养继孝也"。"凡治人之道，莫急于礼：礼有五经，莫重于祭。"古人认为："天地、宗庙、神祇关系到国运昌盛、宗族的延续，所以排在五礼之首。作为中国古老文化，经由儒家的提倡和推行，祭祖成为中国日常生活中仪式性文化。"[②]千年古县宁化，丰富的祠堂文化培育和形成的祭祀礼仪，不仅体现客家人的血脉延续，更重要的还是客家人传承中华民族的优良传统，把礼仪作为兴族之本，也是做人的行为规范和准则。据《宁化祠堂大观》（张恩庭编著）记载，古代宁化有"三百祠堂五百庙"，现存的宗祠235座，其中仅在石壁的张氏宗祠（家庙）就有16座。凡举古代的族规、祭祖司仪词、祭祖通用文等，无不深含"宜敦宜睦""恪守孝悌""承先启后""万代炽昌"等内容。由此可见，祭祖表达"报本返始"愿望，抒发"尊敬孝穆"情操，深受朱熹理学的《祭仪》《家礼》的影响。"祠堂文化的内容十分丰富，大凡活动都是一种文化现象，并留下历史的记忆，如祭祖活动的程序，基本传承古代的

---

  ① 中共中央办公厅、国务院办公厅印发《关于实施中华优秀传统文化传承发展工程的意见》。
  ② 李宏利：《传统祭礼：文化血脉的延续》，《文汇报》2017年3月31日。

祭祖礼仪，几乎千年不变，只是在'乐'的方面，具有地方特色"。① 从西周的"天子七庙"到"庶人祭于寝"，再到唐代《开元礼》《朱子家礼》以及清代《大清会典》祭祀礼仪，可以看出其脉络。"中原的传统古礼对石壁的祭祀很早就留下很深的影响，千百年来，石壁的祭祀礼仪，在我们客家民系记忆的肌体深深地烙上了这一传统古礼的印记"。②

祭祀礼仪历朝历代都有变革，"上至天子，下至庶民，虽然祭祖的礼仪、文辞、名称、器物繁杂有别，但以礼事亲的本义是一致的。经历代儒家的提倡，事亲的孝与事君的忠相结合，家国成为一体，对父母、祖辈的'亲亲'、'尊尊'也转化为君师、朝廷的'精忠报国'、'尊卑有别'。可以说，祭祖所塑的民俗风尚有助于公德的树立"。③ 在变革中最突出的是南宋，由于朱熹的倡导和重视，前朝受到重创的祭祀得以恢复。明嘉靖宗庙改制祭礼，始祖祭祀取得合法性，这一变革意义重大，连皇陵宗庙不合礼仪的也得到更正。清流人氏裴应章，万历十三年（1586）任太常侍卿。对"高帝尝定寿春诸王及妃与功臣胡大海等，俱侑享四祖帝后庙，后四祖祧而侑享如故"，作为主管祭祀的裴应章认为，"功臣不宜与母后同堂，宜移之两庑，诸妃附享永陵宜如制"。经申奏获准。④ 到了清代，以"礼以义起"，"肯定民间祭祀始祖，突破朝廷只祭高曾祖祢四代的限制。民间追祀高祖以上的始祖，亲尽不祧，祭祀远至十几代、二十几代"。⑤ 天子遵循天道，根据季节的变化，规定一年四祭。而民间的宗庙祭祀，重视春秋两祭，春天万物复苏，阳气聚拢，秋天草木凋零，阴气罩重，心情各不相同，寄托的哀思也有别。

石壁客家祭祖大典的祭祀规程，因繁就简，适应时代，符合改革创新精神，海内外客家乡贤，无论直接参加盛典，还是间接获取信息，都有难以忘怀的仪式感、庄重感和自豪感。"坚持创造性转化和创造性发展，坚持辩证唯物主义和历史唯物主义，秉持客观、科学、礼敬的态度，取其精华，去其糟粕，扬弃继承，转化创新，不复古泥古，不简单否定，不断赋予新时代的内涵和现代表现方式，不断补充、拓展、完善，使中华民族最基本的文化基因与当代文明相适应，与现代社会相协调"，⑥ "客家是中华民族中汉族的一个民系，即汉族客家民系。"（客家先贤罗香林教授语）一脉相承的石壁客家祭祀文化，经历转化与发展，对弘扬客家人承传开拓进取、艰苦奋斗、崇文重教、爱国爱乡的精神大有裨益，也是对中华民族优秀传统文化的发扬光大。祭祀礼仪应适应时代，不是静态固守，而是不断完善，力求达到更加完美的表达方式。

---

① 刘善群、谢启光：《宁化石壁客家公祠的文化内涵》，《石壁与客家世界》，山西人民出版社2009年版，第392页。

② 刘善群、吴来林：《宁化客家传统文化大观》，中国文化出版社2012年版，第202页。

③ 李宏利：《传统祭礼：文化血脉的延续》，《文汇报》2017年3月31日。

④ 清道光《清流县志》，"名臣"，福建人民出版社1991年版，第288页。

⑤ 李宏利：《传统祭礼：文化血脉的延续》，《文汇报》2017年3月31日。

⑥ 中共中央办公厅、国务院办公厅印发《关于实施中华优秀传统文化传承发展工程的意见》。

　　笔者多次参加石壁客家祭祖大典,感到莫大的荣幸。以客家祭祖广场祭祖规程为例,当身着古装的仪仗队开道,鸣锣、抬祭旗、端祭品、撑万民伞以及螺角、唢呐等引领嘉宾入场的情景时,笔者对这一仪式留下深刻印象。在 15 项规程中,身披缓带的嘉宾代表庄重地诵读祭文,声情并茂,直到在炉前焚祭文。作为穿戴统一配发印有"世界客属石壁祖地祭祖大典"字样的黄马褂和舌帽的一员,笔者情不自禁地与祖先亡灵进行交感,似"见乎其位,闻乎其声"。庄严肃穆并具神秘色彩的祭祀仪式,本身就具有教化意义,令人在浓浓的客家乡情中,反思如何秉承"追养继孝"的美德。最自豪的是,面对数千客家乡贤的"荐其荐俎""谕其志意",笔者联想到 20 多年来数以百万计的海内外客家人,不远万里到石壁寻根谒祖,旅游观光,也分享到一份荣誉感。

　　礼,本谓敬神,表示敬意的通称;仪,便是礼节、仪式。就某个层面而言,大至诸如世界独一无二的石壁客家祭祖大典的祭祀礼仪,凸显的便是对客家始祖的尊敬;小至客家人的待人接物、言谈举止,可概括为"客家人好客"。讲礼数首推祭祖仪式中的读祭文和焚祭文,主持嘉宾代表朗读时情深意切,焚祭文时心诚则灵。古代祭文有两种书写方式,一是韵文,二是散文。祭文的文字,语言运用,行文包含礼节。《宁化祠堂大观》选登的"祭祖通用文",如"宗祠祭祖通用文""晋牌文"为韵文,而"开谱局祝告碟文"属散文。用现代规范语言书写的"石壁客家祭祖大典祭文"为韵文,以 2014 年版本为例,全文如下:"恭维列祖,发自炎黄,中原望族,世代书香。为避祸乱,背井离乡,汇聚石壁,拓地辟疆。生息繁衍,远播八方,祖传美德,勤奋刚强。我辈游子,故土难忘,寻根谒祖,万里还乡。恭设牲酒,昭告祖堂,客家列祖,德泽绵长。荫佑后辈,兴旺吉祥,千秋绵衍,万代炽昌。"全文 96 字,加上祭祖结束语"列祖英灵如在,降格享我蒸尝。尚飨" 14 字,共计 110 字。每 4 个词组为一句,共 6 句。文字浅显、通俗易懂,言简意赅地道出"我是谁""我从哪里来""我到哪里去",表达出不远万里回石壁寻根谒祖,敬奉牲品,祈祷护佑子孙昌盛的愿望。全文 16 个韵脚均为"ang",一韵到底。祭文中的"恭维""昭告""荫佑""降(xiāng)格""尚飨",传承古代祭文用语,突出尊敬、真诚、谦和、感恩等礼数。如谦辞"恭维",王褒《圣主得贤臣颂》:"恭维(春秋)德五始之要,在乎审正统而已。""昭告",《礼记·仲尼燕居》:"于夫子,昭然若发蒙也。""降(和同)格(来)",《左传·哀公二十六年》:"六卿三族降听政。"《诗·大雅·抑》:"神之格思。""尚飨",古代宗庙用作祭文的结束语。孔子曰:"祭如上。"如同先人在场,必须自尽其敬,这便是客家人尽孝的祭祀之道。

　　石壁客家祭祖大典,是对列祖列宗的感恩戴德,昭穆有序,敬奉虔诚,故而仪式庄重,氛围肃穆。作为客家人的盛典,又是裔孙兴旺发达,事业有成,对前途充满愿景的庆贺。还有一大亮点,便是宁化客家民情风俗游艺展示。嘉宾们来到欢迎的表演现场,观看源自湖南的祁剧、从赣南流入的采茶戏、由闽西引进的汉剧;精彩纷呈的游艺节目,由各乡镇村居带来的舞狮、舞龙、板凳龙、划旱船、马灯舞、灯舞、踩高跷等,让人们目不暇接。还有梳起髻子，身穿斜襟衫、花边裙，银链挂在胸前，脚穿绣花布鞋的妇孺，展示客家女红，飞针走线绣手帕，密密缝缝纳鞋底，令人叹为观止。2014 年举办的祭祖大典，表演节目中还有濒临失传的木活字印刷，这一非物质文化遗产得到发掘和保护，值得庆幸。"千百年来，宁化流传的各种游艺（文艺），既承传了中原游艺（文艺）文化的精髓，是我国中原文化的传承和积淀，是中原文化，荆楚文化、吴越文化和其他土族文化的交汇，融合和流变，具有南方山乡特色。也因宁化客家先民在艰难的迁徙历史中吸收了各地文化的精华，注入了新的内容和活力"。① 富有特色的表演，既为公祭活动增添浓郁的乡土气息，又提供了弘扬中华优秀传统文化的宣传平台，还将讲仁爱、重民本、守诚信、崇正义等思想理念灌输其中，赢得海内外客属乡贤的赞许。

祭祀礼仪外在礼法，诚如石壁客家祭祖大典的规程，通过传承与发展，逐步形成当今世界客属乡贤"寻根谒祖"遵循的准则，必将世代相传。这一典型的范例，值得珍惜和借鉴。祭祀礼仪赋予新的内涵，与当今践行社会主义核心价值观相辅相成。灌输礼仪教育，石壁客家祭祀大典是最好的生动课堂。这一宝贵的人文资源，必须精心加以呵护，发挥其最佳的效应。年复一年的隆重祭祖活动，不断增强的凝聚力和创造力。充分利用这一宣传平台，使传承客家文化有了践行的载体，对提高客家人文明素质具有现实和普遍的教化意义。

（本文作者系永安市客家联谊会执行会长，省客家研究院特邀研究员）

---

① 刘善群、吴来林：《宁化客家传统文化大观》，中国文化出版社 2012 年版，第 219 页。

# 宁化石壁，当代世界客家璀璨明珠

## 王登远

20 世纪 30 年代客家人罗香林教授撰写《客家研究导论》《客家源流考》，翻开了客家学史先章，得到国内外研究历史、研究客家学专家学者的赞赏和认可。20 世纪 90 年代，在原宁化县人大常委会副主任张恩庭先生、原宁化县县志办主任刘善群先生等一批石壁客家祖地研究创始人的倡导下，当时三明市委、宁化县委县政府高度重视，时任市县领导高瞻远瞩，不负世界客家人的重托，支持石壁建设客家公祠圣殿和客家文化展览馆。同时也不谋而合地得到海外客家社团组织和华商特别是香港华商姚美良先生和香港客属总会黄石华等一批客属社团领导人的积极支持。自 1992 年开始，经二十几年的建设和完善，现祖地基础建设齐全，已展现世界客家人的风格。

### 一、基础设施完善

客家公祠于 1992 年奠基开工，1995 年主体建成，它是一座宫殿式仿古建筑，雕梁画栋，飞檐斗拱，玻璃碧瓦，气势恢宏壮观。公祠正殿亦称"玉屏堂"，是公祠整体核心，神坛奉着 213 姓的客家先祖神位，中央是客家先祖总神位，左昭右穆。2010 年宁化县人民政府决定在原有的基础上扩建客家文化园，2012 年 10 月竣工，耗时 2 年，工程占地 116 亩，投资 1.3 亿元，分别建成"客家祖地"牌坊、集散广场、寻根路、溯源桥、山门、祭祀广场、葛藤墙、碑亭以及客家先贤铜像、百根姓氏柱、16 根文化柱、4 组壁画、百米青铜通道等文化工程，还有红军医院纪念园和客海禅寺朝拜庙。整个建筑体现石壁客家特色。新旧两种迥然不同的建筑风格，让整个祖地园区更加有韵味。2012 年宁化县人民政府又建设园区二期工程，占地 340 亩，投资 4.7 亿元，主要打造石壁坞堡和葛藤村两大板块，形成"一区、一堡、一村、一环"的总体结构。

另外在宁化县城 2012 年建成的客家祖地博物馆、世界客属文化交流中心，项目占地 8 万平方米，主体建筑 4 万平方米，投资 2 亿元，是一座具有时代性、地域性、文化性的客家文化标志建筑，还有客家美食文化城、慈恩客家生态文化园等一批客家工程建设，展现在世界客家人面前，见者无不感到震撼，赞誉为客家璀璨明珠。有付出就有回报，石壁荣获"中国历史文化名镇""全国创建文明村镇工作先进镇""省级历史文化名镇""省级环境优美乡镇""三明市十大名片之一"等荣誉。

石壁这颗璀璨明珠照耀着全球客家人，它定能发出更加绚丽夺目的光彩。

## 二、宁化石壁是客家摇篮

石壁是客家人播迁的中转站，这一点无可非议。中原客家研究会执行会长、研究中心主任、郑州大学中文系教授崔灿，在1997年宁化石壁与客家世界学术研讨会的论文中曾论述："北有大槐树，南有石壁村。"大槐树位于山西洪洞县广济寺内，树高叶茂。明朝洪武至永乐年间，为填补豫、鲁、苏（北部）、皖（北部）经过多次战乱和灾荒流失死亡人口，发展生产，当时官府下令山西省泽洲、潞洲等地百姓向以上数省迁移，并以河南为主。洪洞是当时移民集散地、中转站。明廷曾在广济寺设局驻员，移民无论来自山西何处，移向何方，皆会集于大槐树周围，办理登记手续。离别之前，移民在大槐树下倾诉离别之情，祭奠故土。中转暂住一时，留下印象深远，所以"问我祖先何处来，山西洪洞大槐树"的民谣至今还广泛流传河南民间。

"南有石壁村"，因石壁村是客家人南迁中转站的重要村庄。自东汉至明迁入宁化石壁居住过的姓氏达86个，而后发展到210个，以姓氏定名的村落曾在这里重建家园，繁衍生息之后，由于人口越来越多了，耕地越来越少，只好不断向外播迁，主要方向是汀州、梅州、赣州、台湾等地。所以讲石壁不仅是客家先民南迁的中转站，而且它为客家民系的诞生提供了许多重要条件，也可以说客家民系、客家文化即在这里形成。它在民族迁徙中的历史地理作用，比起山西大槐树，显然重要得多。

## 三、宁化石壁是客家文化的发祥地

1997年以来，来自国内外的专家学者不断开展学术研讨与交流，用大量史料证实，客家先民孕育客家民系，客家民系孕育客家文化，客家文化就在宁化石壁这块地域产生，客家文化是中华民族文化的一部分。文化的概念有狭义与广义之分。广义文化是指人类在社会历史发展过程中所创造的精神财富（如文学、教育、科学、艺术）和物质财富（包括人们生存和发展所需要的各种产品物种等）的总和。狭义文化特指精神财富。客家文化是指广义文化，也就是客家人在征服自然、改造社会过程中，长期创造形成的被客家所认同和接受的精神财富和物质财富的总和。如语言（客家话）、风俗（客家人的婚丧嫁娶礼俗、节序习俗等）、精神意识（崇文重教、开拓进取、勤俭持家等）、宗教（客家人多信仰）和艺术、服饰、建筑等。这是客家先民历经坎坷，备尝艰辛，长期磨炼形成的既源于中原文化又别于中原文化的客家文化，是以中原文化为主体、受沿途迁徙地文化影响、最后又融合聚居地文化的三位一体的宁化石壁客家文化。

## 四、对客家文化研究的思考

1. 重视族谱研究，理清各姓源流助推认祖归宗。族谱是本族与每一位家庭成员的文化史，它记录着家族的来源、迁徙、繁衍、婚姻、族规、家训等，是排世系、立长幼、辨亲疏、尊亲敬祖、弘扬祖德的依据。不论是声名显赫的大人物，还是默默无闻的平民百姓，都会在家谱上留下芳名甚至事迹而流传千秋万代。族谱无疑是家族的百科书，兴修族谱是缅怀先祖功德，教育子孙后裔，凝聚族人之心，促进家族兴盛的文化事业，族谱的价值无法用金钱来衡量。兴修家谱要求真、弃虚。由于历史原因，有的族谱上源不清，中联乱挂，通过研究做到正本清源，"脉络清晰才是尊祖敬宗的基础"。

2. 运用宗祠文化助推尊祖敬宗。客家人重视祭祀祖先，祖先是每个客家人血缘来源与文化渊源，祖宗的恩德可与天地相提并论。祭祀祖先与编修族谱，都是客家人报本返始、慎终追远精神的体现，是一种绵绵穆穆的客家意识。客家人重视宗祠建设，自明末至清朝，各姓几乎都建有宗祠。祭祀祖先，能够助推后人尊祖敬宗，培养美德，凝聚人心。

3. 运用客家平台，创造客家品牌。研究客家既是研究历史，不忘历史，也是创造未来。客家是一个大平台，要善于利用这个大平台打造品牌，做到客家人大众创业，万众创新，为地方经济发展、人民生活水平提高，为中华民族伟大复兴做贡献。

五、结论

宁化石壁是闻名遐迩的世界客家祖地，它的建设和发展得到历届宁化县委、县政府领导以及海内外客家乡贤的亲切关怀和大力支持，它将来的繁荣和发展更需要各级党政领导及海内外客家乡贤的关心和支持。愿各方齐心协力，使这颗璀璨明珠永远闪耀在世客后裔心中。

（本文作者系福建省建宁县人大常委会原副主任，现任建宁县客家联谊会会长）

# 浅谈世界客属石壁祖地祭祖大典的意义

## 刘瑞祥

世界客家人大部分始祖来自石壁，石壁被公认为"客家祖地""客家摇篮"。1992年宁化县投资 430 万元，在石壁兴建客家公祠及配套建筑。公祠 1995 年落成后，每年举办一次世界客属石壁祖地祭祖大典（以下简称：石壁祭祖）。宁化石壁客家祭祖习俗被列入国家非物质文化遗产名录。宁化县获得文化部第一批中国民间艺术之乡称号。至今石壁祭祖已举办 22 届。

石壁客家祖地的建设规模不断扩大，弘扬客家文化的各项建设不断完善，为长远弘扬、发展客家传统文化奠定了坚实基础。它是传承客家文化的活水源头，是客家人敬祖穆宗永恒的圣地，也是一部客家历史文化的教科书。

石壁祭祖，让"百家姓氏，亿万客裔，绵绵瓜瓞，拜谒石壁，顺终追远，祭奠始祖，乃九九归一也"，是石壁走出国门，面向世界，迎来宁化日益繁荣的精神支柱之一，将为宁化的各项事业发展起到举足轻重的作用，具有广泛的现实意义和深远的历史意义。

### 一、传承优秀客家传统文化

石壁客家公祠现在扩建为客家祖地文化园，不仅聚集客家始祖英灵于一堂，更展示了全方位的客家历史文化，如内容丰富的几十副楹联，记载客家历史的巨型文化柱、铜板甬道，《客家史诗》，数十位客家先贤塑像和解说，展示客家历史的巨型圆雕和浮雕。海内外客家人前来祭祖表示孝道之余，通过参观饱享一道客家文化大餐。不仅心灵得到慰藉，同时领悟到丰富的客家历史文化，以加深对祖宗的崇敬，不至数典忘祖，同时牢记客家的历史与文化，更好地弘扬和光大客家文化。海内外客家人如此热衷于来宁化祭祖，而且带着年轻人甚至小孩前来，就是出于此因，就是为了客家文化薪火相传，永恒发展。

每届石壁祭祖，都有石壁民间文化艺术展示，如活字印刷、舞龙灯、木偶戏、花船、打鬼子、地方风情演绎，让客家裔孙目睹祖先们征服自然、改造自然发奋图强的精神风貌。

### 二、凝聚世界客属力量

兴建客家公祠，是世界客家人的愿望。20 世纪 80 年代，许多海外客家人带着族谱回到石壁寻根谒祖，时过境迁，找不到族谱记载的地址，他们只好带上石壁一抔土一瓶水回家，把祖地的水土当作纪念品敬奉。此情此景感动了当时的县领导。为满足海内外客家人敬祖穆宗，让客家人的祖先圣灵有栖息处，世界客家后裔有祭祀祖先的场所的要求，县政府拨款兴建客家公祠，得到海内外客家人的大力支持。有资料记载，姚森良、姚美良昆仲家族捐人民币 120 多万；香港崇正总会捐建石壁杨边崇正小学 45 万和客家公祠 4 万元，赞助客联会 2 万元合计人民币 51 万元；浙江省宁海慈云禅允慧法师捐建石壁客海禅寺大雄宝殿人民币 43 万元；香港胡文虎基金会捐建石壁客家中学教学楼人民币 30 万元；新加坡何华英女士、黄水养等捐建石壁客家医院人民币 23.6 万元；香港沈炳麟先生捐建禾口、隆陂小学教学楼人民币 18.4 万元；新加坡张让生先生捐款维修石壁德润庭、三圣庙、张氏追远堂等人民币 13 万元；马来西亚居銮客家公会捐人民币 13 万元；马来西亚刘南辉捐人民币 10 万元；福建省鑫宇有色金属制品有限公司捐人民币 10 万元；宁化县谢国富捐人民币 10 万元；三明融华房地产开发有限公司捐人民币 10 万元；宁化县龙顺房地产开发有限公司捐人民币 10 万元；宁化县吴祥竹木有限公司阴建华捐人民币 10 万元；福建鸿瑞房地产开发有限公司捐人民币 10 万元等等（捐 10 万以下的还有许多，有功德碑褒扬）。许多海内外客属为宗族奉献爱心，慷慨赞助本姓氏建宗族祠堂。

客家公祠建成后，姚森良亲自组织和带领马来西亚客家人参加了每一届石壁祭祖，同时号召、发动众多海内外客属社团参加。迄今，前来参加石壁祭祖的有世界五大洲的 40 多个国家和地区 100 多万人次。

客家公祠落成，带动了客家各姓氏宗祠修缮和重建。中华人民共和国成立初期，宁化县有姓氏宗祠 300 多座，"文革"后只剩 167 座。海外客属回乡寻根，原有的宗祠不存在了，建议家乡宗亲重建，并慷慨赞助资金。各姓氏在原有基础上自筹资金重建宗祠。自 20 世纪 90 年代至今重建 100 多座，保存下来的老祠堂都修缮一新。目前宁化县已有姓氏宗祠 280 多座。民间传承传统文化的活动场所在石壁祭祖的影响下得到逐渐恢复。

"祠堂是人类灵魂的栖息地"，"祠堂是氏族亲人聚集议事和祭祀祖先的场所"。石壁祭祖，祭祀仪式、程序是在各姓氏祭祖程序基础上取其精华、改进祭祀方式和增添新内容而加以充实完善起来的，而今它又引领各姓氏与时俱进，传统与现实相结合。新建的姓氏宗祠外观保持传统风格，内涵增添了许多新时代文化内容，如：宁化开山老祖巫罗俊纪念馆和纪念宁化开县老祖罗令纪的豫章书院（罗氏家庙），建立了树立良好族风的宣传栏，宣传族规祖训、本族名人事迹，倡导孝敬父母、爱国爱家、遵纪守法等，既是族人活动场所，又是老年人活动中心，可以唱歌、跳舞、练书法，充分发挥祠堂弘扬传统文化的作用。可以说，这些良好的祠堂文化，都与石壁祭祖、客家公祠文化息息相关。

### 三、发展客家祖地事业

20 多年来，石壁祭祖，使客家祖地事业发生了翻天覆地的变化。这有目共睹。石壁客家公祠是世界客属公认的独一无二的客家人的圣地和精神家园。除此之外，石壁医院、杨边小学，宁化世界客属文化交流中心、客家美食城，客家博物馆，各项体现客家文化的平台建筑鳞次栉比。这些又为传承客家传统文化奠定了坚实基础。

石壁祭祖，给宁化的经济发展带来繁荣景象。打客家牌的商店、餐饮随处可见，尤其是宁化客家小吃，政府拨款免费培训了近9000人次，宁化客家小吃店已达5万多家，已发展到全国各地都开设宁化客家小吃店，风靡全国各地，成为宁化第三产业的一支生力军，既解决了农村闲散劳力的就业，又增加了民间的经济收入，为宁化人均收入的增长起到明显作用。

### 四、促进海峡两岸和平发展

除每年出席石壁祭祖的台湾客家社团有几十个400左右人次外，平时前来旅游观光、走亲访友、参与姓氏祭祖的台湾客家达几千人。客家祖地是海峡两岸交流基地，是占台湾人口四分之一的客家后裔交流交往的平台。他们认祖归宗，为促进两岸和平，起着推波助澜的作用，是实现两岸和平统一、中华民族复兴的桥梁，随着时间推移，将为两岸和平发展最后达到统一做出巨大贡献。


（本文作者系石壁客家宗亲联谊会副秘书长）

# 客家杰出人物与
# 优秀传统文化关系之研究

# 宁化客家张姓先祖——唐朝宰相张允伸生平考论

## 张 桃

宰相，是我国古代最为显赫的官衔，史籍上说："天下之宰，通于四海。"① 又说："天下安，注意相，天下危，注意将"，② 宰相"与元首而同体乃谓之股肱，秉邦国之会要乃譬之钧轴"③。儒家一向把圣君与贤相并提，作为实现其理想的太平盛世的首要条件。在滚滚向前的历史长河中，有这样一位留名千古的宰相，他的忠义、正直、勤勉、恭谨，让后人广为流传，钦佩不已。他，就是宁化客家张姓的先祖，唐朝宰相张允伸。

唐朝自始至终有宰相之职。唐初以三省长官中书令、侍中、尚书令（后以仆射代之）为宰相。这种具有宰相资格的名号，最常用的、较为固定的，是同中书门下三品、同中书门下平章事，唐中叶以后，主要是同平章事，他们是唐朝执掌大政的宰相。唐朝以治国才干作为选相的基本标准，宰相的地位很重要，"佐天子总百官、治万事，其任重矣"。④ 唐朝宰相的人才与治绩，在我国历代王朝中是最为突出的。唐朝共 290 年，张姓宰相有 31 人，张允伸就是其中之一，于唐懿宗咸通九至十年（868—869）任同中书门下平章事，为唐朝末期的宰相。

张允伸（785—872），字逢昌，范阳（今北京西南）人，唐朝中晚期藩镇，其家族世代于幽州（卢龙军）任军校。曾祖张秀，官至檀州刺史。祖父张岩，官至纳降军使。父亲张朝掖，获赠太尉。⑤

张允伸初任马步都知兵马使。大中四年（850），卢龙节度使周綝去世，卢龙军中向朝廷上表，请求任命张允伸为卢龙节度留后，九月，获唐宣宗同意，并加职右散骑常侍。同年十一月，张允伸获授卢龙节度使，加检校工部尚书。⑥ 咸通四年（863）十一月，唐懿宗加张允伸为检校司徒。咸通七年（866）三月，懿宗加张允伸兼任太傅、同

---

① 《册府元龟》卷三百二十九。
② 《册府元龟》卷三百〇二。
③ 《册府元龟》卷三百〇八。
④ 《新唐书》卷四十六。
⑤ 《旧唐书》卷一百八十，列传第一百三十。
⑥ 《资治通鉴》卷二百四十九，唐纪六十五。

中书门下平章事，进封燕国公。① 咸通九年（868）正月，懿宗加张允伸为检校太傅。同年庞勋起义后，加特进，兼侍中。咸通十三年（872）正月，张允伸病逝，年八十八。朝廷追赠太尉，赐谥"忠烈"。②

张允伸上忠心为国，下勤政为民，一身正气，两袖清风。他的伟大而不平凡的一生，得到人们的高度赞誉。与他同时代、也曾担任同中书门下平章事的蒋伸对他有过极为中肯的评价："幽州节度留后检校左散骑常侍张允伸，性禀诚明，才推倜傥。端己每存于忠孝，嗜学早习乎天人。侃然器能，冠于戎籍。自维城遥领，留箪笥在躬。惟专报国之心，以治奉公之道。节度既换，俭恪弥勤。况辽阳甲兵之雄，幽都控驭之远。假机谋以董杂俗，资刑赏以靖朔邻。由是锡钺之正名，授喉舌之显秩。升以亚相，示之殊荣。"③ 我们慎终追远，从方方面面缅怀先祖张允伸的丰功伟绩。

### 一、勤于军政，镇抚一方

"允伸世仕幽州军门，累职至押衙，兼马步都知兵马使。"④ 幽州的重要性可以概括为三点：其一，地域广阔，为西北屏障；其二，人口众多，经济独立；其三，军事重镇，自成一系。唐末，藩镇的军队分别驻扎在会府和管内各州、县以及关津要地。前者称为衙兵，后者称为外镇兵。会府是节度使驻地，所以衙兵的数量比外镇兵多，质量也比外镇兵强。衙军中特别亲近节度使、受其信赖的精锐部队是衙内军。衙军中的要职有各种各样的兵马使，如先锋兵马使、中军兵马使、衙内兵马使等，而其最重要者，则为都知兵马使。

关于兵马使，胡三省云："兵马使，节镇衙前军职也；总兵权，任甚重。至裕以后，都知兵马使率为藩镇储帅。"⑤ 实际情况确实如此，藩军的统帅除节度使亲自担任外，大都为兵马使。同时，节度使的护卫工作，也是由兵马使负责的，张允伸也是由兵马使而为节帅。

幽州这个地方，"习乱已久，人心难化。是故累朝以来，置之度外"。⑥ 安史之乱使然，人们胡化的程度和野蛮程度较深，生性好斗，崇尚武力，君臣尊卑观念十分淡薄。150 多年间，换了 29 位节度使，任职 10 年以上者极少，很多节度使的任期还不到 1 年，而张允伸任职长达 23 年，可谓创造了乱世奇迹。这里的武夫们"生长幽燕，只知卢龙节制，不识朝廷宪章"。而"幽系幕吏，杖杀县令"，更是家常便饭。⑦ 在这种情况下，唐代中后期的将校大多从卒伍起家，以武艺军功而登上将位。另外，由于幽州地处唐朝

---

① 《旧唐书》卷十九上，本纪第十九上。
② 《旧唐书》卷一百八十，列传第一百三十。
③ （清）董诰等编《全唐文》卷七百八十八。
④ 《旧唐书》卷一百八十，列传第一百三十。
⑤ 《资治通鉴》卷二百一十五，天宝六载（747）十月，胡注。
⑥ 《资治通鉴》卷二百四十七，武宗会昌三年（843），李德裕言。
⑦ 《唐语林》卷一《政事上》。

东北边境，经常接触边境一带少数民族，这种防止少数民族侵扰的特殊需要，决定了节帅在选拔军将时对军事才能特别注重，用于戍边的，往往是最有才能的军将。《新唐书·藩镇传》就记载张允伸"世为军校"，具有较长时间的军事生涯。他精于武艺，勤于军政，作战经验丰富，他的高超的军事才能同士兵强悍的战斗能力结成紧密的联系，相互依靠，并肩作战，强盛的军力保证了这里长期的稳定局面，边境太平安宁，百姓安居乐业。

作为以"治镇有方"著称的节度使，张允伸表现出卓越的治理才能，他十分关注民生，体察民情，处事恭谨，施以仁政。在幽州这个情况特殊而复杂的地方，他想方设法破除民族陋习，消除民族隔阂，促进了各民族和睦相处，亲密融合。他品行高尚，明礼诚信，对官兵爱护有加，深得官兵的拥护和爱戴，享有崇高的声望和威信。在张允伸统领下的幽州镇，外族不敢觊觎，悍将不敢妄动，刁吏不敢妄为，藩镇军民团结，安定祥和。唐朝末期天下大乱，战火殃及大半个中国，而张允伸能在此独善其身，建功立业，实属难能可贵。"允伸领镇凡二十三年，克勤克俭，比岁丰登。边鄙无虞，军民用乂。至今谈者美之"。①

**二、积极屯田，廉洁崇俭**

唐后期诸镇皆有营田务，节度使例兼营田使。"艰难以来优宠节将，天下相旄者，常不下三十人，例衔节度、支度、营田、观察使。"② 幽州镇辖域广阔，位于中原文化与边地文化，农耕文化与牧猎文化的结合部。唐初，河北道屯田208屯全部分布于此镇。安史之乱后，幽州镇失去了中央每年50多万石的粮料供应，屯田成为解决其军需的重要手段。

幽州屯田不仅规模宏大，而且在经营上卓有成效。据粗略估算来看，幽州镇的粮秣有二分之一强来自屯田收入。天宝时中央每年向幽州输纳军粮50万石，加上幽州屯田收入40万石合计90万石以供9.1万军士之需。安史乱后幽州军队少于9万，而屯田比前期无论在范围上还是数量上都有发展，屯田收入当大于40万石，以军需90万石计约占一半。尽管内乱频频，征战连年，却能"兵储不外求而足"。③ 张允伸担任幽州节度使期间，勤勤恳恳，兢兢业业，积极屯田，连年丰收。司马光曾赞叹："允伸镇幽州二十三年，勤俭恭谨，边鄙无警，上下安之。"④ 张允伸崇尚勤俭，认为勤俭是百姓富裕的关键，是国家安定的根本。庞勋起义时，张允伸能够轻而易举地一次性出米50万石、盐2万石，援助中央平叛，幽州仓廪之充实，物资之丰富，由此可见一斑。

唐代著名诗人李商隐纵览历史感慨道："历览前贤国与家，成由勤俭败由奢。"这是

① 《旧唐书》卷一百八十，列传第一百三十。
② 《唐会要》卷七十八《节度使》。
③ 《宋史》卷一百二十九《兵志六》。
④ 《资治通鉴》卷二百五十二，唐纪六十八。

他对历史的深刻反思和总结，充分揭示了勤俭于国于家的重要性。"允伸性勤俭，下所安赖，未尝有边鄙虞"。① 作为独当一面镇守一方的幽州节度使，作为处于权力核心、肩负着"济苍生，安黎元"重任的宰相，张允伸时时刻刻谨记"勤俭"二字，并身体力行，为天下人做出了楷模。

### 三、支持平叛，行事忠节

据史书记载："十年，徐人作乱，请以弟允皋领兵伐叛，懿宗不允。进助军米五十万石，盐二万石。诏嘉之，赐以锦彩、玉带、金银器等。冬，又加特进，兼侍中。"② 可见张允伸拥有强大的军事力量，以及为了维护国家统一挺身而出、勇于担当的精神，想朝廷之所想，急朝廷之所急，国家危难之际，赴汤蹈火在所不辞。在"懿宗不允"的情况下，他依然立场坚定地表达自己精忠报国、维护统一的决心，毫不犹豫地"进助军米五十万石，盐二万石"，为支持朝廷平定叛乱提供了雄厚的物资、财政援助，拳拳爱国之心，溢于言表。张允伸处处以国家稳定为重，以民族大义为重，行事忠节，平叛有功，得到了理朝廷的大力嘉奖。

张允伸入相后带着感恩的心态，勤勉敬业，励精图治，一心扑在军国大事上。为了更好地履行宰相的职责，不辜负皇上的重托，他披荆斩棘、恪尽职守，关心百姓疾苦，心系朝廷安危，一直战斗到生命的最后一刻。咸通十二年（871）正月，张允伸因患风恙而上书交还节度使旌旗节钺，以便治疗，朝廷允准，任命其子张简会为检校工部尚书，充任卢龙节度副大使。咸通十三年（872）正月，张允伸病重，再次派使者上表朝廷，交还节度使的旌旗、节钺。朝廷诏书未到，张允伸已于正月二十五日（3月8日）病逝，享年88岁。唐懿宗感念其一生忠君爱国，恭顺朝廷，鞠躬尽瘁，死而后已，"再赠太尉，谥曰忠烈"。③

前贤论曰：唐世蕃镇之祸，萧代以后亟矣，跋扈而背畔者所在，多有其骄蹇不奉法者。不可以数计也。若夫恭顺以全节，忠荩以事上，据史所载，堪称藩镇名臣者仅十三人，张允伸公其一也。

### 四、修寺建庙，功德颇多

张允伸奉佛甚笃，积极支持佛教事业，在位时造像刻经，修寺建庙，功德颇多。他多次请朝廷为自己修葺或所立的佛寺赐额。"大延寿寺，在旧城悯忠阁之东，起自东魏元象，幽州刺史尉长命为大云，后为智泉，毁于后周。隋复之，刺史窦抗建浮图五层，改名普觉。唐为龙兴，灾于太和，又灾于大中。节度使张信（允）伸奏立精舍，并东西浮图，曰殊胜、曰永昌，赐寺额曰延寿"。④《善化寺记》曰："大德以唐宣宗大中十二

---

① 《新唐书》卷二百一十二，列传第一百三十七《藩镇卢龙》。
② 《旧唐书》卷一百八十，列传第一百三十。
③ 《旧唐书》卷一百八十，列传第一百三十。
④ （元）孛兰肹等撰，赵万里校辑：《元一统志》卷一。

年（858）春来燕，选名寺以憩，留响德者盈途，青松节峻，白云志高，侍中张公崇敬，别卜禅居于遵化坊吉地。辟开梵宇，俨似莲宫，奏请赐额为善化。"① 张允伸于唐宣宗大中四年（850）至唐懿宗咸通十三年（872）任幽州节度使，《善化寺记》中的"侍中张公"就是指他。据禅尼大德来燕时间，张允伸建善化院应在大中十二年（858）至咸通十三年（872）间，亦即唐宣宗和懿宗时。大中末，张允伸又奏请中央敕"延洪寺"额。②

房山云居寺位于唐代幽州之范阳县，张允伸资助房山刻经，留下不少刻经题记。盛唐至晚唐时期的幽州，军人成了当地佛教事业发展的主要支柱之一，而节度使的崇奉行为又在一定程度上推动了当地的佛教发展和信仰热潮，张允伸就是其中之一。在大和元年至咸通四年（827—863）30 多年间，幽州地方军政要员杨志诚、史再荣、史再新、杨志荣、史元忠、史元宽、张允皋、张允伸等先后刻了百余卷石经。③ 据《房山石经题记汇编》记载，大中十三年（859）四月八日，张允伸为祈福而刻《奉为仆射敬造密多心经壹卷并大般若关》。幽州节度使为云居寺所刻石经数量非常可观，对云居寺的贡献巨大。在幽州，佛教被广大民众接受，云居寺又是人员流动较大的场所之一。因此，这类刻经题记安放于云居寺，正好可以通过民众的佛教信仰，来宣传他们仁爱、爱民等高尚的品德。

张允伸还为支持道教事业尽心尽力。唐中央政府多次下诏，令各地修建道观，但对幽州影响不大。有唐一代，幽州地区佛寺林立，道观仅天长观一所。幽州当地人一直轰轰烈烈支持佛教事业，却对天长观漠不关心，以至于其成了危房也没人管。直到 100 多年后，唐懿宗咸通七年（866），幽州节度使张允伸积极响应中央号召，主持整修天长观，既为道教文化的发展出了力，也借此表达了自己恭顺朝廷的态度。

**五、教子有方，德泽后世**

张允伸有子 14 人，自其子张简会入朝后，兄弟间都官至诸卫大将军、刺史、郡佐等职。④

长子张简会，于张允伸病重时任卢龙节度留后，代管卢龙军政。张允伸去世后，平州刺史张公素帅州兵来奔丧，简会知力不能制，出奔长安，被任为诸卫将军。⑤ 次子张简真，任幽州府左司马，先于张允伸去世。三子张简寿，任幽州府右领军卫大将军。⑥四子至九子姓名与职位待考证。

---

① （清）董诰等编《全唐文》卷九百二十。
② （元）孛兰肹等撰，赵万里校辑《元一统志》卷一。
③ 黄炳章：《房山石经经末题记》，《房山石经研究》（三）。
④ 《旧唐书》卷一百八十，列传第一百三十。
⑤ 《资治通鉴》卷二百五十二，唐纪六十八。
⑥ 《旧唐书》卷一百八十，列传第一百三十。

据宁化张氏君政公修总谱记载，张允伸妣郭氏，生：恃、怗、珥、高、嵩五子。①

十子张恃，字用文，荫袭湘州（今湖南长沙）刺史。十一子张怗，字时文，荫袭颍州（今安徽阜阳）刺史。十二子张珥，字孟文，荫袭常州（今江苏常州）刺史。十三子张高，字仲文，荫袭太平（今安徽当涂）刺史。十四子张嵩，字季文，荫袭武昌（今湖北武昌）太守（刺史）。

张允伸幼子张嵩，始居范阳。唐广明年间（881—884）黄巢兵破洪都，与兄珥、高扶母奔虔州，既而巢兵复陷吉安，便举家300余口奔虔化白鹭江鱼澜廓，后迁徙竹子坝，再迁田尾坑（今宁化寒谷），这是张姓迁入宁化最早的一支。千百年来，其后裔在宁化16乡镇开基立业，人丁兴旺，繁衍了30多支张氏宗祠，人才辈出。

今天我们缅怀先祖张允伸，不仅仅在于他的经世之才、救世之功，更在于他那铁石一般的意志和宽厚仁慈的心胸。他为国家、为公义，一往无前，九死而无悔，对于个人的名利荣辱，却是淡然处之，毫不萦怀。身为宰相，他有敢于犯颜直谏的赤胆忠心，有刚直不阿的耿介风骨，还有悲天悯人的慈悲心肠。他以发展政治经济为目标，以国富民强、百姓安居乐业为己任，认真履行自己的职责，为官一任，造福一方。孔子说：慎终追远，明德归厚矣。我们弘扬先祖美德，是为了继承并发扬光大，在新的时代里，与时俱进，为宗族更加辉煌、为祖国更加昌盛、为实现中华民族伟大复兴的中国梦而不懈努力。

（本文作者系文学博士，厦门大学副教授，硕士研究生导师）

---

① 《宁化张氏君政总谱》，宁化四修编委会，2002年9月。

# 客家研究鼻祖徐旭曾的生平

韩光辉　田　海　王女英

民国学者徐傅霖介绍徐旭曾时说：他"生平著述甚多，已刊行者有《梅花阁吟》《小罗浮集》"。其实这些年来很难找到有关徐旭曾的著作，李灵年等编纂的《清人别集总目》①、柯愈春的《清人诗文集总目提要》②、张舜徽的《清人文集别录》③、《清代诗文集汇编》编纂委员会的《清代诗文集汇编·总目录·索引》④ 等目录书均未见记载。

近几年在北京大学图书馆善本部发现了该馆收藏的广东省和平县《徐氏家集》，由父徐延第《飞霞诗存》和子徐旭曾《梅花阁吟》两诗集合编而成，徐旭曾编辑，嘉庆十六年（1811）刊行。《飞霞诗存》前有翁方纲为《徐氏家集》作的序，后有徐旭曾和徐荣曾写的"谨识"；而《梅花阁吟》前有徐旭曾的自序。在《梅花阁吟》诗集中，还记载了嘉庆十七年（1812），徐旭曾从北京回粤后，自嘉庆十八年（1813）至嘉庆二十年（1815）三年间，在顺德县凤山书院任职山长时写下的 43 首诗，称为《凤山稿》，被辑为第七卷，又称为《续梅花阁吟》。《凤山稿》应该是嘉庆二十年（1815）以后补入《梅花阁吟》的诗作，因而形成了北京大学图书馆收藏的版本，这应该是第二版。

在山西大学图书馆古籍部查阅到了《飞霞诗存》和《梅花阁吟》，系山西平陆县藏书家张闻三捐献给山西大学的线装书，有"闲田张氏闻三藏书"之印。后者只有六卷，不包括第七卷《凤山稿》⑤，这是第一版。

现利用《徐氏家集》的《梅花阁吟》诗集的序跋和诗句及诗注等内容，对徐旭曾的生平进行了较深入系统的研究。其中诗集的第一版和第二版自序完全相同，均叙述了他自己 15 岁到 61 岁的简历和学术见地。

忆丙戌岁暮，将随季父宦海南，先君子训之曰："小子学诗乎？诗者，经以性

① 李灵年、杨忠、王钦祥：《清人别集总目》，安徽教育出版社 2000 年版。
② 柯愈春：《清人诗文集总目提要》，北京古籍出版社 2002 年版。
③ 张舜徽：《清人文集别录》，华中师范大学出版社 2004 年版。
④ 《清代诗文集汇编》编纂委员会：《清代诗文集汇编·总目录·索引》，上海古籍出版社 2011 年版。
⑤ 徐延第：《飞霞诗存·徐旭曾、徐荣曾谨识》，嘉庆十六年（1811）刊本。

情，纬以学问而已。毋徒喋喋于两汉魏晋唐宋元明风教之盛衰、词场之津逮，但多读古人书，日取三百篇，酣吟密讽、长言咏叹之。俟其胸中缠绵往复，有不能已于言，然后托兴抒写，如水流峡，如山出云，而端倪露矣！"取手评近人诗数种，命携行箧，以时探索。

丁亥五月，渡海，至澄迈。地湫隘无广，文官署借寓北郭，榛莽中旧塾瓦屋数间。城中士人甚稀，土语多未通，而北郭邻海港，但闻波涛汩荡，与桄榔笋竹、风林怒响相答。案头只唐宋八家文、全唐诗、先君子手评数卷。晨夕讽之，茫然未得解也。间有感触，寄诸韵语，刺刺不能休，羞涩不敢示人。

戊子冬，旋里。时曾大父馃庵公年八十八，日课孙曾研八股，不谈诗二年。庚寅，先君见背。未逾年，长兄昆阳又逝，孤露零丁，濒死者数。馃庵公痛戒之，未敢灭性，不谈诗又三年。服阕，偕幼弟云溪、渐溪读书梅花阁。温经余暇，闲取唐中晚、陆放翁、王渔洋、朱竹垞短句导引其兴趣。时复放言，自抒湮郁，纸墨遂多。嗣是家居十年，从季父宦游西湖三年。

庚戌，应朝考，来京师，荏苒至今二十二年。前后游山左日照、德平、寿张诸邑六七年。孤帆羸马，吊古唏嘘，触物怀人，伤心寥落。缘是率情漫与，西抹东涂，不计工拙也。今将请急归侍慈闱，搜箧笥，欲尽焚之。既念榆枥以不材终，性情未理，学问多疏。违庭训四十余年，空读父书，茫无见地。若不稍留数纸，反似藉以藏拙。因芟荒秽，留十之二三，依岁月编为六卷。他时田园清暇，与荒村老友、家塾后生谈曩昔阅历、师友过从、宦游浪迹。数十年中，夷险悲愉，都似旗亭。参军苍鹘，傅粉登场，自忘其丑，是则予自少而壮而老，尘荣俗状，和盘托出之，一幅行看子也，诗云乎哉！[①]

该《自序》指出了他人生中的几个节点：

丙戌（乾隆三十一年，1766）岁末，他随季父（徐延翰）宦游海南。

丁亥（乾隆三十二年，1767）五月，渡海至澄迈。

戊子（乾隆三十三年，1768）冬，回和平县，历时一年半。曾祖徐廷芳88岁。

庚寅（乾隆三十五年，1770），先君见背，未逾年，长兄崐阳又逝。家居十年，从季父宦游西湖三年。

庚戌（乾隆五十五年，1790），"应朝考，来京师，荏苒至今二十二年［从乾隆五十五年（1790）进京，到嘉庆十六年（1811）完成《梅花阁吟·自序》，恰为22年］。前后游山左日照、德平、寿张诸邑六七年，孤帆羸马，吊古唏嘘，触物怀人，伤心寥落。"这为客家学术研究和学术讲演《丰湖杂记》提供了丰富的第一手资料，也充分反映了当时徐旭曾失落的心态。

---

① 徐旭曾：《梅花阁吟·自序》，嘉庆十六年（1811）刊本。

该自序完成于嘉庆十六年（1811 年）立秋后十日（六月三十日，公历 8 月 18 日），京邸小罗浮寓斋。徐旭曾的诗集第一版就刊行于嘉庆十六年（1811）。当年，徐旭曾 61 岁。

该诗集第二版共分七卷，也缺失目录，现根据诗集内容补入了如下目录：

一卷：学吟稿（38 首）。

二卷：西湖稿（45 首）。

三卷：北游稿（62 首）。

四卷：春明稿（67 首）。

五卷：同声稿（55 首）。

六卷：怀归稿（60 首）。

七卷：《续梅花阁吟》，凤山稿（43 首）

按其自序"因芟荒秽，留十之二三，依岁月编为六卷"，再加第七卷 43 首，共计 370 首诗。

根据 370 首诗篇前后吟诵的年代[①]和《飞霞诗存·谨识》《梅花阁吟·自序》等相关文献记录的时间，梳理徐旭曾的生平如下：

乾隆十六年（1751），徐旭曾出生。

乾隆二十八年（1763），应童子试，学使翁覃溪奇其文，取入县学第一名，年 13 岁。

乾隆三十一年（1766）岁末，随季父（徐延翰）宦游海南，年 16 岁。

乾隆三十二年（1767）五月，渡海至澄迈，有《渡海登琼州城楼》等诗创作，年 17 岁。

乾隆三十三年（1768）有《雷州道中》等诗创作。冬，回和平县，历时一年半，年 18 岁。

乾隆三十四年（1769），在和平县老家，有《杂兴》诗创作。

乾隆三十五年（1770），先君见背，父亲徐延第病逝于北京。有《羊城舟中》等诗创作，年 20 岁。

乾隆三十六年（1771），长兄徐承曾（昆阳）病逝于前往北京的路上。年 21 岁。

乾隆三十七年（1772），长辈病逝，"不谈诗三年"。

乾隆三十八年（1773），曾祖徐廷芳逝世，93 岁。有《野径》《秋夕》等诗创作。

乾隆三十九年（1774），有《偕弟云溪、渐溪读书飞霞楼》等诗创作。

乾隆四十年（1775），有《和平舟行杂兴》等诗创作。

乾隆四十一年（1776），有《茅斋》《山行》等诗创作。

---

① 《梅花阁吟》的每篇诗作，均有干支纪年标识，为方便读者，本文将干支纪年转换为帝王纪年，后括注公元纪年。

乾隆四十二年（1777），有《菜畦》《闻鹧鸪》等诗创作。

乾隆四十三年（1778），有《田园》《郊行》等诗创作。

乾隆四十四年（1779），有《初春游西湖》等诗创作。

乾隆四十五年（1780），有《晚晴》《小罗浮》等诗创作。

乾隆四十六年（1781），从季父（徐延翰）宦游西湖三年。有《晚望》诗创作，年31岁。

乾隆四十七年（1782），有《废园》《江邨》等诗创作。

乾隆四十八年（1783），有《滕王阁》《玉山道中》等诗创作。

乾隆四十九年（1784），有《西湖》《登杭州城楼》等诗创作。

乾隆五十年（1785），有《再至乐安》《望湖》等诗创作。

乾隆五十一年（1786），有《宿山家》《海珠》等诗创作。

乾隆五十二年（1787），有《春日病起感怀并规同志》《杂感》等诗创作。

乾隆五十三年（1788），有《清明》《独夜》等诗创作。

乾隆五十四年（1789），拔贡，有《柳》《泊舟》等诗创作，年39岁。

乾隆五十五年（1790），"庚戌入京"，应朝考，赴京师。有《峡江县》《彭蠡舟中》等诗创作，年40岁。

乾隆五十六年（1791），有《邹平道中》《日照署中寄七弟》等诗创作。

乾隆五十七年（1792），考取顺天举人，第196名。有《游泰山》《趵突泉》《河间道中》等诗创作，年42岁。

乾隆五十八年（1793），有《题邱东河古树篇》等诗创作。

乾隆五十九年（1794），有《典裘》等诗创作。

乾隆六十年（1795），有《题八阵图》《冬夜》等诗创作。

嘉庆元年（1796），有《书武侯出师表后》《书昌黎答李翊书后》等诗创作。

嘉庆二年（1797），有《舟中独酌》《早发芦沟》《山左道中》《郊行》等诗创作。

嘉庆三年（1798），有《出塞曲》《淮阴》《途中》等诗创作。

嘉庆四年（1799），中己未科进士，第67名，任户部福建司主事。有《题邮店壁间画》《寿张县》等诗创作，年49岁。

嘉庆五年（1800），有《题潘鸣可画》和《十老和韵》10首等诗创作。

嘉庆六年（1801），有《涑渭川》《端午陪五园游陶然亭》等诗创作。

嘉庆七年（1802），有《春日》《月夜》《晓起》《旧砚》等诗创作。

嘉庆八年（1803），翁方纲《和平徐氏家集序》。有《夏日杂兴》《退朝》《家园八咏》《友人述粤乡近事》《感事》等诗创作，年53岁。

嘉庆九年（1804），有《雪晴》《盆梅》《墨竹》《俸米》《腊八粥》等诗创作。

嘉庆十年（1805），有《食笋》《品茶》《送瀛查归河源》等诗创作。

嘉庆十一年（1806），有《病起》《校先大夫诗册感述》《自笑》《除夕和仰山》等诗创作。

嘉庆十二年（1807），有《反送穷》《移居》《友人谈海乡近事感赋》等诗创作。

嘉庆十三年（1808），发表《丰湖杂记》——有关客家的演讲。有《哭仰山》《哭贯亭》《醉卧》《秋晚》等诗创作，年58岁。

嘉庆十四年（1809），有《寄家园诸弟》《烹茶》《题渔父归钓图》等诗创作。

嘉庆十五年（1810），有《城南即目》《校仰山诗帖》《与同曹出东郭登舟溯通惠河日暮而返》等诗创作。

嘉庆十六年（1811），南归前，有《柬宋芷湾太史》《芷湾以和诗来，复答之》《夏夜》《归兴》等诗创作，刊行徐延第《飞霞诗存》和徐旭曾《梅花阁吟》，年61岁。

嘉庆十七年（1812，壬申），"壬申回粤"，年62岁。

嘉庆十八年（1813），在北京大学图书馆所藏《徐氏家集·梅花阁吟》的版本中，有徐旭曾在顺德县凤山书院任职山长的信息。有《题陈蔚其孝廉临池学书图》等诗创作，年63岁。

嘉庆十九年（1814），有《早起》等诗创作。

嘉庆二十年（1815），有《因用前和蒋砺堂制府试院有怀韵奉柬》《重阳日》《吟铁桥宦情深浅白发知句顿增感触，人言愁我亦愁也，率成一律》《将之羊城与区生赤南话别》等诗创作。三年的诗作编辑为《续梅花阁吟·凤山稿》，年65岁。其中在《重阳日》诗注中明确提到"庚戌入京，壬申回粤"，清楚地告诉大家他庚戌进北京、壬申回广东，即乾隆五十五年（1790）进京，嘉庆十七年（1812）回广东，在北京生活了23年。

嘉庆二十一年（1816）到嘉庆二十四年（1819），先后在粤秀书院（两年）、丰湖书院（两年）执教。

嘉庆二十四年（1819），卒于家，年69岁。

综上所述，徐旭曾在学术上有《丰湖杂记》和《小罗浮记》（疑佚）。《丰湖杂记》开创了客家研究的新篇章。在诗文创作上，给后世保留了370篇诗作，刊行了《梅花阁吟》诗集，反映了他拼搏的方方面面。尤其是晚年他剖析自我："数十年中，夷险悲愉，都似旗亭，参军苍鹘，傅粉登场，自忘其丑，是则予自少而壮而老，尘荣俗状，和盘托出之，一幅行看子也。"一生中，他有两个主要活动区域：一是家乡，他在家乡学习、生活了39年，包括宦游海南和杭州长达近5年，致仕之后，又在凤山、粤秀、丰湖书院执掌书院7年；二是北京，他40岁离家进京"应朝考"，开始了在北方各地的考察并备考，49岁中进士，任职户部、视察河工、稽查漕运盐务，积累了《丰湖杂记》中各方面的材料。他在北京生活的20多年中，只有14年或更短的时间在清政府任职，从最低的品位——七品起步，在官场上已没有竞争力。"我不登高廿五年"，这就是他对自己的认识，最后回粤当了书院山长。

目前需要解决的问题是，徐旭曾在丰湖书院做学术演讲的时间是嘉庆十三年

（1808），还是嘉庆二十年（1815），还是他在丰湖书院主讲的最后年代？如果按新版《和平徐氏宗谱》，徐旭曾《丰湖杂记》发表的时间被改动到嘉庆二十年（1815），这一年正是他在顺德县凤山书院执教的最后一年。按当时规定，满3年才能离开；而且，这一年他的《重阳日》和《将之羊城与区生赤南话别》均是下半年的诗作，说明他还未离开顺德县凤山书院。在应聘期内，能否到丰湖书院演讲也还没有文献证明。到嘉庆二十一年（1816），他才被聘到粤秀书院执教两年。再到嘉庆二十三年（1818），又被聘到丰湖书院，第二年徐旭曾就故去了。根据当时土客争斗的时间和诗文反映的状况来看，演讲的时间应该是嘉庆十三年（1808），是徐旭曾回粤度假时应邀做了这次演讲。

**参考文献：**

［1］徐旭曾《梅花阁吟》，《徐氏家集》，嘉庆十六年（1811）刊本。

［2］徐延第《飞霞诗存》，《徐氏家集》，嘉庆十六年（1811）刊本。

［3］李灵年、杨忠、王钦祥：《清人别集总目》，安徽教育出版社2000年版。

［4］柯愈春：《清人诗文集总目提要》，北京古籍出版社2002年版。

［5］张舜徽：《清人文集别录》，华中师范大学出版社2004年版。

［6］《清代诗文集汇编》编纂委员会编：《清代诗文集汇编·总目录·索引》，上海古籍出版社2011年版。

［7］韩光辉等：《由和平〈徐氏家集〉引申的客家研究》，《客家研究辑刊》2016年第2期。

（本文作者韩光辉系北京大学城市与环境学院教授、博士生导师，田海、王女英系北京大学城市与环境学院博士生）

# 郑文宝南唐史书编辑活动及特点

## 金雷磊

郑文宝（953—1013），生活在五代末北宋初，字仲贤，汀州宁化（今福建宁化）人。诗人、史学家、书法家，仕唐校书郎。入宋后，于太平兴国八年（983）登进士第。曾官修武主簿，大理评事、梓州录事参军事、著作佐郎、颍州通判、陕西、河东、京西转运使、兵部侍郎等职。前后到灵武12次，知蕃语，晓蕃情。能诗文，善篆书。有文集20卷、《谈苑》20卷、《江表志》3卷、《南唐近事》1卷。其中，《江表志》和《南唐近事》是属于南唐亲历者和见证者所撰，史料价值较高。郑文宝由南唐入宋，经历两朝，"由于特殊的家庭背景以及在江南时拜师、交游广泛等其他机缘条件，足以使文宝有机会耳闻目睹许多朝廷大事和江南的旧闻掌故，为两部著作的写作提供了大量的第一手材料"。① 下面拟对郑文宝的两本南唐史书《南唐近事》和《江表志》编辑活动及其各自在内容上的特点作一探讨。

**一、《南唐近事》的编撰**

郑文宝在太平兴国二年（977）五月自编了《南唐近事》。该书主要记载了南唐文人雅士、朝廷官员的言行、交往等情况以及当时一些诗人的诗作，也有一些神鬼怪诞之作。该书编成后，他自序：

> 南唐烈祖、元宗、后主三世，共四十年，起天福丁酉之春，终开宝乙亥之冬。君臣用舍，朝廷典章，兵火之余，史籍荡尽，惜夫前事，十不存一。余匪鸿儒，颇常嗜学，耳目所及，志于缣缃。聊资抵掌之谈，敢望获麟之誉！好事君子，无或陋焉。太平兴国二年岁次丁丑夏五月一日，江表郑文宝序。②

南唐烈祖、元宗、后主分别指南唐是三位君主李昇、李璟和李煜。郑文宝在自序中实际上非常明确地交代了编纂该书的直接原因，就是因为经历战争和兵火的洗礼，南唐史书散失荡尽，即"兵火之余，史籍荡尽，惜夫前事，十不存一"。为了让南唐史得以

---

① 毕琳琳：《郑文宝及所著南唐二史研究》，复旦大学2012年硕士论文，第2页。
② 郑文宝：《南唐近事序》，《全宋文》第7册，卷139，第201页。

流传和传播，让后人铭记南唐的人、事、言、行，于是，编纂和整理此书。可以看出，此书是作者本人耳闻目睹所记，具有一定的真实性和客观性。作者十分谦虚，认为自己并非博学鸿儒，只是比较好学而已。并且表示，此书只是拿来作文士交流、聊天的谈资之用，并没有期望得到很高的赞誉，"聊资抵掌之谈，敢望获麟之誉！"说的就是这个意思。其实，细细分析，这种序言当中所采用的谦虚的话语表达方法，从传播的角度来说，本身就是一种传播技艺。宋人书籍当中很多序言，特别是自己作序时，经常采用这种放低姿态的谦虚方法，以降低读者对此书的期望，从而更好地获得读者认同。郑文宝在作序时，一方面采用自谦的传播方式来降低读者的期待，另一方面还设身处地站在读者的立场上考虑问题，希望读者不要嫌弃此书的简陋，即"好事君子，无或陋焉"。

四库馆臣认为"此书虽标南唐之名，而非其国记，故入之小说家，盖以书之体例为断，不以书名为断，犹开元天宝遗事，不可以入史部也"。[①] 虽然如此，《南唐近事》"一为史体，一为小说体也。……然文宝世仕江南，得诸闻见，虽浮词不免，而实录终存。故马令、陆游《南唐书》，采用此书，几十之五六。则宋人固不废其说矣"。[②] 可见，此书仍然具备一定史料价值，"书中记载南唐初期的一些史实，多为各书忽视，涉及的南唐诗人众多，事迹较为丰富具体"，[③] 是研究南唐诗人乃至文学的重要资料。

## 二、《江表志》的编辑

《江表志》成书于大中祥符三年（1010）闰二月。关于此书的编辑情况，郑文宝在《江表志序》中也有明确的交代：

> 《江表志》者，有国之时，朝章国典，粲然可观，执政大臣以史笔为不急之务。洎开宝中，起居郎高远当职，始编辑昇元已来故事，将成一家之言。书未成，远疾亟，数箧文章皆令焚之，无孑遗矣。太宗皇帝欲知前事，命汤悦、徐铉撰成《江南录》十卷，事多遗落，无年可编，笔削之际，不无高下。当时好事者，往往少之。文宝耳口所及，编成三卷。方《国志》则不足，比《通历》则有余。聊足补亡，以俟来者。庚戌岁闰二月二十三日序。[④]

序言中清楚记载了郑文宝编撰南唐国史的过程：南唐由于亡国，没有史书记载该国历史。在北宋开宝年间，起居郎高远编辑过南唐烈主李昇昇元以来史事，准备把此史书编成"一家之言"，但由于高远生病，导致书没有编成，这些书稿也被焚烧，没有遗留。

---

① 永瑢等撰：《四库全书总目提要》第 27 册，子部小说家类，《万有文库》，商务印书馆 1931 年版，第 27 页。

② 永瑢等撰：《四库全书总目提要》第 27 册，子部小说家类，《万有文库》，商务印书馆 1931 年版，第 27 页。

③ 郑文宝撰、张剑光整理：《南唐近事》，《全宋笔记》，大象出版社 2008 年版，第 205 页。

④ 郑文宝：《江表志序》，《全宋文》第 7 册，卷 139，第 201 页。

宋太宗时，命令南唐旧臣徐铉、汤悦等人收集李氏事迹，作《江南录》10卷，但多所遗落，很多事情已不可考。由于文宝也曾仕南唐，耳濡目染，对南唐史事比较熟悉，有志于国史编纂与整理工作，于是裒集旧闻，在大中祥符三年（1010）编成了记载南唐三主的《江表志》一书。该书3卷，上中下卷分别记李昪、李璟和李煜事迹。

从"方《国志》则不足，比《通历》则有余。聊足补亡，以俟来者"的记载来看，郑文宝对自己作品的评价既不是太好，也不是太差，应该算是比较适中。郑文宝作为南唐旧臣，"书中所记大多为他'耳目所及'的见闻，史料价值较高，足供治文史者参考。各卷首分类所列的文武大臣姓名，在其他记录南唐史事的书中都没有这样详细，这是研究南唐政治史的宝贵资料。书中大量记录了南唐三帝和诸王的活动，是反映南唐王室政治的第一手材料。书中保存的韩熙载《行止状》和张泌的谏疏，因未经删改，是最原始的史料。书中摘引的元宗御制诗和众大臣的和进诗，对研究南唐文学极其重要"。① 四库馆臣也认为，该书可以订正另外一些书籍的错误，比如："《江南江北旧家乡》一诗，文宝以为吴让皇杨溥所作，而马令《南唐书》则直以为后主作。然文宝亲事后主，所闻当得其真，是亦可以订马书之误也。"②

### 三、南唐二书的特点

宋人所撰南唐史著述，传播下来的文献屈指可数。据统计，《四库全书》所收南唐史书有陈彭年《江南别录》，龙衮《江南野史》，陆游、马令《南唐书》，郑文宝《江南近事》和《江表志》，史虚白《钓矶立谈》，还有不著撰人的《江南余载》等。在这些南唐史著当中，郑文宝一人就占了两本书。此两本书由于距离南唐时间较近，故史料价值较高，两本书相辅相成，相互补充，是研究南唐史的重要文献。

郑文宝二书虽然都是史书，但作为研究南唐政治、文化的重要材料，二书前后相隔30多年，在性质上截然不同。

《南唐近事》记人记事，妙趣横生。有些时候甚至记载一些怪异之事，如记江都县大厅，"相传有鬼物据之，前政令长升之者必为瓦砾所掷，或中夜之后毁去案砚，或家人暴疾，遗火不常，斯邑皆相承居小厅莅事，始获小康"。③ 因此，该书具有野史特点，四库馆臣也把《南唐近事》归为子部小说家类。即使记载列祖事迹也是如此：

> 烈祖尝昼寝，梦一黄龙缭绕殿槛，鳞甲炳焕，照耀庭宇，殆非常状，逼而视之，蜿蜒如故。上既寤，使视前殿，即齐王凭槛而立，侦上之安否。问其至止时刻，及视向背，皆符所梦。上曰："天意谆谆，信非偶尔。成吾家事，其惟此子

---

① 郑文宝撰，张剑光、孙励校点：《江表志》，《五代史书汇编》，杭州出版社2004年版，第5073—5074页。

② 永瑢等撰：《四库全书总目提要》第14册，史部载记类，《万有文库》，商务印书馆1931年版，第10页。

③ 郑文宝撰、张剑光整理：《南唐近事》，《全宋笔记》，大象出版社2008年版，第209页。

乎!"旬月之间,遂正储位。齐王即元宗居藩日所封之爵也。①

这条材料记载列祖白天睡觉做梦,梦见了一只黄龙,金光闪闪,十分耀眼,和平常之龙不同,帝上前观看,仍然如故。帝醒后,发现原来是齐王照看帝王睡觉是否安好。烈祖所问齐王情况,都与烈祖梦中相似。于是,立齐王为储君。这些事迹在正史当中就看不到,比正史要显得更加生动,也更能全面、立体地展示李昪的形象。

《江表志》记言记行,属于官编史书,更有正式、严肃的味道,具有正史特点。四库馆臣把《江表志》归为史部载记类。如记烈祖、元宗和后主:

> 南唐高祖姓李,讳知诰,生于徐州,有唐郑王疏属之枝派。……帝少孤,有姊出家为尼,出入徐温宅,与温妻李氏同姓,帝亦随姊往来。温妻以其同宗,怜其明慧,收为养子,居诸子之上,名曰知诰。……烈祖不可,遂以国称唐,改元升元,更姓李氏,名昪。追尊呈现温为义祖皇帝,吴帝为让皇帝。在位七年,年五十六,庙号烈祖,谥曰孝高,陵曰永陵,元恭皇后宋氏祔焉。子璟立,即元宗也。②
>
> 元宗名璟,烈祖元子也,母曰宋太后。帝谦和明睿,奢俭得中,搜访贤良,训齐师旅,政无大小,咸必躬亲。又善晓音律,不至耽溺。深知理体,洞明物情,盛德闻于邻国矣。……烈祖崩,于枢前即位。年四十六,在位十九年,崩。庙号元宗,谥曰明道崇德文宣孝皇帝,陵曰顺陵,后光穆钟氏。③
>
> 后主讳煜,字重光,母曰钟太后。……数月,元宗殂,遗诏煜就金陵即位,称北朝正朔,建隆壬戌岁也。后主天性纯孝,孜孜儒学,虚怀接下,宾对大臣,倾奉中邦,惟恐不及。加以留心著述,勤于政事,至于书画,尽皆精妙。……二十六即位,十四年己亥国亡。④

从郑文宝记载来看,李昪原名李知诰,少年丧父,姐姐出家为尼,经常同姐姐往来于徐温宅,因徐温妻李氏与其同姓,故收其作为养子。后称帝,改元升元,改名为李昪。李璟谦虚、和蔼,聪明、睿智,把握分寸,重视人才,政事无论大小,都必亲自过问。晓音律,懂物情,有德行,名声传遍邻国。李煜则天生单纯、孝顺,通于儒学,精于书画,"留心著述,勤于政事",对大臣以礼相待,待之如宾客,心胸开阔,虚怀若谷。三则材料都说到了皇帝的字号、母亲、谥号、庙号和陵,具有固定的格式和体例,显得更加正规,真实、客观地把皇帝言动记录下来,有闻必录,秉笔直书。

---

① 郑文宝撰、张剑光整理:《南唐近事》,《全宋笔记》,大象出版社2008年版,第209页。
② 郑文宝撰、张剑光、孙励整理:《江表志》,《全宋笔记》,大象出版社2008年版,第260页。
③ 郑文宝撰、张剑光、孙励整理:《江表志》,《全宋笔记》,大象出版社2008年版,第263页。
④ 郑文宝撰、张剑光、孙励整理:《江表志》,《全宋笔记》,大象出版社2008年版,第271页。

可见，《南唐近事》与《江表录》作为郑文宝独撰的反映南唐历史文化、社会生活和风俗人情的两部史书，风格和内容迥异。《南唐近史》显得口语化，也更加贴近南唐士人和官员生活实际情况，就像是对读者讲故事一般娓娓道来，富有情趣。甚至有些诡异的事件也被作者记录下来，这样更会吸引读者阅读，也会让读者感受和触摸到南唐士大夫的亲切、可爱形象。而《江表志》则显得更加书面化，塑造出来的士大夫形象更加中规中矩，不苟言笑，这样使得官员在读者心目当中的形象显得高高在上，不易亲近。两书可以相互配合、互为表里，共同为读者呈现出丰满、立体的南唐士人形象，从而让读者更全面、更具体地了解南唐士子以及整个南唐社会的风貌。在南唐史史料价值和南唐史研究上面，两书完全能够占据一席之地。

（本文作者系三明学院文化传播学院讲师，传播学博士）

# 蔡世远与雷鋐的师生情谊及文化传承之研究

## 严利人

子曰："天地者，生之本也；先祖者，类之本也；君师者，治之本也。……故礼，上事天，下事地，尊先祖而隆君师，是礼之三本也。"古代，"天地君亲师"成为人们长久以来祭拜的对象，充分地表现出中国民众对天地的感恩、对君师的尊重、对长辈的怀念之情。父母孕育了人的肉体，老师培育了人的心灵。好的老师不仅仅是传授文化知识的教师，而且还是纯洁心灵的精神导师。漳浦乡贤蔡世远对于宁化乡贤雷鋐来讲，就是这样的一位好老师。

蔡世远对学生雷鋐情深意笃，雷鋐对老师蔡世远感恩戴德，两人志同道合，道德、人品、才学、文章及清廉从政的史实，均堪称楷模，谱写了感人肺腑的师生文化传承历史篇章。

宁化，对于笔者来说是陌生的地方。第一次获知是 50 年前因朗读毛泽东诗词，那是地理上的概念；第二次获知则是近年因研究蔡世远文章，获知蔡世远有位得意门生——宁化雷鋐，著名的历史人物形象，鲜活于字里行间，不禁心驰神往，对宁化产生了亲切感。最近，友人发来第五届石壁客家论坛征稿启事，重点是关于客家民系传承发展中华优秀传统文化之研究等内容。于是引起笔者的兴趣，特对蔡世远、雷鋐有关史料进行搜集、研读和梳理，赶写了这篇论文，以评介这两位杰出乡贤的师生情谊及文化传承，并请教于各位专家学者，以便切磋提高。

### 一、蔡世远与雷鋐的生平简介

蔡世远（1682—1733），字闻之，号梁村，清初著名学者、教育家、文学家、思想家。是一代宗师、理学大儒，清代闽学的代表人物之一，乾隆皇帝十分敬重的老师。

康熙四十四年（1705），蔡世远中举。康熙四十五年（1706），父蔡璧被选拔为罗源教谕。康熙四十六年（1707），福建巡抚张伯行延请蔡璧主持鳌峰书院，成为首任山长。次年，蔡世远随父亲到福州侍候奉养并讲学，主持编订校刊《先儒著作》。康熙四十八（1709），蔡世远登进士第，选入翰林院为庶吉士。康熙五十五年（1716），应福建巡抚陈瑸及此后的吕犹龙礼聘，主持鳌峰书院，为第三任山长，前后达 8 年，育才绩效斐然。在此期间，康熙对鳌峰书院"赐额赐帑"，御书"三山养秀"匾额及赐经书八部，予以褒奖。

雍正元年（1723），蔡世远奉特诏入京，授翰林编修，入直上书房，承担培育诸皇子的重任。累迁侍讲、右庶子、侍讲学士。雍正五年（1727）迁少詹士，内阁学士。雍正六年（1728）迁礼部侍郎，主持乡试、会试事务。同时充任经筵讲官，兼管籍田、从耕，以及文武殿试读卷、校阅文艺等事。雍正十一年（1733）正月初九日病逝京师，雍正下谕，赐祭葬。乾隆追赠礼部尚书，晋太傅，赐谥文勤，诏令入祀贤良祠。

雷鋐（1696—1760），字贯一，号翠庭，生于宁化城关。雷鋐17岁补县学生，后到鳌峰书院求学，师从蔡世远，是蔡世远的得意弟子。

雍正元年（1723），雷鋐考取举人，成为国子监学正。雍正十一年（1733），雷鋐中进士，授予庶吉士。乾隆元年（1736），雷鋐被授予翰林院编修，入直上书房，侍皇子讲读。当年大考（翰林、詹事升级考试），雷鋐得二等第一名，受到皇帝赐赏笔墨砚及葛纱的荣耀。乾隆四年（1739），雷鋐出任谕德，不久父亲去世，雷鋐告假忧归。乾隆九年（1744），雷鋐应召入京任直上书房，赏额外谕德食俸。乾隆十年（1745），雷鋐擢升为通政使。乾隆十四年（1749），请假回乡省母，次年回京后出任督浙江学政，后改任督江苏学政。乾隆十八年（1753），被擢升为左副都御史。乾隆二十一年（1756），请假回乡奉养母亲。次年，乾隆南巡，雷鋐迎谒，乾隆御书匾额赐其母亲。乾隆二十四年（1759），母亲病逝，雷鋐为办理丧事操劳过度而染病，于次年去世。

雷鋐著有《经笥堂文集》35卷、《自耻录》1卷、《闻见偶录》1卷、《读书偶记》3卷、《校士偶存》1卷、《翠庭诗集》若干卷等书。《读书偶记》被收入《四库全书》。

**二、蔡世远为雷鋐的祖父写墓志铭**

蔡世远对雷鋐这位学生十分喜爱、赞赏。他在《处士雷慎庵墓志铭》一文中写道："康熙丁酉岁（康熙五十六年，1717），余主鳌峰书院，其孙鋐来就学。年少有志，尚跬步一范于礼，体察宋儒之书，省克若不及……"① 这是蔡世远为雷鋐的祖父雷慎庵所作的墓志铭中的话语。他称赞雷慎庵的孙儿雷鋐来鳌峰书院读书，年少有志，差不多每走一步都符合礼的规范，体察宋儒之书，省身克己，检身若不及……给予很高的评价。他认为雷鋐的品德、学问"得于祖父渊源所渐"。此文应写于雍正年间，其祖父去世后，"将葬，鋐来京师求铭。铭曰：古宁之疆，雷姓所宅，笃叙孚恭，累世为泽。有构其堂，孙先奋翼，说心古昔，承厥儒脉。君有魂魄，潜灵以怿，身教维则，视此窀穸（指埋葬）"。文中在褒扬其祖父的同时称赞其孙儿，寄以"奋翼"的厚望。

**三、雷鋐为蔡世远的文集写跋**

雷鋐认为，自己"立身之本末，学问之指归"全仗老师蔡世远的教诲，终身不忘，两人的关系绝不同于泛泛师弟子之间的关系。在《二希堂文集跋》一文中，他写道："吾师文勤公之于鋐，固鋐所当（对待父、君）事之如一者也。昔吾师主教鳌峰书院，鋐丁酉（康熙五十六年，1717）负笈从游耳。目为俗学久涂塞，见鳌峰学约惕然有警，

---

① 《四库全书》文渊阁版，第1325册，上海古籍出版社2003年版，第776页。

读二希堂文集旷若发蒙，勃勃（兴盛的样子，形容有旺盛的生命力）然不甘自堕。方半月，师闻太夫人抱疴驰归。每附书问业，辄加奖勖。庚子（康熙五十九年，1720）徒步漳浦，侍侧十日。"① 叙述他读了老师的文章及制定的学约，耳目一新，豁然开朗，奋发向上。在老师母病归家及丁忧期间，雷铉通过书信往来求教，常常受到老师的夸奖鼓励。他还步行到漳浦，在老师身边侍候请教了 10 天。雍正元年（1723），蔡世远奉特召进京，雷铉当年中举，于是与老师一道入都。进京后，蔡世远将雷铉引见给当年创办鳌峰书院的福建巡抚张清洛，说："此鳌峰后起人也！" 后来数年追随在老师身边。蔡世远与名公卿论人才时，必然首先提到雷铉，称赞他："是有守有为始终不渝者也！" 雷铉写道："铉乌能践师言之万一，倘自安旮瘛（苟且懒惰）窃位，苟容无所树立，获戾（罪过）于师，何可胜言？"

乾隆二十一年（1756），蔡世远的次子、时任四川按察使的蔡长沄要重刊《二希堂文集》，找到年已六旬的雷铉，请求他为这本书写篇文章。《二希堂文集》曾于 20 多年前，即雍正十年（1732）出版过，当时的皇四子弘历为书写序。后来弘历变为乾隆，再版时序就成为"御制序"了，身价大增。而雷铉的跋附在书后，与乾隆的序相呼应，也颇有分量。再版的《二希堂文集》全书收入《四库全书》内，为今人留下其师生关系的动人篇章。

雷铉在跋中写道："岁月蹉跎转瞬迟暮，忆怀往训，顾影自惭，未尝不汗下如雨也。师仲子巨源监司，重刊二希堂集，属缀以言，敬述吾师之诲我知我者如此。至吾师之道术经济气节文章，天语褒扬，日星炳耀，海内莫不宗仰，岂待小子之私言哉！" 对老师"诲我知我"之恩深切怀念，对老师的"道术经济气节文章"赞誉之情，溢于言表。

### 四、蔡新与雷铉的交往情谊

蔡世远与雷铉的师生情，引发了蔡世远的侄儿蔡新与雷铉及家人的交往情谊。笔者近日翻阅蔡新的著作《缉斋诗文集》，找到三篇诗文直接与雷铉有关，分别是：《送雷翠庭太史归宁化》《祭副都御史翠庭雷公文》《雷母巫太夫人七十寿》，总字数达 1500 多字。

蔡新历任礼刑工兵吏五部尚书、上书房总师傅、《四库全书》正总裁、文华殿大学士等职，蔡新比雷铉小 9 岁，两人从青少年时交往，到同朝为官，志同道合，情谊深厚。蔡新诗文中明确记述雷铉至少两次从宁化步行到漳浦下布村，第一次接待的主人是蔡世远，当时蔡新已 14 岁，印象深刻。"忆公弱冠，露爽英英，来游金浦，徒步漳汀。西湖月霁，梁麓风清，经纶道义，瀹我心灵"。（蔡新《祭副都御史翠庭雷公文》）"榕村学的在梁麓，先生负笈来鳌峰，自从此后常往复，漳水梁山共洄溯"。（蔡新《送雷翠庭太史归宁化》）第二次接待的主人是蔡新，约为乾隆十八年（1753），蔡新因母病请假回浦省亲，雷铉专程前来聚会，临别依依，蔡新作诗相送："几宵灯檠暂相依，五夜霜钟又催别。"（同上诗）此诗中还记述了两人京城相知的情景："昔岁驱车上京国，敝裘羸

---

① 《四库全书》文渊阁版，第 1325 册，上海古籍出版社 2003 年版，第 816 页。

面谁见收？先生一见倾肝膈，连床对榻数晨夕。言言刺我入膏肓，一时点头类顽石。"患难、肝胆之交，跃然纸上。在《祭副都御史翠庭雷公文》一文中写道："呜呼！闽学云遥，孰承道脉，几晦而彰，榕村学的，谁其嗣之。我先宗伯鳌峰讲学，多士骈肩，公厕其间，沿流讨源，先河后海，汇以百川，初上公车，各行夙著，名儒巨公，交口荐誉……"对雷铉给予很高的评价。乾隆三十三年（1768）秋，蔡新任刑部尚书，雷铉的儿子雷定淳以公事至京师，拜见蔡新，因其是父亲的至交，熟悉家内的事，请求为母亲70岁写篇文章。于是，蔡新写了《雷母巫太夫人七十寿》，赞扬雷铉及妻、子："先生居官二十余载，恪恭臣职，无内顾忧，惟夫人是赖。""先生出则为名臣，入则为孝子，岂得谓无关内助欤。""定淳以名孝廉，出宰畿辅（国都所在的地方），卓有能声。"表达对友人的一腔深情。

**五、蔡世远与雷铉的文化传承**

蔡世远是著名的理学家，雷铉则是其倡导正学的杰出传承人。《清史稿·雷铉传》这样介绍雷铉："为诸生，究心性理。庶吉士蔡世远主鳌峰书院，从问学。雍正元年，举于乡。世远时为侍郎，荐授国子监学正。""铉和易诚笃，论学宗程、朱。"当时朝廷以朱子之学倡天下，大学士、福建人李光地主持参订性理诸书，世远出自光地门下，任《性理精义》的分修，"铉又出世远门，渊源有自"。

蔡世远在《处士雷慎庵墓志铭》一文中谈到，雷铉到鳌峰书院求学，因为鳌峰倡导的是正学，受到其祖父的赞赏和大力支持："铉之来学也，君以书勖（勉励）之，曰：'濂洛关闽，正学也！有倡之者，汝其勉乎！'铉举于乡，君曰：'吾固甚喜，然此未足以云也。吾闻师友之所望于若者，与乃祖券（契合）矣。'故铉志道专且笃。"因为祖父的肯定与勉励，坚定了雷铉跟从蔡世远学正学的决心，所以能够"志道专且笃"。

在《二希堂文集》中，笔者查到还有两篇文章与宁化雷铉直接有关，分别是"寄宁化五峰诸生书""与雷贯一"。① 文中称赞"五峰诸生得承（雷铉）指授，英特不群，皆任道之器也"。在京城蔡世远看了雷铉学生们的请业之书，高兴得睡不着觉，他寄信说："贵业师贯一相聚都门，屡称诸贤志道之心甚锐，深为喜慰。"他对学生的学生们说：要"立大志向，定大规模"，"澄本清源，惟在义利一关。此最难得之。义即天理，利则人欲，当认得透彻，断得斩截"，"必勉之使为天下所不可少之人！"循循教诲，一腔赤诚。

宁化的另一名人伊秉绶，比雷铉晚生了58年，官至知府、太守，是个隶书大家，声名显赫。《宁化县志》关于伊秉绶的传记中，这样写道："攻宋儒理学，又涉猎李榕树（光地）、蔡梁山（世远）及雷翠庭（雷铉）等名儒理论，讲求立心行己之学。"其文化传承于此可见一斑。

**六、师生均是"天下第一流人物"**

蔡世远的学说以立志为始，以孝悌为基，以读书穷理体察克己躬行为要。蔡世远学

---

① 《四库全书》文渊阁版，第1325册，上海古籍出版社2003年版，第759—760页。

行超卓，认为一个人要有正气和节操，要有向上奋发的精神。他的好友、筹台宗匠蓝鼎元说："蔡梁村（世远）其行……意气磊落，胸中无城府；见义若嗜欲，不顾前后行……梁村虽闭户家居，不肯向人妄投一刺。"（《蔡梁村扪斋初集序》）"不肯向人妄投一刺"，就是今天所讲的不走"后门"。福建巡按张伯行谓其"忠信正直，学足以达其言，识足以致其志。其著书原本所说，一要于诚"，"今日正学不明，能深任斯道以绍承家学者，非年兄昆仲而谁！"（《正谊堂文集》卷六《与蔡闻之》）。时人称其学必先义利之辨，自少自志未尝一言欺人，为官俸禄之外未尝受人一钱。

蔡世远在给雷铉的信中说："学者患于无志，有志矣又苦不能笃实，笃实矣又苦不能晓事。"（《与雷贯一书》）蔡世远以力行为贵。在他看来，有了志向未付诸行动，是毫无意义的。雷铉将老师的教诲铭记于心，主张穷理致知，躬行实践，人如其字，一以贯之。他正直耿介，重义轻利，把廉洁节操看得比功名利禄更为重要。他仗义执言，敢于与皇上唱反调。乾隆十一年（1746），乾隆下诏责备御史谏官等多是为沽名钓誉而提意见。雷铉上书提出不同看法："皇上裁成激劝，俾以古纯臣为法，意至深厚。然台谏所得者名，政事所得者实。论臣子之分，不惟不可计利，并不可好名；而在朝廷乐闻谠言，不必疑其好名，并不必疑其计利。孔子称舜大知曰隐恶扬善，则知当时进言者不皆有善无恶，惟舜隐之扬之，所以嘉言罔攸伏，成执两用中之治。"乾隆表示："雷铉此奏，朕嘉纳之。"雷铉在江苏、浙江任督学6年，举荐选拔的都是清廉明政的知名人士，江浙人称赞他"不动声色，可是弊绝风清，百年来所仅见"。乾隆二十年（1755）冬杭州、嘉兴发生重灾，雷铉写信给浙江巡抚周人骥，要求他立即上报朝廷，请求蠲除租税，开仓赈灾。巡抚以现在已经是隆冬，按惯例不得补报为由拒绝奏报。雷铉急灾民之急，便自己上奏，并奉旨蠲赈（免除租税）。他的种种言行，与老师蔡世远如出一辙。

自古名师出高徒，蔡世远是雷铉的老师，是蔡新的叔父兼老师。雷铉、蔡新与蔡世远一脉相承，不忘师训，为学身体力行，不但学问、事业上颇有成就，而且人格高尚。他们清廉正直，在贪腐横行的社会染缸中真正做到了素丝不染。蔡世远的好友、大学问家朱轼、方苞分别赞许雷铉"践履笃实，才识明通"，能成为"天下第一流人物"。建宁著名古文家朱仕琇为雷铉的《经笥堂文集》作序时，说："道德文章为天下所崇。"确实，雷铉与他的老师蔡世远均无愧为"天下第一流人物"！

**参考文献：**

［1］蔡世远：《二希堂文集》。

［2］蔡新：《缉斋诗文集》。

［3］《清史稿·雷铉传》。

（本文作者系漳州科技学院教授、宣传处处长）

# 宁化客家张显宗状元文化的弘扬与发掘

## 胡善美　游品莲

**一、家境贫困，志向远大**

张显宗，字名远，宁化县禾口乡陂下村客家人。元至正二十三年（1363）十一月二十一日，出生于贫苦农民家庭。

张显宗的祖父张胜卿，父亲张寿隆，母黄氏，世代务农。兄弟三人，他居长，6 岁丧父，母亲贞节守志，靠编织草鞋为生，住茅屋，食糠秕。

张显宗自幼天资聪明，勤奋读书，过目不忘，才思敏捷，胆识过人，志向远大。

一天，小显宗去挑水，下雨路滑，经过热闹的花心街，不慎跌了一跤，被人们耻笑："花心街头滑溜溜，跌倒一头牛。"

"不，不。"显宗毫不示弱地回答，"花心街里水汪汪，跌倒一个状元郎。"

"哎哟，如果你小子能中状元，花心街拆开来，给你建个祠堂……"

有一次，张显宗与几个小伙伴在河里游泳，有位官员从河边骑马经过。

"马，马……"小伙伴们吓得一哄而散，马匹受惊，直冲水边。

张显宗镇定自若，连忙上前挽住马绳，稳住惊马。

官员见自己躲过了一场劫难，惊魂稍定，发现是一位机智灵活的小孩，非常感激。

更有一则传颂的故事是，张显宗和伙伴们在河里游泳，把衣服披在水边树上晾晒。这时，知县老爷乘轿而来，鸣锣开道，小伙伴们都慌乱逃散，唯独小显宗嬉水自若，不移半步。

知县好生奇怪，下轿对他说："我出一上联'千年古树为衣架'，你能对吗?"

张显宗脱口而出："万里长江当浴盆。"

知县一听，惊叹赞赏，说是神童，问他家境，知为贫家之子，于是保荐他入县学。

**二、"有学之士"，"宜在首选"**

"地瘦栽松柏，家贫子读书。"

张显宗入了县学，扩大了眼界，如饥似渴，分秒必争，不同凡响。在"天地君亲师"灵位下，严师管教，不敢怠慢。农忙时节，请几天假，回乡看望爷爷、奶奶和亲妈，入山砍些柴草，留家待用，再匆匆赶回县学，往来相当艰辛。

是金子就会发光。

明洪武二十一年（1388）岁贡，中式，张显宗入国子监肄业。二十三年（1390）应天府乡试，中举。24岁参加会试，中举成进士，名列一甲第二名。二十四年（1391）三月十日，参加殿试。

殿试的题目是《御戎策》。张显宗结合时局，引经据典，以三国诸葛亮征南蛮，马谡建议攻心为上、武力为下和孔子"远人不服，则修文德以来之"的政治主张，阐述对时局的看法和应采取的措施。有理有据，议论风发，才华横溢，礼部取选为第二名。

试卷呈送给朱元璋审看，适逢皇帝昨晚做了一个"双丝坠地"的梦，看到张显宗的"显"字，繁体字是"顯"字，日字下面有"双丝"，与梦中景象正好吻合；再看他的答卷，"文辞详赡，答问意足，有议论，有断制，必有学之士，宜在首选"，便大笔一挥，钦点他为新科状元。

中状元是"天下第一大事"，状元及第的宁化客家汉子，由吏部、礼部官员捧着圣旨鸣锣开道。张显宗身穿红袍，帽插宫花，骑着高头骏马，行走在皇城御街，接受万民朝贺。因捧有皇上圣旨，沿街群众或官员，都得向圣旨叩头，高呼万岁，真是"十年寒窗无人问，一举成名天下知"。

皇帝为了表示对人才的尊重，安排新科状元及其他进士出席御宴——元明清三朝称"恩荣宴"。它不仅是宴会，更是一种荣誉，张显宗是御宴的头号人物。

忙坏了的张显宗，抓紧时间拜访主考官，感谢他们慧眼识珠；还得与同榜及第的"兄弟"交换"名片"，留下联系地址，交友同游，拉好关系。

古典小说及戏曲里，状元有被皇帝或王公大臣招为乘龙快婿的事，如京剧《铡美案》的陈世美，黄梅戏《女驸马》的冯素贞，中了状元成了驸马。事实上，中进士非常难，年龄偏大，这么"高龄"的驸马，并不现实。史料可查的状元驸马，只有一位——唐宣宗之女万寿公主驸马郑颢。张显宗没有那回事，得赶紧南归。

### 三、翰林编修，严整学风

没待张显宗回家，汀州府便派专人将中了状元的报喜书，送至家中。那人骑上高头大马，高举旌旗，带上唢呐班子，一路鸣炮奏乐，吹吹打打，热闹非凡，好似男子结婚迎亲一般。到了门前，大声高唤："快请林老爷出来，恭喜高中了！"乡亲好友内外三层，围得水泄不通。

光宗耀祖的张显宗，回家没几天，又得拜别家人北上做官去了。

最初，张显宗被分配在翰林院，掌管来自全国各地的奏书，撰写供皇帝需要的机要文件。经常以翰林院编修的身份，随侍亲王到陕西、山西、河北、山东等地巡视，浩浩荡荡，十分荣耀。

洪武三十年（1397），太祖以张显宗年少博识，命署监国子监学事——最高学府的管理机构人员。他上任后，根据存在的问题，严整学风，"申明学规"，健全制度。学生们坐堂遂众，且秩序井然，获得太子嘉奖，不久被正式任命为国子监祭酒（负责人）。"夙夜以身率诸生，五鼓即升堂，讲、读、课、试，俱有程式。以宜圣庙隘，撤而新之；

以桥门在道左，凿而通之。视师之贤者礼之，佞邪不检者汰之，由是太学风裁一新。"

在张显宗任内，造就大批人才，后来官至国子司业的吴溥，就出自他的门下。

**四、镇守边关，死于任上**

洪武三十一年（1398），太祖逝世，惠帝即位，号建文。

建文四年（1402）正月，张显宗被任命为工部右侍郎。接着燕王朱棣"靖难"，兵起，叔侄互争帝位。这年五月，惠帝命显宗前往江西，召集丁壮，筹募军粮，以御"靖难"之师。

六月，朱棣攻陷南京，夺得帝位，改号永乐。张显宗等人被南昌百户刘恩缚送京师。成祖念及他是太祖旧臣，而且确实很有才华，没有杀他，只是降职使用，叫他去兴州（今宁夏境内）镇守边关。

张显宗到了兴州，很理智地不计较个人得失，佐助当地军政长官，从事戍防和开发，引导当地回族、汉族人民兴修水利，开发牧场，培植牧草，组织商贸交流，传播先进文化，改进耕作制度和工艺技术，改善民众生产和生活条件，消融民族间隔阂，增强民族团结。仅三年多时间，使西北边境得以繁荣、巩固和安定。

永乐四年（1406），交趾（今云南、越南境）黎氏父子杀害政府官员叛乱。成祖知道张显宗考状元时的《御戎策》很有名气，在兴州三年镇守边关也表现很好，便派他随同朱能等带 80 万兵员南征交趾。

张显宗带兵经过的地方，军纪严明，秋毫无犯，安抚当地民众，赈灾恤难，深受民众欢迎，很快平定了叛乱。

永乐五年（1407）六月，设立交趾布政司，经过多人的鼎力推荐，张显宗不负众望，被朝廷起用，为交趾左布政使。

机会来了，张显宗把给皇帝出好主意的《御戎策》付诸践行，用"远人不服，则修文德以来之"的怀柔政策，安抚军民，免除苛捐杂税，起用人才，兴办水利，发展生产，兴办教育，把交趾治理得井井有条，正如一些书上所述"当远人款附之初，兵农以数百万纪，号令所及，民庶欢呼"。

不仅老百姓感恩戴德，连那些原来不太受朝廷管理的清林和武宁等知州，也乖了起来，继续为朝廷出力。张显宗做出了很大的成绩，人们比喻他为父母一样，建起了祠堂，供奉朝拜。

真是天有不测风云。永乐六年（1408）十二月十日，废寝忘食、忘我工作的张显宗，积劳成疾，时年 46 岁，便死于任上。噩耗传来，交趾百姓无比悲痛，"感泣不能自已"。朝廷当局也深感痛惜，追封他为工部尚书。

张显宗的两个儿子，克举、克宽，遵照父亲的遗嘱，随军护柩，归宁化故里，于永乐七年（1409）十一月二十七日葬于距城北 7 里的张家坪。

县里官员和乡亲为他举办了隆重的葬礼，哀悼者络绎不绝，挽词、挽联无数。

吴溥为张显宗撰写的墓志铭，高度评价了他的一生，铭文最后道：

惟公之教，有绳有矩，百川沧溟，群物时雨。

惟公之政，仁摩义抚，远人来归，如就父母。

曰政曰教，由孝而推，仰瞻斯言，卓乎觊觊。

### 五、有关状元的几处建筑

#### 1. 北京"汀州会馆"

客家人崇文重教，相信教育能改变命运，长大后能干出一番事业。所以每年都有不少读书人前往北京准备考试。为此，张显宗联络汀州清流人兵部尚书裴应章、上杭人吏部侍郎李嘉吉等，筹集资金，于万历十五年（1587年）购置崇文区前门长巷二条48号兴建了"汀州会馆"。

汀州会馆有6个院落、50多间住房（今北馆），供汀州八县赴京就学、考试的员生免费住宿。大殿左侧还设有张显宗等人的神位。1958年定为"北京市文物保护单位"（乾隆年间还集资建了"南馆"），几次发生三级地震，因建筑考究，都纹丝不动。

#### 2. 石壁陂下张氏家庙

坐落于陂下村新墟里，郡号为"清河"，堂号为"敬贤堂"。始建于明代中叶，1990年重建，占地500多平方米。祠堂门口对联是："祠对青山人文蔚起千载盛，堂临绿水富贵绵延万代昌。"

家庙世祖张世福，为得姓始祖张挥的第131世裔孙。张世福，字睦端，心高朗口，志洁秋霜，历官尚书总藩，致君泽民，有功于国，建祠特祭。状元张显宗是他的第11世裔孙，所以这所张氏家庙，人们称它为"张氏状元祠"，祠里还有他的雕像。

#### 3. 张显宗墓

坐落在宁化城北7里的张家坪（今城郊乡九柏嵊村境内），碑文正中为"大明洪武辛未状元、国子监祭酒、工部尚书、交趾布政使先考张显宗之墓"。碑左边刻着"男克举、克宽、克恭"7字；碑右边刻着"孙淑英、淑承、淑祯、淑河、淑清、淑宝"13字。公元2000年岁次庚辰仲秋月初十日重修建。

坟为"金地猴形"，壬山丙向，坐北朝南，通面阔5.77米，面积91.6平方米。坟左边10米处，有显宗父亲寿隆、母亲黄氏之墓。2001年2月26日，宁化县人民政府《关于公布第二批重点文物保护单位的通知》说："坐落城郊北门张家坪古墓张显宗墓，墓面中心点周围10米以内为保护区。"

#### 4. 张显宗状元坊

为表彰张显宗功德，汀州府衙前建有状元坊。

万历八年（1580），推官金俸积赎金筹款在宁化县衙儒学前边建有状元坊，后多次重修。

#### 5. 张显宗祠

汀州郡守马坤于嘉靖十七年（1538），为张显宗立祠祀。万历二十二年（1594），副宪王建中改祀公于邑西门佑圣堂，祠额曰"表忠祠"。

6. 张显宗故居

史载：清左副使御史雷鈜（1698—1759），为张显宗故居赠制匾额，上书"云表二龙"四字。

### 六、出版有关文献

张显宗是一位精明能干、文思敏捷的客家状元，著作之多是可想而知的。

据记载，这位被朱元璋称之为"有学之士"是名副其实的，有名目的著作有《太学规制》《诸司职掌》《逆臣录》《忠义录》《辅教录》《警愚录》《张侍郎遗集序》等。可惜现已无存，只有民国《宁化县志》和《张氏族谱》中可以见到他的部分诗词。

如今很重要的一项基础性的工作，是搜集、整理、选录、点校、编辑、出版张显宗及其有关的文献。

张显宗《创修族谱旧序》的发现便很有启发。

宗夏曦、朱建华主编的《宁化历代诗文选》第69页载："此序是吾族谱创修时，文聪公子得兴公请张公祭酒所撰。历次重修皆失载，今发现于新村里谢坊乡耻郎公及禾岭下子旺公两处，旧谱中但蠹蚀残缺，复为盲匹辗转翻印，以致字句脱甚伙。兹经校正补登，俾下次重修时汇入弁帙，庶不负先人手泽焉！"（二十五世孙堂燕董沐谨志，张锡电点校）。

要拜托专业和非专业的客家学者，抓紧时间，在国内外的图书馆、博物馆、研究所，在发黄的古籍中寻找有关张显宗状元的一切文字，编出全集，并在此基础上创作《张显宗大传》及有关的剧本、曲艺、电影等等。

也许"踏破铁鞋无觅处，得来全不费功夫"。

### 七、行行出状元，令人敬佩

"2016感动福建十大人物"评选中，有宁化最偏远的治平畲族乡的"南丁格尔"人物——刘华容。这位护理专业大学的毕业生，毅然放弃在城市工作的机会，到最需要的地方工作，为了乡村的医疗事业，坚守岗位，令人敬佩。

不管是三十六行，还是七十二行，行行出状元。

被誉为"南丁格尔"式人物的刘华容，就是当今宁化的状元之一。

行行出状元，这是宁化客家千百年来传承不绝的美德。不论是国家级的状元，还是省市级的模范，都是人们爱戴的人物，该最大限度地受到表彰。

### 八、状元文化，发扬光大

宁化，山清水秀，地灵人杰，客家祖地，千百年来的科举考试出了一位状元张显宗。

张显宗是在社会勤耕重读的风气下，发奋图强，才出人头地，成为佼佼者。

2017年6月20日《华裔报》报道：《泰安"状元村"：出了6名博士9名硕士》，

很有启发。这个远近闻名的"状元村",是坐落在山东省泰安市岱岳区化马湾乡的洼里村,320 户人家,先后走出 50 多位大学生、1 位教委主任、4 位校长、16 位教师、6 位博士、9 位硕士。

1978 年——恢复高考第二年,彭树根以老泰安县第 1 名的成绩,考入清华大学,从此村里形成比学赶超的学习氛围,人才辈出,家家户户都有一个或几个大学生,他们有尊师重教的优良传统,有好的学风、村风。

2017 年 4 月 18 日,《福建老年报》转载了《光明日报》的《小乡村走出 21 位博士的"秘籍"》一文,讲湖南省浏阳市沙市镇北部的秧田村,1288 户人家,30 年来出了 21 位博士,出了北京大学、清华大学、哈佛大学等 21 位全日制博士、数百位硕士。

知识能改变命运、改变社会,不论是哪行哪业,都得要有杰出的人才,敢于争当博士"状元",弘扬张显宗的状元文化,成为艰苦奋斗、崇文重教的客家精神的卓越实践者和体现者。让更多的学子考上清华、北大是件大好事,那里是"状元之家"。

宁化是张显宗的故乡,在浓浓的状元文化熏陶下,让来自世界各国敬仰睦宗的亲人,有壮观的祖祠可祭,有修好的状元墓可拜,有明晰的状元谱可寻,有多种的状元著作可读,有状元博物馆可看,有精美的状元雕像可拍,有平坦的状元路可行,还有美味的美食可尝,有丰富的土特产可买……"五洲客家音,四海桑梓情",要抓住机会发展旅游,建一个美丽、清新的宁化。

## 九、简短的结语

英年早逝(46 岁)的张显宗,不是一般的读书人,终其一生,他是一位理论家、教育家、政治家、军事家,坚定的爱国者,为祖国的繁荣、稳定,做出了一定的贡献,是宁化历史上一个亮丽的名片,在相当大的领域,能激励各行各业出现更多的状元,为实现祖国统一大业服务。

文化是民族生存和发展的重要力量。没有文化的弘扬和繁荣,就没有中华民族伟大复兴的中国梦的实现。为此,弘扬张显宗状元文化,具有重要的意义。

**参考文献:**

[1] 林开钦:《论汉族客家民系》,福建人民出版社 2011 年版。

[2] 张恩庭:《宁化祠堂大观》,中国文化出版社 2012 年版。

[3] 刘善群:《宁化史稿》,福建教育出版社 2014 年版。

[4] 宗夏曦、朱建华主编:《宁化历代诗文选》(上、下册),中国文化出版社 2012 年版。

[5] 张恩庭、刘善群、张仁藩主编:《石壁之光》,厦门大学出版社 1993 年版。

[6] 廖开顺、刘善群、蔡登秋:《石壁客家述论》,河南人民出版社 2012 年版。

[7] 刘善群、吴来林编著:《宁化客家传统大观》,中国文化出版社 2012 年版。

[8] 陈国强、罗华荣等:《石壁调查》,中国文化出版社 2011 年版。

［9］福建客家研究院编：《客家情中国梦》，福建人民出版社 2015 年版。

［10］卢美松主编：《福建历代状元》，福建人民出版社 2006 年版。

［11］刘善群：《客家与石壁史论》，方志出版社 2007 年版。

（本文作者胡善美系福建科技出版社原副总编、副社长，《客家》杂志原主编；游品莲系福建新闻出版局老干处退休干部）

# 论刘善群在客家文化传承中的作用

涂大杭

客家文化是中华文化的重要组成部分。不论是传承客家优秀文化，还是发展客家文化经济，都需要靠人，特别是需要靠人才，尤其是需要靠特殊人才，因而必须重视培养、尊重、肯定和爱护这些人才。在弘扬客家文化、光大中华文化、推进客家地区经贸文化交流与合作的过程中，刘善群先生是一位发挥了重要作用的特殊人才，被誉为客家文化的追梦人。本文拟就刘善群先生在客家文化传承中所发挥的重要作用作一些探讨。

**一、刘善群在客家文化传承中发挥了拓荒作用**

拓荒，指开荒。在研究方面喻指从事新领域的探索、研究，比喻探索和开拓新领域。客家文化在宁化在三明，从一个人所未知的领域变成一个值得宁化、值得三明骄傲的新领域，刘善群先生功不可没，他在客家文化的传承中发挥了拓荒的作用，取得了重要成果，做出了特殊贡献。

（一）在客家文化史料的传承中发挥了拓荒作用。文化传承的基础在于史料的传承，刘善群先生在客家文化史料的传承中发挥了拓荒作用。刘善群先生 1984 年 7 月 31 日被任命为宁化县志办主任，开始主编第六部《宁化县志》，这也是新中国的第一部《宁化县志》。为了编好这部县志，刘善群先生进行了大量的史料研究和广泛的田野调查，"跑遍 26 个省市区，搜集千万字资料，四改纲目，六番评审，三易总稿，最后成书"。[①] 全志以志为主，述、记、图、表、录、照片并用，翔实地记述宁化的历史与现状、自然与社会，共 35 卷，127 万字，于 1992 年公开出版。这部县志在客家文化的传承中取得了重大突破，就是第一次把"客家"作为宁化人文的一大特色写入宁化县志，编入其中，并阐述了宁化石壁是客家摇篮的观点，在客家文化史料的传承中发挥了拓荒作用。为了搜集、论证宁化在客家流迁史上的作用，刘善群先生专门请人调查收集宁化的族谱、姓氏渊源。2012 年，为迎接第二十五届世界客属恳亲大会在三明召开，刘善群先生收集相关资料，布置世界客属文化交流中心的"三馆"（联谊馆、族谱馆、图书馆），并捐出 500 多册相关图书，为客家文化史料的传承做出了贡献。

---

① 原仁开、俞祥波：《葛藤绽新枝　更待繁花开——东南网记者对宁化县客家研究中心名誉主任刘善群的访谈》，《福建日报》2012 年 12 月 6 日。

（二）在客家文化内容的传承中发挥了拓荒作用。刘善群先生是最早进行客家文化内容的研究和传承的宁化人之一，在传承客家文化内容的过程中撰写了大量的关于客家文化方面的文章和著作，在客家文化内容的传承中发挥了拓荒作用。1984年刘善群先生发表论文《略从姓氏流迁话石壁》，作为宁化人最早开始探讨宁化客家文化，指出"石壁的开基者便成为闽、台这些氏族的始祖，石壁也就是他们的祖籍。石壁的历史渊源，过去知之甚少，确当进一步探讨"。① 1987年刘善群先生编印的《客家第二祖籍——宁化石壁》进一步阐发了宁化石壁是客家祖地的观点，以书的形式进行了宁化客家的拓荒性研究。1993年刘善群先生应邀撰写的《客家礼俗》，全面地记叙客家人的岁时、婚嫁、丧葬和喜庆等礼俗，客家民系传统风俗的同一事象及其不同地区的差异，对具代表性的风俗文化事象追根溯源，并叙述其流变和演变，揭示其所反映的深层文化内涵，特别是提出了客家大本营区内文化小区划分等开拓性见解。该书是刘善群先生的第一部个人学术专著，作为福建社会科学院客家研究中心编印的"客家文化丛书"之一，1995年在福建教育出版社出版，先后两次印刷都销售一空。

（三）在客家文化精神的传承中发挥了拓荒作用。文化精神的传承是文化传承的重要组成部分，刘善群先生创作电视剧本，用新的文化形式传承客家文化精神，在客家文化的传承中发挥了拓荒作用。2005年，刘善群先生根据宁化客家祖地广泛流传的葛藤坑民间传说进行创作，用3个月时间完成近20万字的小说《客家葛藤凹》初稿。小说以石壁客家祖地为背景，通过主人公利嫂一家的悲欢离合，展现了北方汉人颠沛流离、大规模南迁的悲壮情景和艰苦创业的历程，以及客家先民们在葛藤凹艰难拓荒，并与原住民畲族血缘、文化融合的过程。他用小说的文学形式诠释了客家精神。《客家葛藤凹》初稿写成后，曾在"宁化在线"等网站连载，广东多家影视传媒公司曾有过合作拍摄电影的意向，最后不了了之。2010年，刘善群先生将小说中的人物、故事重新设计，精心修改，完成了近30万字的电视剧本《客家葛藤凹》，2011年在海风出版社出版。之后，以刘善群的电视剧本《客家葛藤凹》为蓝本改编的电影《葛藤凹》和首部客家民系史诗性电视连续剧《大南迁》先后完成制作，播出后受到多家媒体关注和客家群体的好评。

（四）在客家文化载体的传承中发挥了拓荒作用。文化在传承过程中需要相应的载体，刘善群先生在客家文化载体的传承中发挥了拓荒作用。1990年4月，经刘善群先生建议的"宁化县客家研究会"正式成立，这是闽赣客家地区最早的县级客家学术群团，刘善群先生担任会长。刘善群先生和张恩庭先生等客家研究会的同人筹划举办了"宁化石壁与客家世界"研讨会，后来演变为自2013年开始每年举办一次的内容更加广泛的"石壁客家论坛"。1995年创办《客家魂》内刊，迄今已经出版20多期，在客家文化传承方面具有一定的影响力；编印《宁化石壁与客家世界学术研讨会论文集》《宁化祖地石壁丛书》《石壁客家论坛论文集》等宁化客家研究丛书。1990年12月，刘善群先生

① 刘善群：《略从姓氏流迁话石壁》，《宁化方志通讯》1984年1月。

以个人名义向宁化县委、县政府提出《开发客家祖地的设想和建议》，其核心内容是开展客家研究、建设客家公祠、立客家祖地石碑、开发石壁，从而促进宁化发展。正是这些设想和建议的提出及实施，特别是建设世界客家公祠的建议，拉开了宁化打造客家祖地这一世界品牌的帷幕，1995年开始每年在世界客家公祠举行的世界客属石壁祖地祭祖大典等，使得客家文化在宁化的传承有了有效的好载体。

**二、刘善群在客家文化传承中发挥了深耕作用**

刘善群先生不仅在客家文化的传承中发挥了拓荒作用，而且在客家文化传承中做了许多耕耘工作，在传承客家文化方面进行了深耕，取得了客家文化的许多重要研究成果。

（一）在传承祖地客家文化方面深耕取得了成果，发挥了作用。这方面的代表性深耕成果是刘善群先生关于客家祖地的一系列著述。《宁化方志通讯》1984年第1期《略从姓氏流迁话石壁》一文，最早提出了石壁是客家祖地的最初看法。《福建史志》2008年第6期《客家祖地阐释》一文指出：客家祖地，亦即客家始祖居住之地；客家祖地，是"客家"这个集体发端的共同家园，而非单纯的一姓一族的始祖居住之地；客家，同时是个文化概念，有着丰富的文化内涵；等等。该文被收录在2009年山西人民出版社出版的《石壁与客家世界：第三届宁化石壁与客家世界学术研讨会论文集》中。《福建史志》2009年第1期《简论宁化石壁客家祖地的定位》一文指出：客家同宁化及其石壁有渊源关系的人口占大多数或绝大多数；这些同宁化及其石壁有渊源关系的客家姓族始祖是在石壁这个"客家民系胎盘"里孕育客家文化的一代或几代人，他们不仅是生产客家文化的母体，同时也是传播客家文化的最初载体。正如巫秋玉在《宁化石壁与海外客家人》一文中所说，宁化石壁是"客家人的中转站""客家祖地"，已经被人们充分肯定和较为详细地研究。

（二）在传承石壁客家文化方面深耕取得了成果，发挥了作用。这方面的代表性深耕成果是《客家与宁化石壁》和《客家与石壁史论》两本书以及一些相关文章。刘善群先生编著的《客家与宁化石壁》一书，作为"客家祖地石壁丛书"之一，2000年由中国华侨出版社出版，书中对客家源流、客家移民的乐土、客家文化的重要滋生地、客家人的总祖地和客家的朝圣中心等方面进行了研究。刘善群先生撰写的《客家与石壁史论》一书，2007年由方志出版社出版，30万字，全书共分5章，具体内容包括：客家史前的社会背景、客家民系的孕育、客家民系形成的时空及其发展、石壁史略、石壁在客家史上的作用。书中将石壁的客家源流作为一个有血有肉的过程来考察，并在大量可靠的史料基础上说明了为什么石壁会在客家史上具有重要的作用和地位，既为进一步研究石壁与客家的关系，也为确立宁化石壁在客家史上的定位，提供了学术理论依据和科学有力的佐证。刘善群先生还撰写了大量的关于石壁客家文化方面的文章，包括1991年发表的《客家人与宁化石壁》，1996年发表的《宁化石壁新考》，2015年发表的《宁化石壁价值的论证与开发（一）》《宁化石壁价值的论证与开发（二）》，等等。

（三）在传承宁化客家文化方面深耕取得了成果，发挥了作用。这方面的代表性深耕成果是第六部《宁化县志》和《宁化史稿》。宁化自唐开元十三年（725）建县以来，一共修过五部县志。刘善群先生在主持编撰第六部《宁化县志》的过程中认识到：宁化在客家发展史上起着十分重要的作用，外界乃至国外的学者在这方面有不少研究，但过去县志只字未提，宁化学者的论著也未见提及。① 因此，1992 年出版的第六部《宁化县志》，把"客家"作为宁化人文的一大特色编入，并阐述了宁化石壁是客家摇篮的观点。刘善群先生撰写的《宁化史稿》一书，60 多万字，2014 年由福建教育出版社出版。全书共分 9 章，具体内容包括：建置前的宁化，隋至唐的宁化，五代、宋时期的宁化，石壁客家祖地的形成，元代的宁化，明代的宁化，清代的宁化，民国时期的宁化，苏区时期的宁化。另有附录"宁化和平解放之后的大事纪要"。书中以史稿的形式全方位追溯、汇集、梳理、勾画了宁化从史前至当代的历史、文化，囊括了宁化历朝历代的政治经济、社会变迁、民情风俗、人物事件等方方面面。该书是刘善群先生从事方志学、客家研究 20 多年的结晶，深耕了宁化历史特别是宁化客家史和客家文化史。

（四）在合作传承客家文化方面深耕取得了成果，发挥了作用。这方面的代表性深耕成果是一系列合作的客家文化方面的研究成果。刘善群先生与廖开顺、蔡登秋等合著的《石壁客家述论》一书，2012 年由河南人民出版社出版，全书 56 万字，对客家民系在赣闽粤边地的形成，以石壁村为中心的石壁地区在客家民系形成中的作用和地位，石壁历史上的经济生活、客家方言、民间信仰与民俗文化、宗教社会制度与伦理文化、客家姓氏来源与播迁，以及客家认同等方面进行了较为系统而全面的论述。刘善群先生与吴来林合作编著的《宁化客家传统文化大观》一书，2012 年由香港的中国文化出版社出版。另外，刘善群先生还执行主编《宁化石壁与客家世界学术研究会论文集》，合作主编"宁化祖地石壁丛书"和《石壁与客家》《石壁之光》《宁化石壁客家祖地》，并主编杂志《客家魂》《宁化客家研究》等。此外，刘善群先生一方面深入宁化，进行田野调查，搜集族谱资料，与宁化客家研究学者一起编著了客家文化方面的资料；另一方面走出宁化，赴外地参加客家学术研讨会，与县外同人进行广泛的交流、探讨和研究，在合作传承客家文化方面深深耕耘，取得了丰硕成果，发挥了重要作用。

总之，刘善群先生在客家文化的传承中具有非常重要的拓荒和深耕作用，"拓荒牛"是对这种作用的比较准确的通俗的定位和称呼。实际上，刘善群在客家文化的发展中具有特殊作用，2017 年 8 月 5 日召开的"刘善群先生从事客家研究三十周年成果研讨会"就是对这些特殊作用的一种尊重、肯定和爱护。

**参考文献：**

[1] 原仁开、俞祥波：《宁化客家文化：葛藤绽新枝更待繁花开——东南网记者对

① 俞祥波、刘善群：《客家研究拓荒牛》，《三明日报》2012 年 11 月 19 日。

宁化县客家研究中心名誉主任刘善群的访谈》,《福建日报》2012年12月6日。

[2] 俞祥波、刘善群:《客家研究拓荒牛》,《三明日报》2012年11月19日。

[3] 吴来林主编:《拓荒牛——刘善群先生作品及其评论选集》,中国文化出版社2016年版。

[4] 刘善群:《略从姓氏流迁话石壁》,《宁化方志通讯》1984年第1期。

[5] 刘善群主编:《宁化县志》,福建人民出版社1992年版。

[6] 刘善群:《客家礼俗》,福建教育出版社1995年版。

[7] 刘善群:《客家与宁化石壁客》,中国华侨出版社2000年版。

[8] 刘善群:《客家与石壁史论》,方志出版社出版2007年版。

[9] 刘善群:《宁化史稿》,福建教育出版社2014年版。

[10] 刘善群、吴来林编著:《宁化客家传统文化大观》,中国文化出版社2012年版。

[11] 张恩庭、刘善群、张仁藩主编:《石壁之光》,厦门大学出版社1993年版。

[12] 张恩庭主编、刘善群执行主编:《石壁与客家:第二届宁化石壁与客家世界学术研讨会论文集》,中国华侨出版社2000年版。

[13] 廖开顺、刘善群、蔡登秋等:《石壁客家述论》,河南人民出版社2012年版。

（本文作者系中共三明市委党校哲学教研室主任、教授）

# 清代建宁两位客家学者的文化贡献

## 郑顺婷

清代乾隆年间，福建省建宁县邑北乡杨林村朱氏家族出了两位杰出的客家学者朱仕玠、朱仕琇兄弟，他们是客家"耕读传家"培养出来的杰出的作家和文化学者。他们以诗文名震天下，都有突出成就。朱仕玠对于乾隆时期的台湾地域文化的考察研究和书写，集中在著名的《小琉球漫志》一书；朱仕琇在古文理论上具有较大建树，他传承韩愈古文理论，融闽学于其中，对拨正清代当时文风发挥了重要的引领作用。我们在研究客家文化的时候，不应该忘记他们。

**一、客家学者朱仕玠和朱仕琇生平概略**

（一）客家文学家、文化学者朱仕玠

朱仕玠（1712—1773），字璧丰，号筼园，乾隆十八年（1753）拔贡生。他一生仕途坎坷，先后任职德化教谕、凤山教谕和尤溪教谕。他著述甚丰，其中具有相当影响力的一部作品是乾隆二十八年（1763）调任台湾凤山教谕后创作的《小琉球漫志》。《小琉球漫志》是一部台湾地方风物志书，全书 10 卷 5 万余字，分为 6 编，即《泛海纪程》《海东纪胜》《瀛涯渔唱》《海东胜语》《海东月令》《下淡水社寄语》。同时，它又是一部具有很高文学价值的诗文集，是对客家大规模播迁台湾时期的地域文化的发现、研究和记载。

朱仕玠早年多次参加科考，却名落孙山。后转而漫游祖国山河，涉黄河游太学，历吴、楚、越、宋、齐、鲁等地。青年的漫游经历，对他增长见识、开阔视野、交流学术、结识人脉关系发挥了重要作用，也为他的文化考察和文学创作打下了坚实的基础。朱仕玠推类通达，克承客家祖训，在诗歌创作上卓有成就。乾隆六年（1741），以拔贡入太学赴京师。乾隆九年（1744），应顺天乡试，得谒长洲沈德潜，特受嘉奖，诗才同时得到前辈如黄叔琳（昆圃）、方苞（望溪）、王步青（罕皆）的称许。清代诗坛中格调说的创立者沈德潜就十分欣赏他的诗，还专门为其诗集《溪音》作序。其弟朱仕琇对兄长的评价也极高，其《筼园先生墓志铭》云："始先生未生时，母李孺人尝感异梦，如明郑善夫、李攀龙之兆。论者谓先生之不及二人者，名与位耳，至校其诗文，亦何憾于彼哉？"又《筼园诗集序》有云："家兄筼园，孝友天隆，敦内有裕，其动之本既善矣。"他有才华有能力，但怀才不遇，从仕仅至八品教谕。清制学官分为教授、学正、教谕、训导四级，其中教授为七品，教谕、训导为八品。教授的年俸为 45 两银子，教谕、训导为 40 两。乾隆元年（1736）上谕："教职乃师儒之官，有督课士子之责，素蒙皇考世宗宪皇帝加恩优待，屡次训勉，且与有司一体赏给封典。朕即位以来，念其官职卑微，恐以冗散自居，不思殚心尽职，特加品级以鼓励之。按旧例：教职两官同食一俸，未免不敷养廉。着从乾隆元年春季为始，各照品级给与全俸。"① 可见，在清代学官前途黯淡、官微俸薄，多数人不愿就职。朱仕玠迫于家境贫困，先后就职于德化教谕、凤山教谕和尤溪教谕。朱仕玠在台湾凤山任职仅一年零两个月，因母亲病逝回建宁守制。虽然时间短暂，但是朱仕玠到台湾后，产生游览世界的新奇体验，释放了心中的压抑郁闷，处处觉得新奇和刺激。与迁徙到台湾的客家人一样，台湾对于他们来说就是一个新大陆，而他作为客家文人和官员，更有比一般客家人更为深刻的体验，这些"深受经典文化熏陶的中国文人，身心老成，一旦他们遇接台湾荒莽的自然景物，气候、花木、虫鱼、鸟兽、山水等组构而成的粗狂的移民世界，在惊动之余，形之于诗文，为老旧的创作形式注入汨汨不绝的崭新生命力，塑造另一气格"。②

朱仕玠也不例外，他怀着浓郁的兴味注意观察和研究台湾的自然风光和民俗风情，主要以描写台湾的奇异风光、风俗人情和自我感受为主，大大拓宽了地方风物志书的表现领域，并且让客家移民对台湾有了科学认识，把它作为另一个故乡去热爱、改造和建设。

作为赴台教谕的客家官员，朱仕玠亦不忘客家人、闽南人渡台的艰辛，特别是偷渡台湾的九死一生的经历。他在《小琉球漫志》中具体记载了"灌水""放生""种芋""饵鱼"等骇人听闻的惨案："内地穷民在台营生者数十万，其父母妻子俯仰乏资金，急欲赴台就养，格于列禁，群贿船户，顶冒水手姓名，用小渔船夜载出口，私上大船抵台。复有渔船乘夜接载，名曰'灌水'。经汛口觉察，照奸艄问遣，固刑当其罪，杖驱回籍之民，室庐抛弃，器物一空。更有客船，串通习水积匪，用湿漏之船，收藏数百人，挤入船中，封钉舱盖，不使上下，成黑夜出洋，偶值风涛，尽入鱼腹，比及到岸，恐人知觉，遇有沙汕，辄给出船，名曰'放生'。沙汕断头，距岸尚远，行至深处，全身陷入泥淖中，名曰'种芋'。或潮流近涨，随流漂溺，名曰'饵鱼'。"

（二）客家古文学家、文学理论家朱仕琇

朱仕琇（1715—1780），字斐瞻，号梅崖。他于乾隆九年（1744）举福建乡试第一。乾隆十三年（1748）中进士，改庶吉士，与同年成进士者朱珪、李中简、林明伦、杨方立、李宗文等交好，而与朱珪以同姓相交最深。乾隆十六年（1751）朱仕琇以庶吉士散馆，授山东夏津知县。乾隆二十一年（1756）因漳水冲决夏津堤防，改教职，授福宁府教授。乾隆三十三年（1768）掌鳌峰书院讲席 10 年，以古文授学，桃李满天下。乾隆

---

① 素尔纳等纂，霍有明等校注：《钦定学政全书》，武汉大学出版社 2009 年版，第 84 页。
② 江宝钗：《嘉义地区古典文学发展史》，嘉义市文化中心，1998 年，第 112 页。

四十四年（1779）由福州归故里建宁，执教于潋川书院。乾隆四十五年（1780）因病卒于里舍，年六十六。

朱仕琇一生未显达于仕途，但是他有两大成就留世。其一，朱仕琇的古文创作取得了很高成就，著述有《梅崖居士文集》（30卷）、《梅崖居士外集》（8卷）。仕琇师从南丰汪世麟学古文，临别请益，世麟对他说："子但通习诸经，可以推倒一世豪杰矣。"被誉为"中国古文第一人"的姚鼐称赞他的古文"冲淡和易而有体"，还说"《梅崖集》果有逾人处，恨不识其人"。① 理学名家、宁化籍客家人雷鋐推许他的文章"淳古冲淡，近古大家"。② 著名儒学家陈寿祺给予他更高的评价："至可以抗古人于千载之上而与之颉颃。"并在给高澍然的信中写道："吾闽近日著作之盛，无过邵武（清代建宁县属邵武府）朱梅崖之文、张际亮之诗，皆足以雄视海内。"③ 以上足见朱仕琇古文创作的成就和地位。其二，朱仕琇自成系统的古文理论，传承于韩愈古文理论，融闽学于其中，渊源于儒家经典，对拨正清代当时文风发挥了重要的引领作用。其影响虽不及桐城派，然余韵悠远、反响深广，地位和价值不容低估。

## 二、朱仕玠对乾隆时期台湾地域文化的考察、研究和记载

清康熙二十二年（1683），台湾正式归于清朝版图，改承天府为台湾府，隶属福建省，府下设台湾、凤山、诸罗3县。朱仕玠抵台之时，台湾归入清政府版图已80余年。但是，台湾对于大多数客家移民来说还是很陌生，他们对台湾的印象还停留在开垦初期，即人烟稀少、山恶林密、瘴疠之乡的形象。朱仕玠在《小琉球漫志》中以敏锐的思维和卓越的才识观察、考证、描摹台湾的山川风土人物，上至政治制度下及方言野语，向大陆传递了台湾人民的审美情趣和价值取向，从物质、制度、哲学等多层次考察了台湾地域文化，让大陆同胞深入了解台湾。

（一）物质层面的台湾地域文化

"地域文化"是指在一定地域范围内的人群的行为模式和思维模式的总和。它以地域为基础，以历史为主线，以景物和民俗风情为意象，以历史和现实的进程为载体，以在社会进程中发挥作用的人文精神为底蕴的文化。地域文化的内涵由三个层次构成：物质层面、制度层面和哲学层面。④

地域文化的"物质层面包括特定地域人的语言、饮食、建筑、服饰、器物等"。⑤ 这些"物质"不一定全是物质性的，但一定是显性的、感官的，可以触及的文化现象和文

---

① 姚鼐纂，刘季高校：《惜抱轩诗文集》（卷六），上海古籍出版社1992年版，第94页。

② 朱仕琇：《梅崖居士文集》（乾隆四十七年即1782年刻本），《清代诗文集汇编》丛书编纂委员会主编《清代诗文集汇编》（第336册），上海古籍出版社2010年版，第180页。

③ 陈寿祺：《左海文集》（卷四），《续修四库全书》（第1496册），上海古籍出版社2002年版，第182页。

④ 张凤琦：《"地域文化"概念及其研究路径探析》，《浙江社会科学》2008年第4期。

⑤ 张凤琦：《"地域文化"概念及其研究路径探析》，《浙江社会科学》2008年第4期。

化事象。如方言虽然不是物质形态，但属于地域文化物质层面。具有地域特色的自然风景，因为人们对它们熟知，倾注情感，成为地域文化意象。

朱仕玠在《小琉球漫志》中翔实地记载了台湾地域的建筑、山川、风物、语言、服饰、饮食等，其中对作为地域名片的山川形胜和地方风物记叙最多。如《海东纪胜》记载了台湾十几处有特色的景观建筑，如赤崁城、澄台、朝天台、五烈墓等；记载了二十几处著名的山川美景，如凤山、龟山、琅娇山、冈山、鸡笼山、小琉球山等。《瀛涯渔唱》记载了五十几种台湾特色风物，包罗了大陆读者罕见罕闻的各种动植物，如麻虱目、五鸣鸡、三脚鳖、菩提果、椰子、波罗蜜、番蝴蝶、槟榔、鸡爪兰等，可谓胜景如画，物类琳琅，美不胜收。方言是地域文化中最鲜活、最生动、最直接的符号标志。《下淡水社寄语》记载了台湾的方言。台湾高山族大体可以分泰雅、赛夏、布农、邹、鲁凯、排湾、卑南、阿美及雅美等九个族群。[①] 各族群间的语言虽均属南岛语族，但彼此差异很大。清廷从郑氏集团手中接管台湾政权后，生番亦渐化为熟番，如彰化县大肚、诸罗县萧垄等社熟番。朱仕玠对凤山熟番八社的语言进行实际调查，发现他们的语音各不相同。凤山学署有个学生通漳、泉方言，朱仕玠让他翻译各番语言，并在《小琉球漫志》中进行分类翻译，为大陆移民包括客家人打开了一扇了解台湾语言的窗户，促进了台地与大陆的文化交流。服饰也是地域文化的物质层面因素。朱仕玠在《海东胜语》中记载了台湾当地人的服饰："熟番自归版图后，女始着衣裙，裹双胫；男用鹿皮或卓戈纹青布围腰下，名曰抄阴。"说的是南部凤山八社人的服饰，男女俱赤脚，只有土官有穿鞋。又"内山生番，男裸全体；女露上身，下体用乌布围遮。隆冬以野兽皮为衣，头皆留发，剪与眉齐，草箍似帽"。[②] 他们最初是以鹿皮为衣，夏天则结麻衣遮体，后来才慢慢换成布匹，或以达戈纹为之。达戈纹是台地妇女以苎麻或夹杂树皮织成的："予所见系褐色、蓝色，方阔三尺余，质类布毯，土人又名番包袱。番人织以为衣；土人买之，以为衣袄。"[③] 服饰的变化，反映台湾少数民族逐渐从野蛮、蒙昧走向了文明、进步，也意味着他们的审美情趣受到大陆文化的影响。朱氏作品真实记录少数民族服饰的演变，是我们研究台湾民族文化的珍贵资料。民以食为天，饮食是地域文化的重要内容。《海东胜语》记载了台湾少数民族独特的饮食文化。熟番以旱稻、白豆、菉豆、番薯、香米为主食，而其"饮食用椰瓢，名曰奇麟。不用箸，以手攫取。近亦用竹箸，名曰甘直。用粗碗，名曰其矢"。[④] 从他们所用餐具的变化，可以看出熟番已经受到大陆汉族文化的影响，这一影响在其日常生活中已有所表现。而相比之下，"常时食物，以馁败生蛆为旨，酒以味酸为醇"的生番则显得比较原始野蛮："内山生番，五谷绝少，斫

---

①　戚嘉林：《台湾史》，华艺出版社 2014 年版，第 94 页。
②　朱仕价：《小琉球漫志》，成文出版社 1970 年版，第 82 页。
③　朱仕价：《小琉球漫志》，成文出版社 1970 年版，第 86 页。
④　朱仕价：《小琉球漫志》，成文出版社 1970 年版，第 81 页。

树燔根，以种芋魁，大者七、八斤，贮以为粮。……捕获生鹿则饮其血，割肉生食之。"① 这种茹毛饮血的生活状态，显示出少数民族仍处于未开化的原始社会，这既给读者带来别样而新奇的阅读体验，更使读者从中了解台地的社会发展进程。

（二）制度层面的台湾地域文化

地域文化的"制度层面包括特定地域人们的风俗、礼仪、制度、法律、宗教、艺术等"。② "制度"既包括作为社会结构中的政治、经济等制度，也包括因制度而产生的制度文化及宗教、礼俗、艺术等。《小琉球漫志》以细腻的笔触记载了台湾人的风俗人情、宗教艺术等。其中，风俗人情是地域文化的核心内容。朱仕玠在《海东胜语》中记载了台湾异于大陆的风俗，最为突出的是婚嫁习俗："熟番初归化时，不择婚，不倩媒妁。男皆出赘，生女则喜，以男出赘女招夫也。""女及笄，构屋独居；番童有意者，弹嘴琴挑之。""意合，女出而招之同居，曰牵手。""既婚，女赴男家，洒扫屋舍三日，名曰乌合。此后男归女家，同耕并作，以谐终身。"③ 台地少数民族不同于大陆传统的婚礼习俗，没有"纳采、问名、纳吉、纳征，请期、亲迎"等步骤，而是"男出赘女招夫"。在家庭里女尊而男卑，家务悉以女主之，实为母系氏族之遗风流韵。

宗教信仰起源于原始先民的图腾崇拜，图腾是氏族部落的象征和标志，被其成员当作神加以敬奉。他们将图腾视为自己的始祖，并且相信与之有着某种亲属血缘关系，认为是宗族的守护神，使得本民族得以持续和兴旺发达。④ 清时台湾本土各部族的祭祀活动具有浓厚的原始宗教特色，比如阿美人摔跤节、布农人打耳祭、阿美人赶鬼仪式、阿美人祭司节等。泰雅人有男女在脸上刺黥的习俗，传说可以避邪，表现美丽与英俊，也是代表族群的记号。台湾少数民族亦多有原始信仰的动物崇拜，如对鸡的崇拜。《海东胜语》载：少数民族"惟不食鸡。相传红毛欲杀生番，俱避祸远匿，闻鸡声知其所在，迹而杀之。番以为神，故不食"。⑤ 原始宗教信仰是一种精神寄托，与相关的民俗活动构成宗教文化，是地域文化的重要内容。随着闽人迁徙台湾，妈祖文化播迁台湾，妈祖成为台湾最普遍信仰的民间神明之一。《海中见澎湖岛》关于澎湖娘妈宫的记载向读者传播了台湾的宗教信仰。《泛海纪程》载："舵前相距二丈余，设立板屋，宽约一丈余，深约一丈，内供养天后像。"⑥ 《海东胜语》载："每岁天后三月诞辰，必有海鳅来朝。"⑦ 台地也崇尚巫术，巫术文化充满奇幻神秘色彩。《小琉球漫志》多有巫术记载，如："往时北路老番妇能作法诅咒，谓之向。先试树木立死，解而复苏，然后用之；否则，恐能

① 朱仕玠：《小琉球漫志》，成文出版社1970年版，第82页。
② 张凤琦：《"地域文化"概念及其研究路径探析》，《浙江社会科学》2008年第4期。
③ 朱仕玠：《小琉球漫志》，成文出版社1970年版，第82—83页。
④ 周巧云：《论宗教艺术的起源与图腾崇拜》，《湖南师范大学社会科学学报》2011年第5期。
⑤ 朱仕玠：《小琉球漫志》，成文出版社1970年版，第82页。
⑥ 朱仕玠：《小琉球漫志》，成文出版社1970年版，第7页。
⑦ 朱仕玠：《小琉球漫志》，成文出版社1970年版，第64页。

向不能解也。"① 这些颇具诡异浪漫色彩的描述，给台地地域文化蒙上了一层神秘的面纱，不由得让人生起探奇猎玄之心。

（三）哲学文化层面的台湾地域文化

地域文化的哲学文化层面，"指特定地域人们的价值取向、审美情趣、群体人格等等"。② 实际上，地域文化的层面往往是难以分割，互相缠绕的。其中，哲学层面以物质、制度作为载体，同时又引导和制约着物质、制度的变化。同样的，《小琉球漫志》所记载的台湾地域文化，其物质、制度、哲学层面的记载也并未截然分开，往往是通过对物质层面、制度层面的记载揭示其哲学内涵。因此，我们可以透过对书中所载物质、制度层面的研究，了解其背后的哲学意蕴，从而了解台湾人民的价值取向、审美情趣及群体人格等，为客家移民提供参考资料。

朱仕玠在《海东胜语》中详尽记叙了当地居民的服饰繁复，"手带铜镯或铁环，以玛瑙珠及各色赝珠、文贝、螺壳、银牌、红毛剑钱为饰，各贯而加诸项，累累若璎络"；"两耳穿孔，用篾圈抵塞，以大耳垂肩为美观"。③ 他还写了当地女子喜好出游，出游前反复修饰自己近于奢侈，却怠惰于生产活动，所谓"不解蚕织"。作者一方面是通过对台湾少数民族服饰的记叙，反映台湾少数民族区别于其他地域的人的独特审美观；另一方面进行文化比较，从中原"男耕女织"的文化视角对台湾文化进行哲学思考。他在《瀛涯渔唱》中，记载台湾少数民族嚼槟榔的风俗盛行，甚至成为奢靡习俗。其后又在《海东胜语》中对这种习俗进行批评和指责，实际上是对原始的重感官刺激、缺乏科学精神的文化的批判，亦是对台湾地域文化的哲学思考。作者的文化比较更体现在对台地文教落后的批判上。朱仕玠赴台主要是担任教谕职务，对台地的文教状况深有感触。他在《海东胜语》中记载台湾不仅办学条件落后，而且学习风气极差，远远落后于客家的崇文重教。朱仕玠认为文教是实现文明的前提。朱仕玠对台地文教的批判体现了他对文明的哲学思考。《小琉球漫志》中所载的奇风异俗，反映了清中叶时期台湾地区生产力水平普遍低下，处于相对落后甚至是原始的社会阶段，客观上反映了当地的历史和文化。如他们的图腾信仰、巫蛊文化的盛行，反映了当时处于蒙昧状态的台地少数民族以一种谦卑的姿态，满怀对大自然的敬畏的文化现象。在遗存的原始文化中，蕴含的是巫的思维，如《海东胜语》中所叙写的台湾少数民族文身、黥面、穿耳、染齿和凿齿等习俗。从《小琉球漫志》对台湾原始文化的记叙中，以及对诸如饮食习惯、器物变化的记叙中，我们可以感受台地文化变迁是非常缓慢的，但是随着时代政治经济的发展，文化的变迁又是必然的。因此，我们说《小琉球漫志》最为厚重的哲学意味，就是反映文化变迁的缓慢性和必然性。

---

① 朱仕玠：《小琉球漫志》，成文出版社 1970 年版，第 91 页。
② 张凤琦：《"地域文化"概念及其研究路径探析》，《浙江社会科学》2008 年第 4 期。
③ 朱仕玠：《小琉球漫志》，成文出版社 1970 年版，第 74 页。

### 三、朱仕琇的古文理论

朱仕琇在古文理论上具有较大建树。他的古文理论渊源于儒家经典，对《周易》的"气"和《中庸》的"诚"多有诠释和发挥；他在韩愈"文以明道"的基础上提倡古文，倡导恢复古道；他深受闽学的影响，注重对义理的发现、引申和新的阐释，进而以"理"统之，并将格物致知、修身养性、文以载道，实现治国平天下的途径和境界作为一个整体，都在"理"的统摄之中。

（一）对韩愈古文理论的传承

中国古代文学理论中的"古文"概念由韩愈提出，指上继三代两汉文体的散文，与六朝以来流行的骈文相对立。① 中国文学的"古文运动"兴起于唐代，以"文起八代之衰"的韩愈为代表。唐宋时期基本形成了系统的古文理论，其核心是"道"。韩愈在《答陈生书》中说"愈之志在古道"，所谓"古道"即"圣人之道"，也就是尧舜文武周公孔孟的道统。韩氏倡导古道的根本目的是高扬儒学的正统地位。朱仕琇传承了韩愈的观点，认为文学是传播"道"的手段和工具。他主张把古文创作和儒学复古主义结合起来，宣扬儒家的仁义道德思想。如，在《陈凝斋遗文序》中，他说文章是载道之体："推其明道之心，不嫌自异，岂恶人之异己哉？""嵩甫之文峭岸，凝斋易以平直；其言雍容质实，尤得载道之体。"② 这与韩愈"志在古道""文以载道"的思想如出一辙。对于韩愈，朱仕琇多次说自己"生平醉心韩、李"，"好唐韩氏之书，而师其志。"③ 朱仕琇对韩愈的崇尚之心，溢于言表。朱仕琇自觉地以传承唐宋古文理论，振兴古文之衰为己任。对于清初文坛而起的狭隘浮薄、无病呻吟之弊，他呼吁革除文坛时弊。在面对当时文风不振的靡态时，他试图通过创作实践和育才宣教，以期承继道统，使自己能够像韩愈、欧阳修、姚燧、归有光一样成为复兴古文的中流砥柱。朱仕琇终其一生以韩愈复振的气概从事古文事业。其兄长朱仕玠概括他的一生："其生平以古文辞自力，归于自得，要其意欲追古之立言者。"④ 他不仅在有生之年躬身从事古文创作，还竭力倡导古文、坚守古文。晚年主掌福州鳌峰书院 10 年，亲力传授古文，在福建形成了一股古文思潮，对当时闽派古文的发展起到了领军作用。

（二）将闽学融入古文理论

闽学是理学最重要的学派，形成于闽地福建，也是客家的思想文化。闽学推崇《四书》，确立孔孟思想的权威。认为正宗的儒家思想都在《论语》《孟子》《大学》《中庸》

① 葛晓音：《唐宋散文》，上海古籍出版社1990年版，第15页。
② 朱仕琇：《梅崖居士文集》（乾隆四十七年即1782年刻本），《清代诗文集汇编》（第336册），上海古籍出版社2010年版，第338页。
③ 朱仕琇：《梅崖居士文集》（乾隆四十七年即1782年刻本），《清代诗文集汇编》（第336册），上海古籍出版社2010年版，第480、414页。
④ 陈寿祺：《左海文集》（卷四），《续修四库全书》（第1496册），上海古籍出版社2002年版，第182页。

中。"四书"即圣人之道。闽北是闽学家早期学术活动的最重要地区，后来则以福州为闽学传播中心。出生于闽北建宁，长期在福州鳌峰书院讲学和治学的朱仕琇，一生阐述圣人之道，主张通过古文文以载道，弘扬儒家仁义道德思想，强调通过博学儒家经典推进古文创作。他在《答王光禄西庄书》中说："杨子云曰：'多闻则守之以约，多见则守之以卓；寡闻则无约也，寡见则无卓也。' 孤陋固不足以尽道。然荀况载孔子论士之言曰：'不务多知，务审其所知。' 则所以主乎闻见者，必有道矣。"① 朱仕琇十分推崇扬雄，扬雄在汉代自觉地担负起捍卫正统儒学、批判诸子异说的任务，强调博闻广识于儒家经典对于古文创作的重要性。朱仕琇自我激励，要像扬雄一样弘扬正宗儒学。

在学风上，闽学的治学与汉唐儒家学者的偏重训诂考证不同，注重读经要对义理有所发现、引申和阐释，进而以"理"统之。朱仕琇的古文理论融入闽学，强调学习古文要看其立意，而非形式和言辞。他还进一步认为治古文要重视揣摩，注意取舍，师古可以，但绝不可拘泥。他主张对古文名家的学习要取舍有道，强调"慎取之"。朱仕琇既以名家古文作为师法对象，又看其符不符合古文之道。朱珪在《梅崖居士全集》序中评朱仕琇的古文"始力抗周、秦、两汉，与荀卿、屈平、马迁、扬雄诸子搏，必伏而监其脑，然后导而汇之韩、柳、欧阳、王、曾、姚、虞以下，若首受而委逆也；及其晚而反复于遵岩、震川诸家"，② 说的是他善于学习古文名家，转益多师，注重读经要对义理有所发现、引申和阐释。

闽学推崇人格的自我完善。朱熹有心法说，即言行必须过心，要用心操持言行，要格物致知，修身养性，才能齐家治国平天下，而其本源在于心敬。人格的自我完善和精神境界的提高是闽学的至高追求。朱仕琇深受闽学的影响，认为作家要写好文章，关键是要有高尚的道德修养。他在为雷铉《经笥堂文集》35 卷所作的序文中，讨论了德行与文章的关系："生平出处按之固已无一不合于道，所为文章皆本其躬行所得者。"③ 这里他强调两点：文章有成的前提是言行合于道；一个人的文章是他言行的反映。"韩子曰：'君子慎其实。'柳子曰：'文以行为本。'欧阳子曰：'道至者，文不期而自至。'观于公文，而三君子之言益信矣"（《经笥堂文集序》）。④ 他认为要以德行作为修养的根本，在德行修养中致诚是摆在首位的。一个人若臻于道德、至于上善之境，那么文章自然而然就写出来了。他反复提出：要想写出好文章，首先要提高道德修养，做到言行合

---

① 朱仕琇：《梅崖居士外集》（乾隆四十七年即 1782 年刻本），《清代诗文集汇编》（第 336 册），上海古籍出版社 2010 年版，第 576 页。

② 朱仕琇：《梅崖居士文集》（乾隆四十七年即 1782 年刻本），《清代诗文集汇编》（第 336 册），上海古籍出版社 2010 年版，第 179 页。

③ 朱仕琇：《梅崖居士文集》（乾隆四十七年即 1782 年刻本），《清代诗文集汇编》（第 336 册），上海古籍出版社 2010 年版，第 336 页。

④ 朱仕琇：《梅崖居士文集》（乾隆四十七年即 1782 年刻本），《清代诗文集汇编》（第 336 册），上海古籍出版社 2010 年版，第 336 页。

一。这种立文先立人、立人首立德的思想，虽非朱仕琇创见，但对当时的学界产生了很大影响。这与客家崇尚道德修养也是一致的。

做人与为文的关系，也体现了闽学的本体观，体现"理"的统摄。"理"是闽学所认为的超越具体事物和现象的绝对精神本体，将儒学纲常伦理纳入"理"这一最高范畴，上升为宇宙本体，从而使理成为一个至上而整体的范畴。朱仕琇虽然不是理学家，但是他的古文理论渗透着理学的本体主义。他的古文理论不是狭隘的写作理论，而是对理的具体演绎。比如他在《与林穆庵书》中曰："夫物既充中，灵台无空虚之处，天安能游？天之不游，知之不至也。物去而灵台空虚，故知至；知至而无妄，故意诚；意诚则情各识其职而不偏，故心正；心正则五官手足有帅而不乱，故身修。其家国天下，由此可推也。"① 这是对《大学》"物格而后知至，知至而后意诚，意诚而后心正，心正而后身修，身修而后家齐，家齐而后国治，国治而后天下平"的进一步阐释，也是对"理"的具体演绎。他认为"修身"是根本，既是格物致知、意诚心正的落脚点，又是齐家治国平天下的基础；他还进一步对"理"进行具体的演绎，将格物致知、修身养性、文以载道，实现治国平天下的途径和境界作为一个整体，这些都在"理"的统摄之中。

（三）传承儒家经典

朱仕琇虽然生于清代，但是他所生活的闽西北和福州闽学盛行，他的古文理论传承儒家经典。如"气"是六经之首的《周易》的重要概念，而在朱仕琇的古文理论中，"气"也是一个重要的范畴。他认为文贵有气，求善养气。朱仕琇针砭文坛时弊，强调"文气"说。在《答吴督学书》中云："近世古文道益芜，作者营一句一调，逛惑聋瞽，绝不问古人所为知言养气者。"② 在他看来，这些文坛流弊都属于背离古道、迷途其远，是为文浮躁的"夸气"所致。他在《复答鲁洁非书》中对学生鲁九皋说："尝见近世名士好薄时文，此皆夸气所为，心尝鄙之，愿足下勿效之也。"③ 朱氏认为唯有知言养气、明道复古，才能绝浮躁去"夸气"。

儒家经典《中庸》被理学家作为四书之一，"诚"是《中庸》的重要范畴。朱仕琇的古文理论极其重视"诚"，提出"立诚为本"的理论主张，强调道德修养中真诚的重要性，这是他对韩愈古文理论新的阐释。朱仕琇强调为文要做到以"诚"为本。他的这种思想也贯穿于讲学授教之中，教导弟子学古文要立诚为本。在朱仕琇的文学理论中，"立诚为本"既是创作方法，也是批评方法。朱珪在《梅崖居士全集》序中也说朱仕琇

① 朱仕琇：《梅崖居士文集》（乾隆四十七年即1782年刻本），《清代诗文集汇编》（第336册），上海古籍出版社2010年版，第422页。

② 朱仕琇：《梅崖居士文集》（乾隆四十七年即1782年刻本），《清代诗文集汇编》（第336册），上海古籍出版社2010年版，第400页。

③ 朱仕琇：《梅崖居士文集》（乾隆四十七年即1782年刻本），《清代诗文集汇编》（第336册），上海古籍出版社2010年版，第466页。

"其为文善状物，情必揆于经义，庶几得之心而立其诚者"。① 可见朱氏真正追求的风格是"平易诚见"，亦是"立诚为本"理论主张在文学创作上的实践。朱仕琇的古文理论对当时古文的复兴起到了积极的引导作用。朱仕琇去世以后，继承他的古文理论的学生和再传弟子或以姚鼐为师，或与桐城派学术交流密切，汇入桐城古文学派，成为著名的桐城古文学派的理论基础之一。

朱仕玠和朱仕琇兄弟出生地建宁县，是客家先民的重要栖居地和中转地，到了清代，客家文化积淀深厚，而福州更是闽学后期兴盛的"闽都"。理学是客家的思想文化，作为客家文人和学者，朱氏兄弟为丰富客家文化起了杰出作用。

（本文作者系三明学院文化传播学院讲师，硕士）

---

① 朱仕琇：《梅崖居士文集》（乾隆四十七年即1782年刻本），《清代诗文集汇编》（第336册），上海古籍出版社2010年版，第180页。

# 黄慎是怎样从草根画匠走向大师神坛的

黄润生

黄慎作为历史名人，画坛泰斗，享誉世界。黄慎的成功究竟是必然的，还是偶然的？黄慎之前，邑内并未出现重量级的画师，缺乏环境的熏陶；其家族亦非画匠门第，不具备遗传基因，也未见有文称其具有先天性画家的潜质。然而，正是在这样的背景下，却造就了一个举世瞩目、画风独特、画作价值连城的大师。

## 一、受命于母学画糊口，歪打正着闯入画界

黄慎学画是于家遭厄运、家境遇累之年，学画的目的仅局限于为日后养家糊口做准备。康熙三十九年（1700），黄慎14岁时，其父暴病逝世于湖南。根据王步青《书黄母节孝略》载："巨山……谋治生，游楚，岁在康熙戊寅……黾勉街坊巨山两年，竟客死。"马荣祖《黄节母纪略》："巨山乏客死于楚，慎年甫十四，仲子三岁，二女皆幼。"黄慎五言古诗《感怀》："念昔韶龄日，记诵不能忘……那知岁无几……厄我灵椿伤……我年一十四……"其七古《述怀》："嗟哉父死洞庭野，我母鞠育如掌珠。"祸不单行，这年，黄慎两妹先后夭折。年成不好，米珠薪桂，幼弟失乳，家庭生活极端困难。年少丧父，对于黄慎来说无疑是人生的最大悲痛，从此生活断供，自食其力已经难以支撑，还要养家糊口，因他是家中长子，顶梁柱。其母依赖于囊中尚有积蓄，不得不长远打算，为家里谋划新的财源，只有黄慎学艺最适合当时条件。当时黄慎年尚幼，学习其他重体力手艺不适应，唯有学画，不受日晒，体力支出也不算大。"慎之寄于画，非慎志也，为谋吾母之甘旨"，"慎非画，无以养母"。许齐卓撰《瘿瓢山人小传》载："山人尝言：'予自十五岁时便学画。'"王步青《题黄山人画册》："一日，山人谓余曰：'……某幼而孤，母苦节，辛勤万状。抚某既成人，念无以存活，命某学画。又念惟写真易谐俗，逐专为之。'"家庭的变故，让幼小的黄慎走上学画的道路，奠定了他事业的基础。

## 二、受累于拮借地寺门，耳濡梵音渐长慧根

初入画坛的黄慎，由于受到家庭条件的制约，条件非常艰苦，经济相当拮据。因此他只好借住佛门，受益烛光。马荣祖《黄节母纪略》："频年饥馑，益无从得食。慎大痛，再拜别母，从师学画。年余，已能会师笔法，鬻画供母。自是乃免于饥寒。"王步青《书黄母节孝略》："慎愈益自爱，方十八九岁，寄萧寺，昼为画，夜无所得烛，从佛

光明灯读书其下。"马祖荣《黄节母纪略》:"慎读书萧寺,深夜中常借佛火映读。"雷铉《闻见偶录》:"张钦容望谓之(按:指黄慎)曰:'子不能诗,一画工耳!能诗,则画亦不俗。'始学诗,夜就神灯读诗,至三更鼓乃已眠。"许齐卓《瘿瓢山人小传》:"山人尝言,予自十四五岁时便学画,而时时有鹘突于胸者,仰然思,恍然悟,慨然曰:'予画之不工,则以余不读书之故。'于是,折节发愤,取毛诗、三礼、史汉、晋宋间文,杜、韩五七言及中、晚唐诗,熟读精思,膏以继晷。"佛门之地,为黄慎生活和学画提供的方便,让他能昼学夜习,夜以继日,产生了从量到质的飞跃。佛门乃修行净地,通过梵音熏陶,持戒寡欲,清净心灵,增长福慧。佛堂之中,佛像庄严威仪,烛光闪烁,檀香袅袅,置身其中,感受到的是一种神奇而仙境般的世界。长期熏陶于此,自然对其精神境界有较大的提升。黄慎沐浴在佛音下,接受梵音的洗礼,自然对其身心有较大的提升。其许多作品不仅表现佛门题材,更主要的是其手法上也是采用禅意手法,留下丰富的想象空间。李世敬《论黄慎人物画造型的审美特征》中说:"《扬州八怪全书》四卷将黄慎定位为'写像大师'。在他 18 岁那年'寄居僧寺,习画、读书、学诗。始学诗,夜就神灯读诗,至三鼓乃已……为今后的'诗、书、画'三绝打下的坚实的基础。"

**三、受窘于鬻画长见识,闯荡市场开阔视野**

黄慎 18 岁学画,23 岁便到建宁鬻画,33 岁出游赣州、瑞金,37 岁到广东韶关、南京,38 岁至 48 岁间往来于南京、镇江、仪征、淮安、海州、扬州,最后定居扬州。

一生漂泊不定,生活起伏跌宕,闯荡之苦却拓宽了黄慎的眼界。一是以需求作画。在当时的市场条件下,老百姓对绘画艺术的追求受制于生活条件,多数停留于对生活平安的祈祷,因此企盼神灵的护佑成为一种本能,由此,黄慎笔下的钟馗捉鬼、钟馗执笏图等题材的作品特别多。张果老倒骑驴图等仙道之作也不少见,除此还创作了大量民间喜爱的题材,如麻姑献寿图、麻姑敬酒图等,不能不说黄慎的画作题材是受到市场的影响。二是审美作画。于是他博采众艺,苦心琢磨,努力寻找艺术的突破口。草书最适合书写者"抒情达性"倾诉情怀,展露个性,而传统人物画、花鸟画注重传神,表现鲜活的生命感。黄慎在笔墨锤炼中悟及"草书"与"画"的特质与关联。① 三是以典故入画。"扬州文物商店收藏一幅山人的写意花卉《玉簪图》,未著创作年月,上半部斜出一枝玉簪花,润笔迅扫,简练苍劲。下半部题七绝一首……"款署"闽中黄慎","慎"字左侧钤一白文"糊涂居士"长方印。印左又有一首七绝:"月边斜著露边垂,皎皎玉簪雪一枝。赠与钱塘苏小小,玻璃枕上撇青丝。"款署"新罗"。从字迹来看,这位"新罗"当是新罗山人华岩。据黄慎题诗中"老人"一词,依循两位山人的行踪来推断,这幅《玉簪图》当作于乾隆十六年(1751)两位山人重游扬州相会之际。这幅画留下了黄慎和华岩两位大画家交往的痕迹,颇为珍贵。四是以画会友。黄慎在漂泊的生活中,结识了许多友人,即景发挥之作不乏其例。黄慎在扬州时,曾经游天宁寺遇雨,避雨留

① 成忠臣:《用当代眼光重新评价黄慎及其艺术》,《美术大观》2009 年第 10 期。

宿。僧人告知寺内已有郑板桥、李鱓借宿。黄慎欣然夜访两位名人，通宵畅谈。黎明后应僧求画，作《米家山水》，留下空白给郑板桥题字。正是在闯荡市场中，黄慎了解到市场的需求，感悟到艺术的真谛，拓宽了艺术的境界，找到了自己的差距，让其骋目艺界，胸怀蓝图，努力探求，终有所成。

### 四、受驱于愿力自奋蹄，探索章法开创新路

应当说黄慎的成功得益于他自身的志向，得益于他的愿力，得益于他内存的动力驱使。黄慎少年就发奋道："吾师绝伎难以争名矣，志士当自立以成名，岂肯居人后哉。"丁临川《走近黄慎》中说："黄慎的山水宗元黄公望、倪瓒，中年以后，吸取徐渭笔法，变为粗笔写意为多。山水画为长江、赣江之景的实地写生，反映了他对现实生活和大自然的热爱。另一侧面学习态度严谨认真。他曾说：'吾师绝技难以争名矣，志当自立以成名，岂肯居人后哉！'既有高远志向，又正视不足，面对现实。"黄慎《短歌》云："虎啸风至，龙举云从。皇灵剡剡，万国朝宗，欲游四渎，以待冲风。试问冯夷，骖骊二龙。黄河汤汤，欲济无航。我欲叱之，鼍鼋为梁。蓬矢射革，枉张强弩。功则何成？取哂伥虎。蔡草有毒，鱼虾不知。谁投于水？圊圊饲之。万壑幽寒，两霩吹残。绝无人径，惜蟾蜍兰。"已经隐约地表达了他的志向和愿望，同时也深感人生之艰辛，生活之坎坷。特别是黄慎闯入扬州画界后，面对的是一个繁华的都市、人性的势利和同行的挤压，要站稳脚跟，光靠过去的"老本"是难以立足的。面对困境，黄慎还是不畏险阻，寻求画技和画风上的自我突破。"有一次观赏唐代草书名家怀素墨迹，揣摩良久，细心体味，忽有所悟，急忙展纸挥写，那带着画者难以抑制的激情、那充满生命意兴变幻无穷的草书意趣线条，把人物画得别有生趣，'其画望去寥寥数笔，难以形模，如画之草稿，远离视之，则人物精神骨力具出'。此时，黄慎拍案大喜道：'吾得之矣！'从此一发不可收拾，终于开创以狂草笔意挥写人物、花鸟形象独特的笔墨表现形式"。[1]

### 五、受益于友得贵人帮，诗才孝道赢得美誉

黄慎一生，朋友很多。他以酒会友，以诗会友，以画会友。王步青《书黄母节孝略》载："当是时，慎虽少，与游者多闻人。"在黄慎的诗中，有较大篇幅是"约""答""寄怀""送"等与友人交往的诗篇。如黄慎诗《小饮友鳌楼，喜主人李子美自楚还》较好地表现了其朋友交往的一个侧面，有朋自远方回来，均以宴相聚，畅谈情感。诸如《送宗弟松石归余杭》《赠虔州王草臣》《乾隆三年秋读亡友杨季重》等诗篇都能较好地表现黄慎交往面甚广。黄慎在扬州交了不少朋友，不乏对其绘画艺术启发较大的，郑板桥便是其中一名，两人可谓莫逆之交。在黄慎画作《钟馗酌妹图》《漱石手砚图》《月夜游平山图》上都有郑板桥的题诗，字里行间，满是知音情怀。可以说郑板桥对黄慎艺术水平的提升和社会的认可影响极大。另一个对黄慎影响较大的莫过于汪士慎。汪士慎（1686—1759）是清代著名画家，安徽休宁人，寓居扬州。汪士慎在诗、

---

[1] 成忠臣：《用当代眼光重新评价黄慎及其艺术》，《美术大观》2009 年第 10 期。

书、画、印诸方面皆有很高的成就。黄慎尚未立足扬州前，曾经一次选了些精品上市卖画，一整天无人问津，一气之下由卖画而撕画。适逢汪士慎到此，问明情况后，介绍自己"同为天涯沦落人"，希望造访黄慎，之后，两人泛舟保障湖。汪指出黄画技功底皆强，唯画风不合时宜，应工改写，小写不如大写。黄慎得到很大的启发，恍然大悟，暗下决心，改变画风，从此励志奋发，终成大器。黄慎的诗才为其交友添翼，在《蛟湖诗抄》中，共收集了黄慎诗歌 339 首，其中交游酬情的 123 首，占 36%。从中可以看出，黄慎有相当的时间和精力用于交友。也正是这些诗，让黄慎赢得了"诗才"赞誉的同时，凝聚了人气，培育了人脉，找到许多诗画的知音者。黄慎以诗赢得友情，以孝道赢得尊重。其孝道远近闻名。他到扬州后，多次接母到扬州，母亲不适应，又多次送母回宁化。1727 年，41 岁的黄慎从扬州回宁化接母亲，1734 年携家奉母从扬州返回宁化，其诗七律《雩都峡·丙辰携家归闽》可证。黄慎还请马祖荣为其母作《黄节母纪略》，向汀州知府申请为老母建立节孝牌坊。黄慎的孝道赢得了普遍的赞誉，也因此得到许多人的羡慕和帮助。

黄慎的一生，是坎坷的一生，是令人崇敬和同情的一生。泛舟漂泊，举足难定，四海为家，骨肉分离，然"天降大任于斯人也，必先苦其心志、劳其筋骨、饿其体肤、空乏其身、增益其所不能"。也许，正是这生活的种种折腾和坎坷，正是这人生轨迹中的各种际遇，才让他开阔了眼界，增长了见识，磨砺了斗志，才让这位草根画匠走向大师神坛。

（本文作者系宁化县人民检察院检察员）

# 客家地区传统经济与当代经济发展之研究

# 客家美食文创营销研究

## 邱英政

### 一、前言

客家族群的地位在中华民族中十分重要，对于中华文化的发展有卓越的贡献，特别在文化、地理和经济方面，客家人都有出色的表现。客家文化在千年的迁徙中逐渐发展成型，祖先们借着与不同的族群进行融合，在继承中原儒家的道统基础上，容纳南方各个文化的精华，一步步形成今日优秀的客家文化。

由于客家人历经长期迁徙，受到自然与人文环境的限制，影响了客家的饮食文化。在艰难的生活条件下求取生存资源，在不安与变动中影响了食材的料理特色，形成了珍惜物力与勤俭自奉的生活风格。客家人注重物质需求的满足，并不崇尚奢华，饮食材料实在又能获起码的温饱，这或许正是经济社会地位中相对弱势者所不得不采取的"节制饮食"策略。

本文对于客家饮食文化以及特色产业进行论述，深化对于客家饮食文化的解读，对特色产业的客家传统美食价值打造、劳动饮食—美食市场的品牌建构，提出实务操作的文化产业市场策略，并就市场的经营推广、场域与客家文化结合等主题，加以阐述，以期对传统客家美食，在概念认知与实务操作上有更深入的理解。

### 二、研究背景

客家文化在近千年的历练过程中，最能对外人表现客家精神及文化风雅的莫过于一道道古朴的客家菜。俗语说"吃饭皇帝大"，"民以食为天"，客家精神中俭朴的特质深刻地反映在客家美食上。客家菜肴的特色和客家人的生活环境密不可分。过去"咸、香、肥"构成客家饮食文化特色，客家人也开发出"晒干""腌制"的饮食技巧，像霉干菜、萝卜干、笋干、腌福菜、腌酱瓜、腌笋、豆腐乳等都是名闻遐迩的客家美食，不但风味独特，又能长期收藏，是先人们的智慧，也彰显了客家饮食文化丰富的内容。

（一）客家饮食与劳动经济以及迁徙历史的关系

客家人在食物的制作方面，最主要的考量并不是美味与否，而是能不能久藏，可不可以节省食物，更重要的是能不能充分提供体力补偿。在垦拓之初，由于披荆斩棘垦荒的劳动耗费了大量体力和热量，需要较多的油脂补充体力，食物大多比较油腻；劳动大量流汗，需要补充电解质，故食物大多比较咸；佐料爆香，促进食欲并维持体力。因此客家人在食物方面，任何可以饱肚子的食物，且愈耐饥的食物，往往被客家人拿来当作主食，而稻米和番薯即是客家人的主食。食材制作方面，往往呈现咸、香、肥的特色，大部分的食物都是重口味、多肥油。故客家妇女在储存食物与腌制食物方面特别有心得，凡是能晒干保存或腌渍保存的任何食物，均由食物处理技术的经验传承与创新，发展出特殊的储存与改变口味技巧（刘还月，2001）。

（二）客家饮食与环境的关系——山林环境影响饮食的选择及料理方式

客家人大多居住在丘陵地带，在山上饲养的牲畜、特产等农产品，成为主要食材来源。在山区交通不便，采买不易，再加上缺乏冷藏设备，为了能长久储存，多用盐腌制，借由盐和日照以利食物存放的方法，便成为客家副食的特色（刘还月，2001）。

客家人根据居住地的环境特性，在山坡、丘陵地上栽种许多适合的作物，由于山居以及不断迁徙的生活经验，发展出独特的饮食文化，采用的食材多半为山林间易于取得的野菜果蔬，例如紫苏、艾草、竹笋，形成了客家“吃野、吃粗、吃杂”的饮食特性。由于山区稻米产量有限，故以杂粮为主，如番薯、芋头、蕨根、山药、大薯；又以红薯、南瓜、芋头、大豆做成点心，大豆做成豆腐等加工品。当地生产生活条件较差，也是影响客家饮食的另一要素，由于每天需爬山挑担，消耗体力，且交通不便，粮食蔬菜只好自给自足，因此客家人擅作晒、干、腌、腊、酱等类制品，以辣咸菜、高丽菜干、萝卜干为主。

此外，客家菜有下列几个特色：一是重山珍，轻海味。二是重内容，轻形式。三是重原味。这或许是久居封闭山区，没有受到其他近海菜系的影响所致，反而保留了自然原味的烹调风格。四是喜欢吃内脏、杂物。这或许因所处环境和生活条件而造成，但也促成了客家人善烹内杂的本领（杨昭景，2007）。

在客家菜肴文化方面，客家人刻苦勤俭的特性鲜明，充分表现在菜肴的制作中。其中，腌制食品主要是因应族群在迁徙过程中，为了方便携带及保存而研发出来的技术。客家族群劳动辛苦，身体损耗大量汗水盐分，故必须加盐补充。这是客家人在不稳定生态下的一种适应策略以及俭约的表现。在战事频仍的年代里，一切充满了不确定性，因此存粮的观念便显得格外浓重。此外，客家饮食文化的基本特征有，讲究饮宴礼仪规范、趋吉避凶的饮食心理、群体共宴的团结精神、注重和合的烹调原则、丰俭并存的饮食习惯。

（三）客家人在日常生活中的饮食特色

中国庶民社会的饮食水平与饮食文化类型分为果腹层和小康层。果腹层处于饮食生活金字塔的最底层。这一层的基本成员是广大农民以及劳动职业或社会无业人员。他们是族群饮食文化的积极创造者，另一方面又是这一文化的顽固保持者、美食文化创造者。小康饮食层在饮食水平上既高于果腹层，其文化形态也就较为丰富。大抵而言，客家传统美食文化的类型定位倾向，偏向于果腹层的劳动饮食而非小康层的休闲饮食。由于劳动经济的影响，客家食物在制作方面，往往呈现咸、香、肥的特色，加上山林生活场域以及迁徙的生活经验，也使盐渍食品与晒、干、腌、酱等类的制品，进入客家饮食文化系谱之中。作为中华菜系的重要组成部分，客家美食的传承与改良，除了赋予文化意义的风格诠释外，也是形塑美食差异化的品牌价值与开创美食消费市场的重要资源。

（四）岁时节庆中的客家饮食特色

客家人刻苦勤俭的鲜明特性，充分表现在菜肴特色中。客家一日三餐，午餐以米饭为主，搭配菜肴大部分取自于自家菜园所种植的新鲜蔬菜及腌制品，烹调技法多半为煮、炒、煎、焖，口味重油、好咸。客家人的主食是米和番薯，日常生活中的零食类食品，则是米粄和糕点。客家人平常制作有豆沙饼、猪油糕、绿豆糕、雪花糕、炸麻花、芋饺、马蹄糕、肉饼、葱饼、桃酥、煎堆等特色休闲美食小吃。在过年过节时，除了酿造糯米酒外，米粄、糕点类亦颇为擅长，尤其是米粄类食品更为著名，如年糕、发粄、油椎（头椎）粄圆、菜包、艾草、粄条、粄粽、水粄、九层糕、米筛目（老鼠粄）、新丁粄等客家著名的米粄点心。

另外，人们的饮食生活不仅受到地域的影响，更受到其经济状况、人文教养、宗教信仰等因素的制约。以某些族群的吃糕（糍粑）为例，人们不只重视吃，而且还重在"做"和"打"。糕粄与岁时节俗关系非常密切，很多族群在春节、清明节、重阳节、冬至节都要做糕或打粄（或糍粑），在制作过程中男女老少都参加，捶杵之声伴合欢歌笑语，形成愉快的节奏和美的旋律，给节日增添了欢乐气氛，也增加了互相了解和感情交流（王学泰，1989）。节日产生的原因大多与饮食无关。但是所有的节日一经流传成俗，却无不与各节日特设的饮食品种和饮食方式结合（王子辉、王民德，1989）。

（五）地方特色食品产业——米粄、糕饼与族群文化的关系

海峡两岸的客家地区的特色美食，追溯制作与品牌字号的创业源头，与客家人的传统庆典、休闲品味、巧艺安身和生存发展有密切关联。早年的农业时代，米粄、糕饼不但是敬天祭祖的供品，文人雅士的休闲食品，也是名门探访亲友、佃农馈赠地主以及士绅往来的伴手礼。客家早年的生活较为清苦，一般人平常舍不得买饼来吃，唯有逢年过节或结婚喜庆之时才有机会吃到米粄、糕饼。然而随着时代的变迁，客家文化与米粄与糕饼的象征联结，如同现代桐花与客家的联结一样来得鲜明。客家人以米粄为主要食材，除了呈现客家以劳动为主的生活风格外，后来也成为美食化与文化产业的经验载体。客家美食文化呈现出山林产业以及劳动需求的特质外，还将都市化与休闲化列入传统美食文化意象的组合范畴。

**三、客家美食文创运营思路**

当代世界的一种符号消费的极端形态，就是文化的商品化、生活的商品化，它其实是文化意义诉求的消费者与生产者的联结（李翠莹，2006）。近年来以"产业文化化、文化产业化"为中心主轴的客家美食发展，对农业与乡村的关注有日趋消费化、休闲化与符号化的倾向。尽管近年来客家饮食与乡村地方的联结日渐增加，客家食材与农产品的联系依旧深刻。在"体验化"与"多样化"以及"精致化"与"高级化"的轴心动

力的驱使下，农业或乡村似乎已转变成为创造基本信赖的标签或是形塑美丽想象的符号（王雯君，2005）。

海峡两岸的客家族群社会发展，是全球化的一部分，同时也向地方化发展。一方面是地方特色重新被发现，另一方面则是资源转化机制的建构。在全球化的发展脉络中，许多地方特色文化都被镶嵌于社会结构的机制里，这也是当前社会的时势所趋。也就是说，地方特色产业原本就具有社区性及文化性，客家文化，却是既熟悉且历史很久的一个文化。一般人提到客家文化，更会想到客家美食的味道，例如姜丝炒大肠、粄条、萝卜菜干等（许哲源，2006）。客家文化及客家意象，创造了更多的客家美食文化产业价值。本文聚焦于客家美食与文化力，阐扬、彰显客家美食文创产业的新方向。

（一）文化创意产业的起源与界定

文化产业的概念，起源于1947年由"法兰克福学派"的Adorno and Horkheimer（2002）所提出的"文化工业"概念，当时文化产业的商品，皆是为了大众而设计且予以生产的文化形式而出现的。

创意产业的概念最早是由英国提出的。英国从1997年开始拟定"创意产业发展策略"，以发展知识经济为政策方向，把创意产业定为国家重点发展产业，亦即将早已存在的历史文化、艺术资产列为重大产业项目。创意产业的定义是："起源于个体创意、技巧及才能的产业，通过知识产权的生成与利用，而有潜力创造财富与就业机会。"

而联合国教科文组织将文化产业定义为：结合创作、生产与商业的内容，同时此内容本质上，是具有无形资产与文化概念的特性，并获得知识产权的保护，而以产品或服务的形式来呈现。内容来看，文化产业也可以被视为创意产业；在经济领域中，称为未来性产业；在科技领域中，称为内容产业。

"文化产业化"系指运用被忽略或被牺牲的地方环境、传统和特色等文化资源，重新赋予生命力，并借由创意、想象力与科技之方式予以恢复、重建或再造等，再加以包装，使其成为一种文化产品，使产品发展成具文化价值与经济效益的"文化产业"。"文化产业化"强调产品的生活性和精神价值，而"文化产业"仰赖于其创意及个别性，才能创造产品的特性，以及工匠或文化艺术家甚或美食料理厨艺家等的独创性，发展成具高度经济与文化价值的产品。

（二）融入"文化"的新兴消费与经营

"文化"（culture）乃是社会行动的产物，同时在意义上也限制着未来即将发生的其他社会行动。它给予社会行动一个可以被理解与沟通的意义，但是在特定的意义背景当中，它同时将这社会行动具体化在社会互动的过程中，并且与其他社会或群体的行动区别开来。因此，对经济、政治等社会行动的理解必须以对文化的理解为前提。文化是人类（或人民）思想、心灵活动和生活的结晶，是国家、民族、人民形而上或形而下的具体表现。文化因时空的汰选而有精致文化与庶民生活文化之别。什么样的人民会有什么样的文化。文化总是忠实地反映人民的生活形态（吴荣斌、李翠莹，2006）。新一波

"文化复兴"致力于"文化保存""古迹再生"的实质设施改善，与"文化消费""文化产业"新的消费与经营形态紧密联结。世界各国纷纷将文化政策融入其发展策略中，且与居民生活相互结合，寄望于延续当地具有特色的地方性文化，促进经济的复苏，形成新的城市竞争力，借以带动地方的发展（郭百修，2000）。

在消费行为当中，不但文化被制成商品，消费者的个性也被形塑。所谓"创意生活业"，在于将贩卖概念加入新的想象。在贩售的过程中，其可能包含几个重要面向："场所""产品""服务"与"活动"，将每一个面向的要素进行整体结合，就能提高销售价格，其中原有的"物质产品"只占附加价值的一小部分，更大一部分的附加价值由其他的面向所产生。比如说，与贩售产品相结合的服务扩充了产品的效用，以及活动增加了消费者的参与互动感，还有指向某种感受的空间场所让消费者的体验更为完整与深化。这些面向既扩充了产品的效用，也提升了附加价值。

在科技与经济蓬勃发展的推动下，世界各地进入了现代化生活。文化领域同时在理性化与自主化。不能只从被理解为艺术或学术的文化领域来观察，而必须从相反的反文化方向来观察，以大众文化或消费文化面貌出现的现象，乃是文化活动的主要基调（林信华，2002）。在此积极的态度下，让更多消费者了解文化的价值感，也就自然成为文化产品推广营销者扩大文化产业的目标。所谓地方特色美食，绝不能与历史文化脱钩，因为消费者所期待购买的是美食背后的文化故事，期望感受到体验背后所传递的美食的历史文化价值。因此愈能将历史文化融入美食业者，愈能运用营销，创造竞争优势。

（三）客家文化意涵融入美食产业经营

依文献资料得知，客家五次的大迁徙的艰辛过程，不但塑造了客家人的内聚力，也开启了客家人的新视野：面对垦殖区与驻居地多样化的自然山川与多元、险恶的族群处境，客家先民以因地制宜的生存智慧，渐渐发展出未曾想象的客家新风貌，以全然不同于原乡的方式，打造了风貌殊异的客家新故乡。"族群力"和"文化力"整合了原乡的地域差异，不但扩大了客家族群的宽广度，也回头肯定了原乡的文化价值。

客家美食可说是客家文化的代表项目，客家文化重建的过程中，也把客美食当成客家文化的中心价值之一。在台湾的客家美食推广营销活动中，几乎都有几项特定的"客家美食"，早期有"粢粑"，近期则是擂茶，这两个兼具美味与现场表演双重效益的饮食文化，或多或少鼓舞了更多人参与客家文化。一般而言，客家饮食多以传统的"咸、香、肥"三个原则，描述客家人的饮食特色，这样的特色，或许是非客家人在客家做客时能体会到的庆典式饮食场面，至于传统客家人的家常饮食，反而是非客家人较少碰触的简单与素朴风貌。海峡两岸的客家地区，尤其以客家族群为主的农村地区，近来举办了各式各样结合"客家文化"与"在地产业"的推广活动。除希望让大众了解客家饮食背后深厚的文化内涵，保存客家传统食材及料理精髓外，更希望客家美食能够通过创新改良，提升其精致度，与现代饮食接轨，进而带动客家美食新风潮以及相关美食休闲产业的发展。

随着社会生活习惯的改变，客家饮食也与时俱变，客家传统的家常风味重新受到肯定，一跃而成为假日的旅游宠儿，约略可归纳出几个特色：保持食物原料的原味，特别擅用香料与蘸酱，具有独特的酱渍食品，最重要的是，每个乡镇，甚至村里，值得大家一村又一村、一乡过一乡，追寻各地客家美食。客家人在饮食文化的表现，一方面追溯传统，吸取养分，开创生机；另一方面则敞开胸怀，广纳客地饮食风味，紧紧地掌握了现代人的"味"与"胃"，秉持朴实的风格，共同参与了客家美食创造的行列（陈板，2009）。

（四）客家美食与文化经济

早期客家族群多以农业经济为主，如何运用其文化来保有其产业特色和竞争力，是值得探讨的课题；另一个方向则是从近年许多客庄地方新节庆的产生，来讨论客家文化之传统再造及对地方社区经营、文化产业化、产业文化化间的关联、影响及成果。饮食文化内涵的建构、环境物产的影响是日积月累的，最重要的是，族群饮食的内在需求及精神意义。从低层的实用面延伸至高层的精神面，前者如饱食、营养、生产供需之实用意义，后者则有社会文化、价值取向或美学观等抽象意义。

饮食文化所涵盖的内容非常广泛，包括族群生活的自然与生态环境、饮食材料来源、烹调的方法与技术及餐桌礼仪等。可以说，中国饮食文化已超出单纯的饮食范畴，它是族群风俗及社会伦理的结合体。以客家美食文化而言，可以列举出许多代表客家族群特色的食物，每一种食物的呈现也都蕴藏着许多客家族群生长环境的差异或共通性。探讨食物所传递的文化价值，可借此了解客家族群社会生活、饮食文化的演变与特色（彭庭芸，2007）。

近些年来主办客家美食活动的目的，在于思索如何将活动延伸到日常生活中，让客家文化具有经济效益。所以，客家产业、美食必须通过营销，打破客家文化只限于传承的局限，要能有所创意，打入主流市场，争取大众的眼光和认同；通过相关节庆活动，让国人除了品尝各式各样的客家传统美食外，亦充分体验到传统客家风情，结合客家文化与产业发展成果，突显客家产业与文化的多元性与创造性，让国人有机会一窥客家文化的精髓，达到推广客家产业及文化的目的。特别从历史人文的角度，汇集客家美食、职员工艺与节庆活动等作完整的展现，使观光客体验客家文化。

近年台湾在"文创产业"及"文化观光"的政策激活下，已带动许多社区重视在地文化，发挥自己的特色，发展在地文化产业，由在地居民发掘原有的地方资源，运用创意的思维，自发地由下而上推动社区营造，使地方产业与文化结合，促进地方经济的繁荣发展。文化创意产业的巨轮正在行驶。一项文化创意产业要能成功，其实靠的是良好的运营策略与专业的人文艺术才能，而文化产业的商品，如果它制作的质量够优良与完善，相信它的利润一定是会不请自来并且慢慢积累的，它求的便是时间与发展的契机（吴国伟，2006）。

### 四、研究建议

文化的产业化经营，不只是创意与利润导向的经营而已。文化生活的传承与商业化操作之间，应取得相辅相成的平衡互用并两相得利。文化成为产业的资源，又让产业不破坏原有的文化格局，让文化传承与商业机制共同运作，以文化作为产业营销的基础，这是必须重视的议题。

（一）突显餐厅客家风格为主，在餐饮市场中创造差异化

客家文化或客家历史的重塑或解构都必须可以验证及考究。以客家饮食文化为例，海峡两岸大多的平价客家餐厅都是以长辈流传下来的制作手法与处理过程，道道地地呈现家乡味，不是以昂贵的御赐佳肴，而是以价廉味美的客家菜，让客人来品尝一次就变成忠实顾客。大多数客家餐厅的装潢都相当简约，无豪华摆设及大面积场馆，凭借的是经营者的用心。同时顺应时代的转变，口味减轻，增加年轻人喜爱的菜色外，让年轻人更加了解勤俭民族传承下来的饮食。

从研究发现，消费者到客家餐厅用餐，除了注重菜色是否具有传统地道的客家口味之外，对于用餐环境是否呈现浓厚的客家风格也相当重视。由于目前餐饮市场，一般快炒餐厅也贩售一些客家料理，所以消费者会选择至客家餐厅消费，除了享用地道客家料理之外，也想体验用餐环境的客家风格。因此可以以客家建筑空间与在地景观资源相结合，营造客家的氛围来诠释客家美食的文化附加值，真正提供客庄传统风味和创新饮食的对话"场域"。餐饮业进入门槛低，造成从业人员不断增加，市场竞争越趋激烈。要想吸引顾客上门，必须具有自己本身完善的软、硬件设施与特色美食。

（二）传统与创新并行，符合现代轻食慢活的健康风潮

客家人过去所在多是山林区域，美食系属自然与山区物产有密切的关联，美食文化也受到地产物结构的影响，如今逐渐从封闭自足走向开放交流，纳入资本消费的场域，饮食的取材更加丰富，客家菜系中难见的海味菜肴列入饮食享用的成分。客家美食的发展应当是传统与创新并行，顺应现代生活健康"轻食慢活"趋势，在保留传统特性的前提下予以改良；在食材的运用方面，除了保留过去因应生活背景所衍生的特殊食材外，也得取材天然当季的食材，利用"时食"的多元组合来发挥创意；而传统客家食谱及美食文化的调查研究，也可以作为鼓励客家美食新研发，进行创意模仿的学习参考。

（三）以族群文化为本，打造餐饮品牌与提升服务质量

客家美食是最早产业化的客家文化，然而客家饮食从菜色食材到调味方法，则不专属于客家族群，已经成为跨族群共同经验的族群文化产业，不是客家人也可以做客家菜来打造餐饮界的品牌（陈板，2002）。

美食文化内涵的建构受到环境物产的影响，除了有累积的传承特质外，也有与时偕行的调适与新口味。随着物质文明的发展，美食从满足生理的实用性需求提升到心理与美学的鉴赏层次；前者有饱食、营养的实用价值，后者则有文化认同、风格诠释或宗教神圣化与世俗化的品味的意义。客家饮食在美食化与市场化的机制中，有多元的展现机

会。在物质丰裕、衣食无虞的现代社会，从劳动饱食提升到休闲品味的菜色变化，传统客家菜色有必要作适当的调整。

另外，要提升服务质量，不仅在食材、厨艺方面下功夫，更须在卫生、服务等方面努力，这就是客家美食文化的精神本色和客家餐饮的元素在"行、色、香、味"上的要求，要加强精神层面和整体服务质量。

（四）故事品牌化形塑客家美食文化优质形象

建构独特故事，运用创意文宣的好点子，通过客庄美食故事营销活动，树立品牌形象，尤能加强维系餐厅与消费者的特殊情感，具有文化吸引能力，打造独一无二的优势，提升客家美食文化的优质形象。

政府机构在促进客家美食推广活动的过程中，应创造出活动的话题性，让消费者能参与其中。不是只有政府与业者间的互动，应该是政府、消费者与业者三方面的互动。政府鼓励业者朝向餐饮业的多元与精致化发展，建立客家认证餐厅机制，加强休闲旅游文化观光配套设施，举办客家美食传统与创新厨师技艺竞赛等活动，如此消费者才能对客家文化有更深层的认识与记忆。

五、结论

在全球化及多元主义兴起下，客家议题开始重新被理解与诠释并从中赋予新意义。客家族群在语言、地域、经济、文化等方面都具有明显的特征与相对的独立性。客家人属于移民频繁的群体，在迁移过程中，因地域分布、聚落形成的时间不同及经济发展状况的差异，发展出多元的客家文化，对当地政治或经济均有极大的影响力。

客家文化中有丰沛的人文、景观及美食、节庆等民俗与自然生态等资源，可提供发展文化观光休闲产业。"文化观光"是未来客家最有潜力的产业之一。客家文化具有全球独一无二的特色，因为文化形成的特殊性，使得客家尤其具有极为特殊的风貌，再加上全球"文化热"与"休闲旅游风"的带动，客家民宿、餐厅和农家乐的设立，让许多国人可以有机会品尝客家风味的美食，亦可多了解客家的民情风俗和生活形态。近几年举办许多客家美食品尝等活动，目的就是提升客家美食给人既有的印象。由于社会结构的改变，客家饮食在政府及民间产业共同营运、发展地方文化特色的理念之下，成为最具代表性的客家文化意象的表征。客家饮食文化的特质能够彰显客家族群特色的文化资产，期望这份珍贵的文化宝库能够努力地传承下去（张琼文，2008）。

文化是来自生活劳动的体验，不同的族群各有不同的文化特质。"客家生活"与"美食厨艺"之于客家族群而言，是以客家传统民间生活与客家美食厨艺技术之族群文化为基底，期许达到"深耕"及"生根"的文化目标。现阶段期待用故事叙事客家生活、厨艺、节庆等活动，创造感动人心的文化氛围，将客家美食厨艺故事化，来拉动休闲旅游轻食、慢活的文化观光产业发展，从而建构"文化保存、资产活化、文化消费、文创产业和文化观光"等崭新的发展形态。正所谓客庄美食的多元文化是客家独特的内涵，丰富的食材是客庄珍贵的礼物，培植"食当令、吃在地、养于身"观念，美食承传，让幸福被看见。一种美食达人的精神，一个员工承诺的"食得安心"，让全民一起了解客家文化，品尝客家味道，真正让客家美食带来好的生活。这不仅是好的主意，更是一门大生意。

**参考文献：**

［1］王素弯：《台湾文化创意产业的发展》，《经济前瞻》2006 年总第 107 期。

［2］吴荣斌、李翠莹主编：《文化新视野——让自己是主角享受生活在意化中》，《文讯》2006 年。

［3］巫淑兰：《客家文化是个好生意》，《政府客家文化》第 14 期冬季号，2005 年。

［4］李翠莹：《文化力新加值：The Cultrual Strength! The New Values!》，《大康》，2006 年。

［5］周宗德：《苗栗县文化创意产业的发展及其营销策略之研究》，2006 年文化创意产业与地方发展策略研究生学术论文研讨会论文。

［6］文化艺术基金会：《文化创意产业概况分析调查》，2002 年。

［7］《文化创意产业实务全书》，商周文化事业股份有限公司 2004 年版。

［8］许哲源：《客家文化创意产业之研究——以六堆地区为例》，义守大学管理研究所硕士论文，2006 年。

［9］郭百修：《地方文化产业化机制之研究——以美浓镇为例》，台北大学都市计划研究所硕士论文，2000 年。

［10］郭怡秀：《苗栗客家文化创意化与产业化策略之研究》，客家委员会奖助客家学术研究计划，2004 年。

［11］叶智魁：《发展的迷思——文化产业与契机》，《哲学》杂志丛书第 38 期，业强出版社 2002 年版。

［12］邓景衡：《台湾饮食文系谱》，结构群文化事业公司 1995 年版。

［13］林信华：《文化政策新论——建构台湾新社会》，扬智文化事业股份有限公司 2002 年版。

［14］赵荣光：《中国古代庶民饮食生活》，台湾商务印书馆 1998 年版。

［15］刘还月：《台湾客家族群史》，民俗篇，台湾省文献委员会，2001 年。

［16］Fernand Braudel 著、顾良译：《15 至 18 世纪的物质文明、经济和资本主义》第二卷，生活·读书·新知三联书店 1993 年版。

（本文作者系苗栗县乡土文化学会会长）

# 台湾苗栗陶艺文创品牌意象之建构

林煜超　郑立扬

## 一、绪论

### （一）研究背景

自 1997 年英国将文化创意产业作为国家发展的政策起，世界各国都认识到文化创意的软实力对国家发展的重要性，便积极推动文化创意产业的发展。目前世界上推动国家较出名者，有英国、韩国、美国、日本、芬兰、法国、德国、意大利、澳大利亚、新西兰、丹麦、瑞典、荷兰、比利时、瑞士等。新兴亚洲国家，如中国、韩国、泰国，也都已经意识到文化创意产业带动国家经济成长、产业升级的能量，以及在城市行销上所能创造的高附加价值，并将文化创意产业政策视为国家的重点计划。

工艺产业是台湾的艺术产业中发展较为成熟者，而联合国贸易暨发展会议（UNCTAD）在 2008 年创意经济报告中亦指出，工艺产业是文化创意产业在全球市场中，唯一以发展中国家为主的产业。1996—2005 年的 10 年之内，发展中国家的工艺产业外销额成长近乎 2 倍，从 77 亿美元提升至 138 亿美元。然而，台湾的工艺产业之销售仍以内销市场为主，主要来自于手工艺品材料批发内需的成长，台湾工艺产业的业者以个人工作室居多，这些工作室未必有商业登记，且以兼职方式从事工艺创作与生产。工艺产业主要是指以手工为主、机器为辅的功能性用品，其中又以陶瓷、竹工艺较具经济潜力。

苗栗县是台湾客家人聚集密度最高的县市之一，客家人占全体县民约 62%，拥有丰富的客家人文特色，而此一特色是苗栗文创产业发展的契机。苗栗县文创产业首推客家文化；客家人落脚在苗栗已至少有 300 多年的历史，在落脚生根的过程中，发展出独特的苗栗客家文化。客家文化资产中，非实质地方文化象征包含了客家美食、礼俗、节庆、民间信仰、客家娱乐等。这些文化活动随者历史的演化有些仍保留下来，有些则逐渐式微。为了提倡文化创意产业，如何透过文化元素的萃取，并将之融入工艺创作中，以形成客家工艺产业发展的基础，是地方文化产业的发展极为重要的议题之一。

### （二）研究动机

苗栗县文化观光政策中，未来文化建设蓝图目标之一是："薪传推广苗栗陶瓷产业，发展文化观光休憩旅游。"显然苗栗县已将陶瓷纳入所谓"文化产业化、产业文化化"的核心概念，而苗栗陶瓷本身就具有非常丰富的产业资源与文化的优势，可说是"陶的故乡"。再根据 2015 年台湾文化创意产业发展年报所述：2014 年工艺产业次产业营业额中陶瓷装饰品烧制（约 9.68 亿元新台币）加上未分类其他陶瓷制品制造（112.11 亿元新台币），合计约 121.79 亿元新台币。虽然营业额并非最高，但与排行第三的雕刻木制品制造营业额约 138.38 亿元新台币已相距不远，表示陶艺相关产业的产值已不容小觑。因此本研究选定以工艺产业中的陶瓷工艺（简称陶艺）为研究对象，试图透过地方文化元素的萃取，以建构苗栗整体的陶艺文创品牌的意象，协助地方工艺品牌的发展。

（三）研究目的

由于文化创意产业能有效建立在地风格与都市知名度，几年来已成为全球各地竞相仿效的产业发展模式。为了建立独特的风格，文化品牌在全球化竞争下已日趋重要。建立工艺文化的地域风格与文化品牌的创造，对地方发展工艺产业扮演着决定性的角色，这也是地方在发展工艺文创产业时必须发展独特的文化品牌的主要原因。根据上述的说明，本研究主要目的在透过地方文化元素的分析与萃取，协助陶艺工作者融入文化创新设计，建构苗栗地区陶艺文创品牌意象，以提振苗栗陶艺产业经济发展。

**二、文献探讨**

（一）文化创意产业

联合国教科文组织 2002 年对文化创意产业的定义是："结合创意生产和商品化等方式，运用本质为无形的文化内涵，这些内容基本上受著作权保障，形式可以是物质的商品或非物质的服务。"这个文化产业也可以视为创意产业（Creative Industries），或在经济领域称之为朝阳或未来性产业（Sunrise or Future Oriented Industries），或在科技领域称之为内容产业（Content Industries）。

1. 台湾文化创意产业

台湾对于文化创意产业的定义，系参酌各国对文化产业或创意产业的定义，以及台湾产业发展的特殊性发展而来，因此所颁布的定义为："文化创意产业系指源自创意或文化积累，透过智慧财产的形成、运用，具有创造财富与就业机会潜力，并促进整体生活环境提升的行业。"

自 2002 年台湾正式推动文化创意产业至今已十余年，文化创意产业也是台湾目前所推动的六大新兴产业之一。看见文创产业的大商机，台湾也持续在政策上加码，希望借此点燃引擎，促进经济发展。2010 年将台湾文化创意产业分类，同年为促进民间投融资金挹注而设立"文化创意产业投资及融资服务办公室"，2011 年"文创投资机制"，柜买中心将 2014 年定为"文创元年"，并新增设"文化创意类股"及"创柜板"等（陈怡婷，2014）。

2. 台湾工艺产业

工艺产业是指从事工艺创作、工艺设计、模具制作、材料制作、工艺品生产、工艺品展售流通、工艺品鉴定等行业。工艺品为创作者利用各种工具将各类型的原料或半成品进行加工处理而成之作品；作品本身主要是以手工制作为主、机器量产为辅的具功能性生活用品。而工艺品的类型，依创作材质的不同又可分为 12 类：陶瓷、玻璃、金工、漆艺、石艺、木艺、竹藤、纤维、纸艺、皮革、复合媒材与其他。

根据 2015 年台湾文化创意产业发展年报调查显示：2014 年文创产业营业额为新台币7945亿元，较 2013 年成长 1.80%，在各产业营业额中，最高的前 3 名依序为：广告产业（新台币 1573 亿元）、广播电视产业（新台币 1434 亿元）、工艺产业（新台币1220亿元）。从销售表现来看，工艺产业厂商多以中小企业甚或微型企业为主（资本额 100万元以下），约占整体的 72%，2014 年营业额却仅占工艺产业整体的 3 成不到，显示其经营的获利能力有限；反观资本额 1 亿元以上的厂商家数仅占整体的 0.35%，但营业额却占整体的 2 成。从经营年数来看，经营 10 年以上之工艺产业厂商家数占整体工艺产业的 64%，营业额占 6 成，显示经营 10 年以上之工艺产业，是此整体产值的主要贡献者。因此，台湾工艺产业面临的发展课题之一，即是如何协助工艺事业扩大经营规模与转型，鼓励创作及工艺人才培育，提升国民生活美学意识，并积极开拓国内外市场。

### 3. 苗栗陶艺

苗栗陶艺产业大约可以分为三个阶段：第一阶段是"传统陶瓷制品"，以制作陶管、日用陶器为主。第二阶段是"装饰陶瓷"，就是西洋艺术陶瓷，以制作玩偶类产品为主，完全以外销为主。第三阶段则恢复近代"柴烧陶瓷"，即以木柴烧制而产生自然落灰的柴烧手工艺品为主（苗栗县教学资源网，2016）。台湾兴起"柴烧"的旋风，除了来自于日本"柴烧"影响之外，与台湾茶文化的崛起或多或少有直接关系，于是乎，柴烧成为高级茶器新指标，自然而然走入陶艺生活范畴（张英彬，2014）。柴烧的迷人之处在于自然丰富的釉色变化、耐人寻味的美感与充满挑战的烧制过程。在创作历程中，窑炉是重要一环，从窑的设计、盖筑，到烧窑、出窑的过程，都是创作者理念与美感的表达。

根据苗栗陶博馆馆藏广告牌数据记载：苗栗拥有丰富且优良的黏土矿，主产于南庄、公馆福基、大坑一带，可耐1350℃高温，胚土已达陶石器标准。另苗栗土含铁量约3%—10%，高温氧化能呈现红、黄、褐、黑色彩。苗栗的陶器特色，除了土质较佳外，最大特色就在"生活化"与"古朴"。由于保留传统客家勤朴习性，苗栗陶艺，没有釉药花俏与多变色彩，但却十分具有怀旧古朴风格，也特别着重在生活器具之创意与制作。

### （二）品牌意象及其重要性

"品牌"是消费者做购买决定时的主要参考依据。为了让消费者更容易感受它，它可以透过"文字""标志""图案""声音"以及"概念"不断地提醒它的存在（邱高生，2006）。Levy（1985）从心理学的角度对品牌意象的定义进行了分析，认为品牌意象是存于人们心中，关于品牌各要素的图像及概念的集合体，主要是品牌知识及人们对品牌的主要态度。Dobni & Zinkhaml（1990）将品牌意象定义为消费者对某品牌所持有的知觉概念。Kotler & Keller（2011）定义品牌意象为消费者根据每一属性，对不同品牌所展现出的品牌信念，但因使用经验、选择性认知、选择性记忆而产生对特定品牌之不同信念。Magid，Cox & Cox（2006）认为品牌意象为消费者对品牌名称、标志或印象的响应，也是产品质量的象征。

至于品牌意象为什么如此重要，可以从 Aaker（1996）提出创造品牌意象后的优势得知：使消费者重新获得信息或转移信息、提供产品差异化比较定位的基准，品牌意象具有产品属性与顾客利益，提供顾客使用该品牌的原因，进而激发购买行为、能产生正面态度与知觉使其转移至品牌价值、替产品延伸打下基础，借由品牌及产品所产生出的正面意象吸引消费者购买。这也是何以为苗栗陶艺业者建构苗栗陶艺品牌至为重要的原因之一。

（三）地方品牌建构模式比较

1988 年研究学者开始视地方为品牌，且注意地方品牌的崛起（Pike，2009）。针对地方特色产业进行推动政策，最早是日本平松首彦担任大分县长时，在 1979 年推动"一村一品"的活动，收到良好经济效益，引起各国重视（尤可欣，2005）。2006 年加拿大以"Canada. Keep Exploring"营销加拿大，加拿大在这之前未排入全球前十大国家品牌，但却于 2009 年名列国家品牌第 2 名（Country Brand Index，2006，2009）。

在地方品牌的发展上，Cai（2002）透过扩散激活模式建立地方识别核心，以动态链接品牌元素组合、建立意象、品牌链接（属性、情感、态度）及营销活动（营销方案、营销沟通、次级联想）来发展地方品牌。此架构也具体说明扩散激活模式会受四项情境影响，包括：现有基本意象，现有促使诱发意象，地方大小和创作内容，定位和目标市场。此架构跳脱以往研究上专注于旅游观光为导向，并考虑到各个环节，并认为地方品牌不能只集中于一个利益相关者，那就是消费者，最主要的关键决定于不同的多利益相关者。基于该模式的完整性，本研究将以 Cai（2002）的地方品牌发展模式，如图1，作为本研究架构之基础，借以建构苗栗地区陶艺品牌意象。

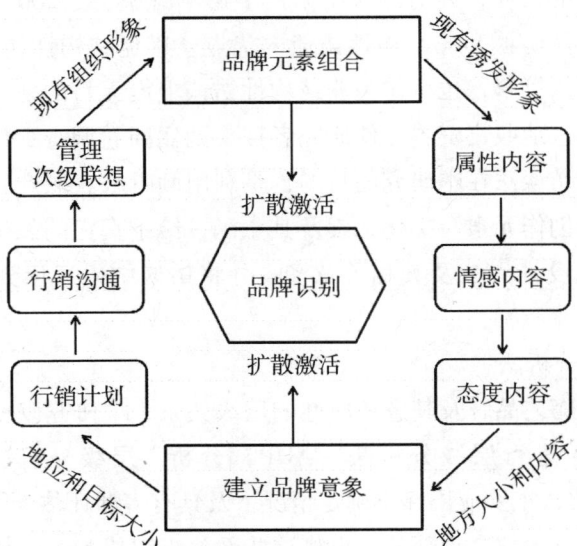

图 1　地方品牌建构模式

本研究根据 Cai（2002）地方品牌发展架构，加以审视苗栗的客家文化因素，在建构陶艺品牌意象时，参考其右半部三种内容要素：属性（利益相关者认知中品牌有形和无形的特征）、情感（利益相关者认知中品牌所传递的个人价值和意义及所希望的效益）、态度（利益相关者对品牌的全面评价及行为意图），作为苗栗陶艺品牌意象建立的主要元素。

在台湾，地方品牌建构的学术研究数量上并不多，主要以地方品牌意象的视觉设计研究为主，如：连琼芬（2004）文化创意产业品牌意象之设计与应用研究以苗栗窑为例，林琨方（2011）地方品牌化之意象视觉设计创作与研究以新店区广兴里为例。在上述研究中，发展地方品牌的方法以质性研究的个案研究方式，针对一个地区进行探索及描述，在资料搜集上运用文献探讨、深度访谈法、田野调查法作为设计创作的依据。然而，这种方式往往偏于研究者的主观认知。综合以上所述，本研究选择质性研究中的专家访谈法，透过访谈产官学上的陶艺创作者、专家及负责文创产业推广的官员，将其对苗栗地区陶艺文创品牌意象的想法、印象，萃取形成要素，作为设计品牌意象的依据。为避免质性研究为人所质疑过于主观，而不具代表性及非系统化之研究设计，因此加入科学、客观且实用的 AHP 层级分析法，以消费者为对象，调查其主观文化元素知觉，以验证从专家访谈中所萃取出的品牌意象元素，协助研究目的达成。

（四）专家访谈法

专家访谈法是质化研究中常使用的数据搜集方法之一。利用访谈者与具有特殊专业能力的专家受访者之间面对面的口语交谈，达到意见交流与建构。受访者借由此过程分析出专家受访者的动机、态度、看法等。访谈法的特点在于，访问者与被访问者的相互作用，贯穿调查过程的始终，并对调查结果产生影响（袁方，2002）。本研究采用半结构性访谈，兼具结构性访谈和非结构性访谈的优点，避免结构性访谈上灵活性的不足，以及未能对问题作深入了解，也可避免非结构性访谈上漫无目的的费时费力等缺点，运用半结构性访谈技巧得宜地收集资料，使研究者搜集到比问卷调查更广泛、更深入且有意外的收获。因此专家访谈法在本研究的目的，是利用倾听来获取产官学上的陶艺专家对苗栗地区陶艺作品的创作元素、文化元素及其意涵，给予真正的想法与感受，透过专家访谈法萃取在地文化设计元素及其相关意涵，并将访谈结果运用到下一阶段协助设计 AHP 问卷。

（五）AHP 层级分析法

为了了解苗栗的陶艺品牌及其意象属性的层级关系，本研究以专家访谈所萃取的在地文化与设计元素，进行层级分析法（AHP）分析。层级分析法是 1971 年 Thomas L. Saaty 所发展而来的，主要应用在不确定情况下及具有多项评估准则的决策问题上。它是将复杂的决策情境分为数个小部分，再将这些部分组织成为一个树状的层级结构，每一层级只影响另一层级，同时仅受另一层级的影响。对于每一个部分的相对重要性给予权数值，进而分析出各个部分优先权（Saaty，1994）。

AHP 具有以下 9 项基本假设（Saaty，1994）。

1. 系统可被分解成许多种类或成分，并形成像网络的层级结构。

2. 在层级结构中，每一层级的要素均假设具独立性。

3. 每一层级的要素，可以用上一层级的某些或所有要素作为评价标准，进行评估。

4. 进行比较评估时，可将绝对数值尺度转换成比例尺度。

5. 成对比较后，可使用正倒值矩阵处理。

6. 偏好关系满足递移性。不仅优劣关系满足递移性，同时强度关系也满足递移性。

7. 完全具递移性不容易，因此容许不具递移性的存在，但需测试其一致性的程度。

8. 要素的优势程度，经由加权法则（Weighting Principle）而求得。

9. 任何要素只要出现在阶层结构中，不论其优势程度是如何小，均被认为与整个评估结构有关，而并非检核阶层结构的独立性。

### 三、研究方法

#### （一）研究设计

本研究本质为一探索性研究，第一阶段借由文献探讨，更深入了解苗栗陶艺历史、产业现况，营销方式及陶艺本身设计元素，发展更清晰的概念。其后，在第二阶段运用质性研究中专家访谈法，寻求检视某种现象的来龙去脉，发掘并解释一些内部鲜为人知的现象，可以弥补量化研究中，无法作深入详尽探索之缺点（李美华，2005），借以找出研究主题之中重要观点及意见。第三阶段透过量化研究，使用层级分析法（AHP），利用科学方法进行评估，建立各要素优先级，并形成理想品牌方案决策。因此本研究设计为综合研究法，结合质性与量化两优点并弥补不足之处，其研究流程如图 2 所示。

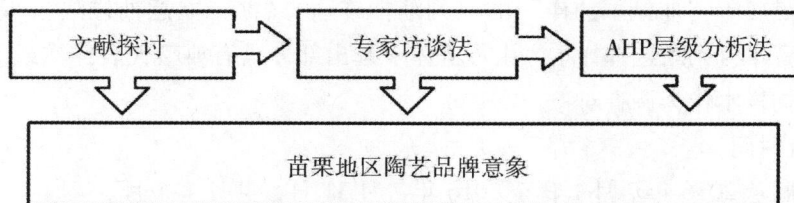

图 2　研究设计流程图

#### （二）专家访谈问卷设计

本研究采取半结构式访谈，订下访谈大纲，根据谈话进度适当追问和修正。这种方式是结合结构式访谈与非结构式访谈的优点，目的在于找寻品牌意象之元素，提供在下阶段 AHP 问卷设计上评估标准因素之比较。

1. 制定访谈大纲：依据前述 Cai（2002）地方品牌建构模式的内容发展出四大问项：对苗栗陶艺意象，属性、情感、态度，意象塑造，营销活动。

2. 受访对象：为了能聆听、收集更广泛、深入的想法，因此邀请受访者从产官学角度替苗栗陶艺产业及其品牌意象提供翔实状况及宝贵意见，并利用滚雪球方式委托已受访专家推荐下一位受访者。在选择上述专家条件方面，以从事有关陶艺领域的产官学专家为主，其接触陶艺创作或产业年限资格至少 10 年以上。

3. 调查时间

从 2016 年 3 月 5 日开始至 2016 年 5 月 15 日完成，总计 2 个多月。

4. 调查方式与地点

所有访谈先以电话联络取得同意并亲自登门拜访，并配备录音笔及相机，记录整个受访过程，完成后致赠礼物回馈受访者。

（三）AHP 问卷设计

本研究最后采用 AHP 层级分析法，透过次级文献数据回顾及专家访谈内容要因要素，设计出苗栗地区陶艺品牌意象层级架构，再制作成 AHP 问卷，目的是为了解各评估准则的权重关系及理想品牌方案，预期建构出苗栗地区陶艺文创品牌，以营销推广苗栗陶艺。

1. AHP 问卷设计原则

采用 AHP 分解的原则，由上而下分为三层，将最上层"问题"苗栗地区陶艺品牌意象，依序分解为"评估标准"属性、情感及行为意图（态度）三大构面，乃至最下层"选择方案"。问卷设计采用 Satty 所建议的评量尺度，对每一个评估准则划分为 1—9 个等级进行成对的比较，但较为特别的是在进行成对比较前，加入排列顺序，方便填答问卷者在比较时不易混淆，增加问卷填答的有效性。

2. 抽样设计

问卷发放对象为陶艺消费者，包含收藏陶艺、购买陶艺及欣赏陶艺之对象。本研究之抽样方式是属于"非概率抽样"的"判断抽样"，又称"立意抽样法"，系由抽样设计者或研究者本身判断选择样本，由母群体中选出部分具有典型代表样本或最符合研究的目的的结构样本作为调查对象。

3. 调查时间

抽样时间从 2016 年 7 月 1 日至 2016 年 7 月 31 日，共计 1 个月。

4. 调查方式及地点

以受测者问卷访谈为主要调查方式，访谈地点则选择在苗栗工艺园区、苗栗陶瓷博物馆、陶艺工作室、窑场及陶艺专卖店等陶艺消费者容易出现之地点。

四、资料分析

（一）品牌意象元素萃取

透过次级文献回顾及专家访谈整理后萃取出 3 项构面 12 项元素及 4 种品牌选择方案，最终形成苗栗地区陶艺品牌意象层级架构，如图 3 所示。本研究根据图 3 苗栗地区陶艺品牌意象层级架构，进而发展成 AHP 问卷，透过 AHP 法的特性，以层级结构去组织选择方案（Alternative）的评选标准（Criteria）、权数值（Weight）。透过此一分析，有助于对陶艺品牌意象元素的了解与选择方案的选定。

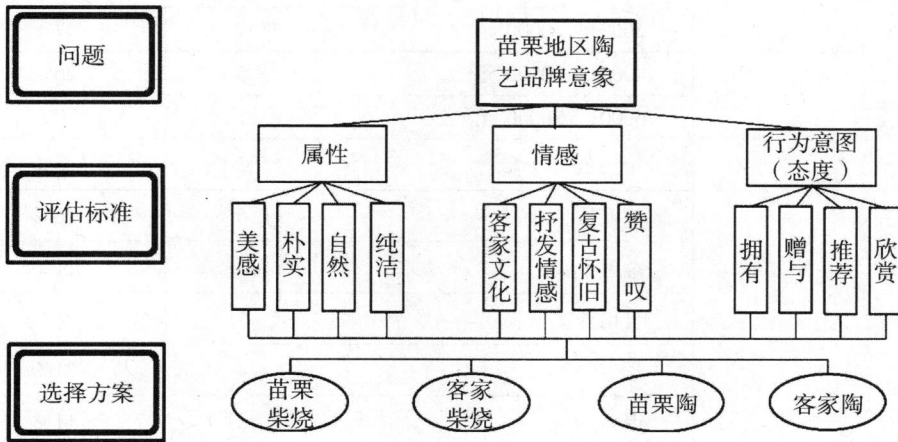

图3　苗栗地区陶艺品牌意象层级架构

（二）AHP问卷内容分析

1．受访对象基本料分析

本研究抽样受访对象为陶艺爱好者，总计发放31份（发放时间2016/7/1 – 2016/7/31），实际收回27份（回收率87%），有效问卷为19份（有效率70%）。个人背景变项包含：性别、年龄、学历、所得、职业、接触陶艺经验、平均消费陶艺品金额及购买陶艺品管道，受访者基本数据显示如表1。

表1　受测者基本资料分析

| 项目 | 类别 | 次数 | 百分比 |
|---|---|---|---|
| 性别 | 男 | 6 | 32% |
| | 女 | 13 | 68% |
| 年龄 | 25 岁以下 | 4 | 21% |
| | 26 – 35 岁 | 4 | 21% |
| | 36 – 45 岁 | 4 | 21% |
| | 46 – 55 岁 | 4 | 21% |
| | 56 – 65 岁 | 3 | 16% |
| 学历 | 高中/职 | 3 | 16% |
| | 大学/专科 | 11 | 58% |
| | 硕士 | 5 | 26% |

| 项目 | 类别 | 次数 | 百分比 |
|---|---|---|---|
| 所得 | 20000 元以下 | 4 | 21% |
| | 20001－40000 元 | 9 | 47% |
| | 40001－60000 元 | 5 | 26% |
| | 60001－80000 元 | 1 | 5% |
| 职业 | 军公教 | 5 | 26% |
| | 工商服务业 | 5 | 26% |
| | 金融业 | 2 | 11% |
| | 自由业 | 1 | 5% |
| | 学生 | 4 | 21% |
| | 退休 | 2 | 11% |
| 接触陶艺经验 | 1 年以下 | 4 | 21% |
| | 1－3 年 | 3 | 16% |
| | 4－6 年 | 8 | 42% |
| | 7－9 年 | 1 | 5% |
| | 10 年以上 | 3 | 16% |
| 平均购买陶艺品金额 | 1000 元以下 | 5 | 27% |
| | 1001－3000 元 | 8 | 42% |
| | 3001－5000 元 | 4 | 21% |
| | 5001－7000 元 | 1 | 5% |
| | 9001 元以上 | 1 | 5% |
| 购买陶艺品管道 | 展览 | 2 | 6% |
| | 陶艺工作室 | 12 | 39% |
| | 陶艺品店 | 13 | 42% |
| | 网络 | 3 | 10% |
| | 其他 | 1 | 3% |

2. 各阶层评估要素之权重分析

AHP 分析程序系透过 Expert Choice 2000 软件包程序加以统计处理，该软件创立人之一亦是 Saaty 教授，依据研究所得之成对比较矩阵，针对整体层级指标权重进行一致性检定，以建立各构面及属性之相对权重，分析结果如苗栗地区陶艺品牌意象树状权重图（图 4）。其结果显示，19 位陶艺爱好者，对第一层级衡量构面权重依序为情感

（0.444）＞属性（0.293）＞态度（0.263）。情感第二层级衡量构面中权重最高为客家文化（0.288），属性第二层级衡量构面中权重最高为美感（0.537），态度第二层级衡量构面中权重最高为拥有（0.384）。

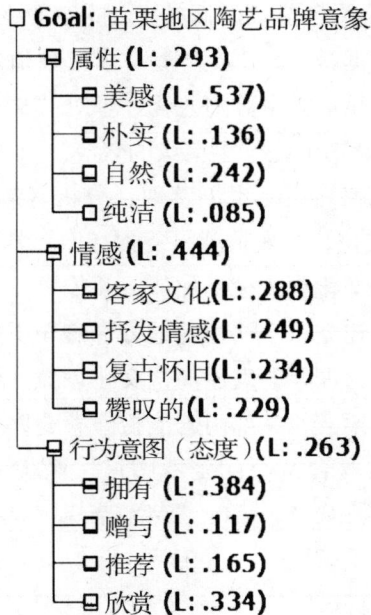

□ **Goal:** 苗栗地区陶艺品牌意象
　├─□ 属性 **(L: .293)**
　│　├─□ 美感 **(L: .537)**
　│　├─□ 朴实 **(L: .136)**
　│　├─□ 自然 **(L: .242)**
　│　└─□ 纯洁 **(L: .085)**
　├─□ 情感 **(L: .444)**
　│　├─□ 客家文化 **(L: .288)**
　│　├─□ 抒发情感 **(L: .249)**
　│　├─□ 复古怀旧 **(L: .234)**
　│　└─□ 赞叹的 **(L: .229)**
　└─□ 行为意图（态度）**(L: .263)**
　　　├─□ 拥有 **(L: .384)**
　　　├─□ 赠与 **(L: .117)**
　　　├─□ 推荐 **(L: .165)**
　　　└─□ 欣赏 **(L: .334)**

图 4　苗栗地区陶艺品牌意象树状权重图

### 3. 理想选择方案分析

从上述各层级构面的权重数值加总可发现理想度第一的方案为苗栗柴烧（0.305）＞苗栗陶（0.248）＞客家柴烧（0.239）＞客家陶（0.209），如下图5理想选择方案。

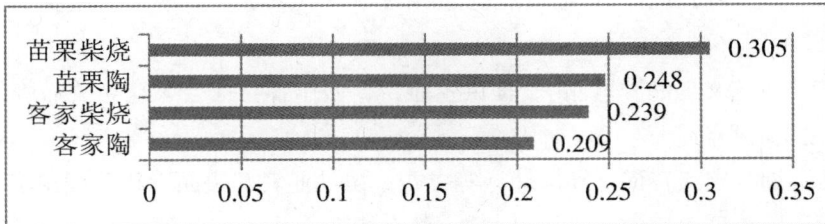

图 5　理想选择方案

## 五、结论

### （一）结果意涵与建议

研究结果建议以"苗栗柴烧"为苗栗地区陶艺品牌意象，成为建构苗栗工艺文创品牌之亮点，形成区域特性以达到产业群聚效应。从文献探讨及专家访谈数据分析中可以发现，对于苗栗陶艺产业之印象、苗栗陶艺产业现状，多数专家学者及相关部门官员都指出，目前苗栗陶趋势以柴烧为主轴，朝向艺术、鉴赏的生活陶发展，而以柴烧为品牌，符合大众对苗栗陶的知觉。然而，部分专家倾向以地名，即以苗栗陶或公馆陶为品牌营销苗栗陶艺，认为简单且苗栗陶涵盖范围较广，不止于只有柴烧这部分。但最终通过量化分析而得到的数据排名，"苗栗陶"以权数值 0.248 落后"苗栗柴烧"权数值 0.305 而排名第二顺位，显示大多数陶艺爱好者对"柴烧"情有独钟，即将苗栗陶艺的主轴锁定为"柴烧"，在营销上能产生聚焦的效应。

本研究是在苗栗陶艺品牌意象元素上萃取、分析其属性构面（美感、自然、朴实、纯洁）及情感构面（客家文化、抒发情感、复古怀旧、赞叹的）的元素，是陶艺创作者在设计创作时添加元素，替文化创意设计加值，并传递一致的苗栗陶艺品牌的意象。

从苗栗整体环境观察，建立一个共性的地方品牌至关重要，再佐以文化、产业、观光三方面的发展，而形成实力深厚的发展陶艺文化创意产业之条件。苗栗具有悠久的陶艺历史及出色的陶艺家，苗栗县相关部门若能扮演整合陶艺产业的角色，定期举办陶艺艺术节以及展览等活动，并联合苗栗陶瓷博物馆，让相关协会组织进驻，提升商业机能，结合苗栗本身丰富的旅游观光，搭配"苗栗柴烧"地方品牌，结合文化营销，相信苗栗将成为台湾柴烧陶艺的重镇。

（二）未来研究

本研究仅对苗栗陶艺品牌之建构过程提出品牌意象的属性内涵，对于如何进行品牌的营销与推广，本研究并未触及，然而此部分是发展地方品牌不可或缺的一部分，后续相关部门应持续拟定具体措施来进行苗栗柴烧的品牌推广。此外，接续苗栗柴烧品牌及其意象的建立，如何辅导相关业者及陶艺家在创作作品中注入品牌意象，可作为未来研究方向。品牌意象辅导的目标在于强化业者的品牌意识，能够与消费者正确沟通苗栗陶艺文创商品的价值。另外，为加速提升陶艺文化品牌价值，提供业者信息整合与实务辅导之平台及发展品牌之各项资源，可通过建构品牌辅导平台来达成。平台的主要工作项目建议如下：

1. 建立"苗栗工艺文创品牌网站"，提供企业界、创作者与社会大众有关品牌创新思维及相关信息之交流平台。

2. 通过电话咨询、定点咨询、到厂辅导等方式，协助业者解决品牌相关疑难问题。

3. 辅导产业、聚落厂商建立"共同品牌"，整合团队力量，加强群聚商机。品牌意象的辅导目标在于强化业者的品牌意识，能够与消费者正确沟通苗栗文创产品的价值。

**参考文献：**

［1］ 尤可欣：《地方营销时代来临—村一品，用在地特色掳获人心》，《Cheers》杂志 2005 年 2 月号。

［2］《创意台湾——文化创意产业发展方案行动计划 2009 – 2013 年》。

［3］《价值产值化——文创产业价值链建构与创新中程（2013 – 2016）个案计划》，《2013 年度重要社会发展计划书》。

［4］《台湾文化创意产业发展年报》，2014 年。

［5］《台湾文化创意产业发展年报》，2015 年。

［6］古永嘉、杨雪兰：《企业研究法》（第 12 版），华泰出版公司 2014 年版。

［7］李美华：《社会科学研究方法》，时英出版公司 2005 年版。

［8］林琨芳：《地方品牌化之形象视觉设计创作与研究——以新店区广兴里为例》，台湾师范大学设计研究所硕士论文，2011 年。

［9］袁方：《社会研究方法》，台湾五南出版公司 2002 年版。

［10］张英彬：《柴烧陶艺表面效果分析与美感形式探讨》，《南开学报》2014 年第 2 期。

［11］连琼芬：《文化创意产业品牌形象之视觉设计与应用研究——以苗栗窑业为例》，台湾师范大学设计研究所硕士论文，2004 年。

［12］陈怡婷：《台湾发展文创的关键》，《理财周刊》总第 746 期。

（本文作者林煜超系台湾联合大学经营管理学系副教授，郑立扬系台湾联合大学经营管理学系硕士）

# 清代客家移民与广西农业开发的历史考察

## 黄 震

广西自古以来被称为"瘴乡之地",自然环境的恶劣、战乱频繁以及各种社会因素的影响,使广西社会经济发展缓慢,农业经济落后。经济发展水平与沿海地区的一些省份相比,远远落后且发展极不平衡,除了桂东北地区由于汉移民进入较早,开发程度相对较高,其他地区则相当落后。清代,汉族移民大量进入广西各地,尤其是广东、福建等地的一些客家人到来,与各族人民一起,共同努力,经过200多年的开发,这种落后局面得到了很大的改观,成为当时中国边疆地区经济发展较快的省份之一。本文以清代客家移民在广西的农业开发为研究对象,运用大量的文献资料对清代客家人在广西农业开发中的土地开垦、农业技术推广及新农作物移植等进行分析,由此探讨客家人对广西农业经济发展所产生的影响和作用。

### 一、清代客家人移民广西的状况

清代客家人入桂可以分为三个阶段:一是清初。经过南明政权的抗清斗争和"三藩之乱",广西人口大量减少,农业生产破坏严重。为恢复经济,稳定社会秩序,巩固广西地区的统治,清政府采取大量招抚流民、鼓励垦荒的移民戍边政策,由此推动了大量的汉族人民从周边各省迁入广西,其中有不少来自闽、粤、赣的客家人。因此,出现了清初(从康熙至乾隆100多年间)客家人入桂的第一次高峰。[①] 迁出地主要以广东、福建为多,部分从江西、湖南等地而来。这一时期,桂东南仍然是客家人迁入地之一。郁林州在乾隆时所建的612个村落,客家人占了相当的比重。[②] 该州的客家移民的比例占当地人口总数的1/3。[③] 贵县、桂平、平南等地的客家人多是明末清初尤其乾隆年间从广东、福建两省来的。[④] 石达开的先祖是康熙年间由广东和平县迁来的。[⑤] 马平县的客家人

---

① 《清圣祖实录》卷35、36,中华书局1985年版。
② 古永继:《元明清时期广西地区的外来移民》,《广西民族研究》2003年第2期。
③ 葛剑雄:《中国移民史》(第6卷),福建人民出版社1997年版,第407页。
④ 钟文典:《广西客家》,广西师范大学出版社2005年版,第40页。
⑤ 钟文典:《太平天国人物·石达开》,广西人民出版社2004年版。

是在清康熙至嘉庆的 150 余年中，从广东嘉应州及兴宁、五华等地迁入。[①] 清代柳州近郊建村多达 120 多个，其中西鹅的上桃花、龙兴、张麦、雅儒、新往、基隆等村，为乾隆至咸丰之间由广东客家人所建。[②] 据柳江县《刘氏族谱》记载，刘弼一原住广东嘉应州兴宁县双溪堡上麻坑，"幼失怙恃，想此麻坑人多地窄，难以发福，夫妻商议欲远走他方，另图大业"，[③] 遂于乾隆年间携带家室移居广西柳州府马平县落业；桂东的贺县是这一时期客家人迁入最多的地方。[④] 二是清中叶。咸丰、同治年间，从嘉应州迁往粤西六县（新会、新兴、开平、阳江、阳春、云浮）的客家人，与当地人发生了一场大规模械斗，虽经官府的调解亦未能解决，造成数以 10 万计的客家人因战败而被遣送到或逃到广西，形成清代客家入桂的第二次高潮。鹿寨县的邓、郭、刘、王等姓客家人，因在广东嘉应州与当地人邓蛇仔为争夺土地而发生械斗，最后被打败，不得不背井离乡，迁到今鹿寨寨沙一带居住。[⑤] 柳城县的客家人也有部分是"近八十年中因广东土客斗争，难以立足，陆续西迁而来者"。[⑥] 原籍广东恩平的客家人黄蕴亭，自称因咸（丰）同（治）年间广东发生土客械斗，后由"政府出资，将客人移至外府县立业……分散时千余人为一帮，分十余帮。官兵用枪弹压护送，有路票执据，来到马平、柳州府等处"。[⑦] 三是清末时期（19 世纪末期）。随着广西少数民族地区"改土归流"的完成，吸引了大批广东客家人迁入广西各地，出现了客家人入桂的第三次高潮。龙胜县瓢里乡的瓢里、思枚、六漫、大云和乐江乡石村等村，清嘉庆年间有何、赖、潘、温、冯等姓氏，从广东沿西江、柳江、融江进入，统称为"麻介人"。[⑧] 三江县富禄的客家人，在清朝嘉庆年间，由福建闽西永定县和广东嘉应州（梅县）等地迁来，从事商业活动。[⑨] 同时，桂西地区因矿业的开发吸引了一批来自外省的客家商人、手工业者和矿工。清代时期，客家人入桂由桂东南地区向桂中、桂西、桂北等地迁入，这是清代客家人入桂的一个显著特点，由此也初步形成了"小集中，大分散"的分布格局。

---

① 钟文典：《广西客家》，广西师范大学出版社 2005 年版，第 40 页。

② 陈铁生：《明清柳州客籍多》，陈颖主编《柳城旧闻》，人民日报出版社 2002 年版，第 24 页。

③ 陈铁生、郭丽娟：《柳州地方族谱的收集和简介》，政协柳州市柳北区委员会文史资料工作组编《柳北文史资料》（第 11、12 辑），1995 年。

④ 唐择扶：《桂东客家人来源及分布简述》，苏斌、李辉《桂东客家人》，广西民族出版社 1997 年版，第 13 页。

⑤ 刘炳运：《寨沙客家人源流及习俗》，政协鹿寨县文史资料委员会编《鹿寨文史资料》。

⑥ 冯光祥、刘文：《从郊区冯姓宗谱对柳州客家人的研究》，政协柳州市郊区文史资料委员会编《柳州市郊文史资料》。

⑦ 柳城县《黄氏族谱》，柳州图书馆复印本，转引自熊春云《清至民国时期黔江流域的人口迁移与社会变迁》，广西师范大学硕士学位论文，2001 年。

⑧ 龙胜县志编纂委员会：《龙胜县志》，汉语大辞典出版社 1992 年版，第 64 页。

⑨ 广西三江侗族自治县志编委会编纂：《三江侗族自治县志》，中央民族学院出版社 1992 年版，第 39 页。

从移民性质看，清代移民广西的客家人以谋生型的经济型移民为主。清初战乱的破坏，农业生产遭到严重的破坏，为了重建广西的封建统治秩序，清政府采取了"招民垦荒"的政策，允许附近各省的农民迁往广西各地垦荒，这样在广东、福建等地的农民大量涌入，其中有不少来自粤东、闽西等地区的客家人。在桂东北，因"向招粤东客家佃种"，[①] 有不少客家人迁入；在桂西，"道光三十年乱后，人多流亡，田多污莱，田主多招粤东人作嘉应州人话者，使为佃丁，而今聚集渐多"，左、右江及红水河流域，都有广东客家人的村落。[②] 在这些客家移民中，大多是有着丰富的农业生产技术和经验的农民，农业移民构成了清中期之前客家移民的主体。因此，在移民广西的客家人与清代以前的政治、军事性质的汉族移民相比，经济型移民非常突出，与商业移民为主的"广府人"和以军事移民为主的"官话人"有着明显的区别。

从分布地区来看，广西客家族群形成了三大聚居区：一是桂东南区，这是客家族群的最大聚居区，客家人口所占的比例为25.21%，比例最高的为博白县和陆川县，达到了65%以上。二是桂东区，客家人口所占的比例为15.06%，其中的贺县则达到了45%，这是第二大客家族群聚居区。这两个地区毗邻广东，不仅有陆路相通，而且还有西江水路之便，是移民进入广西的便利通道，同时地势较为平坦，土地肥沃，成为吸引客家移民最多的地方。三是桂中区，包括柳州、来宾、贵港等地的部分县，客家人口都超过了10%以上。[③] 这三个地区，集中了广西80%以上的客家人。

## 二、客家人与广西的农业开发

客家人长期生活在闽粤赣交界地的山区，积累了丰富的农业生产经验。他们在清代广西农业开发过程中，充分发挥其优势，突出表现在三个方面。

### （一）垦荒辟田

明清之际的广西，在经历频繁的战乱后，经济遭到了严重的破坏，人口锐减，大量的土地荒芜，尤其是在战乱所在的地区，农业生产几乎处于停滞状态。如此严重之势，迫使清初统治者为此采取招抚流亡、官给牛种和奖励垦荒的政策，命令地方政府把"各地逃亡人民，不论原籍别籍，必广招加来，编入保甲，俾之安心立业"。[④] 这样，就有不少地方官员到任后，比较重视和关心农业生产。顺治初年，金汉蕙任广西参政，他"招

---

① 龙启瑞：《粤西团练辑略序》，《皇朝经世文续编》卷82、41，转引自李闰华《移民垦荒与广西经济转型（1644—1949年）》，《中国社会经济史研究》2007年第3期。

② 顾有识：《近现代壮族与周边民族的关系》，《广西民族学院学报（哲学社会科学版）》1997年第3期。

③ 黄滨：《清代广西客家人以及他们的开发贡献》，饶任坤、卢斯飞主编《客家历史文化纵横谈》，广西教育出版社1993年版，第118页。

④ 谢启昆：《广西通志》卷1，广西师范大学历史系点校本，广西人民出版社1988年版，第26页。

集流亡，劝课农桑"。① 陆翔华任郁林知州时，"悉心招集，损俸给予牛耕，导之垦辟，禁革科派"。如此宽松的政策，对于那些因清政府实行海禁政策，谋生之路受到了一定的影响，同时生齿日繁、耕地赋重的矛盾日益突出，以谋求更大发展和生活空间的客家人来说，是一个大好的发展之机。于是在清朝初年，闽、粤等地的客家人纷纷迁居广西各地，辟山垦荒。贺县桂岭的张氏、连塘的黄氏等客家人于乾隆、嘉庆时期"垦荒耕种"而来。② 芳林一带，原为一片莽林和野草丛生之地，从清中叶开始，杨、薛、王、叶、黄等姓客家人迁入后，共同开垦了这片荒地。经过几代人的努力，这一带地区由"荒林"变成了"芳林"，成为贺县的富庶之地。③ 客家人来到桂东南后，便向荒山野岭进军，不畏艰难，成为开田辟地的主力军。郁林州的客家人"短衣短褐，尽力南亩空隙"。④ 北流"官陂多闽人，去京冲龙山坡间多惠潮人……勤于空荒，多为垦辟"。⑤ 在贵县龙山、桂平紫荆山、平南大同山一带，数以千计的客家人斩棘辟山，开荒辟田，昔日荒坝，尽皆田亩之区。⑥ 在客家人最多的博白、陆川，他们开山治水，力治可耕之田。⑦ 在桂南，他们"补嵌土人（壮族）之隙地，由是县境之田亩日辟，农业顿为之改观"⑧；在桂中的象州，"昔原属旱地荒土，满目蓬蒿"，由于客家人的开辟，"今已渐变水田"。⑨ 在桂北的宜山，昔日的"蛮溪山冈"皆为包括客家人在内的"楚粤黔闽"汉民所耕垦。⑩ 临桂的六塘、南边山和阳朔的金宝一带，原是人烟稀少、尚欠开发的山区，经过客家人近百年的开发，逐步成了山林成片，田地相连，盛产林木、粮食和各种经济作物的地方。⑪ 在整个广西，凡是有客家人的地方，荒山野岭逐渐得到了开垦，耕地面积日增。这从清初顺治十八年（1661）至嘉庆十七年（1812）的广西耕地面积逐年增长数中可以得到反映，其增长数见表1。

① 沈秉成：《广西通志辑要》卷1，台湾成文出版社1968年版，第36页。
② 黄启安：《贺县八姓客家人》，苏斌、李辉《桂东客家人》，广西民族出版社1997年版，第36—42页。
③ 日旺：《芳林的故事》（二），《贺州日报》2006年11月9日。
④ 文德馨：《郁林州志》（卷8，光绪二十年即1894年刻本），台湾成文出版社1968年版，第36页。
⑤ 徐作梅：《北流县志》（卷25，光绪六年即1894年刻本），台湾成文出版社1976年版，第228页。
⑥ 黄占梅、程大璋：《桂平县志》（卷6，1920年版），台湾成文出版社1968年版。
⑦ 庞赞良、王禄平：《客家人与广西桂东南经济发展初探》，王建周主编《广西客家研究综论》（第1辑），广西师范大学出版社2005年版，第107页。
⑧ 黄知元等：《防城县志·缘起》（1945年，初稿），转引自熊守清《略论广西客家的源流分布及其特点》，《广西师范大学学报》1996年第4期。
⑨ 黄滨：《清代广西客家人以及他们的开发贡献》，饶任坤，卢斯飞主编《客家历史文化纵横谈》，广西人民出版社1993年版，第119页。
⑩ 英秀、唐仁：《庆远府志》（卷3，1829年刻本），台湾成文出版社1968年版，第325页。
⑪ 钟文典：《广西客家》，广西师范大学出版社2005年版，第130页。

表1：清代广西耕地面积增长数

| 时　间 | 全国耕地面积增长数 | 广西耕地面积增长数 |
|---|---|---|
| 顺治十八年(1661 年) | 5,492,577 顷 | 53,939 顷 |
| 康熙二十四年(1685 年) | 6,078,429 顷 | 78,025 顷 |
| 雍正二年(1724 年) | 7,236,429 顷 | 81,578 顷 |
| 乾隆三十一年(1766 年) | 7,807,156 顷 | 101,749 顷 |
| 嘉庆十七年(1812 年) | 7,913,939 顷 | 89,760 顷 |

资料来源：钟文典：《广西通史》（第 1 卷），广西人民出版社 1999 年版，第 470 页。

从上表看，广西的耕地面积的增长是较快的，且数量也较大。虽不为客家人全开，但其所开垦的土地还是占了相当大份额的。对于客家人所开垦的土地数量有多少，现已无法从具体的"量"来进行统计，但仍可以通过客家人较多的州、县所占的比例去考虑土地开垦数量。从当时广西巡抚上奏的垦荒报告中提到的地区中，客家人所在的州县是比较多的。以雍正朝为例，梧州府（包括苍梧、藤县、容县、岑溪、怀集）"自雍正十三年至乾隆二十五年，编征新垦升科田一十九顷八十一亩六分二厘"。浔州府（包括桂平、平南、贵县、武宣）"自雍正十三年至乾隆二十三年，新垦升科田一十四顷六十八亩四分八厘"；郁林州（包括博白、北流、陆川、兴业）"自雍正十三年至嘉庆三年编征新垦升科田二百一十五顷六十五亩九厘"。[①] 为了更好说明这个问题，再以 1820 年广西各州、府的垦殖指数为例（见表2）。从表中可见，客家人所在的桂东南地区所占的比例也是最高的，其中的玉林、梧州等两地占了较大的份额。

表2：1820 年广西各州、府土地垦殖指数

| 时间 | 桂林府 | 柳州府 | 梧州府 | 玉林州 | 平乐府 | 南宁府 | 桂西、桂西北 |
|---|---|---|---|---|---|---|---|
| 垦殖指数 | 0.0629 | 0.01974 | 0.0768 | 0.0676 | 0.1328 | 0.03887 | 0.00495 |

资料来源：《中国历代户口、田地、田赋统计》，上海人民出版社 1988 年版，转引自李闰华《民族交往与近代广西农业的发展变化》，广西师范大学硕士论文，1999 年，第 35 页。

（二）推广农业生产技术

首先，水利技术运用。水利是农业生产的重要命脉，对于长期从事农耕的客家人来

---

① 谢启昆：《广西通志》卷 157、卷 158，广西师范大学历史系点校本，广西人民出版社 1988 年版。

说，深知其重要性，由此也积累了先进的水利技术。他们在河流、山塘大规模修筑陂坝，拦河蓄水，灌溉农田，以提高粮食产量。清代至民国时期，客家人在广西各地兴修水利比比皆是。桂东南的贵县"惠潮嘉民籍于贵者，颇讲水利，筑陂池，化硗瘠为膏腴"。[①] "郁林州的客家村屯往往一村一坝或数村共一坝，合力修筑，灌溉所及非同坝者"。[②] 陆川，明嘉靖间修建了老鸦陂、暗螺陂、沙料陂三座陂塘，到清嘉庆时新修了扫历陂、石子陂、官陂、山碓陂、黄榄陂、鹅公陂、良塘陂等七座，还开发了温泉、地辣泉两孔泉水。"以上陂泉，通邑田亩并资灌溉"。[③] 道光年间，博白县有陂93座，而"县境之内，诸江乡民，多找自转水车汲引灌溉"。[④] 前述的两县其所修建的陂塘均集中在九洲江、南流江沿河两岸，而这些地方几乎为客家人所居住。桂东贺县的客家人"沿河车灌田，水田居半；临江源自桂岭流入，居民塞坝灌田，一邑禾谷，多半产此"。[⑤] 桂北的罗城县，"清朝初年，广东的客家人来了，他们在河滩上开渠筑坝，用竹筒车提水灌溉高坡的畬地"。[⑥] 客家人聚居的柳城县龙潭、罗城县的犀牛潭就因灌田之广而远近闻名。[⑦] 水利的兴修，灌溉了大量的农田，有效地增强了农作物对自然灾害的抵抗能力，改良了土壤的肥力，改善了农业的生态条件，提高了农作物单位面积的产量，耕地潜力得到了挖掘。

其次，施肥技术的推广。这是客家族群在广西农业经济开发中最有特色之处。明清时期，在闽西、粤北一带的农业生产已经有了很大的发展，他们掌握了先进的种植技术和经验，一位外国学者考察后誉之为"优秀的种植水稻的农民"。[⑧] 虽然广西种植水稻已有悠久的历史，至迟到汉代，水稻已是广西境内的主要粮食作物了，从今天贵县罗泊湾、合浦堂排等地的汉墓中发现了不少的稻谷，[⑨] 但耕作技术十分落后，长期以来都是种植"卫生田"即不施肥，正如南宋的周去非在《岭外代答》卷三《惰农》中所写："深广旷土，田家所耕，百之一尔。必水泉冬夏常注之地，然后为田。苟肤寸高仰，共弃而不顾。其耕也，仅取破块，不复深易，乃就田点种，更不移秧。既种之后，旱不求水，涝不疏决；既无粪壤，又不耕耘，一任于天。"这种不讲深耕细作，不重水利施肥，

---

① 欧卿义、梁崇鼎：《贵县志》（1934年），台湾成文出版社1968年版，第722页。

② 文德馨：《郁林州志》，（光绪二十年即1894年刻本），台湾成文出版社1968年版，第46页。

③ 吕春琯：《陆川县志》（1924年），台湾成文出版社1968年版，第49页。

④ 朱德华：《博白县志》（道光十二年即1832年），台湾成文出版社1968年版，第439页。

⑤ 苏宗经、羊复礼：《广西通志辑要》（卷9，光绪十五年即1835年刻本），台湾成文出版社1968年版，第223页。

⑥ 钟文典：《广西客家》，广西师范大学出版社2005年版，第137页。

⑦ 黄滨：《清代客家移民对广西的经济开发》，王建周主编《广西客家研究综论》（第1辑），广西师范大学出版社2005年版，第88页。

⑧ 艾特尔：《中国客家人种史概况》，转引自钟文典《广西客家》，广西师范大学出版社2005年版，第139页。

⑨ 蒋廷瑜：《广西汉代农业考古概述》，《农业考古》1981年第2期。

不作田地护理，只是等老天爷施舍的落后耕作习惯，从宋、元、明、清以至近代，在广西许多地方，依旧没有改变。① 包括客家人在内的汉族移民来到广西后，这种落后的耕作现象首先在他们迁入的地区逐步得到改变。据地方志记载，清道光年间，客家人最集中的桂东南地区已开始使用人粪便作为肥料，同时也将石灰作为肥料。陆川县"以人畜粪便为最宜，盐及豆、砖泥、咸鱼盐次之。草灰、石灰、熟烟骨又次之"。② 清代至民国的陆川就有"祠堂多、牌坊多、尿缸多"之称，③ 其中的尿缸多，在路边街头随处可见，既供人方便也为农耕积肥。北流"石山既多，烧灰者众，潮惠民以之粪田"。④ 贵县，"其肥料则以人畜矢溺为主，而草灰豆麸等次之，田亩水冽者则用石灰"，因此当地之田"一望而知为彼田业也"。⑤ 桂平县一带亦"粪以人畜矢溺、豆脯、石膏、石灰、牛骨、草灰"。⑥ 施肥技术的推广应用，是促使粮食单位面积的产量提高的重要原因。与客家人相比，广西壮、瑶等民族则要落后得多了，他们因为嫌脏嫌臭，或认为不吉祥而拒绝使用人粪尿。凌乐（今凌云、乐业）一带的瑶族认为脏而忌用人肥和狗粪，从而影响了农作物的生长。⑦ 近代农学家马保之先生调查桂西有30多个县存在着拒用人粪便的现象，民间不设厕所，男女都在山野大小便。⑧ 这样，客家人所掌握的施肥技术，在广西无疑起到了示范作用。

（三）农作物新品种的种植

随着汉族移民不断迁入，他们带来了多种的农作物，扩大了广西的粮食种植结构，提高了广西的粮食产量，解决了各族人民的生活需要；同时，客家商人的经营活动，加强了广西各地的商品流通，丰富了各族人民的物质生活。

在清代以前，广西的壮、瑶等民族地区，地多为石山丘陵，人烟稀少，农业落后，有的地方还停留在"刀耕火种"的状态，作物结构单一，耕作技术落后。在壮族地区，"于种谷外，只知麦、豆、花生、芋薯可种而已，故农品极少"，⑨ 在瑶族地区，宋代周去非的《岭外代答》卷二中记载了瑶族农业生产的状况是"瑶人耕山为主，以粟豆芋魁

---

① 钟文典：《广西客家》，广西师范大学出版社2005年版，第138页。
② 吕春瑁：《陆川县志》（1924年），台湾成文出版社1967年版，第315页。
③ 陈科新：《漫话陆川"三多"》，政协陆川县委员会编《陆川文史资料》，1986年，第59—60页。
④ 徐作梅：《北流县志》（卷25，光绪六年即1880年刻本），台湾成文出版社1976年版，第394页。
⑤ 欧卿义、梁崇鼎：《贵县志》（1934年），台湾成文出版社1968年版，第721页。
⑥ 黄占梅、程大璋：《桂平县志》（卷29，1920年），台湾成文出版社1968年版，第980页。
⑦ 中国社科院民族研究所、广西少数民族社会历史调查组编：《广西壮族自治区凌乐县后龙山、伶站、鉴金、利田瑶族社会历史情况调查报告》，1956年，第4页。
⑧ 唐凌：《民族经济融合与社会变迁》（未刊稿），广西师范大学历史文化与旅游学院，2006年，第30页。
⑨ 黄旭初、吴龙辉：《崇善县志》，台湾成文出版社1976年版，第122页。

充粮，其余稻田无几"。这充分反映了壮、瑶等民族地区的农作物品种极少的情况。到中华人民共和国成立时，瑶族的经济生活的主要特点也基本符合以上历史状况。[①] 明清时期，随着大量的汉族移民迁入壮、瑶等民族地区，农作物品种和生产技术也随之传入，并迅速推广，使得这些地区农作物的构成逐渐发生了变化，种类增多并在各地得到迅速推广。其中表现最为突出的是玉米和红薯这二种作物的种植。

玉米、红薯在广西的种植与推广与客家人有着直接的关系。玉米、甘薯原产中美洲，明代时引入中国。据资料称，其中一路系由福建长乐人陈振龙于明万历初年到吕宋经商带回。[②] 耐旱、高产的番薯被大量引进种植后，客家人又创造出诸如切片、磨粉、酿酒等贮藏保鲜食品加工方法，从而成为客家经济多样化的又一源泉。明代最先传到福建、广东沿海一带，明清时期在闽西、粤北地区的客家族群聚居区已经普遍种植，已经掌握了这两种作物生产技术。尤其在闽西地区，由红薯作为原料而做成的红薯干，成为著名的"闽西八大干"之一，在清代就驰名中外，并成为贡品。清宫御厨曾把福建连城红心地瓜干制成宫廷宴席的上乘名点——片如金，博得"老佛爷"慈禧太后的喜爱。[③] 大约在明末清初，这两种作物引进了广西。[④] 把这两种作物直接带进广西，是否也与客家人有关，在此不敢妄加论断，但有一点可以肯定的是它是从福建一带引进广西种植的，并且它的种植和推广是和客家人有着很大的关系。[⑤] 据《桂平县志》记载，红薯为"闽人携种至浔，故有种"。[⑥] 现在贵港、桂平一带是广西境内主要的红薯产区，这与客家人的大规模移民有关。[⑦] 清末，陆川番薯的优良品种一熟亩产一般可达到"一千七八百斤，至少亦数百斤"。[⑧] 贺州各地的客家人根据当地坡地多、平地少、旱地多水田少的状况，大量种植番薯，成为粮食的重要来源，故有"八月十五种番薯，也好过借米煮"的民谣。在桂西北的山区迅速种植也与客家人的迁入而得到迅速推广，如道光初年，庆远府的宜山等县"其蛮溪山峒"，"皆为楚、粤、闽人垦耕包谷、薯、芋、瓜、菜等物"。

清代以后，在客家人与壮、瑶等民族杂居地区，这些作物已得到大量的种植。18 世纪中期以前，桂西左、右江流域已满山遍野种植玉米，每年可充一两个月的口粮。[⑨] 乾

① 高言弘、李维信：《广西瑶族经浊的特点》，《广西大学学报（哲学社会科学版）》1980 年第 1 期。
② 《广东省梅县地区综合科学考察报告》，转引自周俐《观念革新：客家经济发展的必然选择》，《嘉应大学学报（哲社版）》2000 年第 2 期。
③ 资料来源：http：//baike. baidu. com/view/385010. htm.
④ 李炳东、俞德华：《广西农业经济史稿》，广西民族出版社 1985 年版，第 159—161 页。
⑤ 范玉春：《移民与中国文化》，广西师范大学出版社 2005 年版，第 194 页。
⑥ 黄占梅、程大璋：《桂平县志》（卷 19，1920 年铅印本），台湾成文出版社 1968 年版，第 577 页。
⑦ 范玉春：《移民与中国文化》，广西师范大学出版社 2005 年版，第 194 页。
⑧ 吕春琯：《陆川县志》（1923 年），台湾成文出版社 1967 年版，第 316 页。
⑨ 李炳东、俞德华：《广西农业经济史稿》，广西人民出版社 1985 年版，第 159 页。

隆《镇安府志》就有"玉米……向天保山野遍种，以其实磨粉，可充一二月粮"的记载。由于玉米具有耐寒耐瘠、产量高、病虫害少、适宜山区种植的优点，18世纪以后，在桂西已成为当地农民的半年甚至全年的口粮。[①] 光绪《镇安府志》中说："近时镇属种者渐广，可充半年之粮。"光绪《归顺直隶州志》记载："包粟杂粮前止种一造，今则连种两造，及山头坡脚无不遍种，皆有收成，土人以此赛餐。"《崇善县志》记载："新和、通康、古坡各乡，山多田少，稻米出产寥寥，人民终岁多食包粟。"[②] 在桂中地区，道光初年，庆远府宜山等县"其蛮溪山峒"，"皆为楚、粤、黔、闽人垦耕包谷、薯、芋、瓜、菜等物"。[③] 至民国年间，玉米在柳城县"县属沿河两岸最多"。[④] 迁江县的"土人多以作粉，煮粥食之"。[⑤] 在柳江县"可种两造"。[⑥] 融县、罗城等地甚至还以玉米为出口大宗，这些都反映了玉米在这些地区种植的普遍和深入。据20世纪40年代的资料统计，民国时期的广西玉米种植面积达到516万亩，占全省耕地面积12%，常年产量约5.8亿斤，约占全国总产量的三十分之一。[⑦] 番薯具有栽培容易、适应性强、耐酸耐碱、抗风力强、病虫害少、产量高、食用方便等优点，推广相当迅速，很快成为广西各地贫苦农民的主要粮食。光绪《郁林州志》说："番薯，四时可种，味甜，贫家常用充饥。"《廉州府志》载：合浦种植的番薯已成为"齐民朝夕充饥，不离薯芋。"《新宁州志》载："民间朝夕充饥，不离薯芋。"《崇善县志》载："红薯，各乡种者极多，贫民赖此充食。"[⑧] 在柳江县，"（番薯）足充粮食，为农作物副产中之重要者"[⑨]；来宾县"县属南四里亲睦团几于遍地皆是"[⑩]；迁江县"各乡种者极多，贫民赖此充食，有磨洗作淀粉蒸作粉条以充菜食者"[⑪]；融县"农家多种之，冬间磨而澄之，取淀粉蒸熟晒干，切丝出售，名曰薯粉，佐馔颇饶风味"，[⑫] 至民国时期，番薯种植也达270万亩，占全省耕地面积的6%，年产量达13亿斤，仅次于水稻产量，约占全国总产量的4%，排第七位。[⑬]

---

① 李炳东、俞德华：《广西农业经济史稿》，广西人民出版社1985年版，第159页。
② 李炳东、俞德华：《广西农业经济史稿》，广西人民出版社1985年版，第159页。
③ 唐仁：《庆远府志·地理志·风俗》，郭松义《玉米、番薯在中国传播中的一些问题》，中国社会科学院历史研究所清史研究室编"清史论丛"（第7辑），中华书局1986年版。
④ 何其英、谢嗣家：《柳城县志》（1940年），台湾成文出版社1967年版，第23页。
⑤ 黄旭初、刘宗尧：《迁江县志》（1936年铅印本），台湾成文出版社1968年版，第164页。
⑥ 吴国经、萧殿元：《柳江县志》（1938年铅印本），台湾成文出版社1969年版。
⑦ 陈正祥：《广西地理》，正中书局1946年版，第66页。
⑧ 李炳东、俞德华：《广西农业经济史稿》，广西人民出版社1985年版，第160页。
⑨ 吴国经、萧殿元：《柳江县志》（1938年铅印本），台湾成文出版社1969年版。
⑩ 宾上武、翟富文：《来宾县志》（1936年版），台湾成文出版社1975年版。
⑪ 黄旭初、刘宗尧：《迁江县志》（1936年铅印本），台湾成文出版社1968年版，第166页。
⑫ 黄志勋、龙泰任：《融县志》（1937年铅印本），台湾成文出版社1976年版，第268页。
⑬ 陈正祥：《广西地理》，正中书局1946年版，第67—68页。

玉米、番薯等农作物的传播与推广，使广西的粮食作物结构由原来较为单一的局面逐渐演变为水稻、玉米、番薯、小麦等结合的新格局。[①] 到民初时期，广西各地随处可见这些粮食作物的种植，不仅提高了广西的粮食总产量，而且在解决当时因人口剧增而引起的粮食需要方面起到了重要的作用。同时，农作物的品种增多和种植面积的扩大，使得与之相关的种植技术和产品的交流机会逐渐增多，各族人民之间的联系也不断加强，从而有利于实现民族经济融合。

### 三、客家人对广西农业经济发展的作用

移民是一种重要的社会现象，也是推动经济发展的重要力量。清代客家人移民广西各地，对广西的经济发展产生了重要的影响和作用。

（一）丰富广西的劳动力资源

劳动力资源是社会经济发展的重要资源，是生产力中最为活跃的因素和最重要的发展力量。自秦经略岭南，置郡经营开始到清朝初年，虽然有着 1000 多年的发展历史，但由于位置的偏僻，远离了我国的政治、经济中心，其间虽有不少汉族移民进入，人口仍然增长不快，到明初人口也只有 146 万。明中期以后，广西战乱不断，先是爆发了大藤峡瑶民起义，接着明末成为南明抗清基地，清初又成为"三藩之乱"主战场，连年的战乱导致了兵民死伤惨重，使得清初的广西人口只有 115722 丁，人口不足百万，劳动力缺乏。[②] 与此同时，耕地面积也迅速下降到清顺治十八年（1661）的 5393565 亩，[③] 减少了 42.63%。人口和耕地面积的大量减少，不仅影响到清政府的地方财政收入，而且影响到广西地方社会的稳定，不利于清政府的统治，这就需要大量的劳动力。为此，在清政府"移民垦边"政策的驱动下，包括客家人在内的汉族移民纷纷从闽、粤、赣等省迁入广西。到清嘉庆十七年（1812）100 多年间，广西人口发展到 8678250 人，人口增加近 4 倍。[④] 这一时期，是汉族移民入桂的高潮，同样也是客家人入桂的高潮，虽无法统计有多少客家人数，但这当中有数量不少的客家人是可以肯定的。作为农业移民为主体的客家人，在很大程度上弥补了这一时期的劳动力不足。从清中叶开始，广西人口再次增长，至清末的宣统二年（1910）增至 8960000 多人，占当时广西人口总数的 1/10。[⑤] 这样，广西整体人口增加就比清初翻了 8 倍之多。除自然增长之外，大量的移民迁入是其

---

① 李炳东、俞德华：《广西农业经济史稿》，广西人民出版社 1985 年版，第 161 页。

② 广西壮族自治区统计局：《晚清和民国时期统计资料摘编》，中国统计出版社 1989 年版，第 183 页。

③ 梁方仲编著：《中国历代户口、田地、田赋统计》，上海人民出版社 1993 年版，第 341、380 页。

④ 黄贤林、莫大同主编：《中国人口·广西分册》，中国财政经济出版社 1988 年版，第 47 页。

⑤ 广西壮族自治区统计局：《晚清和民国时期统计资料摘编》，中国统计出版社 1989 年版，第 185 页。

增长的重要原因。他们与各族人民一起，辛勤劳动，成为清代广西经济开发中的一支重要力量。

（二）提高广西粮食的产量

关于广西粮食生产的情况，雍正二年（1724），广西巡抚李绂对当时各州县的粮食贮存情况做了一次调查，在其奏报中说："查直省州县积贮，大县不过二万，小县止贮五千。以中县之计，每县存谷万石，已足备荒。广西除各土司外，仅六十州县，有谷六十万可矣。今数溢百万，又当烟瘴之乡，每岁出陈易新，则广西系产米之地，官谷陈蛆，买者恒稀，若永久存贮，则三年而霉，五年而烂，十年而化为灰尘矣。"[1] 由此可见，广西粮食产量及存粮确实很多，并且每年还大量东输。那么，桂东南地区所产的粮食占广西粮食产量的比例，可以从当时广西备"东谷"的情况可以略知其数，因为"东谷"贮备往往与当地粮食产量有一定的关系。以嘉庆朝为例，广西的"东谷"贮备"大部分在桂东南"[2]（见表3），其中又以桂平、贵县、平南、贺县等县最多，而其所在地却是客家人最多的地方。清中叶以降，广西的米谷输出以浔州府为中心。[3] 道光年间的《平南县志》记载，该县"粒米之多，甲于他邑，号贩出境"，每年贩运东去米谷"约二十万石"。贵县东津一带，"各乡民收谷后，均碾米运至此埠，故于商家载往东路，每日不下数十万斤"。[4] 水稻栽培虽然遍于全省，然而就地区产量来说，则在东南部浔江流域各县，如桂平、平南、藤县、容县、苍梧、岑溪、北流、博白、陆川、郁林等地出产为最多。在陆川，与广东接壤的清湖镇历来流传有这样一句俗语："程家人无粜谷米，清湖街无谷米上行。"[5] 这里的"程家人"指的正是明朝正德年间从福建省汀州府迁到陆川清湖上堡塘榄村落籍受业的程氏家族。这样提供较多商品粮的桂东南地区各县，就成为"西米东流"的主要区域。[6] 在当时条件下，粮食产量的增加，除了耕作技术的进步外，更重要的还是耕地面积的扩大。桂东南能成为清代以来广西粮食生产最多的地区，与其耕地面积扩大有关，而这又与客家人在此大量开垦荒地有着直接的关系。

---

① 《皇朝经世文编》（卷34），转引自陈桦《清代区域社会经济研究》，中国人民大学出版社1996年版，第168页。

② 《清史稿食货志》（卷5），转引自官赐强《试谈清代前期桂东南商业资本的发展》，《广西大学学报（哲社版）》1995年第2期。

③ 周雄伟：《清代两广农业地理》，湖南教育出版社1998年版，第187页。

④ 欧卿义、梁崇鼎：《贵县志》（1934年），台湾成文出版社1968年版，第165—166页。

⑤ 《陆川县清湖镇塘榄程氏族谱·序言》，2001年，第1页。

⑥ 王荣环：《民国时期广西粮食价格研究》，广西师范大学硕士研究生学位论文，2005年，第8页。

表3　清代广西备东谷地区分配情形

| 府（州） | 县 | 备东谷数（石） | 府（州） | 县 | 备东谷数（石） |
|---|---|---|---|---|---|
| 桂林府 | 临桂 | 8400 | 浔州府 | 桂平 | 9000 |
| | 阳朔 | 3000 | | 平南 | 5500 |
| | 灵川 | 5100 | | 贵县 | 8000 |
| | | 16500 | | 武宣 | 3500 |
| 郁林州 | 北流 | 4500 | | | 26000 |
| | | 4500 | | | |
| 平乐府 | 平乐 | 6300 | 梧州府 | 苍梧 | 7000 |
| | 恭城 | 4500 | | 藤县 | 6300 |
| | 贺县 | 6300 | | 容县 | 4500 |
| | 荔浦 | 3500 | | 岑溪 | 3000 |
| | 昭平 | 6300 | | 怀集 | 5300 |
| | | 26900 | | | 26100 |

资料来源：（嘉庆）《广西通志·经政·积贮》（卷162－163），转引自周宏伟《清代两广农业地理》，湖南教育出版社1998年版，第186页。

（三）促进广西农业生产技术的进步

生产技术是推动社会经济发展的重要动力，它的进步在很大程度上体现在生产工具的改进，因此生产工具又被视为生产力发展水平的物质标志。不论什么国家、什么民族，生产工具一旦得到改进并运用于生产时，就会迅速提高劳动生产率，带来巨大的经济效益。[①]

清代以来的广西社会经济得到迅速的发展，其重要原因之一就是一些新的生产工具得到了迅速的推广使用，劳动生产率得到了极大提高。清代以前，由于受自然环境、民族以及政治因素的影响，生产工具的进步十分缓慢，这就严重影响了广西社会经济的发展。清代以后，这种状况得到了迅速的改变，而这又与汉族移民入桂有着很大关系。在清代入桂的汉族移民中有广府人、客家人和官话人等，他们大多数是来自当时中国商品经济发达地区。这些移民把当地先进生产工具和技术带到广西，这对改变广西落后的生产状况，起到了非常重要的作用。清代入桂的客家人主要来自广东地区，而此时的广东已成为中国经济发展水平最高的地区之一，加上两个地区的自然环境相似，这就为客家人在广西推广和使用先进的生产工具带来极为便利的条件。在客家人与壮、瑶等民族杂居的地方，一些生产工具的推广使用就与客家人有关。在农业方面，犁的推广和使用与

---

① 唐凌：《民族经济融合与社会变迁》，广西师范大学历史文化与旅游学院，2006年。

客家族群有很大关系。犁是农业中的主要破土工具，它对农业生产的发展起到关键作用。汉族人民所使用的犁是在曲辕犁的基础上几经改进而来，由犁箭、犁铧、犁壁等部件组成，既能调节犁铧的吃土深度，将翻起的土块掀向一边，又能灵活转回，适用于水田、平地和山地，一牛一犁，平均每天可耕2—3亩，入土深达3—5寸，翻起的土大小均匀，工效达到了人力、畜力耕具的最佳水平，具有相当强的生命力。[1] 这种犁在清代以前的中原以及沿海经济发达地区就已普遍使用。在广西只有东部的一些汉族移民集中区才有使用，而在其他地区，有些还没有开始使用，如桂西的安平、下雷土司仍无掀土的犁壁，[2] 思恩县使用的犁铧长1.3尺，入土5寸，不装犁壁，工效低。[3] 大瑶山的瑶族地区有些使用比较低平的犁，有些几乎还没有使用。[4] 因此，在很大程度上制约了这些地区农业生产的发展。

（四）推动广西经济重心南移

自秦修灵渠、攻岭南开始，桂东北地区就成为中原汉人进入广西的交通要道，经济逐渐发展起来，最早成为广西的经济、政治中心，桂东北地区的经济水平远高于其他地区。直到清初，广西仍是"自桂林外，昔称瘴乡，大率土广民稀故也"。[5] 以玉林为中心的桂东南地区，直到清代前期，其开发程度仍然不高。[6] 到了康乾时期，社会稳定，经济发展，大量汉族移民进入广西，其中桂东南成为吸纳汉族移民最多的地区，也是客家人最为集中的地区。在封建经济时代，衡量一个地区经济发展水平的指标，主要体现在人口和农业生产上。首先从人口数量、密度上来看，古代广西东南地区因开发较晚，人口密度较小，东北地区则开发较早，人口密度较大。据《广西通志·人口志》记载，在明代之前，桂东北人口在广西的比例较高，都超过20%，其中元代高达42.51%，而桂东南的郁林州、钦州路、南宁路、廉州路、容州等仅占7.02%。[7] 明嘉靖以后，桂东北地区人口却逐渐出现下降趋势，至清嘉庆二十五年（1820），桂东北占广西人口的比例下降到18.19%，人口密度为每平方公里42.82口，而桂东南地区的人口比例上升到27.18%，南宁府和郁林直隶州的人口密度分别为63.11口和53.45口（见表4）。[8]

---

① 李炳东、俞德华：《广西农业经济史稿》，广西民族出版社1985年版，第102页。

② 广西少数民族社会历史调查组编：《广西大新县壮族调查资料》（铅印本），1957年。

③ 广西少数民族社会历史调查组编：《环江县下南区中南乡毛南族社会历史调查报告》，1965年。

④ 全国人大民族委员会编：《广西大瑶山瑶族社会历史情况调查初编》，1958年。

⑤ 谢启昆著、广西师范大学历史系点校：《广西通志》卷84（清嘉庆年间），广西人民出版社1988年版，第2721页。

⑥ 钟文典：《广西通史》，广西人民出版社1999年版，第519页。

⑦ 广西壮族自治区地方志编纂委员会编：《广西通志·人口志》，广西人民出版社1993年版。

⑧ 周宏伟：《清代两广农业地理》，湖南教育出版社1998年版，第70页。

表4：清嘉庆二十五年（1820）广西各州、府人口数量及密度比较表

| 府、州、厅 | 面积（KM²） | 人口 | 密度（人/KM²） |
|---|---|---|---|
| 桂林府 | 24,100 | 1,040,573 | 42.82 |
| 柳州府 | 23,400 | 939,399 | 53.98 |
| 平乐府 | 21,400 | 858,238 | 43.35 |
| 梧州府 | 16,600 | 687,308 | 57.28 |
| 浔州府 | 13,600 | 640,754 | 52.09 |
| 南宁府 | 16,300 | 795,214 | 63.11 |
| 郁林州 | 11,200 | 561,435 | 53.45 |
| 庆远府 | 24,700 | 480,856 | 19.08 |
| 思恩府 | 25,600 | 496,928 | 30.67 |
| 泗城府 | 19,800 | 326,617 | 19.10 |
| 镇安府 | 11,400 | 287,421 | 79.84 |
| 太平府 | 14,700 | 301,504 | 18.61 |

资料来源：周宏伟：《清代两广农业地理》，湖南教育出版社1998年版，第70页。

说明：桂东南地区包括容县、桂平、北流、陆川、博白、郁林、兴业、贵县等县。桂东北地区包括桂林、临桂、义宁、灵川、龙胜、兴安、资源、全县、灌阳、恭城、平乐、阳朔、永福、荔浦、修仁、蒙山、百寿等17县。桂中地区包括三江、融县、罗城、榴江、中渡、雒容、柳江、柳城、武宣、象县、迁江、来宾等12县。桂西地区包括靖西、果德、天保、镇边、百色、凌云、西林、西隆等8县。

上述情况反映出，到清代后期，桂东南人口已大大增加，无论是人口比例或密度均已超过桂东北地区，广西人口分布已由北多于南变为南多于北，这一分布形势，一直影响到现代。随着人口分布的变化，广西经济发展的重心逐渐由北而南了。[1] 清初的桂东北地区的人口密度仍大于东南地区，但从嘉庆年间开始，桂东北和桂东南地区的人口渐趋一致。到民国时期，桂东南人口不断增长，超过桂东北地区，成为广西人口密度最大的地区（见表5）。

---

[1] 周建明：《论古代湘桂走廊人口发展的特点》，唐凌主编《广西地方民族史研究辑刊》（第7集），2002年。

表5：民国时期广西人口总数及密度比较表

| 地区 | 面积（KM²） | 1927 年 | | 1945 年 | |
|---|---|---|---|---|---|
| | | 总数 | 密度（人／KM²） | 总数 | 密度（人／KM²） |
| 桂东南 | 23123 | 2333011 | 100.90 | 2785752 | 120.48 |
| 桂东北 | 29792 | 2003956 | 67.26 | 2128479 | 71.44 |
| 桂中 | 26384 | 1056166 | 40.03 | 1490807 | 58.76 |
| 桂西 | 32270 | 596193 | 18.48 | 855373 | 26.51 |
| 全省 | 217769 | 10753755 | 49.12 | 14545868 | 66.79 |

资料来源：《广西年鉴》（第1回），1934年，第133～136页。《广西年鉴》第3回，1946年，第160—162页。

据《广西年鉴》统计，民国初年，人口密度每平方公里100人以上的县，计有郁林、陆川、全县、容县、东兰、桂林、北流、平南、苍梧、明江等，[①] 而这些县大部分在桂东南地区，[②] 郁林184人为最多，陆川146人次之，桂东南每方公里平均人口却达到了117人。至嘉庆时，这一地区变成"地狭人稠，田少租贵"。[③] 人口分布重心的转变，对广西以后经济文化的发展产生了比较重要的影响。桂东南地区人口的急速增长，大量的土地得到开垦，土地面积"虽然只占全省的28.4%，耕地面积却占43.3%，垦殖指数达到16%，灌溉面积达到40%—50%"。[④] 加上丰富的自然资源为这一地区的经济发展提供了充分的条件，经过200多年的开发，至清末的郁林州已是"地多平旷，有山不深，有林不密，虽属边疆绝无瘴疠之气"，"自桂林沿江西南行，至北流登陆，走五十里地，忽平旷一望，百里瓜田错互，膏腴壤接，崇墉百雉斩然如新，是为郁林州治，其气候燠多寒少，日稻再收，故殷户最多，与粤东无异"。[⑤] 由此可见，经过清代的开发，郁林州的经济得到了发展，迅速赶上或超过了桂东北地区，成为广西的经济重心地区。"这一区域无论农业种养，或是手工业生产、商业经营，或是城镇墟市聚落发展水平，都为广西之最高"。[⑥] 那么，客家人对桂东南的开发，无疑是促使广西的经济重心南移的一支重要力量。随着广西经济重心南移，以玉林、梧州为中心的"桂东南经济圈"也逐

---

① （民国）广西统计局编：《广西年鉴》（第3回），1946年，第131页。

② （民国）广西统计局编：《广西年鉴》（第3回），1946年，第131—132页。

③ 吕春琯：《陆川县志》（1923年），台湾成文出版社1967年版，第76页。

④ 官锡强：《试谈清代前期桂东南商业资本的发展》，《广西大学学报〈哲学社会科学版〉》1995年第2期。

⑤ 文德馨：《郁林州志》（光绪二十年即1840年刻本），台湾成文出版社1968年版，第5页。

⑥ 饶任坤、卢斯飞：《客家历史文化纵横谈》，广西教育出版社1993年版，第123页。

渐形成。直至近现代，其经济发展水平始终领先于其他地区。同时，还具有毗邻广东、物产丰富、交通便利的区位优势，利用广东对广西的经济辐射，能够带动其他地区的经济发展，对优化广西的区域经济结构起到重要作用。这样，桂东南地区的区位优势日益凸现，与客家人的迁入是有着很直接的关系，因此广西经济重心的南移，客家人功不可没。

综上所述，客家族群在广西农业开发中，不怕艰难险恶，在广西各地开垦荒地，将"荒山"变为"良田"，粮食种植面积得到迅速的扩大。他们所掌握的各种水利技术，在广西的山区、丘陵，得到了充分的运用，加上先进的生产的耕作技术，这就给粮食的增产丰收提供了保障。因而"在广西，凡是客家人聚居的地方，一般来说也是当地开发程度较高、经济发展较快的地方"，[①] 尤其是农业经济的发展更快。

（本文作者系广西师范大学客家研究院特聘研究员）

---

① 熊守清：《略论广西客家的源流分布及其特点》，《广西师范大学学报》1996 年第 4 期。

# 客商孵育：海丝路上的创业与创新

孙 博

### 一、引言：海丝背景下的"造商"理解

广为人知的海上丝绸之路自秦汉时期开通以来，持续扮演着东西方经济文化交流沟通媒介的角色。自中国南海港口城市出发，其重要枢纽和组成部分即为东南亚地区。这条路见证了多少客商的迁徙、创业与成长……21世纪，这条路被寄予厚望，承载着重铸辉煌与再造客商的厚重预期。本文所探讨的"造商"，即在该背景下追溯历史，剖析现在，展望未来，期望能够传承前人优秀文化，支持客商可持续发展，创新客商孵育模式。

心理学研究表明，人的禀赋各不相同，这些天赋如果得到适当的激发，人才就会按照期望的轨迹孵育、成长、成功……我们所说的创新型人才培养，就是首先搜索定位个体的创新性向，然后依该性向加以辅助支持人才的培养。这种目标导向的孵育培养模式，可避免或少走弯路，进而加速人才的成才过程。之于商业人才而言，可谓"造商"运动。有人将"造商"理解为个人行为，即个体扫描其经商禀赋，确定经商路径并获取成功的自我成才过程。由于独自摸索，这段路径势必艰辛而坎坷。而部分人将"造商"理解为政府行为，是其亲商、安商等招商引资活动的期望结果，即活跃地方经济，同时催生强势商业群体。诸多书记、市长以"发展经济"为主题的电脑桌面，即可体现管理层的良苦用心。作为教育工作者，则将"造商"理解为商业人才的教育培养。这一群体须有着强烈的创业经商欲望，但培养过程又不可操之过急，任由这种欲望挤占商业技能的成长空间。对高等教育工作者而言，第一步是确定这一群体，应该是一个筛选的过程；第二步是了解其创业倾向，是一个搜索定位的过程；第三步是授之以经商之道，是一个密切结合实践的教育过程。同时，在第二步与第三步期间，应为培养对象被提供充分的商业氛围，以加速相关目的的达成。

### 二、个体造商：创业

随着我国商品经济的快速发展，市场规模迅速扩大。其中酝酿并提供了大量的就业机会，与激增的市场体量同步的是就业压力的增大。不少热血人士就此走上创业之路。一系列较为"扎眼"的数据显示，绝大部分的创业以失败告终，创业成功率始终在低位徘徊。以大学生创业成功率为例，欧美平均水平为20%，中国为2%，江浙、上海地区

为4%，广东省则仅为1%。导致这一结果的原因包括资金、项目、团队等方面，其中最关键的是个体的创业经营能力。很多创业者激情有余，仅凭一腔热情就启动了项目，但由于之前的知识储备不足，最终为无情的市场所击倒。

当然，我们不乏创业成功人士。许多客商的成长轨迹，令我们津津乐道，时至今日，海丝背景下客商的打拼传奇依然令我们热血沸腾。

（一）客商张弼士的海丝印迹

张弼士出生于客都梅州腹地——大埔县。他十几岁即远赴南洋，其间又奔走于南洋与国内之间。他的一生都在忙忙碌碌，东奔西走。"走四方"的张弼士得到的回报就是八方招财。

1. 视域宽广，繁荣海丝

张弼士不单致力于本身的事业，而且成功地沿海丝印迹繁荣了中国的周边国家如印度尼西亚和马来西亚的一些城市。凭其富裕的条件，他也始终为中外的华人社会谋福利。张弼士这种超越聚财敛富的繁荣华人经济行为，使其"金钱帝国"版图愈加扩张，令人感叹其目光的高远。视界宽广需要勇气，更需要胸怀，它还需要谋略。企业运营，无论选人选址，抑或其他巨细，如何避短扬长、放眼全球、谋划全局，确是须费思量的文章。如果能够顺利"通关"，财富的疆域势必百尺竿头更进一步！他逝世后留下遗言，要家人把他的尸体从万里之外的南洋运回故乡大埔。作为一名从客家文化中走出而最终又回归这片土地上的客家人，可见其在商界视域宽广的同时，极具浓重的乡土意识。

2. 海员托单，诚信保管

张弼士年轻的时候接待了一个陌生的客人，是位海员，来自欧洲。他给张弼士带来了一箱贵重物品。张弼士很诧异，表示他没有任何亲人在欧洲，那箱物品不可能是他的——海员应该是找错了人。但张弼士确实是托运单上的收货人，如果是常人，很可能就会笑纳了。但张弼士态度很坚决，表示不是自己的物品就一定不会接收。无奈的海员最终决定，将箱子托付张弼士保管，寄存一年。海员临行前仍叮嘱张弼士：如果箱子一年后还没有被领走，就归属张弼士所有了。诚信待人的张弼士便妥善保管箱子，耐心等待它的主人，甚至没有开箱。这些情形都被一个人看在眼里，那就是张弼士当时打工店的纸行老板。基于张弼士的诚信美德，老板委托他打理纸行的财务。之后，诚信可靠的张弼士获得了老板独生女儿的青睐，接手了老板的生意，由受薪阶层变身商人，步入商场。

3. 海丝商船，华人亮剑

张弼士经商范围广泛，理性而又率性——商业论证自是理性的一面，而自立自强则是其率性的一面。张弼士一次难忘的商务之旅是从雅加达到新加坡——之所以说它难忘，不是因为愉快，而是因为不愉快。张弼士购买头等舱船票的要求被歧视华人的德国邮船公司拒绝，张弼士相当恼火，立下断言："我自己也要办（商船）！"于是，他在英文报纸上发出广告：张弼士要买船！要建一个商船队！而且竞争目标直指德国商船，票价为其一半，并专司华人商务。言之必行的张弼士随后在雅加达与亚齐①开办裕昌远洋航运公司和广福远洋轮船公司，往返于东南亚海域，在海丝路上赫然引起各国的注意。这三艘轮船与德国公司的轮船完全一样，票价却是德国轮船的一半，并拒绝卖票给德国人。德国公司经不起如此竞争，不得不取消歧视华人的规定。提升一个层面来看，张弼士堪称新马第一个反对欧洲人种族歧视的东方成功人士！

（二）客商田家炳的海丝印迹

1919年，田家炳出生于"瓷土之乡"大埔，当时其父玉瑚公恰好48岁。老来得子的玉瑚公希望孩子能"彪炳百代"，所以取名"田家炳"。田家炳聪明伶俐，自幼即显才华，中小学的学习成绩持续名列前茅。1935年，玉瑚公不幸病逝，16岁的阿炳只是初中二年级的学生。他无奈辍学，承接了父亲留下的家庭生活重担，从此走上社会。

1. 借路海丝，越南土豪

"阿炳"在18岁时借道海上丝绸之路，闯南洋靠卖"土"发家，掘得创业第一桶金。大埔是"瓷土之乡"，陶瓷厂被乡民办到了国外。田家炳的家乡银滩村地处韩江西畔，与高陂毗邻，高陂瓷业历史悠久，享誉海内外。1937年，18岁的田家炳毅然决定客走他乡，外出创业。结合家乡优势，他与同乡合资经营，外销瓷土至海外，并在越南设立销售机构。弱冠阿炳由汕头经香港，乘船前往越南。1937年冬天，田家炳在越南西贡（今胡志明市）与同乡合创茶阳瓷土公司，开始了"卖土"生意。田家炳的经商天赋牛刀小试，他奔走于大埔、汕头、越南之间，深为当地工业界器重。其时茶阳公司的年贸易额达二三十万吨，是越南最大的瓷土供应商，田家炳就此成为当时赫赫有名的"越南土豪"。"我们成本低很多，推销很成功。"田家炳对第一桶金的掘得非常满意。

2. 异域扫描，首创塑胶

1939年，日军占领汕头港，这个海丝重要节点城市的瓷土出口连同瓷土生意因为战争被迫中断。田家炳被迫只身出南洋，转赴印度尼西亚万隆，投靠在当地经营土产洋杂生意的兄长。然而不幸之事接踵而至，兄长见到田家炳之后仅几个月即不幸病逝。阿炳再次无奈接手家人业务，在当地经营土产洋杂。1941年日军进逼，他只好迁到印度尼西亚首都雅加达，改经营橡胶业。1954年，田家炳赴日取经，引进了塑料薄膜制造的先进设备与专业人员。1956年，印度尼西亚第一家塑料薄膜厂由田家炳设立开办，业务蒸蒸日上。田家炳在印度尼西亚侨居20年，先后创办超伦树胶厂、南阳树胶厂，垄断了印度尼西亚的塑胶产业，业绩斐然，声誉鼎盛，被誉为"一位成功的印度尼西亚华侨"。

3. 海丝回程，港岛深耕

海丝沿线各国与丝绸之路经济带沿线各国一样，因为文化、种族不同，彼此的相知、相交需要一个深入了解的过程。正当田家炳在印度尼西亚的生意如火如荼之时，当地反华排华亦一波高过一波。1958年，田家炳壮士断臂，毅然决定放弃在印尼的事业，

---

① 亚齐，古国名，在今印度尼西亚苏门答腊西北部。

举家移居香港。20 世纪 50 年代末，香港塑胶产业尚处于萌芽状态，所以人造革这种行业在香港是不被看好的。田家炳自忖在塑胶行业经验丰富，决定将其移植到香港的新事业上——生产人造革。香港人造革行业由此产生，田家炳之后有 6 家企业跟进，市场竞争日趋激烈。其时港岛的各种政治、经济冲击接踵而至，市场同业相继倒闭，田氏公司"孤守市场"。每次意外风险来袭，田氏公司均腹背受敌：客户欠款不能如期收回，田氏欠款则须如数清还。田家炳得益于其稳健的作风与卓著的信用，得到了供应商自愿给予的无限期宽限与银行的倾力协助，每次都能有惊无险。

田家炳在香港巨资购得荒滩，造地办厂，躬耕近半个世纪。他想客户之所想，不仅供应原料，而且提供技术，并协助开发海外市场，使香港人造革行业声名鹊起并跻身国际市场，获得业界与政府人士的交口赞誉，被认为是一位不可多得的成功实业家。这种帮供应商找供应商，并协助开发市场的独特经营思路将田家炳的企业与同业区别开来。田家炳的经商境界由企业家擢升到了产业家，他创办的田氏塑胶厂及田氏化工厂有限公司等人造革实业冠绝东南亚，获誉"人造革大王"。1982 年，鉴于田家炳的杰出贡献，香港总督为其特颁赐英皇荣誉奖章，传为佳话。

4. 游走海丝，跨界发展

田家炳 16 岁子承父业开办广泰兴，此后辗转香港地区、越南、印尼，先后经营瓷土、树胶、人造革等。海丝路上，有着田氏厚重扎实的经商印迹与跨界发展的创业传奇。

1960 年，田家炳再出惊人之举。他在屯门海边斥巨资购得沼泽地，平滩造地，建屋设厂。愚公移山的田家炳魔术般地在屯门建起现代化化学工业城。巍巍巨厦的田氏工业城就此名震香江。田家炳严谨的质量意识在人力资源方面尤为凸显。田氏企业先后聘请日本与英国的专业技术人员把关产品质量，使得公司业务蒸蒸日上。

1968 年，田氏企业扩充屏山分厂产能，购置先进设备，使得产量倍增；后又在荔枝角兴建田氏化工企业的总部——田氏大厦。1979 年至 1982 年，田家炳再施妙笔，原屯门厂地被改建成三座现代化工业大厦。田氏企业以超两位数的增长率突飞猛进，经济效益扶摇直上，"田氏王国"轮廓初现。

几十年来田家炳的人造革企业，历经 1965 年的银行挤兑、1967 年的骚乱、1973 年的股灾、1975 年的世界经济大衰退、1982 年的香港回归人心惶惶、1984 年的房地产暴跌和 1997 年的亚洲金融危机等骤变的冲击。许多公司就此或沉沦或倒闭，一些资质尚佳的企业亦遭淘汰或迁移海外，但田家炳的公司却独领风骚，坚守市场，成就了令人称道的事业。田家炳运筹帷幄的技巧、处变不惊的魄力、当机立断的勇气，莫不令人赞叹。

5. 逆向思维，补缺海丝

在港经商，因为香港地皮昂贵，房地产始终被认为是首选。由于这块弹丸之地资源奇缺，办实业明显不如经营贸易明智。而在 20 世纪五六十年代，在香港办实业更加被认为不划算。欲在香港创办人造革制造业的田家炳被一致地看衰——这甚至是香港的一个实业空白区！台湾地区、日本的人造革加工品免税进入香港廉价销售，零起点的香港如何竞争？！田家炳的思维没有受传统看法的约束，对人造革制造业他是从逆向角度来考虑的。作为一个行业空白，本身无可厚非，亦不应算是缺憾。他认为自己是房地产的门外汉；相对而言，运作人造革这个老本行更有优势。至于产品市场的问题，田家炳更是直指：如果倒过来想一想，制造业的缺位造成人造革加工业的缺位，制造业的就位自然会支持加工业的到位，届时人造革销路定然无忧。由是观之，人造革制造与加工在香港的缺位是一个极大的遗憾，必须有人践行补缺。

逆向思维使田家炳的经营战略更为明确——先补位制造业，再补位加工业。他在屯门的移山填海使得第一批人造革在 1960 年出厂，以其质优价廉迅速畅销，人造革加工业也由此在港岛起步。田家炳需要直面人造革市场激烈的竞争。一些外国知名厂商试图以规模优势来打压如田氏公司一样的初创及中小企业。田家炳没有硬碰硬地展开竞争。他再次反其道而行之，不去抢做大路货，[①] 而是投客户所好，专接异型小批量的订单，而且售价低廉。田家炳凭着这份睿智与诚信，声威大震信誉大增，使得外国大工厂商也不得不佩服他独辟蹊径的高招。

（三）随波逐流 VS 弄潮商海

百年张裕的创始人张弼士 16 岁只身赴南洋，在那里建树遐方，缔造了华人首富的神话。年近百岁的著名慈善家田家炳博士 18 岁将大埔的瓷土经由汕头港走海路运至越南销售，并一举成功。中国军医之父徐华清 12 岁随母赴汕头谋生，之后辗转香港寻得父亲，23 岁便成为中国第一个赴德留学生，书写了其政商学纵横捭阖的传奇人生。这些经典客商的经历均为个案，有其机遇性与偶然性。为后人称道的同时，亟须有效的整合。试想，如果可以超前地牵引我们的"造商"运动，不仅商品经济将更为丰富，经济发展的早日"晋阶"也将更加可以期待。

三、政府造商：支持

政府层面的"造商"取决于其支持的基本态度与客观举措，依赖于经商环境的优化与招商引资的跟进。高瞻远瞩的党和国家领导人在新时期给我们指点了迷津，"一带一路"倡议的出台恰逢其时。个体的、随机的"走出去"被改写为目的明确的走访取经；间或、偶发的贸易往来升级为资源与市场的互联互通与合作共赢；文化的传输与欣赏被共荣、共享和共同发扬所取代……

（一）海丝战略：走为上

海丝战略与现行的"走出去"战略不谋而合。积极实施"走出去"战略，参与国际分工，与国际新兴产业对接配套，吸引更多的外商前来投资。在国内也要走——走访招

---

① 大路货指的是市场上价值/品质关系比值最一般的产品。所谓的"最一般"，主要是指其合理性。需要特别提示的是，大路货不是指劣质货，其内涵是指服务于大众的产品。在市场上，我们看到最多的是大路货色，而且 80% 的人正在使用。

商模范城市，取经学习。区域协作、跨区域合作，建立紧密型伙伴关系……机会在运动中产生，不会自己找上门来。在当地还要走——高高在上、正襟危坐是考察不到形势变动的，是听不到负面新闻的。"眼勤、腿勤、多动脑"，应该是成功的铁律！

无疑，丝绸之路经济带和21世纪海上丝绸之路的愿景无限放大了人们的思维与遐想的空间。"一带一路"的互联互通项目将推动沿线各国发展战略的对接与耦合，发掘各区域市场的潜力，培育济增长点，促进投资并拉动消费，创造需求的同时会提供可观的就业岗位，增进沿线各国人民的人文交流与文明互鉴，让各国人民相逢相知、互信互敬，共享和谐、安宁、富裕的生活。原来一举多得之策就是"一带一路"！积极主动地走出去，将使得创业者直奔主题，直击要害，造商路径无疑更为直接。

（二）客都响应：梅兴华丰

智慧的火花不可复制，闪光的思想同样难以移植。但我们完全可以从中去领悟，去借鉴，去思考设计梅州的路径。毗邻汕头、泉州两个重要的海丝节点城市，惠蒙省城广州一如既往的帮扶支持，梅州的一举多得之策呼之欲出。睿智的广东省与梅州市有关领导再施"点睛之笔"——"梅兴华丰产业集聚区"的出台，既是对"一带一路"顶层设计的响应与贯彻，又与其有异曲同工之妙。

第一，梅兴华丰产业集聚区企业重组是一个内部资源重新整合的过程。它将畲江独舞于市区之外的尴尬破解为广州（梅州）产业转移工业园、广州海珠（丰顺）产业转移工业园、东莞石碣（兴宁）产业转移工业园、五华河东油田生态工业园和五华县经济开发区等块状经济的有效延伸，并以"两高一场"来衔接及放大。企业跟团、产业抱团、物流带团、县域组团，梅兴华丰的经济实力由此升格。

第二，梅兴华丰产业集聚区行业联动是一个外部机会再次创造的契机。产业集聚、产城联动的梅兴华丰将创造区域特色的招商品牌。管理层统筹布局，食品饮料、生物医药、电子信息等产业将"对号入座"，精准招商的操作性更强。主体产业的辐射效应会吸引上下游产业链企业向之聚集，行业协会、商会将随之而生，游戏规则将更为成熟稳健。产业经济体量的增加会创造更多的商机与税收，政府则可投入更多的资源完善、包装与推介招商品牌，与海丝沿线国家互动。如此良性循环，百亿产业与百亿企业的孵化将随之步入预设轨道。

第三，梅兴华丰产业集聚区的升级是一个亟须研究探讨发掘的课题。正如"一带一路"须沿线各国的加速融合发展一样，梅兴华丰的规划远不止于若干产业、县区的序次相连。它为我们描绘了一个愿景，但更需要我们的行动。前述的资源如何整合，机会如何创造，都是需要产业工作者深入思考的问题，都是需要细化、优化并强化的工作。其中必然会有诸多瓶颈问题与限制因素，但办法总比困难多。管理层不妨梳理出若干关键节点问题，或委托权威部门调研，或面向社会招标解决方案，凝聚各界的力量，各个击破梅州工业化、城镇化的阻滞力量，示范带动欠发达地区的经济发展。

梅兴华丰产业集聚带面向大海，既是海丝节点城市的重要支撑，又是连接广梅汕的关键"弯道"。其以点带线、以线带面的设计思维与"一带一路"的宏观理念交相辉映，商机无限，"超车"潜力巨大，相信会成为梅州发展实体经济的又一典范。

## 四、教育造商：创新

企业家及企业家精神是当今经济领域最为稀缺的社会资源，也是未来经济发展的重要推动力。党的十七大提出了"建设创新型国家、培养创新型人才"的发展目标。开展创业与创新教育可以缓解个体就业压力，而高校既有的教学模式亟须扩充实践教学的比例，这一举措则须通过校企、校地协同来加以完成。本科层次的商科人才培养改革，是各大高校所面临的共同的难题。培养方案中理论课居多，公共课居多，不同院校的人才培养特色有待凝练与凸显。商学院的专业教育及学术研究，如果能够解决好协同的问题，则不仅可以满足学生对创业创新知识的渴求，为当地企业培养熟悉企业运作并促成企业快速成长和持续发展的高级管理人才，更可以直接对接区域特色，服务地方经济，培养新一代的商人。

作为粤东北的一座地级市，梅州的经济发展目前仍滞后于珠三角地区。随着招商引资工作的深入推进，诸多国内外企业先后入驻梅州，不仅带来了资金与项目，也带来了先进的技术与经验。但较为匮乏的是企业管理人才，尤其是富有创业创新精神的高级管理人员。企业的可持续发展，有赖于经营战略思路的稳健明确。企业经营战略不明，当前市场普遍存在着的"新建企业多，倒闭企业也多"的现象就不足为奇了。为破解新创企业创业难题，降低创业成本，推动既有企业的快速成长和持续发展，批量培养具备创业创新知识和实践操作能力的高级管理人才，是摆在决策层案头的"星火项目"。

为了推动粤东北地区的商科专业人才培养，嘉应学院所做的尝试是，结合其深厚的客家人文底蕴，深研客商文化并将其传导至人才培养的层面。所试水的项目即是"客商孵育工程"。嘉应学院"客商孵育工程"着力于融合客商文化的科研与教学，精选一批品学兼优且具有不同学科背景的学生进行试点培养。此前在人才培养方案中未曾植入的课程被大胆地推出，已经风靡国际但在国内又稍显"前卫"的培训技术也被果断地引入。通过独树一帜且贯穿始终的"客商"——这一主线，以两年的时间对学员进行系统的创业创新培养，以期从中孵育出商界的精英——明日客商。

（一）前期工作

嘉应学院办学以客家特色及师范教育为主。嘉应学院客商研究院于 2011 年 12 月 5 日第二届世界客商大会期间成立，院名由广东省原省长黄华华同志书写。客商研究院的成立，旨在进一步加强对客商的学术研究和传承弘扬客商精神，培养更多的知名客商人才。作为全球首家客商研究机构，嘉应学院客商研究院在业界的发展正在引起关注的目光。自挂牌之后，客商研究院在各级党政领导的关怀下，在有关部门的协助下，在儒雅客商的爱护下，努力夯实基础，积极打造客商品牌，并取得一定成效。作为嘉应学院校属研究机构，客商研究院挂靠经济与管理学院管理。

2012 年，嘉应学院客商研究院承接了首届客家文化艺术节之海峡两岸客家论坛的接办任务，对其所分解的三个分论坛做了周密的部署安排。"海峡两岸客家论坛"下设的三个分论坛："客家文化与发展幸福导向型产业"主题论坛、"两岸客家姓氏源流考"主题论坛与"电子商务的梅州路径探寻"主题论坛分别邀请到来自国务院发展研究中心、广东社科院等机构的 13 名专家学者撰文并做论坛主题发言。工作人员还发布了"客家文化与发展幸福导向型产业"主题论坛的征文通知，征集并录用了十余篇高水平论文。为满足社会各界需求，嘉应学院客商研究院将论坛成果加以整理，于 2013 年 6 月在光明日报出版社出版了《客家文化与发展幸福导向型产业》一书。其精彩的观点不仅将丰富经济研究、幸福研究与客家文化研究，而且会使客家地区的发展受益良多。

2013 年，嘉应学院客商研究院承办了 2013 世界客商大会之世界客商论坛，邀请到了著名客商罗活活、何培才与商学权威窦胜功、王国庆等人莅临并进行主题发言，探讨"客商文化与产业发展"。由于该届世界客商大会适逢中秋佳节，而中央电视台的中秋晚会恰巧选择在梅州举行，该届盛会增添了学术论坛的节庆气氛。而嘉宾学者则以其精辟的论述、精炼的观点、精彩的演讲赢得了广泛的好评。客商研究院组织人员将其整理，并结合专题征文，于 2014 年 9 月在暨南大学出版社出版了《客商文化与产业发展》一书。

《客家文化与发展幸福导向型产业》和《客商文化与产业发展》两本论著，是近年来客商研究院研究成果的缩影，亦是后期客商人才培养的教科书与重要参考书目。

（二）孵育举措

2014 年，为响应嘉应学院"创建国内知名特色大学"的战略目标、深化客商特色经管人才培养的创新举措，客商研究院启动"客商孵育工程"项目，并在嘉应学院全校范围内通过报名、审核、笔试、面试等程序遴选了 30 名学员，组成首期研修班，组织学员进行为期两年的客商专项研修，研修内容非常充实。客商文化、客商个案、客商创业、商帮概览、经商之道、招商引资、企业管理、企业创新、论文写作、英文技巧等均有所涉及，而且内容翔实。"客商个案"将分别讲解知名客商的创业过程以及他们的经商之道。项目亦规划有其他较为丰富的研修活动，如香港梅州联会在嘉应学院的爱心传递活动，客商大讲堂活动等。香港梅州联会每年均在嘉应学院举行爱心传递活动，客商研究院组织研修班团队向在岗乡贤汇报工作，并聘请著名客商林光如先生、余鹏春先生担任研修班顾问，获得了在港乡贤的高度评价。客商研究院还获得共青团梅州市委与梅州·世界客商大会秘书处的大力支持。梅州·世界客商大会秘书处与客商研究院联合启动客商大讲堂，并组织研修班学员踊跃参与，共同推动"学习影响梅州，学习改变梅州"的进展。

（三）组织保障

本项目的实施受到了梅州市委市政府与嘉应学院党委的高度重视，地方党政领导高度赞许本项目，并协助选聘著名客商担任本项目的顾问（见表 1）。为了保证研修活动获得更为广泛的业界支持，项目组也与共青团梅州市委取得了联系，获得了团市委的大力支持。团市委为项目组精心遴选，推荐了来自梅州市青年企业家协会的 10 位知名客商担任项目导师（见表 2）。嘉应学院党委特发文"嘉院［2014］139 号"，成立了"客商孵育工程"工作领导小组（见表 3），专司项目领导与管理。

表 1 "客商孵育工程"首期研修班顾问名单

| 序 号 | 姓 名 | 组 织 | 职 位 |
|---|---|---|---|
| 1 | 林光如 | 香港梅州联会 | 咨议会主席 |
| 2 | 余鹏春 | 香港梅州联会 | 会 长 |
| 3 | 梁亮胜 | 香港嘉应商会 | 永远荣誉会长 |
| 4 | 曾智明 | 香港嘉应商会 | 会 长 |

表 2 "客商孵育工程"首期研修班导师名单

| 序 号 | 姓 名 | 组 织 | 职 位 |
|---|---|---|---|
| 1 | 蔡雪峰 | 广东省客天下旅游产业园有限公司 | 总经理 |
| 2 | 常正宝 | 梅州市广播电视台 | 主持人 |
| 3 | 何柏俊 | 深圳市南山区四三草堂书画研究院 | 院 长 |
| 4 | 刘利华 | 广东九联富农禽业食品有限公司 | 董事、副总经理 |
| 5 | 黄怀忠 | 梅州五指石科技有限公司 | 董事长、总经理 |
| 6 | 黄锐平 | 梅县华银雁鸣湖旅游度假村 | 总经理 |
| 7 | 谢宜学 | 梅州大百汇品牌产业园有限公司 | 董事长 |
| 8 | 林振东 | 梅州市金雁实业集团公司党委书记 | 常务副总经理 |
| 9 | 魏仲杰 | 广东省大埔县西岩茶叶集团有限公司 | 总经理 |
| 10 | 郑 穆 | 梅州紫晶光电科技有限公司 | 总经理 |

表 3 嘉应学院"客商孵育工程"工作领导小组名单

| 分 工 | 姓 名 | 组 织 | 职 位 |
|---|---|---|---|
| 组 长 | 邱国锋 | 嘉应学院 | 校 长 |
| 常务副组长 | 巫春华 | 嘉应学院 | 副校长 |
| 副组长 | 刘明贵 | 嘉应学院 | 副校长 |
| 副组长 | 陈远洋 | 共青团梅州市委员会 | 书 记 |
| 成 员 | 廖志成 | 嘉应学院 | 组织部部长、人事处处长 |

| 分　工 | 姓　名 | 组　织 | 职　位 |
|---|---|---|---|
| 成　员 | 钟　明 | 嘉应学院 | 党委办、校长办主任 |
| 成　员 | 韩小林 | 嘉应学院 | 科研处处长 |
| 成　员 | 张　晨 | 嘉应学院 | 教务处处长 |
| 成　员 | 潘春玲 | 嘉应学院 | 学生处处长 |
| 成　员 | 陈纪忠 | 嘉应学院 | 校友办主任、校董会副秘书长 |
| 成　员 | 熊锦强 | 嘉应学院 | 团委书记 |
| 成　员 | 罗维新 | 嘉应学院 | 经济与管理学院党总支书记 |
| 成　员 | 孙　博 | 嘉应学院 | 客商研究院常务副院长 |
| **嘉应学院"客商孵育工程"工作领导小组办公室** | | | |
| 主　任 | 孙　博 | 嘉应学院 | 客商研究院常务副院长 |
| 副主任 | 薛　静 | 嘉应学院 | 经济与管理学院会计系主任 |
| 成员/班主任 | 余云珠 | 嘉应学院 | 经济与管理学院营销系教师 |
| 成　员 | 李方芳 | 嘉应学院 | 客商研究院院长助理 |

（四）实施成效

项目组人员潜心客商研究多年，厚积薄发，研究团队多次酝酿、讨论、优化研修班方案，与校内外有关力量对接，并及时向领导小组汇报，重大事项则在校长办公会议汇报。项目获批后，项目组在全校范围内进行了广泛的宣传，包括校园网、海报、展板、传单与现场接受咨询等，学生反响踊跃。由于本项目限定了申请者的年级，诸多非大三年级的学生纷纷表示，希望能够自费进入研修班，获取跟班研修的机会……申请者经提交报名表、申请书与个人简历，并参加笔试、面试等环节的测试，最终有 30 名合格学员成功入选研修班。项目组在筛选过程中侧重考查申请者四方面的素质：第一，是客家文化知识；第二，是梅州与嘉应学院的背景知识；第三，是经营管理的素质；第四，是创业创新的性向。令人欣慰的是，申请者均能积极准备，认真应对。

领导的重视、客商的支持、学员的热切，让项目组信心满怀，研修班工作进展顺利。项目组坚持精心组织原则，依项目设计"理论牵引，务求实效"的指导思想，努力使得项目任务圆满、顺利地完成。工作人员更加期望能够借此项目，引起更为广泛层面对客商文化研修的关注，获取更大力度的支持，从而进一步凝练客商研究院的研究特色，优化经管院的人才培养，为嘉应学院"创建国内知名特色大学"的战略目标贡献力量。2017 年，该工程被纳入广东省教育厅、广东省财政厅与梅州市政府合作的省市共建项目。在后续 5 年时间内，投入 660 万元将其打造为具有明显区域特色的产学研合作体，是各方共同的目标。培训孵育拟设科普、轮训、短训、研修、研究五个层次。其中科普、短训面向社会开放；轮训在嘉应学院各二级学院展开；研修为期一至两年，学员经选拔产生；研究则为学历教育。项目覆盖范围将进一步扩大，海丝背景下富有客商特色的创业创新教育将进一步得以凝练与彰显。

**五、结语**

教育"造商"，需要高校、政府、企业之间的协同。就"造商"本身而言，个体、政府与教育三者亦须协同。经典客商的成功足迹令人景仰，但海丝背景下"造商"则须有关方面提供更为强力的支持。梅兴华丰是对"一带一路"的响应，"客商孵育工程"则是教育"造商"的创新尝试。

**参考文献：**

[1] 尹安学、范小玲：《广东大学生创业成功率仅1%》，http：//news. 163. com/15/0613/13/AS0BGBBI00014AED. html，2015年6月14日。

[2] 白圭：《让中国葡萄酒香飘世界的人》，《黄金时代》2011年第4期。

[3] 佚名：《一带一路》，http：//baike. haosou. com/doc/7487210 - 7757266. html，2015年6月10日。

[4] 孙博、丰华兴梅：《海丝导向的资源重整》，《梅州日报》2015年5月21日。

[5] 胡礼文：《企业家精神现状分析及其培育对策》，《价格月刊》2007年第4期。

[6] 贾彩霞：《中国家族企业可持续发展研究》，湖南大学政治与公共管理学院，2004年。

（本文作者系嘉应学院客商研究院常务副院长、副教授、博士，嘉应学院人力资源研究所所长）

# 文化生态视野下的闽西客家文化旅游开发研究

## 陈 捷

20 世纪 80 年代，海外客属华人、华侨纷纷返回闽粤赣边客家祖籍地寻根祭祖，拉开了客家（寻根）旅游的序幕。90 年代，在"客家热"的推动下，客家文化及其景观引起外界的极大兴趣和好奇，客家文化旅游开始兴起。客家文化旅游开发成为 21 世纪闽粤赣边客家地区旅游开发热点。基于文化生态的客家文化旅游开发研究客家文化是一种独特的汉族民系文化，是在客家民系历史形成过程中以汉文化为主、与土著文化融合形成颇具特色的地域文化，客家文化景观及其传承发展是近 150 多年来人文史学家们所瞩目的研究课题。在客家文化传承发展过程中，客家文化面临城市化、商业化与现代化的冲击，保护客家文化生态任重道远。

### 一、文化生态理论

文化生态是借用生态学的方法研究文化现象而产生的概念，1955 年由美国人类文化学家 J·斯图尔德首次提出。随着文化问题的凸显及生态关系的重视，在生态文明思潮下，20 世纪 90 年代文化生态成为显学，成为学术研究的热点。文化生态，即文化的生存、传承、存在的各种状态，是文化与环境的耦合，包括文化人类学视角下的文化与环境的关系和文化哲学视角下的文化形态之间的关系。文化生态系统是文化系统与生态环境系统相互作用形成的动态系统，演化性（遗传与变异）是文化生态系统的基本属性。文化共生、文化协调、文化再生是文化生态的基本法则。

生态性是文化的重要特性，体现在文化生存、传承、存在的各种状态中。文化生态一旦遭受破坏，将会带来文化丧失、文化遗传变异和文化生态失衡。保证文化公平与文化安全、保护文化多样性、维护文化生态平衡是文化生态保护与建设的核心任务。随着文化旅游开发，文化生态问题日益突出，维护文化生态平衡和文化完整的重要性逐渐为人们所认识，文化旅游研究开始从文化旅游资源开发走向对文化生态环境的关注。文化生态旅游作为一种旅游开发理念，强调文化资源的科学开发和保护，强调旅游开发的文化多样性和文化完整性的保护，以促进文化生态平衡、实现文化传承及旅游可持续发展。

### 二、客家文化旅游的文化生态分析

（一）客家文化生态特性

　　客家文化是在客家民系历史形成过程中多种文化在赣闽粤边区山地环境感应下融合形成具有特质和风格的地域性文化，具有"山、汉、客、侨"的特征，表现出显著的文化生态特性。

　　1. 迁移性。客家民系的历史是一部迁徙的历史，客家文化是在特定历史条件下历经迁徙形成并不断传承发展，表现出强烈的移民文化气息。中原古汉民为避战乱和灾荒，自西晋至明清千余年间，多次辗转南迁，最终在闽粤赣边山区繁衍发展，并以闽粤赣边"客家大本营"为基地，"一枝散五叶"向外播衍。客家先民南迁带来的中原汉文化在与土著文化和山地文化的不断融合中"始于赣南、发展于汀州而成熟于梅州"，形成颇具特色的地域文化。客家文化不仅具有中原文化的深厚底蕴，而且还具有作为移民这一特殊群体所具有的文化面貌：坚忍不拔的意志、勇于开拓的精神、勤劳朴实的品格、内外团结互助精神和崇文尚武精神。

　　2. 地域性。客家人在闽、粤、赣边区山地、丘陵地带诞生、成长、繁衍，"逢山必有客，逢客必有山"，山区的地理环境，是客家文化形成和发展的自然基础，也是客家文化的传播基地，其客家方言、饮食文化、农耕文化、民居文化、客家宗族和宗教文化无不体现出在山地环境感应下的文化生态。

　　3. 多元性。客家文化是在特定的环境和条件下，中原汉文化与南方的土著文化、山地文化等相互交融发展而成的一种地域文化，是一种多元文化的集合体。客家文化在形成与发展过程中与湘赣文化、广府文化、潮汕文化等多个地域性文化相互影响和相互渗透，随着客家地区华侨之乡的兴起，在华侨文化的参与及其作用下，客家文化更多地吸纳海外文化的精华，从而形成多元化倾向。

　　（二）客家文化旅游特征

　　客家文化旅游是凭借客家地区独特的历史背景和自然人文景观中所蕴含的客家文化内涵，开辟寓文化乡愁与文化教育于一体的旅游产品，满足旅游者文化继承与文化体验目的的旅游活动。在"客家热"和"文化旅游热"的推动下，客家文化旅游经历了从20世纪80年代客家（寻根）旅游发轫，到90年代客家文化旅游兴起、21世纪客家文化旅游热形成的发展过程。80年代，海外客属华人、华侨回乡寻根祭祖和探亲访友带动了早期的客家旅游。90年代，在"客家热"的推动下，独具文化魅力和旅游吸引力的客家文化景观吸引越来越多的外地非客家人前往闽粤赣边客家祖籍地观摩学习、增进阅历，推动了客家文化旅游的兴起。至21世纪，客家民居文化、衣饰文化、饮食文化等物质文化资源和客家民俗文化等非物质文化资源的旅游开发得到重视，"客家美食节""客家山歌节""客家风情游""客家民俗游"成为客家文化旅游新亮点，客家文化旅游开发热开始形成。

　　丰富的文化内涵和显著的文化生态特性，构成了独具文化魅力和旅游吸引力的客家文化景观，包括文物古迹、民居建筑、饮食文化等文化景观，民俗风情、节庆祭典、宗教礼仪等民俗景观，客家山歌、民间曲艺等文化艺术，以及山水生态等客家文化环境。

通过旅游开发将客家文化旅游资源加工成具有文化表现和文化内涵的旅游产品，吸引外地客家人到客家祖籍地追寻记忆、延续文化继承、了却文化乡愁，或是吸引外地非客家人到客家地区观摩学习、增进阅历、体验异质文化。客家文化旅游也因此表现出显著的习得性、体验性、互动性和地方性，即通过旅游学习增进人生阅历、通过旅游参与获得文化体验、通过旅游活动进行文化传承与文化交流、通过彰显文化差异强化旅游吸引。

（三）闽西客家文化旅游资源

地处海峡西岸、福建省西部的龙岩市（通称闽西）80%以上都是客家人。在南迁过程中客家先民原有的中原汉文化与迁徙途经地、定居地的文化相互交流、影响、融合。由于山区地形的相对封闭性，他们仍然保持着先辈们的各种生活习性，从而形成了独特的、富有吸引力的地域文化。闽西具有独特而内涵丰富的历史文化旅游资源。影响最大的自然是世界级文化遗产福建土楼游；"访古旅游"当以国家历史文化名城汀州古城游为代表，"公祭客家母亲河"活动使长汀的旅游获得了更为旺盛的人气；宁化石壁成为"客家文化寻根旅游"的热点；"宗教文化游"则以武平县的定光佛文化节"香火最旺"，由定光佛信仰而衍生出来的如"抢佛子"、抬"南安菩萨巡游"等民俗活动集聚着旺盛的人气。此外，上杭客家族谱寻根游、连城客家文化风情游等等也发展良好。总之，闽西客家游内容丰富，吃、住、行、游、购、娱，一应俱全，无所不包。闽西客家文化旅游资源可以分为以下几类。

1. 文物遗迹

文物遗迹主要是闽西客家先民在迁徙入闽前后所形成的具有历史、科学、艺术价值的遗迹和遗物。这些遗迹和遗物包括客家各类独具特色的建筑、客家姓氏族谱以及客家在不同时期的生产交通工具、生活用具、服饰、祭祀器具、休闲娱乐用具等，都记载着客家人的历史文化和人文精神，是异常珍贵的文化标本。如客家家族文化的载体客家民居，历史悠久，种类繁多，风格独特，功能突出，具有深厚的文化内涵。闻名遐迩的永定土楼及规模宏大、工艺精湛的连城宣和培田古民居是其中典型的代表。

2. 民俗资源

在相对封闭的生存环境下客家人较好地留存了唐宋时期的传统风俗，同时与一些土著少数民族的风俗融合并将其同化，形成了独有的客家民俗文化。客家民俗内涵丰富而广泛，包括盛大的传统节日、古朴的婚丧嫁娶、隆重的宗教祭祀、热闹的民俗庙会、多彩的农事节日以及与之相关的文娱活动、民间文艺等。如走古事、游大龙、闹春田、游大粽、犁春牛、花灯会等客家民俗，在全国都是罕有的。而富有客家人语言特色的客家山歌，曲调悠扬，更是形成了民歌中的独立一支。所有这些民俗都附着客家文化鲜明的特色。

3. 客家方言

作为客家文化标签的客家方言，是客家地域文化的重要组成部分。方言是某个地区的人们所使用的、用于交际和思维的工具。透过方言可以看出某一地方特有的现象，挖掘出其在时间和空间上的联系。共同的语言是一个民系形成的重要因素之一，客家方言是客家民系的共同语言。客家民系的形成和稳定有一极其重要的原因，那就是客家人始终如一地使用客家话。客家话是客家人保存中古汉文化的最明显标志，也是客家人有别于其他人群的根本特征，因此在研究古汉语中客家话具有极高的学术价值。

4. 客家饮食

客家人的饮食别具风味。客家人受生活习惯和生存的自然环境的影响，善于利用当地的自然条件，就地取材，烹制独具特色的客家菜和风味小食。在客家人的日常餐饮中，菜肴常用可食用的野生植物和中草药当食材，如在炖汤中经常加入从山野采回来的草根、野菜，从而形成了著名的食疗文化。家家户户过节常做的酿豆腐、皮爽肉滑骨出味的盐焗鸡、办喜事的必备菜红焖肉、香喷诱人的客家小吃芋子包等等，都是极具特色的菜肴小吃。客家饮食文化是客家文化旅游资源中不可或缺的重要内容。不论是文物遗迹资源还是民俗饮食文化资源，抑或客家方言，都遍布于整个闽西客家的各个自然村落里。闽西客家文化源远流长，内容丰富，魅力鲜活，是生长于此的客家人世代相传的生产生活和交流的载体。

**三、"一带一路"倡议下闽西发展客家文化产业的机遇与挑战**

（一）机遇

闽西与海上丝绸之路渊源深厚，在历史上扮演了重要角色。依靠汀江、九龙江航运，当时很多的闽西商品，如土纸、连城四堡印刷的书籍、茶叶、木材等，源源不断地销往海内外，大力推动了海上贸易。闽西客家人也通过海上丝绸之路走向世界，涌现了大批精英代表和杰出实业家，为世界各地的政治经济文化做出了重要贡献。还有闽西籍著名航海家王景弘跟随郑和下西洋，为开拓海上丝绸之路做出过重大贡献。闽西与海上丝绸之路间千丝万缕的联系，到现在，对闽西经济社会的发展都起到了具有重要作用。

2015 年 3 月 28 日，国家发展改革委、外交部、商务部联合发布了《推动共建丝绸之路经济带和 21 世纪海上丝绸之路的愿景与行动》，福建被定位为"21 世纪海上丝绸之路核心区"，这对加快其经济发展是一个难得的历史机遇。为贯彻落实国家"一带一路"重大构想，加快建设 21 世纪海上丝绸之路核心区，11 月 17 日，福建省发改委、福建省外办、福建省商务厅发布了《福建省建设 21 世纪海上丝绸之路核心区实施方案》，支持建设三明、龙岩等市成为海上丝绸之路腹地拓展的重要支撑，特别提出要发挥客家文化的纽带作用，重点打造世界知名的客家文化交流基地。所以，"一带一路"构想的实施，势必会进一步促进闽西客家文化产业的发展。

（二）挑战

闽西拥有丰富的客家文化旅游资源，是客家民系和客家文化的重要发祥地，在海内外具有重要影响。近年来，闽西客家地区的旅游业逐渐成为拉动地方经济发展的重要产业，独特的客家文化成为闽西客家地区的旅游亮点。随着文化旅游的进一步发展，客家文化旅游呈深度开发趋势，但是闽西客家文化旅游在发展过程中也存在一些问题。

## 1. 同质宣传，缺乏整合

随着全球客家研究热的逐渐升温，赣南、粤东北、闽西作为客家人聚居地，早已为人所熟知。提起客家，人们言必称闽粤赣三省交界地之"客家大本营"。然而，仅就闽西客家而言，闽西、汀州、龙岩、宁化之间，还有龙岩县、龙岩州、新罗区以及漳州等地之间，究竟是什么关系，对于普通旅游者而言，显得纷繁复杂，一头雾水。尤其是随着代际更替，加之历史原因，很多台湾客家人和海外客家人寻根问祖的情结，虽然仍根深蒂固，但对原乡的记忆已经开始发生"断层"或"失忆"，他们更加迫切地想了解此"客家"与彼"客家"的关系。而对于非客家的游客来说，这些错综复杂的"客家"关系无疑更是一道难以快速定位的难题。

在当代全球化语境下，客家也正在走向世界，世界客属恳亲大会、客家文化高峰论坛以及各地客家文化民间交流活动，先后在龙岩、三明、长汀及赣南、粤东北、广西、四川等地举办，这些活动对闽西客家经济社会的发展起到了良好的推动作用，"客家热"使客家文化旅游更加风生水起，真可谓"忽如一夜春风来，千树万树梨花开"。当地客家人当然可以如数家珍。对于投资兴业者来说，这也不是大问题，他们往往会经过多番考察与权衡比较，有能力进行考察甄别。然而，作为文化旅游产业来讲，在全球化的大时代背景下，客家旅游面对的是全球市场和世界各地的游客，要实现从文化—文化资源—文化资本的转化与发展，在对外宣传方面就需要适度"统一口径"了。对于普通游客来说，在"客家首府""客家母亲河""客家祖地宁化"或"客家祖地龙岩""客家大本营"等雪花般的名片面前已经感到几分困惑了，更遑论还有临近的"世界客都""客家摇篮""客家古邑""海峡客家旅游欢乐节"等形象宣传，不免让游客眼花缭乱、无所适从。

## 2. 产品缺乏创意

综观闽西客家旅游产品，多为静态的参观展示，缺乏互动、游玩、动感等参与性项目。祭祖旅游与宗教旅游虽然需要庄严肃穆，但活动仪式前后同样也需要其他产品或项目。客家旅游对旅游产品的研发明显不足，多为"大路货"，缺乏创意；当地土特产附加值较低，让游客无法作为礼品买回去。即使有一些研发创意，如客家米酒与红色文化整合而成的"红军可乐"，也因包装缺乏创意而失去吸引力。据学者研究，国际市场对客家旅游产品包装的总体要求，一是名称要易记，产品名称要易懂、易念、易记；二是外形醒目，使消费者从包装外观就能直观了解产品特征；三是包装印刷要力求简明，描述要言简意赅；四是要体现信誉，不能华而不实，过度包装；五是易于识别地区标志；六、环保意识，等等。显然，闽西客家旅游产品在文化创意研发及包装创意等方面，还需要大力提升。

## 3. 旅游基础配套设施不够健全

宁化地处闽西山区，武夷山东麓，地理位置较偏僻，自然条件多以山地丘陵为主，经济发展相对落后，旅游投资不足，入境交通滞后。目前除了永宁高速外，连过境铁路都还没有. 旅游通道的不畅直接影响了游客的进入，也导致许多具有宁化客家特色的旅游资源无法得到有效开发和展示。宁化目前景点开发和城市开发不同步，道路、景区交通在内的基础设施和旅游接待服务体系不完善，各类型的旅游服务项目建设也不齐，设施相对简陋，高档次的宾馆、酒店数量有限，缺少高素质的服务人才，使得旅游的吃、住等接待能力不足，卫生条件和服务质量等也跟不上发展的需要，满足不了游客的基本要求，到了旅游旺季问题就更为突出。这些都导致宁化客家旅游难以接受周边成熟旅游市场的辐射，难以融入省、市大旅游圈。

**四、闽西客家文化生态保护与旅游开发对策研究**

客家文化作为一种传统优势地域文化具有很高的历史价值、美学价值和科学文化价值，应加强保护和传承。文化生态旅游是一种可持续发展的旅游，应进行客家文化生态保护，开展客家文化旅游，建立客家文化生态旅游圈，在旅游开发中保护客家文化生态，在文化生态保护的同时进行旅游开发，走客家文化生态旅游可持续发展之路。只有有效保护、挖掘、收集和整理客家文化遗产，最大限度地开发利用其价值，以开发促保护，才能使客家文化健康持续地发展。

（一）提高生态保护意识，建立文化生态保护区

加强客家文化生态保护的宣传教育，不断提高全民的生态保护意识，分级开展生态保护培训，重视生态保护的基础教育、专业教育，积极搞好社会公众教育。景区景点要增加宣传设施，组织特色宣传教育活动，向公众普及生态保护知识，进一步加强新闻舆论监督，充分调动广大人民群众和民间团体参与生态保护的积极性。客家古民居是客家文化的重要载体，客家文化旅游开发的最基本的物质基础，必须十分重视对古民居或古民居群的保护。应根据旅游市场需求，按照因地制宜、保护性开发等原则，对那些资源价值高、地域组合好、社会经济背景相对优越的客家古民居群优先开发利用；对于那些文物价值高、开发潜力大而又濒于破败的客家古民居则应优先保护和抢救维修。在保护利用客家民居的同时，还必须保护其自然环境，加大美化、绿化的力度。文化生态保护区，就是在一个特定的区域内通过有效的保护措施，建立一个非物质文化遗产和物质文化遗产互相依存的良性循环机制，使人们的生产生活与自然环境、经济环境、社会环境和谐相处，成为一个和谐并充满活力的民族文化生态整体。保护客家文化生态系统，就是要保护客家文化尤其是客家非物质文化赖以生存的自然环境、生产生活方式、经济形式、语言环境、社会组织、意识形态、价值观等组成的文化生态系统。作为非物质文化遗产媒介的客家语言，表演艺术，民间音乐，社会风俗、礼仪、节庆，传统手工艺技能，作为物质文化遗产的历史街道、历史遗迹、古建筑、古民居等文物景点以及与文化遗产相关的自然环境、文化生态环境，这些都是值得保护的对象和内容。

（二）加强收集和建档，重建客家文化环境

对客家历史文化建筑和历史景观进行"体检"、修缮；对那些无法再生的处处有来历、个个值千金的楹联、题刻、名匾、字画、家谱族谱等进行收集、统计、建档；对流

传于民间的言传身教的口述技艺进行收集；对一些文物的历史价值进行评价等。建立客家文化档案数据库，这是保护客家文化有力的措施。特别对一些带有封建迷信色彩的、庸俗的、低级的民间文化资料不应放弃和丢弃。作为档案，为了保证其真实性和完整性，无论是良、陋、雅、俗、美、丑、奇、怪都应照实收录保存，因为这些都是人民群众的思想、感情、愿望和艺术的体现，都是中国民间文化、民族文化、传统文化不可分割的一部分。

一个族群的文化不但要能延续已有的文化成果，而且要能不断创新。如果只有延续而无创新，此文化必致衰微。客家文化是客家人与客家族群在不同的历史时空下，表现其创造力的潜能以及实现、传承与创新的历程和结果。客家文化要避免衰微，应该秉持"以创新为传承""以发展为保存"的理念，谋求并建立让客家文化从潜能走向实现的文化环境，营造客家主体意识，让客家文化能不断地创新与发展。重建客家文化环境，分为软件环境与硬件环境两个方面。软件环境方面，应针对各地区客家文化特色，进行资料搜集及编纂工作。建立客家文化网站、虚拟博物馆等，将客家文化数据数字化，提供现代客家人传承与创新客家文化的典范与动力。硬件环境方面，加速把客家文物古迹资产列入文化资产法律保护之列，避免客家先民古迹被拆除或毁损。充分利用客家博物馆，同时在全国各客属地区规划建设不同层级客家文化园区、客家文化馆、客家文物馆、客家文化特色馆等，为弘扬客家文化提供硬件环境。

（三）深度开发客家文化生态旅游产品

客家文化博大精深，但可利用的文化资源分散，非物质的多，静态的多，易感知性差，因而对旅游者文化解读条件要求高，在一定程度上限制了客家文化旅游产品的开发利用。开发客家文化旅游产品应激活文化资源，增强文化易感知性，使散布的文化集中化、隐性文化显性化、文化遗迹形象化、静态文化鲜活化。为此可以按照旅游吸引力、

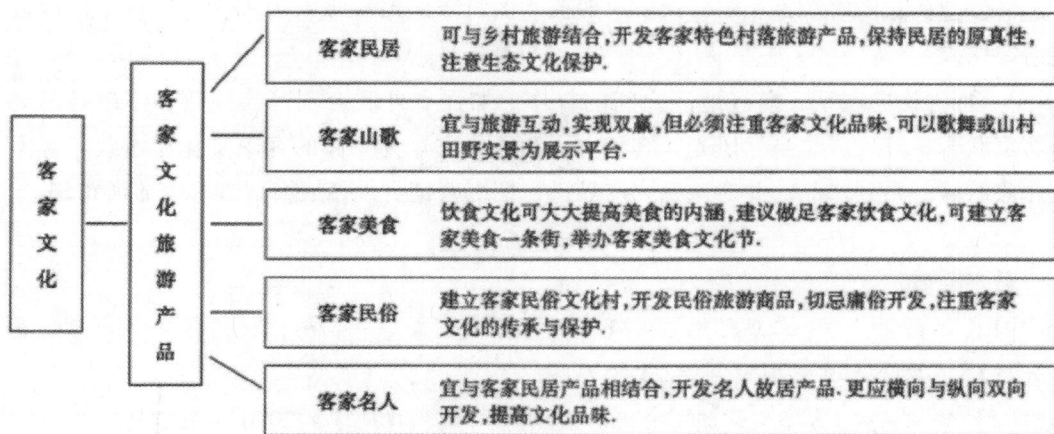

图1　客家文化旅游产品开发设想

开发潜力、开发限制三方面围绕满足不同游客的不同需求，对陈列观光型、表演、欣赏型、主题参与型等进行研究，从景点特色、配套能力、游览价值、娱乐项目的参与性等四方面进行评估，最大限度地展现出闽西客家文化特色，突出生态和客家文化两大主题。对一些具有典型价值的历史文化景观进行重点开发和保护，打造系列特色客家文化生态旅游产品，可将静态的客家民居转变为客家文化动态的场所。利用现代视听技术使客家文化活起来，使游客在空间活动中感受与文化氛围的融合，领略客家文化的无穷魅力，还可通过品客家菜、住客家民居、唱客家山歌等提高游客的参与性和互动性，使旅游者对客家文化有更深切的体验。

（四）整合资源，合理设计客家文化旅游线路

加强区域合作，达到整体保护、联合保护和弘扬优秀的客家传统文化。通过旅游资源的整合，建立客家文化生态旅游圈，打造具有客家特色的文化旅游、乡村旅游精品。比如将客家文化资源与自然资源有机结合，挖掘客家建筑的生态内涵，发展文化生态游，打造旅游饮食文化品牌，发展客家美食品尝游。适当发展客家村落民俗文化旅游，让游客深入到原始的客家村落生活中去体验原汁原味的客家生活。可安排表演客家歌舞和客家民俗活动，如山歌剧、汉剧、花环龙等。饮食则以客家风味菜、土菜为主，将颇有客家特色的盐焗鸡、酿豆腐等客家名菜列入其中。

目前闽西客家文化旅游路线设计较单一、开拓面不广，应注重省内地区之间的联合。

1. 加强对于旅游线路的研究，将客家文化旅游与生态旅游结合起来，建立"客家文化生态旅游示范区"，产生规模效应。

2. 专项旅游与区域旅游相结合，即可以把毗邻地区之间相同或其他类别的景点相连接。把客家文化旅游与乡村旅游结合起来，建立生态文化绿色休闲旅游带，从而能延长旅游线路，满足旅游者多样化的民俗旅游需求。因为客家人聚居于山区，交通不便，距经济发达的旅游客源地相对较远，一般孤立的村落的市场吸引力不大，应尽量串联成旅游线路。

3. 加强横向联系，搞好地区之间的合作。加强省外联合，可与江西、广东乃至海外客家联合，开发成集自然风光、客家文化和历史文化为一体的客家文化旅游线、客家文化旅游区等系列产品，并对该系列产品进行捆绑营销，以拓展海内外客家旅游市场。

**参考文献：**

［1］江金波：《论客家文化旅游及其产品开发创新——剧场化、园区化与产品的整合升级》，《热带地理》2009 年第 2 期。

［2］梁锦梅：《客家文化旅游资源开发初探》，《福建地理》2000 年第 2 期。

［3］熊春林、黄正泉、梁剑宏：《国内文化生态研究述评》，《生态经济》2010 年第 3 期。

［4］戴斗勇：《文化生态学论纲》，《佛山科学技术学院学报》2004 年第 5 期。

［5］李技文，龙运荣：《近 20 年来我国民族文化生态研究综述》，《大连民族学院学报》2010 年第 2 期。

［6］徐建：《国内外文化生态理论研究综述》，《山东省青年管理干部学院学报》2010 年第 9 期。

（本文作者系福建社科院经济所助理研究员）

# 发展三明客家文化产业之我见

## 允 武 允 鸣

### 一、发展三明客家文化产业势在必行

要弘扬三明品牌作用，发展客家文化，就必须大力发展三明客家文化产业。什么叫客家文化产业？文化产业顾名思义是以生产和提供精神产品为主要活动，以满足人们的文化需要作为目标，是指文化意义本身的创作与销售，狭义上包括文学艺术创作、音乐创作、摄影、舞蹈、工业设计与建筑设计。客家文化产业就是以满足人们的文化需要作为目标，充分发挥客家资源优势，对客家文化本身进行创作与销售，使原来没有经济效益产生出无限的经济效益，既满足了人们的文化需求，又获得经济上的富足，以促进客家文化的发展。这是双赢的举措。

（一）发展客家文化产业是提高区域经济竞争力的有力举措

区域竞争力作为一种综合能力，不仅是经济、科技、国防实力的体现，也是文化实力与民族精神的体现。"只有文化大国，才可能成为世界强国"。当今全球竞争，继资源、资本、人才和信息之后，已进入文化竞争时代。文化和文化战略将主导全球竞争，并预示着全球的发展趋势。许多实业家从自身行业历程中都深切地体会到，21世纪的竞争不再是经济的竞争、军事的竞争，而是文化的竞争。"当知识经济向我们逼近时，运用文化资本增强竞争力，提高附加值则是每个企业家必须认真思考的战略目标"，"因为产品的经济价值越来越取决于以文化为底蕴的价值观念，而市场竞争已从成品之争转向文化之争，或者说越来越依托于文化辐射力"。[1] 这些观点，深刻地揭示了文化在当今全球竞争中的重要性。这也充分说明，文化作为一种竞争力，不仅是区域竞争力的重要组成部分，而且正在成为竞争成败的决定性因素。

客家是汉民族一支优秀的民系，有着光辉灿烂的客家文化。客家人有着巨大的凝聚力，客家文化之所以能够得以延续和发展，正是因为不断抛弃糟粕，推陈出新。三明是客家大市，具有发展区域经济的能力，应该很好地整合祖地客家资源，进一步打造客家品牌，努力适应全球化的发展趋势，让客家文化与产业有新的出路，并让客家文化与产业走出去，把它发展到全球客家文化地区。

---

① 石磊、刘蓉洁等：《城市品牌的塑造》，《城市问题》2007年第5期。

因此，发展客家文化产业是提高区域经济竞争力的有力举措。

（二）发展三明客家文化产业是提升客家文化优势的需要

客家文化产业，是挖掘文化活动中有利于促进经济发展的因素，加以创新、开发。要继续深化文化体制改革，大力发展新兴文化产业，增强文化产业的科技含量，构建现代文化市场体系，拓展文化产业的发展空间，做大做强文化产业发展主体，让文化活动变"等、靠、要"为促进经济发展的一项内容，既可进一步实施文化惠民系列工程，让广大群众在家门口就能享受到文化大餐，又能让客家文化活动产生效益，盘活经济。

因此，加快发展文化产业，对于提升客家文化优势是有利且必要的举措。

（三）发展三明客家文化产业是促进海西建设的需要

客家文化是两岸共有的资源，对促进海峡两岸交流也有着重要的意义与作用。中共中央总书记习近平几年前在会见连战一行时的重要讲话中指出："广大台湾同胞都是我们的骨肉至亲。大家同根同源、同文同宗，心之相系、情之相融，本是血脉相连的一家人。两岸走近、同胞团圆，是两岸同胞的共同心愿，没有什么力量能把我们割裂开来。"国务院《关于支持福建省加快建设海峡西岸经济区的若干意见》，也把客家文化列为加强海峡西岸经济区文化建设、促进两岸交流合作的重要内容之一。这些都深刻阐明了新时期客家文化工作在加快海峡西岸经济区建设、促进海峡两岸和平发展中的特殊地位和重要意义。

三明作为重要的客家祖地、客家大市，要在弘扬三明客家文化，促进海峡两岸交流中发挥巨大作用，大力发展客家文化产业是其中的一项重要内容。

发展客家文化产业，才能进一步促进海西客家经济的发展和繁荣，才有能力举办更多的海峡两岸活动，诸如：海峡两岸文化交流、族谱交流、客家小吃交流、祭祖活动等等。发展客家文化产业，包括传统的演出、展览、新闻出版、休闲娱乐、广播影视、体育、旅游等等，使客家文化活动依托文化产业部门，采取民营公助，既能产生一定的经济效益，减轻政府和有关部门的负担，又能开展得轰轰烈烈，促进两岸文化、经济交流，实现双赢。

因此说，发展三明客家文化产业是促进海西建设的需要。

**二、三明是客家祖地，客家文化资源深厚**

（一）三明是客家祖地

在中华民族 5000 年的文明史上，客家是一支打上了中华民族大迁徙历史烙印的民系；是一支历尽艰险、在颠沛流离中不断壮大的民系；是一支卓有建树，在近现代史上伟人迭出的民系；是一支四海为客，仍孜孜不忘寻根探祖的民系。三明是闽粤赣边客家大本营的重要组成部分，是客家民系孕育形成的地方和客家文化发祥地之一，是世界客家祖地之一。所辖宁化石壁是世界公认的"客家祖地""客家摇篮""客家中转站""客家早期的聚散中心"，几年来在石壁客家公祠成功举办了 22 届世界客属石壁祖地祭祖大典，有 25 个国家和地区的 30 多万客家人士到石壁寻根谒祖。文化部华夏文化促进会客家研究所所长邱权政教授指出：“三明所辖的宁化石壁，是客家祖地，这已成为海内外各界人士的共识。”经调查论证，三明所辖 12 个县（市、区）中，还有清流、明溪、将乐、建宁、泰宁、沙县、永安、三元、梅列也都是客家县（市、区），此外大田、尤溪县也有部分客家乡镇和村庄。正如全球客家·崇正会联合总会总执行长黄石华先生在《三明与客家》序言中指出的那样：“三明是中国重要的客家地域，是客家大市，最重要的‘客家祖地’，在整个客家史上具有非常重要的地位和作用。”

三明具有丰富的客家文化资源，几乎每个县都有客家文化的亮点，其中又以宗族文化、民间信仰、建筑文化、民间艺术等方面最为引人注目。

从宗族文化来讲，由于客家人崇敬祖先的情结，所以对祖祠建设特别重视，在三明姓氏宗祠随处可见。宁化石壁的客家公祠已成为海内外客家乡贤寻根祭祖的重要之地。从 1995 年至今，已连续举办 22 届世界石壁祖地祭祖大典。

从民间信仰来讲，客家人民间信仰意识浓厚，特别对定光古佛、五谷神农、观音信仰更深，其中又把定光古佛视为三明客家人的保护神。清流县前些年落成的灵台山客家文化城已成为集中反映客家历史文化和定光古佛文化的目前国内唯一的“中华客家祖山文化园”。

建筑文化方面：客家人十分注重家园建设，讲究艺术造型、装饰美观和文化品位。三明客家建筑富有特色，宁化的延祥村是客家民居建筑的极品，其建筑技艺十分精湛，装饰格调格外高雅，名人字画、金字楹联、彩绘围屏、奇花异草点缀其间，令人赏心悦目，充分体现了客家人的聪明才智。永安的安贞堡是客家传统民居的典型代表，现已成为非物质文化遗产。

民间文艺方面：传统的客家民间文艺是一种宝贵的客家文化资源。三明客家民间文艺更是百花齐放，活力四射。永安青水的木偶、宁化淮土的高棚灯、沙县的肩膀戏、将乐的八韵南词、泰宁的梅林戏、清流的采茶戏、建宁的宣黄戏等都分别成为省、市、县的非物质文化遗产。此外，还有技舞类的龙灯、香灯、竹马灯、板凳龙、舞狮等；吟唱类的山歌、竹板歌、歌谣等；念白类的谚语、童谣、歇后语、谜语、传说故事、笑话；民间工艺类的双钩书法（空心连笔字）、剪纸、微雕、木雕、竹雕、编织等。传统的民间文艺形式是三明客家区域的一种重要文化资源。

饮食文化方面，三明也颇具特色。将乐客家擂茶、沙县小吃就是典型代表。客家人喜欢吃的风味食品糍粑、芋子饺、豆腐饺、蕨须包、薯包、芋丸子等都是客家特色菜肴品种。此外，宁化的老鼠干、辣椒干，明溪的肉脯干和沙县板鸭在全省乃至全国都是赫赫有名的。

习俗文化方面：一是崇文重教。在宁化，这方面的谚语很多，如“目不识丁，枉费一生”“生子唔读书，不如养条猪”等等。按说家贫是读不起书的，客家人却有“地瘦栽松柏，家贫子读书”的谚语。正如学者崔灿在《客家三论》中所言：“客家人办教育的热情源于中原，而又极大地超过了中原。中原人办教育，入学的多是贵族或富人子弟，穷人子弟往往拒之门外。客家人办教育是博施于民，只要是同宗同族的子弟，不论贫富一律收授……"①三明客家地区古代人才辈出，据统计，境内历史上中进士总人数达720名。号称"汉唐古镇，两宋名城"的泰宁，两宋时曾有"一门四进士，隔河两状元，一巷九举人"之说。将乐出了"上承伊洛，下倡南闽"的宋代大儒、闽学鼻祖杨时。沙县在宋朝时，全县考取进士的达129人。二是风俗习惯保留了较多古汉族民俗文化特征，婚嫁保留了古六礼的程序，沿袭"父母之命，媒妁之言"、讲求"门当户对"。丧葬仪式、二次葬、坟墓形式以及岁时节俗、衣着服饰等等，既有中原古风，又蕴含着极为鲜明的客家风情。三是客家人强烈的敬祖穆宗意识。三明客家祖地几乎家家户户供奉祖宗牌位，并处处建有朝拜和祭祀祖宗的祠堂。

（二）三明得天独厚的资源优势为海内外客家合作提供了优越的条件

三明资源丰富，素有福建的"聚宝盆""绿色宝库""福建粮仓"之称。已发现金属和非金属矿种79个，重晶石钨、锰、蓝宝石等矿藏在全国矿产资源中占有重要地位，煤炭、铁矿、石灰石储量也较高；人均水资源拥有量是全国的3.5倍，境内河流总长875公里，年径流量达215.8亿立方米；森林覆盖率达76.8%，森林面积达2600万亩，活立木蓄积量1.21亿立方米，占福建省活立木蓄积总量的三分之一，是全国少数几个活立木蓄积量超过1亿立方米的设区市。三明市还有丰富的农业资源，人均土地面积达13.73亩，高于全省平均水平的2倍；人力资源充足，每年输出劳动力3.5万人。②

三明人杰地灵，在清流县狐狸洞发掘出旧石时代晚期古人类下臼齿化石，又在三元区岩前镇万寿岩发现了距今20万年以前的古人类文化遗址，证明三明地域早有人类居住和活动。三明客家旅游资源密度全省最高，也是全国少有的，目前已建成以"山、水、洞、林、石"为特色的客家旅游生态文化风景区。其中世界自然遗产地1个，世界地质公园2座，国家级自然保护区3个，全国4A级旅游区4个，2A级旅游区1个，国家森林公园5个，国家重点文物保护单位5处，全国红色旅游经典景区3个，已基本形成一个资源丰富的客家生态文化游览区域。人文景观也非常丰富，著名的"闽学四贤"杨时、罗从彦、朱熹均出自三明境域。文学方面，三明历代著名诗人120多位。艺术方面，有书法家余思复、伊秉绶，画家黄慎、宫廷画家边文进等。其中黄慎以诗书画三绝称著于艺坛，与郑板桥等被称为"扬州八怪"。还有音乐家杨表正、王连三等。在近代史上，三明人民占有光辉的一页。国内革命战争时期，三明各县都是苏区县，毛泽东、朱德、周恩来、彭德怀、叶剑英、杨尚昆、陈毅等老一辈无产阶级革命家曾在这里从事革命实践。抗日战争时期，福建省会迁入三明的永安，永安成为当时东南抗战文化中心，与重庆、桂林一起被称为文化名城。

---

① 郑树钰、廖允武：《闽江上游话客家》，《三明与客家》，第87页。
② 黄琪玉：《让客家精神代代相传》，《石壁与客家世界学术研讨会论文集》，山西人民出版社2009年版。

三明由于过去山高林密、交通闭塞，为保护客家原生态文化提供了条件。这里不但系统地保存有未经雕饰的理学文化和客家姓氏文化、方言文化、节俗礼仪文化、饮食文化、服饰文化、建筑文化、民间文艺、宗教文化等原始风貌，而且古老的民俗在这里代代相传，红色文化优良的传统在这里发扬光大。处处可见历史遗迹、宗教民俗，时时可听趣闻典故，看戏曲歌舞，原生原貌，原汁原味。这些丰富的人文旅游资源既有中原汉人文化遗传的印记，又具当地文化的独特风采，不愧是客家文化的源头。三明融碧水、丹山、奇石、溶洞、森林、古文化、客家文化、老区文化、抗战文化、生态文化为一体，为加强两岸经济文化交流合作提供了极为有利的条件。

（三）三明客家基础条件日趋完善为海内外合作提供了坚实的保证

在全面建设小康社会的进程中，三明市主动融入海峡西岸经济区建设，加快实施工业立市、生态兴市、科教强市发展战略，明确了把三明市建设成为海峡西岸经济发展腹地、重要工业基地、绿色产业高地和生态旅游胜地的发展定位，充分发挥了海峡西岸建设"前锋、基地、枢纽、支撑"作用，加快落实观念、战略、产业、市场、交通"五个对接"，促进思想解放、区域协作、结构调整、资源配置、发展空间"五个突破"，大力实施项目带动，发展壮大县域经济、培育产业集群、做大做强做优中心城市、壮大民营经济、转变政府职能六大举措，全力推进经济建设和社会各项事业持续快速发展。三明客家的投资环境不断完善，公路路网纵横交错，205 国道、316 国道、212 省道可直通沿海港口。福银、泉三、永武、海西高速公路全线通车，向莆高速铁路贯穿全境，与京九铁路连接的永安至长汀快速铁路正在加快建设中。三明机场可通往北京、上海、武汉、厦门、深圳等地，国家铁路、公路运输枢纽和海峡重要综合交通枢纽基本建成。邮电通信实现了乡以上交换程控化、传输数字化，具备了国际国内程控直拨、传真、无线寻呼、移动通讯等现代化通信手段。

**三、如何形成具有三明优势的客家文化产业的思考**

应该说，三明境内各县的客家生态文化资源各有不同的亮点。这些客家文化的精彩亮点，应成为客家文化产业的宝贵资源。至于如何形成客家文化产业，思考如下：

一是做强做大客家旅游文化产业。

这是体现三明客家祖地特色的首要途径。因为三明有那么多客家资源优势，又被授予海峡两岸文化交流基地的称号，开展旅游活动，就可以吸引更多的人来三明考察、观光、兴业、投资。做到自然资源与人文资源优势互补。把三明各县自然景观的美与人文景观的美相结合，将当地景点之美、名人效应、典故传说、红色旅游、客家美食、民俗文化特色有机结合。做到三明景观（含自然景观与人文景观）的有机结合，做大做强产业联盟。把挖掘与整合客家旅游生态文化资源结合起来，以提升三明文化软实力。三明的旅游业及文化产业必须走区域合作的道路，才能走出独具特色的客家旅游生态文化发展的路子。全市必须整合利用好现有的旅游生态文化资源。要在整合中弘扬传统文化，注重在传承客家文化中把一些属于民俗性的东西，能体现客家人独特生活个性和生活方式的东西，加以继承与吸收。

三明的旅游文化产业应形成规模效应，做到县县相连、景景相连，让客人出行三明，到处都有吸引他们的地方，人文景观让他们回味无穷。同时要强化闽台旅游合作，联手打造"山海湖"精品旅游线路，深入推进"闽台两山两水亲情游""邹氏后裔寻根祭祖游""客家祖地祭祖""闽台同根游"等主题旅游线路，并以泰宁世界地质公园为龙头，把闽台合作辐射到三明其他风景名胜区和自然保护区，共同做大海峡旅游市场。

二是做强做大客家小吃文化产业。

应该说三明县县都有客家特色小吃，沙县小吃已名声在外，走向全国。如今，问起三明，有人不知道，可一说起沙县，谁都知道"沙县小吃"，每年全国小吃节吸引了海内外众多宾客驻足沙县。但这还不够，宁化、清流、明溪、永安、将乐、泰宁、建宁等其他县都有自己独特的小吃，应该把它们进行整合，资源共享，挖掘客家小吃的文化内涵，体现客家小吃与中原的关系，通过出版书籍、画册、报刊等加大宣传力度，并通过举办或参与小吃节、全国展赛等各种活动，充分展示三明客家小吃文化特色，扩大三明知名度，吸引更多的人了解三明、向往三明、关注三明。

三是做强做大客家民间工艺文化产业。

福建是中国民间文艺之乡，有着非常丰富的民间文艺。三明客家祖地也有自己独特的民间艺术：如邓圣凯的"双钩书法"（空心连笔字），曾上中央电视台农民春晚演出，并特邀参加意大利米兰世博获金奖；毛新华、毛祚胜父子的微雕在省内外屡屡获大奖；周建波可谓全才，雕刻、剪纸、面人等都会，其中石雕"满汉全席"100多道菜栩栩如生；此外，张克明的竹雕、陈华生的木雕屏画、汤晓明的木雕、廖允武的剪纸等等，立足于展示三明风韵，很有特色。

三明景点众多，但景点卖出的工艺品多是从外地来的大路货，体现三明特色的工艺品非常稀少，如果在开发三明文化产业过程中，能多生产体现三明风情特色的民间工艺产品，并与各个旅游部门、各景点销售部门挂钩，既能使三明的民间艺术家充分发挥特长，挖掘出三明各地特色，创作出众多展示三明风情、独有特色的民间工艺品，又使三明各县市景点能够卖出三明独有的民间艺术品，吸引来旅游的嘉宾、游客购买兴致，产生经济效益。

四是要在发展文化产业中把开发与保护客家生态文化资源结合起来。

随着全球客家研究热的不断推进，保护客家县生态文化遗产问题已迫在眉睫。我们可以把建设客家文化产业，与保护客家生态文化资源结合起来，把调查、搜集、保护、整理、研究、展览与交流、休闲观光集于一体。充分展现客家人的衣食住行、婚丧喜庆、民间信仰、方言文化和宗教信仰等。在更大范围内搜集、整理客家文物，以达到开发与保护的作用。同时要善于创意策划，积极开发市场，注入时尚元素，与时俱进地弘扬与发展原生态文化，仿古融今，推陈出新，促进客家传统旅游生态文化资源景观化，在每个环节中都展示三明地区生态文化的魅力。为客家学者进行学术研究提供史料，为客家乡贤寻根谒祖和旅游观光提供交流的平台。

总之，三明有着极为丰富的客家文化资源，这是我们发展客家文化产业的优势。应该说，三明利用自身客家祖地文化资源进行产业发展起步较晚，还存在许多薄弱环节，如发展文化产业还未成为气候，还未产生规模效应，文化产业的效益还很小等。但正如毛主席说的："一张白纸没有负担，好写最新最美的文字，好画最新最美的画图。"我们有理由相信，凭着客家人对客家祖地的挚爱，凭着客家精神的发扬光大，三明客家祖地的客家文化产业，一定能后来居上，为客家事业的繁荣与发展，做出应有的贡献。

（本文作者允武系三明市客家联谊会副秘书长，三明市民间文艺家协会原主席、副教授；允鸣系原三明学院初教系中文老师）

# 宋代汀州盐业变迁

## 靳阳春

唐开元前闽西社会发展缓慢的重要原因之一是人口稀少，亦即劳动力匮乏。[①] 宋代大批北方移民进入汀州，不仅带来了可观的劳动力，也将北方比较先进的生产工具和生产技术带入汀州，使汀州经济发生了根本性的改变。

五代末期至北宋初年大批北方流民进入汀州，导致人口成倍增加，官府又支持土著，打压流民，[②] "闽王延钧，弓量土田，第为三等。膏腴上等以给僧道，其次以给土著，又次以给流寓"。[③] 移民没有充足的土地资源可供利用，不得不从土地资源之外寻求新的经济来源，私盐贩卖逐渐成为汀州经济主流。

### 一、汀州食盐的运销

宋盐的运销方式大概分为官搬官卖与通商两大类，据学者分析，具体又可分为官搬官卖制（官专卖）、钞盐制（商运商销）、分销制或扑卖制（官运商销）、收算制（自由贸易）四种。一般情况下，官搬官卖，课利主要归地方（漕司及州县）；推行钞法，课利主要归朝廷。[④]

汀州在唐代运食福盐。宋代因之，但曾于太平兴国二年（977）获准运潮盐。但可能实行不久，就随太平兴国八年（983）福建盐开禁通商而终止。[⑤] 还有一说，汀州曾食江浙盐，后亦禁止。[⑥]

---

[①] 郑学檬认为福建山区开发速度缓慢，主要原因是劳动力不足。郑学檬：《中国古代经济中心南移和唐宋江南经济研究》，岳麓书社 2003 年版，第 263 页。朱维干以为宋代福建户口增加，也增加了劳动力，所以"虽硗确之地，耕耨殆尽"。朱维干：《福建史稿》（上），福建教育出版社 1985 年版，第 223 页。

[②] 佐竹靖彦认为宋代在客家人与原住民即土户之间关系中，乃至孕育着武力冲突的紧张关系中，行政机构完全是站在原住民一方的。佐竹靖彦：《宋代福建地区土豪型物资流通与庶民型物资流通》，载《佐竹靖彦史学论集》，中华书局 2006 年版，第 207 页。

[③] （清）李世熊：《宁化县志》，福建人民出版社 1989 年版，第 45 页。

[④] 戴裔煊：《宋代钞盐制度研究》，中华书局 1982 年版，第 56—66 页。

[⑤] （清）徐松：《宋会要辑稿·食货》，中华书局 1957 年影印本，第 5185 页。

[⑥] （元）马端临：《文献通考》卷 15《征榷二·盐铁》，中华书局 1986 年影印万有文库十通本，第 154 页。

最晚在天圣六年（1028）汀州已经专卖福盐。是年十一月，福建路转运司奏请剑、建、汀州、邵武军四处搬请出卖福盐。① 自此汀州六县都运食福盐，直到绍兴二十二年（1152）"前知汀州陈升奏言……汀州并于漳州般运盐货"。② 则是绍兴二十二年（1152）后汀州福盐、漳盐并行。后汀州郡守赵崇模申请改运潮盐。绍定五年（1232），许本州岛及诸县艰于运福盐者改运潮盐。是谓绍定五年（1232）之后，汀州福盐、漳盐、潮盐并行。汀食潮盐自此始。实际改运潮盐的只有州城和长汀、上杭二县，武平、莲城仍然运漳盐，宁化、清流则运福盐。③

综上，历宋一代，汀州除自太平兴国八年（983）到天圣四年（1026）实行过短期商卖外，其他时段不管是运福盐、漳盐还是潮盐，都是实行官搬官卖。

（二）汀州的私盐贩卖

闽粤赣边的私盐贩卖，根本原因是宋代不合理的调运路线和禁榷。④ 宋朝廷实行"榷盐法"，即食盐专卖制度，是指某一特定地区只能销售由政府指定的盐场出产的食盐，而且食盐的销售由政府控制。为垄断盐利，宋朝廷除了从生产领域加强对食盐的控制外，还严格而明确地划分了盐的供应、运销的范围，非经官府允许，不得擅行侵越。如果说在中国古代受交通条件和地理环境的限制，食盐的运销，合理地划定其销区，有利于产销，那么，仅仅出于控制盐利或以掠夺财富为目的而人为地规定某种盐的行销地界，不考虑搬运条件的限制，势必会出现许多弊端，造成人力物力上的巨大浪费。⑤

北宋和南宋前期，汀、赣二州属于不同的食盐销区。汀州食本路福盐，由闽江溯流经南平、邵武，过九龙滩，"缘福盐溯流而至南剑，又自邵武溯流而上汀州，其中般运甚难故盐到汀州，不胜其淆杂，不胜其贵，所以汀人只便于食私盐，自循、梅、潮、漳来颇近，又洁白，价又廉"。⑥ 赣州食淮盐，须过长江、溯赣江运至，"虔州地接岭南，官盐卤湿杂恶，轻不及斤，而价至四十七钱，岭南盗贩入虔，以斤半当一斤，纯白不杂，卖钱二十，以故虔人尽食岭南盐"。⑦"初，江、湖漕盐既杂恶，又官估高，故百姓利食私盐"。⑧ 但是从不同产区、不同渠道运到汀、赣二州的盐都是质次价昂，因而百姓不愿购买官盐。造成这种局面的根本原因即是"榷盐法"，不过汀赣二州的情况还是不完全相同的。

① （清）徐松：《宋会要辑稿·食货》，中华书局 1957 年影印本，第 5191 页。
② （清）徐松：《宋会要辑稿·食货》，中华书局 1957 年影印本，第 5250 页。
③ （宋）胡太初修、赵与沐纂：《临汀志》，福建人民出版社 1990 年版，第 27—28 页。
④ 郑学檬：《中国古代经济重心南移和唐宋江南经济研究》，岳麓书社 2003 年版，第 337 页。
⑤ 史继刚：《浅淡宋代私盐盛行的原因及其影响》，《西南师范大学学报》（哲学社会科学版）1989 年第 3 期。
⑥ （宋）真德秀：《西山先生真文忠公文集》卷 13《得圣语申省状》，四部丛刊初编，集部，北京书同文数字化技术有限公司 2001 年电子版。
⑦ （宋）李焘：《续资治通鉴长编》卷 213，中华书局 1992 年版，第 5178 页。
⑧ （宋）李焘：《续资治通鉴长编》卷 213，中华书局 1992 年版，第 4739 页。

赣州运淮盐主要是国家层面的经济原因。宋代，由于经济重心的逐步南移，东南六路成为主要的漕运区。江西是重要的粮食和茶叶产地，但是食盐匮乏；而江淮之路，又是漕运必经之道。所以，政府规定漕船每运江西大米、茶叶至淮南，必须装回淮盐贩卖，"江南东、西，荆湖南三路，上供斛斗，旧皆逐路载至真、楚、泗三州，复载盐以回。"① 这样一来，既为京都输送粮食茶叶等物资，又解决了淮盐的销路问题，还使漕运河道得以充分发挥作用。这就是宋朝政府明知"榷盐法"损害百姓利益，而且逼迫许多人从事私盐贸易，也不得不维持这项政策的原因。

汀州运福盐的主要原因则是因为地区经济落后。汀州在福建路属于上四州，历宋一代都是福建贫困地区，官府的开支一直依靠课盐税维持。② 官搬官请实际上成为宋代地方政府增加财政收入的重要手段，上四州因而搬请福盐。汀州搬运福盐可能也有漕运的因素，有些迹象表明汀州曾经向福州运送过粮食。③

官搬官请抬高了官搬盐的价钱，而且官府为获取更多收入，还故意在盐中添加杂物。④ 同时中央官员也参与上四州的食盐销售，与地方政府争利。⑤ 诸多原因导致官盐销售艰难，出现"鬻而不售，则科于民"⑥ 的官府"抑配"现象。

"抑配"导致"郡邑无以支吾，因有计口科盐之事，一斤之盐至出数斤之直"，⑦ 结果是"且官盐莫之售，私盐莫之禁，故公家之用匮"。⑧ 正因如此，汀州的私盐贩卖才络绎不绝，屡禁不止。

实际上，闽粤赣边区的私盐贩卖是从赣州开始的。宋初，赣州及其周围地区可能主要食用广盐。太平兴国二年（977），宋太宗宣布："江南诸州盐先通商处悉禁之。"⑨ 江

① （清）徐松：《宋会要辑稿·食货》，中华书局 1957 年影印本，第 5571 页。

② （宋）熊克：《中兴小纪》卷 33《绍兴十七年十二月壬子条》，景印文渊阁四库全书，第 313 册，台湾商务印书馆 1983 年版，第 1123 页。（元）脱脱等：《宋史》卷 183，中华书局 1977 年版，第 4464—4466 页。

③ （明）黄淮、杨士奇等编纂：《历代名臣奏议》卷 246《知福州张守乞放两浙米舡札子》，景印文渊阁四库全书，第 440 册，台湾商务印书馆 1983 年版，第 80 页。

④ （宋）赵汝愚：《论汀赣盗贼利害奏》，（明）黄淮、杨士奇等编纂《历代名臣奏议》卷 319《弭盗》，景印文渊阁四库全书，第 441 册，台湾商务印书馆 1983 年版，第 826 页。

⑤ （宋）赵汝愚：《论汀赣盗贼利害奏》，（明）黄淮、杨士奇等编纂《历代名臣奏议》卷 319《弭盗》，景印文渊阁四库全书，第 441 册，台湾商务印书馆 1983 年版，第 827 页。（元）脱脱等：《宋史》卷 183，中华书局 1977 年版，第 4466 页。

⑥ （宋）李心传：《建炎以来系年要录》卷 188，景印文渊阁四库全书，第 327 册，台湾商务印书馆 1983 年版，第 680 页。

⑦ （宋）佚名：《两朝纲目备要》卷 1，景印文渊阁四库全书，第 329 册，台湾商务印书馆 1983 年版，第 702 页。

⑧ （宋）熊克：《中兴小纪》卷 33《绍兴十七年十二月壬子条》，景印文渊阁四库全书，第 313 册，台湾商务印书馆 1983 年版，第 1123 页。

⑨ （宋）陈均：《九朝编年备要》卷 3，景印文渊阁四库全书，第 328 册，台湾商务印书馆 1983 年版，第 73 页。

西被纳入榷禁范围，大部分州军划入了淮盐的官卖区域，虔州则于南雄州搬运广盐。这次食盐专卖，维持了 7 年之久。宋代虔州等地私盐的发端，大概是以这次食盐专卖为背景。官卖制代替"自由贸易"制，原先以贩卖食盐为业的盐商，顿失生计，他们中的不少人继续以贩盐为业是可以想见的，只不过由合法盐商转变成了私盐贩者。①

汀州也有很多私盐贩。宋人李焘对汀、赣二州私盐贩产生的原因作了深入的分析："初，江、湖漕盐既杂恶，又官估高，故百姓利食私盐，而并海民以鱼盐为业，用工省而得利厚，由是盗贩者众。……江西则虔州地连广南，而福建之汀州亦与虔接，盐既弗善，汀故不产盐，二州民多盗贩广南盐以射利。"② 可见，官盐"既杂恶""又官估高"，盗贩私盐则"用工省而得利厚"，而"汀故不产盐"，诸多内外因素自然就导致汀州私盐"盗贩者众"。

汀州出现私盐贩还有多重原因。

首先，汀州地理位置优越，与赣州往来便利。"汀在西南境，介于虔梅之间，铜盐之间道所在"。③ 汀、赣二州接壤，相互往来便利，水陆皆可直达。④ 汀州在通往赣州的要道上设置驿站："古城铺，在县西四十五里。旧有驿。"⑤ 也说明汀、赣二州间的往来频繁。

汀州又与潮州往来便利，从北宋初期就已经通过汀江往来了，"自汀至潮，凡五百滩，至鱼矶逾岭，乃运潮盐往来路"。⑥鱼矶，又叫"莲花石"，屹起大溪中，高广寻丈，舟过其下，差之毫厘则有覆溺之患。⑦ 因有大石横亘水中，来往船只能在此卸载，转陆行过岭，因而形成集市，至迟在北宋太平兴国年间（976—984）已经建鱼矶镇。⑧ 宋代，镇已经成为民事聚落，"诸镇置于管下人烟繁盛处设监官，管火禁，或兼酒税之事"，⑨是以拥有一定人口的聚落作为设置依据的。设镇目的是为了便于控制和管理聚落事务。所以只有当一个商业聚落的民政事务和商税收入在数量上发展到了不建镇就无法进行管理的时候，镇的设置才会成为必要。按照政府所掌握的标准，一般以聚落人口达到 100

① 罗雄飞：《宋代汀、赣诸州私盐问题探析》，《中国社会经济史研究》2005 年第 3 期。
② （宋）李焘：《续资治通鉴长编》卷 196，中华书局 1992 年版，第 4739 页。
③ （宋）祝穆：《方舆胜览》卷 13《汀州》引郑强《移创州学记》，景印文渊阁四库全书，第471 册，台湾商务印书馆 1983 年版，第 674 页。
④ （明）黄汴：《天下水陆路程》，出自《天下水陆路程三种》，山西人民出版社 1992 年版，第243—244 页。
⑤ （宋）胡太初修、赵与沐纂：《临汀志》，福建人民出版社 1990 年版，第 99 页。
⑥ （宋）胡太初修、赵与沐纂：《临汀志》，福建人民出版社 1990 年版，第 9 页。
⑦ （宋）胡太初修、赵与沐纂：《临汀志》，福建人民出版社 1990 年版，第 49—50 页。
⑧ （宋）乐史：《太平寰宇记》卷 158《潮州》，中华书局 2007 年版，第 3035 页。
⑨ （元）脱脱等：《宋史》卷 167《职官志》，中华书局 1977 年版，第 3979 页。

户作为允许在该聚落建镇的最低人口限度，人口在千户左右的镇市即有可能升置为县。①因此从鱼矶镇的设立，可以认为，北宋初汀江上往来的人口和商业已经有了相当程度的发展，这就为汀州和潮州间的私盐往来提供了基础。

其次，汀州盐的来源充足。汀州私盐主要来自潮州，潮州产盐量极大，乃至于无处收纳。②潮盐急于寻找销路，汀州位处韩江上游，水路交通便利，成为潮盐最好的去处。汀州还从福建下四州贩私盐："建剑汀州邵武军官卖盐价苦高，漳泉福州兴化军鬻盐价贱，故盗多贩卖于盐贵之地。"③

再次，汀州地瘠人贫，贩盐则可以获取厚利。贩盐之利奇高，连江淮地区一些地位较高的群体也加入到贩盐的行列中："江淮间虽衣冠士人，狃于厚利，或以贩盐为事。"④汀州地区的百姓坐拥交通地理优势，自然更是踊跃："故汀人每至冬春间，千百为群兴贩"，⑤"二州民多盗贩广南盐以射利"。⑥甚而至于出现众多以此为业者："盖剑汀诸郡为上四州，地险山僻，民以私贩为业者，十率五六。"⑦可见私盐贩运在汀州经济中占有相当大的比例。这就是汀州虽然不产盐，但我们仍然把私盐贩卖当作汀州产业来讨论的原因。

正是因为上述原因，汀、赣二州出现了许多私盐贩，盗贩日起，往来于汀江之上，汀江变成贩运私盐的捷道。私盐贩卖严重地影响了官盐的销售，减少了官府盐利收入，因而自北宋仁宗后期，直至南宋后期，私盐贩卖一直是闽粤赣边区的严重社会问题，官民间的冲突不断。

上述可见，宋代汀州的私盐贩卖在汀州的社会经济生活中占据重要的地位。汀州虽然在绍定后开始搬运潮盐，解决了缺盐问题，但由于人口增多，土地资源被开发殆尽，出现地狭人稠现象，再加上矿冶业的衰败，私盐贩卖反而成为汀州经济生活中更重要的部分，正如杨澜在《临汀汇考》中所说："迨至绍定间郡守李华始申请汀州更运潮盐，自后汀人不复食福盐，盐寇乃绝，惟虔州患苦盐法如故，而汀境食米不敷，半仰给于邻境之肩贩，常有遏籴之恐，于是乃许虔民担米来汀，贸盐而返，以有易无，二州民胥赖

---

① 郁越祖：《关于宋代建制镇的几个历史地理问题》，《历史地理》第 6 辑，上海人民出版社 1988 年版，第 94—125 页。

② （清）徐松：《宋会要辑稿·食货》，中华书局 1957 年影印本，第 5185 页。

③ （元）脱脱等：《宋史》卷 183，中华书局 1977 年版，第 4461 页。

④ （清）徐干学：《资治通鉴后编》卷 70，景印文渊阁四库全书，第 343 册，台湾商务印书馆 1983 年版，第 319 页。

⑤ （宋）真德秀：《西山先生真文忠公文集》卷 13《得圣语申省状》，四部丛刊初编，集部，北京书同文数字化技术有限公司 2001 年电子版。

⑥ （宋）李焘：《续资治通鉴长编》卷 196，中华书局 1992 年版，第 4739 页。

⑦ （宋）李心传：《建炎以来系年要录》卷 85，景印文渊阁四库全书，第 326 册，台湾商务印书馆 1983 年版，第 186 页。

之。"① 是后代汀、赣间进行钱粮贸易的滥觞。以汀州为中心的私盐贩卖参与者成分复杂，闽粤赣边区的各民族都参与其中，而且由此引起的社会矛盾一直延续到元代。在这样一个长期的大范围的活动中，生活在以汀州为中心的闽粤赣地区的各个族群相互之间增进了交流和融合，逐渐形成了一个新的拥有不同文化的族群。

（本文作者系三明学院文化传播学院办公室主任，教授）

---

① （清）杨澜：《临汀汇考》卷 3《典制》第 3 册，光绪四年（1878）刻本，第 33 页。

# 立足客家传统优势品牌 创新发展区域特色产业

## ——关于客家传统优势品牌历史、现状与发展若干问题探讨

### 刘根发

历史上，客家人在闽粤赣边客家地区世代繁衍生息，创造了以梯田精耕细作、家庭零星养殖、作坊手工生产为主要生产方式的客家传统经济模式，在田间地头、家庭厩舍、手工作坊等传统经济平台，培育了诸如"闽西八大干"①、"长汀十大特产"②、宁化"三贡""三干""三宝"③、客家名优小吃④等诸多独具特色、丰富多彩的客家传统优势品牌。

**一、客家传统优势品牌的历史形成**

客家传统优势品牌是在闽粤赣边客家地区这一特定的地理空间，由客家人在不同的历史时期，利用当地自然和经济优势资源，通过传统生产方式生产的、在传统市场上拥有较高美誉度的"名优商品"，并在消费群体中普遍形成了概念化的"品牌认知"（在传统经济模式下还没有现代法律、经济意义上的"商标/品牌"概念）。这一概念从政治经济学和文化经济学角度考察具有两重性：一是作为有形的"名优商品"，具有商品属性；二是作为无形的"品牌认知"，具有文化属性。客家传统优势品牌是两者的统一物，缺一不可。

---

① "闽西八大干"：长汀豆腐干、连城地瓜干、明溪肉脯干、宁化老鼠干、清流笋干、上杭萝卜干、武平猪胆肝、永定菜干。

② "长汀十大特产"：长汀河田鸡、长汀豆腐干、长汀槟榔芋、长汀馆前米粉、汀州灯盏糕、长汀豆腐饺、长汀炸雪薯（炰薯包）、长汀卷饼（春饼）、长汀芋子饺、长汀板栗糕（有多种版本）。

③ "三贡"：指河龙贡米即河龙米（原产地为今宁化县北部的河龙乡）、延祥贡茶即延祥茶（原产地为今宁化县东部的泉上镇延祥村）、治平贡纸即玉扣纸（原产地为今宁化县南部的治平乡）；2008年河龙贡米获国家质检总局"国家地理标志产品"称号，2009年延祥孔坑野生茶树种植区被福建省农业厅列入"福建省茶树优异种质资源保护区"。

"三干"：指老鼠干（原产地为宁化县全境）、辣椒干（原产地为宁化县全境）、鲤鱼干（主产地为今宁化县北部的安远镇）。

"三宝"：指茶油（主产地为今宁化县西部的淮土镇）、薏米（主产地为今宁化县西部的石壁镇和淮土镇）、豆腐皮（主产地为今宁化县中部的城郊乡和东部的泉上镇）。

④ 客家名优小吃：闽粤赣边客家地区名优小吃品种众多，仅宁化县客家小吃评定为"福建名小吃"的就达61种，其中评定为"中华名小吃"的有15种。

客家传统优势品牌尽管形成的具体地域不同、时间先后不同、所涉及的行业不同，但都不外乎至少要满足以下三个因素中的一至两个乃至三个。

（一）相对独特的地理小环境

地理环境是人类社会生产生活不可脱离的空间条件，"因为人们总是在一定的地理环境中生活，在一定的地理环境中创造自己的历史；因此，地理环境对社会的发展有着重要的影响"。[①] 任何一种劳动产品以致经济模式都是在一定的地理环境中创造的，并因此呈现一定的地理特征。客家传统优势品牌之所以独具特色、丰富多彩，是因为与闽粤赣边客家地区的地理环境密切相连。

闽粤赣边客家地区位于中国的东南丘陵，地处亚热带，境内丘陵延绵起伏，河谷盆地杂处其间，地形地貌复杂多样，气候水文、土壤植被不尽相同，加之东有戴云山，南有莲花山、罗浮山、九连山，西有罗霄山，北有于山、杉岭几条纵横交错的山脉将闽粤赣边客家地区与东南沿海、珠江流域、鄱阳湖地区隔开，形成相对独立的地理单元，如福建古时被誉为"东南山国"。各个河谷盆地又形成相对独特的地理小环境，温度、光照、热量、水文、土壤、植被等自然条件各有差异，适宜不同的农作物、经济林（如用材林、毛竹林、油茶林、果林等）、畜禽鱼的生长，诸多客家传统优势品牌依这种相对独特的地理小环境孕育而生。

如产于宁化县北部河龙乡的河龙米，质优品佳，被誉为"米中珍品"，在北宋景德年间，曾经贡奉给北宋真宗朝的宫廷御用，故又称"贡米"，迄今已有千年历史。河龙乡平均海拔在600米以上，这里山高、水冷、田深、泥烂、风大、昼夜温差大，梯田多为冷水烂浆的山垄坑田，土壤多系冲积物或堆积物熟化演变而成的烂泥土，富含硅、钙、磷、钾、铁、硒、铜、锌等植物营养元素。河龙比较特殊的气候和土壤条件，造成农作物生长速度较慢、生长期较长，但却十分有利于喜水农作物（如水稻）果实内有机营养成分的蓄积转化，因而穗大、粒多、饱满、千粒重、谷粒发育充分完整，出产的大米似梭形、细长、洁白、润泽、透明、营养丰富，熟饭软而不黏、凉不返生、有清香味、柔软适度、十分可口。

如果离开了河龙这一相对独特的地理小环境，一定生产不出质优品佳的河龙米，只不过是大众化的普通大米罢了。主要受地理小环境因素影响，而决定其内在品质和独特风格的，可称之为"环境型客家传统优势品牌"，还有如"长汀河田鸡""长汀槟榔芋"等。

（二）汉畲融合的客家新民系

劳动者是创造社会财富的主体，从民族构成分析，劳动者由不同的民族组成，不同的民族具有不同的生产生活方式，因而创造了不同的经济模式（当然还有文化模式等其

[①] 石训等编著：《马克思主义哲学基本原理简明教程》，中共中央党校出版社1990年版，第181页。

他模式)。"正是经济的民族性，使人类的经济活动丰富多彩"。[①] 任何一种劳动产品以致经济模式都是由不同民族的劳动者创造的，并因此呈现一定的民族特征。客家传统优势品牌之所以独具特色、丰富多彩，是因为与闽粤赣边地区的客家民系密不可分。

自唐"安史之乱"后，大量中原汉人辗转南迁，进入闽粤赣边地区定居，与当地闽越、畲等土著民杂处，通过血缘、文化、经济等方面的长期融合，在南宋时期形成客家民系即客家人，成为汉民族八大民系之一。相对于具有 2000 多年悠久历史的古老汉民族，客家人是一个新的支系。客家人既传承了中原汉人的先进生产技术、文化思想（包含讲究质量、信誉、效益等经济发展理念），又融合了闽越、畲等土著民的生产生活习俗。正是这个新形成的客家民系，生活在闽粤赣边地区这块青山、绿水、黄土上，用他们的勤劳双手和聪明才智，演绎了上千年客家传统经济史话。勤劳智慧的客家人（包括客家先民，[②] 下同），运用先进的经济发展理念，采用先进的生产技术，学习借鉴闽越、畲等土著民的生产生活经验，在长期的生产生活实践中，精心培育了诸多客家传统优势品牌，以质优品佳赢得了消费者的广泛赞誉，在传统市场上经久不衰。

如宁化县客家传统风味菜肴"鱼生"即生鱼片，未经煮熟生吃，源自当地闽越族人茹毛饮血、生吞活剥的原始饮食习俗，经客家人改进制作工艺，佐以上好酱油、麻油、芥辣、陈醋等，其味清鲜爽口，香脆无比，食者无不称妙，遂成为宁化客家传统第一大名菜。有的客家学者认为："'鱼生'不愧为客家第一大菜。它不仅是研究远古饮食习俗的活化石，也是客家饮食文化源远流长的最有力佐证。"[③] "鱼生"既融入了中原汉人精制先进的烹调技术，又在很大程度上保留了远古闽越族人的生食习俗。

如果没有中原汉人精制先进的烹调技术、闽越族人生吃活鱼的原始饮食习俗，就不会产生像"鱼生"这样的客家传统名菜。主要受客家新民系因素影响，而决定其内在品质和独特风格的，可称之为"民系型客家传统优势品牌"，还有如"宁化老鼠干""宁化鲤鱼干"等。

（三）实践形成的生产手工艺

生产力推动人类社会不断向前发展，"是一切社会发展的最终决定力量，是人类全部历史的基础。"[④] 任何一种劳动产品以致经济模式都是在一定的生产条件下创造的，并因此呈现一定的生产力特征。客家传统优势品牌之所以独具特色、丰富多彩，是因为与闽粤赣边客家地区的传统生产手工艺息息相关（为表述方便，政治经济学的"生产力"术语在本文表述为"生产手工艺"，下同）。

自汉畲融合形成客家民系即客家人后，为谋生存图发展，提高种养业产品产量、提

① 刘永佶主编：《民族经济学》，中国经济出版社 2013 年版，第 49 页。
② 客家先民：即尚未形成客家民系之前的族群，包括中原汉人和当地闽越、畲等土著民。
③ 宋经文、林湘生：《客家风情》，鹭江出版社 1992 年版，第 79 页。
④ 石训等编著：《马克思主义哲学基本原理简明教程》，中共中央党校出版社 1990 年版，第 200 页。

升产品附加值、增加生产经营收入，在长期的生产生活实践中，他们摸索出了一套传统生产手工艺，世代传承，相沿至今。每一种客家传统优势品牌，从原料生产过程到产品加工环节以及调料配制，直至产品包装，各自都形成了一套比较适宜的、成熟的、完整的、独特的传统生产手工艺，而且各有千秋。

如产于长汀县的"长汀豆腐干"，始于唐开元年间，迄今已有 1200 多年历史，以制作精细、配料讲究、风味独特、味美可口而久负盛名，位列"闽西八大干"之首。其浸豆、磨浆、过滤、煮浆前四道工序与制作普通食用豆腐相同，而后五道工序则比较独特。如点卤凝固，制豆腐干的豆浆以 25 度的盐卤水做凝固剂，每 100 千克的黄豆用量 4—5 千克，浆温在 80℃时点卤，方法与普通食用豆腐相同。压榨造块，豆腐花上架包好压榨 20 分钟左右，比普通食用豆腐多一倍时间，压榨含水量掌握在有一定韧度和弹性即可，要稍微老硬一些。松榨后趁热按每块长宽 5×5 厘米规格，划成方形的小豆腐块。配料制卤，选用甘草、大茴、小茴、公丁、桂皮做调料，将调料置于锅中，放适量水煮沸至出味，然后用纱布过滤除去残渣，取其清液即成卤汁。浸泡煨焖，把划好的小方块豆腐坯放入卤汁中浸泡，卤汁浓的浸泡 2—3 小时，卤汁稀一点的浸泡 4—5 小时。然后把卤汁连同浸泡豆腐坯倒进锅里，放入适量的白糖、食盐、味精和上等酱油，文火煨焖 10—20 分钟使其入味。烘干包装，将煨焖好的豆腐坯放在特制烘笪上微火烘焙，待烘焙干后按 20 块/袋包装。

如果不是采用比较独特的传统生产手工艺制作，则不会有风味独特、味美可口的"长汀豆腐干"，也只不过是大众化的普通豆腐干而已。主要受传统生产手工艺因素影响，而决定其内在品质和独特风格的，可称之为"工艺型客家传统优势品牌"，还有如"明溪肉脯干""武平猪胆干"等。

## 二、客家传统优势品牌的当代价值

客家传统优势品牌是客家人的勤劳智慧结晶，是客家地区传统生产方式下的历史产物。在当代经济竞争十分激烈的市场经济条件下，品牌的竞争是经济竞争的焦点之一，许多传统优势品牌在激烈市场竞争中败下阵来，被市场无情淘汰，许多新的品牌在激烈市场竞争中胜出，陆续闪亮登场，成为市场"新宠"。作为客家传统优势品牌，在当代激烈市场竞争中是否还具有开发价值？从商品和文化属性以及生产方式角度考察，回答是肯定的，不仅具有重要的经济开发价值，还具有重要的文化传播和历史研究价值。

（一）具有重要的经济开发价值

客家传统优势品牌具有商品属性。"每一种商品都具有本质属性和自然属性"，[①] 也就具有了价值和使用价值。凡具有使用价值的商品可以进行劳动生产，具有价值的商品可以进行市场交换。毫无疑问，客家传统优势品牌产品可以进行劳动生产和市场交换，不言而喻具有重要的经济开发价值。对于生产经营者而言，通过生产经营客家传统优势

---

① ［德］卡尔·马克思：《资本论》，重庆出版社 2014 年版，第 4 页。

品牌产品，可以从生产和经营环节获取经济收入；对于市场供给而言，丰富了商品供给种类；对于消费者而言，可以从中满足某种消费需求；从而可以形成原料生产→产品加工→商品流通（包括运输、仓储、营销等）→商品消费的完整产业链。如"闽西八大干"、（宁化）"河龙贡米"和"延祥贡茶"等，民间资本先后进入以上项目，对客家传统优势品牌进行投资开发，产品销售形势喜人，经济效益可观，形成了诸如"长汀豆腐干"、"明溪肉脯干"、"连城地瓜干"、（宁化）"河龙贡米"等初具规模的客家传统优势品牌产业链。

（二）具有重要的文化传播价值

客家传统优势品牌具有文化属性，即商品文化。"从文化的角度对商品以及对商品生产和商品交换进行考察，就会发现人们所有有关商品生产和商品交换的活动，都具有文化创造和传播的性质。正因为商品具有文化的属性，所以商品生产者其实也承担着文化生产的责任，商品交换既是一种物质的交换，又是一种精神的交流即文化的传播"。[①] 既然"商品生产和商品交换的活动，都具有文化创造和传播的性质"，那么在客家传统优势品牌的原料生产→产品加工→商品流通（包括运输、仓储、营销等）→商品消费过程中，也就由生产者生产产品并创造了商品文化，再由经营者通过流通渠道销售商品并传播了商品文化，最后由消费者消费商品并享受了商品文化带来的乐趣。如具有较高文化素养的消费者在品尝宁化"延祥贡茶"的时候，肯定想知道为什么叫"贡茶"，驱使其了解"延祥贡茶"背后所蕴含的风土人情、历史典故、人文逸事等文化内涵。

（三）具有重要的历史研究价值

客家传统优势品牌是传统生产方式下的历史产物。"所谓人们在现实的物质条件下创造历史，主要是指在既定的生产方式下创造历史"。[②] 当代对客家史的研究方兴未艾，研究客家史，必然涵盖客家传统经济内容，涉及客家传统优势品牌问题；即使对客家传统优势品牌进行经济开发，也要弄清楚其来龙去脉。

在本文的第一部分，已对"客家传统优势品牌"概念作了定义。从概念定义可知，具体涉及特定地理空间（特定地点）、客家人（是生产力中最活跃的"劳动者"要素）、不同历史时期（不同时间）、自然和经济资源（是生产力中的"劳动对象"要素）、传统生产方式（传统生产力和生产关系的辩证统一）、传统市场、"名优商品"、消费群体（消费者）、"品牌认知"等诸多内容。对以上内容尤其是对传统生产方式研究清楚了，也就是一个或一部"客家传统优势品牌经济史"，既丰富了客家史的研究内容，又能够为研究客家史提供有力佐证，还可以给新开发的客家传统优势品牌项目注入丰富的文化内涵，提升商品附加值。

---

① 参见《商品文化—MBA 智库百科》之"商品文化概述（2）"（互联网搜索）。

② 石训等编著：《马克思主义哲学基本原理简明教程》，中共中央党校出版社 1990 年版，第 185 页。

### 三、创新发展特色产业的初步构想

当代世界经济全球化、市场一体化进程不断加快，大到一个国家，小到一个地方、一个产业乃至一个企业，要想保持经济稳定增长，实现可持续发展，在激烈的市场竞争中立于不败之地，必须立足实际，扬长避短，发挥生产要素比较优势，制定正确的经济发展战略，采取行之有效的综合对策。从各地经济发展成功经验和以往失败教训分析，"立足地方传统优势品牌、创新区域经济发展思路、大力发展区域特色产业"是区域经济发展的成功经验。作为拥有诸多客家传统优势品牌的闽粤赣边客家地区，同样可以借鉴以上区域经济发展的成功经验。

（一）立足客家传统优势品牌

在当代市场竞争激烈、科技进步加快、产品更新换代迅速的形势下，闽粤赣边客家地区要想保持区域（以县为一个经济区域）经济稳定增长，实现可持续发展，必须立足实际，扬长避短，发挥生产要素比较优势，经科学周密论证，选择可行的开发项目，以确定正确的发展方向。选择客家传统优势品牌作为开发项目（具体到企业选择一个或若干个），无疑是一种现实可行的选项。开发客家传统优势品牌项目，必须遵循以下原则。

一是市场导向原则。目前在区域周边乃至更大市场范围内仍在稳定销售、经济有利可图，在一定时期内可预见有发展潜力的客家传统优势品牌，可作为开发项目。而不符合这一原则的则不可作为开发项目，如宁化"三贡"之一的"治平贡纸"，因传统手工造纸规模小、产量低、效益差，早在 20 世纪 80 年代就已被机制纸取代，遭市场淘汰，不符合这一原则，不可作为开发项目。就生产经营企业而言，则由市场自行调节，通过市场竞争优胜劣汰。

二是保持传统原则。在涉及客家传统优势品牌的诸如原料产地、传统生产手工艺、调料配制等方面，必须保持"三依旧"传统做法，即原料产地依旧、传统制作工艺依旧、调料配制依旧。这也是开发此类项目的特有原则。如违反这一原则，将会改变客家传统优势品牌的内在品质和独特风格。如"明溪肉脯干"，若改变传统制作工艺、调料配制，那就不是传统意义上的"闽西八大干"之一的"明溪肉脯干"了。

三是科技进步原则。在不影响客家传统优势品牌的内在品质和独特风格的前提下，诸如种养品种选育、生产加工工具、产品说明包装等方面，应充分依靠现代科技进步，采用现代生物遗传育种、机械生产加工、新式新款包装等技术手段或方式，以利扩大规模、增加产量、提高效率、增进效益。如开发（宁化）"河龙贡米"，可以采用现代生物遗传育种技术选育优质高产水稻新品种，采用大米加工抛光机械设备加工抛光大米，采用编织袋、塑料袋和真空包装等方式包装成不同规格的（宁化）"河龙贡米"。

（二）创新区域经济发展思路

区域经济走产业化①发展道路是现代经济发展的必由之路，现阶段采取"市场 + 基

---

① 经济产业化：包括布局区域化、生产专业化、建设规模化、加工系列化、服务社会化、管理企业化等内容。

地＋科研单位＋公司＋农户"的产业化经营方式是现代农业经济发展的主要方式。开发客家传统优势品牌，毋庸置疑，同样应该走产业化发展道路，采取产业化经营方式。

走产业化发展道路和采取产业化经营方式，就是对客家传统优势品牌的原料生产、产品加工、商品销售，实行区域化布局、专业化生产、一体化经营、社会化服务、企业化管理，形成市场牵龙头、龙头带基地、基地连农户，集种养加、产供销、内外贸、农科教于一体的运行机制和管理体制，从而使各种生产要素（如土地、资金、人才、技术、信息以及劳动力等）在市场的有效配置下，在产业内部进行优化组合，发挥最大功效，取得最佳的经济效益、社会效益和生态效益。

（三）大力发展区域特色产业

立足客家传统优势品牌，大力发展区域特色产业，应坚持开发三原则，以市场为导向、以效益为中心、以科技为支撑，要按照产业化发展思路，采取以下对策（实际上三个原则是更主要的发展对策）：

一要科学筛选开发项目。根据上述提出的市场导向原则，对诸多客家传统优势品牌，要进行科学周密的项目可行性研究，筛选出可供开发的项目，编制项目招商材料，通过招商网、各种招商平台及时发布准确招商信息，引导业主进入客家传统优势品牌领域投资开发项目。各地编制项目招商材料一定要实事求是，千万不能夸大其词，以免误导业主，产生负面影响。

二要依靠龙头带动发展。龙头企业外联市场、内联千家万户，集信息、科研、加工、运销、服务于一体，具有开拓市场、科技创新和带动能力强的优势。开发客家传统优势品牌项目，要充分发挥龙头企业牵引、带动作用，有效解决诸如农户生产分散，产前、产中、产后社会化服务不配套，产品与市场脱节等问题，建立各具特色的原料生产、产品加工基地，进而形成规模优势，将客家传统优势品牌开发项目加快发展成区域特色产业乃至主导产业。

三要争取产业政策扶持。在财政、金融、税收以及用地、用电等方面，国家及各级地方政府都出台了支持龙头企业发展的产业扶持政策。从事客家传统优势品牌开发项目的龙头企业，要积极向上争取产业政策扶持，不断做大做强，增强开拓市场、科技创新和带动能力。各级地方政府要主动作为，上门服务，帮助龙头企业积极向上争取产业扶建项目资金及时落地到位。

（作者系宁化县党史办原主任、县客研会兼职副会长，中国管理科研院特约研究员、宁化县社科专家学者库首席成员）

# 客家传统经济融入"一带一路"发展格局探讨

## 李升宝

客家文化是中华传统优秀文化的重要组成部分。客家民系的形成与中原汉人多次南迁有着密切关系。除了在中国大陆的江西、广东、福建、四川等省以及台、港、澳地区之外,"一带一路"的东南亚和欧美等国家和地区都有客家人的聚居地,全球客家人口超过 1 亿。客家地区传统经济诸如土纸、茶叶、木材等,为世界各地提供丰富的产品,开拓了商品交易的广阔空间。"一带一路"是互利共赢之路,推动着客家文化、经济的发展和相互交流,留下了诸多客家文化的历史痕迹,至今仍闪烁夺目的光辉,深刻影响着沿线各国的共同建设。追寻历史遗迹,弘扬和平发展、合作共赢的时代主题,是促进客家传统经济与当代经济交融发展的重要途径。

### 一、客家地区传统经济的发展状况

传统经济状况。从唐末始,在漫漫的历史长河,闽西、赣南、粤东的山地环境与百越文化多次交融而产生客家民系。客家人向海外大量播迁,携带去客家传统习俗的传播形式和思想理念,随着客家传统经济的发展,也向"一带一路"各国提供丰富的商品,开拓与世界各国的经济交流。土纸、木材、茶叶是客家地区传统经济的支柱,托举起客家人艰难生活的蓝天。闽西北是福建主要产纸区,郭伯苍的《闽产录异》称:"延、建、邵、汀皆做纸。"不仅生产普通纸,且种类繁多,达 200 余种,所造之纸品质呈上乘。将乐年产甲纸 2 万余担,沙县、永安年产毛边纸 2 万余担,小海纸 1 万余担。南宋,宁化已有土纸生产,主要生产玉扣纸和毛边纸。民国二十八年(1939),福建省建设厅纸业管理局曾派员到宁化建立改良纸生产基地,当年订购纸料 500 担,是当时全省最大的一笔订货量。其所产之纸均集运至福州市台江中心市场。各地商帮出于商贸流通需要,还在福州市台江建立汀州、建宁、泰宁等会馆。各纸行除将纸品销往内地或本省纸商外,还转销至南洋各国。民国三十六年(1947),宁化玉扣纸还专程送往台湾光复节展览馆参展。造纸成为境内客家人经济收入的重要来源。

三明境域自古"林峒邃密",木材资源丰富,是福建主要林区。《宁化县志》称:"吾土杉木最盛。"唐武德二年(619),黄连峒首领巫罗俊则"组织百姓开山伐木,泛筏于吴,居奇获赢,坐拥厚货"。林木之产地以杉木为最大宗,沙县年产值二三十万元,宁化、清流等地则多产大材,除销售国内市场外,还销至台湾地区和日本、印度。

客家地区茶叶主产区是沙县、宁洋、龙岩等地。唐代茶叶种植、加工、销售已崭露头角。迨至明代，福建贡茶占全国贡产销售之一半。晚清每年出口各种茶叶达 80 万担，且种类繁多。闽西北成品茶叶均集运至福州，除国内销售之外，主要销往英、德、俄、荷等国。宋李纲被贬之际，途经客家人聚居的闽西北，由衷佳赞："今闽中深山穷谷，人迹所不到，往往有民居。田园水竹，鸡犬之声相闻，礼俗淳古，虽斑白未尝试官府者，此与桃源何异？"足见该地区非昔可比。对"一带一路"沿线各国的商品交流，促进了各国人民对客家地区的了解与合作，充分彰显客家人的包容、和谐相处、和平交往，通过商品交易，打开了通向海外的门户，推动了客家传统经济的发展繁荣。

客家文化对"一带一路"的传播。客家人不仅为"一带一路"提供丰富的商品，也为客家文化对外交往的日益增多发挥重要作用。祖籍福建永安、居漳平县双洋镇香寮村的王景弘于明洪武间入宫为宦官，永乐三年（1405）六月随同郑和下西洋。据船队同行者马欢《瀛涯览胜》中第四次下西洋记载：船队 276706 人，王景弘在船队中地位仅次于郑和。在一些文献遗迹署名及东南亚各国的"三宝岩"和中国大陆唯一纪念郑和、王景弘的古庙龙海市鸿渐村"二保庙"中的神像排位都体现郑、王二人的关系。1433 年 3 月郑和第七次下西洋中卒于印度古里后，王景弘成为整个船队的总兵官，并在 1435 年独自率领船队完成第八次下西洋之行，向世界展示明初中国的强盛国力和海上远行能力，产生深远影响。郑和下西洋，促使中国对外友好交往日益增多。明弘治十年（1479），清流人赖罗深谙暹罗语，渡海漂流到暹罗（泰国），被遣为通事，是三明境域从事外语翻译第一人。

清光绪年间，清流人裴春精心钻研国画，青年时代随同友人侨居新加坡 5 年，受聘于当地中学任国画教师，其绘画作品曾获新加坡展览会一等奖。后转经印尼，在爪哇侨居 10 年，娶爪哇女子为妻。之后，又侨居马来西亚、菲律宾，度过写生、绘画、传播文化生涯。清宣统二年（1910），由于恋家心切，只身回国。清光绪间，宁化人刘春海东渡日本留学，积极投身联谊演讲时事活动。1907 年在日本参加孙中山组织的同盟会，直接参与"驱逐鞑虏、恢复中华、建立民国、平均地权"宣传鼓动活动，并为同盟会机关报《民报》撰文，致力推动革命。

客家弟子还向海外传播传统文化。清康熙年间，巫罗俊后裔渡海入台，参与台湾开发，定居于台湾凤山县楠竹坑牛稠埔，为始祖巫罗俊建祠祀奉。当地各姓村民也为其供奉，并由各村轮流祀奉。1969 年村民捐资建庙，悬挂"巫府千岁"大匾，重塑巫罗俊像供奉，享祀一方。

这些客家优秀儿女为推进中国文化的对外交流与传播殚精竭虑，做出了重要贡献，对"一带一路"产生深刻影响，为客家人对外的经济、文化和各方面的交流树立了典范。

**二、客家经济、文化发展必须融入"一带一路"发展格局**

2013 年 9 月 7 日，习近平在哈萨克斯坦纳扎尔巴耶夫大学演讲时提出，为了使欧亚各国经济联系更加紧密、相互合作更加深入、发展空间更加广阔，可以用创新的合作模式，共同建设"丝绸之路经济带"。这是中国国家领导人首次提出的倡议，获得国际社会的广泛关注和积极响应。2015 年 3 月，国家发展改革委、外交部、商务部联合发布《推动共建丝绸之路经济带和 21 世纪海上丝绸之路的愿景与行动》，各地结合地方特色，谋划建设格局，明确重点任务，使各地区的经济、产业、人文等资源融入"一带一路"建设，开启一个新的时代，具有重要的现实意义。中国坚持和谐发展、互利共赢的原则，积极开展国际交流与友好交往，加强同世界各国的联系，努力推进各国经济文化的共同发展，这是各国维护地区稳定的共同愿望。

客家地区当代经济的发展，面临极好的时机，也面临严峻的挑战，传承与发展并存。必须创新思路，和谐发展，共同促进经济的繁荣和文化的交流。可从如下方面着手。

（一）以工匠精神发掘、继承传统经济是发展当代经济的基础。客家地区传统产业虽然失去了优势，但促进质方面的改造提升，则决定了客家经济的发展，从继承上起步。如 2010 年中国木活字印刷被列入联合国非物质文化遗产名录，宁化保存有 40 万板木活字，且诞生了全省首枚木活字印刷商标；宁化红色粮仓向绿色现代农业转型；三明茶叶在传统手工制作基础上，机械化水平稳步提高。2015 年苏福茶叶质量达到欧盟标准，美国可口可乐全球农业可持续项目与其对接，苏福茶园成为可口可乐公司认可的茶饮料原料基地。客家地区优越的自然条件，为经济发展提供得天独厚的优势，必须保护好独特的生态优势。不保护环境，就无从谈及继承，更谈不上发展。历史充分证明，以杀鸡取卵的方式发展经济，被眼前利益蒙蔽眼睛，只能昙花一现。如木材的优势，历经一代代人的滥伐，不注重保护，导致资源枯竭，优势尽失，这是至为严酷的事实。因此，要在传承保护中，不断提升品牌和品位，才能长盛不衰地发展。

（二）深刻认识"一带一路"在经济文化发展中的作用。"一带一路"实际是多元文化、多种经济的混合区域。随着"一带一路"文明交往的开展，沿线的诸多国家无论是陆上或海上的丝绸之路，都成为多种文化、多种经济的交流之地。无论宗教、文化、经济社会的殊异，都充满依存、依赖关系，且都保持和谐交融，将其各种关系落实到人文、安全、生态、经济等领域。2016 年 11 月 17 日，第 71 届联合国大会协商一致通过 A/71/9 号决议，呼吁国际社会为"一带一路"倡议建设提供安全保障环境，获得 193 个会员国的一致赞同，充分彰显人类的共同依存依赖关系。西方文明和中华古国的文明相互影响、相互传播，深刻地影响世界经济共同发展的关系。毋庸置疑，这都成为经济发展的新格局，对客家经济发展和文化交流提供了广阔的平台。

（三）客家地区人文、经济自成一体、独具特色的发展，不是自我封闭，而是根据自然、人文经济环境，通过深刻领悟，扎实努力，潜心创造，既遵循本地区独特风格、焕发时代精神，又适合"一带一路"国际大市场的需要，而获得共同的认可。可借助沿线的技术、人才、资金的支撑，为我所用，为我推陈革新，既继承传统经济，又在传统经济基础上革故鼎新。这需要共同付出艰辛努力，才能实现共赢发展。

（四）构建经济文化自信。当前世界经济的发展呈现共同发展的全球化的格局。中国"一带一路"的倡议，为世界经济和文化诸方面发展提供广阔空间。我们要构建经济文化发展自信，着眼于传统经济的当代与未来，廓清发展思路，谋求与世界经济共同发展，以其自身独特之优势，打出品牌，凝聚各方之力，为实现中华民族伟大复兴的中国梦做出积极贡献，为客家经济发展抒写新篇章。

郑和、王景弘下西洋，带去了客家地区的文化传播和大批商品，架起友谊的桥梁，不仅传承友谊、推动贸易，也发挥传播文化诸方面的重大作用。当今，在经济全球化、文化多样化的大趋势下，客家文化和经济必须走向世界，加强与世界各地区的合作，和世界命运紧密联系，超越差异，实现与世界文化、经济的共同发展与繁荣。

（本文作者系福建省作家协会会员、三明市政协文史研究员、清流县志原主编）

# 宁化客家民俗旅游资源刍议

## 赖 晨

有道是："北有山西洪洞大槐树，南有闽西宁化石磨村。"宁化是福建省 14 个客家县之一，是客家人主要聚居地、发祥地和客家民系形成的摇篮，更是世界客家人的祖地。宁化沉淀了丰富的客家民俗文化，它作为宁化中下层群众的生活文化，既折射出客家文化的共性，又具有独特个性的宁化色彩。宁化的客家民俗文化内容丰富、特色鲜明、传承久远、保存完好，而且和周边地区存在一定的差异，具有强大的旅游吸引力，可谓是优质的、独特的旅游资源，具有极高的市场开发价值。

### 一、宁化客家民俗旅游资源的特点

（一）具有中原古风

在中国古代史上，中原汉人大规模往闽粤赣地区迁移，具有以下特点：

1. 中原汉族人民的迁移是有组织的。例如，西晋末年，门阀制度下的贵族们动员、组织了整个家族的南迁，以躲避中原的战乱。

2. 把完整的中原物质文化、精神文化，如生产方式、生活方式、社会组织，比较完整地搬迁到了闽粤赣等地。由于上层贵族的综合素质比较高，手里掌握了强大的政治、经济、文化、军事资源，所以他们能把完整的中原文化搬迁到南方山区，从而在这里落地生根，发扬光大。例如，儒家文化基本上被搬迁到了客家地区，客家人民之所以有"崇文重教、耕读传家"的传统，就是来源于中原的儒家文化。再如，客家地区宗族文化发达，聚族而居，宗族祠堂星罗棋布，也是来源于中原地区。客家地区的生活方式，如吃擂茶和薯粉饺子，就是来源于中原的喝茗粥和吃面粉饺子的习俗。宁化客家方言中，保留了很多古代中原语言，如砍柴叫作"斫樵"、睡觉叫作"歇眼"等。

3. 从中原移民闽粤赣地区是分若干次的，如汉朝、西晋、三国、唐朝、宋朝等，这就导致在宁化出现多个朝代的不同文化共存的现象。如宁化穿唐装拜堂成亲就来源于唐朝的中原，宁化老鼠干据说起源于汉代的中原。

（二）具有百越文化色彩

福建在古代属于百越地区，现在宁化流行的巫术就是起源于百越文化，如工匠的魇镇术，童子（巫师）的讲童（跳神），招魂（曰魂、曰吓），求嗣（包括求神、求花缘、盘花和剥花）。

（三）具有文化变异的特点

古中原汉文化之所以会发生变异，主要是因为以下两个原因：一是为了适应社会环境、自然环境求生存而产生的一种自我调节；二是汉族和当地土著民族融合过程中发生了变异或者产生了新的文化形态。就第一种情况而言，比如，宁化客家人除了保留了中原地区聚族而居的习惯，还建立了土楼、九井十三厅等民居，之所以如此，就是为了对付土匪、异族的入侵。就第二种情况而言，宁化客家话就吸收了许多畲族语言。

（四）具有山区文化特点

1. 宁化的采茶戏（三角戏、半班戏）体现了浓郁的山区文化色彩。如男小生、男小丑手拿折扇、头戴凉帽，踩高矮步，之所以如此，那是宁化山区比较热，折扇、凉帽是必备之物，在山区劳动，爬山越岭，多走高矮步。女小旦舞动腰带和手帕，走四方步，也是源于山区畲族的服饰有腰带，天气酷热多备有手帕，客家妇女挑担多走四方步。

2. 宁化的风水（堪舆）文化具有浓郁的山区文化色彩。宁化纵横密布的山岭、深谷、河流等，为风水文化的流行提供了物质基础。

3. 客家山歌也具有山区文化色彩。宁化人民，无论是上山砍柴、出门挑担还是下田劳动，都爱唱山歌，以消愁解闷。

4. 宁化的茶文化，也是因为宁化多山，吃擂茶可解渴充饥，喝凉茶可消暑。

5. 宁化的客家菜多辣味，那是因为宁化多山，冬春季节山地湿气浓郁；客家菜多山珍，那是因为住在山区的客家人"靠山吃山"。

**二、宁化主要的民俗旅游资源**

（一）物质性的民俗旅游资源

1. 稻作民俗。

宁化是典型的稻作文化区，水稻是宁化的主要农作物，大部分水田都是用来种植水稻，有早稻、中稻（迟禾）、二季稻。宁化的梯田景观，人力和畜力相结合的耕作流程，农具和相关器械（风车、筒车、翻车、水槌等），都具古朴、新奇色彩，都能满足城市游客对古代农耕生活的好奇心。

2. 饮食民俗。

第一，宁化客家菜口味淳厚，喜欢原汁原味，或者把多种原汁原味调和起来，或喜欢单一的酸味、咸味、辣味、鲜味。

第二，宁化客家菜的烹饪方法多元。除了水烹、油烹、汽烹、火烹，还有古老的石烹、竹烹、酒烹、盐烹。

第三，宁化客家菜刀工火候讲究，工艺细致。

第四，宁化客家菜追求外形美观，对菜肴的色泽的排列组合十分到位。

第五，宁化客家菜具有崇祖思源的情结。宁化人喜爱吃鸡，祭祀祖先也一定要用整鸡。

第六，正如前文所述，宁化客家菜带有山区色彩，多为山珍，少有海味。

3. 服饰民俗。

宁化祖先来自中原，所以相对稳定地保持了宽衣博带的服饰特点，但因为宁化是山区，原始森林密布，宽衣博带和高帽子不适合劳动，所以客家先民开始文化变异，学习土著民族的短窄衣服。中华人民共和国成立前的宁化，就衣服而言，流行大襟衫、夹袄、对襟衫、长袍、大裆裤、梭子裤、短裤、婴儿服、喜庆服等；就头饰而言，流行髻子、耳环、金牙、虎头帽；就胸饰而言，有掩腹、针衫子；就鞋子而言，有布鞋、草鞋、木屐；就首饰而言，流行用金银铜玉做成项链、项圈、耳环、戒指、手镯、脚镯、长命锁等，佩戴这些以辟邪保平安。

4. 民居。

宁化大型的客家民居主要有祠堂、土楼、九井十三厅。就其结构而言，主要有三种：第一种是土木结构的土墙屋，如方形土楼和普通土墙民居，后者分上厅下廊式、四扇三直式，如石壁镇石坑的大夫第人称九井十三厅，泉上镇的延祥村也有一栋九井十三厅的土墙屋。第二种是竹木结构的椿凿屋。第三种是风火屋。

5. 交通设施。

第一，古桥，如屋桥（风雨桥、廊桥）、石拱桥、石墩木板桥、简易木桥等。宁化地处三江源头，溪流交错，古桥梁甚多。宁化历代古桥已难以确计，据《宁化县志》载，全县有较大的古桥33座，其中建于宋代的2座，明代的15座，清代的10座，其余6座建造时间不详。宁化曹坊乡滑石风雨桥位于曹坊乡温坊村，又名温孙桥、温坊桥、宜生桥、神仙桥、解放桥等。它始建于明正德十六年（1521），属明代桥涵类建筑，跨于曹坊大溪之上，往来东北至西南，为2墩3孔木伸臂廊桥；桥通长约80米，宽4.6米，建筑面积368平方米。桥基用伐形础，凿面条石错缝垒砌的桥墩，中墩上迎水方向用鹰嘴石镇桥；两端金刚墙用条块石垒砌。桥面上为木构长廊，面阔21间，桥面用木板承托沙土，卵石摆砌图形，两边桥头设牌楼状，单檐歇山顶，桥中间部位设有神龛，两旁建有扶栏和坐板。滑石风雨桥包含了客家建筑的独特性，具有精湛的建筑工艺，为典型的明代风雨桥。该桥至今已有500多年历史，造型优美，风格独特，客家风格浓郁。此外，水茜乡的潘维桥，也有500多年的历史，而且此桥还成为集市。

第二，古驿道。宁化以县城为中心，通往京城、郡府及邻县的古道共有6条。

第一条，出南门经竹篙岭、南坑、石牛、曹坊、滑石至汀州府（今长汀县），全程180里；也有经黄泥铺、赖畲、曹坊至汀州府的。上文所提到的滑石风雨桥就在这条古驿道上，它是泰宁、建宁、宁化通往长汀的"盐米"古道必经之桥，20世纪60年代以前这里很热闹，商贾来来往往，闽西北的茶、木、山货，宁化的玉扣纸、大米等通往长汀，转水运往漳、泉、厦等闽南地方。

第二条，出南门经鱼龙铺、丁坑口、谢坊、安乐、夏坊，过俞坊直达连城县，全程170里。

第三条，出东门，经东山桥、马元亭、鱼潭、谌坑桥、鸟村（今湖村镇）、泉上达归化县（今明溪县），全程180里。

第四条，从东门出城，经广济桥、茜北坑，过暖水塘直达清流县，全程60里。

第五条，出西门往北行，经下沙、中沙、河龙（宋时叫武曲锡源驿，设有驿站）、伍家坊至安远，往东北，经均口至建宁县，全程200里。从安远往西北，过车桥岭，可达江西省广昌县，全程240里。

第六条，出南门逆河西上，经陈埠岗、禾口、石壁，翻过站岭隘直达江西省石城县。全程100里。

以上6条出省、出县古道，俗称"官马大道"，也叫驿道，是为朝廷传送政令、收集边情、迎送官员、运输货物的交通要道。路宽一般1—2米，多沿溪河、山谷和缓坡而筑，在泥土路基上砌以块石，如遇高山陡岭，则用大石块逐级而筑，砌成阶梯。

上述6条出境古道之中，尤以宁化通汀州府，宁化通清流县、永安县，再往南平至福州及宁化至安远、广昌，再往北通京城的三条较为繁忙。沿海的食盐和干鲜果品多从汀州至宁化的古道输入；而北方苏州、扬州、杭州等地的蚕丝主要是经广昌、石城至宁化的古道运入。

还有一条古道即是从宁化县城往西，经城隍岭，至武层、济村、各溪口、龙头村，过站入内岭入江西省境，到石城步村、高田、白水寨（今赤水）达广昌县，全程220里，再经广昌往鹰潭或往南昌。此条通道虽非官马大道，但此路可水、可陆，可步行、乘车，又可水运坐船，路程又比宁化经中沙、安远到广昌之路更短，因此行走的人也很多。当年进京赶考的宁化举人，多走此路。

第三，风雨亭（茶亭）。宁化县内各个道路上，每隔5里或10里便有一栋茶亭，夏天里面有免费的茶水供应。

6. 古村落。

宁化的古村落很多，就泉上镇就有罗李村、谢新村、延祥村等古村落。

（二）社会性的民俗旅游资源

1. 宗族组织。宁化各个姓氏，如张姓、巫姓、罗姓，基本上都有自己的宗族组织，如祠堂、祖坟、族谱等。历史上曾先后有百余姓氏的民众外迁来到宁化，生活栖息。为了便于祭祀祖先，人们纷纷在本氏族的聚居处建造宗祠、家庙，至今还保留着从南宋到近代65个姓氏先祖所建的姓氏祠堂238座，星罗棋布，分布于全县16个乡镇。

2. 庙会组织。就城区翠江镇而言，就有很多庙会组织，如正月十五有城隍老爷庙会，二月十九有观音娘娘庙会，三月初三有社公庙会，五月初五有龙王庙会，五月十三有关帝庙会，六月十一日有天后宫庙会，七月十五日有东岳庙会，七月二十五日有双忠庙会（纪念唐朝的张巡、许远），八月十八日有天后宫庙会，九月初九有土地庙会，十月十二日有草苍庙会（纪念晋朝的长孙将军），十月十八日有五通庙会。此外，每个村落都供奉有自己的菩萨，所以各村都有自己固定日期的庙会。

3. 农历节庆时令。就节庆而言，宁化的节庆主要有：春节（农历年）、过上元（元宵）、花朝节、观音九（农历二月十九）、端午节、天贶节（农历六月初六）、食新（食新禾）、乞巧节、中元节（七月节）、中秋节、重阳节、苎粿节（农历五月初六）、下元节（十月半、十月节）、村社日、秋社日。就时令而言，宁化的时令主要有：立春，此日每家每户要点香烛，门楣要插山茶花；清明，要扫墓（挂青、醮地）；立夏，人和耕牛要吃硬饭丸；冬至，此日要做腊肉、水酒，而且此日做的腊肉、水酒不会变质，冬至还要进补。

4. 人生礼仪。喜庆礼仪有诞生礼、婚礼；日常礼仪有待客礼、祭祀礼等。就宁化的婚礼而言，宁化的婚姻基本保持中原古风，主要程序有聘娶婚、招赘婚，童养媳、等郎妹、姑换嫂等。婚俗的礼仪体现了中原古风的礼仪，主要有：开生日、送果子、送日子和归亲。结婚后三朝回门、五朝下厨、六朝洗手、满月送藤盘等，延续至一个月，喜庆高潮才悄然消失。宁化石壁镇闹新婚还有一个奇特习俗，即新婚夫妇洞房花烛夜，经过"闹房"之后，洞房四周、门外窗口还簇拥着一些人偷听偷看的习俗，甚至有人悄然躲进新房偷走新娘的绣花鞋，待第二天归还原主，新娘得办一桌酒席，预示吉祥之意。

宁化人的祭祖从祭祀时间方面，沿袭古礼，分为春秋两祭。春祭又称清明祭，为每年的清明节；秋祭又称秋清明，为每年阴历八月初一。从祭祀主体方面，分为公祭（官祭）和族祭（私祭）。公祭一般由政府主持，规模较大，所祭祖先为包含众多姓氏的特定族群；族祭由同一姓氏后裔共同祭祀，规模仅限于一个族系。从祭祀的方式上，分为祠祭和墓祭，两者在祭祀的地点和形式上都有所区别，前者祭祀地在祠堂，气氛庄重肃穆，后者祭祀地在墓地，情绪多追怀抚息。

如宁化石壁的祭祖，其仪式沿袭中原古礼，有祭诞、仪仗、乐舞、主事、仪式等5项程序，包括了出主、燃烛、设案、上香、跪叩、荐食、储食、初献、读祝、再献、三献、焚祭文、纳主、撤、馂等15项程式。在焚帛烧纸钱时，主祭要在神前献上一杯酒，然后由礼生送至焚帛处，将酒酹在上面，以示祭者献上钱帛之虔诚。在祭祀过程中，几次鸣锣击鼓或弦乐伴奏，为祭礼增添气氛。祭礼结束后，将祭品分给参祭人员。

（三）精神性的民俗旅游资源。

1. 精神特点。从家族观而言，宁化人坚贞刚强、敢于反抗、开拓进取。从伦理观而言，宁化人讲礼仪，重伦理，崇文重教，爱亲敬祖，尊师重教，热爱家乡。就个人而言，宁化人坚韧务实，重视家庭，艰苦创业，团结奋进，勤俭节约，自力更生。从宁化客家精神而言，宁化客家人具有坚韧不拔、刻苦耐劳、开拓进取的精神。

2. 信仰。第一，佛教信仰。宁化信奉佛教的人有两种，一种是住寺庙的僧尼，所谓教徒，一种是住家的念佛妈妈，所谓信徒。后唐同光年间（923—926），县城已建慈恩古塔，可见当时佛教之盛。据1949年统计，全县有住僧尼的寺庙43所，共有男僧176人，女尼213人，僧人多属外籍，尼姑本县居多。他们要削发，吃素食，穿灰色斜襟僧衣，必须戒杀、戒偷、戒淫、戒酒，白天参加劳动，早晚要做课诵，遇有民间成年男女死亡，常应聘到场超度亡魂，放焰口、拜水忏、设施食，念往生咒，有的还要拜梁皇、拜千佛、拜万佛。以施主给资为寺庙的经济来源。另一种是行过"接珠"礼的念佛妈妈（也有念佛公公），他们不受出家僧尼那些清规戒律的约束，只以吃早斋、吃花斋、吃长斋等形式表示虔诚，有的结成莲社，规定每月轮流在斋友家聚会念佛一天，由轮值斋友设素餐招待。民国初年，在古石壁地区内的禾口、淮土、方田等乡又兴起拜诸天活动，城关有同庆社、福庆社、翠华社、永善堂、福荫堂等组织，他们由每月农历二十四日（俗称二十四位诸天菩萨生日）轮流到一位诸天友家拜佛，拜佛的前夕由这位诸天友备酒宴聚餐，寓乐于佛。

第二，道教信仰。宁化道教由后唐天成年间（926—930）传入，道士不吃斋素，不住道观，以打醮坐坛为职业，以符水禁咒为手段，崇祀"三清"（天神、地祇、人鬼）祖师。自称可以为人祈福，可以驱凶、压邪。所以有老人死亡或身患重病之家，常请道士打醮做法事，即使是信奉"阿弥陀佛"的念佛妈妈，同样会请道士来"急急如律令"。而道士所念的经咒又有许多来自佛教经典，在形式上，道士打醮与和尚诵经的高潮都有"坐坛"一节。可以说，宁化的佛道两教已经合流，他们并没有一定的信仰，也不甚了解各自的教义。尤其是文化水平不高的平民百姓，信奉的目的只有一个，就是希望能有一种可以得到庇护的神秘力量，保佑他们幸福安康。此外，宁化人的婚丧喜庆都要过小黄道或者大黄道。

第三，铜器崇拜。宁化人认为铜镜、铜钱、铜锣具有辟邪功能，所以厅堂门楣上都挂有铜镜，新娘子必须佩带铜镜，小孩子必须挂铜锁，寻找失踪者必须敲打铜锣。此外还有风水信仰、巫术信仰、自然崇拜、神灵崇拜和祖先崇拜。

3. 民间游艺。第一是娱乐和体育。如舞龙灯，龙分布龙、稻草龙、板凳龙。再如，舞狮子，它分武术舞狮和游艺舞狮，武术舞狮子可以舞青狮、黄狮，因为它们是表演性质，但一般不能舞黑狮子，因为这意味着以武会友、天下无敌，带有挑战性和骄傲炫耀的味道了，而宁化各地有习武的传统，卧虎藏龙，高手如林，一旦看到黑狮，便会前来挑战比武，而这种比武十分凶险，多有死伤。又如，傀子舞，其实它就是民间武术的攻防表演。第二是民歌和戏曲。民歌主要是客家山歌，戏曲主要是采茶戏。此外，还有其他游艺，如跑旱船、踩高跷。

**三、对宁化民俗旅游资源的评价**

（一）宁化的民俗旅游资源的丰富度较高，可供旅游开发的民俗文化至少占三成左右，而且种类齐全，涵盖各个分支。

（二）可供开发的宁化民俗旅游资源有六类。第一类是美食旅游；第二类是古廊桥旅游；第三类是古村落旅游；第四类是节庆和人生礼仪旅游；第五类是客家祭祖旅游；第六类是民间游艺旅游。

（三）和周边的客家民俗文化有一定的差异性。

1. 宁化客家文化虽然和北方中原文化都是汉族文化的分支，但它不是汉文化的全盘拷贝，而是汉文化的亚文化，存在主干和分支之间的差异，因为宁化是众山之中的世外桃源，所以保留了许多古中原文化，如对铜镜、铜钱、铜锣的崇拜，对巫术的崇拜，舞狮子与舞龙。

2. 由于历史顺序、地理环境差异的影响，宁化客家文化和周边地区的客家文化也有一定的差异。比如和赣南客家，和清流、明溪、长汀客家，都存在一定的差异，和北边的建宁县，也存在差异。比如，赣南石城客家多四角楼，宁化多土楼；石城客家话和宁化客家话存在很大的差异，彼此很难听懂；石城客家有肉丸，宁化没有，石城客家菜的汤比较少，宁化客家菜的汤很多；宁化有男人五六十岁蓄须理发的仪式，石城没有。建宁虽然是客家县，但他们讲邵武话，而不是讲客家话。

3. 宁化客家文化和江浙文化不同，江浙文化雅致、雍容具有贵族气派，经济实力雄厚。

4. 宁化客家文化和闽南文化不同，闽南人敢于冒险、勇于拼搏，华侨、富商多如牛毛。

5. 宁化客家文化和湖南文化不同，湖南人经世致用、求真务实，宁化客家人小富即安、偏安一隅、耕读传家。

宁化客家文化和周边文化的差异，是保证其民俗旅游具有强大吸引力的基础。

（四）宁化客家民俗旅游资源具有整合影响力

宁化有绿色旅游资源，如天鹅洞、蛟湖、东华山、牙梳山、老虎岩洞、岩石寨。宁化有红色旅游资源，一是宁化城关北山革命纪念馆、烈士纪念碑、毛泽东铜像；二是城关、湖村等地红军医院旧址；三是淮土乡淮阳村的第一次工农兵代表大会旧址，曹坊的秘密农会旧址，城关、安远的闽赣省委机关旧址；四是湖村的锣鼓坪长征出发地旧址、彭湃县旧址、兵工厂遗址；五是泉上土堡战役、延祥阻击战旧址；六是城区新建的红军长征出发地纪念广场等等。宁化有古色旅游资源，如上文提到的泉上镇的古村落、古驿道、古桥、古风雨亭、古寺庙等。

客家民俗文化旅游可以和绿色、红色、古色旅游资源进行整合，形成形象叠加效应。所谓形象叠加，就是在同一个地区（如宁化县）内，对不同旅游景点的差异化形象定位，让每一个旅游景点都具有各自的形象影响力，从而让同一个地区形成一种叠加的合力，或者说形成整合性的影响力。

（五）宁化开发客家民俗旅游资源存在一定的制约因素

1. 客家民俗旅游项目的分布比较分散，空间跨度比较大，交通设施落后，彼此之间的联系成本比较高，换言之，各个民俗旅游分支点之间的联系紧密度比较低下。

2. 宁化旅游业起步太迟，基础薄弱，周边地区，如石城、瑞金、长汀、建宁等县的旅游业均发展得比较早，积累了丰富的经验，打下了坚实的基础。

3. 宁化是经济弱县，财政穷县，地处偏僻，有"福建的西伯利亚"之称，区位弱势，加上能源、交通落后。这些都严重地制约了宁化客家民俗旅游的发展。

## 四、结论

总而言之，宁化客家资源具有以下特点：一是具有中原古风色彩，二是百越文化色彩，三是具有文化变异色彩，四是具有山区文化色彩。宁化客家民俗旅游资源主要分三类：一是物质性的民俗旅游资源，二是社会性的民俗旅游资源，三是精神性的民俗旅游资源。就总体评价而言，宁化旅游资源：一是丰富度比较高，二是主要有六类民俗旅游资源可供开发，三是和周边客家民俗文化存在一定的差异，四是具有整合影响力，五是存在一定的制约因素。

为此，要保护、开发好宁化客家民俗旅游资源，必须做好以下几方面的工作：一是要开辟客家民俗旅游新路线，二是要提升客家民俗旅游开发的深度与广度，三是要建立体验型的客家民俗博物馆，四是要充分研究客源市场的民俗心态，加强旅游营销分析，五是要加强客家民俗人才队伍的建设。

**参考文献：**

[1] 李根水、罗华荣编著：《宁化客家民俗》，中国华侨出版社 2000 年版。

[2] 龚建云、黄道宾：《宁化客家民俗生活中的牌子锣鼓》，《三明学院学报》2011 年第 1 期。

[3] 王西中、卢玉龙、卢悦宜：《闽西客家民俗体育活动的传承与发展》，《赤峰学院学报（自然科学版)》2016 年第 24 期。

[4] 黄玮瑛：《城镇化进程中闽西客家民俗体育发展路径研究》，《西昌学院学报（自然科学版)》2016 年第 3 期。

[5] 傅清媛：《论闽西客家民俗旅游资源的开发》，《龙岩学院学报》2009 年第 4 期。

[6] 士心：《闽西客家民俗》，《福建史志》2010 年第 5 期。

[7] 温艳蓉：《闽西客家民俗体育的发展考察研究：以连城姑田"游大龙"为例》，福建师范大学硕士学位论文，2013。

[8] 戴长柏：《浅析石壁客家祖地文化特征及其意义》，杨兴忠主编《首届石壁客家论坛论文集》，福建教育出版社 2013 年版。

[9] 张恩庭、刘告群、张仁藩主编：《石壁之光》，厦门大学出版社 1993 年版。

[10] 余保云编著，福建宁化石壁客家宗亲联谊会、福建省宁化县客家研究中心、福建省宁化县客家研究会编：《宁化客家姓氏》，海风出版社 2010 年版。

[11] 余保云编著：《宁化掌故》，中国华侨出版社 2000 年版。

[12] 余保云：《从宁化客畲关系看客家族群融合》，客家文化学术研讨会，2004。

（本文作者系福建省作家协会会员，讲师）

# 三明借助客家文化融入"一带一路"建设研究

朱建华

2013 年 9 月和 10 月，中国国家主席习近平在出访中亚和东南亚国家期间，先后提出共建"丝绸之路经济带"和"21 世纪海上丝绸之路"（以下简称"一带一路"）的重大倡议，得到国际社会高度关注，国家发展改革委、外交部、商务部联合制定了"一带一路"规划。"一带一路"建设给沿线国家和地区带来了全新的历史机遇，也为三明经济社会提供了机遇。三明作为客家祖地，有着连接沿海辐射内陆的特殊地理位置和客家历史文化的优势资源，因此，三明必须抓机遇，借助客家文化融入"一带一路"的建设，以促进三明经济社会的更好更快发展。

## 一、三明借助客家文化融入"一带一路"建设概述

早在 1998 年 2 月 15 日，时任福建省委副书记的习近平同志视察三明宁化时就做出重要指示："客家祖地源远流长，要把它作为一篇大文章来做。"三明作为客家祖地，面对"一带一路"建设的大好机遇，要做好客家祖地的大文章，就必须借助客家文化融入"一带一路"的建设中去。

### （一）三明具有借助客家文化融入"一带一路"建设的优势条件

从西晋末开始，中原汉人为了逃避灾荒和战乱，先后经历了数次向南迁徙，其中与客家民系形成关系重要的有三次：第一次是西晋末年到东晋初的"八王之乱"，又称"永嘉之乱"，导致大批中原汉人避乱南迁，弃官携眷"衣冠南下"；第二次是唐朝末年"安史之乱"和"黄巢起义"；第三次是北宋末年"靖康之乱"，逼迫中原汉人再次大规模南迁。在经过大举向南辗转迁徙之后，一大批移民先后来到了以三明宁化石壁为中心的赣、闽、粤边结合部三角地区，在这块被大山屏蔽的盆地里，经历长达数百年中原文化与当地土著文化的融合交汇，孕育出一支以汉文化为主导的、与周边文化相区别的地域文化，这就是客家文化。客家民系由此诞生。迁徙奋斗的历程，体现了客家人在困境中的艰辛与奋发，造就了客家人崇拜祖先和坚守精神家园的品格和毅力，历练出"硬颈毅行、崇文重教、尊祖睦族、爱国兴家"的客家精神。

三明就地处闽粤赣结合部，是中国客家人重要的聚集区，全境面积 2.29 万平方千米，总人口 273 万，其中客家人口约 200 万，全市 12 个县（市、区）中有 10 个为客家

县（市、区），另 2 个尤溪、大田县也有部分乡（镇）村为客家乡（镇）村。① 三明所辖宁化县石壁是海内外公认的客家祖地，资料记载的有 216 个客家姓氏从石壁迁出。据不完全统计，客家人现有总人数约 1.2 亿，其中海外客家人有 1500 万以上，遍布世界五大洲 80 多个国家和地区的客家人，大多数先祖追溯自三明宁化石壁。三明从 1995 年开始，每年举办"世界客属石壁祖地祭祖大典"，到 2016 年已经连续举办 22 届，有海内外 100 多万客家人相继回石壁祖地寻根拜祖。2012 年，世界客属第 25 届恳亲大会在三明隆重举行，来自全球五大洲 28 个国家和地区 215 个客家社团 2000 多人齐聚祖地共襄盛典。石壁客家祭祖习俗 2011 年被列入国家级非物质文化遗产名录扩展项目名录。石壁客家祖地 2013 年被中共中央台办、国务院台办列为"海峡两岸交流基地"，2015 年被授予"中国华侨国际文化交流基地"。

三明还依托三明学院等高校力量，成立三明学院客家研究所，加强与海内外客家学术机构和专家的联系，在三明市客家联谊会和三明各县（市、区）客联会、客研会的协作下，广泛深入开展客家学术研讨活动。如 1997 年、2000 年、2009 年，三明先后在宁化举办三届"宁化石壁与客家世界"学术研讨会，2012 年"沙溪流域与客家"学术研讨会在沙县举行；2013 年开始，举办每年一届的"石壁客家论坛"；2014 年承办"第七届海峡两岸客家高峰论坛"。连续三届"宁化石壁与客家世界"学术研讨会和四届"石壁客家论坛"等学术研讨活动在三明举行，有中国社科院、文化部华夏促进会、中国人民大学、北京大学、复旦大学、南开大学、北京科技大学、华东师范大学、北京联合大学、台湾联合大学、香港中文大学、香港岭南大学、日本东京都立大学、日本一桥大学等数十所高校及客家研究机构的知名专家教授和媒体记者齐聚三明这块客家民系诞生的绿色盆地，全方位、多角度地阐述了三明在客家史上的地位和作用，全面拓展和提升了三明客家祖地学术研究的领域和层次，尤其是"石壁客家论坛"，不少学者已经论及传承弘扬客家文化与三明加快融入"一带一路"建设之关系，为全球客家文化提供了良好的交流研讨和互动的平台。

（二）三明借助客家文化融入"一带一路"建设的重要意义

加快"一带一路"建设，有利于促进沿线各国经济繁荣与区域经济合作，加强不同文明交流互鉴，促进世界和平发展，是一项造福世界各国人民的伟大事业。因此，三明借助客家文化融入"一带一路"建设意义重大。

1. 有助于加强政治互信。在国外，新加坡总理李显龙、泰国前总理他信、加拿大的总督伍冰枝等都是客家人的后裔，他们为世界各地建设做出了杰出的贡献。发挥客家宗亲血脉渊源的影响力，增进客家世界对客家祖地"根、源、祖、脉"的情感认同，对增进东盟国家和地区的团结与合作，粉碎少数国家遏制中国发展的所谓"亚太再平衡"战略，都有着重要的现实意义。在台湾，现已考证的台湾与三明客家有亲缘、血缘关系

---

① 世界客属第 25 届恳亲大会组委会编：《三明客家史略》，福建教育出版社 2012 年版。

的姓氏已达98姓。据族谱等史料详细考证，可以看出马英九、吴伯雄、江丙坤、吕秀莲、张俊宏、陈水扁、李登辉等众多台湾政要的祖籍都可追溯到客家祖地宁化石壁。从血缘入手，揭示客家人从祖地移居台湾的情况，深刻说明两岸人民心手相连、血浓于水的历史事实，对促进祖国和平统一大业，无疑更具震撼力和说服力。

2. 有助于夯实经贸合作平台。中央明确福建为21世纪海上丝绸之路核心区，对三明加快科学发展、跨越发展是一个千载难逢的历史机遇，也是新时期三明扩大开放的重要抓手。而三明作为客家祖地，不论从优越的地理位置和地理环境，还是从历史人文积淀和现实发展需要，都应成为海上丝绸之路的重要区域和节点城市。客家文化扎根在海上丝绸之路的东南亚地区，是促进海峡两岸及东南亚地区经贸交流合作的重要平台和纽带。三明可以整合闽粤赣客家地区各方面资源，形成建设"一带一路"的合力，积极发挥客家文化在海上丝绸之路沿线国家的独特作用，抓住建设中国——东盟自贸区升级版的机遇，推动闽粤赣客家大本营先行探索与东盟的经贸交流合作与开放，创建客家文化产业链，促进三明与东南亚地区区域经济交流与合作，加快推进三明经济社会对外开放和全面发展。

3. 有助于增强文化交流。客家文化作为中华民族主体的汉族文化中的一种地域文化，其独特之处是在坚守中原汉族传统文化的根基上，吸纳融入了新迁徙的东南亚地区的汉族与非汉族以及域外一些民族文化的要素，而且随着时代的发展不断传承、丰富和创新发展。博大精深的客家文化，是中华客家文化传承的展示窗口，是海内外侨胞开展文化交流活动的重要平台。加强客家文化融入"一带一路"建设的研究，既有强化民族精神、弘扬发展民族文化，建设生态宜居家园等文化、精神层面的意义，还有繁荣文化产业和促进地方经济发展的作用。因此，在新的历史机遇面前，进一步加强三明客家文化建设，拓展三明客家文化内涵，打造三明客家祖地品牌，宣传弘扬客家精神和客家思想，发挥客家文化在"一带一路"中的作用，是客家文化所禀赋的主要特点及三明作为世界公认的"客家祖地"所秉承的义不容辞的责任。

**二、三明借助客家文化融入"一带一路"建设的对策建议**

三明要借助客家文化融入"一带一路"建设中去，必须在进一步挖掘、传承、丰富和发展客家文化的基础上，夯实基础，增进交流，发展经贸，发挥好客家文化在三明融入"一带一路"建设中的作用。

（一）夯实基础

1. 加强客家工作领导。目前，除台湾地区专门成立客委会、三明宁化专门成立政府直属事业单位客家工作办公室外，各地客家联络工作普遍以客联会这一民间社团组织牵头进行，而客联会这一组织的组成人员大多以退休后热心客家事业的老干部为主，对于繁杂的日常事务和一些大型活动的开展，客联会老同志往往心有余而力不足。建议三明参照举办世界客属第25届恳亲大会期间的做法，成立常态化客家工作领导小组，由市主要领导兼任组长，分管客家工作领导任副组长，统战部门领导任常务副组长，发改、经贸、文化、旅游、教育等相关部门负责人为组员，全面领导全市客家工作的开展。各客家县相应成立客家工作领导机构，客联会挂靠在统战部门，给予一定的人员编制，充实客家工作力量，对接"一带一路"建设，全方位开展客家工作。

2. 注重客家生态保护。要认真做好客家非物质文化遗产的保护和传承工作。"三明客家文化生态保护区，将是全球化进程中为适应旅游时代大众旅游需要而建构的一张重要文化名片"。① 三明客家文化资源丰富，物质形态包括地上遗存、地下遗存、可移动文物等。地上遗存有古村镇、民居、祠堂、寺庙、墓葬、廊桥、驿站、隘口等，地下遗存包括古人类遗址、出土文物等。三明客家文化资源更多的是非物质文化资源，如客家姓氏的来源与播迁，早期客家生产、生活形态的遗存，客家社会与家族制度，还有民俗、曲艺、文学、建筑、工艺、节庆文化等，都亟待发掘和整理，在保护的前提下通过集中进行展示，并结合文化创意加以传承发展。三明深厚的文化底蕴培育出众多的历史文化名人，如宁化籍"扬州八怪"黄慎，书法家伊秉绶，社会活动家、文学家、史学家和诗人郭沫若，尤溪"儒学大家"朱熹，将乐闽学鼻祖杨时，沙县宋代理学大师罗从彦等。要加快名人文化产业园区和基地建设，积极开发有名人文化效应的文化产品、地标性产品，提升名人文化效应。2017 年 1 月，文化部正式批准设立客家文化（闽西）生态保护实验区，要充分利用这一契机，对重点客家文化资源进行保护。同时，要发挥三明自然生态资源优势，将自然生态与客家文化资源生态完美结合，赋予客家文化更丰富的寻根溯源和观光体验价值。

3. 加深客家文化研究。在海外，客家方言的使用和传播受到文化环境的严重影响。在马来西亚等许多东南亚国家，客家人聚集地普遍开设华语学校，普通话和客家话成为海外客家人必学的母语。但在加拿大多伦多等地，也有不少客家后裔不再使用普通话和客家方言，客家文化面临消失的危险。"海外客家文化是漂洋过海的客家人的祖祖辈辈在特定的文化背景与生产实践、社会生活中形成的宝贵文化资源，需要新一代客家继承和不断创新"。② 在文化全球化的背景下进行海外客家文化建设，关键在于与新一代客家人的文化交流和推广。

三明作为客家祖地，要进一步发挥好三明学院客家文化研究所等机构的作用，深入有效地推进客家文化研究，在现有世界客属恳亲大会客家国际学术研讨会、石壁客家论坛、客家文化高级论坛的基础上，从更高的站位，进一步整合资源，成立国际性的客家文化研究基金会与学术团体，办好"一带一路"客家国际高峰论坛等活动，加强海内外的客家文化交流合作，共同为客家事业在"一带一路"事业的新发展方面献计献策。

① 余达忠：《建设三明客家文化生态保护试验区——以全球化进程中的旅游时代为中心的考察》，《第七届海峡两岸客家高峰论坛暨第二届石壁客家论坛论文集》，海风出版社 2014 年版，第 578 页。
② 廖开顺：《论全球化形势下的海外客家文化建设》，《"赣州与客家世界"国际学术研讨会论文集》，人民日报出版社 2004 年版，第 364 页。

（二）增进交流

1. 扩大客家祖地宣传。以三明市委宣传部为牵头单位，联系客家地区媒体和文化传播公司，整合市内各有关部门力量，进一步加大三明客家祖地的宣传力度，例如编排好一场反映三明客家祖地文艺演出、制作一张有代表性的三明客家祖地山歌光盘、每年策划一场有影响力的客家宣传活动等，围绕"客家新丝路"的主题，大力推进客家文化艺术展演活动，发展文化产业，联合译介、出版相关书籍，拍摄、播放有关影视片，通过音乐、演出、动漫、网游等客家文化产品，采用多种方式让三明客家文化走向海外，扩大客家祖地在世界的影响。

2. 繁荣客家联络联谊。海外客家人远离祖国和民族、民系母体，长期居住在大陆以外国家和地区，他们与大陆客家人相比，客家团体意识和寻根意识显得更为浓厚。血缘、地缘、文缘、商缘等成为凝聚他们的重要纽带。海外客家回大陆寻根问祖和投资建设祖籍地也是引发大陆"客家热"的重要原因之一。三明应巩固发扬举办世界客属第25届恳亲大会广泛深远的影响，继续坚持举办好每年一届的世界客属石壁祖地祭祖大典活动，积极参加世界客属恳亲大会、亚细安（东盟）客属恳亲大会、公祭母亲河大典、世界客商大会等重大客家活动，广泛加强与海外特别是"一带一路"沿线国家和地区客家社团的联络联谊，提升三明作为客家祖地在客家世界的地位和作用。

三明客家始祖巫氏罗俊公、刘氏祥公、李氏珠公（火德公之父）、张氏君政公等各姓氏裔孙遍布海内外，伟人辈出，声名远扬。近年来各姓氏宗亲活动可谓一呼百应，声势浩大，成果丰硕。要充分发挥三明各姓氏宗亲会的作用，鼓励、支持和指导各姓氏宗亲会面，在海内外举办健康文明的姓氏宗亲联谊活动，增强海外宗亲的亲情感和凝聚力，吸引世界各地宗亲回三明投资兴业，共谋发展。

3. 搭建交流互动平台。当今世界已经进入了互联网全媒体时代，互联网已经成为客家文化传播最重要的媒介，其对于促进海内外客家人的联系、沟通和交流，凝聚全球客家人力量，提升民族文化自信心，发挥着极大的作用。以第25届世界客属恳亲大会官方网站——"客家祖地网"为例，该网站立足祖地，面向世界，突出客家特色，着重宣传、推广客家历史文化及发展现状，设有新闻、话题、博客、档案、影像、祭祖、商城7个大栏目，各大栏目下设子栏目，将客家资讯、姓氏渊源、客家方言、客家族谱、客家建筑、客家旅游、民俗风情、文学艺术、客家美食等在网站全面宣传展示，让海内外客家人足不出户，就能通过网站了解客家动态，理清姓氏源流，追根溯源，寻祖归宗。在"一带一路"建设新形势下，三明应当进一步利用"互联网＋"和新媒体手段，将"客家祖地网"做大做强，使其成为全球客家人联络联谊的立交桥，成为海内外客家人了解、支持、参与世客会的重要窗口，成为世界客家人共同拥有的资讯库房和服务中心，为客家世界的交流和客家文化产业打造跨越时空的特色亮点。

（三）发展经贸

1. 加强商会交流互访。立足三明客家商会，广泛联系大陆各客家地区商会组织，通过海外客商及客联组织牵线搭桥，在海上丝绸之路沿线国家和地区设立经贸文化联络处，与海上丝绸之路沿线国家相关城市结对子，定期开展经贸文化交流活动，加强与海上丝绸之路沿线国家和地区的交流和合作，推进城市间合作伙伴关系建设。可筹划举办世界客商经贸交流活动，建立客属地区和海内外客商共同参与海丝建设的桥梁和纽带，积极参与海上丝绸之路沿线国家和地区基础设施建设，实现客家地区和客商在海丝之路的新崛起。

2. 促进旅游产业发展。"客家文化旅游是凭借客家地区独特的历史背景和自然人文景观中所蕴含的客家文化内涵，开辟寓文化乡愁与文化教育于一体的旅游产品，满足旅游文化继承与文化体验目的的旅游活动"。① 三明是客家大市，拥有丰富的客家文化旅游资源，三元月亮弯、宁化客家祖地、建宁闽江源、清流灵台山、泰宁明清园、尤溪朱熹故里等都是极具特色的客家文化经典旅游景区，三明可以综合利用好这些客家旅游资源，联合闽粤赣客家地区，发挥好三明与梅州、河源、惠州、韶关、清远、赣州、吉安、龙岩、贺州建立的客家旅游联盟作用，重点打造客家旅游精品线路。结合客家民俗文化的体验，深化"丝绸之路客家之旅"活动，与沿线国家联合举办"丝绸之路客家艺术节"，举办形式多样、丰富多彩的文化交流、展览、演出活动，精心打造客家文化旅游品牌，促进客家旅游产业蓬勃发展。

3. 推动经贸合作交流。经济活动是最基本的社会活动，海内外客家需要加强经济的互动与联结才能更好地进行文化交流与建设。改革开放之初，三明因为交通瓶颈等原因，还难以与海外客家进行全方位的合作，海外客家商人在大陆的经济活动也多是单向的投资，没有形成经济的双向互动。其间，新一轮大陆客家人劳动力输出，远赴海外谋求发展的规模在不断扩大，以具有"八闽旅欧第一县"之称的明溪县为例，改革开放以来，该县 11 万人口就有 1 万多人漂洋过海，在意大利、匈牙利、俄罗斯等 54 个国家创业打拼，华侨资源已成为明溪举足轻重的发展要素。明溪一方面实施"海外创业工程"，总结海外创业成功经验，引导当地人才继续赴海外投资兴业，参与"一带一路"建设；另一方面，实施"回归工程"，积极鼓励客家侨属返乡参与新农村建设，努力实现建设"海西新侨乡"的战略目标。

随着大陆经济的发展以及交通便利和投资环境的大大改善，大陆和海外客商的经贸往来日益频繁，"一带一路"建设更给客家人投身海内外经济建设带来空前机遇。三明作为客家祖地和新兴城市，拥有得天独厚的自然和生态资源优势，应充分发挥好客家商会的作用，在走出去积极参与海外经济建设的同时，整合三明"林博会"和"世界客属石壁祖地祭祖大典""泰宁大金湖旅游文化节"等文化经贸交流活动，文化搭台，经贸唱戏，吸引海内外广大客商前来三明投资兴业，繁荣客家地区的商贸往来，为"一带一路"经济建设做出应有的贡献。

---

① 俞万源，李海山：《客家文化旅游，回顾、现状与展望》，《经济地理》2006 年第 4 期。

综上所述，三明客家历史文化资源特色突出，作用显著，在实现中华民族伟大复兴中国梦的今天，三明有理由、有责任、有能力凭借客家祖地历史文化的独特优势，借助客家文化融入"一带一路"的建设中去，在为三明经济、文化的建设发展拓宽路径、丰富载体、加速前进的同时，为国家"一带一路"建设宏伟蓝图增添浓墨重彩，做出自己的贡献。

（本文作者系宁化县党校副校长）

# 精心打造客家名人文化展示平台
# 促进客家文化事业大发展大繁荣

## ——统一规划建设"客家名人文化园"势在必行

### 宁化刘氏联会　刘祥文化研究会

客家名人文化是客家文化中最具魅力、最具影响力、最具开发价值的文化形态之一。宁化在历史上涌现出诸多客家文化名人，拥有十分丰富的客家名人文化资源，大力开发客家名人文化资源，统一规划建设"客家名人文化园"，将其精心打造成客家名人文化展示平台，对于增强宁化石壁客家祖地的文化凝聚力、发展客家文化旅游特色产业、保护传承客家文化的多样性，并最终促进客家文化事业大发展大繁荣，都具有十分重要的现实意义和历史意义。本文就"统一规划建设'客家名人文化园'势在必行"这一命题，谈一谈粗浅看法。

**一、宁化客家名人文化资源十分丰富**

宁化是千年古县，历史悠久，文化灿烂。在漫长的历史长河中，孕育了虹彩斑斓的历史人文景观，产生了丰富多彩的客家文化形态，其中客家名人文化是诸多客家文化形态中最耀眼的一朵奇葩。

（一）名人数量相对比较多

宁化自古人才荟萃，名人辈出，各领风骚，孕育了文韬武略、政声彰著的诸多客家文化名人。从唐代至清代，历代考取举人152人、进士50人（其中钦赐状元1人），[①] 其中宋代宁化进士29人，占全汀州59人的49.15%，高居第一；入列《中国人名大辞典》30人，[②] 列传《二十五史》4人（郑文宝、雷铉、伊秉绶、李世熊），[③] 入列《辞海》2人（黄慎、伊秉绶）。[④] 唐代汀州第一进士伍正己（856年进士），宋代（小篆）书法家、史学家、诗人郑文宝（983年进士），明代钦赐状元张显宗（1392年进士），明

---

① 刘善群主编：《宁化县志》，福建人民出版社1992年版，第21页。

② 藏励和等编纂：《中国人名大辞典》，商务印书馆1921年版。

③ 高占祥主编：《二十五史》，线装书局2007年版。第十卷下册之（元）脱脱等修纂《宋史》第1528—1529页列传郑文宝，第十五卷下册（民国）赵尔巽等修纂《清史稿》第1604、2277、2482页分别列传雷铉、伊秉绶、李世熊。

④ 刘善群主编：《宁化县志》，福建人民出版社1992年版，第706—712页。

末清初方志家李世熊，清代著名现实主义画家、诗人、"扬州八怪"之一黄慎、清代理学家雷铉（1733 年进士）、清代杰出（隶书）书法家、诗人伊秉绶（1789 年进士），开国少将孔俊标、张新华、张雍耿，当代中国著名海水鱼类养殖学家、中国工程院院士雷霁霖，以及中国远洋运输的开拓者和奠基人陈忠表，当代中国文学家雷子金，剧作家刘振蒸，著名经济学家邱晓华，是宁化诸多客家文化名人中的杰出代表。

（二）文化成就相对比较广

宁化诸多客家文化名人为后世留下了弥足珍贵的物质和精神文化遗产，涉及众多学科和领域。据宁化著名客家学者刘善群主编《宁化县志》记载，从宋代至清代，宁化历代著书立说者 132 人著述 290 部，其中宋代作者 6 人著述 19 部、明代作者 38 人著述 96 部、清代作者 88 人著述 175 部（属于精神形态文化），① 既涉及文学、史学、方志学、哲学、伦理学、法学等社会和哲学学科，也涉及天文学、地理学、中医药学等自然科学学科，还包括他们的故居、使用过的实物、墓地等物质形态文化。李世熊综览诸子百家，熟读经、史、子、集，博闻强记，一生著述丰硕，著有《本行录》3 卷，《经正录》3 卷，《国变录》《物感》《史感》各 1 卷，《离骚评注》2 卷，《寒支集》（包括《寒支初集》10 卷、《寒支二集》6 卷、《岁纪》1 卷），《狗马史记》27 卷，《钱神志》7 卷，《福建通志》50 卷，《宁化县志》7 卷，涉及文学、史学和方志学。从宋代至清代，宁化历代有作品存世的书法家、画家 8 人，创作的绘画、书法作品 1 万多幅，现存近 2000 幅（属于物质形态文化）。黄慎四上扬州，广交画界名家，与郑板桥等其他"七怪"共同开创画坛新风，成为"扬州八怪"之一，以诗、书、画"三绝"著称，一生创作绘画作品最多，画作近 1 万幅，现存 1205 幅，② 其代表作有《十二司月花神图》《商山四皓图》《伏生授经图》《醉眠图》《芦鸭图》《蛟湖诗草》等，著有《蛟湖诗钞》4 卷。伊秉绶官至两淮盐运使，其书、诗、文、画皆有建树，尤擅长隶书，其传世的主要墨迹见于《默庵集锦》。1971 年台湾大众书局出版有《清伊秉绶作品集》，1984 年 10 月上海书店出版了《伊秉绶隶书墨迹选》，还有《攻其集》和《留春草堂诗抄》7 卷等。

（三）后世影响相对比较大

在宁化诸多客家文化名人中，其文化成就和对后世影响相对比较大的有郑文宝、李世熊、黄慎、雷铉、伊秉绶。郑文宝著有《江表志》3 卷和《南唐近事》1 卷史学著述、雷铉著有《读书偶记》3 卷理学著述，均收入（清）百科全书式的《四库全书》（由纪晓岚、陆锡熊、孙士毅总纂）；郑文宝创作的《峄山碑》小篆成为后世学习小篆书法的模帖。李世熊著有《宁化县志》7 卷方志学著述，被后世誉为"天下两部半名志"之一，是后世研究宁化历史的最重要必备文献；所著《钱神志》7 卷史学著述，是研究中国古代货币史不可或缺的参考文献；所著《物感》1 卷文学著述，被后世誉为伊索式寓

---

① 夏征农主编：《辞海》，上海辞书出版社 2002 年版，第 718 页。
② 连新福主编：《宁化黄慎书画集》，香港伏羲文化出版社 2006 年版，第 4 页。

言集。黄慎绘画和伊秉绶书法作品广为国内外各大博物馆（院）及民间收藏，两人书画作品真迹在书画市场上现在卖价高达数十万至数百万元。黄慎画作气象雄伟深得古法，在雍正年间就名扬于世，出现"尺纸容缣，世争宝之"的景象；伊秉绶隶书放纵飘逸，自成高古博大气象，在清代隶书浑厚一路，无出其右，为"一代之雄"，康有为评价"集分书之成"，在当时的书法界（隶书）享有"北邓南伊（即北方的邓石如和南方的伊秉绶）"的美誉。就书法、绘画、方志成就和影响而论，伊秉绶（隶书）书法成就最高，黄慎绘画成就最高，李世熊方志成就最高、文史著述最多，分别对后世产生重要影响。

各族姓始祖一路辗转南迁定居宁化，在此拓荒垦殖，世代繁衍生息，促成汉畲融合，衍生客家民系，渐成参天大树，播衍五洲他乡。作为客家始祖（好比中华民族的共同始祖"三皇五帝"），他们虽然没有取得什么文化成就，但开发宁化、纳入治化、繁衍人口等历史功绩应该予以充分肯定，从宁化石壁客家祖地层面定位，也可以算作是客家文化名人，尤其是各大族姓的始祖（以下客家文化名人包括各大族姓始祖，客家名人文化包括各大族姓始祖文化）。

**二、客家名人文化没有得到充分彰显**

自 20 世纪 90 年代初以来，宁化 20 多年持续打好"客家牌"，精心打造了几个大型、多功能和高档次的客家祖地祭祀区、世界客属文化交流中心、客家文化美食城等重要客家文化展示平台，有力地促进了各项客家文化事业发展。但目前还存在客家名人文化展示平台缺乏、资源挖掘不力等问题，客家名人文化没有得到充分彰显，一定程度上制约了客家文化事业的发展。

（一）客家名人文化展示平台缺乏

文化展示平台可以集图、文、物、像等于一体，作全方位、全景式的集中展示，给人以直观、形象、简洁、具体的记忆，容易产生统一的历史认知，引起统一的情感认同，进而形成文化凝聚力。20 多年来，宁化虽然先后打造了几个大型、多功能和高档次的重要客家文化展示平台，客家名人文化主要以文献、简介形式，在客家祖地祭祀区的客家公祠文史馆、世界客属文化交流中心的图书馆有所展示，但在城区缺乏专门的、相对集中的客家名人文化展示平台（如客家文化名人纪念堂或始祖祠堂），无法对诸多客家文化名人的成长历程、文化成就、后世影响、逸闻趣事以及他们的世系传承、裔孙播衍、故居墓地等内容进行全方位、全景式的集中展示，使回乡祭祖的海内外广大客家裔孙，对各自族姓源流难以产生统一的历史认知，对各自族姓的"根、源、祖、脉"难以引起统一的情感认同，最终也就难以形成文化凝聚力。也因为在城区缺乏专门的、相对集中的客家名人文化展示平台，导致许多大族姓的文化交流活动没有固定场所，给文化交流活动带来诸多不便。

（二）客家名人文化资源挖掘不力

上述提到，宁化客家名人文化资源丰富，既有物质的，也有精神的，形态多样。至今对客家名人文化资源进行了一定程度的挖掘，出了一些成果。从内容看，主要对客家文化名人的文化成就挖掘比较多，再版了（清）李世熊修纂《宁化县志》，先后出版了丘幼宣编著的《黄慎诗钞校注》、宗夏曦主编的《蛟湖诗钞》（黄慎诗作）、宗夏曦编校的《寒支诗钞》（李世熊诗作）、连新福主编的《宁化黄慎书画集》，宗夏曦、朱建华主编的《宁化历代诗文选》等文献。从人物看，对清代杰出现实主义画家、诗人、"扬州八怪"之一黄慎的研究比较深入、系统、全面，出版了丘幼宣的《黄慎研究》。① 此外，还出版了罗华荣的《宁化建县始祖罗令纪》、张万益的《状元张显宗》、张永善主编的《宁化客家明代状元张显宗》等文献。除黄慎外，对其他客家名人文化资源挖掘不力，成果不多。

### 三、精心打造客家名人文化展示平台

宁化持续打"客家牌"，归纳起来也就是持续做好三大工作：一是不断深化客家文化研究，二是坚持举办石壁祭祖大典，三是不断完善客家文化平台。至今已经建立健全了一套切实可行的工作机制，步入了常态化、规范化、大众化的运行轨道。自 2015 年起，每年一届的石壁祭祖大典，由政府牵头主办，各大族姓宗亲社团轮流承办，从实际运作看，达到了预期目的。但也暴露出一些亟待解决的问题：一是有的大族姓在城区没有祠堂（如张氏、李氏、刘氏、伍氏、丘氏、林氏等），缺乏专门的活动场所，使回乡祭祖（包括各宗亲社团每年组织的清明祭祖）的各大族姓海内外广大裔孙感到莫大缺憾；二是有的大族姓在城区即使有祠堂（如罗氏、谢氏等），但没有本族姓名人文化或始祖文化内容展示，缺乏浓厚的文化氛围，文化凝聚力不强，总感到美中不足。

有鉴于此，各大族姓的海内外广大裔孙强烈要求，在城区统一规划建设"客家名人文化园"，在园内兴建各大族姓客家文化名人纪念堂或始祖祠堂，既是各大族姓的名人文化或始祖文化多功能展示平台，也是各大族姓海内外广大裔孙回乡祭祖的专门活动场所。将各大族姓文化名人或始祖的诞辰日或清明节作为祭祖日，形成定制，由每年统一组织祭祖活动转变为常年自发参加祭祖活动，吸引各大族姓的海内外广大裔孙年复一年地踏上回乡之路，以祭祀祖先、寄托思念、抒发情感，使宁化石壁客家祖地真正成为海内外广大客家裔孙的精神原乡，从而带动客家文化旅游特色产业的发展。

所以说，为增强宁化石壁客家祖地的文化凝聚力、发展客家文化旅游特色产业、保护传承客家文化的多样性，并最终促进客家文化事业大发展大繁荣，大力开发客家名人文化资源，统一规划建设"客家名人文化园"势在必行。在统一规划建设"客家名人文化园"工作中，要充分发挥各大族姓宗亲社团的积极作用，聚智聚力共同打好"客家牌"。因此，要重点抓好以下几件事。

（一）筛选确定入名人文化园名单

---

① 丘幼宣著《黄慎研究》，是对宁化客家历史文化名人进行专题研究的第一部专著，福建教育出版社 2002 年版。

近期园内兴建十大客家文化名人纪念堂或始祖祠堂，投资规模掌握在500—800万元/座。入名人文化园名单应符合以下几个原则：一是在城区没有纪念堂或祠堂的大族姓，二是海内外尤其台湾裔孙人数名列前十几位的大族姓，三是在两三年内能够筹资500—800万元的大族姓。建议由县委牵头，组织统战、台侨（包括台办、台联、侨联）、客家（包括客联会、客家办、客研会）等部门进行充分讨论，共同筛选确定入名人文化园名单。

（二）规划设计高档次名人文化园

按投资规模400—700万元/座（100万元留作展陈专项资金）通盘考虑，"客家名人文化园"要做到高起点规划、高标准设计，可以采用唐宋园林式样，并体现客家传统风格，使建好后的"客家名人文化园"成为宁化形象的对外展示窗口、新的人文旅游景点。建议由政府牵头，充分听取拟建客家文化名人纪念堂或始祖祠堂的各大族姓宗亲社团意见，由住建部门具体负责规划设计工作，最后由政府敲定规划设计方案。

（三）多方筹措资金加快建设步伐

"客家名人文化园"项目资金筹措和工程建设分两块进行，一是"客家名人文化园"的"五通一平（即通路、通电、通水、通电视、通电话和平整土地）"或"三通一平（即通路、通电、通水和平整土地）"基础项目投资建议由政府负责筹措，并组织工程建设，作为政府对发展客家文化事业的公益性投入；二是客家文化名人纪念堂或始祖祠堂主体和配套建筑、内外装饰、内部展陈、绿化美化等主体项目投资由各大族姓宗亲社团负责筹措，并组织工程建设。

（四）大力挖掘客家名人文化内涵

从现在开始，各大族姓宗亲社团就要着手广泛收集本族姓客家文化名人或始祖的图文资料，大力挖掘其文化内涵，大体按照其成长历程、文化成就、后世影响、逸闻趣事以及他们的世系传承、裔孙播衍、故居墓地等几个部分，进行条分缕析、钩沉辑佚、整理成文，并科学编制陈列方案。待客家文化名人纪念堂或始祖祠堂竣工验收交付使用后，主要采取图、文、物、像等表现手法进行专业布展，做到史实真实、内容丰富、形象生动，成为各大族姓的文化展示、交流、传播以及保护、传承的多功能平台。文化部门要加强对编制陈列方案、布展工作的业务指导，使其符合专业规范要求。

**参考文献：**

[1] 张恩庭编著：《宁化客家人物》，中国华侨出版社2000年版。
[2] 刘善群：《客家与石壁史论》，方志出版社2007年版。

（执笔：刘臻）

# 传承客家优秀民俗文化、
# 推动客家旅游经济发展的思考与建言

廖远骝

　　民俗，即民间风俗的简称，是一个民族在生产、服饰、饮食、居住、婚姻、丧葬、节庆、娱乐、礼仪、信仰等物质生活和文化生活方面广泛流行并经常反复出现的行为方式。自从有了人类活动，就有了民俗。客家民俗是客家文化的重要组成部分，是客家民系在长期的共同生产实践和社会生活中逐渐形成并世代传承的一种较为稳定的文化事象。因此，客家民俗文化又可以称为客家民间文化，它表现在经济、社会、信仰、游艺各个方面，它会影响着人们的社会心理、价值观念、道德标准、审美追求。不同特色的民俗文化是一个国家民族精神的重要载体，是民族文化的主要组成部分。客家民俗是客家人文精神最具乡土气息，最原生态、最大众化的表现形式，它承载着客家民系的理想追求和豪情壮志，展现的是客家人的拼搏精神与奋斗传奇。

　　"入境先问俗"，不同民俗、不同地区风俗的差异，表现在不同民俗、不同地区在居住、生产服饰、婚嫁、交通、节庆、礼仪、饮食等方面的风俗习惯都不同，它是一种以民俗为主要游览内容的文化旅游活动，具有鲜明的民族性与区域性。特别是客家民俗博大精深，它源自于客家人从千百年来对中原传统文明的薪火相传，源自于千万里辗转迁徙途中对各地良风美俗的兼收并蓄，源自于与当地原住民的交流融合，源自于一代代客家人披荆斩棘、开拓进取的锤炼创造。它在传承与变异中能彰显出其多样性、区域性及独特性，因此更加多姿多彩、森罗万象、神奇美妙、绚丽灿烂，可谓形态各异、各具特色、引人入胜，这些都成为今天旅游的宝贵资源。

　　旅游是以享受为主的文化生活。物质享受是旅游的基本内容，而精神享受则是旅游更高层次的追求。旅游资源不外两个方面。一是自然景观，如福建省的闽江、九龙江、汀江，清净的江水不仅滋润了八闽大地，还哺育了客家儿女，而且在青山环抱中形成众多秀丽的景色。福建省有秀甲东南的八闽标志、世界自然与文化双遗产武夷山，有集山奇、水秀、谷幽于一身的被称为客家神山的连城冠豸山，有被称为人间仙境的国家级自然保护区梅花山及众多的岩溶洞穴如将乐的玉华洞、宁化的天鹅洞、沙县的七仙洞等。这些嵯峨怪石、深山幽谷、奇花异草、参天古树、林海竹涛、山涧激流、深潭飞瀑，真是风光如画，使人流连忘返。这些都是大自然的造化。二是人文景观，它不仅包括古文化、文物古迹，还包括民俗文化。所以，民俗与旅游有着不可分割的关系，我们可以从中外旅行家的大量游记中找到这种渊源。比如，徐霞客游记中就有许多当地民俗事象的记载和分析。把民风民俗糅合到旅游中，游客既可以欣赏奇山异水，又能体验风土人情，感受到一种令人身心愉悦的"仙气"，则可以吸引更多的中外游客。

随着城乡人民生活的日益改善和国家法定假日的增加，当今旅游已成为现代生活的重要组成部分，其中对不同文化的体验与探索，以满足游客求新、求异、求知的心理需求与欲望已成为民俗旅游的核心内容。民俗旅游实际上已成为一种高层次的文化旅游。它能让旅游者在参与过程中亲身感受体验民间遗留下来的风土人情。特别是客家民俗风情已成为当今旅游者所喜爱的项目，如寻根祭祖、朝山进香、敬拜先祖、观看民俗展、欣赏民间艺术表演、民俗表演（如婚嫁表演等）、节庆活动、风味食品、旧式交通工具、民居建筑等。许多学者认为，"民俗旅游就是借助民俗来开展的旅游项目。"一句话，就是到民间去旅游，到民俗氛围里去切身体验；且当今民俗旅游资源丰富，市场潜力大，发展空间十分广阔。

因此，本文拟就客家民俗与旅游结缘，提出建言，谈点肤浅认识。目的在于让客家民俗文化以旅游形式传播开去，让旅游者亲身体验客家民俗的魅力，通过开发客家民俗旅游，给以客家文化为主内容的旅游发展注入新的生机。

第一，将客家文化元素融入旅游之中，全面认识客家文化与民俗旅游的关系。

客家文化是民俗旅游的重要组成部分。客家民俗旅游的主要内容有两方面：一是游览客家民俗文化资源，即游览民俗旅游设施及表演活动；二是参与式客家民俗旅游，主要是游客亲自参与客家民俗活动，亲身体验客家民俗风情。[①] 客家人在迁徙的过程中形成了他们特有的生活习惯、风土人情、居住环境和独树一帜的客家文化，客家文化在中国传统文化中占有重要地位，在民俗旅游中客家文化更是浓墨重彩的一笔。这已成为民俗旅游的重要资源，应该更好地运用到民俗旅游发展中去。

客家文化与民俗旅游的拓展相辅相成。客家人在迁移过程中所形成的文化形态有别于其他支系，以闽粤赣为中心，辐射了包括台湾地区在内的海内外大部分区域。客家民俗文化是民俗旅游不可或缺的一部分，通过民俗旅游，让更多的人系统地传承客家文化，推动客家文化的发展。

客家文化在民俗旅游中可以得到传承与创新。随着民俗旅游的进一步发展，客家文化已成为海内外共同的热点话题，越来越多的学者将目光放在客家民俗的研究上，也越来越多的人对客家文化充满兴趣，在民俗旅游的发展上进一步更新旅游方式，就像世客会迄今已成功举办28届，取得良好的效果。每届世客会都能吸引世界各地的客家人聚集于主办城市，其影响力甚大，这实际上已构成民俗旅游的独特方式，在客家文化传承

---

① 钟俊昆：《论海峡两岸客家文化旅游的合作发展模式》，《第三届石壁客家论坛论文集》，中国文化出版社2015年版，第258页。

方式上无疑是一种创新。

第二，民俗文化资源的可持续利用，是推动民俗文化旅游的不懈动力。

近年来，留住"乡愁"的呼声不绝于耳。所谓"乡愁"就是民俗文化的根。"一方水土养一方人"，不同风俗习惯，不同风土人情，是区别于异域的鲜明标识。而异域风情正是旅游者追求的文化内涵。许多民俗活动好看易懂、雅趣诙谐，让人们不但享受着耳目的欢快乐趣，更陶醉于艺术的芳馨。如连城文亨罗氏的布龙，拜年时刻吞云吐雾，喷射五光十色火焰，令人又惊又喜；罗坊七棚古事在齐腰深的刺骨河水中比肩抢冲，浪花四溅，场面狂欢；姑田大龙场面蔚为壮观，栩栩如生，擎龙者群情激昂、竞相奔放，令人叹为观止；还有芷溪的花灯个个争奇斗艳，似蛟龙遨游大海，像星星缀满人间，让人娱心娱目，流连忘返。在这些古风民俗的熏陶下，人们会备感乡土的温暖和恬静。像客家祭祖、乡规民约、族规家训、民间艺术、音乐戏剧、人情往来、节日庆典、神话传说等，这些非物质的古风文化，都成了"乡愁"的表征。再如"世界客属石壁祖地祭祖大典"和"世界客属长汀公祭客家母亲河"等活动，这些地方的祭祖庄严、肃穆、虔诚，参与者们无不为这样一种庄严神圣的气氛所感染。它实际上已经成为弘扬客家精神，传播客家文化，联络客家宗亲，促进经济合作与文化交流的世界性客家盛会，在海内外世界产生了广泛影响。会议之后，这些地方成为海内外游客争相旅游观光的胜地，直接推动了客家文化旅游产业的发展。福建省客家地区具有丰富的、各具地域特色的客家民俗文化资源，如连城的"客家民俗陈列馆"突出展示了连城地域的节庆民俗，其特点十分鲜明，表现在多样性、传承性、大众性、娱乐性、模式性、祈愿性六个方面，其影响已走出了县门，走向了全省、全国，走进了世界多国的媒体影视。目前，又正值建设美丽乡村的热潮中，可见其市场开发潜力很大。所以，再现一些典型的古风民俗，让村镇历史文化风貌与青山绿水的自然环境交相辉映，就构成了旅游观光的最美画卷。

事实说明，民俗与旅游结缘可以两全其美。民俗从某种程度上塑造着民众的意志品格，所以民俗也是极其宝贵的教育资源。倘若能让游客在游山玩水的潜移默化中增长爱国爱乡的高尚情怀，其意义非同一般。在这里要强调的是民俗与旅游的结合，不是浅层次的利用，急功近利要不得，竭泽而渔更不行。如果单纯追求经济利益，开发过度或利用不当，都会造成民俗文化资源的破坏。为此，应在利用与保护之间找到一种平衡，注重民俗因素与旅游内涵的有机融合。只有民俗文化资源的可持续利用，才有民俗文化旅游的可持续发展。①

第三，当前客家民俗文化旅游面临的困难与挑战。

应该说，进入21世纪以来，以石壁为中心的闽西北客家地区的旅游业有了长足的进步，正逐步成为推动地方经济发展的重要产业。独特的客家生态文化已成为闽西北客家的旅游亮点。客家民俗文化旅游在难得遇到发展机会的同时也面临不少挑战，许多问

---

① 金文钦：《让民俗与旅游结缘》，《福建日报》2017年5月15日"武夷山下"。

题亟待解决，以促进客家民俗旅游的发展。

一是客家民俗资源保护意识不强，正逐步丢失。随着时代的推进，年长一辈的逐渐老化，年轻一代沉湎于手机网络，加之散落分布在农村的民俗资源缺乏专业的管理，大量民俗资源正逐渐消失。特别是随着乡镇建新村步伐的推进，旧围屋、旧围墙、旧门楼、旧祠堂被推毁，即使有重新翻建的也未遵循"以旧修旧"的原则，失去了原先的韵味。因而保护和抢救分散在农村的民俗资源已经迫在眉睫，十分紧要。

二是旅游景观与民俗文化脱节，融合度低，勾不起"乡愁"，缺乏系统性，旅游缺乏文化要素，民俗缺少着力点。许多自然景观没有故事，就等于墙上的"美女"没有情趣。景观不够鲜活，没有趣闻，致使民俗旅游类的项目对游客吸引力不足，达不到预期的经济效益。多数景区旅游产品单一，缺乏对资源文化内涵的挖掘，不能与旅游产品深入结合。例如这几年省客联会倡导下开发建设的九个地（市）客家博物馆（园、区），除连城客家民俗陈列馆外，都有这方面的缺陷。

三是民俗旅游的形象不突出，宣传力度不够。客家旅游，民俗生态宣传方面表现为各自为政。当今社会是信息社会，旅游者对旅游目的的选择很大程度上受到旅游目的地的形象和其掌握的信息量的影响，许多景区没有通过各个宣传渠道流入到游客的印象中，导致民俗旅游形象不突出，市场开拓缓慢。

四是客家生态文化氛围不足，互动环节差，让游客参与客家民俗情趣活动机会少，不能使游客得到情感上的满足。

五是客家民俗文化旅游项目资金投入甚少，旅游主管部门心有余而力不足。

以上所列的现实差距正是客家民俗文化旅游建设中所面临的现实挑战。如何应对这种挑战，怎样以撸起袖子干的精神来办好客家文化产业，这是摆在我们面前一个共同关注的重要课题，应该认真思考并找出相应对策，为此，本文建议：

第一，要把客家民俗旅游产业主动融入国家"一带一路"建设开发机遇，增强对客家民俗文化的认同感，以丰富和提升客家旅游经济的内涵。

当前，旅游产业已从观光型向观光和休闲度假型转变。客家地区民俗生态资源非常丰富，这无疑给民俗旅游转型升级带来新的契机。一方面，国家文化部向福建回复《关于同意客家文化（闽西）生态保护实验区的复函》，令人鼓舞。闽西北是客家祖地，是客家文化发展传播的原乡故土。建设国家级客家生态保护实验区，将文化生态进行整体性保护，对于传承客家文化，留住文脉和乡愁，建设亿万海内外客家人共有的精神家园，促进文化、自然、社会经济全面协调可持续发展，实现中华民族伟大复兴的中国梦具有深远意义，对于发展民俗旅游更是一个难得的发展机遇。另一方面，在国家"一带一路"总体布置下，福建两区定位为我们提供了发展平台。福建自贸试验区和21世纪海上丝绸之路核心区便是福建省在新常态下孕育出的新机遇。① 我们要充分把握良机，

① 陈捷：《宁化客家文化旅游业主动融入"一带一路"的思考》，《第三届石壁客家论坛论文集》，中国文化出版社2015年版，第305页。

在此重大发展政策利好下，让客家民俗文化旅游产业不仅在更高水平上，而且在更广阔的领域中有了扩大对外开放的全新背景。尤其是各地的交通格局不断完善所带来的新变化，更为我们发展客家民俗文化旅游创造美好的未来。

因此，以宁化石壁为中心的闽西北各客家县要抓住时机，组织力量对本区域的客家民俗资源进行再调研、再核对、再研究，搞清弄懂本区域民俗文化的历史渊源，在旅游项目的景点布局上不雷同，在民俗文化旅游线路开发上有创新，让游客增强对本地区客家民俗文化的认同感。要善于通过客家民俗旅游活动是促进闽台两地民俗文化交流，增进两岸人民相互理解，为今后两地的经济、文化发展繁荣奠定坚实基础。同时将本区域的零散民俗用线索串联起来，按照文史化、习俗化、功能化、系列化的特点进行全面梳理，开发出特色鲜明、脉络清晰、生动形象的客家旅游生态活文化，使之成为让世人永久怀念的文化印记。

要重视民俗资源的整合。在整合中，要使民俗文化资源与自然资源合理搭配，结合美丽乡村建设，大力发展客家村落民俗旅游，让游客深入到真实的客家村落生活中去，体验原汁原味的农家民俗。在客家民俗村落的开发建设中，首先应该选择在已有特色景点的附近，如宁化、清流一带，物色生态环境好和客家民俗、民居、民风等方面保留俱全的自然村落进行选择性改造，拆除没有客家特色的旧房屋，用原生土建材料和原始工艺补充缺失的客家民居和生活物品等。

在客家民俗文化资源整合中，注意不能忽略赖以生存的客家文化土壤。"不论是客家的古村落、古寨古堡还是形式各异的客家土楼、客家围屋"，① 不能仅限于以楼作楼，以屋为屋，要把土楼人家的节庆活动如打新婚、做大福、迎花灯、闹古事等和具有饮食特色的文化活动融入其中，把参观围屋变为参与围屋活动，把静态的土楼、围屋、古堡变为客家文化动态的场所。在有条件的民俗点表演客家歌舞和快要失传的客家民俗表演如"过火海""上刀山""顶水缸""睡刺床""滚刀龙""走高跷"等民间绝活。设法调动游客的参与感，让其真实体验，满足其感官感受，促进互动交流。

第二，要充分利用客家博物馆（园）等设施，使之动静结合，在每个环节中都展示客家地区旅游民俗的生态魅力。

这几年，在各级地方政府的重视支持和省客联会的积极倡导下，不失时机建立起一批"客家文化博物馆""客家文化园（城）""客家族谱馆""客家民间文献研究馆"等集展示、交流、参观、休闲为一体的客家场馆设施，这对增强海内外客家凝聚力有十分重大意义。但所展示的项目，静态物品多，鲜活的民俗项目少。建议可在宁化、清流、长汀、上杭等地增设不同民俗的展馆，展示不同的民俗，打造闽西北客家民俗旅游区域。在展馆里可以通过鲜活的情节充分展现客家儿女的衣食住行、婚丧喜庆、民间信

① 钟俊昆、刘华东：《闽台客家民俗旅游的合作与发展》，《第四届石壁客家论坛论文集》，福建教育出版社2016年版。

仰、文化艺术、生产生活习俗等。

诚然，在创意策划中，要充分运用现代科技手段，适当注入时尚元素，与时俱进地弘扬与发展原生态文化，让民俗仿古融今推陈出新，促进客家传统旅游文化生态资源景观化。重视名人典故、民间传说、民俗风情等无形资源的挖掘，通过历史文化资源背后的许多故事，以电影、电视、文学、歌舞、动漫、卡通等多种形式开展宣传、演绎，以适合年轻人口味来弘扬其文化内涵，以故事活化资源，以艺术性增强感染力。①

第三，要积极呼吁地方政府和旅游部门加大对客家民俗文化项目的支持与投入。

在进一步调研现有的民俗旅游资源存量，适度开发民俗旅游增量，利用相似与差异的旅游心理满足游客要求的同时，必须加大对民俗旅游资源开发的支持。呼吁客家地区政府和旅游部门投入更多资金用于客家民俗资源的开发、保护、传承与创新，为客家民俗旅游提供更大的发展空间。旅游部门对外对内本着"优势互补、资源共享、联合营销、共同促进"的原则，进一步完善客家旅游业合作机制。尤其要抓住建设21世纪海上丝绸之路核心区的机遇，以旅游政策沟通、旅游客流畅通、跨境旅游先通、旅游投资融通、旅游交流互通为重点，加快建立与"一带一路"沿线国家与地区的旅游协作机制，不断拓展以港澳台胞、新马泰侨胞为主的游客市场，加强海内外旅游业同行间的交流，进行民俗文化旅游项目投资洽谈。在加强旅游公司、旅行社的联盟，整合旅游产业要素，在旅游饭店、旅行社、餐饮娱乐、国内外票务、景区开发、旅游地产、融资担保、文化创意、网络科技等各个领域，寻找商机、建立互信、订立合作、协作关系，积极探索客家民俗资源的专项旅游线路，为游客提供更多合理的民俗旅游产品。

此外，还应加强对旅游产品的创意设计，设计开发更多的切合客家民俗旅游的纪念商品。同时，不忘加强民俗旅游的主体式宣传与营销，以市场为导向，产品为基础，使用网络传媒与文艺活动等宣传手段，举办各种大型客家民俗文化展演活动，开展全方位促销，让更多的人感受到不一样的客家风情，以促进客家民俗旅游向纵深发展，带动其他产业的繁荣。

综上所述，目前，大众化的民俗文化旅游势头方兴未艾。为此，充分利用丰富的客家民俗文化资源，形成富有地方特色的民俗旅游，使其走上可持续发展道路，成为未来经济发展的新增长极，就是福建省旅游业和客家事业发展的一项十分紧迫的任务。

笔者深信，流淌着中华民族血液的客家儿女在实现伟大的中国梦、客家梦的征程中，一定能创造更加光辉的未来，孕育着客家精神的客家民俗一定会散发更加璀璨的光芒。

（本文作者系将乐县原文化局局长、文联主席，县客联会副会长兼客研会会长，省客研会会员，市客联会常务理事）

---

① 廖远骝：《建设三明客家旅游生态文化的对策思考》，《世界客属第25届恳亲大会学术研讨会论文集》，福建教育出版社2012年版，第238页。

# 传承客家祖先崇拜文化 助推宁化经济社会发展

## 刘 恒 黄惠清

祖先崇拜是客家人及至世界华人最大的信仰，是最具中国特色的"宗教"。无论是改朝换代、政权更替，还是战争迭起、宗派纷争，或是近现代西方思潮的冲击以及国内各种政治运动的打压，都没能摧毁祖先崇拜这个根植于社会底层的精神文化堡垒，它依旧推动着经济社会向前发展。本文在祖先崇拜文化历史现状、价值及建议等方面作田野调查和思考，旨在抛砖引玉，启迪心智，更好地传承客家祖先崇拜文化，推动宁化经济社会稳健发展。

### 一、祖先崇拜文化历史与现状

（一）我国的祖先崇拜

祖先崇拜，是指一种宗教习俗，基于死去的祖先的灵魂仍然存在，仍然会影响到现世，并且对子孙的生存状态有影响的信仰。一般崇拜的目的是相信去世的祖先会继续保佑自己的后代，这种崇拜是在有了灵魂不死观念和血亲敬仰观念以后，两者结合而发展起来的。

从目前考古的资料表明，我国的祖先崇拜至少可以上溯至新石器时代中期（公元前4500—4200），在刘莉撰写的《中国祖先崇拜的起源和种族神话》一文中列举的"集体祖先崇拜"，表现在陕西南部龙岗寺仰韶文化早中期的墓葬文化中（公元前4500—4200），150个祭祀坑分布在168座墓葬周围，祖先包括所有死去的成员。

在中国，共有56个民族，这些民族无论在过去还是现在，无论是处于哪一个社会发展阶段，都在不同程度上存在祖先崇拜的习俗。整个中国的乡土社会都是以生命和血缘为中心展开对人生和世界的思考的，是在血缘亲族、祖先崇拜的纽带下链接起来的，同时又是随着时间的推移、时代的发展而不断丰富完善的。

《荀子·礼论》说："天地者，生之本也；先祖者，类之本也……无天地，恶生？无先祖，恶出？"《礼记·郊特牲》说："万物本乎天，人本乎祖，此所以配上帝也。"因为有祖先才有子孙，有天地，子孙才能享用万物而生存，祖先和天地在"生殖"方面的功劳一样大，所以要祭祖。在神州大地，祠堂、祖宗牌位几乎到处都是，人们在危难时刻，常常祈求"列祖列宗"保佑。"挖祖坟"是不共戴天的仇恨，在中国人的心目中，这不仅坏了风水，更因为这种行为破坏了人们最神圣的祖先崇拜。

（二）客家人的祖先崇拜

客家人是汉民族一个民系。从西晋末开始，中原汉人为了逃避灾荒和战乱，先后经历了数次向南迁徙，其中与客家民系形成关系重要的有三次：第一次是西晋末年到东晋初的"八王之乱"，又称"永嘉之乱"，以及随后匈奴、鲜卑、羯、氐、羌等游牧民族内迁导致大批中原汉人"衣冠南下"；第二次是唐朝末年"安史之乱"和"黄巢起义"；第三次是北宋末年"靖康之乱"，逼迫中原汉人再次大规模南迁。在经过大举向南辗转迁徙之后，一大批移民先后来到了以三明宁化石壁为中心的赣、闽、粤边结合部三角地区，经历长达数百年中原文化与当地土著文化的融合交汇，孕育出一支以汉文化为主导的、与周边文化相区别的地域文化，客家民系由此诞生。客家先民从中原迁徙到岭南岭北，甚至迁移到世界各地，一直都祈求祖先的荫庇保护，所以厚葬和祭扫是客家人每个家庭里的一项重要活动，厚葬表现为"背祖骨"和"二次葬"。韩素音在《客家人的起源及其迁徙经过》一文中提到：客家人迁移时，"发掘其祖先的葬地，把骸骨盛在一个所谓金罂里，由家中的男人背着"，抵达重新定居的地方，"就把金罂放在树下"，"以后找到适当的地点作为新坟，把先人的骨骸重新安葬"。迁徙奋斗的历程，很好地传承了客家祖先崇拜文化，造就了客家人坚守精神家园的品格和毅力，培养出"硬颈毅行、崇文重教、尊祖睦族、爱国兴家"的客家精神。

（三）宁化人的祖先崇拜

如上所述："一大批移民先后来到了以三明宁化石壁为中心的赣、闽、粤边结合部三角地区……客家民系由此诞生。"宁化石壁是世界公认的客家祖地，宁化人大都是客家人，即使少数非客家人也早已融合于客家文化之中，遵循着客家传统文化礼俗，客家文化的核心就是祖先崇拜，把列祖列宗统称为"公太""婆太"，认为没有祖先就没有自己，心中有一种本能的血缘归依感受，把祖先神看作是最可靠、最有力的精神寄托之所在，是最重要的家庭保护神，每个家族都把祖先神供奉起来。

春节期间，出现祖先崇拜的第一个高潮。旧历大年三十，人们屠牲祭拜祖先，表示对祖先的怀念之情；大年初一，大人小孩穿上新衣，在厅堂摆好牲礼果品，祭祀祖先，祈求祖先保佑。

清明期间，掀起祖先崇拜的第二个高潮。自春分至谷雨，即清明节前后15天，人们择定吉日，携三牲、米酒、香烛、帛、纸钱等到祖先坟墓前拜祀，除去墓前杂草，将一沓滴有鸡血的黄纸铺在坟上，上面覆以一块碧绿的草皮，再在坟地四周摆上12张"挂纸"，然后焚点香烛，燃放鞭炮，跪拜磕头行礼，祈求祖先保佑。扫墓完成回祠聚餐即"吃清明"时，族内长者总是不忘宣讲族规家训、讨论家族发展，让好的家风族规代代相传、家族事业繁荣昌盛！这个节日被宁化人称为一年中最大的节日，在外宁化人，即便春节可不回家，但清明节一定要回家，否则被视为"不肖子"。

农历七月十五日，出现了祖先崇拜的第三个高潮。七月十四下午，人们纷纷将早已准备好的香烛、帛、纸钱等拿到祖堂焚烧，恭请祖先前来接受香火、钱、衣等，以示济祖先魂灵之困厄，使他们在"阴间"有钱花、有物用，并祈求庇佑，施福于后代；七月十五下午，家家户户做好擂茶，端到厅堂，摆上供菜，"恭请"祖先前来共享擂茶等美味，族人围坐享受美味之际，族内长者定要讲述祖上的丰功伟绩，以示后人学习。七月十五晚上，将准备好的香烛、帛、纸钱等拿到户外三岔路口焚烧，恭送祖先回到该去的地方，安心"生活"，庇佑后代人。有的姓氏还延伸为秋祭，如宁化淮阳刘氏家庙，自古将每年八月初一确定为"大清明"，即秋祭日，每年都有七八百位来自海内外的刘氏后裔前来参加宁化淮阳刘氏开基始祖刘鸿基的墓祭和祠祭，丰富多彩、热闹非凡。

冬至，是为祖先崇拜的第四个高潮。人们遂带香烛和各种酒食上坟祭祖，怀念祖先。

宁化人逢上丧葬，祖先崇拜文化色彩更加浓厚。在亲人亡故之后不仅要举行隆重的丧葬仪式，让亡者入土为安；而且往往要寻觅吉地，将亡者或祖先之骨骸安葬妥当，一方面表现对祖先之崇拜精神，另一方面亦有向祖先祈求庇佑之义。

宁化人不论逢年过节还是婚嫁、生子、出门经商、求学，都要到祠堂向列祖列宗祭祀一番，既铭记祖先恩德，又祈求庇佑兴旺发达。

宁化人在日常生活中，每天早上饭熟后，立即用小饭勺盛一勺热饭，倒扣在碗中，放置在祖先神位前以敬祖先。每逢初一、十五要在祖先神位前点烛焚香，摆上些日常祭品。有杀猪、宰鸡要在厅堂神位前进行。凡煮熟的猪肉、鸡、鸭等，要摆在供桌上，点烛、焚香、放鞭炮，恭请祖先前来享用。在宁化人心目中，祖先的灵魂依然同他们生活在一起，因此，时时刻刻不忘敬重祖先，可以说祖先崇拜文化已融汇于宁化人生活的全部。

宁化县委、县政府高度重视祖先崇拜文化，着力打造客家祖地品牌。近年来，投入巨资兴建世界客属文化交流中心、客家美食城、客家博物馆、4A级客家祖地景区以及城乡客家风格建筑等；连续成功举办了22届世界客属石壁祖地祭祖大典、4届宁化石壁与客家世界学术研讨会、3届石壁论坛、1场宁台客家文化研讨会和第25届世界客属恳亲大会，促使祖先崇拜文化得以升华，推动着宁化经济社会稳健发展。

**二、传承祖先崇拜文化的价值**

（一）传承祖先崇拜文化的历史价值

促使族人在共同祖先的旗帜下团结协力，包容互让，增强其战胜困难的信心，应付新环境下的种种挑战，求得生存和发展。

（二）传承祖先崇拜文化的现实价值

1. 增强中华民族的凝聚力。融汇情感、凝聚人心，最有效的莫过于血脉的认同，血脉对接上了，彼此体内流着相同的血，情感就自然融汇起来了，心也自然走到一起了。祖先崇拜文化中的关键词就是"血缘"二字。当前无论是海外华裔的"寻根"，还是台湾人的"认祖归宗"，可以说都是祖先崇拜现实价值的体现。如台湾，有近600万客家乡亲的祖先都可追溯到宁化石壁客家祖地，两岸互通后，每年都有大批台湾客家乡亲追本溯源、寻根谒祖，这种发自内心的祖先崇拜是谁也抹杀不了的。传承祖先崇拜文化，借用祖先崇拜来加强共同的血缘关系，以巩固以血缘为基础的内部团结，促进全球客家乡亲的团结，促进全球华侨、华人的团结，增强凝聚力，实现祖国统一。

2. 促进和谐社会健康发展。《公民道德教育实施纲要》指出："要继承中华民族几千年形成的传统美德。"祖先崇拜文化与社会主义核心价值具有内在的同一性，是社会主义核心价值的文化根基，本身就有道德教化功能，是治国安邦的手段，因而也具有很强的约束力。现在公民道德行为准则，无不包含中华民族几千年形成的传统美德，多为祖先文化中的许多值得弘扬、传承的有益部分，如：热爱祖国、热爱劳动、勤俭持家、尊老爱幼、和睦邻里等，这些有益于促进和谐社会健康发展。

3. 推动国民经济稳步发展。宁化石壁是世界公认客家祖地，每年回祖地祭祖的海内外客家后裔络绎不绝，延伸了旅游产业链，拉动了消费。就以刘氏为例，每年从春分到清明期间，接待海内外刘氏宗亲回来祭拜客家刘氏开基始祖刘祥公祭祀团队十几甚至几十个，多的团队达1000多人，少的团队也有几十人，这些人除祭祖之外的吃、住、行、玩、购，确实是一笔不小的数字。其他如黄氏、巫氏、王氏、张氏、李氏、罗氏、陈氏等不胜枚举。

**三、传承祖先崇拜文化任重道远**

从目前形式看，传承祖先崇拜文化任重道远。对于当今社会普遍存在的祖先崇拜文化现象，我们既不能妄自菲薄，也不能盲目乐观，更不能等闲视之，而应该审时度势，积极应对，分析利弊，了解因缘，把握动态，研究对策，因势利导，促成其成为推动宁化经济社会发展的正能量。

（一）传承祖先崇拜文化的前提条件

1. 必须能够体现国家社会主义核心价值观，有利于社会主义核心价值观的宣传与推广落实，有利于中国特色的社会主义文化体系的建设，能够体现"孝""忠""诚信""和"等祖先崇拜的核心内容，并有利于发挥传扬。

2. 必须有利于国家文化安全，抵御西方不良文化的入侵。

3. 必须具有世界性、未来性与现实性，能够引领宁化经济社会全面发展。

（二）提升世界客属石壁祖地祭祖大典

世界客属石壁祖地祭祖大典是祖先崇拜文化最具典型的集中体现，宁化自1985年以来，已连续成功举办了22届世界客属石壁祖地祭祖大典，闻名遐迩，已成为宁化客家祖地的一张重要名片，但还有提升空间，还可以站得更高，使之产生更大影响。

1. 在客家祖地二期工程规划建设中，用直观的方式揭示祖先崇拜文化，使之在祭祀大典举办期间，世界各地的客家乡贤可以观看，平时也可供一般游客观众参观旅游，彰显祭祀大典的内涵。

2. 在世界客属石壁祖地祭祖大典过程中，应尽可能组织世界各地的客属乡亲参与其中，让他们都能获得崇拜祖先的情感体验，进而观光旅游、投资兴业。

（三）加快宁化姓氏宗祠或名人文化馆建设

随着客家热的不断升温，回乡寻根谒祖的海内外客家人越来越多，客家裔孙对根深蒂固的祖先崇拜文化渴求越来越高，总是渴望能到属于自己的姓氏祠堂祭祀自己的祖先、到自己仰慕的宗族名人馆里熏陶本族名人的文化理念。而宁化目前现有姓氏169姓中，只有60姓氏有祠堂，且没几个姓氏总祠堂，多为姓氏支系分祠，姓氏名人文化馆少而又少。如刘姓，全县有5座刘氏祠堂，但都是各支系分祠，其开基始祖刘祥公的古墓在石壁镇南田村沙洲段，但整个宁化找不到刘祥公祠或祥公文化馆，海内外刘祥公后裔强烈要求在宁化城区择地兴建刘祥公祠或祥公文化馆；黄氏、张氏等100多个客家姓氏也一样，大都渴望能择地兴建本姓氏总祠或黄慎、张显宗等姓氏名人文化馆。

为此，建议政府出台优惠政策，鼓励姓氏社团择地兴建姓氏宗祠或名人文化馆。

1. 鼓励有条件的姓氏社团择地，通过商业运作模式向政府以市场价格购买建设用地，按政府部门规划兴建姓氏宗祠或姓氏名人文化馆，竣工投入使用后，政府以地价的适当比例予以返还奖励。

2. 国土资源、住房与城市建设等部门予以支持，简化程序办理相关手续；规划设计部门对每一座姓氏宗祠统一设计最具客家祖先崇拜特色的建筑风格，并加强监督管理。

3. 加强姓氏宗祠和名人文化馆经营活动的管理，规范姓氏宗祠经营活动范围，提倡先进的、健康的、与社会主义核心价值观相符的正能量。

（本文作者刘恒系宁化县客家研究会秘书长、刘祥文化研究会副会长；黄惠清系宁化县农业局高级农艺师）

# 宁化寻根旅游深度开发探析

## 黄庆彬

今年年初，中共中央办公厅、国务院办公厅印发了《关于实施中华优秀传统文化传承发展工程的意见》，这意味着传扬中华优秀传统文化已上升到国家战略地位。宁化寻根旅游作为以根亲文化资源为基础、最能彰显中华优秀传统文化之精华及宁化特色的旅游产品，经过长期发展和培育，取得了令人瞩目的成绩：石壁客家祭祖习俗、石壁客家祖地祭祖大典已分别被列入国家级非物质文化遗产名录、省级非物质文化遗产名录；石壁客家祖地文化园已先后被国家旅游局、国台办、中国侨联列为"国家4A级旅游景区""海峡两岸交流基地""中国华侨国际文化交流基地"。然而，随着国际、国内旅游市场不断发展，游客的旅游需求更加多元化、个性化，旅游审美和文化品位也不断提升，对旅游产品提出了更高要求。为此，综合性的深度开发根亲文化资源并与自然、社会旅游资源的融合发展，最大限度发挥根亲文化资源的旅游价值与功能，成为宁化旅游产业转型升级的迫切议题。

### 一、宁化寻根旅游开发现状

（一）政府主导，推动寻根经济繁荣发展

寻根经济之所以在宁化迅速发展，一是根亲文化资源丰富。宁化是举世公认的客家祖地、客家文化发祥地。在这片土地上，不仅诞生了海内外1.2亿客家人的发端始祖，而且孕育了唐代汀州第一进士伍正己，宋代史学家、书法家、诗人郑文宝，明代状元张显宗，清代著名史学家、文史学家李世熊，"扬州八怪佼佼者"黄慎，"隶圣"伊秉绶，理学家雷铉等一大批历史文化名人。二是得益于政府的大力支持与海内外客属社团的慷慨相助。宁化寻根活动起源于20世纪80年代末，以张让生、姚美良、姚森良为代表的海内外客家人陆续回到宁化寻根探源、探亲访友；而后自1995年起，宁化县委、县政府依托1995年建竣、被誉为全球客家人总家庙的石壁客家公祠，连续成功举办22届世界客属石壁祖地祭祖大典，并将每年10月定为"祭祖月"。宁化寻根旅游开发由最初被动地接待，到政府积极引导，再到近年来的迅速发展，既可以看出政府在寻根旅游开发中的观念不断变化，也可以看出政府在寻根旅游中所起的重要作用。回顾宁化寻根旅游发展历程，在各级政府积极支持和引导下，根亲文化资源开发力度不断加大，资源优势转化为经济优势的步伐进一步加快，文化旅游新兴区的地位日益凸显。

（二）推陈出新，寻根旅游产品日益丰富

目前，宁化寻根旅游产品较具影响力的有两大类：一是客家始祖寻根旅游。以世界客属石壁祖地祭祖大典为代表的始祖品牌和以石壁客家祖地文化园、世界客属文化交流中心、客家美食文化城为代表的寻根基地，已成为宁化县乃至三明市、福建省较具吸引力的品牌，取得了很好的效益，尤其是石壁客家祖地文化园经过多年开发，影响力不断扩大。二是姓氏寻根游。近年来，宁化依托境内众多的祖祠、祖墓、唐宋村落遗址等根亲文化资源，大力发展寻根旅游。海内外巫氏文化节，巫罗俊诞辰纪念活动，黄慎诞辰周年活动，海峡两岸赖、罗、傅宗亲联谊活动，海峡两岸张氏宗亲联谊活动，闽粤赣刘氏宗亲宁化拜谒祥公活动等曾在宁化举行；巫、黄、赖、罗、傅、张、刘等数十个海内外姓氏团体多次来宁化进行寻根联谊和祭祖活动，其中，海内外巫氏文化节已成为宁化最具影响力的姓氏寻根旅游品牌之一、海内外客家地区较具影响力的根亲文化盛事之一。此外，位于世界客属文化交流中心的客家族谱馆、即将建竣的客家祖地博物馆，已为或将为全球客家人提供追根溯源的载体。

（三）辐射面广，经济与社会效益双丰收

旅游一业兴百业。从经济效益看，宁化寻根旅游推动了宁化经济的全面发展，自2004年起，每年的GDP都以两位数增长，地方财政收入也同步增长。具体如旅游产业方面，自1995年石壁客家公祠建竣、第一届石壁祭祖大典至2014年，宁化的旅游人数从4.2万人增加到141万人，增加30余倍。旅游收入从72万元增至14.7亿，增加20余倍。文化企业方面，宁化全县现有文化企业（部分文化产能企业）200多家，以2011年至2013年为例，宁化文化企业产值占全县GDP由1.49%上升到5.00%，在三明市的排名则由第11位上升至第2位。文化创意产业方面，政府安排了300万元专项资金，与三明学院开展县校合作，启动文化创意产业，促进演艺、影视、动漫等文化创新产业发展。[①] 客家小吃产业方面，自2012年起，宁化大力发展客家小吃，目前已举办免费培训班167期，培训学员9300多名，发展宁化客家小吃开业户2300多户，带动从业人员7100多人，客家小吃开业户遍及全国16省38县（市、区），且现有15个品种被评为"中华名小吃"、61个品种被评为"福建名小吃"。

从社会效益看，自20世纪80年代末以来，马来西亚、新加坡、泰国、美国、法国、越南、加拿大、新西兰、乌拉圭、菲律宾、瑞典、荷兰、日本、缅甸、巴西、毛里求斯、澳大利亚、英国、文莱、印尼、留尼旺、匈牙利、巴拉圭等30多个国家和中国北京、上海、陕西、四川、广西、福建、广东、江西、香港、澳门、台湾等27个省、市、区的100余万（人次）客家人纷纷来宁化寻根谒祖，缅怀祖先功德。海内外客家人在热心支持祖国和家乡经济建设的同时，更加增强了民族凝聚力和族群认同感，强化了千年古县宁化在海内外客家人心目中的形象，使更多的客家人认识了宁化、了解了宁化，石

① 刘善群：《石壁价值的论证与开发》，选自《第三届石壁客家论坛论文集》，中国文化出版社2015年版，第97—98页。

壁客家祖地品牌已经成为宁化一张具有世界影响力的"金字招牌"。

## 二、宁化寻根旅游深度开发存在的问题

### （一）重经济利益，轻文化内涵

纵观各地寻根旅游的发展不难看出，各地大张旗鼓地开发寻根旅游，首先考虑的是项目引进、资金引入对当地经济发展的贡献，在宣传促销时亲情牌虽然很温馨，但实际上却忽视了寻根文化内涵。宁化也是如此，导致每年在一场热热闹闹、场面宏大的石壁祭祖活动之后，便冷冷清清，极大地制约了宁化寻根旅游发展。

### （二）根亲资源散，融合力度弱

一是根亲文化资源内部整合欠缺。宁化是闻名遐迩的客家祖地、世界客属的朝圣中心，境内有以石壁客家祖地文化园为核心的海西客家始祖文化园、235 座宗祠（各宗祠神坛上都祀奉着本宗族宁化开基始祖的神位）以及众多的祖坟、唐宋村落遗址；宁化是客家文化发祥地，客家话、客家曲艺、客家美食、客家服饰、客家建筑、客家节庆礼俗等原生态客家文化在这里形成、播衍。二是根亲文化资源与自然资源、红色文化资源整合欠缺。宁化旅游资源丰富，拥有以石壁客家祖地文化园为代表的人文旅游资源、以天鹅洞群为代表的生态旅游资源以及以北山革命纪念园、红军长征出发地纪念广场等为代表的红色旅游资源。但是，以上交辉相应的人文资源与自然资源，在当前的旅游中相互脱节，没有加以综合利用，存在小规模、低效益的现象。

### （三）品牌不突出，竞争力不强

当前，全国各地都在不同层次地利用当地根亲文化资源发展寻根旅游经济。然而，宁化寻根旅游只是停留在海内外客属参加一年一度的世界客属石壁祖地祭祖大典，或名人、姓氏宗亲、民间团体寻找族谱、烧香祭祖，或一些文学艺术爱好者的文化溯源活动，没有形成自己的特色寻根旅游品牌，旅游路线的设计也较粗糙，缺乏吸引力，影响竞争力。

### （四）缺市场细分，宣传力度小

市场细分是经营者依据客源市场的性质、结构、规模、分布范围及特征等进行详细分类，其目的是为旅游市场的宣传和营销提供依据。详细而又准确的市场细分对旅游目的地的形象塑造、产品的开发与定位、游客流量的预测以及营销策略的制定等方面具有无法替代的作用。宁化寻根旅游一直以来缺乏系统科学的寻根旅游市场细分，无论是姓氏寻根、客家始祖寻根，还是文化寻根，主要针对的是年龄较长的海内外客家人，没有针对国内外不同消费群体的需求特点进行细化，难以满足大众旅游时代不同消费群体需求。此外，同质化的寻根产品加上粗放式的推介方式，导致市场竞争处于劣势。

## 三、宁化寻根旅游深度开发策略

### （一）深入挖掘文化内涵，提升寻根旅游产品品位

文化是旅游的灵魂，旅游是文化的载体。寻根旅游产品的开发应在"根亲"文化内涵原有的基础上不断丰富和创新，为寻根旅游的发展不断注入新的活动力。为此，宁化欲发展寻根经济、彰显寻根文化魅力、增加海内外客属的祖地认同感，就必须深入挖掘"根亲"文化内涵：一是进一步挖掘以石壁客家祖地为代表的客家文化资源。石壁是大

多数客家人的祖籍地。客家人对于宁化石壁的情感与认同，如同闽南人对于光州固始、广府人对于南雄珠玑巷，以及许多北方人对于洪洞大槐树一样，都有着一种割舍不断的祖根情节。在现有石壁客家祖地的基础上进一步挖掘整理与宁化有关的客家名人、客家族谱、客家民俗、客家戏曲、客家山歌、客家饮食等文化资源。二是进一步深入挖掘与宁化有关的历史名人资源，充分发挥文化名人效应。除搜集古代与宁化有关的历史名人外，还应进一步搜集近现代史上特别是苏区时期与宁化有关的历史人物，其中包括那些在外地做出重要贡献的宁化籍人和曾经在宁化这片土地上留下许多足迹的外籍人。三是挖掘梳理宗教文化及古建筑文化。据民国《宁化县志·名胜志》记载，当年宁化有庵、堂、寺、观等130所，其中有51所为明代所建，比较有名的主要有东华山寺、紫华山寺、宝塔寺、光严寺、李山禅式、东山庵等。对此要在加强保护的前提下进一步合理开发与推介，使之成为重要的历史文化名片。四是加大文物遗迹和传统民居的保护力度。建议成立宁化非物质文化遗产研究会，或由宁化县文广局牵头，做好宁化境内现有的宗祠祖庙、始祖坟墓、唐宋村落遗址等历史遗迹和下曹古建筑群、延祥古民居、城郊社背和俞坊土楼群遗址等传统民居的文物保护单位申请工作，对于已毁损的古遗址，要本着"修旧如旧"的原则进行修葺。五是以客家族谱为纽带，做活"血缘"文章。宁化现有客家姓氏169姓，其中66姓有族谱。此外，位于世界客属文化交流中心的客家族谱馆目前已收藏160多个客家主要姓氏1200余部纸质族谱，并建有客家基因电子族谱查询系统。这些都是海内外客家人追根溯源、拜谒先祖的血缘载体、神圣桥梁。建议以客家族谱申报"中国档案文献遗产名录"和"世界记忆工程"为抓手，加快推进完善"客家族谱馆"和"客家祖地博物馆"建设，使宁化成为客家民系形成发展、迁徙展示中心，客家民俗、民风、民情展示中心，客家成就展示中心，让海内外客家人特别是台湾客家人感受到自身与大陆同根、同源、同宗，增强祖地、祖国认同感。同时，建议建立客家族谱网站、组织客家族谱赴台展等形式，多渠道宣传宁化，打响客家祖地品牌，努力把宁化打造成为闽台经贸文化旅游合作示范区。①

（二）加大统筹规划力度，整合开发寻根文化资源

做好统筹规划，制定寻根旅游发展战略，把全县寻根旅游开发项目进行有机整合，通过科学、系统的开发形成合力。与此同时，规范开发行为，提高旅游开发建设水平，维护资源的区域整体性、文化代表性、地域特殊性和与周边环境的协调性。

资源整合是旅游经济发展到一定阶段的客观要求，是开拓市场、抑制恶性竞争、打造寻根旅游品牌、增强综合竞争力的重要手段，也是推进旅游产业结构升级的重要途径。首先，整合根亲文化资源，突显寻根旅游特色和整体形象。要以石壁客家公祠为核心的海西客家始祖文化园景区为主体，将石壁张氏家庙、上曹曹氏家庙等235座客家祠堂，延祥古民居、下曹古建筑群等客家历史文化聚落，东华山寺、双忠庙等宗教信仰文

---

① 海波：《族谱佐证客家历史，两岸共创美好未来》，选自《客家族谱与两岸情缘》，厦门大学出版社2016年版，第10页。

化遗存，巫罗俊、黄慎、伊秉绶等客家名人古墓串联起来，将无形的客家迁徙历史证据和客家民间习俗、传说有机融入其中，开辟客家祭祖朝圣旅游精品路线和客家历史文化聚落观光体验线路，使全球客家人在宁化有谱可考、有据可查、有祠可拜、有墓可祭。其次，整合特色资源，促进根亲文化与旅游融合发展。要将寻根旅游的文化特性与当地自然、生态、风俗节庆、民间艺术、饮食文化和纪念品等进行综合开发利用，使之成为有机整体，[①] 从而打造以寻根为主题的集多种旅游形式于一体的复合型旅游产品，使之产生更好的经济效益，推动旅游产业再上新台阶。一是将以石壁客家祖地为代表的根亲文化资源与以天鹅洞、蛟湖、牙梳山等为代表的生态旅游资源有机结合起来，使游客在寻根旅游目的地追寻先祖足迹和熏陶客家文化的同时又可领略迷人的自然风光。二是将以石壁客家祖地为代表的根亲文化资源与以北山革命纪念园、红军长征出发地纪念广场等为代表的红色旅游资源有机结合起来，使游客在追根溯源的同时接受革命传统和爱国主义教育。三是将以石壁客家祖地为代表的根亲文化资源与名人文化、宗教文化、客家山歌、客家传统民俗等历史文化资源有机结合起来，使游客在探寻文化古迹、瞻仰历史名人、体验客家民俗的同时，了解宁化优秀传统文化底蕴，进而增加寻根旅游的趣味性、参与性。四是将以石壁客家祖地为代表的根亲文化资源、红色文化资源等与茶文化、饮食文化等有机结合起来，充分发挥茶叶种植、茶叶加工和品尝擂茶等体验环节在寻根旅游中的作用。五是加强以宁化为中心的根亲文化、红色文化资源保护利用方面的区域合作与资源整合。进一步加强宁化与赣州、梅州等地客家文化方面的交流与合作，传承好根亲文化，弘扬好客家文化；进一步加强宁化与长汀、古田、于都等地红色文化资源保护利用方面协同共创，做到资源共享、线路对接、优势互补、效益共赢。[②]

（三）致力加强品牌建设，提高寻根旅游竞争实力

一是实施差异化战略。宁化拥有丰富的根亲文化资源，但是并非垄断，梅州、赣州、龙岩、广西、山西等地同样有着厚重的根亲文化资源，也在倾力开发寻根旅游资源，如龙岩推出"多彩上杭"万人寻根之旅、梅州推出岭南寻根之旅、山西推出洪洞大槐树寻根之旅等。随着全民旅行时代的到来，旅游消费日趋多样化、个性化，预示着旅游市场已进入差异化竞争时代。这意味着旅游目的地必须设计出有别于竞争对手的产品和服务，才能保证旅游目的地在激烈的市场竞争中获得稳定的经济效益。寻根旅游差异化战略的实施，必须从大旅游观念出发，在对根亲文化资源进行发掘、升华并凝聚区域特色的个性化精神的基础上，再通过物化、创新实现深层次的整合，即将"根亲"文化内涵渗透、表现在旅游产品的各个层面，以强化寻根旅游的区域特色。差异化战略不仅追求产品和服务的差异化，还要实现品牌的差异化，只有向客源市场提供差异化的品牌形象，才能满足旅游者的情感需求，从而提升品牌忠诚度。[③] 二是加强品牌创新。要及

---

①　张海燕，王忠：《旅游产业与文化产业融合发展研究》，《资源开发与市场》2010年第4期。

②　唐金培：《加深宁化文化资源与旅游产业融合的几点思考》，《第三届石壁客家论坛论文集》，中国文化出版社2015年版，第284页。

③　吕莉：《从营销创新角度探析旅游目的地竞争力提升问题》，《商场现代化》2008年第2期。

时跟踪和适应旅游业的发展态势和旅游者的需求趋势，鼓励企业及时开发设计出高品质的、引领消费时尚的寻根旅游产品并加以培育。三是增加旅游品牌的综合性。旅游产业的综合性，决定了旅游品牌建设的综合性，所以，宁化寻根旅游品牌的建设应以"客家祖地·血脉原乡"品牌为统领，从旅游景点、旅游线路、旅游企业、娱乐设施、旅游服务等方面全面强化寻根旅游品牌打造，从而实现区域旅游品牌体系建设。

（四）着力创新营销举措，增加寻根旅游市场份额

首先，培育消费主体，推动寻根旅游大众化、多元化。培育消费主体，打造大众寻根旅游产品，是宁化寻根旅游做大做强的必由之路，也是寻根旅游产业化发展的重要标志。一是调整寻根旅游市场开发思路，改变以往只注重开发海外旅游市场的观念，积极开拓国内旅游市场，深入研究国内旅游者的需求特点，在产品开发、旅游经营管理、引导旅游消费等方面进行积极探索。二是构建以寻根文化为主题的旅游产品体系，开发体验性、参与性、娱乐性的寻根旅游产品，增强对游客的吸引力。同时，鼓励旅行社积极开发以寻根文化为主题的各种类型寻根旅游线路。三是实施文化旅游创意战略。通过寻根文化资源进行再创造，将有形和无形的寻根文化资源转化为旅游吸引力，并用现代的、时尚的、创新的形式表现出来，不断提升寻根文化资源的旅游功能和价值，推动寻根旅游大众化。

其次，创新营销手段，提升市场影响力。一是优化传播方式，拓展传播途径。在原有《大南迁》《绝战》等优秀影视剧的基础上，继续创作电影、电视、演艺和文学艺术作品，展示宁化历史文化、自然风光和社会经济发展，并充分利用现代传媒市场的优势地位，传播宁化寻根旅游形象，强化市场地位。与此同时，还应在车站、高速公路出入口和城区公共场所等人口密集的地方设立大型广告宣传牌，提升品牌效应。二是注重寻根旅游产品的包装。旅游产品包装是提高旅游目的地知名度和竞争力、实现经济效益和社会效益的重要手段。随着人们文化素质的提高，旅游消费者越来越看重旅游产品的文化品质或文化品位，通过对寻根旅游产品的包装体现产品特色和文化内涵，吸引游客的购买欲望。寻根旅游产品包装应从主题、人文、感情等全方位调动游客的观感和兴趣，以满足游客的精神愉悦和审美需求，强化寻根旅游产品的感召力，提高吸引力，进而全面提升市场影响力和竞争力。

**参考文献：**

[1] 刘善群：《宁化史稿》，福建教育出版社2014年版。

[2] 杨兴忠主编：《客家论丛精选》，福建教育出版社2014年版。

[3] 严雅英主编：《客家族谱与两岸情缘》，厦门大学出版社2016年版。

[4] 吕国健主编：《第三届石壁客家论坛论文集》，中国文化出版社2015年版。

（作者系宁化县客家工作办公室干部、文学硕士）

# 客家传统文化在
# 当代的发展与传播之研究

# 客家语言的维持与转移

## ——以两岸河婆客语为例

吕嵩雁

### 一、研究动机

"1945 年到 1949 年，广东省揭阳县河婆镇为数众多的客家人，因避国共内战与饥荒，渡海来台谋生……"① 一批批来自广东、福建的客家人，或自行搭船渡海来台，或跟随国民政府直接由原乡登陆台湾。他们分别来自梅县、长汀、海丰、陆丰、揭阳以及其他地区的客家人。这些来自原乡的客家人到达台湾后也带来文化与语言，可是沟通之后发现彼此语言有同有异，只是乍听之下会不知所云，于是被本地人称呼为"外省客"。这些处境尴尬的"外省客"始终与本省客家人保持一种若即若离、似客非客的微妙关系，其中来自广东省揭阳县（今揭西县）的河婆客家人也不例外。如今"本省客"与"外省客"比邻而居，互通交流五六十年了，保存原汁原味的第一代的河婆人逐渐凋零，第二代继起，却有"承上启下"的语言变化，他们一则保存第一代的语言特点，二则吸收当地的闽客语言，也有创新的成分。第三代的语言现象是存古成分逐渐降低，创新（异质）成分逐渐增加。可以想见台湾河婆客语正在演变当中，就语言演变的阶段来说，可以归纳为"过渡期"的中期了。②

笔者于 2015 年 3 月跟随客委会文化巡回列车，到达东南亚的马来西亚砂拉越时，惊觉河婆客语的语言现象与海陆客语有同有异，似曾相识。回到台湾后立即找寻台湾地区相关的河婆客语文献，发现河婆客语遍布台湾各地，只是群聚数量多寡而已。就目前文献得知，河婆人比较集中在屏东市大同路"林仔内"、台东县卑南乡、新竹县竹东镇以及花莲县凤林镇，其余都是散居零户。就前人已经调查的点，只有东区的台东县卑南乡与南区的屏东市而已，至于北区的新竹县竹东镇以及花莲县凤林镇都没有语言研究的文献，仍然需要我们继续调查访问。如果能补足上述两区的方言点，将可以弥补文献的不

---

① 这是一部纪录片的片头说明，转引自蓝清水《被遗忘的外省客家移民——战后河婆客的集体记忆与认同之分析》，硕士论文，2012 年。

② 所谓"过渡期"是指该语言正在演变中，至于前期、中期、后期是相对的概念，依据该语言的存古与创新的成分多寡而定。

足，进而呈现比较完整的台湾地区河婆客语面貌。

## 二、河婆客家的迁徙史与分布

（一）"过番"的原因与山歌①

"天灾或许是导引河婆人采取移民行动的最后推力。据《揭西县志》（1994）记载说明了地处粤东北的揭阳县因山多田少，天灾频繁，社会动乱不断，再加上连续几年的旱灾所造成的破坏，为了生存，为了追求更美好的生活，许多人不由得兴起另谋出路的念头"。

揭西原乡山多田少，土地贫瘠，生活困顿。自17世纪开始，少数志同道合的河婆客家人怀抱改善生活的一丝希望，三五好友结伴"过番"南洋谋生，这是河婆人首次出国找寻生路。东南亚一带居住不少河婆客家人，例如马来西亚的霹雳州、雪兰莪州、森甲州、柔佛州以及砂拉越州，印度尼西亚的坤甸和勿里洞，新加坡也有不少河婆人。到了19世纪初期，原乡生活似乎未见改善，加上当初"过番"南洋的乡亲成功致富，衣锦还乡，买田买地，翻建豪宅，引起注目。于是河婆人大规模下南洋，期望同样致富，光宗耀祖，这是第二波的出国潮。只是"过番"南洋的人与亲友内心思念、煎熬，往往因时空隔离的不明信息而百般不舍与心痛。民间传说这趟的旅程是"十去六死三留一回头"，就可以了解不只"过番"人内心煎熬，留在家乡的亲人也同样不好过。我们以"过番山歌"的歌词分析：

> 奉劝亲友莫过番 fu$^{52}$k'ien$^{52}$ts'in$^{44}$iu$^{44}$mok$^{5}$ko$^{52}$fan$^{44}$
> 海浪抛起高过山 hoi$^{21}$lo$^{21}$p'au$^{44}$k'i$^{21}$ko$^{44}$ko$^{52}$san$^{44}$
> 晕船如同天地转 hin$^{35}$on$^{35}$i$^{35}$t'u$^{35}$t'ien$^{44}$t'i$^{21}$ten$^{21}$
> 舱底相似下阴间 ts'o$^{44}$te$^{21}$sio$^{44}$sii$^{52}$ha$^{44}$im$^{44}$kien$^{44}$

原来"过番"到南洋的乘船经验是如此刻骨铭心，简直是冒着九死一生的重重难关才能安抵南洋。

（二）台湾地区河婆客家人分布

台湾地区河婆客家人零星分布于屏东市、恒春镇、潮州镇、台东县、台中市、竹东镇、花莲县等地。比较集中的地区是新竹县竹东镇健行路、屏东县屏东市大同路"林仔内"、台东县卑南乡初鹿村，其次是花莲县凤林镇、吉安乡。

## 三、河婆客语的语言特点与演变

揭西县地域原隶属揭阳县，1965年由揭阳县划出12个公社和1个镇，陆丰县划出2个公社，成立揭西县，因地处揭阳县之西而得名，县政府驻河婆镇。1975年又从普宁县

---

① 参阅李瑞光《屏东市林仔内河婆话之音韵研究》，高雄师范大学客家文化研究所硕士论文，2011年，第1页。

划出贡山、湖西、四乡三个大队归属揭西县。1992年揭阳市成立，揭西县隶属揭阳市。

揭西县位于广东省东部，地处莲花山支脉大北山南麓，榕江南河中上游。东连揭东县，南邻普宁市，西南接陆河县，西北与五华县为邻，北与丰顺县接壤。揭西县内通行两种方言：客话与潮州话。客语通行区有河婆、龙潭、灰寨、坪上、良田、京溪园、五经富、上砂、五云、南山等。潮州话通行区域有棉湖、东园、塔头、大溪、钱坑、金和、凤江等。揭西县的地理环境与陆河、五华以及丰顺毗邻，所以河婆客语有四县、陆丰、潮州与丰顺客语的语言特点。

（一）音韵方面

两岸客语大都有轻唇读重唇，舌上读舌头的上古音现象，河婆客语也不例外。例如：冷"饭"len p'on、"发"大水 pot t'ai ui、新"妇"sen p'e、唔"知"ti、"中"央 tu o。

1. 蟹摄开口二四等读作 e，不同于台湾四县、海陆客语的 i 与 ai。

| | 普通话词汇 | 广东省揭西县<br>（河婆客语） | 台湾省苗栗县<br>（四县客语） |
|---|---|---|---|
| 1 | 烂泥巴 | $lam^{21}ne^{35}$ 滥泥 | nam nai 滥泥 |
| 2 | 犁田 | $le^{35}/li^{35}t'ien^{35}$ 犁田 | lai t'ien 犁田 |
| 3 | 鸡啼 | $kie^{44}t'e^{44}$ 鸡啼 | kie t'ai 鸡啼 |
| 4 | 弟弟 | $lo^{21}t'e^{44}$ 老弟 | lo t'ai 老弟 |
| 5 | 雨鞋 | $ui^{21}he^{35}$ 水鞋 | sui hai 水鞋 |
| 6 | 高矮 | $ko^{44}e^{21}$ 高矮 | go ai 高矮 |
| 7 | 高低 | $ko^{44}te^{44}$ 高低 | go ai 高低 |

说明：蟹摄有三种发音，正好说明蟹摄的历时演变：ai→e→i。ai 属于相对早期，大约唐朝中古以前的发音。i 属于后期发音，是吸收普通话音韵者。e 则正好介于期间，大约属于宋元时期的过渡音。由 ai→e→i 来看，是元音高化的演变现象。因此我们可以解释：河婆蟹摄音保留宋元音韵，尚未受到普通话强势语言的影响，所以没有出现高元音的发音。唯一的特例是"犁"田有 $le^{35}/li^{35}$ 两种发音，这表示普通话音韵已经开始影响河婆话了，至于是继续扩大影响还是就此打住，还需要时日以及大量语料观察。

2. 梗摄开口四等读作 en，有别于四县腔的 ang 与 en。

| 普通话词汇 | | 广东省揭西县<br>（河婆客语） | 台湾省苗栗县<br>（四县客语） |
|---|---|---|---|
| 1 | 零星 | len$^{35}$ sen$^{44}$ 零星 | la sa 零星 |
| 2 | 客厅 | k'ag$^1$t'en$^{44}$ 客厅 | t'a ha 厅下 |
| 3 | 星仔 | sen$^{44}$ 星 | sen∕sia |
| 4 | 屋顶 | vuk$^1$ten$^{21}$ 屋顶 | vuk ta 屋顶 |
| 5 | 铁钉 | t'iet$^1$ten$^{44}$ 铁钉 | t'iet ta 铁钉 |
| 6 | 发烧冷 | fat$^1$ au$^{44}$ len$^{44}$ 发烧冷 | fat seu la 发烧冷 |
| 7 | 灵魂 | len$^{35}$ fun$^{35}$ 灵魂 | lin$^{11}$ fun$^{11}$ 灵魂 |

说明：梗摄字的发音有 ang 与 en 两种，一般而言，ang 是白话音，en 是文读音。

| | 梗二 | 梗三 | 梗四 |
|---|---|---|---|
| 文读 | －en∕－et | －in∕－it | |
| 白读 | －a∕－ak | －ia∕－iak | |

由白话音到文读音，正是元音高化的现象。苗栗与河婆两地比较，可以发现河婆客语一贯维持唐宋时期的文读音，台湾则是 a、en 早期音与后期音均有。如果说河婆客语有来自中原客语音韵，何以没有存古的白读音？我们推测：白读音已经消失，保留文读音。

3. 山摄合口一二等均读作 uan，有别于四县腔的 on。

| 普通话词汇 | | 广东省揭西县<br>（河婆客语） | 台湾省苗栗县<br>（四县客语） |
|---|---|---|---|
| 1 | 暖罐 | non$^{44}$ kuan$^{52}$ | non kon 暖罐 |
| 2 | 公馆 | ku$^{44}$ kuan$^{21}$ | ku kon 公馆 |
| 3 | 不管你 | m$^{35}$ kuan$^{21}$ i$^{:35}$ | put koni 不管你 |
| 4 | 观音 | kuan$^{44}$ im$^{44}$ | kon im 观音 |
| 5 | 耳环 | i$^{21}$ uan$^{35}$∕van$^{35}$ | i van 耳环 |
| 6 | 宽 | k'uat$^1$ 阔 | fat 阔 |
| 7 | 做官 | tso$^{52}$ kuan$^{44}$ | tso kon 做官 |

| | 普通话词汇 | 广东省揭西县<br>（河婆客语） | 台湾省苗栗县<br>（四县客语） |
|---|---|---|---|
| 8 | 籍贯 | sip$^5$kuan$^{52}$ | xip kuan 籍贯 |
| 9 | 冠军 | kuan$^{52}$kiun$^{44}$ | kon kiun 冠军 |

说明：河婆客语的山摄合口一二等读作 uan，保留合口条件/u/发音，至于 on，则是音变后的发音。uan→on。

4. 遇摄合口三等均读作 ii，有别于四县腔的 u 与 ii。

| | 普通话词汇 | 广东省揭西县<br>（河婆客语） | 台湾省苗栗县<br>（四县客语） |
|---|---|---|---|
| 1 | 我姓苏 | ai$^{35}$ sia$^{52}$ sii$^{44}$ | aisia su |
| 2 | 初一 | ts'ii$^{44}$ it$^1$ | ts'u it |
| 3 | 梳头 | sii$^{44}$ t'eu$^{35}$ | sii t'eu |
| 4 | 帮助 | po$^{44}$ts'ii$^{21}$ | po ts'u |
| 5 | 清楚 | ts'in$^{44}$ts'ii$^{21}$ | ts'in ts'u |
| 6 | 祭祖 | tsi$^{52}$ tsii$^{21}$ | tsi tsu |
| 7 | 食醋 | it$^5$ts'ii$^{52}$ | son ts'u |
| 8 | 赊数 | t'a$^{44}$ sii$^{52}$ | ts'a sii |
| 9 | 阻挡 | tsii$^{21}$to$^{21}$ | tsu to |

说明：遇摄合口三等均读作 ii，属于早期音读，苗栗四县腔的 u 与 ii 则是早期、晚期并陈。ii 是白读音，属于早期音韵；u 是文读音，吸收普通话发音者，属于相对晚期的音韵。河婆客语很整齐均读 ii，与 1897 年出版、以荷兰文写作的《客语陆丰方言》发音相同，正好互相呼应。

| 遇摄合口 | 陆丰 | 广东河婆 | 新竹海陆 | 苗栗四县 | 官话 |
|---|---|---|---|---|---|
| 苏 | sii | sii | su | su | su |
| 酥 | sii | sii | su | su | su |
| 素 | sii | sii | su | su | su |
| 诉 | sii | sii | su | su | su |
| 粗 | ts'ii | ts'ii | ts'ii | ts'ii | ts'ii |
| 梳 | so | sii | sii | sii | u |
| 疏 | so | sii | su | su | u |

河婆、陆丰的 ii 正好跟四县、海陆、官话的 u 成对比：

陆丰方言　　广东陆丰　　　台湾新竹

ii：　　　　　ii　　：　　　u（ii）

今日四县、海陆客语的主要元音与官话相同，可以合理认定移借自官话。至于"梳"so、sii、u，sii 是白读音，so、u 应该都是文读音，u 元音低化而形成 o：u→o

例如：租 tsii/tsu、粗 ts'ii/ts'u、苏 sii/su、酥 sii/su、组 tsii/tsu、祖 tsii/tsu、醋 ts'ii/ts'u、诉 sii/su、素 sii/su。虽然如此，台湾仍有部分老一辈人读作 ii，例如："祖"公 tsii、酸"醋"sii、"苏"花公路 sii。[①]

5. 中古溪母字河婆客语读作 k'－，有别于四县客语的 h－。

| | 普通话词汇 | 广东省揭西县（河婆客语） | 台湾省苗栗县（四县客语） |
|---|---|---|---|
| 1 | 大"溪" | t'$ai^{21}$k'$e^{44}$ | t'$ai^{55}$hai$^{24}$ |
| 2 | "阔" | k'uat$^1$ | fat$^2$ |
| 3 | 嘴"渴" | toi$^{21}$k'ot$^1$ | tsoi$^{55}$hot$^2$ |
| 4 | "苦"味 | k'u$^{21}$mui$^{21}$ | fu$^{31}$mi$^{55}$ |
| 5 | 长"裤" | t'o$^{35}$k'u$^{52}$ | ts'o$^{11}$fu$^{55}$ |
| 6 | 来"去" | loi$^{35}$k'i$^{52}$ | loi$^{11}$hi$^{55}$ |
| 7 | 机"器" | ki$^{44}$k'i$^{52}$ | ki$^{24}$hi$^{55}$ |
| 8 | "弃"嫌 | k'i$^{52}$hiam$^{35}$ | hi$^{55}$hiam$^{11}$ |
| 9 | "起"来 | k'i$^{21}$loi$^{35}$ | hi$^{31}$loi$^{11}$ |
| 10 | 空"气" | k'u$^{44}$k'i$^{52}$ | k'u$^{24}$hi$^{55}$ |
| 11 | "口"水 | k'ieu$^{21}$ui$^{21}$ | heu$^{31}$sui$^{31}$ |
| 12 | "邱"先生 | k'iu$^{44}$sen$^{44}$sen$^{44}$ | hiu$^{24}$sin$^{24}$sa$^{24}$ |
| 13 | "丘" | k'iu$^{44}$ | hiu$^{24}$ |
| 14 | 水"窟" | ui$^{21}$k'ut$^1$ | sui$^{31}$fut$^2$ |
| 15 | 畬"糠" | lu$^{35}$k'o$^{44}$ | lu$^{24}$ho$^{24}$ |
| 16 | 毋"肯" | m$^{35}$k'ien$^{21}$ | m$^{11}$hen$^{31}$ |
| 17 | 空"壳" | k'u$^{44}$k'ok$^1$ | k'u$^{24}$hok$^2$ |
| 18 | "客"家人 | k'ak$^1$ka$^{44}$in$^{35}$ | hak$^2$ka$^{24}$in$^{11}$ |
| 19 | 山"坑" | san$^{44}$k'a$^{44}$ | san$^{24}$ha$^{24}$ |

① 参阅吕嵩雁《客语陆丰方言语言演变研究》，台湾客家委员会奖助，2007 年，第 46 页。其中"苏"花公路 sii 发音采集自 2006 年南投中寮乡 93 岁的罗吉青老先生。

| 字例 | 诏安客语 | 厦门闽南语 | 广东河婆 | 广东陆丰 | 新竹海陆 |
|---|---|---|---|---|---|
| 客 | k'a | k'e | k'ag | hak | hak |
| 苦 | k'u | k'o | k'u | k'u | k'u、fu |
| 裤 | k'u | k'o | k'u | fu | fu |
| 窟 | k'ut | k'ut | k'ut | fut | fut |
| 起 | k'i | k'i | k'i | hi | hi |
| 器 | k'i | k'i | k'i | hi、k'i | hi |
| 去 | k'ui | k'i | k'i | hi | hi |
| 口 | k'ieu | k'au | k'ieu | k'ieu | k'ieu、heu |

说明：

（1）就声母现象可以分为两组，一是以 k'－声母为主的诏安客语、闽南语、河婆客语。二是读作 k'－、h－、f－的广东陆丰、新竹海陆。

（2）诏安客语溪母开口的读音、河婆客语、闽南语很整齐的读作文读音的 k'－。

（3）广东陆丰、新竹海陆均读作 k'－、h－、f－不定，跟广东粤语是几乎一致的读音，这说明广东陆丰、新竹海陆在广东吸收了粤语的成分，以致演变方向相同。

（二）词汇现象分析

一个方言点有两种以上词汇说法，可能固有语词与新进词汇并用，也可能习用日久，固有词已经消失，剩下新进词汇。台湾河婆客语各方言点大致会出现两种词汇说法，比对之下会发现或与广东原乡相同，或与当地客语、闽南语相同，表示两种词汇正在竞争、协调当中。例如：

| | 普通话词汇 | 广东省揭西县河婆镇 | 台东县卑南乡初鹿村 | 屏东县屏东市林仔内 | 新竹县竹东镇龙华里 |
|---|---|---|---|---|---|
| 1 | 去国外 | ko$^{52}$fan$^{44}$过番 | ko$^{52}$fan$^{44}$过番 | ko$^{52}$fan$^{44}$过番 | ko$^{52}$fan$^{44}$过番 |
| 2 | 杧果 | iu$^{35}$hok$^5$sai$^{21}$牛核柿、mo$^{35}$ko$^{21}$杧果 | son$^{44}$ne$^{35}$杧果 | mo$^{35}$ko$^{21}$杧果 | iu$^{35}$hok$^5$sai$^{21}$牛核柿 |
| 3 | 丝瓜 | ts'iu$^{44}$kua$^{44}$秋瓜 | ts'iu$^{44}$kua$^{44}$秋瓜 | ts'iu$^{44}$kua$^{44}$秋瓜 | si$^{44}$kua$^{44}$丝瓜 |
| 4 | 柿子 | sai$^{21}$柿① | sai$^{21}$柿 | sai$^{21}$柿 | sai$^{21}$柿 |
| 5 | 很累 | hot$^5$□ | hot$^5$□、t'iam$^{21}$㤻 | hot$^5$□ | hot$^5$□/t'iam$^{21}$㤻 |

---

① "柿"字 sai 发音应该是潮州音 suai 去鼻化，再去合口 u 元音而形成。

| | 普通话词汇 | 广东省揭西县河婆镇 | 台东县卑南乡初鹿村 | 屏东县屏东市林仔内 | 新竹县竹东镇龙华里 |
|---|---|---|---|---|---|
| 6 | 米筛目 | fu$^{21}$ts'iu$^{44}$pan$^{21}$ 鲥鰍粄 | fu$^{44}$ts'iu$^{44}$pan$^{21}$ 鲥鰍粄 | mi$^{21}$ts'i$^{44}$muk$^1$ 米筛目 | fu$^{44}$ts'iu$^{44}$pan$^{21}$ 鲥鰍粄/mi$^{21}$ts'i$^{44}$muk$^1$米筛目 |
| 7 | 哑巴 | a$^{21}$lo$^{21}$ 哑佬 | a$^{21}$kieu$^{21}$ 哑狗 | a$^{21}$kieu$^{21}$ 哑狗 | a$^{21}$kieu$^{21}$ 哑狗 |
| 8 | 瞎眼 | p'u$^{21}$muk$^1$ 瞢目 | p'u$^{21}$muk$^1$ 瞢目 | ts'ia$^{44}$mia$^{44}$ 青瞑 | ts'ia$^{44}$mia$^{44}$ 青瞑 |
| 9 | 洗澡 | se$^{21}$in$^{44}$/ t'u$^{35}$lio$^{35}$ 洗身①/冲凉 | se$^{21}$in$^{44}$ 洗身 | se$^{21}$in$^{44}$ 洗身 | ts'u$^{44}$lio$^{35}$ 冲凉 |
| 10 | 我和你 | ai$^{35}$vo$^{44}$ i$^{35}$我和你 | ai$^{35}$vo$^{44}$ i$^{35}$我和你 | ai$^{35}$vo$^{44}$ i$^{35}$我和你 | ai$^{35}$vo$^{44}$ i$^{35}$我和你 |
| 11 | 桌缘 | tsok$^5$fin$^2$ 桌舷② | tsok$^5$fin$^{35}$un$^{35}$ 桌舷（唇） | tsok$^5$un$^{35}$ 桌唇 | tsok$^5$sun$^{35}$ 桌唇 |
| 12 | 称不正经的人 | o$^{35}$me$^{35}$ □□ | o$^{35}$me$^{35}$ □□ | o$^{35}$me$^{35}$ □□ | o$^{35}$me$^{35}$ □□ |

说明：

我们以两岸词汇比较可以发现，相同词汇的特性是：

1. 具有代表性：过番 ko$^{52}$fan$^{44}$由原乡渡海到海外打拼。

2. 比较特殊说法，台湾客语几乎不使用：o$^{35}$me$^{35}$ □□称不正经的人、ai$^{35}$vo$^{44}$ i$^{35}$我和你的"和"vo$^{44}$、sai$^{21}$柿子、fu$^{21}$ts'iu$^{44}$pan$^{21}$鲥鰍粄米筛目、hot$^5$□很累。

至于有异有同词汇的现象，说明已经接受当地的词汇，因而出现通用两种词汇：

杧果：iu$^{35}$hok$^5$sai$^{21}$牛核柿、mo$^{35}$ko$^{21}$杧果。

丝瓜：ts'iu$^{44}$kua$^{44}$秋瓜、si$^{44}$kua$^{44}$丝瓜。

米筛目：fu$^{44}$ts'iu$^{44}$pan$^{21}$鲥鰍粄、mi$^{21}$ts'i$^{44}$muk$^1$米筛目。

桌沿：tsok$^5$fin$^{35}$桌舷、tsok$^5$un$^{35}$桌唇。

瞎眼：p'u$^{21}$muk$^1$瞢目、ts'ia$^{44}$mia$^{44}$青瞑。

哑巴：a$^{21}$lo$^{21}$哑佬、a$^{21}$kieu$^{21}$哑狗。

---

① "洗澡"原乡早期称为"冲凉"，忌讳称为死者洗身体的"洗身"说法，至于"冲凉"与"洗身"并用，表示已经淡化忌讳观念。

② "桌缘"称"tsok5fin2 桌舷"，其中的"舷 fin"应该来自"唇 un"。知章系受合口 u 元音影响，而使得→f 发音部位的前化现象。

### 四、两岸河婆客语词汇演变方向[①]

我们以方言点比较，可以了解该地区词汇演变走向。例如：揭西河婆镇总共出现6个普通话的词汇，以及11个新旧词汇两读的词例。

| | | 广东省揭西县河婆镇 | 台东县卑南乡初鹿村 | 屏东县屏东市林仔内 | 新竹县竹东镇龙华里 | 合计 |
|---|---|---|---|---|---|---|
| 1 | 普通话 | 6 | 3 | 9 | 5 | 23 |
| 2 | 新旧词汇并列 | 11 | 15 | 9 | 11 | 46 |
| 3 | 其他 | 5 | 7 | 10 | 14 | 36 |
| | 合计 | 22 | 25 | 28 | 30 | 105 |

说明：

（1）使用普通话词汇最多者依次排列是：屏东县屏东市林仔内→广东省揭西县河婆镇→新竹县竹东镇龙华里→台东县卑南乡初鹿村。

（2）新旧词汇并列，这表示发音人的词汇是保留原乡词汇，同时也使用当地通行词汇。依使用次数多寡排列是：台东县卑南乡初鹿村→广东省揭西县河婆镇、新竹县竹东镇龙华里→屏东县屏东市林仔内。

（3）其他化：说明发音人没有使用原乡词汇而是使用当地同行的词汇。依使用次数多寡排列是：新竹县竹东镇龙华里→屏东县屏东市林仔内→台东县卑南乡初鹿村→广东省揭西县河婆镇。

### 五、河婆客语的语言转移与维持

（一）年龄与音变关系

方言的变化是不着痕迹、不容易觉察地不断进行着，所以是缓慢的、渐变的。年龄的差异只是表现在个别特征上，但是不妨碍不同年龄层的自由交谈。如果不特别注意，无法觉察口语差异。方言与年龄差异关系会因时因地而异，以地区来看，都会区因为接收新信息容易，方言保存有极大挑战；乡下农村地区民风保守，相对的比起都会区，方言保存要容易许多。其次，不同时代所表现出来的方言也有差异，这也是语言演变的特性。早期方言的背景有早期的存古性质，演变到后来，整个社会背景改变，新词汇慢慢出现，旧词汇与新词汇接触后，彼此竞争、协调，最后脱颖而出者便成为接受度高的通用语。

"我是来竹东河婆客语的第二代，我父母是第一代，他们的河婆话由原乡带来，最

---

[①] 这里的词汇是根据笔者编撰的3000多条词汇中，先筛选比较常用的词类，再筛选各类别中比较容易凸显差异的词汇而成。每一类词汇数：天文类13、地理类14、动物类15、植物类13、人体部位类15、亲属称谓类16、饮食类14、风俗信仰类13、生理病痛类15、其他类16，合计144条词汇。这里需要声明，由于词类别只有十类，而且每类词只有十几条词汇而已，无法代表河婆客语完整面貌，所以本节的分析只能呈现演变的大略方向而已，如果要深入分析演变方向，还需要补充更多词汇。

纯正。我呢，从小就跟着父母学习河婆话，理论上很纯正，但是由童年而青年而中年、壮年都在竹东，为了生活，我必须出外沟通、交易、协商事情，我不断接触海陆客家话。换句话说，我在家里讲河婆话，出外就讲海陆客家话。我慢慢觉得我的河婆话变质了，夹杂一些海陆客语词汇以及音韵，不只我而已，其他河婆人也是一样。竹东地区河婆话吸收一些海陆客语，所以比较不纯正了。"①

台湾地区三个方言点河婆客语的发展，以目前收集到的语料来看大同小异，这是因为发音人年龄偏高，大都 60 岁以上。即使如此，我们还是可以了解：年龄越高，存古成分越高。反之，年龄越轻，创新成分越高。换言之，年轻河婆人因为种种因素必须吸收当地语言、周围强势语言，语言竞争结果，影响母语的保存，于是年轻一代的发音越来越接近当地通行语言。以下我们以年龄最长的台东卑南发音人语料为例，可以透过年长与年轻人的发音比较了解河婆词汇的走向。

| | 普通话词汇 | 河婆老年发音 | 河婆青年词汇 |
|---|---|---|---|
| 1 | 晒太阳 | $tak^1$/$sai^{52}$ $it^1$ $t'$ $eu^{35}$ <br> 炙/晒日头 | $sai^{52}$ $it^1$ $t'$ $eu^{35}$ <br> 晒日头 |
| 2 | 地震 | $t'$ $i^{21}$ $iu^{35}$ $ton^{21}$ $kien^{44}$ <br> 地牛转肩、$t'$ $i^{21}$ $t'$ $u^{52}$地动 | $t'$ $i^{21}$ $t'$ $u^{52}$地动 |
| 3 | 瀑布 | $ak^5$ $piak^1$ $ui^{21}$/$ui^{21}$ $tsiu^{44}$ $k'$ $u^{52}$ <br> 石壁水/水冲孔 | $ui^{21}$ $tsiu^{44}$ $k'$ $u^{52}$ <br> 水冲孔 |
| 4 | 蝴蝶 | $o^{35}$ $ap^5$ 扬蝶 | $fu^{35}$ $t'$ $iap^5$ 蝴蝶 |
| 5 | 很疲倦 | $hot^5$ | $t'$ $iam^{21}$ 惉 |
| 6 | 媳妇 | $sen^{44}$ $p'$ $e^{52}$ 新妇 | $sim^{44}$ $k'$ $iu^{44}$ 心臼 |
| 7 | 米筛目 | $fu^{21}$ $ts'$ $iu^{44}$ $pan^{21}$ 鲴鰍粄 | $mi^{21}$ $ts'$ $i^{44}$ $muk^1$ <br> 米筛目 |
| 8 | 铜钱 | $t'$ $ung^{35}$ $lui^{44}$ 铜镙 | $ts'$ $ien^{35}$ 钱 |
| 9 | 出国到南洋 | $ko^{52}$ $fan^{44}$ 过番 | $ts'$ $ut^1$ $kuet^1$ 出国 |
| 10 | 鸡生蛋 | $kie^{44}$ $sa^{44}$ $t'$ $un^{44}$/$lon^{21}$ <br> 鸡生春/卵 | $kie^{44}$ $sa^{44}$ $lon^{21}$ <br> 鸡生卵 |
| 11 | 很疲倦 | $hot^5$ | $t'$ $iam^{21}$ 惉 |
| 12 | 杧果 | $iu^{35}$ $hok^5$ $sai^{21}$ 牛核柿 | $mo^{35}$ $ko^{21}$ 杧果 |

说明：

（1）老年词汇的特点有二：存古成分较高，以及少部分词汇出现两种说法，表示当地词汇已经慢

---

① 竹东发音人的访问记录。

慢渗入河婆客语了。

（2）青年词汇的走向有二：分别是吸收当地的通行语。例如：t'iam$^{21}$ 悉、sim$^{44}$ k'iu$^{44}$ 心臼、mi$^{21}$ ts'i$^{44}$ muk$^{1}$ 米筛目。以及使用普通话词汇。例如：mo$^{35}$ ko$^{21}$ 杧果、ts'ut$^{1}$ kuet$^{1}$ 出国、mo$^{35}$ ko$^{21}$、ts'ien$^{35}$ 钱。

### （二）语言不安全感

Labov（1972）提出"语言不安全感"概念，他认为："语言不安全感指针系与群体认知到'自身说话方式'与'公认正确'者之间的歧异程度相关。"[①] 换言之，语言不安全感的对象是自己与对方。

广东河婆客家人到达台湾各地，幸运的话，与邻里和睦相处，礼尚往来；若遇见比较特殊环境的邻里，身份的认同感与被认同感一直困惑着他们：我是大陆人还是台湾人？回想当初好不容易变卖家当，渡海来台，为的就是很单纯地挣口饭吃而已，没想到到达台湾却出现被排斥问题，处处被提防、被歧视的感觉很不舒服，不免疑惑到台湾来的对与错。于是有的会想"不如归去"，回到童年或者长辈朝思暮想的故乡；有的则不以为然，认为已经没有退路了，必须自立自强，勇敢地在这里生活下去。前者，河婆客家人会吟唱："讲到割烧偃又难，担竿掷忒过台湾，三年两年偃会回，骑马坐轿转唐山。"ko$^{21}$to$^{52}$kot$^{1}$au$^{44}$ai$^{35}$ iu$^{52}$nan$^{35}$，tam$^{52}$kon$^{44}$tep$^{1}$t'et$^{1}$ko$^{52}$t'oi$^{35}$van$^{35}$，sam$^{44}$ien$^{35}$liong$^{21}$ien$^{35}$ai$^{35}$voi$^{52}$fui$^{52}$，k'i$^{35}$ma$^{44}$ts'o$^{44}$k'iau$^{52}$ten$^{21}$t'o$^{35}$san$^{44}$。

后者，有如竹东河婆客家人的际遇："表面上对我们很客气，背后骂我们是长山人t'o$^{35}$san$^{44}$in$^{35}$、阿山仔 a$^{21}$san$^{44}$e$^{55}$，很难听的，有时候骂我们是猪 tu$^{44}$，说我们住的地方是猪嫲寮 tu$^{44}$ma$^{35}$liau$^{35}$，很难听，你知无？"

由访问内容可以了解发音人对自己身份很无奈、愤怒，同时讲客语也没有自信，个中原因有复杂的历史背景，歪曲的"本省""外省"观念认知，以及语言的或异或同而引发的误解，导致河婆人唯恐讲话可能招来取笑而缺乏自信。于是逐渐改学当地客语，河婆话只在家庭内使用。

1. 新竹竹东、台东卑南乡河婆客语的语言安全感

竹东与卑南河婆乡亲同样是台湾南部上岸，为了生活度日，辗转打听工作机会，暂时住宿一段时日后再度转换工作、变更工作地区，最后分别到达竹东、卑南定居。然而两地语言环境差异，竹东居住的同样是客家人，河婆客家人却不受欢迎，遭受冷嘲热讽。河婆人不得不在寺庙前的广场，借着武术的教导以及舞狮的活动，暗示当地人：我们不是好惹的。至于卑南地区有闽南人以及少数民族、客家人，族群复杂，然而很幸运的，河婆客家人没有竹东类似的际遇，各种族和睦相处，邻里和谐，甚至互相帮忙，互动热络，两者际遇简直天地差别。

---

① 转引自陈淑娟《桃园大牛栏台闽语客语接触之语音变化与语言转移》，台湾大学中国文学研究所博士论文，2002年，第179页。

2. 两地语言环境比较与语言接触、传承

竹东地区强弱势语很明显，强势的海陆腔主导语言走向，其他语言相对居于弱势。语言接触结果，海陆腔是输出语，河婆语就是输入语，而且海陆客语保持独大，就传承角度观察，还是以海陆腔为优势。

卑南地区种族多元，语言也是如此。但是语言很难区分优势语、弱势语。语言接触频繁，彼此学习。就语言传承来看：第一代、第二代的母语传承没有断层问题，第三代逐渐出现语言接触后的多语问题，只是这种现象不独出现在河婆客语，其他语言同样面临语言传承问题。

（三）河婆客语的语言维持

文化的定义，众说纷纭。我们以广义的角度看文化，可以包括文字、语言、建筑、饮食、工具、技能、知识、习俗、艺术等。范围似乎涵盖所有人类生活的所见所闻，无所不包。事实上，大致上可以用一个民族的生活形式来指称它的文化。于是当我们谈论某个民族的文化保存时，会牵涉下面几个议题：族群认同、语族活力社会因素、语言态度等。①说明如下：

1. 族群认同：当族群的人认同这个族群时就会使用这个族群语言，因为语言和族群是互相联系的，同时语言也是族群的表征。通过语言的交流，大大拉近彼此的距离，从而建立深切的情感。当然也有持不同意见的观点，我认同这个族群，但是我因种种因素无法以母语沟通，你不能全然否定我的认同感。所以语言固然是族群认同的重要指标，但是也不能一概而论。河婆客语在客语领域属于弱势语，如果处于多语的环境下更是弱势中的弱势，对于认同感，很可能随着时空的推移而逐渐淡化，除非河婆语成为强势语。

2. 语族活力的社会因素：Gile 等人（1977）认为在不同群体接触时，越有活力群体越能展现其独特的群体。相反，越没有活力的群体就会失去群体的独特性。根据笔者多年调查访问经验，当询问到早期由前山迁徙到后山的客家人时，总是有语族活力不如闽南人的慨叹。当然造成这种现象与当时的整个环境有关：一来闽南人口多于客家人，二来闽南人的政经实力高于客家人，三来闽南人支配整个社会活动，最后是客家人自己的政治冷感症作祟。以此标准衡量河婆话似乎也不例外。

3. 语言态度：在多语社会中，语言态度反映各个语言以及说话者的地位，同时也可能影响多语社群的语言选择和语言转移。一般而言，强势语言反映出该语言的社会地位，同时无形中也影响弱势语的语言忠诚度，进而造成语言转移现象。以今日台湾各河婆方言点的环境来看，似乎吻合前述理论。河婆客语的语言转移程度大于闽客语的语言转移就是很好的证明。所以河婆客家人几乎是多语使用者，能同时使用几种方言，闽南人多语能力使用不如客家人，其来有自。反观广东河婆原乡没有上述问题，当地人有强烈的族群认同感，是河婆客家人就要讲河婆客语，而且以讲河婆话为荣。其次，本镇的

---

① 参阅陈淑娟《桃园大牛栏台闽语客语接触之语音变化与语言转移》，台湾大学中国文学研究所博士论文，第 47、277 页。

河婆客家人占八九成以上，形成一股强大的势力，外地人进入镇内，耳闻目睹都是河婆话，自然而然就要学习河婆话。河婆话变成输出语，这种优势是台湾望尘莫及的。

**六、屏东河婆客家文化的内涵与保存**

屏东大同路"林仔内"的河婆客家人拥有浓厚的宗教信仰与文化特色，例如：岁时习俗、生命礼俗、民俗活动、民俗技艺、饮食风俗、宗教信仰。河婆客家人通过日常生活中的动态活动以及静态的生命习俗，熏染着深厚底蕴的文化，进而一代一代传承延续。所以维持族群的文化活动，对语言的保存有相当大的助力。

（一）维持屏东河婆客家文化条件：生活化[①]

屏东"林仔内"河婆客家人有浓厚的宗教信仰，通过活动成功地将原乡的风俗习惯、生命礼仪、岁时节令、饮食文化等传承推广。不仅如此，更重要的是河婆乡土词汇也通过各种文化活动，在日常生活中很自然地延续下来。

1. 岁时习俗："林仔内"的河婆客家人比较重视的岁时习俗有农历过年、正月十五、二月二十五、端午节、七月半以及冬至。

2. 生命礼俗：生命礼俗涵盖出生、婚嫁、生子、祝寿以至去世等。

3. 民俗活动：最典型的民俗活动是"举老爷"$kie^{35}lo^{21}ia^{35}$迎三山国王神、"竹竿炮"$tug^1ko^{44}p'au^{52}$。

4. 民俗技艺：拳术与弄狮是"林仔内"重要的民俗技艺。

5. 饮食风俗：最足以代表河婆人的饮食风俗有擂茶、鸟仔粄、桃粄、酿豆腐、豆腐香肠、糟嬷肉等。

6. 宗教信仰：屏东市河婆人的祭祀以三山国王活动为主，其他神明的活动主要是到达台湾后与当地人互相交流而设立的神位。

（二）屏东河婆客家人宗教信仰意义

"宗教信仰在人类发展的各个阶段之所以会出现，主要是因为宗教不但在人类忧虑挫折时提供慰藉与寄托，同时也因为共同的信仰，而促成社会团结或成为人群整合手段"。（李亦园，1985：2）

屏东三山国王庙会活动举王爷就是一个典型的例子，河婆乡亲通过每年的迎神绕境活动，成功地凝聚乡亲的情感，同时增加彼此的向心力、团结心，让河婆人与有荣焉。另外，根据访谈，屏东河婆人当初到达屏东市大同路一带落脚，并未受到歧视与冷落对待，互动良好。这种良性互动与竹东地区的河婆客家人受到歧视类型显然不同。竹东河婆人通过庙会前的练武相关活动，一来健身，二来暗示当地客家人我们是有武术底子的人，不可小觑，因此我们是不好惹的，南北两种境遇大不同。固然屏东河婆客家人很幸运地与当地人士和平相处，但是我们也不可能忽略河婆的宗教活动所显示的意义，毕竟一个团体的活动足以

---

① 屏东"林仔内"河婆客家人具体落实风俗习惯生活化，所以许多相关词汇得以传承延续。仅举农历过年有关词汇为例：甜粄$t'iam^{35}pan^{21}$、发粄$fat^1pan^{21}$、鸟仔粄$tiau^{44}e^{21}pan^{21}$、桃粄$t'o^{35}e^{21}pan^{21}$、糟嬷肉$tso^{44}ma^{35}iuk^1$、酿豆腐$io^{52}t'eu^{52}fu^{21}$、豆干$t'eu^{52}kon^{44}$、酒娘$tsiu^{21}io^{35}$。

让初到陌生地区的人产生团结力量大以及公开宣示的积极作用。正因为团结，所以其他人不会产生蔑视的神情与异样眼光，即使有，那也是少数民众罢了。

（三）屏东河婆客家意象

"河婆客家在食个方面最要紧个就系擂茶同鸟仔板，一般人到倕兜这片，都会招待人客食擂茶，有河婆人个所在就有擂茶。"

"早期河婆人会集中在庙坪前打拳练身体，细细时节，倕兜会跈等大人共下练拳，这系尽要紧个。"①

屏东河婆客家人引以为傲的是养身的擂茶，几乎每天都会喝个两三次，擂茶已经跟日常生活紧紧联系。其次，为了锻炼身体而有打拳武术活动，每天在庙前的空地，大家一起练习武术，这也成了童年回忆。

（四）食擂茶：擂茶与祖籍地以及客家认同②

饮食是日常生活最主要部分，通过食物的料理、饮食习惯，可以看出该族群的特性。擂茶不仅是河婆客家人的饮食代表，也承载着该族群的记忆。今日广东河婆客家人仍然维持吃擂茶的习惯，居住在台湾的河婆人也是一样维持原乡的习俗，这是祖籍地认同的行为。只是台湾、广东两地民风有异，吃擂茶的风味已经改变，流行于新竹县北埔的擂茶滋味与原乡不同，"北埔擂茶根本不是擂茶，台湾擂茶只是甜点！"③ 显然，河婆客家人坚持正统的擂茶滋味，隐含客家认同感。

七、结论

（一）影响河婆客语的语言维持与转移的因素

1. 语言的维持。

根据田野调查，实地访谈两岸河婆客语的维持情况，自然是以广东原乡的河婆客语保持状况最稳定，台湾地区河婆话则是处于词汇扩散的过渡期。我们分析广东原乡河婆客语的保存良好，原因有下列两点：

（1）有河婆话发音的空间：田野调查期间，我们步行在街道上，不时听闻骑楼下摆摊卖自家生产青菜的菜贩们的聊天，以及商家生意上门购买物品的对话，一律是亲切的乡音。中午时间，我们到小吃店吃面，大约有 30 分钟时间都是听闻河婆话。这表示河婆话有其发音的空间，其次，也说明河婆话已经生活化，深入民间了。

（2）有学习河婆话的温床"家庭"：根据发音人陈述，他们是两代家庭，与孩子对话都是河婆话，即使学校讲普通话，但是离开学校后所接触的都是河婆话。可想而知，学习地道的母语，何其自然而然。如果换成三代同住家庭，河婆话学习更是快速，所以家庭愿意提供学习"温床"，对母语的维护当然是最佳场所。

---

① 屏东田调林先生发音人自述。

② 参阅蓝清水《被遗忘的外省客家移民战后河婆客的集体记忆与认同分析》，硕士论文，2012年，第 104 页。

③ 竹东的河婆客家人对台湾各地调制的擂茶风味，似乎不能接受。

2．语言的转移

镇内学习河婆语固然得天独厚，但是我们发现20多岁年轻人大多属于双语使用者。他们使用河婆语跟家人沟通，也使用普通话跟同学、朋友聊天。发音人说，如果是出外做生意、谋职，大约一年回来三至五次者，他们是多语使用者，为了适应新环境必须学习当地方言，于是回乡聊天时会发现方言腔调增加了，同时不同方言的词汇也进入河婆话了。换言之，河婆客语的语言转移逐渐由青年层开始，至于未来演变，还须时日观察。

（二）两岸河婆客语的语言文化分析

两岸河婆客家语言文化比较。

1．语言环境。

（1）广东原乡：镇内85％的人都讲河婆话，是主要沟通语。

（2）台湾地区：河婆客语在各方言点都属于弱势语、输入语，容易吸收当地强势语。

2．年龄与音变。

（1）广东原乡：镇内85％的人都讲河婆客语，有利于老中青三代河婆语传承。年轻人出外谋职，容易出现河婆语言与外地语言并存现象。

（2）台湾地区：第一、二代河婆客家人维持原乡音韵，第三代以后很容易因为吸收当地强势语而产生音变。

3．语言不安全感。

（1）广东原乡：许多三代同堂家庭，以及两代家庭均以河婆客语沟通，整个语言环境良好，目前没有语言不安全感问题。

（2）台湾地区：第一代传承原乡河婆客语，第二代起逐渐习染当地强势语，开始滋生语言不安全感。第三代受影响加大，强烈的语言不安全感油然而生。

4．文化维持与音变。

（1）广东原乡：日常生活中的各种宗教仪式、庆典活动、生命礼俗以河婆客语发音，能保持纯正河婆客语。

（2）台湾地区：第一代河婆客家人能坚持原乡文化活动，第二代以后当地文化语言逐渐输入，第三代以后可能当地文化语增加，河婆文化语言减少。

（三）河婆客语未来的演变方向：闽南语化？海陆客语化？少数民族化？

根据发音人的发音分析，台湾地区河婆客语并未发生音韵方面的变化，三种鼻音韵以及三种塞音韵完整保存，鼻音未丢失，塞音韵亦未弱化为喉塞音，甚至开尾韵，可以说音韵的保存很理想。但是这只局限在中年以上的第一代、第二代发音人，若要谈论语言的演变，应该是方言当中最容易产生变化的词汇。当初河婆客家人到达台湾后，为了生活必须与当地人沟通，于是学习当地语言，其中最先借用的就是当地词汇。词汇借用日久就成为自己的方言，所以各地河婆词汇都会出现或多或少的两种词汇：一种是河婆话，另一种则是当地通行的词汇。以语言接触的理论来看，语言环境没改变的话，很可能一段时日后，当地词汇可能会取代河婆话。至于词汇走向，则要视当地的语言环境而定。例如：竹东是通行海陆客语，第二代河婆客家人已经使用海陆客语以及河婆语双语。进入第三代后，根据当前的语言环境观察，最通行是普通话，其次是海陆客语与闽南语，再其次是河婆语，所以我们可以预料第三代河婆客家人使用河婆话的概率逐渐降低，转而使用最通行的普通话，或其他最有利于谋职、沟通的语言。

（四）感想

笔者于河婆镇田野调查期间，有一天清晨，漫步在街上，正好有一群背着书包准备上学的小学生。我尝试用简单河婆话与他们交谈，学生竟然用流利河婆话回答。我再深入询问，学生们争先恐后地抢答，而且均能轻松响应。河婆镇大华小学学生能用客语与我交谈，表示客语已经落实在日常生活中。例如：父母在家里以客语与孩子沟通、对话。如果三代同住的家庭，更是"安全地带"。其次，孩子到学校是以普通话学习，但是下课，以普通话与客语交替使用，放学回家则是以客语沟通——原来这就是我日夜思念的"客语桃花源"。

**参考文献：**

[1] 尹章义：《台湾开发史研究》，台湾联经出版社1999年版。

[2] 王东：《客家学导论》，上海人民出版社1996年版。

[3] 北京大学中华语文学系语言学教研室编：《汉语方言词汇》，语文出版社1995年版。

[4] 王士元：《语言的探索——王士元语言学论文选译》，语言文化大学出版社2000年版。

[5] 王士元：《王士元语言学论文集》，商务印书馆2002年版。

[6] 王士元主编、李葆嘉主译：《汉语的祖先》，中华书局2005年版。

[7] 伊能嘉矩：《台湾文化志》上册，中译本，台湾省文献委员会，1985年。

[8] 伊能嘉矩：《台湾文化志》下册，中译本，台湾省文献委员会，1991年。

[9] 何大安：《规律与方向：变迁中的音韵结构》，台湾历史语言研究所，1988年。

[10] 何大安：《从中国学术传统论汉语方言研究的过去、现在和未来》，历史语言研究所集刊，1993年。

[11] 何大安：《古汉语声母演变的年代学》，《林炯杨先生六秩寿庆论文集》，台湾红叶文化出版社1999年版。

[12] 何光岳：《百越源流史》，"中华民族源流史丛书"，江西教育出版社1992年版。

[13] 吴中杰：《屏东市林仔内的揭阳河婆客家话：兼论海陆客语声调类型的起源》，台湾高雄师范大学客家文化研究所编辑委员会编《2007年客家社会与文化学术研讨会论文集》，台湾文津出版社2008年版。

[14] 李亦园、庄英章：《民间宗教仪式之检讨研讨会论文集》，台湾中国民族学会，

1985 年。

[15] 李如龙、苏新春：《词汇学理论与实践》，商务印书馆 2001 年版。

[16] 李如龙：《汉语方言的比较研究》，商务印书馆 2001 年版。

[17] 李瑞光：《屏东市林仔内河婆话之研究》，台湾高雄师范大学客家文化研究所硕士论文，2011 年。

[18] 吕嵩雁：《台湾后山客家的语言接触现象》，蓝台出版社 2007 年版。

[19] 吕嵩雁：《台湾客家话的语言接触研究》，五南图书公司 2008 年版。

[20] 沈钟伟：《词汇扩散理论》，石锋编《汉语研究在海外》北京语言学院，1995 年。

[21] 连金发：《方言变体、语言接触、词汇音韵互动》，石锋、潘悟云编《中国语言学的新拓展》，香港城市大学出版社 1996 年版。

[22] 张兴权：《接触语言学》，商务印书馆 2012 年版。

[23] 曾纯纯：《屏东县屏东市战后河婆客家生活环境资源调查计划总结案成果报告书》，屏东县客家事务处、屏东科技大学、客家产业研究中心。

[24] 揭阳县地方志编纂委员会编：《揭阳县志》，广东人民出版社 1992 年版。

[25] 曾纯纯、黎鸿彦：《"客"隐于市：屏东市的客家移民社会》，台湾客家委员会奖助客家学术研究计划，2007 年。

[26] 蔡冠群：《河婆客家话常用词汇》，马来西亚河婆同乡会联合总会，2009 年。

[27] 蓝清水：《被遗忘的外省客家移民——战后河婆客的集体记忆与认同之分析》，客家文化研究所硕士论文，2011 年。

[28] 陈淑娟：《桃园大牛栏台闽语客语接触之语音变化与语言转移》，台湾大学中文研究所博士论文，2002 年。

[29] 陈庆芳：《彰化县客家族群分布调查》，台湾彰化县文化局，2005 年。

[30] 郑良伟：《演变中的台湾社会语文——多语社会及双语教育》，自立晚报社文化出版部 1990 年版。

[31] 郑慧玟：《他们是第七堆？——屏东市的原乡客家聚落豆腐街》，《六堆风云杂志》1992 年第 38 期。

[32] 钟荣富：《六堆客家社会文化发展与变迁之研究·语言篇》，台湾六堆文化教育基金会，2001 年。

[33] 钟荣富：《台湾河婆客家话的调查、比较与分析之研究》，客家委员会，2011 年。

[34] 罗肇锦：《台湾客家族群史·语言篇》，台湾省文献委员会，2000 年。

（本文作者系台湾师范大学国文研究所博士，东华大学台湾文化系原系主任、教授）

# 融合与坚守：全球化背景下缅甸客家人的文化调适

宋少军

　　客家是汉民族的一支重要支系，对自身族群文化有着强烈的认同感。"客家"从本质上讲是一个文化概念，对共同文化的认同形成了客家族群认同的心理基础。在近代客家人移居海外的热潮中，客家文化也随着客家人漂洋过海传播到世界各地。他们侨居的地区大多在种族构成、宗教信仰、语言民俗等多方面都迥异于国内。在这种异质文化环境中，客家人时刻面临着自身族群文化被同化的考验，在文化认同上经历了一个显著的调适过程，这是一个十分值得研究的文化现象。

　　近些年来，学界对海外客家人的研究方兴未艾，涌现出大量研究成果。然而同目前丰富的海外客家人以及缅甸华侨华人研究成果相比，学界关于缅甸客家人的研究还相对比较薄弱，尚没有较有深度的专门研究成果。现有的相关成果大多是对东南亚华侨华人问题以及海外客家人历史进行研究的过程中涉及一些缅甸客家人的描述性论述。①究其原因，既有缅甸长期较为封闭造成研究资料比较匮乏，限制了相关学术研究的开展，也同缅甸客家族群人数较少，影响力日渐式微，被学界有所忽视密不可分。笔者在 2015 年 8

---

①　国内关于缅甸华侨华人及东南亚客家人的相关成果较多，也有一些著作问世。关于缅甸华人华侨比较有代表性的成果，著作有张正藩的《缅甸华侨史话》（海外文库出版社 1955 年版）、卢伟林的《缅甸华侨概况》（台北正中书局 1988 年版）、方雄普《朱波散记——缅甸华人社会掠影》（香港南岛出版社 2000 年版）等。论文主要有：罗英祥的《缅甸华侨华人的历史与现状透视》（《华侨华人历史研究》1997 年第 3 期）、方雄普的《有关缅甸华侨华人族群的几个问题》（《华侨华人历史研究》2001 年第 1 期）、卢光盛的《缅甸华人：概况和特点》（《当代亚太》2001 年第 6 期）、范宏伟的《自由同盟时期缅甸华人社会地位探析》（《东南学术》2003 年第 2 期）及《国籍·民族主义·"社会主义"：战后缅甸华侨国籍个案研究》（《东南亚研究》2005 年第 6 期）、林锡星的《缅甸华人与当地民族关系研究》（《东南亚研究》2002 年第 2 期）、杨煜达的《清代前期在缅甸的华人（1662—1795）》（《华侨华人历史研究》2003 年第 4 期）、王全珍的《试论独立后的缅甸华侨华人》（《东南亚之窗》2008 年第 2 期）、何平的《移居缅甸的云南人》（《云南师范大学学报》2008 年第 2 期）。关于东南亚客家人的研究成果主要有：罗英祥的《漂洋过海的客家人》（河南大学出版社 1994 年版）。论文有：廖楚强的《东南亚客家社会的回顾与展望》（《海交史研究》1998 年第 2 期）、颜清湟的《东南亚历史上的客家人》（《南洋问题研究》2006 年第 1 期）、李定国《客家文化在海外华人中的继承与发展》（《华侨华人历史研究》1994 年第 4 期）。以缅甸客家人为研究主体的论文仅见一篇：陈晓锦的《缅甸仰光客家话"一"的特殊用法》（《语言研究》2012 年 第 1 期）。

月下旬曾赴缅甸仰光交流访问，在仰光唐人街就缅甸客家人群体历史与现状问题进行了广泛的走访调查。此外，由于笔者求学所在研究机构——云南大学缅甸研究院在缅甸研究领域处于国内优势地位，同缅甸学术界、新闻界、著名高校以及一些民间团体都有广泛联系，也为笔者撰写此文创造了前提条件。因此，本文的主要创新之处就在于充分借鉴目前国内学界对缅甸华人华侨及东南亚客家人的丰富研究成果的同时，结合实地调研获取到的一些最新情况，循着缅甸客家人移居缅甸的历史足迹出发，从缅甸客家人的早期环境、文化表达以及在全球化背景下面临的文化认同危机等方面，试就当前全球化背景下当代缅甸客家人在文化认同上面临的危机及其调适作一些初步的探索。

**一、缅甸客家人及其早期文化环境**

文化环境以体系的形态存在，是文化得以孕育和成长的土壤。缅甸的早期客家移民群体大多来自国内闽粤山区，移民数量较少且大多集中居住在仰光唐人街地区。这种空间相对固定、流动性较弱的群居特点，使得早期移居缅甸的客家人得以较多地保持其文化传统及其文化认同。任何一种文化的存续与发展都依赖于特定的文化环境。在英殖民统治时期的缅甸社会，来自中国、印度的移民以及西方殖民者在内的众多外来者带来了多种迥异的文化原质。早期缅甸的文化大环境就是包括缅甸土著文化与多种外来文化在缅甸社会的大熔炉中不断冲突与融合的激烈过程。客家文化作为一种亚文化，在缅甸社会的在地发展过程中始终处于弱势地位，在与当地主流文化不断地沟通和交流过程中，经历了一个长期、复杂的整合过程。

（一）多元融合的缅甸华人社会

缅甸华人社会很早就形成了滇、闽、粤移民"三籍鼎立"的格局。缅甸华人群体按祖籍地以及方言等因素又可分为云南人、闽南人、潮汕人、广府人和客家人。客家人主要居住在下缅甸，[①] 以仰光、曼德勒等大城市为中心分布。闽粤华人大规模移居缅甸始于1885年英国人通过第三次英缅战争完全占领缅甸之后。由于缅甸英殖民当局开发下缅甸地区对劳动力的迫切需求，对外来移民持鼓励开放态度，大量来自中国沿海地区的青壮年"过番"来到缅甸谋生。缅甸客家人大多来自闽西和粤东客家人聚居的山区，这从他们早期建立的客属会馆名称上得到印证。缅甸的福建客家人大多来自永定，其会馆多命名为"永定会馆"，而广东的客家人多来自清代的嘉应五属地区，其会馆以"应和"为号。[②]

客家人移民缅甸的年代较早，大多是在1948年缅甸独立前就已经移居当地，目前已普遍加入缅甸国籍，拥有公民身份。客家人在拥有5000多万人口的缅甸处于绝对的少数

---

① 缅甸历史上习惯把位于缅甸中部的古都曼德勒作为基准线，将缅甸分为上下缅甸。

② 应和会馆是来自清代的嘉应州（其主要行政区划在今广东梅州地区）下属的梅县、兴宁、五华、平远、蕉岭五个紧邻纯客县的客家人建立的会馆。一般认为"应和"二字中"应"为嘉应之简称，"和"大意即为团结和睦。"应和"即有"来自嘉应州的人应以和为贵，和睦相处，和衷共济"之意。

地位，即便是在缅甸华人族群中也比较边缘化。据 1990 年《客家人》杂志创刊号中介绍，缅甸华人人口有 100 多万人，其中客家人约有 10 万人。1994 年在梅州举行的世界客属第 12 届恳亲大会上，大会主办方通过国内外函调以及综合各方面公开信息得出客家人总数为 6562 万人，其中在缅甸客家人有 10 余万人。① 截至 2007 年底，缅甸华侨华人已达 250 万。缅华人口迅速增长的原因主要是新移民的涌入，中国新移民及其后裔已经超过 110 万人。② 笔者未找到近期的最新统计数据，但考虑到近些年来缅甸客家人的人口自然增长率一直维持在相对稳定水平，因此从上述数据出发，我们仍可大致估算出客家族群的人数。由于缅甸客家人在地化程度较深，同其他族属华人以及当地缅人通婚程度较高，在不同认定标准下数据相差较大，因此笔者保守估算目前其总人数应仍维持在 10—15 万人之间。

（二）相似的群体迁徙记忆

拥有长期流动与迁徙记忆是海内外客家人一个显著的共同特点。明清至中华人民共和国成立以前的这一历史时期，大批客家人出于相似的原因和目的大量移居海外各地。粤东闽西地区的客家人居住地多为山地，土地较为贫瘠，粮食产量不高。随着明清之该地人口出现爆炸性增长，更加剧了这种生存危机。青壮年为寻出路，被迫背井离乡到海外谋生，"今天下生齿日繁，民生无业，濒海各省之民，散出外洋各埠者日多一日。夫为工为役，而至弃故土，离家室，远涉重洋，冒风涛之险，暑热之蒸，甚或自鬻以求至其地，岂可已哉，谋生故也"。③ 以祖籍为福建永定的缅甸客家人为例，当地人很早就开始向外移民和从事商业活动。清末沿海地区口岸进一步开放后，闽粤两省前往南洋各地的海运日渐发达，下南洋谋生在当地逐渐成为潮流。根据道光年间编修的永定县志记载，"金丰、丰田、太平之民，渡海入诸蕃，如游门庭。"④ 1882 年出生于仰光市广东街的缅甸客家人领袖胡文虎，其父胡子钦大致就是在这一时期离开永定家乡，从福建沿海登船渡海到缅甸谋生的。⑤

历史上长期的迁徙与流动在客家人中形成了团结友爱、互助互济的文化传统，这种群体意识在客家人向海外艰险的移民过程中表现得愈加明显。缅甸客家人大多通过投亲靠友的方式到达缅甸，并借由同乡的帮助在当地迅速站稳脚跟。由于客家人大多从事商业经营，因此大多集中居住于缅甸仰光、曼德勒等大城市。早期客家人聚居的社区也随

① 吴福文：《客家人在世界各地的分布》，新华网 2003 年 3 月 27 日。
② 庄国土：《东南亚华侨华人数量的新估算》［载《厦门大学学报（哲学社会科学版）》2009 年第 3 期］及《世界华侨华人数量和分布的历史变化》（载《世界历史》2011 年第 5 期）。
③ 张振勋：《张弼士侍郎奏陈振兴商务条议》，李文治编《中国近代农业史资料》第一辑，生活·读书·新知三联书店 1957 年版，第 942 页。
④ 道光年间编修：《永定县志》，卷 16《风俗》，影印本，藏赣南师范大学客家研究院资料室。
⑤ 胡文虎的父亲胡子钦先生 1862 年自福建永定中川前往缅甸谋生，并在仰光创办"永安堂国药行"。参见张侃：《从社会资本到族群意识：以胡文虎与客家运动为例》，《福建论坛·人文社会科学版》2004 年第 1 期。

着客家人的大量涌入得到不断发展扩大，久而久之包括客家人在内的闽粤早期移民在缅甸一些主要城市形成了一片相对固定居住的区域，缅甸当地人称之为"唐人街"或"广东街"。

（3）以地缘、业缘为纽带紧密联系

一般早期出洋的华侨，都会将国内所学技艺带到侨居国谋生创业。客家人到达缅甸后，也多从事与国内相似的行业工作。位于仰光市中心的唐人街自明清之际开始就商贾林立。在早期到达缅甸的客家人中，广东"客"多从事当铺、酒店以及成衣制造等行业的经营；福建"客"多经营金铺、中医药等行当，"梅州客家人战前都是做鞋的或做成衣，经营土产的不多……永定客家同乡则大多数经营药材和铁器成品、照相、镶牙等自由职业，如医生、经营洋杂货的都有"。① 目前客家人在缅甸主要从事工商业的格局仍未有根本性改变，虽然经营范围不断扩展，但仍多集中在服务业及中小型加工业。② 近些年来，一些老客家移民嗅到了中缅边贸发展的巨大商机，逐渐将生意向缅北扩展，将商贸公司开到了中缅边境的通商口岸木姐市，专门从事中缅边境进出口贸易。

在仰光和曼德勒，闽粤两省的客家人主要居住在唐人街。缅甸的唐人街没有欧美唐人街显著的牌楼等作为地界标志，但其通常都占据了一大片区域，称之为"唐人区"或许更为恰当。以笔者曾走访的仰光唐人街为例，仰光唐人街并没有明确的区域界线，在仰光市中心只要见到中文的店铺招牌逐渐多起来，那么唐人街也就快到了。此外，缅甸的唐人街与欧美唐人街最大不同在于，欧美唐人街主要由中国超市和经营中餐的一些餐馆组成，主要面向当地华人提供服务。相比之下，缅甸的唐人街则丰富有趣得多，除了唐人街常见的中餐馆和食品店外，还有售卖各种生活日用品的小商店，以及提供各种日常服务的店铺，如理发店、牙医诊所等。由于唐人街商品种类齐全，卖价公道，当地缅甸人也常来光顾。

（4）客家移民在地化程度较深

缅甸客家人在地化程度较深，主要表现在同当地人广泛通婚和生活习俗"缅化"上。闽粤两省的客家人抵达缅甸的时间较早，且多为单身青年男性，这使得早期缅甸客家人群体同当地缅人通婚比例较高。清人黄悬材在其著作《西稽日记》中记录了1879年抵仰光时的见闻："舟抵漾贡……闽、粤两省商于此者不下万人，滇人仅有十余家，然未见中土女人，皆纳缅妇为室也。"③ 据1931年英国殖民当局的统计数据显示，当时缅甸19万华侨中已经有一半以上是在缅甸出生的。④ 广泛的通婚现象加快了客家人融入

---

① 黄伟慈：《缅甸的客家人》，《客家人》1995年第2期。

② 赖涯桥：《从新加坡客属会馆的变迁和发展看客家人在经济全球化环境下的自我转型与创新变革》，《南洋客属总会80周年纪念特刊》，南洋客属总会80周年纪念特刊编委会，2010年。

③ 黄悬材：《西稽日记》，余定邦、黄重言编《中国古籍中有关缅甸资料汇编》（下），中华书局2002年版，第123页。

④ 范宏伟：《战后缅华社会政治地位变迁研究》，厦门大学博士论文，2004年，第51页。

缅甸主流社会的进程。一些客家人后裔开始在缅政府、军队中供职，拥有了较高的社会地位。[①]

缅甸客家人在文化和生活习俗上也深受当地缅人影响。在日常生活中客家男女大多穿着分别称之为"笼基"和"特敏"的当地缅族特色的纱笼，一年四季都踏着缅甸特色的人字拖鞋，"经商内地的华侨，多娶缅妇，其子女亦操缅语。间有父母均为华人，因多与缅人接触而操缅语、衣缅装者"。[②] 笔者在仰光唐人街走访调查时，已几乎听不到华人用客家话或是普通话交谈，即使缅甸华人之间在生意场合也多用缅语交谈。在笔者同当地客家年轻人的交流中，多数情况下用英语往往比普通话沟通更为顺利。很多年轻一代的客家人已完全融入缅甸社会，追求的是在缅甸这个国家获得更好的生活。此外，在缅甸争取独立的斗争中，包括客家人在内的缅甸华人同当地缅人紧密团结在一起，为缅甸国家独立做出了自己的贡献，同当地缅人建立起传统友好的"胞波"之谊。在缅甸国内享有崇高声誉的佛教高僧吴欧德马曾在一次群众演说时说："华侨是我们的兄弟。"[③] 在缅甸 20 世纪 60 年代一段特殊的排华历史时期，当地缅人保护了很多作为自己邻居、好友的缅甸华人。

## 二、缅甸客家人的文化表达

费孝通先生曾指出："文化是依赖象征体系和个人记忆而维护着的社会共同经验。"[④] 海内外客家人对客家文化的认同就是对整个客家族群自身历史记忆与价值体系的认同。从文化结构的角度，学界一般将文化分为物态文化、行为文化、心态文化以及制度文化四个层面。[⑤] 缅甸客家人对自身文化的认同集中表现在其文化表达上。缅甸客家人在缅甸经历了数代人的延续发展后，很多土生客家人已经无法流利地讲客家话，但他们仍然坚定认同自己客家人的身份。缅甸客家人在文化表达上兼具海外客家人的共性的同时，也由于其特殊的历史环境特点，彰显出其独有的特色。

（一）以客属会馆为载体的物态文化

客属会馆是客籍华侨在居住国为维护自身利益自发组织的民间社团。为了加强内部团结和相互联系，客家人最早在海外创立地缘性的会馆，这在学界几乎已成定论。[⑥] 缅甸客属移民在仰光等地修建的客属会馆主要有：应和会馆（1873）、安宁会馆（1904）、

---

① 前缅甸军人政权最高统治者奈温将军就是客家人后裔（其父是来自广东梅县的客家人）。在新军人政权时期，曾任缅甸总理的钦钮早年就读于仰光著名的华侨中学——崇德中学，其父母都是来自梅县的客家人。参见陈宝鍌口述，宗道一整理：《外交官陈宝鍌口述：我与缅甸高层的交往》，《党史博览》2013 年第 3 期；缅华胞波网：《缅甸华人史述略》，http：//www. hmyzg. com/q－zy. com/2010－mhbbj/2010－mhbb/4－mhls/mhls－web/100416－mhls2. htm。

② 曾克念：《锦绣缅甸》，1939 年，读秀文库文献检索，第 227 页。

③ 姜永仁：《缅甸华侨华人与缅甸社会与文化的融合》，《东南亚》2003 年第 4 期。

④ 费孝通：《乡土中国生育制度》，北京大学出版社 1998 年版，第 19 页。

⑤ 程裕祯：《中国文化要略》，外语教学与研究出版社 2003 年版，第 3 页。

⑥ 颜清湟：《东南亚历史上的客家人》，《南洋问题研究》2006 年第 1 期。

永定会馆（1919年）、曼德勒客属群治会馆（1920）、东吁嘉应会馆（1954）。① 此外还有永靖互助会组织、梅县青年互助社及永定国术社等组织。客属会馆不仅是早期客籍移民团结的象征，还在组织社会和文化活动中发挥着重要的推动和协调功能。以成立较早的永定会馆为例。1919年，永定会馆在旅缅永定客家人同乡胡文虎、张和泰、卢芳台等缅甸社会客家贤达的倡议和资助下最终落成。永定会馆在联络乡人感情，加强互助团结上发挥了重要作用。平常会馆是客家同乡经常聚会娱乐的场所，也是接收乡讯和亲人信件的地方。会馆成立90多年来历经风雨，顽强存续至今。2009年10月17日，永定会馆在仰光举行了落成90周年会庆，广邀缅甸各地的永定乡亲参加，加强了在缅客家人的相互联络，增进了客属间的情谊。②

如今，缅甸客属会馆已经完全融入当地社会，为缅甸社会稳定和经济发展做出了重要贡献，得到了缅甸政府和当地人民的高度认可。同时，缅甸客属会馆与世界100多个国家和地区的客属侨团都有着密切的联系，继续发挥着海内外客家人间沟通声气和团结互助的桥梁作用。客属会馆在加强各地客属侨胞之间的联络、协作和团结互助等方面的作用仍然无可替代。

（二）以崇文重教为精神内涵的行为文化

在客家人中流传着"不读诗书，有目无珠"的俗语。客家人移居海外后，这种"尚礼节、重文教"的文化传统很好地保留了下来。老一辈客家移民对子女的文化培养极为重视，想方设法为子女创造机会接受高水平教育。在早期缅甸华文教育还不太发达的时期，很多缅甸客家人不惜花费巨资将子女送回国内接受启蒙教育。在缅甸各地客属社团的章程中，也大多把兴办文教、传承客家文化作为一项重要会务来经营。

在缅甸英殖民时期，殖民当局将重心放在推动缅甸的英文教育上，而对华文教育甚少问津，更谈不上资金支持。在此情形下，整个缅华社会在推动华文教育达成一致共识，包括客家族群在内的华人社会依然担负起了推动和维持华文教育的重任。缅甸华文教育的历史可追溯到19世纪末，当时仰光闽粤华侨所建观音庙、宗祠以及会馆中大多设有私塾。③ 1903年缅甸第一所华侨学校——中华义学在仰光成立。曼德勒华侨华人于1946年成立华侨互助会，在福庆宫创办华侨学校。④ 在20世纪60年代的缅甸排华事件

① 一些文献中也称作"东吁客族会馆"（笔者注）。
② 福建省永定县地方志编纂委员会：《缅甸（汀州）永定会馆将举行成立九十周年会庆》，《永定乡讯》第135期，永定县情网。
③ 以客家人分布较为集中的仰光为例，广东同乡会早期创办的"广育小学"（1892），福建同乡会创办的"礼仪学校"（1924），都依托于会馆，主要面向当地闽粤华人社会招生，教育对象多为同乡子弟。参见林锡星：《缅甸华文教育产生的背景与发展态势》，《东南亚研究》2003年第3期；范宏伟：《缅甸华文教育的现状与前景》，《东南亚研究》2006年第6期。
④ 黄绰卿著、郑祥鹏编：《黄绰卿诗文选》，中国华侨出版公司1990年版，第10页。

中，曾经盛极一时的华文教育遭到毁灭性打击。① 近些年来，包括客家人在内的缅甸众多华人团体日益深刻认识到华文教育在青年一代华人的族群以及文化认同的形成过程中扮演着不可替代的角色，致力于复兴华文教育。缅甸华商会永远名誉会长江清亮是祖籍永定的客家人，早在1985年，在他的推动下江氏家族会就办起了华文补习班。2002年，在他的奔走倡议下，在缅甸华商会、福建同乡总会、云南会馆、广东工商总会、缅华妇女协会、缅华文化艺术协会、华侨中学校友会、南洋中学校友会等8个团体经过两年多时间的筹备工作下，一个不分省籍、不分宗姓、面向所有在缅华人的"东方语言与商业中心"最终得以落成。②

（三）以"寻根意识"为底蕴的心态文化

在早期客家人的文化认同观念中，并不以宣扬"客家精神"为终点，其最终目的导向是将客家精神延展深化为对民族与国家观念的认同。客家人强烈的"寻根意识"，从根本上说就是民族和祖籍国认同的心理表现。无论是对一宗一族的寻根还是作为一个民系群体对祖源的追寻，都源于这种认同心理。③

在抗战时期，客家族群的社会意识开始从族群性认同向"民族—国家"认同的范式转变，这种认同意识在实践表达中得到不断强化。著名缅甸客籍侨领胡文虎曾指出"爱国是华侨的天职"。④ 在1939年南洋客属总会10周年纪念大会上，胡文虎动员南洋各地50余个客属社团联合开展捐资抗日活动，并带头在筹赈祖国难民游艺大会上买下10万元名誉券一张并捐献大批药品及医疗器械，他在大会上说："对于忠字，鄙人以为忠于国家为先，所以爱国观念不敢后人。自从永安堂业务稍有寸进后，即本诸'以社会之财，换诸社会'之有义，致力于救国、救灾、慈善、文化事业，有时更不惜投资，为国家争回多少体面。"⑤ 整个抗战期间，缅甸华侨捐款总额达到法币9733079元，人均捐款32.1元，在东南亚各国华侨华人中名列前茅。⑥ 此外，还有大量缅甸华侨爱国青年以各种方式直接参与到抗战的最前线，有的成为滇缅公路众多"南侨机工"的一员，有的加入"缅甸华侨救护队"护理伤员，还有一些缅甸华侨青年报名参军直接参与到对日作战

① 缅甸政府分别于1964年4月和1966年4月将国内全部私立中小学收归国有，其中包括华校298所。1967年缅甸发生"6·26"排华事件后，缅甸政府又颁布了《私立学校登记条例修改草案》，全面禁止了包括补习班在内的一切华文教育。转引自郝志刚：《缅甸华人华侨华文教育》，《东南亚研究》1997年第2期。

② 江清亮先生相关事迹综合参考《千度之热情——江清亮》，转引自胡裕武主编《缅甸华商商会世纪华诞纪念特刊（1909—2009）》，缅甸华商商会，2009年，第110—112页。

③ 罗勇：《文化与认同——兼论海外客家人的寻根意识》，《西南民族大学学报（人文社会科学版）》2006年第2期。

④ 古山梅：《"爱国是华侨的天职"——胡文虎先生几件事》，《福建乡土》2007年第4期。

⑤ 张侃：《从社会资本到族群意识：以胡文虎与客家运动为例》，《福建论坛（人文社会科学版）》2006年第1期。

⑥ 林锡星：《缅甸华裔精英与知名侨》，《世界民族》2001年第3期。

中，他们中的很多人甚至献出了宝贵生命。缅甸目前唯一健在的远征军女兵罗春香女士是出生在缅甸的梅县客家人后裔，抗日战争爆发时尚在求学的她，毅然投笔从戎加入国民党 71 军服役至战争结束。①

在当代，缅甸客家人虽大多已加入缅甸国籍，但却依然保持着对祖国发展的密切关心和关注。仰光应和会馆的客家人在每年中国国庆期间都要举行餐叙会。在 2006 年的餐叙会上，时任会长张肇基先生向会员致辞时说："我们的祖（籍）国从过去的'一穷二白'发展到今天的昌盛强大，使我们生活在海外的华侨华人感到自豪和自信。"② 他还勉励应和会馆的会员们努力为中缅友好关系发展做出个人应有贡献。2010 年 4 月 10 日至 5 月 10 日，缅甸客家应和会馆副理事长叶德运应邀参加在河南安阳举行的世界客属领袖颛顼帝喾陵祭祖大典，亲身感受博大精深、内涵丰富的颛顼帝喾祭祀文化、姓氏文化，并在这次活动中作为嘉宾敬献祭酒，植树留念。③

（四）以团结互助为核心内容的制度文化

客家人在海内外长期辗转、艰苦开拓的过程中形成了互助互爱、精诚团结的优良传统。世界各地都有客家公会、客家同乡会、崇正会等客属组织，几乎可以毫不夸张地说有客家人的地方就有客属组织。在当代，客家人这种团结精神集中体现在举办世界客属恳亲大会这一具体文化事象上。从 1971 年在香港召开第一届世界客属恳亲大会开始，40 多年来海内外客家人携手在世界各地有客家人聚居的地方举办了 25 次世界客属恳亲大会。恳亲会的召开增进了亲情、乡谊，促进了全球各地客属的团结。1996 年正值第 13 届世界客属恳亲大会在新加坡召开之际，缅甸东吁客族会馆向大会发去了"群策群力，亲爱精诚"的贺词。④ 2014 年 3 月份，新当选的缅甸旅缅客属安宁会馆理事长江仕旺代表安宁会馆 300 多名客家人参加了该年度在河南开封举行的世界客属恳亲大会。⑤ 在缅甸国内各地客属社团也始终注重彼此间的团结。旅缅客属联谊会迄今已有 47 年的历史。2013 年 9 月 16 日，旅缅客属联谊会举行庆祝成立 44 周年晚宴，新任理事长龚学球先生致辞说："旅缅客属联谊会不分省份、不分籍贯，致力于为所有在缅生活的客家同人提供一个相互交流、相互沟通的平台。"⑥

这种制度文化还体现在他们身居海外，却不忘祖地，对家乡发展的持续关心和帮扶上。来到任何一处客家的聚居地，都能感受到客家侨胞对家乡的诚挚之情。1938 年胡文虎先生在家乡永定兴建的侨育中学至今仍是一所在当地享有盛誉的重点中学，为国家培养了大量人才。2008 年广东梅州发生洪灾，为支援家乡救灾及灾后重建，缅甸客家应和

---

① 《缅甸唯一健在女性远征军老兵：当年参军就为不结婚》，凤凰资讯 2014 年 8 月 17 日。
② 《饱含深情的餐叙会——缅甸华人华侨庆中国国庆》，新华网 2006 年 9 月 25 日。
③ 《内黄县颛顼帝喾陵祭祖节（2002—2010）》，安阳文化产业网 2010 年 12 月 21 日。
④ 新加坡南洋客属总会编著：《第 13 届世界客属恳亲大会》，1996 年，第 19 页。
⑤ 《离汴之际，客家人给世客会组委会写下感谢函》，开封政府网 2014 年 10 月 21 日。
⑥ 《旅缅客属联谊会举行第十二届新职员就职典礼》，缅甸金凤凰中文网 2013 年 9 月 26 日。

会馆发动捐款共筹集救灾款 46360 元人民币。① 1926 年出生于缅甸的王俊宏先生是祖籍梅县的客家人，曾任仰光育侨学校校长，是缅甸知名的爱国侨领。20 多年来，他为家乡教育、体育及社会公益事业捐资 700 多万元，深受家乡人民的敬重。② 此外，近几年缅甸客属会馆同家乡的交流互动也日益频繁。2009 年 10 月 13 日至 18 日，福建永定县派出代表团前往仰光参加旅缅永定会馆成立 90 周年庆典活动。其间代表团访问了旅缅永定会馆、缅甸永靖华侨互助会、旅缅永定江氏宗亲会、缅甸华商商会等，与旅缅永定乡亲进行了广泛接触和交流，增进了相互了解和友谊。③ 2013 年 11 月 14—21 日梅州市侨联也派出访问团赴缅交流访问。访问团在缅期间，分别拜访了应和会馆、缅甸客属会馆、梅属青年联谊会、安宁会馆等多个客家社团，并同各社团召开座谈会，了解当地侨情。座谈会上，客属会馆的会员们纷纷表达了对祖国和家乡的无限眷恋，各社团负责人表示将继续加强在缅客属社团的团结合作，推动客家文化在缅传承与发展。④

### 三、当代缅甸客家社会的文化传承困境

自 20 世纪 90 年代以来，在全球化浪潮中爆发了普遍的认同危机。这种危机不仅出现在全球化浪潮中的民族国家，对于各个民族与族群也同样如此。就缅甸客家社会而言，由于缅甸独立以来，国内大缅族主义盛行，在文化领域表现为努力扶持缅族文化，采取包括行政手段在内的各种措施压制和打击国内其他少数族群文化，缅甸客家文化的生存环境持续恶化。缅甸客家人由于移民缅甸时间较早，受缅甸"同化"政策影响最深。缅甸国内曾在 20 世纪 60 年代较长一段时期内禁止华文教育，造成了缅华社会华语教育的断层。很多中青年缅甸客家人已经无法看懂中文书籍，对中国传统文化知之甚少，但却能读缅文，讲缅语，与当地缅甸人一样多信奉佛教。从整体趋势来看，缅甸客家人的文化特性正在消失，客家文化作为一种文化认同在缅甸客家社会面临严峻的传承危机。

（一）客家方言的传承面临"后继无人"的尴尬境地

语言是文化的重要载体，客家方言在客家传统思想观念的传承中发挥着无以替代的纽带作用。客家人历来极为重视客家方言的传承，把会说客家话作为客家人的重要标志。这种在方言上的强烈认同，在其他民系中是不多见的。以客家方言作为研究的出发点，可以帮助我们充分了解和科学解释一些客家特有的文化现象，是理解和领悟客家文化的博大内涵的科学路径。可以说，掌握客家方言是打开客家文化宝库的"金钥匙"。

近年来，在海内外客家有识之士充分认识到了客家方言传承的重要性，大声疾呼加强对客家方言的保护，致力于在全球范围内推动客家文化运动。由于客家话在日常深化

---

① 《缅甸客家应和会馆捐款救灾》，梅州日报网 2008 年 8 月 12 日。
② 《梅州市华侨博物馆举行缅甸展厅揭幕暨〈平凡岁月——爱国华侨王俊宏传〉首发式》，梅州外事侨务局网 2004 年 9 月 22 日。
③ 福建省永定县地方志编纂委员会：《永定乡讯》第 137 期，永定县情网。
④ 《梅州市侨联组团首访缅甸取得圆满成功》，梅州市侨联网 2013 年 11 月 25 日。

中的使用频率较低，许多客家后裔已经不太能讲客家话。当前缅甸的客家社团，包括宗亲会馆及一些文化团体在内都一直在为弘扬客家文化传统以及在年轻客家人群体中推广客家话而不懈努力。然而客家方言在目前的缅甸客家社会的推广普及状况仍不乐观，正日益成为父辈的专用方言。在全球化浪潮和本地主流文化的双重夹击下，当地社团推广客家方言的努力实际成效十分有限，客家方言在缅甸社会中青年一代群体中的衰弱已然成为不可挽回的趋势。

（二）客属会馆文化在缅甸客家社会的凝聚力正在减弱

客家人迁居海外之后，通过客家会馆这种"抱团式"的组织形式使客家文化在异质环境中得以生存。早年客家人闯荡海外，想要在当地扎根立足离不开客属会馆的帮助和扶持。但是在全球化时代，随着人口流动性不断加快，打破了原有的客家人聚居的基层社区模式，缅甸客家人在工作生活中不再依赖于社团组织的扶持。目前作为客家文化传承重要载体的客属会馆也面临发展困境。

时代和社会的变迁使得客属会馆的存在变得似乎可有可无，其凝聚力正不可避免地衰弱。现在缅甸第二、三代客家移民已基本融入当地社会，他们的族群认同有不断淡薄的趋向。据笔者对仰光当地一些土生客家青年的调查了解，很多人已经不会讲客家话，也不爱标榜自己客家人的身份。他们对客家文化不太了解、也较少参加客家人的会馆组织，客属会馆组织开展的传统活动对他们缺乏吸引力。现今缅甸仰光的客属会馆都或多或少地面临发展困境，客家会馆在日常运营中有成为"老年人活动中心"的趋势，再也难以像过去一样发挥凝聚族群向心力的重要纽带作用。

（三）缅甸客家文化在缅甸社会的生存空间日益狭小

缅甸的客家文化始终无法融合到当地主流文化中去，这使得客家文化的生存空间变得极为狭小，年轻一代缅甸客家人对客家文化的认同正在弱化。在缅甸客家人中，早期客家移民在当时特殊的文化环境中对客家文化和族群有着强烈认同感和归属感，他们以自己的客家身份以及会讲客家话为荣，热心参与客家传统文化活动以及各种形式的客属组织，如加入客家会馆、参加世界客属恳亲大会等。

然而，作为他们的子孙后代，如今中青年一代的缅甸客家人却是在缅甸土生土长，对国内的家乡不再有强烈的乡土情结。他们的国家认同变成缅甸，青年一代的缅甸客家人在文化认同上也更多地受到缅甸国家主流文化的影响。坚守非主流的本族群传统文化需要很大的自觉性，作为未来客家文化的主要受众和传承者，侨生的第二、三代客家人却已经丧失了这种文化自觉性。在全球化浪潮地冲击下，当代客家文化传承的环境和条件都已经发生了根本性的变化，年轻的缅甸客家人在语言和生活习俗上已经缅化，他们从小接受缅式教育，讲缅语，穿缅族服饰，同当地缅族通婚，可以说在文化的各个层面已经基本全面融入了缅甸当地社会。

**四、结语**

安东尼·吉登斯曾说："全球化并不是我们今天生活的附属物，它是我们生活环境的转变，它是我们现在的生活方式。"① 文化不应被认为是一种静态的存在，对客家文化的传承也应当是开放和与时俱进的。全球化给缅甸客家文化传承带来危机的同时，也带来了转型发展的机遇。只有努力挖掘客家文化内部蕴含的现代性属性，才能吸引海外年轻一代客家人主动拥抱客家文化。

缅甸客家文化有其发展的特有历史轨迹和规律，其客家意识和对客家文化的认同始终处于动态发展中。在应对全球化对族群文化的冲击过程中，缅甸客家人在文化认同上也正经历着不断调整适应的艰难过程。就目前形势来看，当代缅甸客家人身上的客家文化特性正在不断被稀释，被时代大潮裹挟着不断融入更大范围的华人社会和当地主流社会。随着方言作为维系华人各个文化分支内部认同的纽带的作用逐渐丧失，缅甸客家人在文化认同上也势必将经历一个族群性认同向"民族—国家"认同的范式转变。随着中国的不断崛起，中华文化在全球范围内影响力的不断扩大，对于中华传统文化的认同将超越方言族群的认同成为未来缅甸客家人文化认同的主流趋势。缅甸客家人作为"客家人"的自身族群属性或将逐步弱化，而作为华夏儿女的民族属性将在同侨居国主体民族和主流文化的交流中愈加突显出来。缅甸客家文化及其文化身份的可贵之处，或许就在于同缅甸当地文化的长期碰撞与交流过程中，多元融合所形成的开放包容的品质。对客家文化的表达不必拘泥于追求传统仪式感的窠臼，它体现在每一个客家人的日常生活中。

（本文作者系云南大学历史与档案学院国际关系史专业 2015 级博士研究生，云南大学缅甸研究院兼职研究人员）

---

① 安东尼·吉登斯著、周红云译：《失控的世界》，江西人民出版社 2001 年版，第 4 页。

# 闽台客家始祖崇拜的当代价值

## 刘大可

闽台客家始祖崇拜是两岸客家民众群体认同的符号与象征，也是闽台关系及客家研究饶有兴趣的一个重要论题，但前人对此论述无多。本文在系统考察闽台客家姓氏始祖崇拜的产生与演变、崇拜的形式与活动以及社会功能的基础上，[①] 认为闽台客家姓氏的始祖崇拜具有传承客家文化基因、增强客家文化认同、促进客家文化交流、推动客家文化资本运作、加大客家文化品牌塑造等方面的价值。

### 一、传承客家文化基因

客家人的家世，大多是一部典型的移民创业史。族谱记载与口头传说中的闽台客家始祖大多富有传奇的经历，血液里流淌着筚路蓝缕、以客为家的豪情。垦殖开发的艰辛和长期颠沛流离的徙居生活，迫使他们不得不与险恶的环境作斗争，随之养成了冒险犯难、开拓进取、吃苦耐劳的精神气质。明清以后，相当多的客家人不管风吹浪打，不畏海涛汹涌，漂洋过海开创基业，乃是这种精神的进一步延伸。作为一种文化基因传承，这种精神气质又使客家人在近现代的一系列重大社会变革中发挥重要的作用。在当代，海内外客家人也活跃在世界舞台上，对当代世界的政治、经济、文化的发展，做出了重大贡献。闽台客家始祖在漫长的迁徙与垦殖开发中凝聚而成的精神形成了很强的向心力，正是这种向心力使得客家人把中原灿烂的文明带到南方而不被同化，大量见之于族谱、碑刻、楹联、牌匾的祖训家规，教人遵纲纪、重德才、奋发进取，无不闪耀着中华文明崇文尚武、耕读传家的精神光芒。而这种精神特质又体现在对南方民族文化的博采和涵化上，闽台客家始祖及先民们与南方民族居民既斗争又融合逐渐发展壮大，使客家人在继承和发扬中华文化的精华的同时，又养成兼收并蓄、开拓进取的乡风民俗，焕发出强大的凝聚力与生命力。海外客家人大都以自己是中华血统为光荣，以自己是客家人为骄傲，具有强烈的爱国爱乡情感，改革开放后纷纷回国投资办学、兴办公益事业，展现出一种拳拳赤子之心与殷殷爱国之情。正因为如此，深入探讨闽台客家始祖崇拜的成因、形式及其功能是客家研究一项重要学术价值和现实意义的课题。

---

① 刘大可：《闽台客家姓氏的始祖崇拜及其当代表述》，未刊稿，约 3 万字。

## 二、增强客家文化认同

闽台客家始祖崇拜的文献记载与口头传说、祖祠、祖墓及祖训家规作为物质与非物质文化的重要形态，深深植根于历史记忆之中。围绕始迁地、始祖祠、始祖墓的一整套文化规范、观念，容易获得客家世界的普遍认同。如宁化客家公祠的建造为客家人的寻根谒祖提供了一种可能进入的物质形式与动态场所，而石壁则被打造成客家人朝拜始祖的圣地，具体而形象。与此同时，非物质的祭祖典礼与仪式也深入人心。由宁化县政府组织的"石壁客家公祠落成暨'95世界客属石壁祖地祭祖大典"在石壁的隆重举行，福建省、市、县各级领导和相关团体、组织，各路民间精英，海外重要客属团体和客家精英等数千人出席，特别是海外客属著名活动家姚美良先生主动介入祭祖活动，使石壁客家祭祖在海外客家人中引起较大反响。通过20多年的持续推动，石壁客家祭祖已成为一个固定化、程式化的节日，不仅获得了当地人的认同，而且获得了客家世界的广泛认同，从而成为客家文化的新传统。2011年，宁化石壁客家祭祖被列入国家非物质文化遗产名录扩展项目名录。至2016年，宁化石壁客家祭祖已举办22届，共有30多个国家和地区上千客属社团50余万人次前往参加。

与宁化石壁客家祖地认同相一致，闽台客家具体姓氏对始祖的崇拜也有增无减。许多客家姓氏的始祖祠、始祖墓每年都要接受近万名包括台湾、香港、澳门等地在内的海内外客家裔孙的朝拜。如2008年2月，台湾客家广播电台董事长廖运塘到上杭参观客家族谱馆时，意外地找到了自己的"根"——廖花公墓和廖氏祖祠。对此，他十分激动，在拜谒祖宗墓地和祖祠后，当场向廖氏宗祠捐款1万元新台币，表示今后一定要携带家人到上杭谒祖。1998年7月，台湾世界丘氏宗亲会会长丘清辉率谒祖团参加姜太公旅游中心开工典礼，致辞时深情地说："我们都是炎黄子孙，都是三五郎公子孙。我们热爱乡梓，热爱中华，要共同为振兴中华民族，和平统一祖国，共同建设家乡努力。"2000年11月21日，姜太公旅游中心举行第一期工程竣工剪彩仪式，台湾知名人士许信良、邱创良、丘清辉、邱正吉等专程从台湾到上杭参加庆典活动。①

丘氏始祖总祠现已成为海内外客家人认同祖地的当代见证。20世纪90年代以来，由于上杭丘氏总祠比较完整地保存了原貌，台港澳及海外客家丘氏裔孙每年都风雨无阻地组团到上杭祭拜。因此，不少有识之士认为应将丘氏总祠列为文物加以保护，让其在对外联谊和对台工作中发挥重要作用。正如台湾"世丘总会"发给上杭县政府的函中说："台湾丘氏极大部分皆出公（三五郎）之世系，故历年来均有台湾省宗亲不惜航车劳顿，千里迢迢返杭祭祖，上杭实为我海内外族人根之所在，脐带之所系血统之所承

---

① 钟巨蕃：《千支万根相同——台湾丘氏回杭祭祖》，载政协福建省上杭县委员会文史资料委员会编《上杭文史资料》（第29辑），2005年11月，第183页。

也。"① 李氏大宗祠于 1985 年维修后，海内外李氏宗亲 12000 多人参加了升座大典。我们在李氏大宗祠田野调查时，还特别看到了台湾桃园市"市长"李信宏的题词"源远流长"、台湾桃园市我任公裔孙李哲等 124 人的题词"祖德显赫"、台湾桃园市李氏宗亲会捐资 16970 元并题词"寻根谒祖"。海内外宗亲的寻根谒祖活动，既是一种社会历史记忆的唤醒，又是一种别开生面的文化训练和文化反向传播，显然有助于重新滋生姓氏自豪感和文化自信力，从而促进血缘与地缘的文化认同。

更为典型的是，鉴于始祖婆马氏墓"文革"时被毁，1991 年月 10 月，第五届世界钟姓宗亲联宗大会决定在广东省蕉岭县三圳镇顺岭下重建马氏陵园。我们在田野调查时，曾抄录到《重修马太夫人墓园碑记》，从中可了解到重建马氏陵园的概况。

### 重修马太夫人墓园碑记

马氏祖婆乃吾钟姓南国之祖妣。原葬于福建省长汀风水宝地，千古流传，千秋祖德，远近蜚声。但由于年代久远，几经变迁，以至墓迹全非。四海宗亲常怀饮水思源之念，迢迢千里，几度寻根问祖，亲临长汀访查，并拟筹资重建，以昭祖德。皆因种种原因，未成凤愿。近年来海外维炫、荣山、育森等宗长一再辗转回故乡各地查勘，最终拟定蕉岭顺岭山为吉址建碑。此议于 1991 年 10 月 27 日在泰国召开的世界钟姓联宗大会决议通过。消息传来，四海称庆，旋即成立建园乔迁委会，于 1992 年 8 月吉时隆重奠基，并认真研究墓园设计，同时得到当地宗亲热烈支持，协助完成征地拆迁等工作。从此，海外宗亲纷纷筹款捐资，及时汇返，保障工程顺利进行。兹落成纪念碑主碑一座，左右纪念亭各一座，进园公路及停车场等配套设施，亦相继完善，总计支出人民币 78 万元。墓园背靠青山，脉结罗裙，铺地如巍巍宗功，面逆大河，长流不息，若绵绵祖德，举目文嶂高耸，气象俨然，钟灵毓秀，宜乎瓜瓞绵绵。马氏祖婆将千秋永在，与世长存！

世界钟姓联宗总会

公元一九九三年癸酉岁九月吉日立

由此可见，钟氏后裔虽分散四方，却对传说中或历史上的始祖（始祖婆）有着宗教式的思恋与向往，而这种思恋与向往虽历经千百年而不减，凝聚成一种永恒的情结与绝对的精神。

凡此种种，传说中的闽台客家祖居地或祖坟往往成为客家人凭吊古昔、借古抒怀的重要场所，吸引了无数的客家后裔前往朝拜，而成为无言的风景。可以说，众多的客家始迁地、始祖祠、始祖墓既是包括台湾客家在内的海内外客家人心中虔诚膜拜的圣地，

---

① 江梓明：《漫谈涉台客家文物的保护》，载福建上杭客家联谊会编《上杭客家》第 8 期，第 80 页。

也是海内外客家人魂牵梦绕的精神家园。

### 三、促进客家文化交流

闽台客家共同始祖的认同不但有助于客家文化的认同，而且对促进两岸客家民众的交流交往也具有重要的作用。如出生于台湾南投县的游岳勋声称是游氏开基祖二三郎的28代孙。1994年他到稔田化厚（坝头）寻根祭祖，受到坝头游氏"立雪堂"管委会的热情接待。游岳勋看到始建于元代至正年间的游氏宗祠"立雪堂"，因年久失修不堪使用后，主动向"立雪堂"管委会倡议重修，并带头捐资。"立雪堂"管委会积极配合，召开筹备会议，印发重修祖祠（墓）的募捐信。大陆地区、台湾地区及新加坡等地的游氏后裔的慷慨解囊、共同努力，使"立雪堂"面貌为之一新。"立雪堂"管委会又和游岳勋等台湾宗亲一起重修了《闽游二三郎系大族谱》，厘清了游二三郎裔孙播迁闽、粤、赣、台及海外的世系。海峡两岸游氏裔孙携手合作共修祖祠（墓），同纂族谱，增强了游氏后裔的凝聚力，特别是增强台湾乡亲对祖地的认同感、向心力，也加深了海峡两岸客家乡亲的交流和了解。据"立雪堂"管委会的游宝英说，这几年"立雪堂"管委会每年都要接待成千上万前来寻根谒祖的海内外游氏后裔。如2007年5月17日，台湾宜兰游氏家庙祖团一行107人前来寻根祭祖，他们中有白发苍苍的长者，也有才十来岁的孩童。

自海峡两岸开放探亲旅游后，台湾世界丘氏宗亲总会和各市、县丘氏宗亲会、邱道芳公派下宗亲会、世界河南堂丘氏文献社等丘氏宗亲组织，每年都会组团到上杭寻根祭祖，也必到丘三五郎祖墓和丘氏总祠祭拜。他们之中有的到过四五次，有的到过20多次，而有的甚至多达40余次。据上杭丘氏源流研究会统计，最近几年来杭祭祖的丘氏同胞达1500多人次。1995年9月25日，台湾丘道芳公派下宗亲会邱仕燃第三次组团到上杭祭祖。他们傍晚抵达上杭，受到上杭县政协、台办、文化局和祖地宗亲的热烈欢迎。在当晚举行的杭台丘裔孙座谈会上，宗亲们热情交谈，互赠礼品，心气相通，体现出血浓于水的情怀。26日一早，他们从住宿地上杭宾馆到杭城东门的丘氏总祠，当看到"宏丽壮阔，规模宏正"的古宗祠后，众人肃然起敬，思亲念祖之情油然而生。随后，祭祖团一行29人和当地宗亲一道驱车祭拜太始祖三五郎公墓。当时，从停车地到墓地山路崎岖，须翻山越岭步行十多里。祭祖团中有80高龄的老人，也有从未爬过山的女士。他们为了能亲自祭奠先祖，不怕山高路险，无惧林深苔滑，不顾气喘吁吁，汗流浃背，一片虔诚之心，十分感人。来自台湾的丘三五郎裔孙在太始祖墓前摆上祭品，烧香点烛，三跪九叩，拜读祭文，不少人热泪盈眶，默默祈祷。在下山的路上，爱唱山歌的上杭乡亲一路唱着山歌："台胞回乡祭祖宗，千支万脉根相同。江山依旧情不老，两岸裔孙心相通。"时至今日，我们在丘氏总祠田野调查时，还不时见到台湾丘氏后裔前往谒祖时赠送的黄旗（书写"永怀祖德"）、白旗（书写"祖源流芳"）、白色圆盘温度计和以台湾丘氏源流为题材的挂历等。

这种到始祖地寻根谒祖的行动也见于东南亚客家人。我们在上杭县张化孙纪念馆调查时，曾发现一本越南张氏宗亲赠送的族谱。据当地报告人说，2013 年 11 月 2 日有旅越张氏宗亲 3 人以张化孙后裔的身份前来祭拜始祖张化孙公，并将该谱赠送给张化孙纪念馆。该谱为中文、越南文互相对照，扉页中间写有"历代宗支流水簿"，两旁分别书有："天长地久""日永月明"。

不仅如此，"张化孙后裔"也常常不远千里，或组团，或举家，或个人，前往上杭祭祖，表达对祖先的敬仰之情。据不完全统计，从 1995 年至今，已有 7 万多人次前往祖地祭祖，主要有：广东省汕头、汕尾、五华、梅县、蕉岭、平远、大埔、兴宁、丰顺、从化、新丰、紫金、海丰、陆丰、深圳、惠东、惠来、饶平、潮州、东莞、河源、揭西、肇庆，江西省兴国、会昌、瑞金、南康、遂川、赣县、于都、萍乡、安远、修水、铜鼓、上犹、寻乌、永丰、吉发、崇义、泰和，福建省漳州、诏安、平和、南靖、长汀、武平、永定、连城、龙岩、漳平、上杭，浙江省云和、龙游，湖南省浏阳，广西贵港，台湾的屏东、基隆、台中、桃园、台南、台北、高雄、丰源、云林，以及澳门地区、马来西亚等地张氏宗亲。①

除游氏、丘氏、张氏外，李、廖、郭等 23 姓也分别成立了姓氏文化研究（联谊）会，这些姓氏文化研究（联谊）会在组织祭祖，维修祖祠、祖墓，编修族谱，联络各地宗亲方面发挥了重要作用。其中，包括台胞在内的海内外客家乡亲组团到上杭寻根祭祖大都是由各姓氏研究（联谊）会组织进行的。姓氏研究（联谊）会还通过与台胞共同维修祖祠、祖墓、联合编修族谱等宗族活动，进一步密切和台湾同胞的联谊交往，使他们更加深了对根、祖、脉的认同。由此可见，闽台客家始祖崇拜已成为连接包括台湾客家在内的海内外客家裔孙交流交往的桥梁和纽带。

**四、推动客家文化资本运作**

闽台客家始祖崇拜是中华传统文化尊祖敬宗的一种传统，也是客家文化走向世界的重要资源，可以根据现实的需要成为一种重要的文化资本。20 世纪 80 年代后，许多海外客家人回祖籍地广东梅州寻根谒祖、投资创业，并捐资兴办公益事业，极大地促进了当地的经济发展。有鉴于此，具有丰富客家始祖文化资源的闽西客家地区，便兴起了一股客家文化的研究热潮，具有半官方性质的客家研究会应运而生。1991 年 3 月成立的宁化客家研究会，其宗旨就是以客家祖地作为吸引海外客家人的重心，来振兴客家祖地的经济文化。该会提出的五项工作规划——办好一个刊物、搞好两条旅游路线宣传、办好 3 项活动、搞好 4 项建设、抓好 5 件具体事，就是围绕经济发展而设计。宁化县政府敏锐地认识到这是宁化县吸引外资的一个突破口，给予高度重视。1992 年决定投资百万元在石壁建设客家公祠，修建公祠至宁化县城的干线公路，建立客家民俗馆。1992 年 11 月，宁化县举办"92 宁化首届客家民俗文化节"，同时召开"客家史与客家文化研讨会"，举办"全国首座客家公祠奠基仪式和隆重的祭祖仪式"。

---

① 张能波：《鄞江始祖张化孙》，福建上杭客家联谊会编《上杭客家》第 2 期，第 71 页。

台湾世界丘氏宗亲总会副会长、家住台湾省桃园县大溪镇的邱正吉，声称是上杭中都璜坑开基祖丘惟禄的第二十四代孙，太始祖丘三五郎的第二十七代孙。20 世纪 80 年代，他来到祖国大陆投资办企业，对祖居地上杭充满虔诚之心、挚爱之情，他说："我身居台湾心系大陆，不忘祖根，热爱故土，我将联络更多的宗亲回祖地寻根拜祖，投资经商，造福桑梓。"自 1990 年以来，他每年都要组团到上杭拜祭祖坟、祖祠，先后达 40 多次，其中几次从稔田南坑韩太婆墓地赤脚步行到下都璜坑祭拜丘惟禄墓、祠，从中体验先人迁徙创业之艰辛，进一步激发敬祖爱家乡之感情。1997 年，他以台湾世界丘氏宗亲总会的名义和上杭客家联谊会签订了投资兴建"姜太公旅游中心"的协议书。①

台湾台中县张泰胜是上杭张氏开基祖化孙公的后裔，20 世纪 90 年代回上杭祖地寻根祭祖后，向张化孙研究会捐资建造了通往张化孙的夫人陈、阙二恭人古墓的石拱桥"文德桥"及简便登山水泥路。此后他又提出要捐资铺筑白砂军桥村到张化孙墓地所在的茜洋村约 4 公里的水泥公路，并捐出了大部分资金，也铺筑了约 3 公里的水泥路。由于 90 年代后期的亚洲金融风暴，使张泰胜的资金不能全部到位。张化孙研究会发动县内外宗亲无私奉献，以"百米万元"为一段向前推进，终于完成了这段报效祖地的公路工程。张泰胜知道后十分高兴，在写给张化孙研究会的信中说："为了祖宗事业，我经常奔跑于海峡两岸，可谓问心无愧。在我有生之年，一定会凑齐捐款，决不食言；还想搞些项目，帮始祖的乡亲富裕起来。"他还应张化孙研究会之请为这段水泥路题词："敬祖传万路。"

### 五、加大客家文化品牌塑造

闽台客家始祖崇拜的文献记载与口头传说、祖祠、祖墓及祖训家规作为物质与非物质文化的重要形态，既是一种重要的文化资源，同时也为文化品牌的塑造提供了重要的基础。正为如此，闽台客家的始祖崇拜在当代背景下，闽西各县地方政府、社会团体、民间精英为塑造客家文化品牌进行了不同的表述。

在宁化，早在宁化客家研究会成立时，该会名誉会长张恩庭就做了题为"弘扬客家精神，振兴客家祖地"的讲话，指出研究会的目标是"积极开展活动，大力宣传客家精神，振兴客家祖地，拓展声誉，吸引外资，开发石碧，发展宁化，促进客家'两个文明'建设的发展做出贡献"。会长刘善群则在其报告中说，研究会的宗旨是"研究客家的历史和现状，研究宁化及石碧在客家文化中的地位和作用，研究石碧的地理、语言、民俗、文化、经济、科技和著名人物等等，通过研究和宣传，丰富客家史的宝库，为弘扬中华民族的优秀精神，为促进宁化的旅游事业，振兴宁化经济，为加速四化建设，促进祖国的统一大业，做出贡献"。

在这些思想指导下，宁化客家研究会提出一系列以"客家始祖"为主题的举措，其

---

① 钟巨蕃：《千支万根相同——台湾丘氏回杭祭祖》，政协福建省上杭县委员会文史资料委员会编《上杭文史资料》（第 29 辑）2005 年 11 月，第 183 页。

中包括办好《宁化客家研究》；搞好客家祖地旅游点石碧、天鹅洞的宣传推介，热情欢迎海内外客家乡亲及各界人士前来寻根访祖，观光旅游；办好宁化客家艺术节（或庙会）活动和召开宁化客家研讨会；举办石碧客家祖地恳亲会；建立石碧客家祖地的标志，立起"客家祖地"的大石牌；筹建"客家公祠"或"客家陈列馆"，先给各姓立一个牌位，再搜集族谱陈列，为寻根访祖的同胞提供了拜祖烧香之地。

在此基础上，作为一种文化资源与文化品牌，官方亦开始了对始祖文化品牌的建设与推介，随之大力支持客家祖地的建构、客家公祠的建设、客家民俗馆的兴建。1992 年底，宁化县又成功举办了"92 宁化首届客家民俗文化节"。活动期间，既有号称 10 万人的文艺踩街、文艺会演，又有"客家史与客家文化研讨会"，以及在石碧村的祭祖仪式和公祠奠基仪式。1995 年客家公祠建设完成，并于当年 11 月 28 日举行"石壁客家公祠落成暨 95 世界客属石壁祖地祭祖大典"。

宁化客家百姓公祠的建立及其公祭仪式，意味着创立了客家人的圣地圣拜，也标志着客家祖地的确立。在建构的百姓公祠中，客家各姓氏都很容易在这里找到自己的"根"，从自己宗族出发追溯到宁化石壁，进而同中原连接起来，因而百姓公祠的建立对海内外客家各姓氏都有一定的吸引力。而对海外的客家人来说，则更易成为其朝拜的圣地，正如海外客属领袖姚美良在 1995 年 11 月 28 日公祭大典上所说的：

> 世界上有许多民族包括世界上著名的三大宗教都有自己的朝拜圣地。客家人自古以来，一向重视礼教，敬睦祖宗，各姓氏家族都有自己的祭祖宗祠。至今，仍有许多姓氏宗祠保存完好。石壁公祠落成后，将是世界上所有客家人的总家庙，这里聚 120 多个客家姓氏祖先英灵于一堂，是客家人朝拜祖先的圣地。

由此可见，姚美良是把石壁客家祖地、百姓公祠视为堪与伊斯兰教的麦加、基督教之耶路撒冷相比的客家人的朝拜圣地，把公祭仪式类比作麦加的朝圣或公祭黄帝陵的仪式，以便团结海外客家人，减少不同海外客家人社团之间的隔阂，而获得海内外客家人和谐团结的气氛。由于客家祖地、百姓公祠的朝拜圣地功能，因而也持续吸引了海内外客家人前来朝拜。正如一个虔诚的宗教信徒，一生中能去他们的宗教圣地朝拜一次是极为光荣而神圣的，也是他们尽可能要去完成的夙愿。因此，当把宁化石壁客家祖地、百姓公祠视作朝拜圣地后，海内外客家人也一如虔诚的宗教信徒，以一生中至少能去宁化石壁朝拜一次为荣。

宁化客家公祠的建立及其公祭仪式的形成，是一个根据某些历史记忆的当代再创造，也是根据现代需要重新建构了一个物化的象征符号、客家的意识和认同的边界。它的建构实际上标志着客家祖地再次确立，表达这样一种话语：石壁是客家人形成的祖地。其意义在于重新强化了海内外客家人"原生纽带"和"根"的意识，使更多的客家人在这样的"原生纽带"或"根源"上团结起来。

与宁化石壁祖地祭祖大典交相辉映的是长汀县公祭客家母亲河大典。世界客属公祭客家母亲河活动也是 1995 年由姚美良及其胞兄姚森良倡导发起的，迄今已举行 22 届。每年秋季，来自海内外 40 多家客属社团 2000 多名客家乡亲代表相聚一起，寻根祭祖，高举所在地公祭团的牌子到汀州八景之一"朝斗烟霞"前的客家母亲缘广场拈香礼拜。祭旗猎猎，冠盖如云，礼铳轰鸣，举行敬献花篮、净手、上香、鸣炮、宣读祭文等仪式。22 年来，共有海内外客家乡亲近 30 个国家和地区 32 万多人次到长汀县寻根祭祖，密切了世界客家乡亲之间的联系，增进了海峡两岸的乡情、亲情和友情。

在上杭县，社会各界也对"客家始迁地"——瓦子街的方位展开了热烈的探讨。为了寻找瓦子街的具体位置，当地文化人开始挖掘史料，比照求证，以期获得瓦子街位置的确认。或曰岭子头上叫瓦子坪；或曰雷坪哩遍地瓦砾，称之为瓦子坪；或曰城区大街"旧砌石子，杂以瓦砾"叫作瓦子坪。有人甚至认为瓦子街应是东至和平路，西至建设路，南至江滨路，北至人民路，即上杭旧城区的中心地段。

鉴于上杭县客家始祖文化资源丰富，开发潜力巨大，上杭客家联谊会提出了《关于建立"海西客家始祖文化生态园区"的建议》，[①] 建成以县城为中心，稔田镇为龙头，包括临城、白砂、东一路乡镇和中都镇、下都乡为一体的"海西客家始祖文化生态园区"；在县城区设立客家始祖文化中心，中心内容结合瓦子街建设，修建始祖宗祠、兴建始祖文化研究中心、始祖文化博物馆、始祖塑像广场、迎宾楼等；将稔田镇建成客家始祖文化镇，以李氏大宗祠为轴心，建立民俗风情村、美食街、祖屋书院群、休闲度假区等；在庐丰畲族乡建立畲客交融文化园，园内设畲客交融博物馆、民俗风情馆、美食馆、迎宾楼等，建成畲客和谐发展特色文化区；搞好区内原生态环境保护，开发区内其他文物古迹，如著名古建筑存耕堂、丘复故居、刘家大院、渊泉居、大夫第、宏文馆等，古寺庙如云霄阁、天后宫、清源山寺等。将始祖崇拜景观集中在某一个相对较小的区域，便于旅游。为了增加本土文化含量，着意建造旅游景点式的祖祠、宫庙的做法，代表了一种信仰文化的生成，代表了信仰文化在发展过程中走向复兴道路采取的符合现代人生活方式的变革。

在地方精英、社会各界的推动下，上杭县委、县政府也开始对瓦子街进行建设。2008 年，贯通上杭南北城区的紫金南路改造开始，是上杭县"十一五"期间十大基础设施建设项目之一，规划设计为仿古商业街的风格，形成以骑楼式建筑为主体，集居住、休闲、购物于一体的特色商业街，同时对有价值的文物及古建筑予以保护和修缮。县委县政府又决定，将新建成的商业步行街命名为瓦子街，以满足外迁裔孙们寻根谒祖的愿望。

更令人瞩目的是，上杭县委、县政府加大投入建设客家族谱馆，使之成为两岸客家血脉亲情对接和文化经济交流的平台。经过多年的努力，上杭客家族谱馆已收藏 131 个

---

① 上杭县客家联谊会在县政协十届委员会第四次全会期间提出了《关于建立"海西客家始祖文化生态园区"的建议》的提案。

姓氏、1800 多部 2 万余册的客家族谱以及 1 万份客家志书、文书以及祖宗图、客家民俗文物等珍贵文献。目前,客家族谱馆收藏的客家族谱种类、数量已成为中国之最。丰富的馆藏文献吸引了许多台湾客家乡亲和专家学者前往上杭客家族谱馆参观、考察、读谱、寻根与学术交流。近几年来,该馆先后接待了"台湾高雄市客家文化事务基金会"等台湾客属团体 60 多批 4000 多人次,三次参加龙岩市举办的"闽台渊源关系族谱展"、世界客属恳亲大会的"客家族谱展"和"'寻根与认亲'客家族谱选展"等活动,吸引了众多的观众。2009 年 3 月 18 日—4 月 27 日由海峡两岸有关团体共同主办,上杭客家联谊会和客家族谱馆承办的客家族谱赴台展获得巨大的成功,产生了巨大影响。台湾众多客家乡亲在参观谱展中真切体会到两岸客家同根同源的真实情感,提高了客家人在台湾的影响力,对于促进海峡两岸文化的交流与合作,推动两岸关系和平发展具有重要的意义。

(本文作者系中共福建省委党校副校长、福建行政学院副院长,教授,历史学博士、文学博士后)

# 新媒体与客家文化传播

## ——基于 4539 条微博的内容分析

### 周建新　肖玉琴

客家文化是我国极具特色的地方文化和族群文化，经历了长达数百年的历史发展。近代以来，在建构客家文化共同体、形塑客家族群意象的过程中，大众媒介扮演着重要的角色：它是客家文化抗争的有力武器，不仅激发了客家族群的认同意识并促进了客家研究的发展，亦是客家民众集体记忆的修复者。[①] 近年来，新媒体技术日新月异，为客家文化的主动传播提供了更多渠道，从官方媒介到草根传播，都在借助数字技术的开放性推动客家文化的承继与发展，客家文化顺应潮流进驻了各类新兴媒体舆论场。为了一窥客家文化新媒体传播的表现，本文选择时兴的微博传播为例，抽取 4539 条有效样本，采用内容分析法描述客家文化在微博中的议题呈现，并进一步梳理其特点与不足，为客家文化微博传播提供实证依据。

## 一、研究设计

内容分析法是一种对被记载下来的人类传播媒介的研究，[②] 它对各种信息交流形式的明显内容进行客观的、系统的和定量的描述，[③] 适用于"对现实查核"的描述研究，通过对群体、现象、特征或品质跨时间镜像的呈现，参照现实生活的标准进行评估。[④] 本研究旨在通过将新媒体中包含客家文化元素的文字、图片等非量化信息转化为定量的数据，从中厘清客家文化的新媒体传播状况和规律。内容分析法是适宜的研究方法和工具。

### （一）选择目标媒体

"新媒体"是个相对的概念，具体指向因时而变。当下的新媒体主流是互联网，其种类繁多，包括即时通讯（QQ、飞信、微信等）、网络新闻、BBS 论坛、微博/博客、SNS 社区等。鉴于研究时间和精力的限制，无法全面分析所有网络媒体，仅选择其时兴

---

① 肖玉琴、周建新：《大众媒介与客家族群意象的建构——中央级报纸"客家"议题的实证分析》，《广西民族大学学报》2013 年第 6 期。

② 艾尔·巴比著、邱泽奇译：《社会研究方法》，华夏出版社 2005 年版，第 306 页。

③ 袁方：《社会研究方法教程》，北京大学出版社 1997 年版，第 401 页。

④ 丹尼尔·里夫、斯蒂文·赖斯、弗雷德里克·G·菲克：《内容分析法——媒介信息量化研究技巧》，清华大学出版社 2010 年版，第 14 页。

的典型形式以一叶知秋。根据《第36次中国互联网络发展统计报告》，截至2015年6月，我国微博客用户规模为2.04亿，网民使用率为30.6%，其中新浪微博的用户占69.4%，一至五级城市的使用率均在65%以上。基于微博的流行性、新浪微博的市场份额与活跃度，本研究选择新浪微博作为内容分析的目标媒体。

（二）样本选择

以"客家"为关键词在新浪微博中搜索，结果显示有上千万条。进一步通过新浪微博高级搜索的"精选微博"功能，剔除了其中无影响力（无转发、无评论）的微博，选取其中有较高转发数和评论数的"精选微博"，共17960条，由于微博页面最多显示1000条，笔者进而以地区细分，获得11876条微博，剔除其中只含"客家"词句而不以客家文化为发布内容的微博，最终获得有效样本4539条。

（三）类目建构

类目即内容的分类，类目建构愈是周延而明确，愈能深入探究问题及内容，研究也愈具有学术价值。根据拉斯韦尔的5W传播模式，媒介传播内容的类目可分为说什么和如何说，分别属于实质（substance）和形式（form）两种。[1] 结合研究目的和微博作为社交媒体和自媒体的特性，参考5W模式，笔者将微博内容分析的类目分为基本信息、媒介呈现形式、媒介呈现内容和互动情况四大部分（详见表1）。

表1　客家微博内容分析类目表

| 一级类目 | 二级类目 | 三级类目 |
|---|---|---|
| 基本信息 | 博主身份 | 微博主现实身份 |
| | 所在地 | 微博注册显示地 |
| | 粉丝数 | 0—1万、1万—5万、5万—10万、10万—50万、50万—100万、100万以上 |
| 发布形态 | 发布形式 | 纯文字、含图片、含视频、含网页链接、含长微博 |
| | 发布时间段 | 7个时间段：6:00—9:00、9:00—12:00、12:00—14:00、14:00—17:00、17:00—20:00、20:00—24:00、24:00—06:00 |
| 发布内容 | 客家地区 | 广东、福建、江西、四川、广西、台湾、湖南、香港、河南、海外、泛地区、其他 |
| | 客家意象 | 客家建筑、客家饮食、客家服饰、客家方言、客家民俗、客家音乐、客家戏剧、客家美术、客家精神、客家历史、其他 |
| 互动性 | 转评情况 | 分为0—10个、11—20个、21—50个、51—100个、101—150个、151个以上 |
| | 推广方式 | 一般消息发布、设置微话题、发起微活动、设置微话题并发起微活动 |

---

[1] 王石番：《传播内容分析法——理论与实证》，（台湾）幼狮文化事业公司1996年版，第207页。

（四）信度分析

内容分析的信度指不同编码员对内容归类的一致性，通常大于 80% 是可接受的标准。客家微博分析的样本量较大，数据录入中的一致性显得尤为重要。本研究随机抽取 50 篇样本，由两个研究者进行编码，运用 Holsti 在 1969 年提出的编码员间信度计算公式进行信度检验，① 计算结果显示编码员间信度均值为 89.2%，符合内容分析的要求。

**二、客家文化形象的微博呈现**

（一）微博账号特性分析

1. 微博主身份类型化，微博地域分布高度集中。

客家微博主现实身份包括政府机构、企业、机构团体、媒体、网站、名人、普通个人。本研究分析的 4539 条客家精选微博，由 1984 个微博账号发出，其中实名认证账号 1016 个。如果统计出现频率，那么客家微博主的身份是多样化的。但是，44.7% 的微博用户客家微博发布量少于 3 条，仅有 54 个账号（2.6%）客家微博发布量达到 10 条（微博发布总量占 35%），这 54 名微博主可谓是客家文化微博的重要传播者。从研究传播规律的角度而言，分析有一定发布量的客家微博主特征意义更为突出。因此，笔者抽取微博发布量达到 10 条的客家微博主进行统计（表 2），结果发现，在 54 个微博主中现实身份为普通个人的有 20 位（37%），粉丝数在 3 万以上的仅 2 位；现实身份为政府的有 8 位，粉丝数现实身份为网站的为 6 位，其余身份均是 5 位。结合微博发布数量和粉丝数量来看，政府、媒体、名人才是客家文化传播有影响力的微博主。网站和媒体以美食类和旅游类居多，政府微博主都是闽粤赣客家大本营的政府官微或者旅游局官微，名人分别为政府官员、商界精英、客家艺人（2 位）和艺术家，即使是普通个人身份的微博主，也有 6 位是"微博本地资讯博主"，5 位为任职于客家文化传播公司的文化推广人员。如是，客家文化微博主身份呈现明显的类型化特征。

表 2　客家微博发布量 10 条以上账号

| 微博账号 | 微博数（粉丝数） | 微博账号 | 微博数（粉丝数） |
|---|---|---|---|
| 客家人文① | 193（2.6 万） | 江西风景独好④ | 17（50.4 万） |
| 客家微博馆① | 160（1.5 万） | 金拓大埔小吃⑤ | 17（0.3 万） |
| 全球梅州人① | 98（5.2 万） | 新浪广东美食⑥ | 16（56.9 万） |
| CCTV 客家足迹行③ | 93（4.0 万） | 聚赣州⑦ | 15（44.8 万） |
| 客家之音① | 78（0.6 万） | 看赣州① | 15（27.5 万） |
| 梅州城市广播① | 62（0.5 万） | 陈维伟② | 14（5.7 万） |
| 全球客家人① | 45（0.8 万） | 揭西万事通① | 14（2.3 万） |

---

① Holsti, O. R. Content Analysis for the Social Sciences and Humanities Reading, Addison-Wesley, Pub Co. 1969 年，第 138—141 页。

| 微博账号 | 微博数（粉丝数） | 微博账号 | 微博数（粉丝数） |
|---|---|---|---|
| 龙岩市旅游局④ | 37（2.1万） | 客家妹妹② | 14（15.4万） |
| 全球客家音乐搜罗① | 36（0.6万） | 广东梅州文化旅游特色区④ | 13（1.6万） |
| 宁化人⑥ | 33（0.7万） | 家在蕉岭① | 13（0.6万） |
| 梅州热点搜罗① | 31（0.7万） | 中国古筝学院② | 13（8.4万） |
| 陈善宝② | 27（1.2万） | 中国宁化在线⑥ | 13（0.3万） |
| 平安梅州④ | 27（21.1万） | 贝太厨房③ | 12（284.7万） |
| 全球客家微电影大赛⑦ | 27（0.2万） | 赣州发布④ | 12（7.6万） |
| 新浪福建龙岩频道③ | 27（4.2万） | 广东共青团④ | 12（109.1万） |
| 梅州时空网官方微博⑥ | 26（6.8万） | 客家张小婷① | 12（0.4万） |
| 江西日报③ | 25（154.8万） | 龙岗发布④ | 12（37.6万） |
| 罗沪京② | 25（8.6万） | 梅州五华同乡会⑦ | 12（0.5万） |
| 第25届世客会⑦ | 23（1.1万） | 饶北潮客① | 12（0.3万） |
| 全球客家情① | 21（0.2万） | 五龙客家风情园⑤ | 12（1.0万） |
| 福建省旅游局④ | 19（352.2万） | 惠州纵横① | 11（3.1万） |
| 福建土楼永定景区⑤ | 19（7.2万） | 客家风情网⑥ | 11（0.6万） |
| 江西旅游⑥ | 19（13.7万） | 颖川陈① | 11（0.2万） |
| 客天下景区⑤ | 19（0.5万） | CCTV－走遍中国③ | 10（2.8万） |
| 雁鸣湖旅游度假村⑤ | 19（1.0万） | 赣江源石城会① | 10（1.4万） |
| V游福建⑦ | 17（256.7万） | 惠阳淡水一些事① | 10（9.1万） |
| 爱兴宁① | 17（1.1万） | 客家之声① | 10（0.4万） |

说明：①普通个人　②名人　③媒体　④政府　⑤企业　⑥网站　⑦机构团体。

微博注册地能反映微博用户的地域属性，而微博在地域上的分布则是对客家文化地理景观的一种真实写照。由图1可见，微博注册地主要集中在14个地区（包括海外），其中广东、福建、江西等客家聚集地占了绝大部分，这与目前客家聚集地是客家文化传播的主要力量相关。其他23个省市则处于相对弱势的境地，发布数量为243条，仅占5.4%，账号个数为176个，仅占8.5%。而为什么北京、上海这样的非客家聚居地发布客家微博的账号数量也位居前列呢？首先是媒体、网站和名人的驻地常选在北京和上海，其次是因为北京上海本身微博用户渗透率很高。《2014年微博用户发展报告》显示：北上广及江浙一带微博用户较为密集，① 而很多客家人外出京沪工作或学习，却仍然关心客家。广东是客家地区和微博活跃地两者的叠加，所以在客家微博数量和账号个数上都占据绝对优势。

---

① 白剑锐：《2014年微博用户发展报告》，新浪微博《微报告》，2015年。

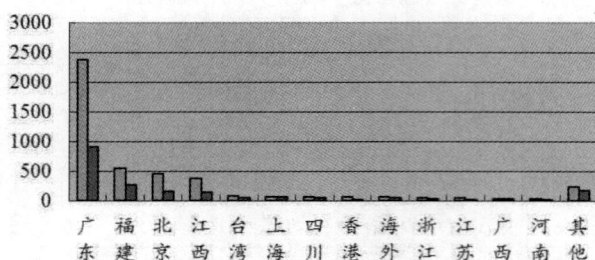

图1 微博注册所在地

2. 粉丝数量：人气微博偏少。

客家微博发布数量排名前20名的微博账号，共发布1094条微博，其中12个是重点传播客家文化的微博，共发布896条微博。笔者将客家微博发布主体粉丝数量划分为6个数量范畴进行统计（图2），发现有1045个客家精选微博发布主体粉丝数量低于1万，占总数的52.7%，有455个微博粉丝数超过10万，其中认证账号381个，非认证账号74个。所有的微博中，粉丝数在100万以上的仅163个，说明人气微博偏少，如果考虑非精选微博，普通用户所占比重将更高。微博粉丝数折射出微博传播的覆盖力，粉丝数量偏少的非人气微博的影响力十分有限，他们发布的信息就像水滴汇入大海一样被迅速湮没在海量的信息当中，难以引起网友的关注。

为什么客家微博人气偏少呢？进一步分析发现，微博发布数量前20名的12个客家专设微博中，有8个微博发布者的现实身份为普通个人，无一人经过认证，而且其中只有"客家微博馆"一个微博在持续更新信息，其余均停止信息发布，而"客家微博馆"的博主任职于深圳客家文化传播有限公司。所有微博账号中，有5个微博的微博主任职于客家文化传播公司，专司客家文化推广，但仅一个账号仍在发布信息，其余均停止发布数年。这些任职客家文化传播公司的微博主，可算是专业传播人士，但是并未体现明显的传播优势，说明其行为并非组织规划，可能是个人任务。相对于媒体、政府、机构和名人，普通个人的社会资源更加匮乏，很大程度上限制了其微博粉丝的数量。

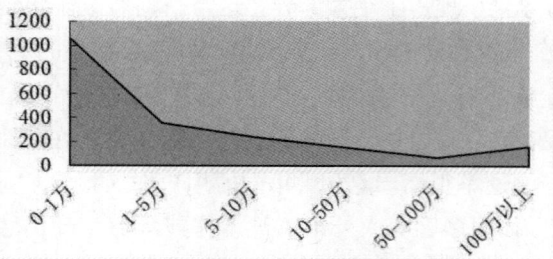

图2 客家文化微博粉丝数量

（二）发布形态分析

1. 发布方式：图文信息常态化，其他形式相对缺乏。

客家文化的微博中，纯文字发布方式仅占 9.6%，文字＋图片发布方式（占 80.3%）是微博的重要表现形式，配图片的微博比单纯使用文字更具有视觉冲击力，更能引起受众对信息的关注甚至互动和共享。但是，客家文化的微博中，视频、网页链接、长微博等形式所占的比重较低：视频 13.1%、网页链接 12.5%、长微博 10.3%。视频能给予受众强烈的视听感官的体验，长微博和网页链接则能突破微博 140 字的限制，引导受众深度阅读。可见，客家文化的微博传播缺乏深度。

2. 发布时间段：发布与阅读时间节点错位。

在不同的时间节点内，微博账号的活跃程度存在差异，发布时间的选择是制约微博传播效果的重要因素。[①] 从新浪《2014 年微博用户发展报告》可知，民众微博的使用存在两个小高峰：午间（12—14 点）、晚间（20—24 点）。而从图 3 可以看出，客家微博发布的高峰期主要集中在三个时段：上午 9—12 点、下午 14—17 点、晚上 20—24 点。第三个时段与微博用户的登入高峰吻合，前两个时段则是人们工作的时间段，用户一般无暇查看微博内容，此时发布的内容大都淹没在信息流中。

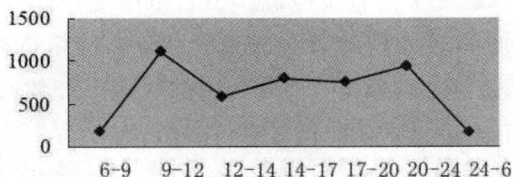

图 3　微博发布时间段

（三）发布内容分析

1. 客家意象：曝光频率悬殊，娱乐型受青睐。

微博中排名前五的客家意象分别是：客家饮食、客家建筑、客家方言、客家民俗、客家音乐。这几项都是客家文化要素的特色，排在首位的客家饮食，其微博数为 1369 条，而排在末位的是客家服饰，微博数仅 46 条，两者悬殊。由此可见，微博对于客家意象的发布严重失衡。进一步分析微博内容，我们发现，客家文化微博以信息发布为主，缺乏有热度的议题。相对而言，名列前茅的客家意象图文并茂，较易融合趣事、笑话、故事等，娱乐性较强，而排名较后的那些客家意象内容相对单薄，背景故事也没有成熟扩展，在传播迅速、内容碎片化的微博中，这样的信息很快就会被淹没。

---

① 胡洪彬：《中国高校微博的发展现状与完善策略——基于 18 所"985"高校微博案例的调查分析》，《重庆邮电大学学报（社会科学版）》2013 年第 5 期。

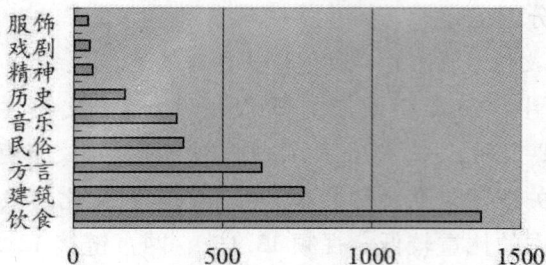

图4 微博中客家意象

2. 客家地区：报道区域集中。

结果显示，微博中提及率排名前三的客家地区分别是：广东（1239 条）、福建（701 条）、江西（441 条），其他客家地区加总才 557 条。从中可见客家微博报道的区域高度集中，这与赣闽粤是客家大本营的情况高度吻合。另外，从数值上比较，微博对广东的报道量显著高于其他地区，一定程度反映了广东地区对微博传播的重视。

（四）互动情况：转评赞与推广方式

1. 转评赞：传播力有限，娱乐型微博易被转评赞。

转发数、评论数与点赞数反映出用户对微博的阅读情况，微博的转发数、评论数以及点赞数越多反映该微博的受关注程度越高，覆盖范围更广，传播效果更好。[①] 图 5 显示，整体上客家精选微博的转评赞的数量较低，58.1% 的精选微博转发数量低于 20，82.4% 的精选微博评论数低于 20 条，91.4% 的精选微博点赞数低于 10 个。精选微博影响力如此有限，客家文化普通微博的传播效果可想而知。

此外，研究中发现娱乐型的微博最容易被转评赞，包括幽默笑话、晒美食、明星和热点话题等。这类微博的特点是轻松、活泼、快乐，内容没有特别强的目的性，微博用户对此类微博转评的主要动机是通过与朋友分享，达到消遣娱乐的目的。

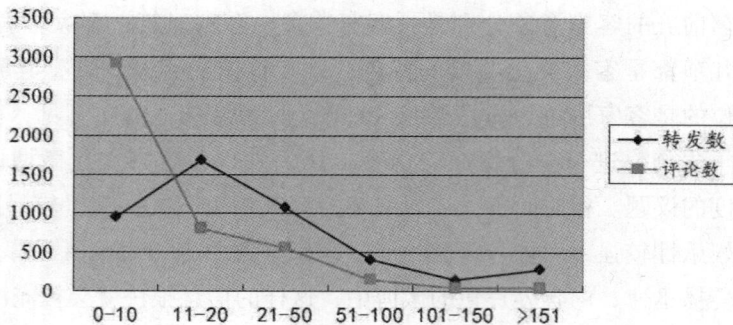

图5 微博转评情况

① 刘晓娟、王昊贤：《基于微博特征的政务微博影响因素研究》，《情报杂志》2013 年第 12 期。

2. 推广方式：多为一般性发布，缺少话题和活动。

笔者将客家微博的推广方式分为四类：一般性的消息发布（66.5%）、设置微话题（30.3%）、发起微活动（2%）、设置微话题并发起微活动（1.7%）。从中可见，客家微博的推广方式多为一般性的消息发布，这种单向的推广方式难以使受众对发布的内容形成共鸣。设置的微话题，直接关于客家内容的少之又少，而且阅读量非常有限。发起的微活动形式单一，主要是一些抽奖活动和保护性的呼吁，缺少多样化的形式势必会影响受众参与的热情。

### 三、发现与讨论："土"文化如何对接"新"媒体

基于客家文化微博的内容分析结果，笔者发现了以下几个问题。

第一，传播数量未上规模。新浪微博搜索显示，自微博开通以来，一共发布了17960条客家文化精选微博，而新浪每日发布微博近1亿条，微博中符合精选要求的至少有几十亿条，对比总量，客家文化精选微博的传播量偏低。再加上客家报道的"背书"现象较多，实际报道数量更低。

第二，传播手法单一，传播内容传统。在传播手法上，客家文化微博传播虽然实现了图文信息的常态化，但视频、网页链接、长微博等多媒体形式相对缺乏。在传播内容上，一板一眼的文化信息或新闻所占比重仍较高，而受众一般更愿意接受轻松活泼、偏娱乐型的内容，这势必造成客家文化传播吸引力不足，影响最终的传播效果。

第三，议题分散，难以形成热度。从微博议题以及发布规律来看，客家文化微博传播呈喧哗之势，形散神亦散。

第四，传播过程缺少互动。客家文化精选微博基本没有明确指向的互动对象、互动方式，多是一般性的消息发布，极少数设置了微话题或发起了微活动，而且与客家相关的话题较少，活动形式单一，多是一些有奖转发、保护呼吁；评论和转发情况数量一般，大部分在20条以下，而那些非精选微博，绝大多数无转发无评论。

第五，受众关注度低、传播无深度。客家文化的微博，微博发布时间点与微博活跃时段不够契合，以信息性微博为主，内容较生硬，对受众没有吸引力，难以深度传播。

针对客家文化微博传播中存在的问题，笔者从文化传播学角度提出以下建议。

1. 善用技术。

首先，充分发挥微博媒体融合的传播优势。微博是一种通过关注机制分享简短信息的广播式的社交网络平台，单篇的文本内容通常被限制在140个汉字以内。但是，微博拥有媒介融合的特性，用户可以通过图片、视频、@、链接等方式补充微博文字内容，延伸发布空间，增加微博信息量，完善微博的表述能力。

其次，根据微博平台特点进行有效传播。以发布时段为例，微博发布的时间节点应契合用户使用微博的活跃时段，这样才能使信息更好的到达受众。对于时间节点的把握，可以提前编辑好内容，通过第三方应用（如：如皮皮时光机、享拍微博通）进行定

时发布。

2. 优化内容。

微博是个无中心的公共话语空间，原创性、议题性的微博更易被关注。原创性的微博能扩展话题深度，舆论热点因为话题性强，往往能够在短时间内引起受众的广泛关注，倘若客家文化自身难以挖掘出议题，创意性关联名人和热点事件，往往能达到事半功倍的传播效果。

惠普实验室的研究指出，新浪微博的热门话题较多来自于娱乐类内容。[①] 搞笑漫画、有趣故事总是能被广泛传播，精心设计以客家文化元素为主角的娱乐内容亦能提升客家文化微博的关注度和影响力。

提高信息的价值性是最为长效的策略。站在公众的视角上，发布公众最需要、最关心的信息，有助于提高公众参与度。比如，关于客家服饰的微博，不妨链接制作客家小饰品的视频教程。即便发布严肃的客家历史，也要尽量把服务受众作为发布消息的标准。

3. 整体战略：意见领袖担纲，变喧哗为合唱。

就技术属性而言，微博是个无中心的自媒体。技术理想主义者认为以微博为代表的自媒体刷新了话语权的格局，无论地位、收入和学识如何，每个人都享有平等的表达话语的权利。但是，享有平等的表达话语的权利，就等于拥有话语权了吗？"话语权的本质不在于能否发出声音，而在于声音被多少人听见，并产生多大的社会反响。微博的话语权依然是现实权利关系的投射"。[②] 微博用户的信息生产和传播，生发于现实中的社会网络关系。精英掌控现实社会的话语权，在虚拟公共空间，依然是话语主导者，其表达掷地有声。微博平台中，草根虽然很容易发声，但是其声嘈杂，相互消弭，故而草根多数时候只是从公共空间的沉默者转变成公共空间的自语者。因此，微博传播过程中意见领袖的地位依然突出。就客家文化微博传播现状而言，意见领袖的角色并未凸显，建议打造并重推客家微博大V，发布关键帖引导舆论，增强传播活力，提高微博影响力。

在媒体技术日新月异的当今，信息生产日趋多元，这也意味着受众的注意力被进一步分解，传受过程离散化。面对这样的传播环境，任何一个传播主题想获得足够的热度，都必须想办法聚焦人们有限的注意力。微博是一个基于用户关系信息分享、传播以及获取的社交网络平台，时效性和随意性更强，技术本身就偏向于发散性、暂时性的传播。客家微博发布离散化，微博场不同主体各说各话，引致众声喧哗。客家文化作为一个地方文化共同体，要想在传播转瞬即逝的微博场域中形成影响力，微博主们应多"互粉"，共建微博"矩阵"，形成规模效应，放大客家文化的声音。

---

① 惠普中国研究院的博客：《惠普实验室对新浪微博和 Twitter 的内容进行的对比分析》。

② 韦路、胡雨濛：《中国微博空间的议题呈现：新浪热门微博实证研究》，《浙江大学学报（人文社会科学版）》2014 年第 2 期。

## 四、结语

综上所述，本文对含有"客家"关键词的新浪微博进行了描述性分析，虽然无法完整地呈现客家文化微博传播景观，然尝鼎一脔，从中梳理了客家文化微博传播的一些规律和存在的问题，供传播实践者们参考。建议客家文化传播者借助不同新媒体的后台数据或专业的媒体分析工具（如：知微、百度指数、微指数等），追踪和整理传播效果，重视受众的反馈信息，并据此对传播内容和传播策略进行调整，以更好地传承和弘扬客家文化。

**参考文献：**

[1] 肖玉琴、周建新：《大众媒介与客家族群意象的建构——中央级报纸"客家"议题的实证分析》，《广西民族大学学报》2013年第6期。

[2] 艾尔·巴比著、邱泽奇译：《社会研究方法》，华夏出版社2005年版。

[3] 袁方：《社会研究方法教程》，北京大学出版社1997年版。

[4] 丹尼尔·里夫、斯蒂文·赖斯、弗雷德里克·G·菲克：《内容分析法——媒介信息量化研究技巧》，清华大学出版社2010年版。

[5] 王石番：《传播内容分析法——理论与实证》，（台湾）幼狮文化事业公司1996年版。

[6] Holsti，O. R. Content Analysis for the Social Sciences and Humanities Reading，Addison – Wesley，Pub Co. 1969：138 – 141

[7] 白剑锐：《2014年微博用户发展报告》，新浪微博《微报告》，2015年。

[8] 胡洪彬：《中国高校微博的发展现状与完善策略——基于18所"985"高校微博案例的调查分析》，《重庆邮电大学学报（社会科学版）》2013年第5期。

[9] 刘晓娟、王昊贤：《基于微博特征的政务微博影响因素研究》，《情报杂志》2013年第12期。

[10] 惠普中国研究院的博客：《惠普实验室对新浪微博和Twitter的内容进行的对比分析》。

[11] 韦路、胡雨漾：《中国微博空间的议题呈现：新浪热门微博实证研究》，《浙江大学学报（人文社会科学版）》2014年第2期。

（本文作者周建新系深圳大学文化产业研究院执行院长、客家研究所所长、教授、博士生导师；肖玉琴系南昌大学公共管理学院副教授、博士）

# 福建客家文化与红色文化协同发展之路

## 郭 莉

### 一、福建客家文化概述

（一）客家文化的起源

福建是世界客家的发源地。客家人原属于中原汉人，从西晋末年开始，就有大批中原人士南迁。唐宋时期，又有数次大规模南迁，进入闽西、闽北，借助武夷山和汀江、闽江作为安全屏障，大量迁徙到以宁化石壁为中心的闽赣结合地区，在此生存繁衍数百年，中原汉族文化与当地土著文化相结合，由此产生了客家文化。之后由于战乱、政府奖掖、开拓发展等多方面原因，客家人开始从以石壁为中心的闽赣地区向国内外迁徙，而今遍布五大洲 80 多个国家和地区，有 1.2 亿人口，其中 150 多种姓氏是从宁化石壁传播到各地的。宁化石壁作为客家早期的聚散中心，成为世界客家祖地。[1] 世界客家人大部分是宁化石壁祖先的后裔，自宁化石壁迁出的客家祖先一般都被奉为始祖或开基祖，所以石壁被公认为"客家南迁的中转站""客家的第二祖籍地""客家的第二故乡""客家的摇篮""客家的发祥地""客家的祖地"。后来客家人从福建辐射到广东、江西、广西等地，成为一支独具特色的客家文化族群。

（二）客家文化的主要特征

客家精神是中华民族精神的体现，也是中华民族精神中具有突出族群意识的部分。客家人在为逃难、为生存而不断迁徙过程中，形成了优良的精神传统。正是这些优良的传统孕育了一代代优秀的客家人。

第一，客家人素有爱国爱乡、慎终追远、敬祖穆宗的传统美德。涌现出很多文人墨客，如清代书画家、扬州八怪之一黄慎、现代文学家郭沫若等。还有马来西亚首任国王叶莱、圭亚那前总理张西瑟、新加坡前总理李光耀等政坛显赫人物。

第二，客家人吃苦耐劳、不怕牺牲、具有革命精神。涌现出众多革命家，如太平天国领袖洪秀全，辛亥革命领袖孙中山，辛亥革命元老、中国现代教育奠基人、同盟会嘉应州主盟人何子渊，共和国的开国元勋邓小平、朱德、叶剑英等。还有众多的革命能人

---

[1] 童芳、林岗、廖善刚：《宁化客家文化旅游资源及其开发利用》，《福建地理》1998 年第 12 期。

志士、著名将领。

（三）客家人在福建的分布区域

目前，福建的客家人口总数排在全国第四位。福建客家人主要分布于西部和南部的三明（宁化、清流、明溪等县）、龙岩（长汀、武平、上杭、永定、连城）、漳州（诏安、南靖、平和、云霄、华安等县西部）等地区。

三明市地处闽西北部，是客家人聚居的地方。宁化石壁就属于三明，因此三明作为客家大市，被称为"客家祖域，海西明珠"。

龙岩市位于闽西，是客家民系形成的重要起点和重要聚集地，全市80%的人口是客家人，长汀被称为"客家首府"，汀江被誉为"客家母亲河"。有54个姓氏的居民迁往台湾，台湾现有500万客家人中，祖籍龙岩的有70多万人。在外华侨华人、港澳台同胞累计超过120万人。

漳州的南靖、平和、云霄、诏安等县还有不少客家镇、村，有客家人几十万，使用受漳州话影响的客家话。漳州是台湾同胞尤其是台湾客属同胞最重要的祖籍地之一。有关调查显示，在漳州历史迁台人数中，漳州客家人就占了一半以上，漳州客家人与台湾客属具有深厚的祖地渊源。

**二、福建客家的红色文化资源**

正是由于福建客家人地处偏僻的山区，自古就有吃苦耐劳、不怕牺牲的精神，使得福建既是"客家祖地"，又是"红色摇篮"，孕育了红色文化的星星之火。

福建是世界客家文化的发源地，2008年7月福建土楼被正式列入世界文化遗产名录，包括永定客家土楼和南靖土楼，还有世界客家首府长汀客家文化遗存、客家祖地宁化石壁、南靖土楼群等客家文化遗产。

福建客家聚居地同时也是红色文化的重要发源地之一。红色文化遗产是中华民族宝贵的精神财富。根据我国有关部门界定，红色文化遗产是指从中国共产党成立至中华人民共和国成立28年的历史阶段内，包括中央革命根据地、红军长征、抗日战争、解放战争时期的重要革命纪念地、纪念馆、纪念物及其所承载的革命精神。福建是著名的革命老区，红色文化遗产十分丰富。福建是原中央苏区的重要组成部分，1929年，毛泽东、朱德、陈毅率红四军入闽，开辟了闽西革命根据地，后来又相继建立了闽赣、闽东、闽中、闽南革命根据地。革命文化、红色文化资源十分丰富，培育了光辉的古田会议精神和伟大的苏区精神。福建老区苏区分布广泛，全省84个县（市、区）中，有70个老区苏区县（市、区），其中原中央苏区县（市、区）37个，闽西被誉为"中国工农红军的摇篮"。据统计，全省有2500多处革命遗址，有3600多个革命基点村一直坚持革命斗争到中华人民共和国成立，赢得"红旗不倒"的赞誉。目前拥有革命文物962处，其中全国重点文物保护单位9处，省级文物保护单位82处。① 福建红土地上培育出了光

---

① 《福建红色文化保护、传承和弘扬工程系列项目计划10月启动》，网易新闻。

辉的古田会议精神和伟大的苏区精神，初步形成了毛泽东思想，创造了丰富的革命文化理论。

（一）龙岩的红色文化资源

龙岩市，目前共有革命遗址 410 处，其中 41 处被列为国家级、省级文物保护单位，75 处被列为县级革命文物保护单位。

从 1929 年到 1933 年，毛泽东曾多次到福建战斗、生活，并写下了《古田会议决议》《星星之火，可以燎原》《才溪乡调查》《关心群众生活，注意工作方法》等光辉著作，他把马克思主义的基本原理同中国革命具体实际相结合，对中国革命道路问题、建党建军纲领、党的思想路线等重大理论进行了创新，初步形成了毛泽东思想。《古田会议决议》不仅是党和军队建设的伟大纲领，也为苏区文化建设和发展指明了方向。

龙岩长汀创造了许多史册的第一：红军入闽第一仗——长岭寨战斗；红军第一次在长汀统一军装、发放军饷；红军第一个军团建制——红一军团在长汀成立；中央苏区第一个县级红色政权——长汀县革命委员会；中央苏区第一支赤卫队——长汀赤卫队；中央苏区第一次创设了市级苏维埃政权——汀州市；中央苏区第一所红军医院——汀州福音医院；中央苏区第一批企业在长汀开办；红军长征第一村——红军中复村迈出二万五千里长征第一步。长汀拥有"中共福建省委""福建省苏维埃政府"旧址，福音医院旧址，红四军司令部、政治部旧址辛耕别墅，福建省总工会旧址，长汀县革命委员会云骧阁旧址和瞿秋白烈士纪念碑等。

（二）三明红色文化资源

三明是著名的革命老区，全域属原中央苏区范围。中央红军自 1929 年入三明，驻扎时间长达 5 年，留下红色文化遗址遗迹 353 处。三明宁化是诞生红军的故乡，每 3 户就有 1 户是烈军属，是福建中央苏区县中参加革命人数最多的县之一，被誉为"中央苏区乌克兰"。

1929 年 3 月至 1933 年 1 月，宁化参加红军的主要以主动参军和组建地方游击队、赤少队、独立团为主。参加红军最多的时候是在 1933 年 2 月至 1934 年 10 月。这阶段，为粉碎国民党军对中央苏区的第四次、第五次"围剿"，中央多次要求各地"猛烈扩大红军"，宁化苏区掀起了"扩红突击运动"热潮。通过宣传鼓动，广大赤少队员、党团员踊跃报名参军，赤少队整排、连、营、团成建制加入红军，参加主力红军多达数千名。当时，福建省苏维埃政府副主席阙继明专程前往淮阳、禾口两区，授予"我们的模范区"金字光荣匾。上杭才溪等地派出 100 多名代表专程前往学习扩红经验。1934 年，全县开荒六七千亩，成为福建省种油菜最多的苏区县。在中央红军长征前最为艰难的岁月，宁化人民筹集粮食 950 多万斤、钱款近 54 万元等物资支援前线，受到福建省苏维埃政府、中华苏维埃中央政府机关报《红色中华》的多次表扬，被誉为"中央苏区乌克兰"。

（三）漳州红色文化资源

漳州的漳浦是著名的革命老区，2013 年被确认为原中央苏区县。如今正追寻陶铸、邓子恢、聂荣臻、耿飚、陈伯钧、朱良才、卢胜等一批老革命家在漳浦战斗过、生活过留下的足迹，进一步挖掘革命文化、红色文化资源，继承优良的革命传统。截至目前，漳浦已确认革命遗址 29 个，其中"中央红军东路军第三军军部旧址——县城红楼"遗址被评为"漳州十大革命遗址"之一。全县现存有红色革命文物点 21 处，其中国家重点文保单位 1 处——漳浦文庙，省级文保单位 3 处——靖和浦中心县委旧址、中央红军东路军第三军军部旧址、红军独立第三团重整武装旧址（清泉岩），县级文保单位 8 处。

漳州南靖县城隍庙为 1932 年中央红军十五军司令部、政治部旧址。梅林科岭是 1934 年邓子恢、张鼎丞领导的靖北区苏维埃政府驻地。南坑大岭（树海）为解放战争时期魏金水、刘永生领导的闽赣边区党委和闽南地委机关驻地。

**三、福建客家文化与红色文化协同发展存在的障碍**

随着中央和地方政府的重视和努力，近年福建红色文化资源不断得到保护、挖掘和发展，但是总体上发展还不够全面和深入，只是集中于红色文化的宣传，未有效整合其他文化资源，仍然处于初级阶段，在硬件和软件上仍存在一些问题。

（一）缺乏文化资源的有效保护

一些特色雕塑和古老建筑等众多文物古迹由于民间人为保护不到位、发展资金的投入不足和修缮水平的限制，遭到破坏和拆毁，很多目前想要再复原已很难，已经失去了开发价值。此外，随着现代化和城市化进程加快，在外来文化的影响下，客家本土客家村民的乡村生活方式产生了很大的改变，那些传统的、独具特色的客家民俗等非物质文化资源，没有得到很好的保护和发扬。同时，一些红色文化资源的房屋破旧，缺乏"修旧如旧"的修缮保护，整体开发的力度也不够。

（二）缺乏文化品牌的大力宣传

有些客家地区的文化宣传处于被动状态、客家特色资源基本上都来自外界的发掘和宣传。没有形成福建客家红色文化品牌。例如宁化在一些项目建设和产品开发的对外宣传方面，更多的只是瞄准"客家人拜谒祖地"这个市场，没有做足红色文化的开发和利用，对国内非客家人客源市场的吸引力不足，客源市场不宽，人气指数不高。

（三）缺乏特色文化产品

尚未充分开发红色文化和客家文化旅游资源的价值，客家文化活动基本以寻根祭祖和观光旅游为主，红色文化旅游主要以参观革命旧址为主，产品类型不够丰富，购物要素几乎全无，缺少代表客家祖地传统文化和红色文化精神的旅游纪念品。不少老区的红色文化和客家民俗旅游停留在"一张桌子一条凳，两块床板一盏灯，游客进门就转身"和"导游背诵，旅客歌颂，资料相送"的窘境。

（四）缺乏文化发展的深入研究

未将客家祖地的优势与红色文化资源有机整合。目前福建客家文化的研究和发展、红色文化资源的开发是两条单独的发展轨道，整体规划未有机融合、发挥强强优势，基本处于分别开展大型活动和社会宣传的状态。例如宁化石壁是世界公认的客家祖地、客家民系的摇篮、客家文化的发源地、世界客属的朝圣中心，宁化同时也是"中央苏区乌克兰"，在宁化举办世界客家祭祖大典时未能很好地将红色文化融合。

（五）缺乏健全的基础设施

客家革命老区多数是历史上的贫困地区，财政相对困难，资金投入不足，景点开发和城市开发不同步，道路、景区交通在内的基础设施条件和接待服务体系不完善，服务意识和素质欠佳，各类型的配套服务项目建设不齐。目前景点设施相对简陋，缺少高素质的服务人才，游客接待能力差。

（六）缺乏便利的交通条件

福建革命老区多数处于客家地区，地处闽西山区、武夷山东麓，地理位置较偏僻，自然条件多以山地丘陵为主，周围的地区都是经济较落后的地区，入境交通滞后，部分地区高速公路和高铁尚未贯通。

**四、五大理念为福建特色文化发展创造机遇**

中共十八届五中全会提出了"创新、协调、绿色、开放、共享"的五大发展理念，开启了"十三五"发展，为中国经济社会的平衡、包容和可持续发展提供引领作用。五大发展理念，是在深刻总结国内外发展经验教训、分析国内外发展趋势的基础上形成的，是"十三五"乃至更长时期我国发展思路、发展方向、发展着力点，是关系我国发展全局的一场深刻变革。五大理念为给中国发展指明了方向，赋予了新的发展目标和要求。中央多次强调"十三五"时期必须牢固树立并切实贯彻创新、协调、绿色、开放、共享的发展理念。五大理念的内涵主要有以下几方面。

"创新"是人类发展的原动力。促进各行各业的发展。唯有创新发展才能满足人类深层次、多样化需求，在新技术、新产业、新业态等方面的创新为人类带来生机与活力。

"协调"是当代发展的重要路径。协调国际关系、协调城乡发展、协调经济社会发展、协调区域发展、协调物质文明与精神文明发展等方面都是当代需要解决的重要问题。

"绿色"是人类社会发展的必要条件。通过节约集约利用资源的发展方式和绿色简约的生活方式，减少资源消耗与生态损耗，以资源节约推动生态文明建设，促进人与自然和谐相处，建设和谐中国、和谐社会。

"开放"是富国富民的必要手段。历史已经证明，闭关锁国导致落后，开放开发才能立足于国际、造福于民众。因此要坚持国际化视野，加快建设"一带一路"，将构建新丝路当作重要的目标。

"共享"是人类发展终极目标和信息化时代的必然要求。全面小康建设、实现"中国梦"，就是要造福全社会，城乡共享、内外共享，让人人共享幸福成果。共享也是信息化时代创新发展的必然要求，共享促进效率，加快发展速度。

习近平总书记对福建老区人民一直牵挂在心，他一再强调："老区人民为中国革命胜利做出了重要贡献，党和人民永远不会忘记"，"让老区人民过上好日子，是我们党的庄严承诺"。福建省委尤权书记也多次赴老区调研，强调要不断增强老区自我发展能力，努力提高老区人民生活水平。因此福建应当落实好中央和省委相关政策措施，依托资源禀赋和区位优势，加快构建客家红色文化品牌，注重生态环境保护与建设，结合文化产业发展战略，大力构建生态福建，进一步推动福建客家红色文化形成产业化的发展。

（一）五大理念促进老区农村发展

"十三五"时期是我国全面建成小康社会的决胜阶段，而农村、农业、农民的"三农"问题仍然是其中的重点和难点。2016 年中央一号文件《关于落实发展新理念加快农业现代化实现全面小康目标的若干意见》发布，要求各地区各部门要牢固树立和深入贯彻落实创新、协调、绿色、开放、共享的发展理念，大力推进农业现代化，确保亿万农民与全国人民一道迈入全面小康社会。因此必须加快农村发展、提升农业效益、增加农民收入，着力推进城乡一体化建设，为全面建成小康社会补足短板、扫清障碍。

"创新"促进农村发展，体现在理论创新、制度创新和科技创新上。加大科技创新投入，提升农业生产效率，为农业现代化注入鲜活的力量。

"协调"促进农村发展，体现在搞好城乡一体化建设，推进农业结构性改革。以工促农、以城带乡，借助外力补齐农业农村发展短板；推进农业内部供给侧结构性改革，打造农业产销一体化模式，实现产销对接。

"绿色"促进农村发展，体现在走资源节约、环境友好的农业现代化道路。加快转变农业发展方式，加强土地资源、水资源等农业生产相关资源的可持续利用。

"开放"促进农村发展，体现在打破农村封闭状态，扩大农业市场范围。利用好国际国内两个市场、两种资源，是中国农业在走出去的过程中必须要处理好的问题。

"共享"促进农村发展，体现在使农业现代化发展成果真正惠及广大农民。实现新型城镇化与新农村建设的双轮驱动、互促共进，有利于广大农民平等参与现代化进程、共同分享现代化成果。

（二）五大理念促进客家红色文化旅游发展

旅游业具有生态性（维持正常生态，尊重动植物生长规律）、低碳性（排放二氧化碳极少）特点。旅游业不仅能增就业、促消费、稳增长，更是树形象、塑品牌的有效手段。旅游业发展与五大发展理念高度契合、一脉相承。五大发展理念，在旅游产业发展中有着充分的体现，旅游已经突破了原有的吃、住、行、游、购、娱等基本要素，更加重视人文、健康、绿色。按照世界旅游组织的统计，我国旅游人次和旅游收入连续多年位居世界前三位，中国旅游业在全球旅游业中的比重也在快速增长。[1] 旅游业应当成为五大理念的实践者和先行者。以五大理念引领旅游业发展，必将为产业发展带来巨大的

---

① 吴志祥：《深入贯彻五大理念引领在线旅游发展》，《中国旅游报》2016 年 1 月 27 日。

空间和能量。

"创新"促进旅游业成为激发经济活力的先行产业。旅游业追求的是深层次、多样化的创意享受、消费体验和精神需求。尤其在"旅游＋"时代，在新技术、新产业、新业态上，尤其是在旅游管理、旅游模式、旅游产品、旅游服务、旅游营销等方面的创新前景广阔。

"协调"促进旅游业实现"五个统筹"与"四化"一体。旅游业是综合产业，关联度高、涵盖面广、带动性强，在协调城乡发展、协调经济社会发展、协调区域发展、协调物质文明与精神文明发展等方面都起到重要作用。要充分发挥旅游综合带动功能，加快旅游业与其他产业渗透融合，做到"以一对多"，将旅游主动渗透到"四化"一体发展布局中，与文化、商贸、农业、扶贫、科技、生态等深度融合，协调发展。

"绿色"促进旅游业成为调整产业结构、建设"两型"社会的先导产业。旅游业是无烟工业，资源消耗低、环境污染少、可持续能力强，最符合绿色发展路径。良好的生态环境是旅游业发展的内在需求和根本保障，作为绿色低碳循环发展的产业，是走生产发展、生活富裕、生态良好"三生"道路的最佳选择。旅游业可以带动经济社会发展"绿色指数和幸福指数"双提升。

"开放"促进旅游业成为展示大国形象、实施"一带一路"倡议的中坚产业。一方面，旅游业的开放，体现在其自身的产业属性上，创业门槛低，就业容量大，是公众参与性、资本吸纳性最强的产业之一。另一方面，旅游业的开放性体现在国际交流合作中的重要角色。当前，"旅游外交"已成为最具认同性和亲和力的外交途径。旅游业作为中国服务的代表，世界影响力越来越大。

"共享"促进旅游业成为助推全面小康建设、实现"中国梦"的幸福产业。旅游业是民生事业，其包容性强、受益面大，可以满足城乡共享、主客共享、内外共享，最符合共享发展的目标和理念。旅游是人民生活水平提高的重要指征，是小康社会的重要标志，还是建成全面小康社会的重要途径。

（三）五大理念促进文化产业链发展

发展文化产业是"十三五"发展战略的重要内容，五大理念对于文化产业发展具有重要的推动作用。

"创新"促进文化产业强化文化原创力。当前我国文化产业发展最核心也是最重要的一条就是要进一步提升文化原创力。在保护的基础上，深入挖掘和开发中华优秀传统文化资源，建立优秀传统文化传承和创新体系。对外来先进文化保持更加开放包容的心态，善于吸收异质文化的长处，丰富和发展民族文化。

"协调"促进实施文化产业的区域发展平衡。一方面，我国文化产业呈现由东到中再到西的梯度发展态势，无论从人员和资产分布，还是主营收入分布，这一特征都很显著；另一方面，城乡文化产业发展"二元结构"突出。因此要实施文化产业的区域发展平衡战略改善这一状况。

"绿色"促进文化产业结构深化调整。我国文化产业结构尚存在诸多不合理的问题，"十三五"时期，需要进一步优化，鼓励和引导地方政府、社会和文化企业自身加大对文化科技的投入和研发，提高文化产业规模化集约化专业化水平，建设一批特色文化产业园区。

"开放"促进文化产业走出国门。"十三五"时期，扩大中华文化的持续影响力，必须促进文化产业走出国门，提升文化输出产品和服务的质量和内涵，完善支撑文化输出的政策体系，提升中国国际文化话语权。

"共享"促进文化致富。通过推进基本公共文化服务标准化建设、组织文化扶贫志愿团体、培养当地文化工匠等多种措施，可以让文化在贫困地区落地生根，创造更多适合当前贫困地区实际需求的优秀文艺作品，利用当地特色人文资源和自然资源，在保护的基础上合理开发，发展特色手工艺品、传统文化展示表演和乡村文化旅游，形成具有区域特色的文化产业链条，推动当地人致富。

**五、福建客家文化与红色文化协同发展之路**

为进一步保护、传承和弘扬福建红色文化，扩大福建文化的知名度和影响力，2016年福建省委宣传部制定印发《福建红色文化保护、传承和弘扬工程实施方案》。该方案明确要求经过3—5年的努力，建设一批国家级红色文化基地，创作一批优秀红色文化精品，办好一批红色文化主题活动，推出一批新型红色旅游产品，打造一批具有全国影响力的红色文化传播平台，让福建红色文化为全国人民所知晓、所熟识，推动红色文化转化为"再上新台阶、建设新福建"的不竭动力。根据方案，福建省每2年，省内红色文化设施、遗址和基地都将进行一次全面排查，3—5年内，红色文化相关文物中9家全国重点文物保护单位、38家省级文物保护单位将分期分批做好保护、修缮和提升工作。福建将整合全省学术研究力量，通过研讨会、课题研究、专栏等形式，准确阐释福建红色文化的重大意义、思想内涵和时代价值，打造具有全国影响力的红色文化交流平台，推出一批富有思想内容、理论高度和实践价值的学术成果。组建福建红色文化研究中心，为红色文化保护、传承和弘扬提供理论支持。[①] 因此，要充分运用政策优势，从以下几个方面推动福建客家红色文化品牌塑造。

（一）整体规划客家文化与红色文化资源，注重协调

要纠正客家文化与红色文化单打独斗、各自规划的错误认识，将客家文化与红色文化协调发展。第一，应做好规划布局、资源要素、多方利益、开发和保护的协调工作，立足资源优势，整体规划，突出区域特色，以市场和竞争为导向，要形成协调、完整的文化旅游规划体系。在规划布局的协调上，要优化规划的编制，既顺应自然规律和社会发展的需求，又尊重历史传承和文化异质性；在资源要素的协调上，要促进土地、资金、人才等生产要素的自由流动和内在协调，聚合多方资源并使之发挥作用；在多方利

---

① 《福建实施红色文化保护、传承和弘扬工程》，央广网。

益的协调上，要协调和处理好政府、游客、投资者、外来经营者和村民等群体内部和群体之间的关系，着重完善文化旅游基础配套设施和保障体制建设，不同部门之间要探索建立多头统筹和协调机制，实现政府—社会组织—个体三级联动，积极促进多方主体的交流合作。第二，要协调和处理好旅游资源开发和保护的关系、城镇化建设和乡村保护的关系，在改造建设中，不能大搞推倒重建，要注重乡土原真风味和整体风貌的保留，建设空间形态和自然风貌相协调的生态社区，塑造人居和谐、特色鲜明的文化旅游。第三，要争取政府和相关职能部门的支持，与旅游部门和农业部门合作，细化文化旅游扶持政策。要重视旅游的深度开发，突出文化和生态主题，多开发观赏性、娱乐性、参与性兼备的旅游项目，开发适销对路的新型旅游产品。高标准规划和开发旅游产品，提升文化旅游产品包装、行业经营品质和服务水准，提高文化旅游经济的综合效益。第四，加强景点景区、旅行社、饭店、旅游交通之间的协作，还要借助旅游业与其他行业的相互合作、渗透，延长产业链，形成客家红色文化旅游产业集群，使各种资源产生叠加效应。

（二）开发产品延伸客家红色文化的产业链，抓住创新

要加强客家红色文化旅游市场研究，倡导、推动深度文化旅游产业发展，实现旅游市场向广度和深度发展，将文化旅游发展到文化、历史、宗教、旅游、观光等方面，逐步形成较为完整的产业链。应面向市场需求，通过产品创新设计，采用新技术原理、新设计构思开发生产出新的旅游产品，或在结构、功能、材料、工艺等方面对老旧产品进行改进。尤其是要鼓励和推动市场开发、消费者行为研究、产品概念的生成与评价、工业设计、数字化设计、设计管理等工作，并围绕现代人求新、求异、求美的需求，强化设计与开发，注重把地域文化、民族文化、客家文化、红色文化融入其中，建立健全完整的产品创新设计支撑体系。目前，福建已经启动"智慧旅游"项目，列入国家科技支撑计划国家文化科技创新工程，从文化旅游的全产业链出发，构筑数字化、可视化、网络化、智能化为特征的文化内容综合服务平台，形成集中华文化遗产的数字化、创意设计与跨区域文化旅游综合服务于一体的"智慧旅游"典型示范，为我国文化产业的发展与提升提供共性关键技术。"闽西客家和红色双重文化遗产的数字化与文化旅游综合服务"科研项目已在福建龙岩永定区启动，将实现闽西客家和红色文化遗产的数字化管理，提升闽西客家文化旅游品质，增强游客对客家文化的认知体验。利用项目的成果，游客今后只需要在家利用电脑等就可以提前"走"进人文景点"仿真游览"，每个景点还配有详细的导游解说，对民间文学、传统技艺、戏曲曲艺、习俗民俗、传统体育、客家人物以及闽西红色革命历史进程中重大事件、重要人物等内容进行介绍。①

同时，要注重细分市场迎合消费者的个性化需求，寻求独特的目标市场，以便在激烈的市场竞争中占据优势。客家红色文化旅游不仅仅是参观革命旧址，还应展示当地青

---

① 《福建：客家和红色文化遗产实现"数字化管理"》，新华网。

山绿水、村容村貌、风景名胜、古朴建筑，并结合地方土特产、工艺品、美食小吃、休闲购物等，开展专项营销，吸引更多游客参与体验。培育度假旅游、体验式旅游和各类主题旅游活动项目，增加旅游中的民俗文化吸引力。开发多元化的特色、专项文化旅游项目，如生态、文化、商务、会展旅游产品和主题公园（乐园）、美食、保健、修学、节庆、民间艺术、民俗风情等专题旅游，以适应出游能力强的新一代旅游者的需求。

（三）让游客和经营者分享文化产业的成果，充分共享

文化是一种蕴含文化理念的审美活动，对有些文化内涵的理解，还需要旅游者掌握一定的历史文化知识。因此，对红色文化和客家文化内涵进行发掘和外化并进行适度的推广和普及就成为必要。在文化旅游的宣传促销中应注意挖掘和介绍客家文化和红色内涵，让潜在旅游者对福建客家红色文化的特色有一定了解，进而激发他们的旅游兴趣。不断促进文化旅游产业的文化结合程度，将文化推广与中华文明结合，推动人人参与、人人尽力、人人共享。一方面让游客有更多的分享体验，另一方面让文化产业生产经营者和劳动者获得合理利润，分享劳动的成果。

（四）树立"红色 + 绿色"生态品牌，守护绿色

一方面，坚持绿色发展将深刻影响地区的发展模式和幸福指数。在大力发展客家红色文化旅游产业时，既要契合绿色发展的需要，又使得群众在良好的生态环境保护的前提下发展经济，提高收入水平、走出一条可持续发展的路子。一是把推动文化旅游产业发展与节约资源紧密结合起来。依托、整合和利用农村的青山绿水、田园风光、自然景观、农家房屋等，使之成为绿色游、生态游、悠闲游、自驾游的好地方。二是把发展客家红色文化产业与保护农村环境紧密结合起来。注重加强抓好老区环境综合整治，尤其要做好农村饮用水的水源地保护、生活污水和其他废弃物处理以及土壤污染防治等环境保护工作。同时，着力保护好现有土地资源，按国家标准控制化肥和农药的使用。

另一方面，"红色 + 绿色"用绿色理念建设现代化农村，为福建客家红色文化产业发展夯实基础；把发展客家红色文化产业与深入开展"美丽乡村"活动紧密结合起来，取得相辅相成、相互促进、相得益彰的效果。

（五）加强区域合作，扩大开放

要发挥福建客家文化特色，打破市与市、县（市、区）与县（市、区）之间的行政隶属界限。三明宁化石壁、龙岩永定土楼、漳州南靖土楼等重点客家文化旅游区应重新统一规划布局，按照红色文化和客家文化的发展脉络，逐步形成龙岩、三明等客家文化区的红色文化旅游核心区，在客家革命老区建设一批国家级红色文化基地、创作一批优秀红色文化精品、办好一批红色文化主题活动、推出一批新型红色旅游产品、打造一批具有全国影响力的红色文化传播平台。

**参考文献：**

[1] 伍延基、王计平：《红色文化遗产的保护与开发对策研究——以福建省为例》，

《淮海工学院学报（社会科学版）》2008 年 3 月。

[2] 刘双：《福建省红色文化资源的产业化发展研究》，《安徽工业大学学报（社会科学版）》2012 年 1 月。

[3] 吴洪雅：《福建红色文化的挖掘、发展与传承研究》，《中共福建省委党校学报》2015 年第 5 期。

[4] 汤家庆：《灿烂缤纷的福建红色文化》，中国共产党新闻网。

[5]《福建红色文化网上展示馆和 VR/AR 实体体验馆启用》，《福建日报》2016 年 12 月 14 日。

[6]《福建三明市出台红色文化遗址保护管理办法》，中国网。

[7]《福建漳浦打造"红色旅游专线"扩大红色文化生态游品牌》，中国网 – 中国视窗。

[8]《彪炳史册的红色文化福建版图》，福建省龙岩市旅游局。

[9]《红色文化研究的又一新成果——读汤家庆著〈福建红色文化〉》，《闽西日报》2013 年 1 月 15 日。

[10] 周建成、邓宗安：《福建宁化客家文化旅游的发展》，《内江师范学院学报》2014 年第 2 期。

[11] 刘才恒：《宁化客家文化：老树新枝竞芳菲》，《三明日报》2016 年 4 月 5 日。

[12]《宁化石壁：客家祖地古迹处处》，《福建日报》2014 年 5 月 8 日。

[13]《石壁立足优势打造客家文化旅游品牌》，宁化县人民政府网，2009 年 8 月 21 日。

[14] 张佑周：《生态文明、美丽乡村与文化旅游——宁化客家文化旅游产业发展的研究与建言》，龙岩学院网。

（本文作者系福建社会科学院副研究员）

# 客家祠堂庆典仪式的民间文化价值传承与机制

## 钟俊昆

民间文化存在于民众中，与民众生活息息相关，是民众参与公共事务所形成的规制，也是民众精神的重要组成部分。它沟通着传统与现实，联结着物质生活与精神生活，体现着民众的意愿，包含着浓郁的民俗色彩，并通过民众参与的活动作为载体，世代相习相传，成为生生不息的文化现象。民间文化如何传承与创新，特别是城镇化进程中如何加以保护利用，它的价值形态与活动机制如何，这些都是急需破解的课题。本文以西方表演理论为视角，以江西赣南客家赖氏两次祖厅重光庆典为观察对象，通过田野调查与深描，对民间文化在乡村的传承价值、传承机制等问题展开思考。

**一、民间文化的特色与价值体现在仪式展演中**

祖祠（有的地方称为"祖厅""祠堂""公祠""厅厦"）重光指的是原有的祠堂破损后经过维修，家族成员通过举办仪式，请道士或风水师在祠堂中"斩煞"驱邪、重新在祠堂中安放龙神，请礼生主持重新安放堂号牌匾、祖宗牌位（如果是重新制作或添加的话，有的需有开光仪式）和祭祖香炉，然后以三献礼进行祭祖，其实质是举办启用新祠堂的仪式。以上仪式在规模和环节上各地有所不同，名称上也有不同。客家人素有祖先崇拜的习俗，建新房尚且如此重视，更毋论祖祠的修建了，祖祠建好后必然要举办一系列的仪式来完成"认祖归宗"的大事。祖祠重光仪式的每一个环节都蕴含了丰富的民间文化信息，体现出区域性的民间文化内涵与特色，仪式的展演实际上也是乡村民间文化的再一次传承与保护。

案例之一是杨村赖氏重光仪式。杨村镇赖氏是当地人数众多、有一定影响力的客家姓氏，闻名全国的古建筑、客家围屋燕翼围和乌石围为当地赖氏家族所有，非物质文化遗产项目太平龙舟赛、龙神信仰、杨太公会等民俗文化活动也是赖氏家族所主导。据赖观扬主编的龙南《桃川赖氏族谱》载，明代永乐元年（1403 年）二月初十日，赖海真、赖海清兄弟率其子侄，由龙南县上蒙龟湖（地名）迁来该县杨村镇东水圳下村（俗称"月光圳下"）开基，已有 600 多年历史，这是赖氏开拓太平堡的起步之地。[1] 后来，赖海清再迁杨村村楼下立基，其八子又各择佳址开基，由此丁齿盛而家族发，渐成太平堡

---

[1] 今龙南县杨村镇辖大竖镇村、杨村村、东水村等，明清时期属太平堡。

望族；到清朝后期，赖海清十五世孙赖容鼎派嗣孙由杨村镇的杨太塆再迁居坳下，延续至今。坳下的赖氏老祠堂早已破旧，随着新农村建设和土坯房改造，2014 年初重修了祖祠，并在村口创建了敬思亭，然后议定堂名，重立祖牌，于 2014 年 10 月 18 日（农历八月廿五日）举办了隆重的太平堡赖氏开基始址（坳下）祖祠重光仪式，参加者为当地赖氏宗亲及迁往广东连平县、广西贺州市、境外澳门等赖氏裔孙 400 余人。

案例之二是当塘村赖氏重光仪式。2015 年 2 月 27 日（农历正月初九日），赣州市经济开发区纯客家村庄蟠龙镇当塘村举办了赖氏裔孙杨潘公祖厅重光庆典。①当塘赖氏开基祖为龙南太平堡赖氏裔孙，赖修淮于明朝末期从太平堡大竖镇（"大竖镇"系村名）迁赣县某镇，② 赖修淮的四世孙赖杨潘于清朝雍乾年间因做木匠手艺迁往当塘村开基，赖杨潘的孙子赖懋松留在当塘村，另一个孙子赖懋桂则迁 10 多公里外的南康县潭口镇马皇栋村。当塘赖氏祖祠虽小，但至今有近 300 年历史，2014 年在原址上重修，2015 年春节期间举办重光仪式，出席庆典的有龙南杨村大竖镇赖氏宗亲会理事等嘉宾出席，共计400 多人。

这两次赖氏祖祠重光庆典民俗活动既有联系又有区别，共同之处是客家赖氏在重修祖祠后相继举办的活动，而且赖氏有同源共祖之处，有着血脉联系；不同之处在于活动举办地分布在不同空间，组织者、参与者的地域来源不同，虽同属客家文化区域，但在民间文化的保护传承与建构创新上却呈现些许差别，正是这些差异更见出仪式背后的文化特色，这些异同之处，可以更加清晰地考察民间文化的生存方式与丰富内涵。

**二、庆典仪式程序及体现的民间文化象征意义**

仪式就是一种文化的展演，是一种区别于艺术表演而蕴含着象征意义的文化表演。按照西方表演理论，"与以往民间文学研究领域中盛行的以文本（Text）为中心、关注抽象的、往往被剥离了语境关系的口头艺术事象的视角不同，表演理论是以表演为中心，关注口头艺术文本在特定语境中的动态形成过程和其形式的实际应用。"③ 无论是官办的还是民间的庆典，在民众生活中，都表达着民众的祈福愿望，具有深刻的文化内涵。

仪式程序的异同体现文化建构的空间地域特色。当塘赖氏祖厅重光庆典（为表述方便以下简称"当塘庆典"）共设计有 10 项仪程，最主要的有 7 项。首先介绍嘉宾并由当塘赖氏杨潘公祠理事会会长致辞、理事会财务理事报告财务收支情况；其次是来宾代表和赖氏宗亲致辞；三是迎族谱仪式，因当塘祖祠所设祖宗牌位已挂在墙上，省略了迎祖牌上龛升座仪式；又因为祖居地大竖镇宗亲前来致贺，便以迎族谱形式表达赖氏宗亲的血脉联系；四是迎接贺匾，接受龙南大竖镇赖氏宗亲赠送的重光贺匾，匾额题词为长方

---

① 蟠龙镇在历史上曾受辖于赣县、赣州市（县级市）、章贡区，今为赣州市经济开发区所管辖。
② 具体地点在族谱中无记载，但存在于家族成员的传说中。
③ 杨利慧：《表演理论》，《民间文化论坛》2015 年第 1 期。

形木板上绘上金粉"万载隆昌"四字；五是赖氏颍川堂①堂匾开红；六是唱赞、致发彩辞；七是宗亲代表祭祖，拜读祭文，由赖氏裔孙上香敬祖，礼成后举办午宴并结束庆典活动。

杨村赖氏始址祖祠维修重光庆典（为表述方面以下简称"杨村庆典"）仪程主要有8项，一是迎接祖宗牌；二是宗亲致辞；三是重议并确认堂号，揭堂匾开光；四是祖牌开光；五是祖牌进祠；六是祖牌升龛立座；七是上香省牲（摆放祭品、燃烛上香）；八是祭祖仪式。

如果比较以上两个庆典仪程，可以发现共同之处比较明显。一是鼓乐、鞭炮伴随始终，营造出热闹吉祥的氛围；二是均有宗亲致辞环节，表达出对来宾的感谢，感恩意识得到升华；三是祖祠修好后重新挂堂匾，确认血缘传承，既表达家族裔孙繁衍与播散的祝愿，又以各地宗亲回来参加庆典活动以确认其在家族中的血脉秩序，这种秩序是以族谱上的排行字辈为依据的，然后按字辈来确定称呼，宗亲之间都自觉自愿地纳入尊卑伦理等级中，完成血脉世序的建构，从某种意义上来说也是对族谱所载世序的再次确认和对家族血缘亲情的再次认同；四是以隆重的"三献礼""九叩首"仪礼来祭祖，追本溯源，感恩祖德宗功，体现出孝道精神。这些共同特点毫无疑义地指向了民众的尊祖崇祖意愿，表达了同宗之间的血脉联系与族谊意向，蕴含着一定社区内的情感整合与文化认同，这对维系社区团结和文化传承是有着积极意义的。

两地庆典仪式差异虽然不是太大，其差异的原因则有多个方面。相对于当塘赖氏而言，太平为赖氏祖居地，一方面是居于情感上应受到格外尊重，另一方面太平赖氏人口多，文化人、经济人也多，从而所操办的庆典仪式规模较大；当塘赖氏则人丁较少，仪程的设计和操办主要以太平赖氏文化人赖国柱、赖观扬为主，仪式中的发彩人通常是由本族人担当。而太平赖氏庆典仪程则以赖观扬和当地赖氏宗亲会为主导，所以当塘庆典与太平庆典在仪程上有差异，这也是可以理解的。

从这些差异中也可以看出，一方面地方文化、民间文化的建构是地方文化精英、地方民间社团组织（多为宗亲理事会）、地方经济能人、地方民众等多方参加博弈的结果。庆典活动作为一种文化展演，更多地体现在"交流的实际发生过程和文本的动态而复杂的形成过程，特别强调这个过程是由诸多因素（个人的、传统的；政治的、经济的、文化的、道德的等等）共同参与的，而且也是由诸多因素共同塑造的"。② 这从两地庆典仪式的策划、组织与参与的过程中可以充分地体现出来。另一方面，文化的建构又与所在地特殊的时间、空间关系密不可分，与当地的人文历史和现实状况密不可分，所建构的

---

① 在客家地区，普遍认为钟、陈、赖、邬等四姓（一说为五姓，加干姓或田姓）来自于河南省颍川（今许昌市），共用堂号"颍川堂"，历史上这四姓之间互称为"老表"（老表，即表兄弟关系）"隔壁兄弟"，按古代"同姓不婚"原则，一般互相之间也不通婚。
② 杨利慧：《表演理论》，《民间文化论坛》2005年第1期。

民间文化必然又会呈现出浓郁的地域性色彩，这样也使得民间文化体现出既有传统文化的传承性因素，又有不同地域的差异性、丰富性与多样性。"表演的即时性和创造性强调每一个表演都是独特的，它的独特性来源于特定语境下的交际资源、个人能力和参与者的目的等之间的互动"，① 显然，这一独特形式的表演与交流满足了民众的精神需求。仪式表演中也体现出民间文化的缤纷多彩，这从两地庆典中的赖氏宗亲参与程度和精神满足程度体现出来，比如参与的宗亲除了本地的外，有的还从外县、外省乃至境外归来，因为庆典而重聚到一起，共同享受宗族文化活动，这样的"文化盛宴"也影响到当地聚落中的其他姓氏，比如当塘庆典中的林氏人员的参与，这样也就从宗族文化活动"扩容"为地方的民间民俗文化活动。

### 三、民间文化活动的传承价值与激励机制

（一）民间民俗文化传承所体现的文化核心价值

民间文化在乡村得以存在与复兴，自有它的内在价值，能够得到民众的认可与尊重。赖氏祖祠重光作为一项客家民间文化活动，也有它的预期目标与文化价值。这主要体现在几个方面。

一是凝聚家族与社区的力量。客家人在迁徙、生存和发展过程中，因为特殊的生活环境和生存需要，一直借助于家族的力量聚族而居，这是客家人在南方很显著的生活特点。家族的繁衍与发展需要有精神层面的共同认知以促进聚居地民众的团结，需要有一定的手段与方式，形成一股力量来维系家族血脉的延续，而祖宗崇拜就是从历史传统与现实需要两方面满足了客家人寻根溯源、慎终追远、亲宗睦族的精神需求。"祠堂作为一种有效的文化意识控制方式，将伦理观念和生活民俗高度融合了起来，建造祠堂和创建祠堂文化的人们，生活在其中就会秩序井然，地位分明，增强祈求美好未来的自信心与活力"。② 祖先崇拜体现在共同拥有或共享祖祠、祖墓、族谱等方面，通过这些物质化的存在来体现"同宗共祖"的血缘关系，也通过参加共同祭祖、修谱等仪式化的动态活动，例如赖氏祖祠维修重光等，让开枝散叶的裔孙能再次团聚在一次，跨越时空限制，聚首叙谈，展示家族的团结与社区的融合。

赖氏祖祠重光庆典仪式最终体现的目标，或者说通过庆典而达到的目的，其实质可以归结为"敬祖宗""求发展"，正如大竖镇赖氏宗亲会给当塘赖氏杨潘祖祠重光的贺信中所祝愿的："祖祠重光，八宝满堂！祖德流芳，世代吉祥！子绍先猷，百世其昌！"说得更详细一点，就是："祝房房宗亲出彩纳吉：一纳千年富贵！二纳丁财两旺！三纳三元及第！四纳四海名扬！五纳五谷丰登！六纳企业兴旺！七纳七星高照！八纳八方官商！九纳地久天长！十纳平安兴发大吉昌！"这份祝信中包含的"发彩词"既是按传统

① 杨利慧：《表演理论》，《民间文化论坛》2005 年第 1 期。
② 潘瑜：《客家祠堂文化研究——以陆川祠堂为例》，广西师范学院民俗学硕士论文，2010 年，第 1 页。

的方式来喝彩，注重"国家在场"，突显地方性知识的同时也自然而然地黏附着文化"大传统"的体现；同时还体现出与时俱进的特色，在喝彩内容中加入了新的元素，如"八纳八方官商"，这是对市场经济社会背景下的价值观的融入，一定程度上超越了传统农业社会的价值取向。

二是感恩、崇孝、报德观念的体现与实践。赖氏举办祖祠重光活动，仪式中有取堂号、立祖牌、建思敬亭等事项，可以说这是赖氏后裔再一次进行祖德叙事，以孝道的方式让后嗣代代铭记先祖的开拓之恩，缅怀宗功，思敬报德。在厅堂或祖祠中举办庆典或祭祖仪式，在这个过程中让心灵潜移默化，体验认同宗族文化，传承艰苦创业，开拓上进精神，弘扬祖宗美德，不断实现美好梦想。龙南大竖镇赖氏公祠全体宗亲给当塘赖氏祖祠重光大典呈送的贺信中，开头就以诗句的方式写道："和谐盛世国运隆，胤嗣孝道敬祖宗；当塘毓秀放异彩，盘龙高昂显威风。"它对典礼举办的背景与目的的认知上，把大典仪式放在宏大的时代背景中，既有时代话语内涵的"大传统"，也有作为地方文化特色的客家民俗"小传统"。宗族间祭祀民俗活动赠送的贺信中，可以让我们看到，重光庆典作为地方性的文化展演活动，自觉地融入"国家意识"，这也是民间文化活动服从或自觉接受传统文化规制的鲜活体现；从某种程度上来说，又使一定时期被视为封建迷信或有害集会的宗族祭祀，"完成了从传统社会的日常生活的理所当然到现代社会的日常生活的理所当然的转化"。[①]

三是以民间文化活动的形式追求家国相生相谐的目标。一个家族的活动有时并不局限于家族，而是有着更为"宏大的叙事"，上升到国家社会层面，并紧密结合当代社会背景，成为有效叙事的手段与目标。赖氏祖祠重光活动也是如此，在仪式过程中，在唱赞、发彩词中，甚至事后制作的纪念册上，都融入了这种超越"家族""小家"，上升到为国家为社会作贡献的理念、目标或期望，记录着"为族大丁兴、家富国强而奋发前进"等话语，处处显示着"国家"的在场；或者借助于"国家"的在场，以文化的大传统背景，在主流价值观里构建并彰显"地方性知识"，将家族壮大、人丁兴旺、家庭富裕与国家强大相提并论。这也可以看成是客家文化在新的历史条件下的变迁，将时代话语注入到家族活动中，并融入客家民俗文化的当代展演中。

（二）民间文化传承的激励机制

赖氏祖祠重光仪式的成功举办，背后有它的动力作为支撑，通过访谈和观察，利用其书面材料的阐释，并结合仪式活动的考察，民间文化传承的激励机制大体上可以归结为以下几个方面。

一是经济捐助机制。通过活动倡议公告可以得知，举办这样大型的活动是需要一定的经济支撑的，倡议书中也明确了按丁捐纳为最基本的筹款方式，每丁 200 元，这是基

---

① 高丙中：《中国民俗学的新时代：开创公民日常生活的文化科学》，《民俗研究》2015 年第 1 期。

数，但实际情形来看，大多数是交200元，也有不足100元的；另一种筹款方式是奖励性的，多缴交者可以依次享受一定的礼遇，如使分支祖宗（"支房公头"）名册以捐享牌方式进入祖堂、祖祠上挂个人匾额、竖乐捐碑、红纸公榜告示等不同"待遇"，从动态上看缴交多少也决定了能否受邀参加祭祖、能否获得纪念册等实际的物质利益或精神收益。从实际效果来看，缴交千元、万元者不在少数，这可以说是个人经济上有余钱，可以承受得起，乐捐的激励措施也起到了应有的作用。通过这两个案例可知，在家族公共事务中，经济力量起着较为核心的作用，经济刺激机制起着重要作用。

二是家族事务主导者及文化话语权机制。表演理论"强调每一个表演都是独特的，它的独特性来源于特定语境下的交际资源、个人能力和参与者的目的等之间的互动"。[①]传统农业社会里，家族话语权通常掌握在"族长"手中，以血缘纽带为主，辈分高、年龄大、德高望重者多推举为族长；发展变化至今，家族话语权已多元化，有的地方成立了家族事务管理理事会，有的则以乡贤、退休干部、教师、企业家等身份参与管理，在家族事务中"有钱出钱，有力出力"，不完全靠辈分与年龄。从赖氏祖祠重光中也可以看出这个家族组织结构中的一些关键人物，知书达礼者、德高望重者、乐捐诚敬者已经被认为是家族重大事务的决策者与参与者，享有家族中婚丧嫁娶等大事的参与权、主导权，家族中遇到突出重大事件首先也是找他们商议，所以在家族事务管理中被认为是不可或缺者。

赖氏祖祠重光祭典当日，赖氏家族中的主要头面人物也扮演着重要角色，"表演存在于表演者对观众承担的展示自己交际能力的责任中"，[②]使得他们出来承担一定的"任务"，这些任务一方面展示了他们在家族事务中的"话语权"，另一方面也是各尽所能，承担着文化交流的责任。祭典程序中的这些执事者，严格说来就是赖氏家族掌握话语权的代表人物。正因为家族中需要有"话事的人"（客家方言，指掌握着一定话语权的人），所以一旦进入这个"圈子"（比如成为家族理事会理事或祭祖等单项重大事件的"首事"或"缘首"），也就意味着在家族中具有威信，能够得到尊重，这样的带有文化秩序机制的确立也就促使家族中不断有热心家族事务的人主动或被动地受到邀请或被推举出来，使家族重大事务能顺利地操持并运作。太平赖氏祖祠重光是如此，当塘庆典活动也是如此，当塘庆典甚至于借助了杨村赖氏宗亲的力量，并得到同村睦邻的支持。这种文化话语权机制也突显了家族精英或地方文化精英的作用。

不过，现实生活中随着经济的转型和文化多元化，"当前许多地方，祭祖活动正在经历一场重要的变迁——从崇拜到纪念，即祭祖变得愈来愈个人化，人们对于整体家族的崇拜和认同感减少，祭祖逐步成为个人对于两三代近祖的情感性表达。这种变迁的背后是崇拜性祭祖的传统文化保障机制发生了变化，宗族在物质、组织、价值方面发生了

---

① 杨利慧：《表演理论》，《民间文化论坛》2015年第1期。
② 理查德·鲍曼著，杨利慧译：《表演的概念与本质》，《西北民族研究》2008年第2期。

不同程度的衰落，尤其当家族绵延这个传统的本体性价值瓦解时，人们的行为逻辑必定以个人为指向"。① 作为宗族中的普通一员，家族活动参与的程度也在发生变化，在固有的祖宗崇拜的心理上需求祖宗的护佑，现实生活中却因种种原因体现出不同程度的被动参与，这也使得家族话语机制受到一定程度的挑战与衰减。

三是家族利益与族谊网络的整合机制。这分两种情况。首先从家族内部来说，客家人素有崇祖意识，祖先崇拜之风很浓厚，对祖祠、祖墓、族谱等家族公共文化符号很重视，每年或一定时期都要举办一定的仪式，借此来增强家族文化认同；同时，家族需要互助合作，要有一定的凝聚力，增强家族成员之间的情感联系与沟通，特别是祖居地与外迁家族之间的联系，也需要有一定的载体来实现，而祭祖等活动正好能够满足这种需要，可以使家族情谊得到深化，家族人际网络得到强化。其次，从家族外部因素来说，客家人大多聚族而居，为了家族的共同利益，需要在一定的社区或村落中树立起家族的威望，在经济、文化、德望、气势等多方面都能在村落中共处的其他姓氏之间占有一定的优势，社区中的各个家族必然会以某种途径或方式来加强内部的团结，以此展示家族的"风采"，这种社区内家族竞争博弈的态势造就了家族利益与族谊网络的整合机制，从某种意义上说也是客家民俗文化得以传承的心理机制之一。这种心理机制也就是对社会资本的追逐，"创立宗祠、编修族谱、风水传说、建立祭祀公业和社会人际网络，皆可视为宗族生存资本的社会资本。"② 有了社会资本，也就有了对家族事务的有效控制。但在这种机制作用下，参与者所能分享的"权益"还是有区别的，"祭祖的组织者等关键人物属于该群体中社会地位、威望较高的人，相应的占有的社会资源也多，从而社会网络变化、提供帮助的程度高于普通参与人，获得支持的程度低于普通参与人。宗族祭祖作为维系人们感情的活动，可以为人们带来工具性回报和情感性回报，从而维持与扩张社会资本。"③ 宗族理事会成员、礼生、巨额资金的乐捐者等关键人物在宗族事务或庆典仪式的"地位"与"荣耀"是远高于宗族其他成员的，这些因素成为这部分人乐于操持宗族事务的动力，同时又因宗族利益的差序格局，使大多数的宗族成员并不是很积极地参与有关事务，或者参与的程度受到一定的限制，由此在家族活动或社区文化活动中也受到一定的影响。

**四、结语**

民间文化存在于民众中，通过民众参与的活动作为载体世代相习相传。民间文化的特色体现在仪式中，仪式就是一种文化的展演，是一种区别于艺术表演的蕴含了象征意

① 耿羽：《祭祖习俗的变迁：从崇拜到纪念——居于福建候村的考察》，《民间文化论坛》2011年第5期。

② 陈瑛珣：《生存资本与生活空间的竞争——以台湾中部两部客家移民族谱为讨论对象》，《台湾研究集刊》2012年第2期。

③ 杜永梅：《祭祖对参与者社会资本的差异性影响研究》，兰州大学社会学硕士论文，2013年，第1页。

义的文化表演，仪式中的每一个环节都蕴含了大量的民间文化信息，体现出乡村民间文化的内涵与特色，仪式的展演实际上是乡村民间文化的再一次传承与保护。通过客家赖氏祖祠重光庆典的两个案例的考察，可以看出其仪式表演与文化氛围营造是民间文化的重要表现形式，由民间文化精英主导的乡土权力的激活又是民间文化活动的内在力量，形成区域民间文化活动重要的激励机制，目的在于达成血脉亲情的结构秩序、宗族文化的认知、乡土情感的释放，民间文化叙事在一定程度上展示了民间文化承载的形式与内容，使民间文化作为民众日常生活的重要组成部分，具有重要的文化传承价值。

（基金项目：国家社科规划课题《海峡两岸客家民俗文化比较研究》，编号：12BMZ029）

（本文作者系赣南师范学院历史文化与旅游学院教授）

# 客家婚俗与现代文明建设

林清书

### 一、客家婚俗的传承和发展

客家婚俗，在清代以前，书面记载的资料比较少。

在明清县志中，往往很简略。清朝编撰的《宁化县志》就认为，宁化风俗与朱熹书上所要求的一样，与福建各地大体相似，无须赘述。"明初……臣庶以下，冠、婚、丧、祭，一遵朱子之书，明诏尚有赫焉，今旷典矣"。① "旧志又谓岁时鲜竞乎汰侈，服饰弗流于奢僭。冠、婚、丧、祭，间用古礼"。② "若夫贺元、张灯、饮社、上冢、悬蒲、竞渡、乞巧、赏月、登高、守岁，与夫八日浴佛，中元祀先，诸俗率同闽中，亦不异海内，无庸琐书矣"。③

清朝《连城县志》更简单："婚礼，惟凭奁饰。"④

清朝武平县武东人林梁峰《一年使用杂字文》，简略记载了武东人结婚的情景："也有人家娶老婆，担鱼担鸡又担鹅。新郎公坐四差轿，新人花轿赛嫦娥。灯笼凉伞并彩旗，一迎一送两相宜。裙衫衣服嫁奁厚，簏箱衣架铺帐被。入门饮了交杯酒，棹圆座褥摆列齐。恭贺对联贴满堂，字画纱灯结彩装。媒人相邀送嫁客，大家等接好风光。酒宴食到下席去，就掷骰子呼令章。三朝拜堂分大小，谒见家官并家娘。叔婆伯娭及姊嫂，大姑婶姆妹姨娘。"从文中的描述来看，似乎跟汉族其他地方相比，也没有很特别的地方。⑤

到了民国以后新编的县志，组织人员到各地采访调查，才有了比较详细的记载。

民国《明溪县志》："凡娶妻者，必得父母之命、媒妁之言，议定聘礼与妆奁，然后

---

① （清）李世熊修纂、宁化县志编纂委员会整理、福建省地方志编纂委员会编：《宁化县志》，福建人民出版社 1989 年版，第 365 页。

② （清）李世熊修纂、宁化县志编纂委员会整理、福建省地方志编纂委员会编：《宁化县志》，福建人民出版社 1989 年版，第 13 页。

③ （清）李世熊修纂、宁化县志编纂委员会整理、福建省地方志编纂委员会编：《宁化县志》，福建人民出版社 1989 年版，第 14 页。

④ （清）李龙官等修纂：《连城县志》，厦门大学出版社 2008 年版，第 30 页。

⑤ 清朝武平县武东人林梁峰《一年使用杂字文》，上杭马林兰藏本，林建明收藏、供稿。

纳采。自此每逢年节，男家必备送礼物。至迎娶时，并须先期备送鸡、豚、鱼、鸭、果、饼等类，多至十数种，重至数百斤。而女家则以之分馈戚友，并制备奁仪回聘。彼此开筵宴客，流连旬日，为费颇巨。近更夸多斗靡，踵事增华，花销多至数千金。至于新婚仪式，未行亲迎礼，惟女入婿门后，新郎、新妇同拜天地、神祇及祖先，与夫妻交拜礼，再入兰闺合卺。而饮宴客时，新郎、新妇复登堂拜见宾客。三朝始入厨下作羹，独宴女客，弥月归宁。此昔时礼也，颇嫌太繁。今则倡行文明结婚，礼迥有不同者。"①

由此可知，民国婚俗基本延续清朝婚俗，在讲排场、夸多斗靡方面的风气越来越糟糕。

民国时期的《长汀县志》甚至说："城厢世族富家聘币多皆璧还。且广置妆奁。常有中人之产，因嫁女而罄者。俗有'娶了三次大亲，不富再无大富；嫁了三回大女，不穷永不会穷'谚。"编者认为，"童养媳、等郎妹和转亲"等就是这种风气逼出来的结果。没钱嫁女，只好送人；乡下娶不起老婆，只好养童养媳、等郎妹。编者认为，陋俗逼迫，务必改革。

在梅州地区，民国时期已经从国外华侨的新婚俗中得到启发，开始进行改革。《梅州文献汇编》记载，在华侨习俗上，另有极简易之礼节，即问名具聘遵古制，请客宴会从新礼，是也。凡娶妻者先问名，后具聘，订婚，及期迎亲。归家后，向祖先及家长鞠躬并预期约友人宴会。主婚人进酒后，即由新夫妇赠送来宾每人一朵花，即告礼成。②

民国时期的婚俗改革主要在城市，福建的福州、厦门等地比较先进、开明的家庭才会接受新的婚礼，保守家庭和广大农村基本上还是延续传统婚俗。

中华人民共和国成立后，制订了新婚姻法，提倡移风易俗，在相当长的时间里，起到了简化婚俗的效果。

不料到了改革开放之后，随着生活水平的提高，攀比、奢靡之风愈演愈烈。有许多陋俗又死灰复燃，比如长汀县因聘金而自杀等悲剧在当代社会继续上演，令人扼腕。③

客家传统婚俗，在台湾得到重视，并能够传承下来，主要体现为闽文化和客家文化的特点，所以闽台婚俗应该是一脉相承的关系，有更多的相似度。由于台湾特殊的地理和历史情况，也形成了一些特有的婚俗环节，部分细节会与福建有所不同。

曾喜城先生《台湾客家文化研究》："台湾客家移民历经三百多年，婚礼风俗大致还保存传统的原乡风貌。然而台湾客家婚礼，必定也受福佬及平铺土著的影响。""现在工商社会一切崇尚简单，男女也时兴自由恋爱，但总是要参考父母的意见，不管依传统行

① （民国）王维梁、刘孜治修纂：《明溪县志》，厦门大学出版社2008年版，第291—292页。
② 温冰据整理：《旧时梅州婚嫁礼俗》，《梅州文献汇编》（十二），《客家文博》2016年，第84—85页。
③ 吴鹏波、卢婷婷：《长汀：高昂结婚聘金惹祸，男的逃跑女的上吊》，《海峡导报》2013年3月。

婚礼，或在法院公证结婚，总是隆重较能符合人生的意义，也容易有美满幸福的结果。"①

刘焕云先生认为，大体而言，台湾客家人的婚礼保留了中原的文化遗产，虽然六礼有些变化，其礼俗文化意涵与精神却是相承一贯的。②

台湾的客家礼俗保留了大陆客家的婚俗，有烦琐礼节，又必须花费大量的金钱。日据时期之后，婚俗改变较为迅速，如婚前开始有了相亲的机会等。等到台湾光复之后，婚姻礼俗改变更快，居住在北部的客家人，大多只行订婚、结婚两仪式。此后，台湾客家婚俗变迁非常快速，因为台湾岛上各族群生活上的同化作用，互相影响婚俗习惯，加上女权主义萌芽，两性平权的运动兴起，自由恋爱风气之盛行，许多年轻人逐渐"先恋后婚"，而政府又逐渐倡导新式婚礼、公证结婚等简单隆重的仪式。③

由此可见，汉族各地，从清朝开始，婚俗基本上继承传统礼仪，夹杂地域特点；到民国时期，奢靡、攀比之风日盛，婚俗改革呼声也很高，西式婚礼开始进入城市；中华人民共和国成立到改革开放之前，移风易俗、新事新办的风气逐渐形成；改革开放之后，生活水平提高了，拜金主义盛行，婚俗中的奢靡、攀比之风又开始恢复。当然，在多元化的时代，婚俗也发生了很大的变化，现代文明之风正在逐步影响婚俗，移风易俗、新事新办的风气也在逐渐地回升。

因此，婚俗的问题，与历史的传承、地域的约定俗成和时代的风气密切相关。

**二、客家婚俗的地域文化特点**

汉族的婚俗，从大的方面来说，基本上是大同小异。恰恰是各地的"小异"，形成了地域婚俗的特色。究竟客家婚俗内部有哪些共同的特点，跟别的汉族民系有哪些差别？恐怕是要做很细致的、广泛的比较，才能得到比较准确的结论。我们暂且用几个不同民系的婚俗个案来比较一下，看看客家婚俗是否有一些独有的特点。

（一）闽南和客家婚俗的主要差别

我们从闽台的主要民系——闽南和客家来看看婚俗方面的主要差别。

龙岩市新罗区（闽南与客家过渡地带）婚俗个案④：

2015 年年底的一天早晨，新郎小陈在鞭炮声中出发去接新娘。在新娘家中，新郎一行人吃着新娘家中煮好的荷包蛋配"云潭粉"。9 时 30 分，出门时辰到了，新郎打头阵，新娘的父亲为新娘撑着一把红伞一起出门，同行的还有一位挑担子的小伙子（一般是新郎的小舅子），箩筐内装的是新娘的生活用品，全都是双份。

新郎把新娘子接到陈家宗祠，这时村里"命好"的花婆在宗祠门口接过红伞，把新

---

① 曾喜城：《台湾客家文化研究》，屏东平原乡土文化协会，乡土文化工作室印行，第 142—143 页。

② 刘焕云：《台湾客家婚姻礼俗变迁之研究》，《赣南师范学院学报》2009 年第 5 期，第 18 页。

③ 卢小燕：《长汀大同高坑村客家婚俗调查》，《龙岩学院学报》2011 年第 7 期，第 17—18 页。

④ 陈静涟：《吵嫁、抓鸡、过米筛……龙岩这些婚俗你知道吗》，公正网 2016 年 3 月。

娘迎了进去。新郎与新娘先祭拜祖宗，随后，新娘便被花婆带进新娘房。新娘房有婚纱照、双喜帖、婴儿画，一箱新娘衣裳、一盆芋薯米、两根甘蔗等。花婆递上冰糖茶给新郎新娘，念着祝福语。

之后安排喜宴。喜宴上座是男方母舅坐的，叫厅头桌，新郎陪同。"烊鱼"和"什锦"是龙岩的传统菜肴。"姜鸡"上桌时，客人暂时不能动筷子，表示新人开始敬酒。

极具地方特色的就是婚礼各环节中的食品：荷包蛋配"云潭粉"（米粉），是新罗区人招待最尊贵的客人才有的食品。第一次到家里的尊贵客人，新罗区人就是煮两个鸡蛋，放一勺白糖，外加一大盆的煮米粉。"烊鱼""什锦""姜鸡"的制作或特殊含义，在闽西客家地区都是没有的。

新郎的小舅子来挑装着新娘的生活用品的担子，也是非常有特色的婚俗。

我们以汀州府为代表点，作为考察对象，看看究竟有哪些异同点是区别于其他民系的关键点。

长汀县大同镇高坑村，就在城郊，比较完整地保留了汀州府传统婚俗，作者的田野报告比较翔实，具有一定参考价值。①

长汀婚俗主要有讲亲、落数、扎定、送嫁妆、迎娶、办喜酒、请三朝、做满月到请新姐夫等环节。下面尽可能把比较不同一般的片段展示出来。

接亲前一天，女方办嫁女酒。亲戚中，新娘的母舅最大，与迎亲队伍一桌。席间，新郎新娘在母舅带领下向大家敬酒。

开面，就是用丝线把新娘脸上的汗毛绞干净，是标志着闺女生活结束，新生活开始的一个仪式。

新娘伯娌把准备好的花生、红枣、荔枝、龙眼、莲子用红线一对对串好，共串九对。新娘出门时，挂在脖子上，边走边捏，寓意交好运，生贵子。新娘伯娌给新娘盖上红盖头，往她手上放一包用红色方巾包好的"五色果子"。"五色果子"包括花生、糖果、饼干、红枣、荔枝等，到了夫家有人来新房看新娘时散发给大家。然后，新娘就在房间坐着等新郎接亲时一起吃猪心（男家事先给女家，等出门时炖了吃的，俗语说"猪肝心肺一团亲，夫妻两人要同心"）。新郎把带来的三牲摆到女家神龛上祭祖，也要点香照烛放喜炮。礼毕，新郎把落数时未付清的聘金一并付清。等待出门吉时。

出门时，女方父母要回避。新娘由女方的全福妇牵到房间门口交给新郎，新娘一边走一边哭，新郎把新娘背到大门口，跨过门槛时，新郎不能碰到门槛，甚至连新娘的裤脚也不能碰到，否则女家会生气，认为把他们的福禄财气带走了。

到门口，男家的全福妇会把准备好的红伞打开，撑在新娘头顶并把她牵到车上。

高坑村还有"拖青"习俗。男家事先从山上砍下三根大小粗细差不多带叶子的小杉树，绑成一把。迎亲时，把小杉树放在车的后备厢里。"拖青"寓意为"百子百孙"。迎

---

① 卢小燕：《长汀大同高坑村客家婚俗调查》，《龙岩学院学报》2011 年第 7 期。

亲回来，把杉树放在屋后。

新娘跨过门槛时，男家派一个亲房在门槛上烧三根香照一对烛，在门槛外摆五个斟了半碗酒的碗，用最快的速度把一只没阉过的小公鸡杀掉，把血洒在五个碗里，待新娘跨过门槛，迅速倒扣五个装了血酒的碗，此谓"割拦门鸡"。新娘跨过门槛后还要踏米筛，高坑人认为米筛与鸡血都有制煞的作用。

第二天，让送嫁的小男孩（一定要男孩，这个步骤寄托了生男孩的殷切期望）去新房子孙桶里捡那两个蛋，然后往桶里撒尿。

新罗区个案中，新娘的父亲牵着新娘送出门，而客家新娘父母都是回避的。距离不远，习俗差距很大。

客家传统婚俗迎娶时的主要特点是"开面""半夜出门""新娘出门时父母回避""拖青""割拦门鸡（喜用鸡驱邪、制煞）""新马桶撒童尿"等，在客家地区基本相同。此外，新娘出门前的"哭嫁"，也是客家地区流行的一个重要特点。

通过以上的讨论，我们基本上了解的客家婚俗的大致特点。

（二）客家与中原婚俗的主要差异

为了放大参照、比较的范围，我们选择了开封作为比较。开封是北宋都城，客家先民被迫从中原南迁，跟北宋灭亡有很大的关系。

北宋孟元老《东京梦华录》卷五《娶妇》一节，对宋代婚俗有详细记载。主要的环节，今天各地的汉族也基本延续下来了。主要程序大致是：

说媒；合八字，换草帖子（初步介绍家庭情况）、细帖子（注明详细的家庭情况）；小定（定情物）；大定（确定订婚彩礼聘金等）；婚礼头一天"铺房"；婚礼当天"送嫁"、轿夫吵要红包才"起担子"；男方迎娶、亲友拦门要"利是"、阴阳先生撒谷豆、入门忌踏地；捧镜辟邪；新娘临时"坐虚帐"；洞房"坐富贵"；三杯"走送"女方亲戚；拜祖；合髻、交杯酒，掩帐讫。拜堂见亲友。回门、做朝：新郎新年回门就叫"拜门"。女方三日"暖女"、七日"洗头"；满月即"做满月"。①

到民国时期，开封婚俗的程序就有：提亲、合八字、相亲、定亲、换帖、送好、过嫁妆、铺床、迎娶、听房、谢媒、回门、开箱等 20 多项。

在新的时代，《东京梦华录》中记录的婚礼已经发生了很大的变化。

改革开放前，机关企事业单位的人，裸婚居多。房子是单位分配的。"三大件"（手表、缝纫机、自行车或三用机等）看家庭情况，婚礼城乡不一。聘金高低也是看各地个人情况。新事新办、移风易俗的想法比较普遍。

改革开放以后，逐渐恢复奢靡、攀比之风。红包越来越大，其实都用于饭店请客，非常浪费。"腰果核桃加绿茶，名烟名酒往上拿；山珍海味都尝到，菜谱多少不知道"。

近年来开封多家婚庆公司礼仪是：现场布置温馨浪漫，音乐声中新人入场，礼花怒

---

① （宋）孟元老：《东京梦华录》，中州古籍出版社 2010 年版。

放，主持人口若悬河；一对新人（还有男方父母）任其摆布；最后亲属们鱼贯上台献出礼金。婚礼破费，已渐成风气。

我们将客家与中原的婚俗（河南、山西）进行粗略的比较，看看究竟有哪些主要差异。

一般各地相同、相似的地方不再赘述，主要看看南北方不同的习俗。下面是从网友"开封的婚俗"中整理的具有中原地域特色的婚俗细节。

婚礼当天早晨要提早去接新娘，越早福气越多，拜天地要在正午 12 点之前完成，民风认为正午前新人拜罢天地，大吉大利。但有的是合了八字算了良辰依照测算的时间进行的。

女方须必备一种独特的饭食嫁妆——"随身饭"。随身饭已由娘家人事先备好"随身肉""随身面""随身饺"，饺子数量视新娘的年龄而定，女方捏饺子是为了捏住亲家的嘴，以免挑剔叨扰使自家女儿受气，至夫家后供新娘食用。

到了女家，新郎要和女方尊长先行鞠躬互拜，以示敬意。女方亲友会趁机上前"糟"男方来客，把新郎画个大花脸，把伴郎抹成黑脸包公。

喜宴过后，亲友来宾开始"闹公婆"，用灰、墨、颜料之类在新郎父母头脸上乱涂胡抹，戴上尖顶纸帽、辣椒串、大红花，缠上裙布，反穿衣服，把老两口整得不成样子，尽管如此，两人也不能生气，只能欢颜以对，任由大伙随意摆布。闹洞房也有"新婚三日无大小"的习俗，"闹"是中原婚俗尤为显著的特色。

跟南方婚俗最明显的不同，主要是伴随中原地区面食而产生的"随身饭"习俗和"闹公婆""新婚三日无大小"的习俗。

### 三、客家婚俗与现代文明建设

汉族古代婚俗，通过民间的约定俗成和不断的传承而传播，其间还通过朱熹等历代官员的指导（教化），基本习俗得以保留。

可是，民俗还是具有地域性特点，在一定的范围内，会形成某些比较固定的模式，成为地域文化、民系文化的标志。所以，必须要跟别的地域、别的民系相区别，就要坚持自己的特点，减少别的地域文化、民系文化的渗透。

民俗有约定俗成的特点，传统民俗，经过一个社会群体、宗族的认可之后，也会发生许多变化。客家民系是善于吸收新事物的，客家文化具有一定的开放性。这就使得客家婚俗不断被修改。

民俗还有时代性。时代风气会迅速影响传统民俗，改变传统观念，创造新的民俗生活。

在民国时期，特别是中华人民共和国成立后到改革开放这段历史，婚俗改革曾经深入人心，不同程度受到欢迎。50 后、60 后"裸婚"，几乎形成了那个时代简朴的风气。其移风易俗，比起民国时期，力度大，影响大。因此，在现代文明建设当中，各种新观念随时更新，移风易俗完全是有可能的。

自古以来，官方就很注重民风的教化。这种教化，包括倡导，包括文学艺术的熏陶，等等。今天，在各种媒体的大力宣传之下，在一些婚礼公司的具体引导下，婚俗的变革也取得了一定的成果。现代青年创意无限，坚持设计个性化的婚礼，进行了许多有益的尝试，逐渐形成新风尚。

今天，我们在深入研究传统婚俗的基础上，设计一些更为文明的、老百姓喜闻乐见的婚俗模式，比古时候的从上到下的所谓"教化"，更容易接受，更容易推广。

引导婚俗走向健康、文明，形成新风尚，应该成为我们努力的目标。

**参考文献：**

［1］（清）李世熊修纂、宁化县志编纂委员会整理、福建省地方志编纂委员会编：《宁化县志》福建人民出版社 1989 年版。

［2］（清）李龙官等修纂：《连城县志》，厦门大学出版社 2008 年版。

［3］（民国）王维梁、刘孜冶修纂：《明溪县志》，厦门大学出版社 2008 年版。

［4］刘焕云：《台湾客家婚姻礼俗变迁之研究》，《赣南师范学院学报》2009 年第 5 期。

［5］卢小燕：《长汀大同高坑村客家婚俗调查》，《龙岩学院学报》2011 年第 7 期。

（本文作者系龙岩学院教授，学报主编）

# 客家民俗体育文化的现状与发展路径研究

## ——以江西省上犹县九狮拜象为例

### 黄何平

**一、前言**

在以现代体育为主导的当代世界，在奥林匹克文化全球化的当代世界，民族传统体育生存问题已经是世界各国体育发展中存在的重要问题。而植根于中国民族传统体育文化的"客家体育"，却在民间自生自灭，处于一种"尴尬的境遇"。客家民俗体育文化是属于亚体育文化形态。民俗体育是指在民间风俗或民间文化以及民间生活方式中流传的体育形式，是顺应和满足人们多种需要而产生和发展起来的一种特殊的文化形态。民俗体育作为一种民俗活动事项，其传承方式主要是活人传承，只有民众的认可和参与才是其生存和发展的唯一途径。

江西省上犹县的"九狮拜象"作为春节期间大型的客家民俗体育活动，在每年的正月初二至元宵节期间进行表演，近百人的表演队伍，在锣鼓、唢呐和鞭炮声中，前呼后拥，浩浩荡荡，与当地群众共庆新春佳节。目前，这项客家民俗体育文化正在逐渐失去其特质。有学者呼吁："中国民俗体育亟待保护并传承。"本人作为一个高校体育工作者，对于中国民俗体育文化生存环境不断恶化而导致的民间民俗体育流失深感担忧，因此，关注客家民俗体育和保护客家民俗体育，挖掘客家体育文化的精神要素，成为当下亟待解决的问题。

**二、研究方法与对象**

（一）研究方法

1. 文献资料法

通过阅览馆藏图文资料和网络图文资料等方式，查阅了国内外大量有关社会学，民族学等文献资料。

2. 田野调查法

在对江西省上犹县进行调查研究的基础上，进行实地考察，与他们同吃、同住、同劳动，了解当地的风土人情，熟悉当地的生活习惯，研究当地在经济、生活、生产、观念方面的变化，倾听当地的意见和呼声，掌握第一手原始资料。

3. 访谈法

对一些掌握了大量民族传统体育史料，但又无法进行文字沟通的村寨老人，采取登门拜访或邀请他出来吃饭的方式进行访谈，补充所需资料；也采取随机访谈的方式求证并检验调查结果的可信度。

4. 个案研究

对江西省上犹县的民俗体育九狮拜象进行了个案调查研究，较详细地了解不同时期客家传统体育的保存状况以及发展路径。

（二）研究对象

本文的研究对象是客家民俗体育文化为研究对象，以江西省上犹县的"九狮拜象"为个案进行分析（图1）。

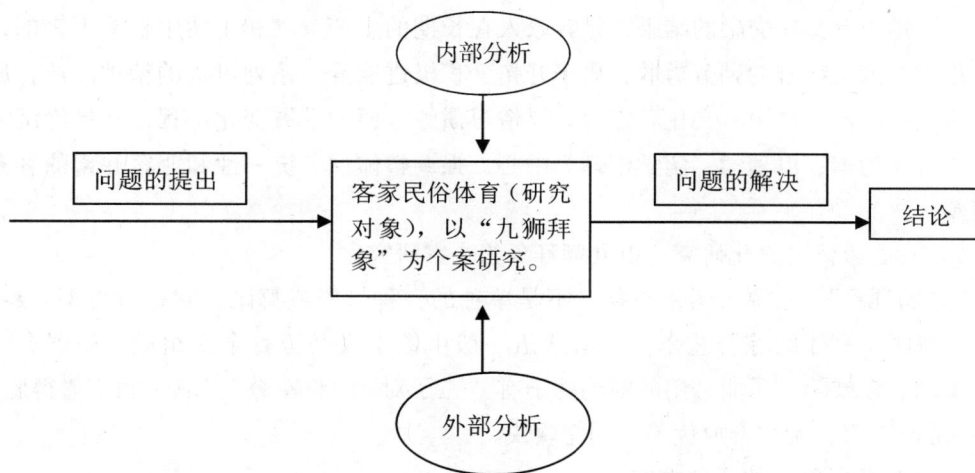

图1　研究对象

### 三、分析讨论

（一）客家民俗体育文化的历史演变与梳理

1. 内因分析——民俗生活世界中的体育文化

客家民俗体育植根于客家民俗活动，是客家文化的重要载体和表现形式，蕴含着厚实的客家体育文化内涵。客家体育是民俗生活中的体育，民俗事象的生命深植于民众之中，民俗体育活动现实存在具有其发展的社会心理基础。民俗体育作为一种身体行为符号，具有直观的文化认同功能，其随意性、娱乐性的文化特征，符合当代人们的文化需求。产生并流传至今的客家民俗体育文化，是利用各种身体练习来提高人的生物学和精神潜力的范畴、规律、制度和物质设施的总和，其内容丰富多彩，世代相传，经久不衰。客家民俗体育文化传统虽然十分稳定，但并非一成不变。处在现代文化变迁之中的民族传统体育文化不可否认地产生着文化内部变革，现在展现在我们眼前的也只是变迁后的而非原始的客家民俗体育文化。

2. 外因分析——城镇化和现代体育对客家民俗体育的影响

现代体育是一种超越种族、民族和国家政治、经济和文化传统差异的跨文化的存在；它在一个民族、一个国家或一个有限地域（社区）中，是一种超越不同性质人群的亚文化差异的普遍存在。中华民族传统体育文化已不否认地产生着文化内部变革，这也就是大家所熟知的民族传统体育文化的现代变迁。因为在城镇化进程中，作为"边缘"文化的地域文化，在当代文明的"强势文化"面前，其"免疫"和自我生存能力均处于弱势，其保护与发展面临诸多困境，其传承延续性就受到了挑战。

客家人具有离家闯荡、漂泊流移的禀性，体现为富有冒险精神、不满现状等等，与个人因素密切相关。迁徙给了客家人坚韧的品性。尽管所处环境位于偏僻的山区，但是勤劳的客家人在自己的土地上创造了属于自己和华夏民族的历史。客家体育文化是客家文化与当地土著文化交融的结果，是客家人在长期的生产劳动和生活中积淀下来的，充分体现了客家人特有的勤劳勇敢、勇于开拓、积极进取等一系列可贵的精神品质，反映了客家人在政治、经济、文化、宗教、风俗习惯等方面的发展变化历程，并最终沉淀为以宗族群体为本，以理学、儒学伦理为中心，强调整体性、统一性和兼容并蓄的客家文化底蕴。

（二）客家体育文化研究：以九狮拜象为个案研究

"九狮拜象"，起源于明末清初，不是单独的一种灯彩或舞蹈，它是融造型、绘画、音乐、舞蹈于一体的综合艺术。表演队伍一般由数十人乃至百余人组成，乐器有沙喇子、唢呐、锣鼓等，乐曲常用的唢呐牌子有"三子对""将军令""满堂红""得胜歌""状元游街"等，旋律奔放优美，响亮欢快。

1. "九狮拜象"的活动内容

"九狮拜象"由1龙、9狮、1象、1麒麟、1牌灯、2锣鼓彩亭组成，龙多为9节至11节，每节的间距6—7尺，龙头用竹片造型，内置龙珠，龙身多用红布或黄布缀接而成，内部可点灯烛，龙鳞多用金箔纸或用粉过的黄色的纸粘贴而成。狮一般由8只大狮、1只小狮（小狗狮）或7只大狮、2只小狮组成，造型有蚕形、狗面、猫头、猪脸等，以颜色分为黄狮、红狮、绿狮等，其中黄狮最为尊贵。狗牯狮子若为白色，头上须披红布。狮身的腹部可以点烛，装有机关通耳、眼、鼻、口各部。象比较庞大，骨架用竹篾编成，造型要显得壮硕，骨架外面用白布贴好，口装有机关。麒麟似鹿，身披梅花点，颈部可伸缩。牌灯是一个制作精美的长方形立体彩灯，一人举着起引导作用，牌灯中央在旧社会都应书写堂名或姓氏，如今写主办单位或"迎春"之类，有的就直接写着"九狮拜象"。锣鼓彩亭是放锣鼓的"亭子"，队伍前后各一个，由两人抬着走，彩亭实际上是乐队的依附。彩亭的制作很讲究，上面可以扎出"八仙过海""刘海砍礁""三打白骨精"等纸牌人物，这些"人物"会做各种各样的动作。在整个灯彩表演队伍中，其顺序是：牌灯——锣鼓彩亭(乐队)——麒麟——黄狮(1)——红狮(2)——狮(3)——狮(4)——小狮(5)——龙——小狮(6)——狮(7)——狮(8)——狮(9)——象——锣鼓彩亭(乐队)。（见图2）

图 2　灯彩表演队伍

　　"九狮拜象"一般在农历正月初二至十五期间进行，腊月就得准备，正月初二、初五、初八这几天最为热闹，到正月十五晚上活动完毕，需要举行"谢龙神"仪式，把龙狮身上破损的布面烧掉，骨架留至明年再用。除了过年进行"九狮拜象"，特殊需要时也会进行，如开圩或有钱人家"暖屋"也会进行"九狮拜象"来热闹添喜。

　　2．"九狮拜象"形成的历史原因

　　"九狮拜象"确切产生于何年何月已无法考究。但可以推测："九狮拜象"起源于明末清初时期粤东、闽西一带客家人的内迁（赣南）。龙灯是中国春节传统的娱乐活动，发源于中原，营前的土著人蔡氏、陈氏、朱氏其实也是从中原迁来的，几经周折，最终在南宋年间迁到赣南上犹的营前，所以蔡、陈、朱也可以算是客家人，只不过比后来的客家人早几百年来到营前，从中原来的客家人自然也会搞龙灯，这时与全国其他地方的龙灯没什么两样，故营前从南宋到明末并没有"九狮拜象"。直到粤东客家人的内迁，带来了广东那边的狮灯、狮舞，营前的灯彩才开始与其他地方不同。

　　要追溯"九狮拜象"的源头，就不得不从姓氏龙灯讲起。粤东、闽西一带的客家人在明末清初迁到营前时，政权和土地已被当地人占据，刚来的客家人生活过得非常艰苦，随着客家人内迁数量的增加，客家人口逐渐超过了当地人，客家人越来越想得到话语权，与本地人的矛盾就日益尖锐起来，其间还发生了械斗和屠杀。客家人最终取得了合法地位，政府将客家人"编户齐民"，这样客家人就在营前站稳了脚跟。社会已经稳定，械斗、屠杀也很少发生了，更多的是宗族之间的摩擦和竞争，有的宗族就借春节时间在圩上以龙灯、狮舞来展示自己的经济实力和威信，姓氏龙灯开始出现。每个姓氏搞龙灯都打上自己的堂名或姓氏，就当时灯彩队伍来看，已具备现在的牌灯、龙和狮了，这应该是"九狮拜象"的雏形，但与其他地方相差还不是很大。

　　3．"九狮拜象"活动现状

"九狮拜象"作为江西省级非物质文化遗产，应该发掘、抢救和保护，不断地丰富客家民俗体育文化的内涵。本人通过田野调查发现，"九狮拜象"开展存在以下不足。

（1）赣南的一些县地处偏僻的山区，交通区位优势减弱，至今是国家级贫困县。经济上的软弱，致使对文化的投入和重视严重不足。"九狮拜象"的恢复工作或许还面临许多困难。"九狮拜象"要消耗大量人力物力财力，民间无法举行如此重大的活动，政府组织也不是年年都有。政府每年投入不少资金抢救，"九狮拜象"逐渐恢复起来，现在在县城每年过年和元宵都能看到其身影，但规模不能跟以前相比。

（2）维系宗族关系的活动较少，全族内部就没有以前团结了，宗族走向衰落，"九狮拜象"在姓氏中很难搞起来。"九狮拜象"是全宗族的大型活动，但作为其经济基础的"宗田""宗产"已经消失，仅仅靠个人筹资困难很大。"宗田""宗产"有两个作用：一是用来资助本宗族的孩子上学；二是作为全宗族祭祀或其他重大活动的经费来源之一。自中华人民共和国成立后，广大农村实行了土地改革，土地分田到户，宗族的"宗田""宗产"被分割，因此全宗族的大型活动很难搞起来。

（3）人们的文化生活日益丰富，审美需求提高以及观念变化，对一些客家民俗的兴趣愈来愈淡漠，民俗活动也愈来愈少；一些熟悉民俗活动的老人相继离世，年轻一代外出打工使赣南客家民俗的发展举步维艰，后继乏人，一些民俗项目的濒危状况难以改变。

（4）赣南民俗赖以生存、发展的社会基础发生了变革。一些传统民俗日益淡化，赣南民俗在广大乡村中的展示平台日益减少。

（三）客家民俗体育文化发展的困境

1. 生活方式的改变，导致客家民俗体育文化失去了社会心理基础

民俗体育的生存与发展总是依附于一定的社会形态，社会形态的变迁必然会改变其赖以生存的文化生态环境。客家民俗体育文化具有深厚的文化底蕴，在人类发展的过程中，深深打上了时代发展的烙印，但是由于社会文化的变迁，客家民俗体育文化受到了前所未有的挑战，因此我们也清醒地认识到客家民俗体育生存环境的危机。

2. 客家民俗体育文化逐渐失去其特质

客家先民历尽艰辛，从遥远的中原迁徙到异地，面临完全陌生的环境，而当地土著文化却十分浓郁。这个弱小的群体不仅没有被土著民族所同化，反而凭着对中原文化的挚爱，以实际的行为逐渐而强烈地影响、改变着客居之地的自然和人文，最终形成以中原文化为主导的客家文化。客家体育文化是客家体育与当地瑶、畲等土族文化交融的产物，大多来自人们的生产劳动过程或宗教祭祀活动，宗教民俗性是其文化特征之一。传统的宗教祭祀、仪式崇拜和表演活动，有着深厚的赣南客家文化内涵。在充分肯定客家文化在继承和发扬中华文明的优良传统中发挥了重要作用的同时，由于接受现代西方文化的熏陶，现代客家人敢于抛弃愚风陋俗，适应现代社会的发展。另外，在城镇化进程中，科学文化的价值观通过媒体宣传、学校教育得到普及，很多宗教仪式和祭祀行为在

年轻一代人的思想意识里被定位为"迷信""伪科学"。目前，现代客家人对客家民俗体育的认识多见于其娱乐表演价值，而使得客家民俗体育文化的某些重要特征逐渐消失。在有限的客家体育活动中，其仪式或宗教祭祀被简化或省略，而主要以纯粹的身体娱乐活动为主，客家体育文化的退化，因为外在表现并没有反映其内涵和本质，客家传统体育文化正逐渐脱离其产生的母体和根源。

3. 客家民俗体育文化保护与传承面临人才的流失

现代经济模式的发展已经打破了农耕经济为主的单一经济模式，村落经济结构呈现多元化发展，促使绝大部分青壮年和有知识文化的劳动力转移到城镇打工或经商，客家民俗体育活动的传承主体渐渐流失。城镇化进程促进了经济的发展、科技的进步，人们的物质生活和精神生活得到了极大的改善和提高。客家传统体育文化的根在农村，流传在客家民间约定俗成的体育活动中，主要以口传身授的方式进行延续。但客家中青年及后代广泛居住于城市和外出打工情形的出现，给客家传统体育文化的代际传承制造了困境，造成传承人严重流失。

4. 客家民俗体育文化认同减弱以及文化的融合

客家人是全球分布范围最广的一个汉民族支系，海外客家人的寻根意识来源于对客家民系的认同。对中华民族的认同。认同是寻根的驱动力，而认同的基础是文化而非血缘关系。客家先民各个家族的人走到一起来，对种族、文化的认同，远远大于对血缘的认同。由不同宗姓的客家人组成的海外客属团体也就打破了传统的家族观念，他们修建的宗祠包容了许多客家姓氏。在许多客家村落，随着现代文明的深入以及城镇化进程的日益加快，强势的现代文化不断与传统的客家文化发生摩擦与碰撞，两种文化或相互排斥，或彼此融合，客家民间信仰价值观开始缺失，人们对客家民俗体育文化的文化自觉和认同感逐渐减弱。

（四）客家民俗体育文化传承与发展对策研究

1. 政府支持和广泛宣传——客家民俗体育文化传承与发展的保障

在文化大繁荣大发展的今天，政府作为民俗体育文化保护、资源开发的主体，其主导作用是至关重要的。九狮拜象作为第三批江西省非物质文化遗产，应该建立"非遗"保护传承体系，积极开展民俗体育系列活动。加强对"非遗"的保护和传承，起草制定具有客家特色、便于操作的地方法规，显得十分必要和紧迫。应充分发挥地方政府的调控功能，出台保护客家体育文化的方案或条例，鼓励人们去开发潜在的客家体育文化资源。

2. 节庆活动和客家传统体育竞赛——客家民俗体育文化传承与发展的窗口和舞台

客家体育中的竞赛表演类和节庆习俗类运动项目，大都在重要节日才会出现，因此应充分利用节日来扩大客家体育的宣传力度，使人们更深刻地体会到客家体育文化的内涵，把客家传统体育活动办成节日庆典的同时，有计划地组织区域性的客家体育运动大会或竞赛，这样既可以在内部引起人们对客家体育的兴趣和重视，又可以扩大客家体育的外在影响，带动经济、旅游业的全面发展。

3．开发校本课程，把客家运动项目纳入体育课堂——客家体育文化传承与发展的基石

学校的三大功能是：人才培养，教育科研，服务社会。可以通过教育这个平台将客家体育活动作为学校体育教学内容，努力营造良好的校内外体育文化氛围，把客家体育改编成适合大、中、小学生的运动项目。目前，赣南师范学院已经编写《客家体育》教材，把客家民俗体育项目引入体育课堂，每学年进行客家民俗体育运动会。这样既符合学生的兴趣需求，也利于客家体育运动项目传承人的培养。同时，加强对传承人的培养也是十分必要的。

4．突出地域特色，统筹规划，开展客家民俗体育旅游——客家体育文化传承与发展的动力

2013 年 2 月国务院办公厅颁布了《国民旅游休闲纲要（2013—2020 年）》，提出要加强国民旅游休闲产品开发与活动组织。鼓励开展城市周边乡村度假，开发适合老年人、妇女、儿童、残疾人等不同人群需要的旅游休闲产品，满足广大群众个性化旅游需求。这是开发客家民俗体育旅游的千载难逢的好机会。在挖掘整理和创新客家体育文化、开发客家体育旅游过程中，要力求保持其原生性，突出客家地域特色，使旅游者能观赏到原生态的客家体育表演并能参与其中，避免演员为迎合观众口味而进行机械的表演。

## 四、结论

客家民俗体育植根于客家民俗活动，是客家文化的重要载体和表现形式，蕴含着厚实的客家体育文化内涵。生活方式的改变，导致客家民俗体育文化内涵发生了变化。地方政府应去"非遗立法"的保护之路，制定具有客家特色、便于操作的地方法规，积极开展客家民俗体育系列活动，传承客家体育文化。

**参考文献：**

[1] 倪依克：《蒸腾与困窘：当代中华民族传统体育发展之惑》，《体育科学》2005年第 9 期。

[2] 王俊奇等：《江西民俗体育形成的宗教文化因素》，《体育学刊》2004 年第 11 期。

[3] 林晓平：《客家祠堂与客家文化》，《赣南师范学院学报》1997 年。

[4] 罗勇：《论民间信仰对客家传统社会的调控功能》，《西南民族大学学报（人文社科版）》2004 年第 7 期。

[5] 钟善金、李君：《赣南上犹营前大型客家民间灯彩艺术"九狮拜象"》，《嘉应学院学报（哲学社会科学）》2009 年第 1 期。

[6] 涂传飞：《一个村落舞龙活动的变迁》，《体育科学》2010 年第 7 期。

[7] 崔乐泉：《民族传统体育新文化的构建——兼论体育全球化背景下民族传统体

育的发展》,《体育文化导刊》2005 年第 3 期。

[8] 赖伦海:《解读客家民间的——多神崇拜》,《粤海风》2005 年第 2 期。

[9] 黄何平:《追本溯源:赣南客家民俗体育文化的渊源及其特征》,《赣南师范学院学报》2016 年第 2 期。

[10] 张允蚌、谭贡霞、兰剑:《现代文化浸润下客家体育的保护与转型探究》,《赣南师范学院学报》2016 年第 2 期。

(基金项目:江西省高校人文社科项目,课题编号:TY1501)

(本文作者系赣南师范大学体育学院副教授,博士研究生)

# 客家民俗体育与乡村社会治理

## ——对闽西罗坊"走古事"的实证研究

### 张自永

"走古事",客家地区又称之为"装故事""迎故事""抬故事"等,在全国其他地区也多有分布,有学人根据文献史料统计出类似的民俗活动有"飘色""台阁""彩亭"等 66 种不同称谓。① 本文研究对象是素有"客家山村狂欢节"之称的闽西罗坊"走古事"。它是罗氏各房派在元宵节期间举行的融服饰、表演、音乐、竞技等为一体的民俗体育活动,每一房派出一棚"古事"。具体而言,是将各房遴选的两名孩童装扮成历史人物,并分上下两层固定在特制的"古事棚"上,从而形成一幅生动的历史故事画面。各棚"古事"由身强体壮的男丁轮番抬举,或在坪地竞走,或在青岩溪逆流追逐,场面颇为壮观。

2008 年,罗坊"走古事"与游大龙、花灯、烧炮等联合并以"闽西客家元宵节庆"的名义申报为第二批国家级非物质文化遗产名录(民俗类)。历时 300 余年的罗坊"走古事",是特定历史时空下移植发展的一项民俗体育活动,杂糅了宗族、民间信仰等多种因素,是民俗体育作用于乡村社会治理的可资借鉴的典型案例。

本文采用田野调查和文献史料相结合的案例研究方法,参考文献史料主要有《临汀志》(胡太初修、赵与沐纂,1990 年版)、《临汀汇考》(杨澜纂,清光绪四年即 1878 年刻本)、《汀州府志》、《长汀县志》(刘国光总修,清光绪五年即 1879 年版;邓光瀛总修纂,1940 年版)、《连城县志》(1993 年版)、《福建省连城县青岩罗坊罗氏族谱》(罗协升主编,2001 年版)、《豫章堂岩头罗坊罗氏宗亲考》(罗礼才编,2010 年)及相关碑刻、契约文书等。

### 一、罗坊的地理区位

罗坊乡位于闽西客家居住区。宋时属临汀郡长汀县古田乡岩头团,② 明改称汀州府

---

① 郑紫苑:《村落语境中的仪式展演与文化变迁》,赣南师范学院,2011 年,第 11 页。
② (宋)胡太初修、赵与沐纂《临汀志·坊里墟市》载:古田乡,在长汀县东,管团里二:河源上团、岩头团。

长汀县青岩里，青岩里统图二计村二十二，① 故有"青岩罗坊"之称。民国时期，长汀县编为四区、七镇、二十四乡、三百二十三堡。罗坊乡隶属长汀县第二区，辖7个堡，即罗坊下堡、罗坊上堡、罗坊中堡、岗头堡、萧坑堡、坪上上堡、坪上下堡，总计661户4462人。② 1951年2月，罗坊乡划归连城县所辖，现辖9个村委会（下罗、上罗、邱赖、岗头、文夫、萧坑、富地、坪上、长坑）。罗坊北邻北团镇，南接岗头村，西连长坑村，东抵隔川乡。

关于罗坊乡所属之长汀的地理形势，光绪版《长汀县志》多处有载："汀州皆山，盘亘蜷"，③ "长邑，在古为越，方外之地也"，④ "崇山复岭"，"在山谷斗绝之地"，⑤ "汀僻处万山中，行路之难差比于蜀道，尝有一二十里远隔山村"，⑥ "汀居闽上游，复岭崇冈山多于地，田瘠而虉水"。⑦ 具体到青岩里，有虎忙岭和石岗山等。虎忙岭"山蹊险僻，谷没崖沉"；石岗山"石笋屹立，党连队引，作向背往来之势，位置萧散"。⑧ 罗坊当地至今流传描述地形的谚语"三狮六象把水口，三洋一洲七孤墩"，意思是说，三个狮子状的石壁（大桥头石壁、车田石壁和山角圹石石壁）和六个象形的山脉胜景（连章寺、屋背山、宁坑山、圣者庵、高璃盘、拱桥头）把守着罗坊的水口，官洋、水洋、大田洋以及沙洲墩护佑着埋葬祖先骨灰的七个墓墩。

罗坊乡主要河流为青岩河，发源于罗坊南部的虎忙岭（今岗头村），由西南向东北贯穿全乡流入北团镇境内，经清流县注入九龙江入海。志载："（虎忙岭）东趋于青岩，遂历萧坑坪上，过庐家畲，其水左流汀之罗坑赖屋，而归北安（即北团镇）。"⑨ 青岩河作为罗坊的母亲河，其上有两处景观影响深远，一为始建于明崇祯七年（1634）的云龙桥，一为乾隆末年建造的罗坊陂。

---

① （清）刘国光、谢昌霖等纂修：《长汀县志·疆域》（卷二），光绪五年（1879）刊本，台湾成文出版社1967年影印本，第43页。

② （清）邓光瀛总修纂：《长汀县志·户口志》（卷七），1940年，长汀县博物馆、政协长汀县委员会文史资料编辑室，1983年重刊四册本，第一册，第64页。

③ （清）邓光瀛总修纂：《长汀县志·山川志》（卷三），1940年，长汀县博物馆、政协长汀县委员会文史资料编辑室，1983年重刊四册本，第一册，第35页。

④ （清）刘国光、谢昌霖等纂修：《长汀县志·风俗》（卷三十），光绪五年（1879）刊本，台湾成文出版社1967年影印本，第481页。

⑤ （清）邓光瀛总修纂：《长汀县志·地理》（卷一），1940年，长汀县博物馆、政协长汀县委员会文史资料编辑室，1983年重刊四册本，第一册，第8页。

⑥ （清）刘国光、谢昌霖等纂修：《长汀县志·疆域》（卷二），光绪五年（1879）刊本，台湾成文出版社1967年影印本，第44页。

⑦ （清）刘国光、谢昌霖等纂修：《长汀县志·风俗》（卷三十），光绪五年（1879）刊本，台湾成文出版社1967年影印本，第482页。

⑧ （清）邓光瀛总修纂：《长汀县志·山川志》（卷三），1940年，长汀县博物馆、政协长汀县委员会文史资料编辑室，1983年重刊四册本，第一册，第33页。

⑨ （清）邓光瀛总修纂：《长汀县志·山川志》（卷三），1940年，长汀县博物馆、政协长汀县委员会文史资料编辑室，1983年重刊四册本，第一册，第33页。

云龙桥是罗坊罗氏集体建造于明崇祯七年（1634），并于清乾隆三十七年（1772）重修的境内保护较完整的古桥之一，1996 年被列为福建省文物保护单位。志载："青岩里乡人罗姓众建，侧有岩，辟小径如梯，攀缘而上，洞穴深邃，光透玲珑"。① 桥长 120 余米，高 30 米左右，4 个用花岗石砌成的桥墩上，6 排横、直相间的巨木筒作桥托，下窄上宽，以缩短桥身主梁跨度，同时便于泄洪。上覆桥屋及遮风，中有魁星阁，有扶梯可上。整个建筑坚固，造型美观，如卧龙横跨溪水之上，水天相映，如在云间，故名云龙桥。桥侧有八角形文昌阁和雅致多姿的喜鹊楼，颇为壮观，是为县北胜景之一。②

罗坊陂建造于乾隆末年，既解决旱涝之危，也提供了灌溉之利，时为"全汀各陂冠"，现名通村陂，至今发挥着调解水利的作用。民国版《长汀县志》记载：

> 罗坊陂，在本城水门外上西山下，创建于乾隆末年。邑富赖为隆倡造，何邦彦监工，三年告竣。该陂全用石版造成，阔三丈，直长百余丈，费银六千余两，灌田五千余亩。罗坊三墩称为良田，全赖该陂灌溉之利。其工程之大，水利之巨，为全汀各陂冠。清代邑令沈以木商运木排过陂，常被冲坏，持雇管陂若干人，并按木排过陂时，每十根抽一根，以为管理修复费用。勒碑于罗坊回龙庵。③

总之，罗坊乡位于武夷山脉之间的带状峡谷，所辖的 23 个自然村皆沿着青岩河由南偏西至北偏东依次分布，相对闭塞的地理条件和青岩河的贯通为"走古事"开展提供了独特的地理环境，更重要的是，为罗坊"走古事"找到了禳解水灾、山阻的心理根基。

### 二、罗氏在罗坊的开基与播衍

罗坊乡的九个行政村中，上罗、下罗、邱赖三个村落有罗氏居住，三村同属罗坊开基始祖万一郎公子嗣。其中上罗村、下罗村为罗氏单姓村，邱赖村则是罗、邱、赖三姓杂居。罗坊"走古事"活动在上罗、下罗两村驻地举行，并由该村罗氏村民组织。在组织管理层面，邱赖村并不参加"走古事"。上、下罗两村现有村 6000 多人，占罗坊乡总人口 11710 的 50% 以上。④

开基祖名仲元，又名万一郎，于南宋绍兴六年（1233）由沙县尾历埔罗家巷新坊经宁化石壁迁徙至此，至今 28 世代，裔孙有迁往广东大埔、江西信丰等地。谱载，仲元，琬公子，又名万一郎，字天仁，连城罗坊始祖。登宋皇祐癸巳进士，授泉州司理参将。生殁失考，殁葬石梯美女献花形，又作挂壁金形，乾向。妣张氏千金，葬本村屋背山；

---

① （清）刘国光、谢昌霖等纂修：《长汀县志·津梁》（卷八），光绪五年（1879）刊本，台湾成文出版社 1967 年影印本，第 107 页。

② 1993 年《连城县志》卷 31《名胜》第二章"人文景观"第三节"古桥亭坛"。

③ （清）邓光瀛总修纂：《长汀县志·水利志》（卷四），1940 年，长汀县博物馆、政协长汀县委员会文史资料编辑室，1983 年重刊四册本，第一册，第 36 页。

④ 第六次人口普查资料。

副妣万世寿姑，葬本里上地。子六：九一、九二、九三、九四、九五、九六。

至第十一世，罗坊罗氏分为九个房派，即惠公房、忠公房、永麟公房、得珣公房、宁保公房、仲达公房、仲发公房、仲通公房、五六公房。九大房派的划分是"走古事"开展的格局基础。

原青岩罗坊罗氏族谱因祠堂失火被大火烧毁。康熙乙亥年，十二世祖裔孙才征公修得永系，孔裔公修得珣系。"文革"期间尽毁不存。1999 年族人修合订版族谱，并于2001 年重刊。但考虑到现行《福建省连城县青岩罗坊罗氏族谱》对罗氏在闽西的开基与播衍记述相对简单，对族内的人物生平、艺文也难以寻觅，其间多有讹传之嫌。因此，在本文对罗氏的研究中，更多凭依其他志书或碑刻资料。

新修谱在"人才录引"中记载，明清时代科名仕宦录20 人，贡生 8 人，补廪 6 人，生员 59 人，庠生 15 人，太学生 33 人，过学生 17 人，奉直大夫 3 人，孝节烈女 4 人；民国年间名人录 10 人；现代人才录 15 人。[①] 遍查民国版《长汀县志》，罗坊罗氏登载者如下：

表 1　民国版《长汀县志》关于罗坊罗氏的记载统计表

| 册 别 | 卷 名 | 姓 名 | 载 述 | 页 码 |
|---|---|---|---|---|
| 第二册 | 选举志·岁贡（卷十四） | 罗 洪 | 浏阳知县，建书院，修学宫，有惠政，民立祠以祀之。 | 61 |
| 第二册 | 选举志·岁贡（卷十四） | 罗文明 | 临川训导。 | 61 |
| 第二册 | 选举志·岁贡（卷十四） | 罗尚宾 | 万历乙卯中应天式。 | 61 |
| 第二册 | 选举志·例仕（卷十四） | 罗 冕 | 大学生尚宾子，万历间任金华通判。 | 62 |
| 第二册 | 选举志·例仕（卷十四） | 罗 昌 | 尚宾子，以廪生入大学，诗文俱有别致，见艺能传。 | 62 |
| 第二册 | 选举志·封赠（卷十四） | 罗世用 | 以子尚宾赠武陵知县。 | 62 |
| 第二册 | 选举志·举人（卷十四） | 罗才徵 | 康熙二十年辛酉郑元超榜，有传。 | 63 |
| 第二册 | 选举志·举人（卷十四） | 罗泌徵 | （康熙）二十六年丁卯萧宏梁榜，新建令，未抵任，致仕归。郡志作必徵。 | 63 |
| 第二册 | 选举志·举人（卷十四） | 罗承蔼 | （雍正）十八年癸酉骆天衢榜。 | 63 |
| 第二册 | 选举志·拔贡（卷十四） | 罗国英 | （嘉庆）十四年。 | 65 |
| 第二册 | 选举志·拔贡（卷十四） | 罗承蕴 | （乾隆）癸酉科，镶红旗官学教习。 | 65 |
| 第二册 | 选举志·拔贡（卷十四） | 罗为皋 | 嘉庆辛酉科。 | 65 |
| 第二册 | 选举志·拔贡（卷十四） | 罗直徵 | （嘉庆）庚午科。 | 65 |

---

① 罗协升主编：《福建省连城县青岩罗坊罗氏族谱》，2001 年版，第 57—61 页。

| 册　别 | 卷　名 | 姓　名 | 载　述 | 页　码 |
|---|---|---|---|---|
| 第二册 | 选举志·岁贡（卷十四） | 罗忠徽 | （康熙）十八年贡，有藻鉴宗正唐朝彝以文来谒，一见即目为伟器，训导晋江，归与宾筵。 | 66 |
| 第二册 | 选举志·岁贡（卷十四） | 罗广任 | 雍正元年贡，大田训导。 | 66 |
| 第二册 | 选举志·优贡（卷十四） | 罗兆麟 | 光绪壬午科贡，癸未朝考二等，以教职用任廷平府学训导，永福县学教谕。 | 67 |
| 第二册 | 选举志·留学外国毕业（卷十四） | 罗从权 | 日本法政大学学士（九年三月），福建高等法院推事。 | 71 |
| 第二册 | 选举志·专科以上学校毕业（卷十四） | 罗　烈 | 陆军大学毕业，任陆军第四十八师师长。 | 67 |
| 第二册 | 选举志·专科以上学校毕业（卷十四） | 罗师棱 | 上海中华艺术大学艺教科图工系（廿一年） | 72 |
| 第二册 | 选举志·专科以上学校毕业（卷十四） | 罗从渠 | 私立福建法政专门学校法律科毕业（十九年六月）永泰、松溪县政府秘书。 | 72 |
| 第三册 | 祠祀志·忠孝祠（卷廿一） | 罗尚宾 罗冕 罗忠徽 | —— | 16 |
| 第三册 | 艺文志（卷廿二） | 罗孔裔 | 略 | 30 |
| 第三册 | 列传（卷二十三） | 罗才徽 | 字兼三，举人，官通道知县，修学宫，建义塾，以训苗民，惩猛之顽梗者，苗地多山，教种树，岁获赏无算。去之日民歌思之，祀通道名宦祠。旧志宦绩。按：通道属湘南隶辰沅道。旧选举志作令后官陕西布政使司照磨，未详如何左迁也。 | 46 |
| 第三册 | 儒林志（卷二十四） | 罗孔裔 | 字祖尼，廪生，值节厉行，好学深思，研究诸经，尤邃于易。以训迪后进为己任。著有《四书裁述》四卷，《五经裁述》六十八卷，《九畴河洛解》，《小学洪范》，《太极西铭反正说》，《集汉唐诸儒说》，订其驳□（庞杂），以求贯串，当世宗之世，诸名卿咸式庐折节，题额以旌焉，晚号青岩居士。 | 52 |

| 册 别 | 卷 名 | 姓 名 | 载 述 | 页 码 |
|---|---|---|---|---|
| 第三册 | 义行传（卷二十六） | 罗巘徵 | 诸生。事寡母以孝闻，兄弟爱，终身不移居。遇岁荒，出粟设糜，全活甚众，里中称为和厚君子。 | 64 |
| 第三册 | 义行传（卷二十六） | 罗承珊 | 幼孤，事母孝，抚诸弟成立。侃侃敦气结，族党有非礼行，不敢以闻。性乐施与，乡有水口桥，履修履圮，珊捐重金大修之，乡人利涉焉。其他赈饥、掩骼建亭、甃路一切济物事悉称是。 | |
| 第四册 | 孝友传（卷廿七） | 罗尚宾 | 字晋卿，万历乙卯以贡中应天式。父病，尝粪甘苦，及殁。偕弟庐墓山中，虎噬犬与仆，俱不顾。晨夕跪拜墓下，至僵仆，手足尽裂。学使姜宝闻其行，欲一见不可得。后为母养，拜武陵令。值岁饥，罢一切供费。躬行赈贷。僻壤穷乡，足迹殆遍。按察陈某养子杀人，时蔡国珍分部湖北，为请不许，竟论如法。治行为三楚冠。擢工部主事，以内艰归，庐墓三年，服阙，补虞衡司，督东西两门，诏□金，及差验试厅，精钩较严，却羡金，督造清江，兼司榷政，悉除法外需索，商人称便，无疾卒于官。弟尚贤，亦屡旌孝子，时称为德门。 | 1 |
| 第四册 | 孝友传（卷廿七） | 罗承绾 | 监生，幼家贫。苦力奉亲，备极色养，每奔数百里外，获时鲜，跪而进之。亲殁，水浆不入口者三日。哀毁如古礼。骨肉极友爱，三世不分产，里称孝友。性好义，於族戚无依者，赒恤不少倦。凡掩骼埋胔（腐肉），修葺桥路之类，弗胜纪。 | 3 |
| 第四册 | 艺能传·书法家（卷卅） | 罗 昌 | 邑廪生，工部主事尚宾子。书法遒劲，如戒愿寺门额"寺古花为历，山深鸟报更"门联等，足见一斑。据旧志山川志增。 | |

由上表可知，罗坊罗氏并未出进士，仅有举人 2 名（罗才徵、罗泌徵），贡生 10 人，其中，岁贡生 5 人（罗洪、罗文明、罗忠徵、罗广任），拔贡生 4 人（罗国英、罗承蕴、罗为皋、罗直徵），优贡生 1 人（罗兆麟）。宋代，影响至为重要的莫过于十一世祖罗尚宾，入列孝友传，并拜武陵令，后擢为工部主事，其父获封赠，二子例仕。至清代，罗才徵成为族内骄傲，入志书列传（全县仅 19 人），先行担任通道（今湖南省怀化市通道侗族自治县）知县，又左迁陕西布政使司照磨。此外，方志中并未收录的第十八世罗良德，《豫章堂岩头罗坊罗氏家谱》记载："道光庚子年中举，任湖南衡州府布政司理问，在六世祖宗保公祠门口、十五世祖视任公坟前、故居牌楼下双井头老屋内各树华表一幅。"① 至今仍残存老屋门前一对，旗杆石上书刻"道光廿年岁次庚子布政司理问罗良德"，清晰可见。

从出仕人数和任职级别而言，罗坊罗氏并不能称之为望族。但罗氏的德行在乡里之间有一定影响力，如光绪版《长汀县志》便称道："时称为德门。"② 此外，杨澜在《临汀汇考》中亦有专门记述：

> 汀邑之乡最远者曰青岩，而青岩罗姓尤著，子孙数千指，聚族而居，烟火相望，阡陌无闲土，诵读之声相闻，其家世自钟石户部公尚宾外为县正佐，领明经学博者不胜书。予归田久则又闻鲁庵先生以名德长一乡，率其子读书，澡行有古人之风。籍诸生数十年一，以授徒自给，及令子捷贤书授徒如故。丈夫子八人，耕者读者力能胜贸，迁者令各执其业，仍日勤训诫，不许以贫故干人子为孝廉，近十载，日市米待炊，时或不能举火。先生亦不以能治生为督责，庶几廉德之风见于君子之乡者矣。③

杨澜对罗坊宗族颇多溢美之词，奉为长汀县德行风俗的典范。

### 三、罗坊"走古事"的起源

（一）罗坊"走古事"的时间起源

关于罗坊"走古事"的起源，民国之前的方志和谱牒资料中鲜有记载，多见于民间口头传说，且存在不同版本。如《人民日报》（海外版）载："据传昔日连城罗坊常闹旱、涝灾，当地举人把流传于湖南的'走古事'移植乡梓，以祈风调雨顺，五谷丰登，自此流传延续至今有几百年了。现在，走古事实际上是一场具有娱乐性质的盛大狂欢，被称为'中国山村狂欢节'。"④ 这一版本流传甚广，常被视为经典表述。

---

① 《豫章堂岩头罗坊罗氏家谱》，第 69 页。
② （清）刘国光、谢昌霖等纂修：《长汀县志·人物·孝友》（卷二十四），光绪五年（1879）刊本，台湾成文出版社 1967 年影印本，第 367 页。
③ （清）杨澜：《临汀汇考·风俗》（卷三）。
④ 严群星：《"连城"山水 价值连城》，《人民日报（海外版）》2012 年 9 月 7 日第 8 版。

《福建省连城县青岩罗坊罗氏族谱》载："附志：'据传，昔日罗坊常患旱涝，有罗氏十四世祖才徵公为清康熙举人，曾任陕西宁州知府，湖南武陵县令。卸任返梓，将流传在湖南走古事习俗，移授乡梓，以祈风调雨顺，国泰民安，兼兴元宵民间娱乐活动，自此相继延流。'"①

《豫章堂岩头罗坊罗氏宗亲考》载："罗坊元宵走古事，起源于清朝康熙年间。相传昔日罗坊常患旱涝两灾，粮食生产连年歉收，民不聊生。罗氏十四代泌徵高中清朝举人，出任江西新建县知县，由于政绩显赫，升职湖广布政使司。在任期间，罗公目睹当地庶民走古事祈求消灾的习俗，能保风调雨顺、国泰民安。卸任返梓时，为了解脱天灾，遂把流传于湖广一带走古事的民俗移授乡梓，以祈风调雨顺，国泰民安，兼兴元宵民间娱乐活动，自此相继延流，仅在'文革'期间遭受禁锢，迄今已有三百余年的历史。"② 这一记载与族谱记载相似，但主人公却由罗才徵变更为罗泌徵。

杨艳红在其硕士毕业论文中，记述了时年 78 岁的老人罗礼绥对"走古事"活动由来的讲述："走古事是几百年前我们罗姓一个太公在湖南浏阳县当县令，退休后回到老家把这个活动带回来，一来增加元宵节的热闹气氛，二来保佑地方平安顺意。"③

此外，还有在湖南衡阳府开钱庄的十三世祖懋显公版本，④ 以及湖南衡州府布政司理问罗良德版本⑤ 等。这些口头传说故事或谱牒资料，有以下几点是共通之处：第一，罗坊"走古事"由湖南移植而来；第二，罗坊"走古事"开展历史相对较长，约在十三或十四世祖，即清朝顺康年间播衍至此；第三，罗坊"走古事"的目的在于祈福攘祸，增加元宵节的氛围。但在主人公上却有明显差异，有不具名的举人，不具名的湖南浏阳县令，也有湖南武陵县令罗才徵、湖广布政使司罗泌徵、湖南衡州府布政司理问罗良德。

那么，发起罗坊"走古事"的主人公到底是谁？而湖南是否又有"走古事"这一民俗形态？

罗坊罗氏仅有罗才徵、罗泌徵 2 名举人。罗泌徵于康熙二十六年丁卯萧宏梁榜中举，授"新建令"（今江西省南昌市新建区），但却"未抵任，致仕归"，⑥ 因此，"出任江西新建县知县，由于政绩显赫，升职湖广布政使司"的传说故事不足信，罗泌徵由湖南移植"走古事"习俗缺乏依据。

罗才徵被族人认为是罗坊"走古事"呼声最高人选之一。第一，为康熙二十年

---

① 罗协升主编：《福建省连城县青岩罗坊罗氏族谱》，2001 年，第 34 页。

② 罗礼才编：《豫章堂岩头罗坊罗氏宗亲考》，2010 年，第 6 页。

③ 杨艳红：《客家民俗体育的实证研究——以闽西连城罗坊乡"走古事"活动为例》，赣南师范学院，2011 年，第 15 页。

④ 杨艳红：《客家民俗体育的实证研究——以闽西连城罗坊乡"走古事"活动为例》，赣南师范学院，2011 年，第 15 页。

⑤ 岩头罗坊罗氏宗亲理事会会长罗礼通提供，2016 年 8 月 14 日 16：00，罗礼通家中访谈。

⑥ （清）刘国光、谢昌霖等纂修：《长汀县志·选举》（卷二十一），光绪五年（1879）刊本，台湾成文出版社 1967 年影印本，第 304 页。

（1681）郑元超榜举人，族内的骄傲；第二，人物事迹入志书列传（全县仅 19 人），说明在地方社会有一定影响力；第三，纵观整个清代，罗才徵个人取得了族内的最高仕途；第四，在任通道知县期间有功德，被"祀通道名宦祠"。因此，作为罗才徵房派裔孙的谱牒主修罗协升等人，将德才兼备的罗才徵塑造成为罗坊"走古事"的先行者，是无可厚非的。值得注意的是，罗才徵并非从湖南"卸任返梓"，而是先行担任通道（今湖南省怀化市通道侗族自治县）知县，又左迁陕西布政使司照磨，从正七品贬斥为从八品。民国版《长汀县志》也发出"未详如何左迁也"①的疑问。但作为族内最为德高望重者，对其进行适当美化，避重就轻也是可以理解。但综合各方资料，罗才徵具备将湖南的"走古事"移植到罗坊的可能条件。

罗良德为罗氏十八世裔孙，出生于清道光年间。根据现存的旗杆石，罗良德为清道光庚子年（1840）举人，任湖南衡州府布政司理问。方志中并未对其进行记载。罗良德符合"举人"和"湖南任职"的身份，但考虑到房派划分、播衍及其距今仅有四代人的较短历史，不应出现现存的多种口头传说的偏颇。

综上，罗坊"走古事"不应是罗泌徵或罗良德发起，而可能是罗才徵经由湖南移植而来，或者可以说是罗坊十三、十四世集体商议决定的结果。笔者赞同懋显公版本的叙述模式："我村乡约公召集绅士和八个八世祖房长及长辈们，经（某公）详细讲述（湖南某府县）走古事情形和经过，之后经大家商议，一致确定全村走古事，这样既热闹，又可保平安消灾避祸。"②照此推断的话，这一民俗活动的时间可界定在清康熙（1661—1722）年间。

（二）罗坊"走古事"的空间起源

从口头传说及访谈资料显示，村民对于"走古事"的集体记忆与文字记载在细节上存有一定的出入，基本内容则一致。该活动由罗氏先祖从湖南传播而来这一事实，无论是在年老者的记忆中还是在年轻人的记忆中均得到一致认同，并不断在口头传说中得到强化，而湖南也确有"走古事"民俗体育活动。

据民国二年（1913）刊行的《湖南民情风俗报告书》记载："省城则葆羽麾幢，执戈扬盾，范神抚鬼，光怪陆离，家出孩提之童，拥彩盖，披华服，吹海嬴，启八音洋琴，车马千百，锦绣珠玉，装饰炫耀。又有招市井小儿女效梨园形式，层而系诸危杆数丈之头，舁迎竟日，曰高故事；列座而舁之者，曰抬故事；接于路者曰地故事；骑者曰马故事。"③

---

① （清）邓光瀛总修纂：《长汀县志·列传》（卷二十三），1940 年，长汀县博物馆、政协长汀县委员会文史资料编辑室，1983 年重刊四册本，第三册，第 46 页。

② 杨艳红：《客家民俗体育的实证研究——以闽西连城罗坊乡"走古事"活动为例》，赣南师范学院，2011 年，第 15 页。

③ （民国）湖南法制院、（清）湖南调查局编印，劳柏林校点：《湖南民情风俗报告书 湖南商事习惯报告书》，第八章"神道"第三节"崇奉之行为"第三款"迎赛及演剧"，湖南教育出版社 2010 年版，第 186 页。

该报告书所述的"高故事""抬故事"等形态，与罗坊"走古事"十分相近。文中的"舁"为轿子，也即闽西所谓的"棚"或"古事棚"。但仅凭这一点，似很难证明其发源于湖南，因为"走古事"这一种民俗活动，在全国多地以不同称谓存在。如石城庙会便记载"故事十余台。故事分两种：一是木架平台故事。二是马故事"。① 此外，广州番禺沙湾和中山南朗、黄圃以及湛江吴川等地的"飘色"，汕尾陆河河田的"高景"，河南南阳的抬妆古饰，古徽州的抬阁，河北地区的背阁，四川渠县三汇镇的"彩亭"以及赣南的安远等客家地区也多有分布，这些在组织形态、框架搭建、人物扮演等方面与罗坊"走古事"大体相类，不同之处在于其"古事落溪"中的竞技性胜于其他地方。

客观而言，"走古事"作为一种民俗体育活动，并非罗坊一地所独有，临界的隔川乡、北团镇在历史时期俱有举行，其他客家地区和省份也有发生，因此，从文化传播角度考量，从湖南至闽西的线性传播，闽西（或更大区域）内部的面向扩散，甚至自生性播衍的可能尚不能排除。而族人将其归因于"湖南"，与族内的罗尚宾、罗才徵、罗泌徵、罗良德等先贤无不与湖南交织的历史事实有着莫大关联。换个角度说，"走古事"源于湖南的事实塑造，是对历史先祖贤达的攀附与怀念。正如本人在另一篇文章中所述："关于其起源历史的集体记忆形成初期并非一定基于全部的历史事实，其之所以具有生命力，是以社区精英为主导的乡民试图运用这一象征符号来验证自身行为的合法性，并通过这种合法性的获得与民族—国家发生互动。"②

**四、罗坊"走古事"的仪式展演**

狭义的罗坊"走古事"发生在元宵节，七棚古事祭祖后在坪地按照"8"字形的规定路线竞跑，然后在云龙桥头落水，在青岩溪中逆流竞技。而广义上，罗坊"走古事"每年始于正月十一的抓阄、封斋，在元宵节达到高潮，并终于正月十六。与"走古事"相适应的还有三大仙师、花棚、万民宝伞、彩旗、十番乐队等。关于其仪式展演的一般过程，可参见学术论文或宣传报道，此不赘言。本文仅以"关键词"的形式对以下几个问题进行阐释。

（一）棚

棚，本义同"栈"、"连阁"。清代学人段玉裁在《说文解字注》中记载"今人谓架上以蔽下者，皆曰棚"，③ 意指用竹木搭成的、可供遮蔽的架子。在罗坊，"棚"既指实体的装载"古事"的轿，口头称之为"古事棚"；也是参与"走古事"单位的代称，即宗族的房派。在客家地区，赣南的安远、石城、瑞金、寻乌，粤东的兴宁、五华，闽西的宣城乡、连城县城关等地的庙会活动中，也都有类似的"棚"。如已故地方文化工作

① 张志渊：《石城庙会大观》，罗勇、劳格文主编《赣南地区的庙会与宗族》，国际客家学会、海外华人研究社、法国远东学院，1997年，第38页。
② 吕秀菊、张自永：《客家"池塘龙舟赛"集体记忆的建构》，《赣南师范学院学报》2015年第2期。
③ （清）段玉裁：《说文解字注》。

者何伯达在 1997 年所著的《安远庙会——以城隍庙会为例》对迎神队伍中最少 10 套以上的"故事台"的记载:

故事台,用火车枕木粗的四方木头做成一米三见方桌架,中树一支 20 毫米粗 90°两折角铁棍,把男孩、女孩(十一二岁)化妆成古装戏剧人物(例如白蛇传的许仙与白素贞,西厢记中的张君瑞与崔莺)绑扎上去,或坐或站,形式各异。[①]

与何伯达描述相似,罗坊的"古事棚"的内在结构为樟木轿子,外饰花屏,每棚重约 100 公斤。一个"古事棚"分上下两层搭载 2 名古事仔,一般需要 16 名肩夫[②]抬举,加上护卫及替换人员,每棚大约需要 30 名肩夫参与。

据罗礼松回忆,罗坊邻近的北团镇、隔川乡等地都有"走古事",一般四棚。旧社会,按照房派组织"走古事",每一支房派为一棚,共九棚。关于房派的划分却没有一致的说法,一般认为是八世祖为界的惠公房、忠公房、永麟公房、得响公房、宁保公房、仲达公房、仲发公房和仲通公房,此外,有一老棚,老棚由吸食鸦片的族人组成。后来,由于两个房派劳力有限,改为出十本戏,不实际参与出棚,而逐步演变为"走古事"的七棚格局。在客家话中,"七上八下",七为吉利数字。七棚之中由抽签决定顺序,其中第一棚称之为"大福首",之后依次称贰福首、叁福首、肆福首、伍福首、陆福首、柒福首。

改革开放之后的 1980 年,"棚"不再按照房派划分,而改为行政编制的生产队。上罗 10 个生产队出 3 棚,下罗 15 个生产队出 4 棚,按照每 3—4 个生产队出一棚,这种格局延续至今。

表 2　罗坊"古事棚"与行政建制的对应关系

| 棚 | 行政建制 | 人数、备注 |
|---|---|---|
| A | 上罗 1 队、2 队、3 队 | |
| B | 上罗 4 队、5 队、6 队 | |
| C | 上罗 7 队、8 队、9 队、10 队 | |
| D | 下罗 1 队、2 队、3 队、4 队、15 队 | 15 队人数较少,按照 0.5 队计算 |
| E | 下罗 5 队、6 队、7 队 | |
| F | 下罗 8 队、9 队、10 队 | |
| G | 下罗 11 队、12 队、13 队、14 队 | 2012 年大福首 |

资料来源:2016 年 8 月 14 日罗礼通访谈提供,并综合乡政府行政村小组划分人数统计。

---

① 何柏达:《安远庙会——以城隍庙会为例》,罗勇、劳格文主编《赣南地区的庙会与宗族》,国际客家学会、海外华人研究社、法国远东学院,1997 年,第 29 页。

② 一般可见资料认为需要 22 名肩夫,并三班轮换,总计 66 名肩夫。根据 2012—2016 年实际运行情况及田野调查资料,"棚"的两根横杠,每根前后各 4 人,即 16 人,最多时每棚两侧增加 1 人负责安全,总计 18 名。轮换的频次要根据实际情况而定,并不存在全员更换的"三班倒"的情况。

（二）古事仔

每棚古事挑选身体健壮、胆量大的 8 岁左右男童两名，按饰演角色要求进行装扮，勾画脸谱，身着戏袍。上层为主帅，下层为护将。与其他区域走古事不同的是，罗坊的大福首规定装扮天官、和合仙，其余 6 棚只装扮帝王将相，而舍弃了戏曲或传说故事人物。按照历史顺序，上至汉朝，下至宋代，如刘邦—韩信，刘备—赵子龙/孔明，孙权—周瑜/鲁肃，李世民—薛仁贵，赵匡胤—杨延昭等，无不一一对应。考虑到"棚"的规格（主要指腰部缩紧）及小孩身体、心理承受能力，一般选取 8 岁左右男童。

会昌县赖公侯王庙会的古事仔"是南昌、丰城、广东、于都等地驻会昌的帮会以及本地人物物色男女少年"。① 罗坊在历史时期被推选为"古事仔"的，也被视为该房派的佼佼者。当下则没有明确的标准规定，临时抓取，甚至可以向其他"棚"（生产队）借用。部分家长考虑到小孩的安全、经济补偿等问题，并不主张小孩被遴选为"古事仔"，"古事仔"也逐步由"荣耀"成为"苦差事"。

（三）斋戒

通常正月十一抓阄后的当晚到凌晨，由饰演"天官"的古事仔敲古事锣后封斋，要求上、下罗的男女老少都开始斋戒，只吃素食，不得食荤，市集也不允许有鸡鸭鱼肉等荤菜购售。笔者在访谈时罗礼通老人说道："以前（指旧社会）封斋后街上若有卖肉鱼的摊子，见到的人都会掀掉，不让他卖。"② 各房族参与"走古事"的男丁正月十二晚就必须到各房族规定供斋饭的家中集中吃斋饭，在"走古事"活动期间夫妻不得同房，早晚要净浴，如果在房间内沐浴出来后则不得再返回房间。"走古事"结束后第二天，参与"走古事"的男丁集体开斋，吃荤喝酒，至此全村封斋解除，日常生活习俗得以恢复。

罗坊至今仍流传几则关于斋戒的故事。之一：有一个古事仔在"走古事"时从棚上跌落，却安然无恙。人们问他，他说自己在斋戒期间偷吃了个鸡腿，一个胡子很长的老头把他从棚上抱下来，以示惩戒。之二：一肩夫在"走古事"时，用脚踢了路边的一头猪，结果脚肿起来了，因为他的脚接触了"荤"。③

这类故事曾严格约束着族人斋戒期间的行为，强化了直接或间接参与"走古事"成员的畏惧之心，在一定程度上保证了"走古事"的神圣性。加之有宗族组织的监督和宗法制度的震慑，持续数日之久的斋戒得以施行。当下社会，神灵和宗族的影响力日渐式微，斋戒也随之边界模糊。尤其是"走古事"已经成为地方社会旅游发展的重头戏，斋

① 吴仁龙：《会昌县翠竹祠与赖公侯王》，罗勇、劳格文主编《赣南地区的庙会与宗族》，国际客家学会、海外华人研究社、法国远东学院，1997 年，第 17 页。
② 杨艳红：《客家民俗体育的实证研究》，赣南师范学院，2011，第 16 页。
③ 罗礼通提供，2016 年 8 月 14 日 16：40 访谈，罗礼通家中。

戒看起来与推动旅游、促进经济发展的内在诉求相悖，正如一商贩所言，"如果我不卖肉，外面来的游客吃什么？"

（四）经济来源

开展"走古事"活动的主要花费是参与"走古事"的男丁集中吃饭的饭钱和古事棚维修及服装道具的添置，由各房族群众按人头出钱出物。据罗坊乡老年人协会会长罗金鑫老人讲："以前祖宗们'走古事'都是一个人口一块钱，一斤米，二两黄豆凑起来的，黄豆用来做豆腐，米用来做饭，菜只管到地里去摘，不管是哪家的菜都没有人讲的，一般摘菜的人也不会把一家的菜全摘光，这家那家都摘一点。"①

1953、1961、1962 年这三年里曾经开展过"走古事"活动，资金由各棚自行承担，每个"走古事"人员，只发给草鞋一双、红带子一副。改革开放后，"走古事"复兴。2000 年连城县以罗坊"走古事""姑田大龙""新泉烧炮""四堡雕版""芷溪花灯"等国家级非物质文化遗产项目为主体，举行首届冠豸山客家民俗文化旅游节，政府开始介入罗坊"走古事"，对每棚古事进行经济补贴，历年补贴额度见下表：

表5　政府对罗坊"走古事"每棚补助金额一览表（2000—2016）

| 年份 | 2000 | 2010 | 2011 | 2012 | 2013 | 2014 | 2015 | 2016 |
|---|---|---|---|---|---|---|---|---|
| 每棚补贴 | 1000 | 6000 | 6000 | 7000 | 7000 | 8000 | 8000 | 8000 |
| "大福首"补贴 | 1000 | 6500 | 6500 | 7500 | 7500 | 8500 | 8500 | 8500 |

资料来源：罗礼通根据历年补贴情况回忆整理，2016 年 8 月 19 日 10：25 电话访谈。

从上表可知，政府每年以经济补贴形式鼓励罗坊"走古事"。每年临近"走古事"活动，补贴费用成为政府与民间协商的焦点问题。如具体补贴额度的增幅，以及"大福首"与其他棚的差异额度。近年"大福首"较其他棚多 500 元，主要用于清理河道等花费。

（五）"三大祖师"信仰

罗坊的民间信仰对象主要有妈祖、"三师"、连章寺诸佛、"三大祖师"等。三大祖师按罗坊方言称"案公爹"，它在罗坊诸神灵中有着非常特殊的地位，不同于其他神灵受到治下各姓族人崇拜，而只是罗坊乡人自己创立的神灵。"走古事"仪式过程主要围绕祭祀"三大祖师"进行。

关于"三大祖师"的来源，而今族人难以言述清楚，甚至不能叫出各神灵的名讳。综合对雕刻神像的罗礼元、风水师罗礼松等人访谈资料，"三大祖师"是按照罗坊山形地象而成。罗坊南面屏障山峦，族人称之为横龙山，并根据横龙山的走势起伏抽象出六

---

① 杨艳红：《客家民俗体育的实证研究》，赣南师范学院，2011，第 16—17 页。

尊神像，前后两排居座。前排供奉一尊主神（大力人神）和两尊护卫神（执斧的太保公王、顺风耳），后排的三尊神统称为"三大山亲"，其一已不具名，另两尊化名观音菩萨、渡江古佛。在这个意义上，"三大祖师"可以理解为"山神"的化身。

"三大祖师"没有固定庙宇神殿，由罗氏各家各户轮流供奉。每年走完古事后，"三大祖师"会被罗氏族人以简易的仪式接至家中供奉和祭拜，以保家人平安顺意。一般从大福首开始轮流转，人们争相迎接，直至次年春节临近到祖祠再次参与"走古事"活动。

在民间流传有许多"三大祖师"显灵的传说。如前文所述的两则关于斋戒期间的故事，实施惩戒的主体便是"三大祖师"。可以说，它在精神信仰层面监督、约束、规范着"走古事"的全过程。

"走古事"活动是人们对"三大祖师"信仰的一种外化的形式，由于罗氏族人对"三大祖师"的信仰，以寻求心理和精神上的安慰，才使得"走古事"活动整个仪式过程庄严而神圣，并且在历代延续传承。当然，这种神圣性日渐削弱，"走古事"活动的发展方向也大抵走了一条"娱神—娱神娱人兼顾—娱人"的道路。

每年"走古事"按照"8"字形左三圈、右三圈地竞走，这种现象有两种解释，一是口头传说常常提及的剪断"水患"，另一种是将困穷罗坊的"渔网"剪破，可以获得生机。这两种困境皆是地理形势的原因造成的。

方志中多有关于水灾的记载，如光绪版《长汀县志》载："康熙四十五年丙戌，五月朔，大水漂泊民居，溺死男妇以数百计，城内水深二丈余，三日始退，七日大雨，洪涛复作，知府方伸以汀州府匾投之乃霁。邑贡生黄文集有汀水行云：'……灏灏鸬鹚滩头激，宛在水中如何滴；连着罗坊似掌平，全赖慈航来救溺……'"[①]再如民国版《长汀县志》载："郡治万山斗绝，水四驰而下。旬日不雨，浅狭处即可褰裳；若淫潦滂沱，则山洪骤发，势若淮襄……所以易于为灾，宋元以来，水患之见于志者，历历可按焉。"[②] 此外，前文已述为"全汀各陂冠"的罗坊陂也是为了解决旱涝之危的。

需要说明的是，"三大祖师"和"三师"并没有直接关系，"三师庙"也并非供奉"三大祖师"的神殿。据三师庙的碑刻所载：

"三师神庙"源于天界2190年尚未下凡的"还魂天师"托梦乡民，因其凡间"百神图"中尚无芳名，拟以道教张道陵正一道祖师张天师和民俗众神中"五雷仙师"名义建庙降临人间，为大千世界信男善女祈福消灾，故称"三师神庙"。本庙供奉"玉皇大帝""太上老君""将子公爷""还魂仙师""张天师""五雷仙师"和"观音大仕"众位尊

---

① （清）刘国光、谢昌霖等纂修：《长汀县志·祥异》（卷三十二），光绪五年（1879）刊本，台湾成文出版社1967年影印本，第525页。

② （清）邓光瀛总修纂：《长汀县志·杂录》（卷卅四），民国1940年，长汀县博物馆、政协长汀县委员会文史资料编辑室，1983年重刊四册本，第四册，第59页。

神，旨在保佑子民万事顺遂、吉祥如意、国泰民安。本庙谨于公元2000年正月初九日丑时奠基。建庙以来，尚无外出化缘，仗依神灵普度众生，各方信男善女主动还愿和鼎力布施，完成庙宇建造，是以芳名列后，刻碑流传千古。

可知，"三师神庙"的"三师"是"还魂天师""张天师"和"五雷仙师"，而"还魂天师"即本族学道的罗景绅。这与供奉本社"山神"的"三大祖师"风马牛不相及。

湖南籍学者萧平汉在《南岳衡山的民俗文化》一文中提出，南岳的"抬故事"与"地故事"与佛教的"行象"有许多相似之处，这一风俗是受佛教影响的。萧平汉主要依据《洛阳伽蓝记》的记述：伽蓝之妙，最得称首。时世好崇福，四月七日，京师诸像皆来此寺。尚书祠曹录像。凡有一千余躯。至八月节，以次入宣阳门。向阊阖宫前受皇帝散花。于时金花映日，宝盖浮云，幡幢若林，香烟似雾。梵乐法音，聒动天地，百戏腾骧，所在骈比。名僧德众，负锡为群。信徒法侣，持花成薮。车骑填咽，繁衍相倾。①至于"走古事"这一民俗形态的发源演变，笔者暂不得考。至少罗坊"走古事"与本地的佛教寺院连章寺没有直接关联。但可以肯定的是，"走古事"这一民俗体育活动与宗教（或民间信仰）息息相关，或者说是信仰仪式的载体之一。

**五、罗坊"走古事"与乡村治理的关系探讨**

**（一）锻造体魄以促进个体心智完善**

如果从功能主义角度论述，罗坊"走古事"主要体现在对儿童胆识体魄的锻造和对男丁数量体质的考验。

从表4所示我们不难得知，作为6—8岁的男童，要经历长达数小时之久的束缚，并要在3—4米以上的高空摇摆，其所承受的心理压力是显而易见的。那么经历累世经年的文化熏陶，他们的胆识体魄得以提升，从"苦差事"变成一种"高尚的荣誉"。这是现代教育学所无法解释的该阶段小孩心理和行为特征。正如笔者访谈的饰演3届"古事仔"的罗志明所言："不觉得害怕，挺好玩的，能给我带来好运呢。"

宗族男丁的数量不足常被认为是导致九棚缩减为七棚的根本原因，而男丁的体质则直接决定了在竞技层面的输赢，尤其是在"古事落溪"的环节。为此，传统时期他们往往要上山砍芦棘锻炼脚力。在这个层面，"走古事"更多地体现了作为民俗体育活动的身体性。而今梅州的有些地区已不用人抬，而改用农用车辆。②

**（二）消弭宗族纷争以侧重民俗的表演性**

罗坊"走古事"按照生产队组棚的模式运行30余年，虽然人丁兴替不断发生，但模式却并未变更，归根结底是因为"走古事"已经从房派"比面子"演变成了集体"走热闹"。在仪式过程中，可以从其他生产队或者邱赖等村"借"人充数，输赢已经变

---

① （北魏）杨炫之撰，范祥雍校注：《洛阳伽蓝记校注》，上海古籍出版社2013年版，第133页。
② 冷剑波：《梅州客家民俗扮故事初探》，《嘉应学院学报（哲学社会科学）》2010年第9期。

得不那么重要。正如一位村民被问及"那现在按生产队来走，还会不会有什么冲突"时回答："不会了。现在一棚古事，你这房有我这房有他那房也有，走赢也好，走输也好，打不起来了。比如我这棚走赢，他那棚走输了，他是我哥哥，我叫他不要吵了，大家就是图热闹，也就没事了。以前就不同了，以前会打架的。"①

因此，现在参与单位"棚"已由宗族的分支房派改为国家行政编制之下的生产队，是罗坊"走古事"的重大变革，它有效消弭了宗族房派之间经济发展不均衡所产生的利益冲突，形成了你中有我、我中有你的局面。

此外，为了保证这种表演的公平性，罗坊创设了确定各棚先后顺序的两轮抓阄制度。抓阄一般在正月十一的祖祠内举行，各棚选派代表抽签。第一轮抽签决定第二轮抽签的顺序，第二轮抽签结果决定古事棚的排位，产生"大福首"。按照抽签原理，抽签的顺序和中签的概率无关，因此一次抽签或者两次抽签，各棚获得"大福首"资格的概率相近。现行的这种两轮抽签制度消除了大家的顾虑，使得抽签者获得了两次"夺魁"的机会，这种心理的美好暗示远远大于理性的科学解释。

（三）自力更生以正经济来源的本与末

通过表5"政府对罗坊'走古事'每棚补助金额一览表（2000—2016）"可知，16年间，政府的行政补贴从1000元增加至8000元，每年平均增幅接近15%。这从制度层面保障了"走古事"的资金来源，却也在一定程度上使得这项民俗体育活动的经济来源产生了本末倒置，产生依赖思想的同时，其原生动力日渐消退。每年的经费补贴额度，成为民间与政府的争论焦点。试想，一旦政府的支持减弱或者取消，丧失了经济基础的罗坊"走古事"又该何去何从？

如上文所述，历史时期开展"走古事"是由各房族群众按人头出钱出物，村民为求平安顺气，表现出极大的积极性。此外，安远城隍庙会的故事台的经济来源可作参照，"与故事台前面的吹打锣鼓配套，有的私人雇请一套，也有某姓人一套，还有集资公出一套。所出故事台，都是自愿的形式，每年安故事台者各有所异同。由姓氏公币开支的或殷富人家出的，每年至少会出它台把，例如何氏由公币款开支的，每年都会出1至2台。"②

已经年近80的罗礼通、罗益和、罗金鑫等人从十五六岁开始参与"走古事"，历经半个世纪，从来没有得过一分钱。1980年，为了恢复"走古事"，每一棚自愿拿100块钱到派出所做押金，这个时期被罗益和称之为"买'走古事'"。"现在就是要钱，都钻到钱眼里去了。政府给钱还不走，现在就变成依赖思想，没有以前那种想法了，我们走了一年就很顺气，求个平安。现在没有这种想法了，现在群众说你乡政府赚多少钱，斗

① 杨艳红：《客家民俗体育的实证研究》，赣南师范学院，2011，第19页。
② 何柏达：《安远庙会——以城隍庙会为例》，罗勇、劳格文主编《赣南地区的庙会与宗族》，国际客家学会、海外华人研究社、法国远东学院，1997年，第29页。

这个气噢。走叫我走，钱又是你乡政府赚去了，群众对这个意见最大。"①

因此，政府的行政干预不能简单停留在经济补贴层面，在尊重市场经济的条件下，充分挖掘历史文化，使得村民树立价值意识，才能与社会互动，建立"尊重历史、自愿参与、政府协同"的可持续发展的良性模式。

（四）民间信仰"知畏神也要知畏法"

一般的"走古事"皆列入迎神章节，《湖南民情风俗报告书》中将"故事"列入第八章"神道"第三节"崇奉之行为"第三款"迎赛及演剧"。赣南等地对这一形态的记载也归于"庙会""迎神"的附件，足见其与民间信仰紧密相关。

《湖南民情风俗报告书》在记述"故事"之后，对这一系列迎赛活动评价如下："锣鼓有亭者、棚者，节以喇叭，羌笛铿锵嘹亮，繁会街衢，观听堵墙，道路壅塞，人声腾沸，捆掌踊跃，士女云来，香烟雾合，连晨接暮，若狂若呓。其弊也，多奢淫借妄，知畏神而不知畏法。"鉴于该报告书的性质，可以将"多奢淫借妄，知畏神而不知畏法"的结论视为清末民初官府之基本立场。

罗坊"走古事"的祈福禳祸的心态源于对民间信仰"三大祖师"的崇拜。而"三大祖师"是根据罗坊的山形地势抽象而来的神灵，因此通过"造三峰"等形式赋予其文化意义。谱载，罗才徵等人以为罗坊周围峰峦缺少尖顶，故人文不盛。为望天公不拘一格降人才，乃倡议建造罗坊东山尖峰、西山尖峰和艮峰，三高峰纯由人力挑土筑成，罗氏先辈希望子孙兴旺发展，于此可见。② 横龙山至今仍有回龙庵遗迹。《长汀县志》载：回龙庵，罗坊，为郡龙回抱处，故名。祀神农镇武暨本坊罗公像。道光年间，孝廉曾炳文倡众建复。③

因此，罗坊"走古事"不仅仅是对水患等自然灾害的禳解，有其族人对人文兴盛、人丁兴旺的寄托。这种民间信仰从范围上而言是个人的、家庭的、房派的甚至是宗族的，其内在是复杂的，叠加的，具有强大的诉求力量。最为典型的转折便是1980年族人从政府层面"买"得"走古事"的资格。他们按照要求出具安全保证措施方案，每棚还要加纳100元押金，其目的便在于获得这种民间信仰的力量赋予，这是罗氏族人朴素的"知畏神"心态的表现。

政府将罗坊"走古事"纳入客家民俗文化旅游节，通过经济补贴、行政干预等手段加强了对该活动的控制，同时利用这种"狂欢节"的盛会，进行国家方针和路线政策的宣传。如将七个棚分别命名为忠、和、仁、义、礼、智、信，悬挂"树立和落实科学发展观，促进罗坊又好又快发展""树立婚育新风，促进乡风文明""实现男女平等，推进

---

① 罗益和访谈资料。

② 罗协升主编：《福建省连城县青岩罗坊罗氏族谱》，2001年，第46页。

③ （清）刘国光、谢昌霖等纂修：《长汀县志·寺观》（卷二十七），光绪五年（1879）刊本，台湾成文出版社1967年影印本，第458页。

社会和谐""国富千般好，家和万事兴"等政策标语。这是乡村社会治理中官方的"知畏神也要知畏法"的客观、理性态度。

综上，罗坊"走古事"作为民俗体育的一种形态，并非罗坊独有，它属于"迎神赛会"的组成部分，至少在 2000 年纳入客家旅游文化节之前，它的神圣性大于表演性。"走古事"的功能首先是娱神，在于祈求"三大祖师"禳解水灾、山困，降赐宗族房派兴旺，这是支撑活动持续开展的内在动力。

宗族的社会精英试图通过"走古事"的形式，利用民间信仰（含祖先）的影响力，建立一种宗族内部及对外部的秩序，而这种秩序指向了对族人的身体和精神的塑造，从而维系宗族内部乃至区域社会的稳定。从另一个角度而言，娱人可以视为活动的外在衍生品，只不过这种倾向正逐渐占据上风，使得"走古事"成为一场真正的民俗体育活动展演。

然而，随着市场化、现代化及城镇化的发展，宗族及民间信仰日渐式微。宗族的消亡，一方面表现为族产这一经济基础的丧失，另一方面表现为房派被生产队等行政单位分割重组。三大祖师也逐渐扮演从属的地位，演化为象征性的符号存在。这些导致罗氏族人开展"走古事"活动的内生动力削弱，对历史文化和本身的价值意义失去兴趣，转而依赖政府的经济补贴。

纵观罗坊"走古事"的历史演变过程，我们不难发现其中的两个转折点：其一是1980 年的复兴。经过"文革"之后的族人，以极大的文化自觉重新开展，并通过"买"的方式获得政府准许其开展活动的资质，其间体现的是对历史的尊重和文化的反思。其二是 2000 年正式纳入官方体制。政府连年看涨的经济补贴使得族人的关注点从"走古事"本身，转向了经济收益。应该看到的是，政府与基层社会利益分配的拉锯战，以及乡村社会之间利益分配不平衡所衍生的矛盾正悄然酝酿。这种矛盾或将动摇罗坊"走古事"的历史根基，致使其文化内涵的逐步流失。

（课题来源：江西省社科规划项目阶段性成果，项目编号 14TY19）。

（本文作者系赣南师范大学讲师）

# 学术与经世：对作为文化软实力的客家研究的思考

## 朱忠飞　温春香

近代以来，我国知识分子受西方科学主义影响，一改传统经史之学的书写模式与思维习惯，追求现代的学术规范与学术理念，试图将中国的学问与世界的思维接轨。更重要的是，19世纪末20世纪初以来，整个的中国旧有体制与思维被认为已完全过时，甚至阻碍整个中华民族的进步。学界在这样的环境下卷入，成为政治的副手，甚至是推手。因此可以说，自近代意义的学术研究奠定之初，我国的学术前辈既已开创了学术与经世的传统，而且这个传统一直延续至今，成为与单纯学术齐头并进的一股潮流。客家研究之兴起，是与民国以来学术界的参与有着密切联系的。知识分子在文化创造与族群建构方面的作用向来是值得关注的。客家的问题，也是在学术与经世这样一种双轨思维下的一个问题，是大学术之下一个典型的案例。

### 一、学术与情绪

历史学在近代的中国学术界扮演了一个核心的角色，怎样重建对中国历史的叙事，引导新的历史研究，是近代学术备受关注的一个话题。而其中，民族史更是地位独特，它介于政治与学术之中的双重身份使其承担了更多的历史使命。中国近代的学术，尤其是民族史，很大程度上是深受民族主义影响的，在对现实社会的改造上，急切地向西方学习，同时，在对国人心理的引导上，则力图建构一个黄帝祖先叙事下的同一民族认同，大中华民族的概念正是在这样的一种心理追求与学术引导下进行了。

民族主义本质上说就是一种情绪，民族主义情绪下的学术研究，或多或少总带有些认同的倾向。民族史的研究肩负着解释版图内国民的来源、发展的责任，更重要的是，它具备引导不同族群间的人心向背的能力。客家研究的兴起，是结合了时代民族主义大潮流与自身族群发展历史的一个产物。罗香林的客家研究，从长远广阔的学术视域来说，他首先是解决了中华民族多个支系中微小一支的认同与叙事，将客家的发展历史置于长远的民族迁徙史中来梳理，从源流上解决了分歧的可能。客家人非但是中华民族的一员，客家人更是汉人中的独特的一支。罗香林解决的第二个问题则是，客家人与周边其他族群的区别，而这区别不是别的，正是其中原移民的"正统性"。从此，客家在学理上与中原确立正当性，客家人在源流上被认为是中原移民的后裔，这也奠定了后代客家人叙事的基本要素，成为客家人言说自己的最好说法。无论后世的研究有怎样的反思与创新，提出哪些石破天惊的想法，那都只在学术圈本身流行，而在众多的乡民心里，那种对正统的青睐与对中原的情有独钟一直成为他们认同的动力。罗香林的客家研究是在大民族主义潮流下的一个小民族主义的努力，因此，他在对客家的认识与研究上，多少带有些个人情感的，这必然影响到他研究中的措辞与观点，而这一基调也影响了其后的许多学者与乡亲。

## 二、本质化的族群抑或建构的认同

传统民族史研究日益衰微的一个很重要的原因，大概就是因为其对历史的解释存在某些不足，也就是说，传统民族史将民族本质化的倾向导致了它缺乏动态的眼光，对历史中的族群现象理解出现僵化。回过头来看，传统民族史对于我们理解中国版图内的各民族/族群有着很重要的作用，其勾勒的民族/族群形成发展史给人以清晰的脉络。但问题也正出在这，我们不禁要问，民族/族群发展的历史真的就这么一清二楚，有迹可循吗？历史上的那群人与今日称为同为一族的一群人真的就一直没有变化吗？我们不否认，任何一群人都有其源流，但我们质疑的是，其最初的源流与当下的族群之间有多少联系性？其源流在当下的族群构成中到底居于一个怎样的地位？

族群定义的出现正是在这个意义上具有重要地位，它提醒人们，在长期的历史发展过程中，有那么多可能的原因导致人们对其身份的重新界定，尽管人群历史在族群的形成过程中常常会有多方面的作用与影响，但同时，一群人之所以形成一个族群，也有许多偶发的因素与具体的境遇，在面对具体的事件与环境时，人们做出的决定才是关键的因素。客家的问题也是一样的，客家人的形成发展史固然重要，其祖先是谁固然重要，但更重要的是，如今我们所谓的"客家"是在怎样的具体历史进程中形成、发展、传播，这对于理解客家问题似乎更有帮助。

从其最初来说，客家的问题毋宁说是一个区域经济的问题，不同的地势与自然环境造就了不同的区域经济，在这一区域的人向外扩散的过程中，与其他经济区的人群发生矛盾，进而导致互相的诟病，经济上的弱势必然导致了人群地位上的悬殊，正是在这样的背景下，为了维护经济共同体的利益，为了团结同一经济共同体的人群，族群的认同慢慢被强调，族群的特色慢慢被创造并突显出来。所谓传统的发明，在客家地区亦比比皆是。某些本是区域性特色的物事被提高到族群的高度，推进到传统的深度，客家族群的发展也借由此伸向历史的纵深，所以所谓"误会的历史与历史的误会"（刘镇发语）也就是这样造成的。只是，在具体的研究过程中，追问所谓的客家到底是谁在划分，谁的认同，以及是谁在宣传，谁在书写，这样一连串问题，或许对厘清客家及客家运动背后的学术推手与民众力量更有助益，尤其是对像赣南这样继发性认同的区域来说，明白其在什么背景下，什么人在促成这样一种认同，并融入区域整体的叙事中，显得更为有趣。所以，作为族群的客家的问题更是一个区域的问题，将族群的研究放到区域发展的整体史中理解，或许能有不少启发。

### 三、学术与经世

学者除了在学理上进行研究外，其成果最好能为社会所用，不论是以一种可见的形式还是以一种潜移默化的形式，也不论是以立竿见影的效果抑或是一种润物细无声的方式，学术的最大目的是对社会有所帮助，让人类活得更好，走得更远。但矛盾在于，文化的张本抑或是商品的兜售在这里并无一个明确可视的衡量标准，经世的学问常常因其与现实过于紧密的联系而降低了其应有的学术品味，因此而常常招致学界同人的诟病与唾弃。

学术的独立思想与自由人格如何与学术的经世致用有效合理的结合，学术如何在众多的利益与权力关系中谋求更多的发展，并将其思想转化为当下的意识形态或指导思想，这对于书斋中的学者而言，确实有很大的挑战与困扰。我国的学者自古以来就是以治国平天下为目标，内修只是为了更好的外用。那么，问题的关键在哪里呢？说到底，无论强调多么纯粹的学术追求与学术理念，终归是为现实服务的，问题的关键在于，怎么把握"现实"的尺度，达成对所谓的"现实"的理解。研究者们的困扰或许也就在这吧，在保证学术的纯粹不受干扰的同时又对现实社会有借鉴与指导作用，是为现有体制作注解还是对现存的社会进行反思，则构成了对经世的不同理解，也形成了不同的学术追求，导致了不同的追求结果。

学术何以对社会有作用？如何理解从学术到社会的转变这个过程？完成学术转化为现实指导有几个关键步骤：

首先要树立学术的权威与品格。它不是一种随便屈从的工具。学术与生俱来就秉承有独立的人格与自由的思想，它不应屈从于外在的压力，这样的学术才是公正可长久的，才是发自学者良心与社会良知的利器。所谓学术乃天下之公器，人人得而用之，但得来不正，用之不当，却会产生预想不到的后果。确立学术的权威最重要的就是应对学术有敬畏之心，不论是从事学术研究的人还是利用学术成果的人，都应对其有基本的尊重与认可。

其次，学者的热心与公正。研究者应该明白，我们现在所从事的工作，它不仅仅是一个为稻粱这么简单的谋生之事，研究者们正在从事的文化创造与文化理解工作将会影响到后世的思维；同时，我们也应该明白，学术之事，最终是人类发展之事，并不是与现实离得越远越清高的学问才是真正有学术品味的学问，那并不是学术唯一的发展道路，也不是学术最好的发展道路。学术若能超越其所在的学术圈子，为更大的学术共同体所关注，并多少为社会所认识，才是最成功的学问。学问之事，说来似乎高深复杂，但其实，它要解决的又常常是我们日常的一些极其简单的道理，让这些简单的道理为大众接受，或许正是提高全民素养的一个好方法。

更重要的是，决策者的英明与慧眼。学者常常被认为是纸上谈兵的清谈者，如果没有英明的决策采纳的过程，再好的学术也只是自说自话，也只局限在非常有限的学术小圈子当中。

学术最大的目标乃在于造福人类，人文社会科学与自然科学的区别则在于，一个是渗透到人类心灵深处却不可直观的影响，另一个是立马可见效的成果。决策者们以其对现实的敏锐与对世事的洞察，常常会对学术形成一种外在的影响。但决策者们选取哪些观点，接受哪些学者进入他们的视野，却也深刻地影响了其政策的生命力。

人类的行为是受深层文化结构影响的，是文化而不是别的，让我们区别于他们，让我们有独立于世的面貌，决定我们是这样行动还是那样行动，都是有一套社会结构与文化结构在起作用的。学术对社会的任务乃在于挖掘文化在社会中的深层作用，从人类长远的发展与文化内部的逻辑来帮助人们理解当今的局面，理解我们现在所处的位置。

**参考文献：**

［1］［英］E. 霍布斯鲍姆、T. 兰格著，顾杭译：《传统的发明》，译林出版社2004年版。

［2］［美］本尼迪克特·安德森著，吴叡人译：《想象的共同体》，上海人民出版社2005年版。

［3］［英］霍布斯鲍姆：《民族与民族主义》，上海人民出版社2006年版。

［4］［美］C. 赖特·米尔斯著，陈强等译：《社会学的想象力》，生活·读书·新知三联书店2005年版。

［5］沈松侨：《我以我血荐轩辕——黄帝神话与晚清的国族建构》，卢建荣主编《性别、政治与集体心态：中国新文化史》，麦田出版社2001年版。

［6］王明珂：《华夏边缘——历史记忆与族群认同》，社会科学文献出版社2006年版。

［7］刘镇发：《"客家"——误会的历史、历史的误会》，学术研究杂志社，2001年。

［8］罗香林：《客家研究导论》，上海文艺出版社1992年版，据希山书藏1933年11月初版影印。

［9］罗香林：《客家源流考》，中国华侨出版公司1989年影印。

［10］房学嘉：《客家源流探奥》，广东高等教育出版社1994年版。

［11］谢重光：《客家源流新探》，福建教育出版社1995年版。

［12］陈支平：《客家源流新论》，广西教育出版社1997年版。

（本文作者朱忠飞系赣南师范大学客家研究中心讲师，博士；温春香系赣南师范大学客家研究中心副主任，副教授，博士）

# 三明客家宗祠的教化功能

## 金文凯　姚　虹

在客家大市，当今的三明地域，保存了宋元以来 50 多座工艺精美、构筑宏丽的宗祠遗迹，其中有相当一部分保存较完好，仍是各客家宗族开展活动的重要场所。它们与中华大地众多宗祠一样，是宗族文明的表征，折射了中华礼制文化的历史，同时具有强大的教化功能，对促进社会和谐具有重要的现实意义，值得重视。

### 一、三明客家宗祠是实现教化功能的载体

（一）客家宗祠的价值

祠堂是祖宗神灵依托之所，包孕了祖先对子孙的审视与教化，是维系客家宗族的精神纽带。三明客家宗祠教化功能的呈现，主要依托宗祠建筑、仪式活动、牌匾楹联、族谱祠规等载体。客家宗祠作为一族一姓氏举力营建的公共建筑，是封建社会宗法家族制长期发展的产物。如钱大昕所云："祠堂之设，以祀其先祖，俾族姓不忘其所自出。"[①]设立宗祠，旨在以祭祀供奉先祖，收宗睦族，增强凝聚力，求得宗族的发达兴旺。在现代社会，祠堂因其丰富的文化蕴含，成为历史遗留给我们的宝贵财富，是物质文化遗产的重要组成部分。

（二）宗祠建筑

以差序格局区分伦理上的尊卑位级，是中国古建筑的建筑核心思想。而择中论，即以中为尊，则是中国古建筑最重要的特征之一。《管子》有云："天子中而处。"《吕氏春秋》亦云："古之王者，择天下之中而立国，择国之中而立宫，择宫之中而立庙。"表明古代建筑"中"与尊的关系。因此，强调中轴线，注重对称平衡，在我国传统建筑中尤为凸显。

三明客家宗祠建筑多呈传统的四合院式格局，主要建筑分布于中轴线上，由外而内纵深展开，两边对称。有的宗祠是二进式，只有拜殿、正殿，中间围合一个天井。如永安小陶美坂罗氏宗祠、尤溪中仙池氏宗祠、三元莘口王氏明德祠、梅列魏氏荣先祠等。有的宗祠是三进式，即前为门厅，中有过厅或拜殿，后为享堂或正殿。中轴线左右建廊

---

① （清）钱大昕著，陈文和主编：《嘉定钱大昕全集·潜研堂文集》，江苏古籍出版社 1997 年版，第 329 页。

庑，围合前后两个天井。如宁化河龙的伊氏宗祠、方田的丁氏家庙、城关的罗氏家庙以及明溪龙湖的龟山公祠等。一些宗祠还另附有门楼、华表、大坪等，形成一个建筑群体。祠堂建筑的中轴线确立了建筑中心，显示了伦理关系中的首位与尊位；左右对称则体现了对中心的朝拱、协调。

三明各客家宗祠建筑虽面积有异，但建筑格局主次有分，讲究正偏、内外的空间层次及功能分区。具体而言，一般各主要功能空间，如作为举行祭祖仪式场所的拜殿，用于供奉祖先牌位的享堂等，面积较大，而侧厢面积通常都较小。从建于清中期的泰宁城关李氏宗祠即可见一斑。它进深 50 余米，面阔 15 米，占地 770 多平方米，含门厅、回廊、天井及祭拜亭、中厅、后厅、辅房等，为风火墙护卫的木构架建筑群，很有气势。其中，中厅宽 15 米，进深达 12 米，是祭祀和聚会议事之地，匾额和楹联众多，肃雅庄重。穿过中厅则是进深 4 米多的空坪天井及后厅。后厅为明间与次间组成的穿斗式悬山建筑。明间为厅，面宽 5 米多，进深达 6.5 米；次间为房，两边各有前后两间。后厅的厅首高架神龛，龛内供奉李氏宗族历代祖宗牌位。整座宗祠布局既古朴凝重，又区分有度。

为营造肃穆神圣氛围，宗祠由门厅至享堂的各进建筑往往特意设置高差，由前向后渐进增高。如梅列列西正顺庙，中轴线上依次分布门屋、天井、半敞开式廊庑、正殿等。前低后高，层叠而上。再如尤溪中仙池氏宗祠，建筑面积为 570 平方米，中轴线上分列前埕、下堂、天井、正堂，渐进增高，步步为上。族人在缓步而上之时，敬畏崇仰之情也油然而生。

三明客家宗祠是对中国古代建筑注重对称平衡、强调中轴线观念的建筑布局的传承，是儒家伦理秩序的折射，也是"礼"的体现。"礼"是中国古代的治国之本。《礼记》云："夫礼者，所以定亲疏、决嫌疑、别同异、明是非也。"可见"礼"是明辨是非曲直，决定人伦关系的标准，也是规范思想行为，制约仁义道德的法则。它浸染了中国古代社会生活的方方面面，也对建筑的体量大小、空间布局、色彩应用及装饰构件、屋顶样式等多方面产生深刻影响。事实上，建筑向来都以物质与精神的双重功能服务于社会。它外显实际功用，内含文化底蕴。《礼记》论及建筑功能，即称其"以降上神与先祖，以正君臣，以笃父子，以睦兄弟，以齐上下，夫妇有别"，道出了建筑布局对于调节人际关系、实现国泰民安的重要意义。

总之，三明客家宗祠建筑布局规整，功能完备，既合乎典仪的氛围要求，又于宏伟庄重中体现出儒家尊崇的伦理秩序和中庸之道，这正是礼制思想教化的结果。三明客家祠堂建筑的格局特征已经超越了"适用、功利"的物质性，打上了伦理教化的印迹，可谓尚儒兴礼的载体。

（二）仪式活动

宗祠的仪式活动最主要是祭祖联宗。祭祖是以宗祠为中心在本宗族开展的纵向活动，联宗则是以宗祠为基本单位与远宗开展的横向活动，通过祭祖联宗达到对同宗文化的认同。各宗族体系在繁衍生息过程中，有的散居在大陆各处，有的已远播海外，族人间少有往来联系。随着经济的发展，交通的便利，客属认祖归宗、落叶归根的心情日益强烈。祭祀则可以提供这样的契机，满足族人的期望。而其相聚的场所——宗祠也成为维系宗亲情感的重要纽带。"报本之礼，祠祀为大"。祭祀既是宗族的盛典，也是族人生活中的大事。宗祠在祭祖联宗活动中，追根溯祖，校正班辈，再立祖碑，增强了族人的宗族认同感和凝聚力，对民族文化心理认同也是有力的激励。

以宁化石壁客家公祠为例。这里是客家各宗族寻根谒祖、朝宗祭祀、瞻仰凭吊的朝圣地，神坛上奉祭着"客家始祖"神位和161姓氏的始祖排位，族群和宗亲文化丰富。公祠每年定期举行一届世界客家祭祖大典，让客家人的总家庙香火永续，客家精神发扬光大。而客家人爱国爱乡、敬祖睦宗的精神特质也得以充分呈现。

从各宗亲来看，如，在宁化方田丁氏家庙，每年丁氏族后裔都要举行族事活动。正月初八为"会期"，后裔集中于祠堂互相拜年，并请戏班在祠前坪演出。清明节后裔则先集中于祠堂祭祖。等扫墓过后，中午还要在祠堂聚餐。又如尤溪中仙池氏宗祠，每年也都要举行祭祀活动，主要有秋祭、分年、阴寿。其中尤以秋祭活动最为隆重，时间从初一直至十五，活动内容有请祖宗、做"半月"、祭祖等。

人类学专家克利福德·格尔茨（Clifford Geertz）认为："通过某种仪式形式，动机与情绪及关于存在秩序的一般观念才是相互满足和补充的。通过仪式，生存的世界和想象的世界借助于一组象征形式而融合起来，变为同一个世界，而它们构成了一个民族的精神意识"。① 宗祠仪式活动正是这样的，它是宗族共同体伦理秩序和伦理规范的外显。它强化了血缘关系，联系了族属感情，加强了宗族的向心力。尤其是祭祖，强调了宗族内部的昭穆伦序，宣传了以孝悌忠信为核心的伦理道德，具有很强的教化功能。

（三）牌匾楹联

宗祠楹联是宋元以降宗族文化特有的艺术形式，是祠堂文化的产物。三明客家宗祠虽大小有异，建筑风格不一，却都有一定数量的楹联。它们或为长联，或为短对，悬挂、镌刻于大门两侧、厅堂墙柱等处，成为祠堂景观和艺术点缀，也成为教化功能的重要载体。

三明宗祠楹联文化蕴含丰富。有的反映祠堂祭祀功能；有的追祖溯源，崇仰故土祖根；有的表彰先贤，表达对先人的顶礼膜拜；有的则训勉后人，激励家族不断进取。如永安贡川陈氏宗祠，亦称"追远堂"，有慎终追远之意。宗祠因宋理学家陈瓘、陈渊叔侄学术成就突出，且忠贞耿直，不畏权奸，被特敕建"大儒里"牌坊。门楼柱上有"一门双理学，九子十科名""南闽理学无双仕，北宋忠贞第一家"等楹联，是贡川陈氏历代科甲蝉联、贤能辈出而名噪八闽的辉煌历史的真实写照。正厅柱上也镌有两副楹联。一为"星聚璧奎常焕彩，花联棣萼每天辉"，传说是宋朝皇帝题写。另一为"半壁宫花

---

① 郭于华：《仪式与社会变迁》，社会科学文献出版社2000年版，第1页。

春宴罢，满床牙笏早朝归"，是理学鼻祖杨时所题，描述的是官宦世家的陈氏家族，宴罢席散，诰命夫人头上卸下的簪花插满了半面墙壁，下朝归来，官员们的笏板堆满了整个床榻，形象描绘了宋朝陈氏家族的兴旺场景。陈氏宗祠的这些牌匾楹联，追述先人卓越功业，歌颂先辈文韬武略和襟怀气节，显扬家族的光荣历史，对激发后裔子孙的民族自豪感和奋发有为的精神具有重要作用。又如尤溪中仙池氏宗祠矮墙门庭柱上书有联曰"入唯尊宗敬祖，出则移孝作忠"；大田济阳上丰涂氏宗祠大厅两旁也有对联"豫念先祖诗书继世，章贻后昆孝友传家"；宁化曹坊曹氏宗祠大厅则有柱联"悌友孝亲本是胄裔事业，光宗耀祖乃于胤嗣功绩"。这些楹联都立足于教导后辈应文章报国，孝友传家，敬祖尊宗，光耀门楣，教化功能十分强大。在宁化石壁客家公祠的巨柱上垂挂有"爱国爱乡恭敬桑梓通四海，重礼重教力行孝悌播五洲""文载千秋史料凭君探胜，博通百姓源流任我寻根"等楹联，彰显忠孝悌信为核心的伦理道德，强化客家各宗族的宗族归属感和民族文化的认同感。

（四）族谱、祖训和祖规

三明在历史上远离政治中心，交通不便，信息闭塞，因此，祠堂不仅是祭祀祖先的场所，也是族人传播国家大事，商议宗族大事之地。特别是对于宗族具有"上奠祖先之灵，下规后嗣之则"功能。

祠堂也是对族人实施族规的场所，而各种祖训族规则是各宗族约定俗成的习惯法，族长履行执法权力。各宗族的规约虽各不相同，却又大同小异。其内容繁杂丰富，涵括了祭祀仪式、禁忌、职业、婚姻、伦理、交友、娱乐等方面，对规范族人的生活和行为、调节族人间的纠纷起到了重要的作用。如永安吉山刘氏宗祠族谱记有先祖刘贵三立下的祖训："建屋无须立华，聊以避风雨可也。"教导后代敦本务实，耕读传家，建房修屋都不必宽阔，体现了强调节俭的质朴精神。吉山刘氏从第六代刘奇才、刘奇忠开始尤重教育，文风鼎盛，登科甲应岁荐者代有其人。宁化《池氏族谱》载宗规"敦孝悌""睦族党""正坟墓""扩蒸尝""勤耕读""崇礼让"，又立族禁"禁灭伦行奸""禁欺凌孤寡""禁殴斗争讼"；《曾氏族谱》也有族规"崇庙祀""顺父母""和兄弟""睦宗族""重婚姻""隆作养""秉公正"。

朱文公宗祠训则强调："传家两字曰读与耕；兴家两字曰勤与俭；妨家两字曰盗与奸；亡家两字曰嫖与赌。休存猜忌之心，休听离间之言，休专公共之事，休贪非分之财。吃紧在各尽本分；切要在潜消未萌。子孙不患少，而患不才；产业不患寡，而患善夸；门户不患衰，而患无志；交游不患稀，而患纵邪。"各宗族族谱祠规，可谓将忠孝节义道德信条以及修身、齐家、敦本、和亲之道都囊括其中，对族人予以教化劝导。

在宗祠中，宗族集团代祖宗立言，依循族谱祠规对犯错子孙进行惩戒，同时也对其他子孙起警示告诫作用。从某种意义上说，祠堂成为一个传扬传统伦理道德的场所和规训惩罚的空间。祠堂是教化子孙的载体。

**二、三明客家宗祠教化功能的多样性**

（一）"敦宗睦祖"教化功能

古人云："万物本乎天，人本乎祖。"① 中国人，尤其是汉族在儒家文化的影响下，宗族观念根深蒂固。他们依恋故土，尊崇祖先，尤其重视自己的来龙去脉。因此，追祖溯源、敦宗睦祖的情怀在宗祠中表现得十分丰富。如《敦本纪事》云："敦宗睦祖者孝之，推人生以孝为本，故百行以孝为先，建宗祠、修宗谱，故联一族之孝思，以事其先人也，其事至庸而亦至难。"

通过修建宗祠，撰辑族谱，以孝心凝聚宗族，祭祀先人，宁化石壁客家公祠堪称典型，敦宗睦祖的教化功能体现充分。石壁客家公祠是一组规模庞大的建筑群体，它是客家人寻根谒祖、朝宗祭祀、瞻仰凭吊的宗族文化和族群文化含量十分丰富的朝圣地。公祠的巨柱上垂有楹联："客本中原汉裔自两晋衣冠南下石壁安居万载不忘祖籍，家迁八表南荒经千年筚路蓝缕五洲立业千秋永念宗功""中土南迁孕育客家民系追远长怀石壁，环球播衍丕振诸姓门风溯源敬谒公祠""石壁传芳客家源远派衍五湖四海，玉屏俊秀翠水流长支分南北西东""石山北立先祖定居成新客，壁祠南向后裔归来寻旧家"等。这些楹联追溯宗族渊源，如同"微型家谱"。② 此外如"百氏祖神聚一堂祠封广惠裔孙绵绵沐恩泽，千万客家奔四海圣地灵源游子世世展宏图""客寓五洲五洲作客客声显，家居四海四海为家家道昌""爱国爱乡恭敬桑梓通四海，重礼重教力行孝悌播五洲""藏千年青史，展百世风骚""文载千秋史料凭君探胜，博通百姓源流任我寻根"等楹联，崇仰祖根、敦宗睦祖的情感亦十分浓烈。而正殿后进，也即公祠第三进为"文博阁"，面积900平方米，是展厅和陈列室，内容丰富，充分展现了石壁客家祖地的文化历史。事实上，敦宗睦祖的教化功能在三明各宗祠都体现充分，不多赘述。

（二）"劝孝向善"教化功能

常言道，百善孝为先。"孝"是古人最崇高的品德，也是封建伦理制度提倡的重要内容。三明客家宗祠处处体现"劝孝"教化功能。如永安贡川陈氏宗祠的宗族祖训："汝曹事亲以孝，事君以忠，为吏以廉，立身以学。学也者，学乎忠、孝、廉而已也，世世子孙固守勿坠，克振家声"，"为父慈父有福，为子孝子有福，父慈子孝而家道昌隆；为兄友兄有福，为弟恭弟有福，兄友弟恭则无藏宿；夫爱妻夫有福，妻敬夫妻有福，夫唱妇随则室家宜"。宗祠还通过宗族仪式活动，向族人宣传教育如何孝顺父母、敬爱家人，如何尽忠君主，清白做官，做到"夫孝，始于事亲，中于事君，终于立身"。

三明客家宗祠又积极劝人向善。莘口余氏宗祠有莘口农民诗社严淡秋老先生赠送楹联一副："树德巍巍四面云山钟胜地，党恩浩浩千秋庙貌壮名区。"其后裔余安升也作了

---

① （汉）郑玄注，（唐）孔颖达疏，李学勤主编：《十三经注疏·礼记正义》，北京大学出版社1999年版，第801页。

② 欧阳宗书：《寻根溯源的族谱祠联》，《对联》1992年第3期。

一副对联：“琼燕供秀子孙繁衍钟灵地，明晓开基祖泽普施积善家。”教化族人要学会感恩，普施积善，关心友爱他人。此外，如尤溪坂前严氏中安祠堂楹联“为国而忠于其主惠于其民总欲作天下第一流人物，居家则孝也事亲弟也事长皆可扶世上亿万载纲常”，清流灵地黄氏子良公祠木刻楹联“行仁义事，存忠孝心”，亦强调敬孝桑梓、尊礼重教、忠君爱国、勤政惠民的教化内涵。“劝孝向善”的教化功能在三明宗祠中随处可见。

（三）“耕读传家”的教育功能

耕读传家思想是客家文化的重要组成部分。这种思想映射于三明客家宗祠中，劝人向学，以耕养家、以读兴家、耕读相兼的思想教化也随处可见。如将乐杨时纪念馆，曾经是杨时后裔祭祀先祖的祠堂，也是海内外杨时后裔寻根谒祖的重要活动场所。它较好地展示了杨时生平事迹和理学思想。宋政和五年（1115），杨时亲自编修了将乐杨氏第一部《弘农杨氏族谱》，制定杨时家训十条。此后各朝代杨时后裔谨遵祖训、恪守家规，以传承祖德为核心的家风甚浓。明代杨氏家训头四字即为“勤耕务读”，清代杨氏家训中，“务勤俭，勤耕读”几个字也赫然在目。杨时后裔这些凝聚家族、规范后人的行为准则，是杨时家风文化的灵魂。而勤勉耕读，书香传家的思想也潜移默化地教育和熏陶着杨氏后人。无独有偶，朱文公宗祠训，开句亦为“传家两字曰读与耕；兴家两字曰勤与俭”。此外，如大田吴山陈氏宗祠柱联“时和世泰须勤奋，思富家昌必读书”，尤溪坂前严氏中安祠堂楹联“读书要读律择两用中皆可权衡世事，明道先明伦行三贯五自无愧忤天人”，尤溪桂峰蔡氏祖庙则门联“绳其祖武唯耕读，贻厥孙谋在勤俭”，也同样在训诫后人要读书明道，勤俭持家。

耕读传家思想的产生有其深刻的社会文化原因。一方面与中国传统的农本思想相关，另一方面与科举兴家、以学致仕以及强调以家庭建设带动家兴族旺等社会心理有关。耕读传家是中国农本社会家庭中兴的关键因素，是构成中国传统家庭美德的基础。耕读传家思想通过对家庭成员的影响而对社会道德产生间接影响，其中所蕴含的以勤劳俭朴、知书达理、和衷共济为主要内容的耕读文化具有普遍的价值与意义，对敦风化俗，推进整个社会道德的完善和提高，具有重要的作用。

（四）“处世修身”教化功能

处世之道即待人接物、应对世情、与人交往的态度和方法。三明宗祠中，族长通过宗祠活动代宗立言，透过族谱、家训向族人传达如何“处世”。如永安吉山刘氏家训中即载：“睦亲族：宗族为万年所同，虽分房系支派，实源同一脉”，“和乡邻：乡邻同井而居，出入相友，守望相助，不可相残相斗，视异姓同骨肉之亲”，“明礼让：礼让为处世之道，应提倡谦逊之风”。家训教导后人通过睦亲族，和乡邻，明礼让，学会在社会立足，学会处世之道。

修身，即修养身心，修身见之于日常生活即博学于文，择善而从，并约之以礼。儒家的修身标准，主要是忠恕之道和三纲五常。宗祠作为同姓族人的聚集之地，除了寻根觅祖，朝宗祭祖之外，还通过楹联等途径教化族人如何“修身”。如沙县的豫章贤祠，现辟为闽学先贤罗从彦的纪念馆，其中清康熙皇帝御笔所题匾额"奥学清节"尤为珍贵，祠内外柱石悬有"宣扬先德留芳远，佑启先贤世泽长""静参气象涵心性，默处山林蕴德文"等楹联，宣扬了先人学富五车、涵养清节的高品。此外，如宁化曹坊曹氏榆林祠柱联"追思远祖德政惠安百姓，溯忆彬统丹心功勋为国"，宁化石壁客家公祠柱联"木本水源今来虔参祖地须教长记先辈功德，枝繁叶茂此去繁衍八纮莫忘弘扬客家古风"，宁化曹坊曹氏宗祠柱联"敬祖相承忆先辈忠义贤德传世代，睦宗报本启后人衣冠济美振家风"等，不仅热情歌颂祖先的功德业绩，还反复告诫族中子弟，不能数典忘祖，应时常追思祭祀祖先，承继先祖遗风，丹心为国，修身立本。

总之，三明客家宗祠是客家历史文化的折射和见证，是客家宗亲文化的"活化石"，是历史馈赠我们的古老遗产和文化财富。它依托诸多载体，呈现了丰富的教化功能，而这些教化功能至今仍具可资借鉴的现实意义。我们应该更多地了解它，珍惜它，保护它，建设性地开发利用它，使其发挥应有的社会价值和文化价值，为促进社会的和谐发展发挥效用。

（本文作者金文凯系三明学院教授，姚虹系三明学院文化传播学院 2012 级汉语言文学专业二班本科生）

# 伏虎禅师信仰探究

## 陈　桐

伏虎信仰是闽西历史悠久的传统信仰，伏虎禅师是闽西客家人"避灾祸、保禾苗、送平安、赐子嗣"的保护神。闽西客家地区多数寺庙都有供奉伏虎禅师，千百年来百姓将伏虎禅师与观世音、定光菩萨并称为"三太老佛"，伏虎禅师也成为闽西客家人世世代代最为崇敬、至高无上的神灵之一。

### 一、伏虎禅师的传说

#### （一）伏虎除患

"伏虎禅师"名称的由来源于南唐保大三年（945）禅师一次伏虎除患的传奇故事。这件事始见于南宋《临汀志·仙佛》："州境山谷深窈，虎豹出没为害。师以解脱慈悲力，为之训饬柔服，众异之，号伏虎禅师。"清李世熊《宁化县志·人物志》也记载："州有白额虎为害，午后路绝行人。师入山为虎说法，虎俯伏若受律戒者。州人遂呼为伏虎禅师。时南唐保大三年也。"这两则记载都提到禅师为虎说法，降伏猛虎。

而在禅师的家乡宁化，人们流传着更为生动的故事。

禅师年少时喜欢为寺院做义工：砍柴，担水，舂米……某天砍柴时，他救了一只虎仔，觉得可爱，就安置在山洞里。每天，他带些食物去喂虎，虎也与他嬉戏，时间一久，老虎听从他的呼唤，如同宠物。后来，禅师施创佛刹，忙于寺务，不再上山打柴、喂虎了，虎也不知去向。

若干年后，禅师在开元寺出家。当时，长汀街上老虎白天伤人，州府张榜悬赏，也未能将它降伏。一天，老虎又在街头咬人，禅师怀疑它是自己当年所养之虎，便赶去见虎，大喝道："孽畜，你若认得我，便乖乖伏首！"老虎果然俯首贴耳，听由禅师跨骑而去。观者欢呼："伏虎禅师！"

这则故事里，禅师所伏之虎，原来就是他自己当年的宠物，这样的巧合让传奇变得可信了。

如今，在宁化城关的老佛庵内，供有一尊伏虎禅师微笑端坐、抚摩虎头的木质雕像，据说刻画的就是禅师在南唐时期伏虎的事迹。雕像中的老虎依偎在禅师膝边，神色颇为羞怯，温顺得像一只小猫。

#### （二）锡杖生泉

在降伏恶虎的当年，伏虎禅师有一天途经汀州城外的彭坊村，在平原山麓休息时，看见周围龟峰、狮石奇特，于是登山观看形势，并且布下七枚铜钱以示将在这里开山建寺。有一个砍柴的人捡了一枚铜钱带回家，知道原委后第二天清晨又放回了原处。后来，众人出力，帮助禅师建起了普护庵。庵旁有一座山，名叫吊军岭，山高无水，途经这里的行人常常口渴难耐。一天，伏虎禅师来到山上，用锡杖击打山石，瞬间清泉涌出，从此长流不竭。这个故事见《临汀志·仙佛》："庵侧一岭刺天，号吊军岭，道过其上，苦渴水。师于盘石上顿锡出水，至今不竭。"清李世熊《宁化县志·人物志》也有相同的记载。

（三）祷雨救旱

南唐保大七年（949），长汀大旱，州府拜请众神降雨，但是没有结果。后来，他们请来伏虎禅师在龙潭边结坛求雨。禅师看出这次大旱是当地人的恶行招来的罪责，但他愿意替他们忏悔，并且发誓说："七日之内如果还不下雨，我愿自焚以祈上苍怜悯。"到了第七天，天依然干旱无雨。于是，禅师叫人堆起木柴，自己坐到柴堆之上，然后吩咐点火，就在大家骇愕之时，天上乌云四起，大雨滂沱。

乾隆版《长汀县志》载："七年，汀大旱，迎师祷雨，师曰：'七日不雨，吾当自焚。'及期，如故。师命积薪趺坐，棚火未及燃，雨下如注。"《临汀志·仙佛》描述得更加具体："七年，汀苦旱，靡神不宗，郡将闻师道行，结坛于龙潭侧，延师致祷。师云：'此方旱气燔甚，实众生罪业，自速其辜，今当普为忏悔，七日不雨，愿焚其躯。'及期，旱如故。师延趺坐，命厝火于薪，众骇愕，火未及燃，油烟四起，甘雨倾注，师曰：'未也，水流束薪乃已。'未几，果然，见闻赞叹。"

（四）避免战祸

南宋绍定元年（1228），宁化人晏梦彪集合数百名盐贩在宁化南部的潭飞漈举行武装暴动，攻破宁化、清流、莲城（今连城）等县。绍定三年（1230），晏梦彪率众进犯汀州城，汀州局势危急。当他们进驻金泉寺时，天突然下起大雨，洪水滔滔，大军过不了河，米谷都被浸湿了。第二天早晨起来煮饭粒米不熟，晏梦彪部因此饥困不已。等到交战时，佛显灵于云霄，旗帜招展，众人大惊，风声鹤唳，顿时溃散，跪求饶命。这件事在《临汀志·仙佛》是这么描述的："绍定群盗犯城，多方保护，显大威力，师与定光古佛实相叶赞。"清李世熊《宁化县志·人物志》也说："绍定间，石祭寇犯郡城，守者每夜见二僧巡城勿懈，疑即师（指伏虎禅师）与定光也。"

此外，李世熊《宁化县志·人物志》还记载另一件事："明嘉靖间（1522－1566），沙寇薄汀，或见两僧金身丈六，自龙蝶伸足濯岩潭中，寇骇遁。相传亦师与定光云。"

**二、伏虎禅师身世**

（一）出身

目前，在各客家地区流传着的禅师生平与传说版本略有不同，但大体上遵照着一致的人生脉络和性格特征。伏虎禅师，本姓叶，法名惠宽，宁化县人，生于五代末期。乾隆版《长汀县志·仙释》载："（伏虎禅师）本姓叶，宁化人。"《临汀志·仙佛》中说：

敕赐威济灵应普惠妙显大师，叶姓，法名惠宽，宁化县人。清李世熊《宁化县志·人物志》载："伏虎禅师，招得叶岭人，父叶千益，母曹氏……二亲没……乃入郡开元寺为僧，名惠宽。""招得叶岭"就是现在宁化县安远乡伍坊村的叶岭。文献记载了伏虎禅师父亲的名字和母亲的姓。但是伏虎禅师本人的俗名及出生年份未见有史料记载。《宁化县志·寺观志》还说，伏虎禅师出生那天，天降雨花。童年时，禅师就是一个极具慧根的聪明人，后来他跟随父亲搬到招贤都溪（今宁化县水茜乡境内），一生用心侍奉父母，非常孝顺。

（二）出家

伏虎禅师早年曾在家乡的天华山修建了一座寺庙，取名"螺丝庵"，又名"天华寺"，这就是禅师的祖庵。据传这里地势很像螺，一路盘旋而上，而山顶的螺尖处风水极佳。当时伏虎禅师与另一仙人南庵公同时相中了这里，都想在这里建庙。伏虎禅师先去了那里，并将一枚铜钱放在风水地的中心位置，以示有人先相中了这里。那天夜里，南庵公也来到这里，他不知伏虎禅师已经先到，将一根茅草恰恰放入了那枚铜钱的眼中。天亮后二人争执了起来。他们找来中间人调和，中间人看过后说："如果是禅师先到，那么茅草能顺利插进铜钱眼。如果是南庵公先到的，茅草的尾部开叉，铜钱很难放入。"于是，判这里归伏虎禅师。后来，南庵公就前往建宁另择庙址。

明成化十七年（1481）僧人东明募集善款扩建螺丝庵，"鼎建佛刹，殿堂、门庑、楼阁、库庭、圣像、斋田，一切咸备"。成化二十二年（1486），宁化县知事普全赴京请度，具状申明伏虎宋元显迹，经左善世僧道坚呈报，颁给"天华寺"匾额，定为护国祝圣道场。"天华"是为了纪念伏虎禅师诞生时天降雨花的祥瑞。

螺丝庵流传至后世，庙的田产颇丰，有竹山菜地等。据吴吉昌老人回忆，在他幼小之时，明溪、水茜、大洋、下浦等地均有人陆续前来烧香拜佛，求忏许愿。中华人民共和国成立后，比丘尼释德义曾住持螺丝庵达50余年。"文革"期间，螺丝庵曾一度遭毁，释德义被赶下山，寄大队村部，后恢复重建，据传释德义有银用瓮装好埋于庵后，再经化缘筹集，重建今庵，佛像全为新制。近年螺丝庵因无水无电，已无人住持打理。

需要指出的是，伏虎禅师虽然建立了螺丝庵，但这里并不是伏虎禅师的出家地。《临汀志·仙佛》中说："（伏虎禅师）得业于本郡开元寺。"伏虎禅师是在双亲亡故，归葬螺丝庵旁后，一身了无牵挂，才前往开元寺出家为僧的。时间在后唐清泰年间（934—936）。开元寺在汀州城里，因与汀州府同在开元二十四年（736）建立，故名。清李世熊《宁化县志·人物志》记载：禅师在此得业后，遍游诸方，悟旨而返。又在汀州紫地湖寓居了3年。一天，禅师辞主人而去，并对主人说："明年今天，来高阳桥会我，不要失约！"第二年，主人如期前往，走出不到半里回头看自己的房子，只见水袅袅腾上，顷刻间变成了一口潭。此后，禅师净心修炼，多行善事，为民解困。

（三）成佛

宋建隆三年（962）9月13日，伏虎禅师圆寂。信众将禅师的肉身塑造成像，供奉在庵里。"凡有所祷，应如响答。"熙宁三年（1070），汀州太守欧阳程将禅师佑民的种种功绩事状上奏朝廷，朝廷赐庵名"普护"。宋真宗诏改"寿圣精舍"。宋宣和间诏改"广福禅院"，以表彰禅师"经从辄成"的灵验，此名沿用至今。绍兴七年（1137），宋高宗敕封禅师为"净戒慈应大师"。历经绍兴、乾道、淳熙年间，因为救旱有功，宋皇先后累封禅师为"威济、灵应、普惠大师"。南宋嘉熙年间，因护城有功，皇封"妙显"，累封称号达八个字。

在客家地区，伏虎禅师往往是和定光古佛二佛一起合祀的。这个习俗据说始于南宋淳熙年间（1174—1189），汀州郡守吕翼之命人于广福院迎伏虎禅师像入州后庵，与定光古佛并祀一庵，其后，庵改名为"定光寺"。州人合称其为"二佛"。此后，"二佛"合称入官方史志记载。《临汀志·仙佛》谓："三仙二佛之名，于汀尚矣。仙事茫不可索，佛应日显著，邦人崇向，日严以亲，是不可不书。"此二佛，即指伏虎禅师与定光古佛。在宁化，定光为"老佛"，伏虎禅师称"二佛"，信徒众多。

**三、伏虎禅师信俗**

伏虎禅师信俗起源于北宋时期，1000多年来，随着客家移民南迁，伏虎禅师信俗活动日渐丰富和隆重，由于畲人狩猎，森林采伐，农耕求雨，求子延嗣等信仰需求，逐渐出现保禾苗、抢佛子、伏虎庙会等活动。也逐渐由早期的官方祭祀活动延伸至民间带有狂欢性质的信仰习俗。伏虎禅师信俗流播广泛而深远，以宁化为中心，分布于闽西北、闽南、闽东、闽中，尤以闽西客家地区为盛。每年会期日，百姓自发组成理事会，举行游绕、进香、宴客等习俗。在信俗活动中还穿插了各地的戏曲、曲艺、游艺、音乐、舞蹈等民俗项目。伏虎禅师作为客家的保护神，其信俗特征融合了民间艺术、地域文化、宗教科仪等，具有客家精神传播、历史文化研究、宗族联谊、道德教化、娱乐审美等多方面价值。

**（一）"保禾苗"**

宁化许多乡镇都曾流传有"保禾苗"的习俗。城郊乡都寮村古佛庙、安乐乡丁坑口黄源铺的鹫峰寺、湖村黎坊村水口庙、城南乡上坪村水口庙、翠江镇老佛庵等皆有此俗。这几个寺庙的打醮"保禾苗"之俗其内容、形式、程序、气氛大同小异。这一天，村民们迎伏虎禅师等尊神，吹吹打打，周游72村，为的就是保禾苗。

在宁化县城郊乡都寮村，每年的农历五月初一日是"芒种"节，初三日为庚辰。这天老佛、二佛出庙驻村"保禾苗"享受打醮供奉行之蒸尝。初二下午由社下排村首事安排吹鼓手和乐队执事及扛抬神佛的人手，到都寮村古佛庙迎请老佛、二佛、吉祥大佛下位，端至神辇上坐。每乘由4人扛抬，前面敲打铜锣，叫"鸣锣开道"。紧接着提炉、旗、幡、凉伞随后。锣鼓喧天，唢呐声声（吹奏曲牌），敲打牌子锣鼓，悦耳动听，气氛热烈。吹鼓手和乐队紧跟菩萨坐辇缓缓而行。出村或经过村庄时锣鼓震天、铳声、鞭炮声交织一起，热热闹闹，浩浩荡荡迎老佛、二佛到村。当菩萨坐辇抬进村时，全村家家户户都要在门前摆设香案点烛、烧香，同时燃放鞭炮迎接，村中男女老幼簇拥菩萨至神庙（或水口庙）安放坐稳，才散伙回家。初三日由道士8人在庙内老佛、二佛神前打醮一天。只见打醮道士手持法器，由道术较高的主事身披道衣，敲锣、打鼓、吹奏唢呐进行打醮。醮事毕就跟随游村。此村完毕就由邻村接去。其余各村按顺序照此进行（即老佛、二佛、吉祥大佛每天驻一村）。周边的 72 村游驻完成就将老佛、二佛、吉祥大佛神像送返都寮村古佛庙，升坐神龛内，至此当年打醮"保禾苗"活动宣告结束。

此外，石壁镇的狮子峰也有"保禾苗"之俗，不过却和都寮有所不同。

狮子峰是石壁镇官坑村的一座千年古寺。它既是一座山峰，也是一座古寺。这里每年夏季周边信众都会自发组织"保禾苗"（当地也叫"朝三山"：即朝东华山、升仙台、狮子峰三寺）。几百人的队伍，敲锣鼓、吹唢呐、担香案、擎幡盖声势浩大向东华山、升仙台、狮子峰三寺进香，"朝三山"、保禾苗，其声势颇为壮观。他们朝山前准备大量红布条上供，朝山后，分发各村系在禾叶片上（有的将红布条系之芦秆，植田塍菜畦间，是年无虫害），以求禾苗不受病虫害侵扰，确保农业丰收。

宁化"保禾苗"沿袭古代信俗，一直以来，流传不辍。"文革"期间曾沉寂十余年。2003 年非典盛行，禁止群体活动，之后随着农民务工潮流的兴起，举行仪式需要的壮劳力缺乏，老一辈主持仪式的成员逐渐老去，新生代对传统信俗日渐淡漠。以城郊都寮、安乐鹫峰寺为例，都寮 72 村举行的"保禾苗"盛况已不复见。只有些许村庄还有举行小规模的信俗活动。鹫峰寺 2003 年停止一年后，其隆重和丰富程度也大打折扣，今图轻便，改雇用农用车装载，很多仪式简化，只走过场。

（二）抢"佛子"

伏虎禅师在民间信仰中有职司生育的功能，因此衍化出了相关的祈子民俗活动。

光绪《长汀县志·杂识》载：汀俗佞佛，民间借祈报之礼以间行怪事。如郡城正月初七，鄞河坊迎神于南廨寺前，将长竹二竿结伏虎佛号牌于上，嗣艰者分党纠集，候迎神毕，钩牌坠下，听各攘臂分抢。抢获者，众用鼓乐果酒，导迎归家，以庆举子之兆。间有获应者。不记肇自何年，俱昔日好事之徒为之。

清施鸿保《闽杂记·卷七》载："长汀县向有抢佛子之俗。每年正月初七日，定光寺僧以长竹二竿悬数十小牌于杪，书伏虎佛号，无子者群奉之而行，自辰至酉，咸以长钩钩之，一坠地纷然夺取，得者用鼓乐迎归供之，以为举子之兆。然亦有应，有不应。惟因纷夺，或至斗殴涉讼耳。咸丰癸丑，山左丁近峰知县时禁之。"

这两则史料记录的其实是长汀县的同一信俗：抢"佛子"。每年正月初七日，寺僧用长竹竿把数十个小牌悬挂到树枝上，牌子上写着伏虎禅师的佛号。到了酉时，用长钩取下，当牌子掉到地上时，一群求子者上前抢夺牌子。拿到牌子的人敲锣打鼓把它迎回家供起来，认为这是将要有子的征兆。但是，因为有人为争夺佛子而发生打架斗殴的事，咸丰年间，知县下令禁止这一习俗。

3. 伏虎庙会

每年农历九月十四，长汀县城的营背街和水东街都要举行隆重的伏虎庙会。营背街迎平原山伏虎，是汀州流程最完备、场面最隆重的伏虎庙会。庙会分为 10 个阶段：起会、接祖师、下山、打花、接驾、游街、供奉、扫墓、回山、送别。营背街 10 棚人，每棚值一年，10 年一轮。轮到植年的这棚，由德高望重的长者组成理事会，负责操办庙会所有事宜。由于广福院位于距县城 70 里之遥的童坊镇平原山，所以，营背街接祖师的队伍每年都要提前两天出发，在九月十二日清晨按照"汀州城—十里铺—新桥—阿基岭—平原山"的路线前进，于当天下午 5 点左右至广福院，参加第二天的大醮，然后连夜下山，将伏虎接至城内南廨寺后的石鼓庙内供奉。

广福院的大醮非常隆重，除了普通打醮的形式和程序外，还要用竹篾做骨"做大山人"。汀州民间还有"打花"的习俗，认为杀猪、杀鸡、杀鸭血溅满地可以驱除邪气。在大醮时，附近许多百姓都会早早将猪抬到庙门口，等待醮事结束后第一个在神庙前杀猪打花，称为"宰头花"。他们认为在这一天宰头花可以为自己带来一年的好运。

接禅师的队伍十分浩荡。专门前往平原山护送禅师进城的队伍称为"堂号"，由城内年轻人自愿报名组成，另加轮值的理事会主要成员，轿夫，锣鼓旗幡，随行常达几百人。下山时，由于人数众多，又是夜路，队伍要用"油马"照明。

天色微明，接祖师的队伍进入城中，便是正式的庙会时间了。留家等候的营背街当年植棚百姓，扛着三角旗，带着十番锣鼓、请来民乐演奏的鼓手班，在苍玉庙前列队而站，举行接伏虎仪式后，一路吹吹打打，将伏虎禅师安放进南廨寺。庙会的游街活动安排在巳时，轿夫们抬着伏虎祖师绕着营背街一圈，不设路祭，不去别街。迎神游街最是热闹，伴有舞龙灯、舞狮、船灯等活动。锣鼓声中，只见伏虎祖师端坐轿中，身旁 30 节相连的长龙凌空飞舞，舞狮踩街，锣鼓走街，船灯乘风赶浪般随着古乐在人群里疾步穿梭。鞭炮声、锣鼓声、欢呼声……人人都在欢庆客家保护神的节日，直到午时才将伏虎送回南廨寺。到了供神祭拜的时间，近到各路街坊的善男信女，远到县城四周乡村的亲朋好友，信众们接踵而至。南廨寺前香客络绎不绝，直到深夜。十四日活动结束后，十五日休息一天，十六日由专门成立的扫墓会将伏虎祖师抬到长汀城东郊，为其父叶千益、其母曹太夫人扫墓。之后，伏虎便一直供奉在南廨寺，直到次年正月十三日，依旧由当年轮值棚负责，旗、幡、宝伞、锣鼓、十番引路，送回平原山广福寺。至此，一年一度的长汀城区九月十四庙会活动才算完整结束。

**四、结语**

伏虎禅师信仰广泛流传在闽西客家地区，信众很多。伏虎禅师信仰经过历代官方、民间共同努力塑造成人文积淀深厚、事迹生动活泼、信俗活动独特的伏虎文化。在伏虎禅师的故里，宁化县安远镇伍坊村成立了伏虎禅师信俗文化研究会，吸纳了"佛家高僧、民俗专家、故里乡贤"等 100 多人入会。该会从 2015 年至 2019 年，计划投资 1000 万元，分成 5 期挖掘研究伏虎禅师信俗文化，编撰"宁化伏虎禅师信俗研究系列丛书"，修建螺丝庵（天华寺）伏虎禅师道场景区、东华山伏虎禅师文化园，开展伏虎禅师信俗群众活动，推动闽台伏虎禅师信俗文化交流。2015 年 10 月，该镇将此项目申报非物质文化遗产保护名录，已获三明市人民政府批准。2016 年，宁化的伏虎禅师信俗被列入福建省非物质文化遗产代表性项目名录。希望伏虎禅师文化能借此东风发扬光大。

**参考文献：**

[1] 詹昌政、俞祥波：《伏虎禅师》，《三明日报》2016 年 8 月 9 日。

[2] 戴先良：《宁化伏虎禅师信仰考》，宁化安远网。

[3]（清）李世熊：《宁化县志》卷二"螺丝庵"，福建省情资料库。

[4] 陈禹洛：《平原山广福禅院记》，佛教网。

[5]（明）黄仲昭：《八闽通志》卷七十八"定光院"，福建省情资料库。

[6] 连允东：《宁化"保禾苗"之俗》，《三明日报》2017 年 4 月 10 日。

（本文作者系三明学院文化传播学院副教授）

# 民间信仰文化的挖掘和利用

## 刘晓迎

本文仅从民间信仰文化资源方面，进行挖掘整理，以及今后利用。

### 一、民间"由人而神"信仰文化的资源

进入 21 世纪，即 2000 年，三明经批准开放、予以登记、纳入管理范围的宗教活动场所达 909 处，以佛、道教为主。而民间信仰的范围数量，无从统计，且范围十分广阔，仅"由人而神"民间信仰方面，在乡镇范围内产生的"由人而神"则多达百余位。

#### （一）巫罗俊

巫罗俊，字定生，隋开皇二年（582）生。巫罗俊是宁化开县始祖，客家先驱，巫氏南迁一世祖。为纪念他的开拓之功，在县衙内左侧建立土地祠，祀巫罗俊及其夫人塑像。

他的后裔繁衍世界各地，计国内 24 个省、218 个县，海外 18 个国家和地区。其中迁入台湾巫氏者，多数分布在台北、彰化、南投、台中、苗栗、桃园、新竹、高雄、屏东等地，人口约 3 万多人，居第 85 位。现今，台湾部分庙宇设有巫罗俊公神位，如：台湾高雄凤山的"北辰宫"，彰化溪湖的"通天宫"，新竹县的"巫氏祖堂"等庙宇都有巫罗俊公神像，当地人称巫府千岁，全台万人朝拜，香火不断。

#### （二）罗令纪

罗令纪，生于唐垂拱四年（688）。巫罗俊逝世后，罗令纪接着引领黄连人继续开发和治理黄连镇。清乾隆间旌为"义士"建祠祀之。为纪念罗令纪建县之功，曾在古县衙左侧建土地祠，立罗令纪神像以祀之。

巫罗俊和罗令纪为宁化做出创世的巨大贡献，使宁化告别了名不见于史的时代，自隋代的初始开发，逐渐告别蛮荒之地，步入较快发展的历程，为客家民系和客家祖地的形成，创造了先期条件和物质基础。

#### （三）宁化伏虎禅师

宁化民间旧时有"三仙二佛"之说。根据明代胡太初编修的《临汀志·仙佛》记载，"二佛"指的是定光古佛（老佛）和伏虎禅师（二佛）。因二佛有祈雨救旱、驯服野兽、治河护航、避免战祸的法力与业绩，深得客家人的尊崇与信仰，纷纷建庙敬祀，被奉为客家地区的保护神。

590

伏虎禅师，生年不详，卒于北宋建隆三年（962），是北宋时佛教高僧，本姓叶，法名惠宽，宁化安远人。据康熙李世熊《宁化县志》记载，传说伏虎禅师具有驯服野兽、祈雨救旱、避免战祸等神力："州有白额虎为害，午后路绝行人。师入山为虎说法，虎俯伏若受戒律者。州人遂呼为伏虎禅师"，"历绍兴、乾道、淳熙，以救旱功，累封威济显应普惠禅师"，"绍定间，石祭寇犯郡城，守者每夜见二僧巡城勿懈，疑即师（指伏虎禅师）与定光也"。

（四）伊盆

据康熙李世熊《宁化县志》载：伊盆，本邑人，为人豪毅，耿耿有烈士风。宋真宗景德元年（1004），转运史李住起解梅州银绢，本州（汀州）委通判胡某赍至本都武曲桥锡源驿（在今河龙乡）疾故，奉官莹葬。伊公慨然诣县自陈曰："解官本为朝廷重务，客死吾土，某现充保长，亦草莽臣也，愿换碟代解。"县许之。至汴京，适逢皇太子生，上大悦，以覃恩赐敕一道，骏马一骑，剑一口，命其出镇柳州。时南蛮不共，公领军勇夺前驱。血战破贼，所向倒戈。事平凯奏。卒于官，以功特赠银青光禄大夫，因庙食至今。伊盆在代解银绢进京时随带家乡大米一袋一路食用。至京之后，在交付银绢时，把随带的大米一并奉上，以御食用。皇帝食后大喜，甚赞河龙大米质优味佳，并令每年进贡。河龙"贡米"由此扬名。

伊盆去世后，被尊为"伊公尊王"，立庙宇为"伊公庙"，因位于下伊村南边水口，称为"水南古庙"，至今香火鼎盛。

伊盆除了"伊公尊王"外，还有"洲湖润德尊王"封号。即"官拜银青光禄大夫"是对伊公生前的褒奖，那么所谓"洲湖润德尊王"的封号则是伊公成神后受到热烈崇拜的产物。

（五）伊秉绶

伊秉绶，宁化城关人。生于清乾隆十九年（1754）。乾隆五十四年（1789）会试，中进士，历任刑部额外主事、浙江司员外郎、刑部主事、刑部员外郎、湖南乡试副主考官、刑部郎中、惠州知府、扬州知府，爱好广泛，绘画、治印、诗文均为世所重，书法有"南伊北邓"之誉，为清代著名书法家。嘉庆二十年夏（1815），病逝于扬州，逝世不到一个月，扬州市民就将他供奉于《三贤祠》内，与扬州历史上三位名贤太守欧阳修、苏轼、王士贞并祀。

（六）张显宗

张显宗，字名（明）远，原住宁化县石壁镇陂下村。生于元至正二十三年（1363）。洪武二十三年（1390）应天府乡试中举，二十四年（1391）会试进士及第，同年殿试"御戎策"，取选第二名。洪武三十年（1397）后，历任监理国子监学事、国子监祭酒、工部侍郎。永乐五年（1407），因平息交趾叛乱有功，被朝廷任命为交趾布政使。永乐六年（1408）逝世，终年46岁。朝廷悼惜，追封为工部尚书。为褒扬张显宗功德，汀州郡守马坤于嘉靖十七年（1812）为其立祠祀。万历二十三年（1595），副宪王建中改祀公于邑西门佑圣堂，祠额曰"表忠祠"。

（七）惠利夫人（替父从军的"花木兰"、客家女神）

惠利夫人，名莘七娘，五代秀州华亭人，祖籍甘肃天水郡，医药世家。五代十国时，南唐国于公元944年五月以平叛为由发兵进攻闽国，莘七娘自告奋勇代替老父入伍为医工。行军到明溪时，将士染上了瘟疫，莘七娘全力救治。在军中有幸遇到已订婚的丈夫，不料丈夫却染病不治身亡，莘七娘留下护墓3年。这期间，当地民众也感染了瘟疫。莘七娘夜以继日地抢救民众，并研制出治疗药——马丸和预防药——茶方。由于劳累过度，莘七娘在明溪病逝。明溪人将其厚葬在当地南关溪神公竺。

200年后，明溪人建庙祭祀。先后建有祖庙、下庙、上庙和位于坪埠的三座庙。宋相文天祥路过曾进庙观瞻并题诗，元福建左丞陈友定也为其建新庙，历代不乏题咏。闽西、赣南也纷纷建庙数十座，信众达数十万人。民间传说莘七娘屡屡显灵护佑民众，于是宋、元两代皇帝先后敕封为惠利夫人、福顺夫人、普佑夫人、灵应夫人。

（八）饶公菩萨（明溪）

饶公，名松，字云从，明溪县夏阳乡紫云村龙西人，生于北宋元丰五年（1082）六月初六。早年父母双亡，与其姐相依为命。青壮年时在瑶车帮人建窑烧砖，因质量上乘，被举为"窑神"。在帮乡邻耕田时，又研制出"水车"，让水往高处流，获得赞誉。

饶松一生四处打工，其足迹遍布方圆百里，所到之处都留下很好的口碑，大家赞扬他是为人忠厚、宽容大度又聪明能干、乐于助人的好青年。在吉口商贾张巡家打工时，以博大胸怀忍受其婆娘的虐待，感动了张巡。

传说，饶松行善积德，感动了两位神仙。有一天，他在砍柴途中，吃了下棋仙翁给的桃子，受到神仙点化而精通法术。自此，他常到均峰寺学法，有时也云游四方，道行越来越高，功德渐趋圆满。南宋绍兴二十四年（1154），他在百丈坡柴火中羽化升天。张巡也冲进火海，一同羽化升天。当地村民被其大德和高义感动，纷纷建庙祭祀。南宋末年，宋相文天祥奏请皇帝下旨敕封饶公为"果真佑正大师"。

如今，明溪紫云的均峰寺、岭头的龙兴寺庙、梓口坊的般若庵、六合的上祭庵、瑶奢的遇仙堂、大焦的圣者殿以及梅列区陈大镇的隆盛堂、三元区岩前镇的洋坑庙等都将饶公作为主神供奉，形成具有特色的乡土信仰文化。

（九）欧阳真仙

欧阳真仙原名欧阳大一，字世清，为清流县东华乡（现龙津镇）下窠村人。传说他16岁得遇道长到大丰山修道，学除魔降妖、济世救人及岐黄之术。经20多年的潜心修炼，42岁时终在大丰山顺真道院修成正果羽化登仙。因普济众生，度人无数，被宋朝皇帝敕封为"通灵妙应真君"，即欧阳真仙。

传说欧阳真仙法术高强，长期与各种凶神恶煞打交道并制服它们，受到民众的膜拜，成为地方保护神。除本县各乡村，信众从永安、连城、宁化、长汀、明溪、将乐等地来朝拜。清流以外，也都建有崇祀欧阳真仙的庙宇，如连城、上杭、永定、长汀一带及赣南和粤东地区，其影响范围相当广泛，成为客家人的又一个信仰神明。

（十）定光大佛

据文献记载，定光佛在世时，在三明各地留下许多与之有关的"胜迹"。如清流县灞涌岩（金莲寺）：相传"旧无水，定光佛至，飞锡凌空，七日复返，始有泉涌。其夜，风雷大作，雨水滂沱，僧惊避迟。明视之，庵推出谷口，其下飞瀑数丈如珠帘，至今莫寻其源"。据闽西有关史料记载和传说，定光古佛在世时，足迹遍布清流灵台山、将乐及沙县淘金山等地，时常在山中庙宇传经布道，广结善缘。

到宋朝末期，由于政府及文人的极力推动，定光古佛信仰和传说故事通过不同形式，已经传播至整个客家及周边地区，成为清流和海西客家乃至东南亚地区最大的民间信仰；定光古佛受到客家各界人士的认可和尊奉，被客家人尊称为是能带来好运的吉祥神，庇护客家百姓的保护神。

（十一）邓光布

唐乾符元年（874）邓光布出任崇安镇将，驻守沙县。乾符年间，烽烟四起，社会动荡，邓光布作为一方军事首脑，考虑地方安全，与当时的汀州司录兼摄沙县事曹朋商议，将县治从古县迁到凤林岗杨篑板（今凤岗镇），以险固守，百姓免遭屠戮。《沙县·军事》记载："唐乾符五年（878年）冬，黄巢起义军入闽途经沙县，崇安镇将邓光布率部堵截，在洛阳溪（豆士溪）桥头中流箭身亡。"

邓将军有"开县始祖"的丰功伟绩，死后被人立祠而祭。邓光布祠堂，又称灵卫侯邓公祠，位于沙县城关水南凤凰山下。

（十二）唐代高僧潘了拳

潘了拳，唐元和十二年（817）农历三月二十五日生。出生时，左手曲拳，怎么也张不开。一个化缘的老和尚，不请自来，口诵偈语：不张不了，不了不张；一张即了，一了即张。据说，这个老和尚便是定光佛。

潘了拳12岁到淘金山修行，以达摩祖师面壁九年的苦修来勉励自己，面对苍山，苦苦悟道。一日，忽然听到有人唤他的名字："了拳！了拳！"他四下巡视，河面站立一位老僧，十分面熟，又不知是在何处见过，足不沾水，在河面上逆流而上，口中诵道："不张不了，不了不张；一张即了，一了即张。"顿时大彻大悟，连声叫道："师父等我！师父等我！"一边叫着，一边向沙溪的上游飞奔而去……

淘金山，从此流传潘了拳的许多神话与传说。

（十三）温太保（"威灵英烈"）

沙县民间有"温太保斗五鬼"的传说。相传，正佑太保原为沙县城关马坑沟有一个做豆腐营生的年轻豆腐郎，姓温名琼。他为人善良正直，疾恶如仇，吃苦耐劳，任劳任怨，每天夜半十分便起床磨豆腐了。一日凌晨，他发现投放"瘟疫散"的五个恶鬼，遂与其展开殊死博斗。最后，怒杀了三鬼，持斧追赶"二鬼"，不久毒药中途发作，伸出左手二指，告之还有两个恶鬼逃脱……

玉皇大帝感动于豆腐郎生前为保乡邦，吞服毒药，勇斗五鬼的忠烈精神，封其为"威灵温元帅"。温元帅的生日是农历三月初三，据说这一天本不是他的诞辰，因土地公是在蟠桃会上向玉帝汇报豆腐郎勇斗五鬼的事迹，也在这一天他感动了玉帝并被封为"威灵温元帅"，故沙县人便把农历三月初三作为温元帅的诞辰日，定为"太保生日"。

（十四）谢祐

谢祐，三元区中村乡白水村人，生于大宋英宗二年（1065）。正顺庙碑记曰：沙邑正顺庙，御灾捍患常最矣。按旧记，神谢姓，祐其讳也。世居沙阳白水村，后徙历西。少游剑浦，从黄裳学。宋元丰五年（1082），从黄守泉南三载。遣价于建，遇异人于水晶洞，留憩三日，授以金符玉册而归。由是体骨不凡，礼萨真人为师得至道。元祐二年（1087）捐尘。

谢祐坐化后，民间还流传许多他护国佑民、保境安民的传说。为了缅怀谢祐的功绩，每年在他农历三月初七生日这天，列西村都要迎谢祐公。白水村是农历六月十二迎谢祐，这一民俗活动一直延续至今。谢祐不仅在民间有深远的影响，而且还得到了朝廷官方的认可。南宋丞相李纲、文天祥，分别于南宋绍兴九年（1193）和南宋咸淳十年（1274）奏请朝廷，请求赐封。南宋朝廷先后敕封谢祐为"广惠将军显烈尊王"和"日月盈光大帝"。最辉煌的时候，在三元、梅列、沙县、永安、尤溪、南平、顺昌、将乐、漳平、德化、泉州乃至台湾等地均建起了规模不等的"正顺庙"。

（十五）忠义的化身和地方保护神的形象——将乐刘琼

天德三年（945），南唐大军围攻建州城，刘琼受命率军救援。当行军至镛州附近时，建州城破、王延政投降南唐，顿时彷徨而不知所向。部分将士打算拥立刘琼为新的闽国皇帝，率领大家继续对抗南唐，扛起复兴闽国的大旗。刘琼觉得不忠不义，对不起自己昔日的开国主帅王潮和王审知。如果选择在镛州称帝对抗南唐，又会给镛州的百姓带来战乱和灾祸，又会让自己陷于不仁不孝之地步。为了不做不忠不义之人，使镛州百姓免遭生灵涂炭，自杀殉国。

刘琼死后，儿子举家迁来将乐守孝，尊刘琼为家神，四时祭祀。在当地百姓有感于刘琼的忠义，也以忠臣礼祭祀。在当地民众中成为"忠义"化身的原因，是由于刘琼的护国之心和忠义之举，尽自己将军职责，在驰援建州中，面临国破人降的情况下，做到以死殉国，迎合了百姓对忠义的崇拜和敬仰，把他视为地方的神灵，历代香火不断，延续至今。

沧海桑田，时光复始，对刘琼的信仰，历经千百年不衰。刘琼不是杜撰出的偶像，他是真实的"由人而神"，是真实的历史人物。其不屑于"黄袍加身""卖身求荣"，为一方安宁，不再重燃战火，避免生灵涂炭，"义不事二主"等高大形象植根于民间信仰之中，成为平乱驱害、保护一方的区域神灵。

刘琼，不仅其后裔把他作为家神来供奉，而且被当地各姓氏尊为"忠臣"，当地百姓把他与常山赵子龙和关公相媲美，多处建庙祭祀。五代时期，刘琼墓旁建将军祠，宋大观三年（1109），该祠改为威宁祠。到明成化年间，又改为忠臣祠。明弘治至隆庆年间，县城北门、水南四班巷、将溪村岩际、南口等地先后建祭祀刘琼的将军庙。

人们把刘琼当作"地方保护神"，每年都举行祭祀活动。水南将军庙在正月十四举行迎神祭祀，四方前来祭祀的人们带着供品参拜刘琼将军。正月十五，把将军神像放在木椅轿，由八人抬着，前有灯笼引路，鸣锣开道，后有彩旗队、锣鼓队、迎神队、供品队，上午在县城，下午到水南举行游神活动，热闹非凡。在南口将军庙，每逢刘琼生日与正月十四来自建宁、明溪、沙县等三县八乡民众近千人，怀着崇敬的心情进行祭拜，每年都为刘琼神像沐浴更衣，穿一套新衣，在庙中存放的每年更换的"神衣"有好几大箱。在正月十五抬着神像在大街小巷举行游神活动，保佑一方平安，祈求来年五谷丰登，吉祥安康。在金溪沿岸，将乐各地每到刘琼生日和正月十五举行各式的祭祀活动，表达对刘琼舍身保一方平安，"义不事二主"忠与义的崇敬之情。

上述列举的几位人神，约占十分之一数量，但已能说明问题。产生"人神"数量较多的时代是宋代，这与闽西北的经济开发、人口数量达到最高峰不无关系。

### 二、"由人而神"的信仰内容

（一）产生的形式多种多样

不可否认的是，由人而神所产生的神明，是有其特征的，如有祭祀场所，有塑像，有信众，有香火，有的还有签诗。其信仰范围一般达到附近几个乡村，有的更是周边几个县区。不论怎样，有一点是不相同的，即传说中他们成神的形式是不同的，是多种多样的。

如开疆封土、开镇升县、造福百姓者巫罗俊、罗令纪、邓光布、邹应龙等，驯服野兽、祈雨救旱等法力与业绩显赫者伏虎禅师、伊盆等，济世救民者惠利夫人莘七娘、欧阳真仙等，还有艺术大师、百代楷模者黄慎、伊秉绶等。

（二）圣迹、灵异等"神迹"在历史长河中不断被放大

明嘉靖四十四年（1565）发大水。明溪雪峰上泻下的山洪从县城中夹龙溪直冲而下，与五通坳直下的洪水汇合，波涛汹涌，从城边而过。南北关皆毁，冲塌无数民房，冲塌堤坝水渠，冲毁无数良田。白沙桥告急！五里桥告急！万春桥告急！民众无计可施，唯有求神止雨。

显应庙里三层外三层，全是求神的乡民。他们举着旗幡，上写："祈请惠利夫人止雨！""祈请女娲娘娘补塌了的天！""祈请龙王回宫！"

说来也怪，乡民的诚心感动了天庭，夜里雨就渐渐止息了，洪水逐渐退去，阳光又重新普照大地。

人间有真情，天道却无常。清顺治十二年（1655），明溪大旱。阳光似火，地面发烫，田地干涸，禾苗枯萎。斗米涨六钱，饿殍遍地。饥民上山找野果，野果因旱长不大；下田挖野菜，野菜因旱已枯黄；到林子剥树皮，树皮倍加苦涩难咽。找来找去，最终找显应庙，求神帮助民众渡难关，求到了第三天，神明开了恩，连下三天大雨不停，

大旱即解。民众感神恩，特举行庆典，人神共欢。

再如伏虎禅师灵异事迹。《临汀志》记载三则：其一，降伏恶虎当年，禅师在汀州城60里的平原山麓小憩时，见左右龟峰、狮石奇特，就驻锡于此，发起创建普护庵。庵侧"吊（调）军岭"，山高无水，行人苦渴。禅师以锡杖顿击石缝，清泉涌出，至今不竭。其二，南唐大保七年，长汀大旱，州府请禅师结坛于龙潭边祷雨。禅师发誓："七日不雨，愿焚吾躯。"到了第七天，干旱如故，禅师叫人堆柴，他坐柴堆之上，吩咐点火，众人骇愕之际，乌云四起，大雨倾注。其三，化身长工显示神通。某财主家有两个长工，贪玩误了安乐乡建寺庙的木头，财主大骂，长工说，这有何难，果然转瞬间就把秧插了。然后，随手把两颗鹅卵石往田边一放，一条小溪就从两石之间流出，还流出一根根圆木，流送到建寺工地。直到木匠说够了，溪也就干了，好像什么也没发生。

类似的神迹、灵异在民间流传甚多，都是历史长河中的记忆和民众心目中对神的共同塑造。"水旱必叩，疾病必祷，贸易必祈"，这是人们对神明的崇拜和精神需求，是互为表里的。

（三）神明信仰"圣迹"中，不乏有着充满正能量的许多内容。

每一位神明的神迹、灵异、故事、传说等，都在其所在地及周边广泛流传，其神迹、灵异等在各个历史时期有不同的演进，是当时当地社会需求的结果，而且随着时代的不同发生着变化，继而成为文化遗产被后人所享用。因此，对神明的神迹、灵异、故事、传说等进行符合时代要求的梳理就十分必要，即取其正能量的事迹，让故事符合或接近现实，让传说合乎情理，让"神迹"不再"神秘"。

如明溪县的惠利夫人莘七娘，其代父应征、护墓驱疫、灭疫救民等事迹感人，被当地民众建庙祭祀，其"忠孝、仁爱、济世、护民"的高尚精神在今天这个时代，仍是值得崇奉和弘扬的。正如宋相文天祥在明溪显应庙的题壁诗："百万貔貅扫犬狼，家山万里受封疆。男儿若不平妖虏，惭愧明溪圣七娘。"

再如三元白水人神谢祐，其"惩恶扬善、除暴安良、扶弱济贫、解除消灾、赐福人间"等美丽传说，拥有众多的信士。宁化的神明伊盆，其"水旱必叩、疾病必祷、贸易必祈"的崇拜源自生前事迹，即"以功特赠银青大夫""进献河龙大米"有功于家乡等。

**三、发挥姓氏宗亲作用，共同打造海峡两岸宗亲文化**

作为宁化开县始祖，巫罗俊的丰功伟绩使其享有崇高的地位。他有众多的后裔，至今繁衍国内24省218个县及海外18个国家和地区。1991年，台湾巫氏发起，在宁化新建巫罗俊怀念堂。此后，随着1998年宁化巫罗俊及二位夫人神像的建成、2005年宁化祖坟的扩建，2007年海峡两岸巫氏在宁化举办了第一届巫氏文化节。在世界巫氏总会会长巫瑞才的带领下，巫氏宗亲文化大放光芒。2008年巫氏族谱在厦门海峡论坛参展。2009年大陆组团311人出席台湾彰化巫氏平阳府落成典礼。2010年参加在台南举办的两岸族谱展，同年还组团赴泰出席巫氏企业管理与发展研讨会。近10年来，国内各省宗亲活动此起彼伏，如参加 2006 年四川成都 21 届世客会、2008 年陕西西安 22 届世客会、2010 年广东河源 23 届世客会、2011 年广西北海 24 届世客会等。每次通过宗亲交流，巫氏影响力、号召力加大，宗亲间的凝聚力、向心力更加强大。

不论是宁化还是清流、明溪及其他县，姓氏宗族的作用是越来越明显了。20 世纪 80 年代以来，随着石壁客家祖地的确立及在客家世界的影响力，由古石壁为中心的客家后裔纷纷前来三明寻根谒祖，或探亲访友，或观光旅游，或合作投资，其中姓氏宗族发挥了核心的作用。

如宁化石壁作为客家祖地、中转站，历史上五次"北民南迁"，现今客家人的先祖大都在此休养生息，再播迁到各地，其姓氏之多约占客家姓氏的 70%。在发展宁化客家祖地旅游业过程中，若能发挥宗亲姓氏的积极作用，如修缮祠堂、续修族谱、春秋祭祖，那么清明、中秋等时节，必将有许多海内外客家后裔回到他们祖先的故乡来，祭拜先祖，了却心愿。客家祖地居民古建筑、名人、宗教、饮食、民俗及服饰等也大有文章可做。

此外，要与硬件设施配套，同时建立起适应客家祖地旅游发展需要的高素质的经营者和管理者队伍，培养一批素质高的导游队伍和基层旅游服务人员。只要资源开发、设施配套、服务与管理三者相结合、统一，使其平衡发展，那么实现客家祖地旅游业的发展崛起就能取得良好的综合效益。

（本文作者系三明市博物馆馆长，文博研究馆员）

# 乡风民俗：传统闽西北乡村的非制度化教育

## 黄晓珍

在闽西北客家文化的研究中，学界多偏重于客家的源流、宗族社会、神明信仰及婚丧节庆习俗的探讨，在客家历史、社会、文化诸多领域的研究广泛而深入，取得了令人瞩目的成绩。相对而言，学界对于地处偏僻山区客家民众的教育领域，特别是乡村非制度化教育方面关注不多。本文试图在以往研究的基础上，就闽西北客家地区乡风民俗教育的诸多形式、主要内容和发挥的社会功能略作论述，以求教于学界同人。

### 一、闽西北客家乡风民俗教育的主要形式

从乡风民俗的分类看，闽西北客家民俗有口头形态的乡风民俗、艺术表演形式的乡风民俗；有活动方式的乡风民俗，也有物质形态的乡风民俗。但无论何种形式的乡风民俗，都具有极高的教育价值。闽西北客家乡风民俗教育的内容丰富、名目繁多，归纳起来，大致有如下几个方面。

（一）民间文学

在众多民间作品中，最具教育意义的当属民间故事传说。民间故事传说有狭义和广义两种，前者是指神话、传说以外的那些富有幻想色彩或现实性较强的口头创作。后者是指经由民众创作与传播，具有虚构的内容与散文形式的口头文学作品。

相当多的闽西北客家民间故事传说以艺术形象的方式，不仅给人以美的享受，而且是劝人向善的伦理坐标，从中体现了浓厚的伦理道德色彩，是非制度教育的一种重要形式。如永定县高头乡高北村关于"土楼王"承启楼的创建者江集成的故事就是典型的一例：

> 据说江集成有一次因手头紧些，想收回一家借户的钱。不料借户蛮不讲理，还持一根柴棒，照着江集成头上劈来。顿时，江集成血流满面。他的儿子侄子一个个摩拳擦掌，带着耙头钩刀赶到，风波一触即发。江集成则若无其事地说："是我自己没站稳脚跟打了一偏，跌倒在地伤了额门，怎么能怪别人呢？"儿子侄子怒气全消，拥着江集成回家。中午时分，那个借户竟突然死了。晚上江集成叫楼里人都来喝"福酒"，儿子侄子们和楼里人都丈二和尚摸不着头脑。酒过三巡，江集成才庆幸地举起酒碗，高兴地说："早上我的额门的确被他劈伤了。但我想，要是早上你

们跟他计较起来，就算没拼个你死我活，那么中午他死了，他家准告到官府，吃起官司，我们这辛辛苦苦花了半辈子创下的家业，就得荡尽了。"这时，大家才恍然大悟。①

诸如此类的民间故事，其教育意义不言自明。除民间故事外，山歌、令子、儿歌、谜语、说唱等也是乡风民俗教育的形式。这些民间文学形式的内容包罗万象，有生活知识，亦有历史知识，极富教育的作用。

(二) 民间信仰仪式

闽西北客家民间信仰活动体系丰富、内容庞杂、仪式繁多。在各种客家民间信仰活动中，诸多体现乡风民俗教育内容的仪式，也成为非制度化教育的一种形式。在宁化、清流、长汀、武平、上杭等县田野调查发现，在闽西客家地区打大醮中的仪式展示中，醮场主神殿外，一般都竖立一高大幡竹，幡竹底下站立着一尊纸扎神像，高约 2 丈，武将打扮，威风凛凛。此神像当地叫"山大人"，旁边站着两个无常鬼。一鬼吸着长旱烟筒，手拿算盘、生死簿和笔，类似城隍庙里的判官，高帽上写着"一见大吉"4 个字；另一鬼手拿铁链镣铐，高帽上写着"你来了吗"4 个字，相貌狰狞，类似于城隍庙里的夜叉鬼卒。神殿门口则陈列着四具纸扎的金刚神像，四大金刚手持琵琶、凉伞等物，脚下踩着"石精鬼"，象征着地方的邪精鬼怪全被降伏了。

清流县的城隍庙会最后一夜则有一个特殊的节目，即许多人扮演着冥冥世界中的牛头马面、妖魔鬼怪，一群群恶鬼拖着沉重的锁链叮当作响伴着城隍在深夜的大街缓缓游行，而且发出凄厉的叫声，充满恐怖。街上行人寥寥，商店停业关门，名叫"废夜"。城隍出巡至深夜，"废夜"方告结束，城隍庙会也宣告结束。城隍庙会的"废夜"活动，使城区成为阴森恐怖的冥冥世界，其目的是宣扬城隍的神威，不得随意触犯。倘若有意触犯城隍，那些阴司恶鬼就会毫不留情地将你绑赴阴曹，严厉惩罚，从而警戒世人：行善为本，切勿作恶。②

(三) 民间戏剧

戏剧表演是闽西北乡风民俗活动中的一项重要形式，也是非制度化教育的一种重要形式。戏剧表演在闽西北客家地区有很长的历史，多半出现在比较大型的宗族祭祀、神明醮诞以及婚丧节庆等活动中，演出剧目通常由事主圈定，一般选择剧目中比较吉祥喜庆及合乎"高台教化"宗旨的传统剧，如《夫人传》，其人物原型是唐代福州下渡女子陈靖姑："（临水夫人）生于唐大历二年，神异通幻，嫁刘杞，孕数月，会大旱，脱胎往

---

① 中共福建省委文明办、福建地方志编纂委员会、福建省妇女联合会编：《福建家训》，海峡文艺出版社 2014 年版，第 276—277 页。

② 劳格文主编、杨彦杰著：《闽西的城乡庙会与村落文化》，国际客家学会、海外华人研究社、法国远东学院，1997 年，第 61 页。

祈雨，果如注，因秘泄以产殒，诀云：'吾死后，不救世人产难，不神也。'卒年二十有四，自后灵迹显著。"① 《夫人传》塑造的陈靖姑形象明显具有儒家思想的忠、孝、仁、义特征，从而成为传统社会的典范，忠——皇宫救皇娘难产和出兵平服九州贼寇反乱，孝——割股疗亲和遵从父命出嫁王门，仁——除妖救人和救产护婴，义——为祈雨而致自身催胎早产、乌龙江上殉难。

《斩白蛇精》也是闽西北客家地区庙会期间经常上演的一个剧目。如上杭县湖洋乡濑村每年的天后庙会最后一场的演出剧目，不论是汉剧还是木偶戏，都以《斩白蛇精》的节目落幕。在演出和游乐活动中，间有男女调戏玩闹言行，以《斩白蛇精》结束活动，据说是为净化心灵，起到教化作用。②

（四）楹联匾额

张贴或雕刻于祠堂、厅堂、寺院宫庙梁柱上的楹联，也多有乡风民俗教育的内容。如宁化县湖村镇店上山村双忠庙神龛两侧柱联为："只手顶山河奋勇精神沥胆披肝合群合策维唐祚；双忠光俎豆任困途挫折鞠躬尽瘁同心同德守睢阳。"正殿角柱对联云："乃武乃圣乃神显通万古瞻拜；而侯而王而帝何惭累代宗封。"永定县承启楼内的长联："一本所生，亲疏无多，何必太分你我？共楼居住，出入相见，最宜重法人伦。"连城县城隍庙，正殿外柱有两副对联："是非不出聪明鉴，赏罚全由正直施"；"善报恶报迟报速报终须有报，天知地知你知我知何谓无知"。正殿两边的柱上也写着两副对联："人恶人怕天不怕，人善人欺天不欺"；"作恶不灭祖有余德德尽乃灭，为善不昌祖有余殃殃灭乃昌"。

匾额的踪影在闽西北客家地区可谓俯拾皆是，举凡祠堂家庙、寺院宫庙、厅堂商铺随处可见，人们通过挂匾、赠匾以此来表达赞誉、勉励、祈盼以及喜悦，从科举功名、官员升迁到婚嫁喜庆、祝寿生子，以及房屋落成、商铺开张等，匾额成为人际交往的重要纽带。匾额的教育作用也显而易见，如祠堂家庙的匾额既能让人睹物思人、缅怀先辈，又能表达慎终追远、不忘祖德，体会血脉相延、宗族亲情，更能激励后人好学上进、弘扬美德。如连城杨姓的"四知堂"匾额，说的是东汉杨震拒收贿赂的典故。杨姓后人以此为堂号，鞭策子孙效法祖先的清廉家风。

（五）家风家训

家风是一个家族世代沿袭一种体现家族成员精神风貌、道德品质、价值追求以及整体气质的家族文化风格，是乡风民俗的重要组成要素。家风传承也是非制度化教育的一种重要形式，闽西连城县培田村继述堂有楹联曰"继先祖一脉真传克勤克俭；教子孙两行正路维耕维读"，彰显的是培田吴氏一以贯之的"克勤克俭"之家风。对此，培田

① 何乔远：《闽书》，福建人民出版社1995年版，第4366页。
② 杨彦杰：《汀州府的宗族庙会与经济》，国际客家学会、海外华人研究社、法国远东学院，1998年，第141页。

《吴氏族谱》载吴震涛《风俗说》云："风导于上，俗成于下。风俗之纯漓，人心之厚薄系焉。吾张僻处汀南……大率多刚直简朴之风……犹幸老成硕彦黜华崇实，整躬率物，是以奢佚者尚少，勤俭者居多。"该谱又载吴煐《敦朴堂记》曰："忠厚者传家之本，勤俭者立业之基……幸承先人忠厚勤俭之训，不妄自菲薄，得以成立……由是，益以忠厚勤俭自励，安分守己……堂成，名曰敦相。曷取乎敦厚也质朴也亦俭也。聊以志斯室之成，实忠厚勤俭所致也……尤愿后之跻斯堂者顾名思义，毋刻薄，毋奢华，谨守敦朴之训。""勤俭者立业之基"作为先人之训，在兄弟分家时亦作为"勤以开财之道，俭以节财之流"的持家之道，甚至其姻亲有"灼翁耋龄佐理家政，恪遵先人勤俭之训，不习骄奢"的评议。

与家风密切相关的是家训。培田吴氏有《家箴四首》内容分别是勿游戏、勿奢侈、勿贪淫、勿争斗；《家训十六则》分别是敬祖宗、孝父母、和兄弟、序长幼、别男女、睦宗族等，其中侧重对孝、悌、仁、爱、勤等传统道德的倡导，鼓励族人遵守；而《家法十条》分别是孝弟宜敦、勤俭宜崇、偷常宜肃、廉耻宜励、忠厚宜尚等。这些均体现了家族利用民间风俗开展宗族教育的内容。

（六）其他乡风民俗

与非制度化教育相关的闽西北客家乡风民俗还有很多，如民谚云："跨进庙门两件事，烧香抽签问心事。"闽西北客家寺庙里多有签诗，这些签诗或出于文人之手，或属于民间创作，或经文人创作，复经他人润饰、改窜，以及民间创作再经文人加工等多种情况，亦多包含教育的内容。如武平县太平山妈祖庙是闽西地区影响较大的妈祖庙之一，庙中备有签诗二十八种，其中第三签：青云路在青灯下，黄榜名标黄卷中。熟读尼山经万卷，丹书龙虎列三公。第四签：高山平地有黄金，只恐凡人不用心。勤俭改图创新业，财谷堆山名誉馨。第七签：功名才子各有时，何必吁嗟似酒迷。但行孝悌存忠信，管他来早与来迟。诸如此类签诗，在各种寺庙都不鲜见。所有这些，说明签诗教育人们发愤读书，勤俭持家，知足安分，忍辱负重，行仁孝义，积善施德。

"神判"更是一种闽西北客家乡风民俗教育的重要形式。所谓"神判"，是指人们无法确定某一方有理或无理，乃至于有罪或无罪时，祈请神明裁决的一种仪式。这种神判的过程与人间的审判不相同，这是由于一般人相信神明不必像法官一样立即做出判决，而是在事后处罚有罪者。所以，常以当事者是否事后有无遭到报应或天灾，来判断他是否有罪。而所谓的"告阴状"，通常是一般百姓在"有理无处说、有冤无处诉"时，求助于冥界的神明——城隍、东岳大帝、地藏王菩萨等。大致有两种做法：一是公开地在民众面前放告，二是私下地放告。告阴状的仪式几乎都和冥界诸神有关，尤其和城隍爷、东岳大帝最为密切。①

---

① 劳格文主编、杨彦杰著：《闽西的城乡庙会与村落文化》，国际客家学会、海外华人研究社、法国远东学院，1997 年，第 106 页。

上述种种神判仪式，在某种程度上具有维持社会秩序和道德教化的功能。闽西北民众选择在地方社会最重要的公共空间——"地方上的大庙"、河坝等地，举行各种神判仪式，以及各地城隍庙悬挂着算盘，或是"你来了""尔来了""悔者迟"等匾额，既可见闽西北民众对城隍或其地狱司法体系的恐惧与依赖心理，亦包含通过这些形式进行社会教育的目的。

**二、闽西北客家乡风民俗教育的主要内容**

闽西北客家乡风民俗多为先民处世经验的总结与智慧结晶，直接或间接地体现了人生信条和行为规范，反映了忠孝廉节、仁义礼智信为主体的传统社会价值观，既是客家文化的重要组成部分，也是社会教育的主要内容。

（一）爱国爱乡、忠孝传家

由于客家人特殊的移民背景，在处处无家处处家的颠沛流离中，由于饱受亲人、故土天各一方的切肤之痛，更促使他们在爱国爱乡、忠孝传家方面与其他民系、族群相比，情感更加强烈。这种情怀既见之于民间信仰故事传说，更见于祖训家规。如闽西北客家地区的双忠信仰就是典型的一例，这一信仰源于安史之乱时的"睢阳之战"，时任河南节度副使的张巡与睢阳太守许远一起，率兵死守睢阳达10个月之久。由于兵断粮绝，援军不至，睢阳守军以城内百姓为食。最后，睢阳终于被叛军攻破，张巡与部将36人同时被害，许远被执洛阳，亦以不屈死。安史之乱被平定后，为了表彰他俩的忠义，唐朝廷追封张巡为"扬州大都督"，许远为"荆州大都督"，并下令在睢阳立庙，称"双忠庙"。百姓亦对张巡、许远的气节，崇拜有加。这一崇拜在闽西北客家地区十分普遍，如宁化县湖村镇店上山是一个很偏僻的村落，但很早就建起了"双忠庙"。该村《张氏族谱》记载："吾乡双忠庙，肇自明万历间，张、官二姓合称，崇祀唐张、许二公神像。"《官氏族谱》卷首《双忠庙图记》亦载："店上山双忠庙由万历三十九年（1611）吾祖倡集乡邻合构，崇祀张、许二公神像。"同卷附言又载："双忠庙属张、官两姓所有之庙。"至民国乙丑年（1925）春，首事张会松鸠集合族联同官君鼎水等会议，将该庙重新修建。自是庙貌壮丽，景象更新，整座庙占地面积约3亩。两姓共同捐地筹资建成的双忠庙，成为两姓虔诚敬仰的地方保护神。武平县湘店乡湘湖村刘氏的"三将福主公王"也与张巡、许远有关，据当地报告人说：

> 刘隆告老返乡离京前夕，由于他素来崇敬张巡、许远、雷万春三将军"死守睢阳"宁死不屈的民族气节，便在其坛前折下一樟树枝携带返乡，并祷告曰："这树枝在湘湖如能插活，则表明三位在天之灵已随我南返故乡。"回乡后种植，果真成活，并逐渐长成大树。数年后，刘隆命人砍下樟树，雕成神牌，镌刻三将大名，嘱族人奉祀，而成"三将福主公王"。后人将三将福主公王安置在村口的桥头，故称"桥头公王"。

　　类似这样的情怀也见于民间信仰中的种种仪式，如打醮时的纸扎图景，多有"二十四孝"以及"三国演义"图中关羽的忠勇、杨家将的一门忠烈等等，都以直观可感的形象教育人们从孝向善，成圣成贤。

　　（二）阴功积德、扬善弃恶

　　在闽西北客家非制度化教育中，处处体现扬善弃恶与阴功积德的坚定立场，在寺院宫庙随处可见"善报恶报迟报速报终须有报""为善不昌祖有余殃殃尽乃昌，作恶不灭祖有余德德尽乃灭"这类富有教化意味的楹联。客家民众相信，为善之人必能成仙成佛，修成正果。即便鬼类，如果能行善积德，也可望脱离鬼界，位列仙班。这样的理念，更见于民间故事传说。在长汀县就流传着一则鬼类因行善成神的传说：

　　　　有一个水鬼与其阳间叫李福的朋友，心地都很善良。水鬼三次九年狠不下心来抓替死鬼。他们俩的善行与义举感动了天庭，玉帝就下旨："李福之善，善冲霄汉，玉帝为之感叹；水鬼之义，义入冥地，鬼神为之感泣。善良可歌，义举可泣，为表彰仁义，令水鬼为巡河吏，即河署事，李福多善，增寿一纪。"[①]

　　匾额楹联也展现了这方面的内容。如在连城的四堡书坊，创办于乾隆年间的"在兹堂"有一方"善庆"木质匾悬挂于大厅的正中上方处，其跋文为："善不积不足以成名，则积善急矣；维有章是以能有庆，则有庆难矣。葆亭先生善人也，而家庆集焉。盖棠门其善事父母，善事兄长，善恤乡邻，有多多益。善愈积愈厚者，其一乡之善士乎！而诸令嗣皆奉善为训行也，诸令孙皆本善为绳武也，斯真积善之家也。由是而天之报善者厚焉。报之以多福，而惟曰不足也；报之以多寿，而至老弥健也；报之以多男，而朱紫盈门，孙曾绕膝也。易曰：'积善之家，必有余庆。积不善之家，必有余殃。'"[②] 该匾额告诉人们一定要积德行善，凡为善者必当善报，为恶者必当恶报。

　　（三）崇文重教、尊老敬贤

　　崇文重教是闽西北客家的重要社会观念，也是乡风民俗教育的重要内容。在闽西北客家的不少熟语、谚语与儿歌中，以读书为本的俗语比比皆是，如"养子唔读书，唔当蓄条猪""耕田要养猪，养子要读书""子弟不读书，好比没眼珠""爱食猪肉就养猪，想有出息就读书"等。这些俗语反映了客家人将读书视为一种生计，一种摆脱贫苦乡村生活的生存策略，反映了客家社会"耕读传家"的传统。如普遍流传于客家地区的儿歌《月光光》，儿歌与熟语、童谣一起，促进了客家人崇文重教风气的形成，并成为强有力的社会舆论，不仅由此约束着人们的思想意识，也同时反映客家人的教育观念。

――――――――――

　　① 长汀县民间文学集成编委会编：《中国民间故事集成·福建卷·长汀分卷》，1991 年，第 343—347 页。

　　② 杨芳：《匾额文化的特征与价值》，《东方收藏》2013 年第 11 期。

　　闽西北客家的建筑及装饰也体现了崇文重教观，如：在客家地区曾有过不少为历代考取功名者所立的坊表，至今还保留着"进士坊"等地名；竖桅杆（在其祠堂与民居前可看到高低不等的功名柱），桅杆大多是用青石条凿成，基座一般采用约 1 米高的长条石做成，考中者的姓名、功绩以及立石桅杆的时间都被刻在基座上。这既是对中试子弟的表彰，也是向邻里乡亲展示与炫耀本宗族的声望和实力。除了竖桅杆，如"大夫第""进士第""中书第"等的牌匾也会被挂在民居的大门或厅堂上，以此记录与宣扬家族的辉煌历史。

　　尊老敬贤是闽西北客家社会的又一重要社会观念和乡风民俗教育内容。《礼记》记载："古之道，五十不为甸徒，颁禽隆诸长者。"在中国传统社会，政治伦理关系均以氏族、家庭的血缘关系为纽带，故此在家庭里面遵从祖上，在社会上尊敬长辈。同时，由于中国传统社会推崇礼治和仁政，敬贤已成为一种历史的要求。以中华文化为母体渊源的闽西北客家社会更是如此。

　　关于客家人的尊老敬贤，也有不少礼俗。如客家有"车"鸡臂和吃老者的习俗。"车"鸡臂是指客家农村逢年过节走亲戚或拜访故旧，如对方是长者或他家中有老人，带去的礼物必备"鸡臂"（煮熟的白切鸡腿）。过年、喜庆等，有的地方也兴给族中长辈以至老师、师傅"车"（拿）鸡臂，以示敬奉之意，客家人吃鸡习惯给家中老人和小孩留鸡臂。① 而吃老者是盛行于汀州地区乡村的敬老习俗。凡本族 60 岁以上的男性老人，不论贫富都被邀请到本族祠堂饮宴。时间在春节（具体各不相同），每年吃一餐，所需款项，由"公尝"或由本族各人认捐。

　　这样的习俗也见于祖训家规。《宁化县石壁镇张氏族规》曰："要尊贤尚齿，年高为父兄之齿，贤才为族中之望。凡年登七十者，每祭免出分资，所以优之也。有功于族者，春秋祭祀给胙，以报其功，示不忘也。至于经理尝务及赞礼执事，当择公正娴礼者司之，祭亦概免出资，以酬劳也。"

　　这样的理念也还见于民间故事，如清流县"丑太婆"蔡桂兰的故事：

　　　　清朝顺治年间，有一天庵前戏台坪出卖一个身价只要三升大米的丑女人——她就是鼎鼎有名的大祖婆（第十二世祖）蔡桂兰。贫穷的黄子良心想，母亲年老，自己又常年在外奔波，不能好好奉养老母。于是，黄子良和母亲协商后就买下了这个丑女人为妻。蔡桂兰很会治家，家庭非常兴旺发达。晚年她为了教育后代子孙，每逢生日那天，一定要叫儿孙们抬着她全村游，并边走边说讨媳妇要勤劳、俭朴、会持家、品德好的女人，不管美丑都无关系，我蔡桂兰就是榜样。至今当地凡是有人嫌弃自己老婆丑时，就会有人说："老婆漂亮可以吃吗？子良公婆那么丑，命却那

---

① 董励：《客家》，广东人民出版社 2005 年版，第 95 页。

般好，多子多孙，寿又高，丑的有甚么关系。"①

显然，这些故事传说有许多当地民众编造、夸张、夸大的情节，但故事传说的编造、出笼和传播也反映了当地民众一般的心理和社会风尚，亦成为乡风民俗教育的一个方面。

### 三、闽西北客家乡风民俗教育的社会功能

由上可知，无论是闽西北客家的民间文学，还是民间信仰的仪式展演，抑或民俗活动的诸多情节，都包含了重要的教育内容，在闽西北客家社会生活中发挥了重要的作用。

首先是学校教育的补充，民众日常生活的规范。传统的闽西北客家社会虽然也有宗族塾学、坐馆、教馆、家塾等乡塾村校比较正规的教育，以及从中央到地方的中央官学、府州县学、书院等制度化的教育，但对于地处偏僻乡村、文化落后、经济贫困的客家民众而言，这些正规的制度化的学校教育并非人人都能享有，且这些教育囿于师资、学时，所教育内容亦十分有限。因此，乡风民俗教育就成为学校教育之外的重要而有益的补充。前述山歌、令子、儿歌、谜语、说唱包含的生活、历史常识，在一定程度上弥补了课堂教学之不足，如闽西北客家儿歌《月光光》，以"月光光"起兴，以一物引出另一物；以"月光光"这一儿童最为习见、亲切，而又最能引发联想的事物起头，用具体意象去启发思维、认识事物、学习生活知识，读来琅琅上口，富有节奏音韵的美感。既是知识的传授，又是重读书、明事理思想意识的灌输，其教育功能显而易见。台湾客家的"令子"多源自民间生活，融知识性、趣味性、文学性于一体，是启蒙教育的上好教材，如说蜘蛛"半天一条桥，中央八卦寮，神仙毋敢过，八仙仔该摇"，以文学的方法认识生物，拓展想象力，对儿童教育极有助益。

另一方面，乡风民俗又是民众日常生活的一种规范。因而，任何文化都重视通过乡风民俗传递社会准则与规范，从而实现某种社会控制。在传统闽西北客家社会中，多数地区处于比较恶劣的自然环境和"皇权不下乡"的无政府状态之中，生存的压力迫使民众更需恪守规范、团结互助。如武平县大禾源头村的《景常太公遗训》，除书之《蓝氏族谱》外，还明确规定："每岁清明宜录一通，宴会之日命一达士朗诵或可知闻而知戒之。"② 其祖训家规曰："右祖训，俱用浅近俗语，俾易通晓故耳！每岁清明，宜录一通，宴会之后，命一达士朗诵，或可以闻而知戒矣！"③ 其主旨就是为宗族的日常生产、生活秩序确立一个严格的标准，然后通过一年一度的朗读祖训家规，让村民族众接受宗法思

---

① 杨彦杰：《汀州府的宗族庙会与经济》，国际客家学会、海外华人研究社、法国远东学院，1998，第352—353页。

② 蓝养明等编修：《源头蓝氏族谱》，蜡刻本，1987年，第14页。

③ 明万历四十二年（1614）《蓝氏族谱》。

想、伦理道德和纲常名教的洗礼，由此使得伦理思想和宗法家规观念深入人心，并逐渐成为村民族众日常行为和言论的准则。这种教化与惩罚并重的祖训家规在客家社会生活中起到了极为重要的作用。

正因为如此，闽西北客家社会相当多的乡风民俗，就成为避免冲突纷争的重要手段，其中民俗禁忌与神判就是传递这种社会控制的重要方式。主要通过把某些行为与某种疾病或不幸联系起来，从而使人心生恐慌、畏惧。清流县灵地镇的庙会中，每年的七月十八日晚上演"观音游地府"的剧目。该剧目宣扬"善有善报，恶有恶报"，天理昭彰、毫厘不爽的思想，舞台上出现观音大士到阴曹了解情况，一些阳世作恶的人在阴间受各种酷刑："落油锅""上刀山""割舌头"等。舞台上蓝光闪闪、青面獠牙、面目狰狞的判官、小鬼，一个个面孔青青，显得十分阴森，令人毛骨悚然。① 诸如此类在庙会仪式中的展演，十分容易产生一种威慑力量，达到社会控制的目的。

其次是法律法规的延伸，道德教化的载体。"法治"与"德治"是传统时期社会控制的文武两手，但法律与道德调整的社会关系层面不同。法律规定属于"实然"范畴，需要对象"必须"做到，否则就会受到制裁；道德准则属于"应然"范畴，告诫调整对象"应当"做到，否则就会受到舆论与良心的谴责。与法制不同，乡风民俗是起源最早而流传久远的社会规范，也是约束面最广的行为规范，是一种"隐性制度"。

闽西北客家乡风民俗具有规范民众思想与行为的作用，其贯穿于民众实际社会生活的方方面面。通过人们约定俗成的道德习惯和行为准则形成了相应的民俗，是一种内化于心的自觉行为范式。反过来，这些乡风民俗又像一只无形的手制约着人们的思想，约束着人们的行为。由于乡风民俗划分了人们的思想行为的道德界限，其约束性实质上是一种道德界定，因而又具有道德教化的功能。

不仅乡风民俗本身具有道德教化的功能，而且许多乡风民俗活动也是道德教化的重要手段。闽西北客家民俗中的戏剧表演，就如论者所言："大众人民的娱乐，他们从看剧获得历史的知识，也从听戏获得道德观念的判断力。"② 曾有对联曰"号曰八仙班，听其时乐中弦弹，犹是古化雅调；敢云几人戏，观这里手舞足蹈，亦属唐世遗风"；"明知其假样装模，离合悲欢，看来，都解开生面；试认他真情流露，节廉忠孝，对此，谁能不点头"。其中"古化雅调""唐世遗风""节廉忠孝"都是戏剧演出的理想与前提。对观众的看戏态度亦有联曰："眼孔放开，看不真，莫嘈，试问前头高见者。脚跟立定，站得住，便罢，须留余地后人来。"③ 其意思既体现希望观众谦让，又体现对道德的重视。而在闽西北客家的宗族祭祀、神明打醮等活动中也有戏剧表演，演出剧目通常由事

---

① 杨彦杰：《汀州府的宗族庙会与经济》，国际客家学会、海外华人研究社、法国远东学院，1998 年，第 325—326 页。

② 庄泽宣、陈学恂：《民族性与教育》，商务印书馆 1937 年版，第 368 页。

③ ［日］田仲一成：《中国的宗族与戏剧》，上海古籍出版社 1992 年版，第 172—173 页。

主和醮会理事会点定，一般选择前述剧目中比较吉祥喜庆及合乎"高台教化"宗旨宣传忠孝节义的传统剧，在戏剧唱段中，儒家忠孝伦常、敬祖敬业、重义轻利、立志高强、宽厚和平等的信条可以在唱段中反复回味，道德教化的效果亦尽情展现。

不仅如此，闽西北客家的民谣歌谣也不乏道德养成的效果，如流行闽西客家的《鲤鱼歌》：

> 唱歌要唱鲤鱼歌，鲤鱼歌子好话多；老人听叨添福寿，后生听哩供子讨老婆……鲤鱼歌子唱完哩，带子带女早的睡；细男细女早要睡，天光爬起唔敢忘记哩。[1]

一首《鲤鱼歌》反复劝诫的是家庭和睦、勤劳耕作、戒赌禁嫖、孝顺亲长、节俭持家、公平处世、扶弱济贫等世情道理，客家乡风民俗因其内含的德育内容具有不可轻视的作用，同时具有良好稳定性的特征，从而保证其世代相传。客家口传民俗的这一特征，正是德育的绝好教材，其蕴含的德育内容又具有深远的教育意义。

以图画来进行道德教化，也由来已久。当壁画与民间信仰相结合，教化功能得到了进一步的加强。闽西北客家祠堂宫庙壁画往往劝善与惩恶相结合，具有很强的教化功能。如壁画所选用的历史题材大多集中在"苏武牧羊""桃园三结义"以及集忠孝礼义于一身的关公、一门忠烈的杨家将等。每踏进祠堂寺庙便受到一次忠诚的教育和传统价值观的洗礼。而遍及闽西北客家各地宫庙的"二十四孝""郭子仪拜寿"等壁画更是充分发挥了宣扬孝道的作用。闽西北客家民众，自小随着父母前往祠堂寺庙烧香、求签，目染一幅幅栩栩如生的孝子图像，耳闻父母配合画面讲述的一则则感人至深的故事，自然在心灵深处留下深刻的印记。与此相反，壁画中形形色色的地狱十殿图，其阴森恐怖的地狱，花样百出的可怕的刑罚，鲜血淋漓的画面，给人极强的震慑力，从反面警诫人们明辨是非、扬善弃恶。

最后是社会角色的形塑，儿童成长的过渡。形塑社会角色是客家非制度化教育的一项重要功能，通过乡风民俗礼仪强调君、臣、父、子人伦秩序，以及获得职业、性别等角色认同。在闽西北客家社会众多烦琐的风俗中，成人礼是一种对儿童成长有重要意义的过渡性民俗礼仪。如武平县源头《蓝氏族谱》中关于"冠礼"习俗的记述就颇能说明问题，该谱载：

> 冠者成人之道也，将责为人子、为人父、为人臣、为人少者，之行于人，其礼可不重矣？当今之俗不行此礼者久矣……其诸亲在堂者，皆长揖或传茶，或设酒，

---

① 长汀县民间文学集成编委会编：《中国民间故事集成·福建卷·长汀分卷》，1991 年，第294—296 页。

以宴冠宾，虽不能尽古人三加之礼，亦有异乎时俗者也。

我们不难发现这种成人礼就是采用使人从儿童身份过渡到成年人阶段的仪式，并使其充分意识到身份的变化。

类似这样的现象，还有婚礼中的"入门"仪式。我们在闽西客家地区调查婚俗时，听到最多、也最常见到的"入门"仪式是：

> 迎亲队伍回到男家时，花轿先放在厅堂大门的左侧，由新郎陪伴。等入门时辰到了，由媒人打开锁着的轿门，新娘步出轿门右手执扇遮羞，新郎、新娘并排站着面向大门……新郎、新娘在新房里，命好老妇拿起二碗酒（酒中同时放有两个红蛋），命新郎、新娘各喝一口酒和吃一个红蛋，然后互换酒碗，把剩下的蛋酒各自吃完，俗称"吃交杯酒"。

不仅如此，地方新妇归门还要三日之内请问合族男妇、姑舅，并同众人谒祠，行四拜礼及序大小、长幼。如此繁文缛节的入门、请谒仪式，其实质也是借此来实现由少年到成年的过渡，以及由为人子到为人夫、为人妻的角色转换。

总之，正如著名民俗学家钟敬文所说："民俗是指一个国家或民族中广大民众所创造、享用和传承的生活文化……民俗一旦形成，就成为规范人们的行为、语言和心理的一种基本力量，同时也是民众习得、传承和积累文化创造成果的一种重要方式。"[①] 相沿成习的闽西北客家乡风民俗，既是客家民众日常生活的重要内容，又是规范社会秩序的重要形式。其中诸多民间故事传说、民谚俗语、民间信仰仪式、祖训家规，以及相关乡风民俗活动也构成了非制度化教育的重要形式与内容，具有补充学校教育的不足，延伸法律法规和道德教化的作用，对于儿童成长的社会角色形塑发挥了重要的社会功能。

但是，我们也应注意到事物的另外一面。相当多的闽西北客家乡风民俗诞生于科技文化还十分落后的传统社会，是特定历史时期的产物，其发挥的教育功能相对于系统完备的现代教育显然不可同日而语，一些低俗、陋俗甚至还存在贻祸社会、毒害社会空气的消极影响，这也是我们今天审视传统乡风民俗的当代价值时需要特别加以重视的。

（本文作者系三明学院文化传播学院硕士，讲师）

---

① 钟敬文：《民俗学概论》，上海文艺出版社 2003 年版，第 1—2 页。

# 两岸客家定光佛信仰对促进祖国和平统一的作用

陈志忠　　连传芳

近几十年来，海峡两岸客家文化交流得以逐步发展，并呈现出越来越热的繁荣态势，这是由海峡两岸双方因素的互动对接形成的。而定光佛信仰是客家文化中的组成部分，随着两岸客家文化频繁交流，作为客家人心中保护神的定光佛的研究也随之兴起。台湾定光佛信仰的源头在大陆，祖庙在闽西。如今，台湾客家人对定光佛信仰的寻根取向直指闽西客家区域。可以说，定光佛信仰已成为联络海峡两岸客家感情的重要纽带，成为海峡西岸经济区一个亮点。它凭借其独特的文化优势，从经济、政治、文化和社会建设等各个领域，对促进海峡两岸和平统一、繁荣海峡西岸经济区产生着重大而深远的影响。本文从分析两岸客家人对定光佛信仰共同心理的内涵入手，在详细阐述定光佛信仰产生的原因和历史背景、海峡两岸定光佛信仰的渊源关系、提高两岸客家人对定光佛信仰的认识、定光佛信仰成为两岸人民友好往来与了解的推动力量、两岸客家人对定光佛信仰文化互相渗透和拓展两岸客家人对定光佛信仰文化交流交往渠道的基础上，得出定光佛信仰对促进两岸人民之间的交流和祖国和平统一有重大意义的结论。

## 一、定光佛信仰产生的原因和历史背景

众所周知，定光佛信仰是客家文化的衍生，也是海峡两岸佛教信仰文化普适化、生活化的体现。客家人是多神信仰，不论是佛教、道教还是其他教派都有人信仰，有的还同时信仰几种教派。客家人所崇拜的神灵也五花八门，既有玉皇、佛祖、观音，也有天公、太阳公、公王（社官、伯公）等，也有来自先贤或先祖鬼魂崇拜的人格神关公、妈祖和各姓氏祖先等。而真正在客家区域产生的比较普遍的神灵也许就是定光古佛，他产生于客家地区，来自于客家人，又流传于客家区域。

说到客家人的信仰问题，必然牵涉到客家人对定光古佛的信仰。定光古佛又称定光佛、定光大师、定光菩萨、圣翁，是客家人的"保护神"。据史载，定光佛俗姓郑，俗名自严，泉州府同安县人，生于后唐同光二年（924），"祖仕唐，为四门斩斫使，父任同安令"。自严少有佛心，"年十一，恳求出家，依本郡建兴寺契缘法师席下。年十七，

得业游豫章，过庐陵，契悟于西峰圆净大师……盘旋五载"。① 后告别圆净法师，到闽粤赣各地云游参访、行善布施，历 18 年苦旅，终成一介高僧，遂开始择地结庵，自任主持，侍佛传经。"乾德二年（964）驻锡武平南安岩。淳化二年（991），别立草庵居之。景德初，迁南康郡盘古山。祥符四年（1011），汀守赵遂良即汀宅创后庵延师。至八年（1015）终于旧岩"。② 享年 82 岁，僧腊 71 载。

郑自严法师生前自游历闽西而驻锡武平南安岩后便大部分时间居留闽西，圆寂亦在南安岩。其生前逝后镇蛟伏虎、呼风祈雨、御寇除妖、救死扶伤等善行义举及无边佛法在闽西各地广泛流传，诸如史载其"十七游豫章，除蛟患。乾德二年，来汀之武平南岩。郡城南潭有龙为民害，师投偈，少涌成洲"。③ 在南安岩，"数夕后，大蟒前蟠，猛虎旁睨，良久，皆俯伏而去。……淳化间，去岩十里立草庵牧牛，夜常有虎守卫，后迁牧于冷洋径。师还岩，一日倏云：'牛被虎所中。'日暮有报，果然。师往彼处，削木书偈，厥明，虎毙于路。"④ 等等记载以及修陂辟路、祈雨疏河、送子救生等民间传说，使定光佛在闽西民众心目中既是佛法无边、神通广大的神灵，又是大智大勇、功德无量的圣贤。于是，自严和尚圆寂后，"众收舍利遗骸，塑像岩中。熙宁八年（1075），守许当之祷雨感应，初赐均庆禅院开山和尚，号'定应大师'"。⑤ 其后，经闽赣两地吏民的奏请，有宋一代便得到朝廷的三次封谥："至崇宁二年，宁陈粹白衣菩萨木雕真相……至四年而上右边，及后枕再生白毫。有旨加号'定光圆应'"，"绍兴三年，以江西转运司奏，虔州南安岩定光圆应大师于虔之虔化县塔上放五色毫光，惊破剧贼李敦仁，收复二县，乃赐'普通'二字。乾道三年，再以福建转运司奏：汀州祈祷列上实迹，复加赐八字师号为'定光圆应普通慈济大师'"。⑥

大家知道，客家先民及客家人在历史上有过五次大迁徙，他们举族离家，几经迁徙，颠沛流离。长期的迁徙使他们逐步摆脱了中原"安土重迁"和"父母在不远游"的传统保守观念的束缚，思想变了，信仰也自然发生了变化。当他们到达闽西这片土地时，当时依然一片荒芜，人烟稀少，山水险恶，人们在这片荒僻之地开发创业，每前进一步，都要与天斗、与地斗、与人斗、与虎狼蛇蝎斗，无法抗拒自然灾害的降临及人祸病痛的侵袭。因此，他们渴望有一股力量可以与之抗衡，别无他法，心里油然会对神灵产生依赖。而郑自严法师传说正好符合他们的愿望，定光佛能帮人们伏虎降龙、祈雨治水，处在封建时代充满迷信观念的客家人自然祈求他显灵保佑，因此他由僧人向人格神

---

① （宋）赵与沐：《临汀志》，福建人民出版社 1990 年版，第 164 页。
② （宋）赵与沐：《临汀志》，福建人民出版社 1990 年版，第 166—167 页。
③ （清）李绂纂：《汀州府志》，方志出版社 2004 年版，第 682 页。
④ （宋）赵与沐：《临汀志》，福建人民出版社 1990 年版，第 164 页。
⑤ 刘将孙：《养吾斋集》，卷 28，《定光圆应普慈通圣大量事状》，景印文渊阁《四库全书》集部一三八，别集类。
⑥ 刘将孙：《养吾斋集》，卷 28，《定光圆应普慈通圣大量事状》，景印文渊阁《四库全书》集部一三八，别集类。

的转化，也就顺理成章了。

再者，福建自古以来即是一个"信巫好鬼"的区域，这是培植民间信仰最好的土壤。对古代的闽越人而言，世界万物都是具有神秘力量的，人生存在的一个重要主题，即是协调自己与大自然精灵之间的关系。认为人类必须顺从这些精灵，时刻揣摩这些精灵的意志，为他们献上人类从自然界中获取的精华，由此产生了民间神灵的崇拜。唐宋时期，随着福建客家人数量的增加，许多荒野之地被开辟为村庄，福建掀起了新的造神运动。在新的造神运动中，这些神对于人类，不是索取，而是付出。他们不计较人类的贡献有多少，他们所做的，只是将爱给予人类，保佑人类平安地度过一生。因此，在闽西产生"定光大师""定光古佛"不足为怪。定光佛的产生给客家世界带来的神灵文化冲击，涤荡着客家人的神灵世界。从中可知，客家人对定光佛的信仰是随着客家民系的形成而形成，并且随着客家民系的发展壮大而影响日深日远。定光古佛也因此而成为客家先祖的化身，客家人开拓进取的象征，是客家人心中的佛，其人格魅力和神格力量都是巨大的。随着时间的推移，定光古佛成为闽西客家人在艰难环境中求生存图发展的巨大精神力量的源泉。

**二、闽台定光佛信仰的渊源关系**

目前，在 400 多万台湾客家人中，大部分客家人都信奉定光古佛。可以说，定光佛信仰已成为台湾客家人文化心理的重要组成部分。台湾定光古佛信仰源自闽西客家社会毋庸置疑，是开发台湾的客家先驱将定光佛信仰习俗带进台湾。20 世纪 90 年代末，在武平出土"台湾府信善乐助建造仙佛楼重装菩萨碑"，上刻"大清雍正十一年次岁癸丑孟春"，碑正反两面共刻有 960 名台湾信男善女的姓名和捐助数量。这就充分证明了台湾与闽西定光佛信仰有着久远的渊源，是随着客家人不断迁徙而播衍到台湾的。

据相关史料记载，明末清初为数较多的闽西客家人迁台后，自然也将定光佛信仰带到台湾。如台湾彰化定光佛庙在县治西北，清乾隆二十六年（1761），永定县士民、九路总兵张世英等在彰化城内西北角倡建彰化定光佛庙，又名定光庵，主祀定光古佛，迄今已有 240 多年历史。道光十年（1830），贡生吕彰定等捐修。道光二十八年（1848），因受地震灾害，张连喜等鸠资修葺。据考证，台湾彰化的定光佛庙就是金砂乡张氏迁居台湾后，仿效故里金谷寺的样式建造的。史料记载，定光佛庙"由清代彰化县城内福建省汀州府永定县客籍士民鸠金公建之古庙，亦称'汀州会馆'，为汀州移民族精神团结之所在"。在台湾除了彰化定光庵外，在淡水也建有鄞山寺供奉定光古佛，建于道光二年（1822）的台北淡水鄞山寺，建寺之初就由原乡武平岩前迎去定光佛享受客籍乡亲烟火，以凝聚乡情，同时也作为后来渡台乡亲的临时落脚处，故也被称为汀州会馆。至今台北、彰化等地尚存专祀定光古佛的寺庙，此外，台南及桃园等地，也有专祀或兼祀定光佛的寺庙。这就是理清海峡两岸定光佛信仰的渊源关系的有力佐证。从中可知，明末清初随着客家人的繁衍迁徙，定光佛信仰也在台湾落地生根。

**三、定光佛信仰是推进两岸客家人交往、交流的动力**

由于历史的原因，海峡两岸一度处于隔离状态。然而，"人同根、神同源"的力量在推动海峡两岸客家人的民间友好往来。20 世纪 90 年代以来，两岸客家文化研究热情一浪高过一浪，不断开展形式多样的交流活动，共同研究包括定光佛信仰在内的客家文化，使得博大精深的客家文化焕发出新的生命力，定光佛信仰更为两岸和平统一愿景提供平台。2010 年 12 月 18 日，福建武平县均庆寺定光佛金身首游台湾，定光佛金身巡游台湾开启了大批闽西客家人赴台参与民俗文化活动的大门。佛像金身抵台后，陆续在彰化、苗粟、台北等地举行了隆重的佛事活动，接受大批台湾信众朝拜。这是宋代定光佛信仰形成以来，定光佛金身首次巡游台湾活动。武平定光佛金身首游台湾期间，中国国民党荣誉主席吴伯雄、台湾中华海峡两岸客家文经交流协会理事长饶颖奇等台湾知名人士分别会见了武平巡游团，就两岸文化、宗教交流进行深入的探讨。

此后，中国国民党荣誉主席、台湾客属总会会长吴伯雄为三明市清流县灵台山客家文化城作了"定光圣殿，灵台奇葩"的题词。2010 年 3 月，台湾"海峡两岸合作发展基金会"理事长张世良率领彰化定光佛宗教文化参访团到福建永定县参访。台湾彰化定光佛庙与福建永定金砂乡金谷寺在此间签订了缔结友好关系协议书。他们的行为表达了愿借助定光佛信仰精神的力量，加强两岸政治沟通，推动两岸和睦发展，实现祖国和平统一的愿景。

随着两岸"客家热"的不断升温，定光佛朝拜也呈现出新特点。最初，到武平谒祖进香的台湾定光佛信众多是绕道日本、香港地区前往，且人数较为分散，集中前往的也不过一人或几人，而近年来，信众常以组团形式前往，而朝圣路线也基本上是直航。例如，前些年台湾彰化定光佛参访团一行 17 人到武平县访问，前往岩前镇均庆寺向定光古佛进香，并与武平县佛教协会进行了座谈，双方就推进两岸交流作了进一步的沟通。从中可知，两岸定光佛信众来往由单向朝圣发展为双向往来，交流形式也由单一发展到多元，从最初的民间交流拓展到文化、经贸、旅游等方面。两岸民间文化交流，可凝聚共识、维系情感、增进情谊，促进两岸和平发展。

定光佛是海峡两岸客家人共同信奉的保护神，专家学者提出要给予弘扬光大，要积极深入地推动定光佛信仰文化的遗产保护、资源整合、学术研究、联谊交流、慈善活动、项目建设等各项工作。建构两岸定光佛信仰文化共同体，通过这种两岸共同体主动、能动地对这种"民间对民间"的文化交流在规模上加以促进和扩展，不断开辟两岸之间新的多层次、多元化、更为便利便捷的交流通道，从而促进海峡两岸定光佛信仰文化交流的多功能、可持续的良性发展。

**四、定光佛信仰有利于促进闽台经贸、文化、旅游的发展**

两岸客家人共同信仰定光佛，意味着认同定光佛所代表的客家文化价值和道德，共同的信仰有利于人际交流、经贸往来。海峡两岸客家人有共同的定光佛信仰，这为闽台经贸交往合作提供深厚的人文基础。近年来，两岸客家文化交流不断扩大，促进了闽台经贸合作与交流的进一步加强。例如三明市清流县设立了一个台湾农民创业园，吸引了无数台商到清流投资创业。清流县又依托定光古佛的品牌，全力挖掘灵台山的客家民俗文化和佛教文化资源，把灵台山打造成海西"客家祖山"、"客家圣山"、闽西北佛教名山和客家文化休闲旅游名山。借助定光古佛的影响和在客家人心中的地位，在客家文化城内敬塑一尊 46 米高的"定光大佛"铜像，打造一座弘扬定光古佛文化的神圣殿堂。这是东南亚地区首座定光巨佛铜像。三明市清流县灵台山客家文化城项目于 2007 年动工，总投资 3 亿元，规划面积为 16.3 平方公里。目前，清流县灵台山客家文化城已成为旅游度假胜地。到清流县灵台山朝拜"定光古佛"铜像的台湾游客和信徒也逐渐增多。今后，朝拜"定光古佛"将成为福建吸引台湾游客的一大品牌。所以说，通过定光佛的独特魅力感染广大群众，继承并丰富文化中的这种精神，必将为"海西"建设提供更大的精神动力。

从中可知，定光古佛以其深切的人文关怀和悲天悯人的精神鼓舞，构建了崇拜信奉和民族文化认同，密切了大陆、台湾、港澳和海外华人的同胞亲情，近年来以定光佛巡游文化交流逐渐取得新发展，越来越鲜明地显示出定光佛信仰在民族凝聚中的和谐内涵。

### 五、提高对定光佛信仰的性质及其功能的认识

定光佛信仰作为客家文化内涵之一，在客家文化里，它属于一种寻根文化、和平文化、爱国文化、美德文化和宗教文化。客家人的本质是无神论，所谓神明，不过是人心中幻念的折射。闽西与台湾两地客家人对于定光佛的信仰，不是将他当作佛教本义上的得道者，而是将他当作一系列有法力的神明，因此，定光佛在台湾与闽西客家人的心目中无比崇高。面对当前纷乱动荡不安的世界，定光佛信仰出色地展现了中华民族鲜活生动的谋求天下太平、谋求人类幸福这一古老文化传统的独特价值，展现了爱国爱家、勤劳勇敢、扶弱济困等真善美的客家精神。从古至今，在台湾和闽西等客家人聚集地区都建寺庙供奉定光古佛，即便是道教宫观，也要让定光古佛占据一席之地。如定光佛圆寂的武平县岩前乡，人们"塑仙姑神像，金碧庄严，与定光佛同祀，郡邑闻风向慕"。[①] 在道士赖仙修炼羽化的连城莲峰山，也有"定光道场，号曰：白云洞天"。[②]

对于重视、宣传和传承定光佛信仰，有不少人心存顾虑：定光佛信仰在客家信众心目中是"神灵"，宣传、传承定光佛信仰文化，是不是在宣传、传承迷信？但无论如何，祛凶迎祥、祈求平安幸福，是人类普遍的精神心理诉求，社会再现代化，也不会导致人类的心理活动被完全"科学化"。对此，必须解决思想观念和认识论问题。应当对"迷信"做出具体的实事求是的分析。第一，不能把一切并不麻痹人的思想意识、消解人的积极意志，使人走向愚昧、走向沉沦的精神现象、事物都判为"迷信"；第二，我们反对"迷信"的前提，是要分清事物的性质及其功能是否有利于社会的发展。试看历代王朝对定光佛褒封的原因，试看历代进行的中外政治交往、文化交流、客家迁徙的活动实践，试看客家定光佛信众崇美向善、积极进取的生活态度和生活质量，显然不能把定光

---

① 刘将孙：《养吾斋集》，卷 28，《定光圆应普慈通圣大量事状》，景印文渊阁《四库全书》集部一三八，别集类。

② （清）李绂纂：《汀州府志》，方志出版社 2004 年版，第 682 页。

佛信仰文化以"迷信"视之。

定光佛信仰表现的是大仁大爱、大慈大悲、逢凶化吉、知恩图报、和谐平安的人生追求与社会礼仪，上有渊源，下有基础，这一独特文化现象蕴含着深刻思想道德、伦理信仰等内涵，成为沟通两岸不同社会群体、增进民族认同重要因素。在强调建设强盛国家、建设和谐社会的今天，人们依然需要定光佛这样的道德精神；在促进海峡两岸和谐和平合作发展的今天，人们更需要定光佛这样的精神财富。

### 六、拓展闽台定光佛信仰交流有利于两岸民俗文化互相渗透同化

定光佛信仰属于民俗文化范畴，其发生、发展的过程本身就是民俗化的发展过程；也就是说，定光佛信仰原本就是渗透在民俗信仰里、民俗生活中，它的民俗功能最早是"护佑"客家人的安全，进而是所有客家人的平安、收获、幸福，进而还能除病、禳灾，进而又"管"起了人们的婚丧嫁娶、生儿育女、升学升官、生意发财，变得几乎无所不能。因此，台湾客家人自然对定光古佛备感亲切。其实，客家人到台湾后，定光佛信仰也传入台湾，在熟悉它的含义后，当地普通百姓便也用自己对神灵的观念去理解神明。于是，它赢得了所有台湾客家人的心。定光佛信仰在闽台两地都有自己的历史传承积淀，是今天的定光佛信仰重新恢复、复兴的民俗基础。两岸客家人都对原有的定光佛信仰文化历史遗迹遗产进行充分的挖掘、验证，找到其"根"，修复甚至重建，显然比新造一个新的神像、建一个新的庙宇、修一个新的院落更可信、可敬，更有"神性"吸引力。

定光佛信仰包罗万象，不仅有朴素的祭典方式，更含有深厚的文化积淀。许多名人在定光佛庙宇内留下的珍贵墨宝，给定光佛信仰文化增添了众多的文化色彩，不同风格和流派的楹联，给人们一个陶冶情操和欣赏的极佳场所；庙内众多的物质文化遗产反映了古代社会经济、文化、艺术、民俗及贸易等情况，是研究两岸经济史、佛教史、民族学、民俗学的可靠原始资料。再说，就两岸定光佛信仰而言，它不同于时髦文化，时髦文化可以是一阵风，"各领风骚三五天"，民俗文化，尤其是民俗信仰文化，是越"老"越好，越有根基、越有"来历"越好，含金量越高。如今两岸开始大规模地工业化、城市化、现代化，传统文化在民间层面上大大失缺了其赖以存续的民俗生活基础。因此，要充分挖掘、开发定光佛信仰呈现在民俗生活尤其是衣食住行中的已有和应有内涵，应是大有作为的。两岸定光佛信仰深入民间了、渗透民俗了，这样两岸定光佛信仰的交流发展才有了最普遍、最广泛、最有活力的根基。

综上所述，文化认同是民族认同、国家认同的基础。定光佛信仰所表现出的巨大亲和力、凝聚力、向心力，已经成为海峡两岸交流的重要桥梁和精神纽带，构筑了海峡两岸民众不可分割的民族情感。

（本文作者陈志忠系三明市侨联副主席，三明侨报社社长、总编，三明客家联谊会副秘书长；连传芳系三明侨报社记者部主任）

# 探析客家文化与苏区文化的对接

## ——以宁化为例

邱明华

福建西部、广东北部及江西南部的交界地带是我国客家民系的传统分布区,是客家的大本营、形成客家民系的主要地域、客家文化的发祥地。毛泽东、朱德等老一辈革命家在赣南、闽西创建了中央革命根据地(中央苏区),成为全国苏维埃的大本营。在现有的行政区划内,赣南、闽西所涉及赣州、龙岩、三明三个市共计 37 个县(市、区)全部为中央苏区县或中央苏区范围县,客家人在土地革命战争时期扮演了极为重要的角色。因此,历史的偶然巧合,使得客家大本营与中央苏区天然结合,使客家文化与苏区文化交相辉映,也使客家精神与的苏区精神必然地碰撞融合,从而创造了客家与苏区的共同辉煌。

宁化是公认的客家祖地,是三明市十大名片之一,宁化又是福建中央苏区仅有的两个全红县之一,在客家世界与苏区历史上都具有十分重要的地位。关键在于怎么宣传利用好这两张名片,持续扩大深化客家文化和苏区文化的影响力。笔者认为,剖析客家文化和苏区文化形成的背景条件,注重挖掘其文化内涵和本质意义,寻找两者的对接点以及聚合优势资源,是十分必要和有益的事情。

**一、客家文化与苏区文化的形成具有相似的地域特征和地理条件。**

林开钦先生所著《论汉族客家民系》概括出客家民系的形成的四个条件,其中的第二个是"有特定的地域条件"。相对当年周边政治环境动荡,闽粤赣边是较安定之地。闽粤赣边的自然环境,易于安居乐业,有利于客家民系的形成。闽西粤东赣南境域相连,又同属于典型的丘陵山地。境内崇山峻岭,山谷河流交错,水源充足,大小盆地星罗棋布,气候温暖,雨量充沛,适宜发展粮食生产和经济作物;当时可开垦的土地相对说是比较多,且宜粮宜经济作物,这些地区发展经济有一定优势,使南移汉人能够在这里安居乐业。这是客家民系能在这里形成的自然的地域环境。闽西的交通条件较差,外部势力不易进来,进来了也不想持久下去,这对客家民系的形成来说,外来干扰少也是一个特殊的地域条件。同时这些自然条件,对于革命根据地的创建来说,也是一个相当便利的自然条件和相对安全的地域条件。

宁化地处福建省西部,武夷山东麓,是三江(闽江、赣江、汀江)源头之一,为闽赣两省交界县之一。宁化于唐开元十三年（725）置县，至今已有 1292 年历史。县域面积 2407 平方公里，耕地面积 44 万亩，辖 9 镇 7 乡 1 个华侨农场，总人口 38 万，是比较典型的传统农业大县。宁化县在隋唐时期便初有开发，"开山伐木，泛筏于吴"，沟通了与长江中下游地区的经济、文化往来。正由于其得天独厚的地理、人文环境，所以自西晋"永嘉之乱"开始，中原南迁汉人源源不断地聚集拢来，特别在唐末至两宋间，客家先民溯抚河、赣江高度聚集于宁化及其石壁地区。在这里休养生息，拓荒垦殖，建家立业。他们以其传统优势文化和生产技术，同以宁化石壁为中心的闽赣连接地区的原住民相互融合，在宋代创造出独特的文化。经济的繁荣，宣告了汉民族又一支新的民系——客家民系的诞生。

宁化是著名的革命老区和中央苏区。中央苏区形成之初，宁化是 21 个基点县之一，毛泽东同志亲自校注的中央红军二万五千里长征四个起点县之一。毛泽东、朱德、彭德怀、叶剑英、聂荣臻、张闻天、胡耀邦等老一辈无产阶级革命家曾在这里叱咤风云，留下光辉足迹。脍炙人口的《如梦令·元旦》即是毛泽东率部进军宁化时所作。1931 年 6 月 28 日至 7 月 1 日，中央军委主席兼红一方面军总前委书记毛泽东在建宁前敌总指挥部向驻宁化县城的红十二军连发三封指示信，强调"东方是好区域"，明确指示红十二军专责做好宁化、石城、长汀 3 县工作，中心任务是发动群众，开展土地革命、发展地方武装、建立红色政权和党组织。自此，宁化革命呈燎原之势，红旗风展翠城南北！"东方是好区域"好在哪？好在宁化、石城、长汀等地有独特的地域条件和人文条件：崇山峻岭、耕地肥沃、农业资源丰富、农业人口多、地处闽赣边界、利于游击作战和发动群众，能够满足作战补给；同时，当地族群以客家人为主，他们有良好的革命意识，群众基础好，利于根据地的建设。

**二、客家文化与苏区文化具有相同的最本质的精神内核。**

从客家精神到苏区精神，它有一种内在的必然联系。在客家大本营上产生的苏区精神是以毛泽东为代表的中国共产党人在苏区时期创造和培育起来的宝贵精神财富，它不仅显示了中国共产党和中国工农红军是一支不可战胜的力量，也充分地诠释了客家精神内蕴，凸现了客家精神之特质，是客家精神在中国新的历史条件下发扬光大、充实升华的结果。换言之，客家精神为苏区精神奠定了坚实的基础，为苏区精神的形成与升华发挥了重要作用，而苏区精神则继承和发扬了客家精神，与客家精神一脉相承，同时又为客家精神注入了新鲜血液和活力，使客家精神跃上了新的历史台阶，使之成为中华民族精神宝库中一笔不可多得的精神财富。

宁化素有"客家祖地"和"客家摇篮"之称，由此衍播、散居在世界五大洲 80 多个国家和地区的客家后裔有 1.2 亿人，其中客属台胞近 600 万人。这些客家后裔靠着自己吃苦耐劳、拼搏进取的精神，通过不懈努力改变了命运，许多人已是事业有成、功成名就。境遇的变化并没有让他们安逸于自己的生活小天地，他们密切关注着祖国的发展、家乡的变化，利用合适的机宜为国家为故乡作奉献，以自己的情感和力量推动着祖国的发展。他们在长期的实践中形成了四海为家、吃苦耐劳、开拓进取、乐于奉献、爱国爱乡的精神内涵。

而作为苏区的宁化，为革命做出了巨大的奉献和牺牲。正是有了奉献精神，宁化人民才能为中央苏维埃政府和红军提供"千担纸、万担粮"，创造出中央苏区"乌克兰"的奇迹。当年，全县 214 个村就有 204 个村定为革命基点村，全县 13 万人口，参加红军的青壮年 13700 多人，每 10 人中就有 1 人参加红军，是中央苏区扩红重点县。一次次的扩红热潮正是源于宁化客家人对坚定的革命信念和对命运不屈不挠的抗争精神。在长征途中的"湘江战役"，担负全军总后卫任务的红五军团第 34 师和红三军团第四师，大部分将士为闽籍。红五军团 34 师大部分由闽西子弟兵构成，其中一个团为纯宁化籍子弟兵。这支近 6000 精兵的部队，为掩护中央首脑机关和中央主力红军连夜过江，突破敌人40 万大军包围圈，在无险可据的江岸开阔地带以血肉之躯筑成"人墙"，拼死与敌人搏斗，除少数人突围外，绝大部分人都壮烈牺牲。党史学家评论，若无这次战役闽籍子弟兵的悲壮献身，长征的结局与中国革命史将要改写。宁化籍红军用自己的生命和鲜血在中国革命史上写下了光辉和悲壮的一页。宁化人民为夺取中国革命的胜利，立下了不可磨灭的功绩。宁化籍将士在客家世界和历史进程中，立起了一块不朽丰碑。宁化先后有6600 多名优秀儿女在长征中牺牲。红军到达陕北时，宁化籍将士仅剩 58 人。中央红军长征后，国民党反动派反攻倒算，对中央苏区进行全面"清剿"。宁化被烧毁房屋近 1.6万间，被烧光自然村 100 多个，被灭绝的有 5506 多户，全县总人口锐减 3 万多人，土地荒芜 35000 多亩。牺牲精神源于奉献精神，把自己宝贵的生命奉献给革命事业，不正是热爱祖国的最深刻体现吗？这些牺牲的宁化籍子弟兵以及留在当地继续支持革命事业的宁化人民绝大多数都是客家人的后裔，他们传承客家人爱国爱乡、拼搏进取、甘于奉献的特质，在最困难时期坚守着革命信念，承受着一切磨难，甚至牺牲自我。他们在本质上是热爱生活、热爱家乡的，但现实的处境使他们选择了以牺牲自我的方式延伸了生命的价值。

归根到底，客家文化和苏区文化有着相同的最本质的精神内核：爱国爱乡、吃苦耐劳、拼搏进取、甘于奉献、敢于牺牲。

**三、客家文化与苏区文化具有共同的时代命题和发展任务。**

闽粤赣边区的县（市）基本上是经济欠发达地区。以福建省为例，全省 23 个省级扶贫开发工作重点县有宁化等 8 个县，既是中央苏区县又是客家民系形成的发源地和大本营，都面临着发展经济的重要任务。同时，也面临着如何把客家文化和苏区文化保护、继承和弘扬的历史使命。作为客家祖地和中央苏区县的宁化，文化底蕴深厚，文化资源丰富。2017 年 2 月，经文化部批复，国家级客家文化（闽西）生态保护实验区正式设立，其中，宁化等三明 3 县以及龙岩的 5 县被纳入保护范围。这是继广东和江西后设立的第三个国家级客家文化生态保护实验区。国家级文化生态保护区是以保护非物质文化遗产为核心，对历史文化积淀丰厚、存续状态良好、具有重要价值和鲜明特色的文化形态进行整体性保护，并经文化部批准设立的特定区域。同一时段，国家发改委、中宣部等 14 个中央部委联合发布《关于印发全国红色旅游经典景区名录的通知》，要求各省市在贯彻实施《红色旅游规划》时，结合《经典景区名录》，进一步开展有关工作。宁化苏区的中央红军长征凤凰山出发地旧址、北山革命纪念园、宁化县红军医院旧址被列入全国经典景区名录。宁化要破解发展难题，着力文化产业发展，提升文化经济效益。当前文化产业发展面临许多难得机遇和有利条件，要坚持把社会效益放在首位，社会效益和经济效益相统一，健全现代文化市场体系，完善政策制度保障，提高文化产业规模化、集约化、专业化水平，推动文化产业成为我县县域经济支柱性产业。

宁化县形成以客家文化为底蕴、以红色旅游为龙头，以绿色生态为基调，将宁化县建成系统完整、特色鲜明的红色旅游景区，带动宁化县旅游产业实现跨越式发展，使旅游业成为宁化县第三产业的重要支柱。发掘、弘扬宁化县客家文化瑰宝，展示客家文化的内涵；通过红色旅游开发，建立和完善宁化县旅游产业体系，带动绿色生态景区和文化景区建设上规模、上档次；培植龙头企业，实现政府与企业的互动，促进以红色旅游资源为重点的全面开发，使旅游业尽快成为宁化县新的经济增长点，带动当地居民发家致富，实现精准扶贫。把红色旅游、祖地旅游、生态旅游建设成一项政治工程、文化工程、经济工程，把宁化打造成海西知名的文化旅游目的地。

目前，宁化县文化产业与旅游产业相结合，发展既立足客家文化、生态资源优势的同时，高度重视红色历史及遗迹遗址的保护与开发，逐年加大红色旅游项目投入，同时专项编制红色旅游发展规划，进一步做好组合营销，加强红色文化宣传。宁化被列入全国百个红色旅游经典景区，从 2016 年起每年举办"骑聚红土地，重走长征路"全国山地自行车赛及"客家寻缘—探石壁、访苏区"自驾游活动，做大做强文化旅游产业。

近年，祖地宁化持续发力、加快发展速度，已跻身于三明市经济发展第二方阵，并且成为国家扶贫改革发展试验的先行区，但是目前人均国民生产总值仍然排位在福建省下游。宁化人民要用客家精神和苏区精神来激励自己，奋进崛起。同时要充分利用社会主义文化大发展大繁荣的历史机遇，进一步挖掘培育文化资源、整合资源优势、拓展宣传思路、创新宣传举措、增强品牌竞争力、提升文化软实力、打响客家文化和苏区文化双品牌。宁化一定能够加快崛起，在全面建设小康社会中做出新的更大的贡献。

（本文作者系宁化县革命纪念馆馆长，副研究馆员）